Yonassan Gershom

Kehren die Opfer des Holocaust wieder?

Aus dem Englischen von Barbara Schöndorf
(Teil I, «Beyond the Ashes»)
und Beat Brodbeck
(Teil II, «From Ashes to Healing»)

Rudolf Geering Verlag

Einbandgestaltung von Gabriela de Carvalho

Titel der Originalausgabe:
«Beyond the Ashes. Cases of Reincarnation from the Holocaust»
© Copyright 1992 by Yonassan Gershom
Published by A.R.E. Press, Virginia Beach, VA 23451-0656, USA
1st Printing 1992 / 2nd Printing 1993

«From Ashes to Healing. Mystical Encounters with the Holocaust»
© Copyright 1996 by Yonassan Gershom
Published by A.R.E. Press, Virginia Beach, VA 23451-0656, USA
1st Printing 1996

Aus dem Englischen von Barbara Schöndorf («Beyond the Ashes»)
und Beat Brodbeck («From Ashes to Healing»)
Im Einverständnis mit A.R.E. Press, Virginia Beach, VA 23451-0656, USA, gedruckt
© Copyright 1997 für die deutsche Ausgabe
by Verlag am Goetheanum, CH-4143 Dornach
Alle Rechte vorbehalten

Gesamtherstellung: Freiburger Graphische Betriebe

ISBN 3-7235-1002-7

Zum Gedenken an

Michael Finley,
einen wahren Freund und Bruder im Geiste

und

Rabbi Shlomo Carlebach,
dessen Musik mithalf,
im Judentum die Freude wieder aufleben zu lassen

Inhalt

Vorwort von *Andreas Heertsch* 9
Vorwort für die deutsche Ausgabe 11

TEIL I («Beyond the Ashes»)

Einleitung 21
Erstes Kapitel: Merkwürdige Begegnung an einem Winterabend 28
Zweites Kapitel: Erinnerungen aus einem anderen Leben 43
Drittes Kapitel: Das Leben nach dem Tode in der jüdischen Lehre 65
Viertes Kapitel: Jüdische Seelen in nichtjüdischen Körpern . . . 89
Fünftes Kapitel: Die Seelen von einer Million Kindern 108
Sechstes Kapitel: Schwarze Stiefel und Stacheldraht 124
Siebtes Kapitel: Die Heilung des Karmas nach dem Holocaust . . 143
Achtes Kapitel: Wanderungen der Seele 162
Neuntes Kapitel. Zyklen der Wiederkehr 183
Zehntes Kapitel: Phönix aus der Asche 204

Anhang:
Einige Richtungen des Judentums 225
Anmerkungen 232

TEIL II («From Ashes to Healing»)

Einleitung 245
Erstes Kapitel: *Abbye Silverstein,* Die Heilerin heilt sich selbst . 254
Zweites Kapitel: *Bruce Whittier,* Die Uhr 263
Drittes Kapitel: *Lena-Marie Broman,* Aufblitzende
    Rückerinnerungen in Wien 271
Viertes Kapitel: *David Moffatt,* Hände aus dem Holocaust 280
Fünftes Kapitel: *Judith Hart,* Die weiße Rose 289

Sechstes Kapitel: *Marcia Hollabaugh*, Mehr als ein Märchen . . 294
Siebtes Kapitel: *Diana Lubarsky*, Jeder hat einen Namen 303
Achtes Kapitel: *Sigrid Dreyfuss-Manelis*, Sage «Kaddisch»
für uns 310
Neuntes Kapitel: *Carole Louie*, Ich erinnere mich 314
Zehntes Kapitel: *Linda Thieman*, Triumph über das Böse 323
Elftes Kapitel: *«Rebecca»*, Mein kleiner Liebling 333
Zwölftes Kapitel: *David D. Johnson*, Der Sündenbock 338
Dreizehntes Kapitel: *Mary (Miriam) Marks*, Ein Traum
der Unendlichkeit 346
Vierzehntes Kapitel: *Patricia (Rachel Brachah) O'Brian*,
Freudenbringer 353
Fünfzehntes Kapitel: *Yonassan Gershom*, Der Kreis der Thora . 357

Anhang von *Yonassan Gershom*:
A: Die jüdische Seele 364
B: Hat Hitlers Seele bereut? 374
C: Edgar Cayce über den Holocaust 383

Anmerkungen 396
Bibliographie 411
Glossar 417
Über die Autoren der Beiträge 427
Über den Autor des Buches 431

Vorwort von Andreas Heertsch

Ostern 1997, anläßlich der Goetheanum-Tage stand ich im Foyer des Hauses am Köllnischen Park in Berlin und hielt Ausschau nach dem Rabbiner Yonassan Gershom. Bisher kannte ich ihn nur von seinem Photo, seinen Büchern und einem, allerdings intensiven, E-Mail-Briefwechsel. Überraschend erschien er mit seinen Schläfenlocken und dem schwarzen Hut. Ich hatte ihn mir viel höhergewachsen vorgestellt. Noch etwas unsicher begrüßten wir uns. So unauffällig seine äußere Erscheinung zunächst war, so eindrucksvoll war er dann im persönlichen Gespräch oder wenn er seine Zuhörer mit jüdischen Gesängen und Erzählungen bezauberte. Auf dem Podium moderat und zurückhaltend, im direkten Gespräch auf deutsch und noch mehr auf englisch von stetem Redefluß, voller Engagement für sein Volk und die Menschen, deren Erzählungen in diesem Buch zusammengestellt sind.

Bald darauf kam er zu uns an das Goetheanum (Dornach, Schweiz), wo wir zusammen ein Kulturforum durchführten über das Thema «Reinkarnation und Holocaust – Schicksal und Vergebung». Diese Themenformulierung stammt von ihm, weil er meinen Untertitel «Freiheit und Gesetz» mit der Bemerkung versah, daß er immer, wenn er vor Christen sprechen solle, dieses oder ein ähnliches Thema vorgelegt bekomme. Auf dem Podium dieses Forums charakterisierte er dann, daß für ihn Vergebung keine Amnestie sei, sondern eine Einsicht des Schuldigen voraussetze. Auf meine Frage, wie er in dieser Hinsicht sein Verhältnis zu uns Deutschen sehe, antwortete er: «Die Heilung von Schuld wird möglich, wenn für euch die Existenz der Juden mit ihrer Geschichte genauso selbstverständlich ist wie bei anderen Völkern auch.»

Obwohl Yonassan Gershom und ich bezüglich der Bedeutung des Christus beinahe entgegengesetzte Auffassungen haben, wagten wir doch ein offenes Forumgespräch über «Judentum und Anthroposophie». Quintessenz: Auch die Thora möchte den Juden zu Freiheit und Liebe führen. Deutlich wurde auch, daß das Judentum mehr für einen Universalimpuls lebt, während die Anthroposophie zunächst besonders das Individuelle entwickeln will. Bei wirklichem gegenseitigen Verständnis deuten sich hier wechselseitige Ergänzungen an.

Als sich nun zeigte, daß die deutsche Übersetzung seiner Bücher in der Edition Rudolf Geering Verlag im Verlag am Goetheanum herausgebracht werden könnte, haben wir im Gespräch mit den beiden Verlegern gefunden, daß es neben der oben angedeuteten Aufgabe, in der Völkerverständigung behilflich zu sein, auch im Themenbereich dieses Verlages liegt, Erfahrungsmaterial für Untersuchungen wiederholter Erdenleben zur Verfügung zu stellen. Vielleicht wird der Leser der einen oder anderen Deutung nicht immer folgen wollen – ich selbst habe mit Yonassan Gershom um die Aussage besonders einer der Erzählungen auch leidenschaftlich gestritten –, aber hier liegt gerade der Wert der Erzählungen dieses Buches, daß der Leser sie im Original vorliegen hat. Indem wir in diesem Buch Berichte und Ansichten über Reinkarnation und Karma finden, die aus einer völlig anderen als der anthroposophischen Sicht stammen, können wir uns im Sinne einer Geistesforschung selbst ein Urteil bilden.

Yonassan Gershom hat mit diesen Erzählungen kein wissenschaftliches Anliegen, obwohl er sie auch unter solchen Gesichtspunkten zusammengestellt hat. Er sieht sich vielmehr als Chasside, der Geschichten erzählt, um Menschen, die sich ihm anvertraut haben, zu helfen. Auch möchte er zeigen, daß das Judentum reicher und esoterischer ist, als manches christliche Vorurteil glauben möchte.

So wünsche ich diesem Buch viele Leser, bei denen die Erzählungen und Darstellungen eigene Schritte und Überlegungen anregen.

Dornach, 11. Mai 1997   *Andreas Heertsch,*
                              Leiter des Zweiges am Goetheanum

Vorwort für die deutsche Ausgabe

Als meine Bücher über Reinkarnation von Holocaust-Opfern auf englisch veröffentlicht wurden, war ich noch nie in Europa gewesen. Städte wie Berlin, Wien, Weimar und Stuttgart kannte ich nur durch die traurige und tragische Geschichte meines Volkes in der ersten Hälfte dieses Jahrhunderts. Die Namen der jüdischen Dörfer in Osteuropa leben in den chassidischen Geschichten, aber ihre jüdischen Bewohner sind durch die Nazis längst zu Asche geworden. Wie ein Freund zu mir sagte: «Für die Juden ist Europa nichts anderes als ein riesiger Friedhof.»

So stieg ich im Frühling 1997 mit gemischten Gefühlen ins Flugzeug, um in Berlin an den Goetheanum-Tagen zu sprechen, die dem Thema «Reinkarnation und Karma» gewidmet waren. Auf einem Teil der Reise geriet ich mit sechs Neonazi-Skinheads zusammen ins gleiche Flugzeug. Wie merkwürdig, dachte ich für mich, daß diese modernen Antisemiten ihre Köpfe so kahl rasieren, wie es bei den Angehörigen meines Volkes vor etwas über fünfzig Jahren in den Konzentrationslagern gemacht wurde. Sind Skinheads die Seelen von Holocaust-Opfern, die sich mit ihren Unterdrückern identifiziert haben und als Nazis zurückgekehrt sind? Oder sind sie die Seelen von Nazis, die sich immer noch etwas auf die Symbole ihrer vergangenen Inkarnation im Dritten Reich einbilden und damit renommieren? Solche ernüchternden Gedanken gingen mir durch den Kopf, als wir in Berlin zur Landung ansetzten.

Diese sechs jungen Leute waren die einzigen Skinheads, die ich auf meiner ganzen Vortragsreise antraf. Die große Mehrheit der Europäer begegnete mir freundlich und mit ernsthaftem Interesse, etwas über den jüdischen Glauben und die jüdischen Lehren zu erfahren. Einer der Höhepunkte der Tagung in Berlin war der magische Moment, als wir uns alle – Deutsche und Juden – die Hände reichten, um einen chassidischen *Niggun*, einen jüdischen Meditationsgesang, zu singen. *Ai-ai-ai* sangen wir zusammen und legten unsere tiefsten, herzlichsten Empfindungen in diese Silben, die keine Bedeutung haben und alle Sprachgrenzen überwinden. So mächtig war dieses Gemeinschaftserlebnis, daß mich Leute, die in Berlin dabei waren, auf den weiteren Stationen meiner

Reise jeweils baten, das Programm mit diesem Gesang abzuschließen. So geschah es, daß ein chassidisches *Niggun* aus der Zeit vor dem Holocaust zum Symbol für Frieden und Heilung wurde.

* * *

Nicht alles war so erfreulich in Europa. Es gab auch Momente tiefer Trauer für mich. Auf dem Friedhof von Esslingen weinte ich am Familiengrab der Lindauers, wo die Vorfahren von Sigrid Dreyfuss – deren Bericht «Sage ‹Kaddisch› für uns» in diesem Buch abgedruckt ist – begraben sind. Sigrid selber konnte vor dem Holocaust fliehen, aber sechsunddreißig Angehörige ihrer Familie konnten das nicht. Das letzte Lindauer-Grab in Esslingen ist 1938 datiert. Sigrid hatte einen ortsansässigen Deutschen gebeten, sich um die Lindauer-Gräber zu kümmern, doch die Grabstätten vieler anderer jüdischer Familien sind überwachsen und vernachlässigt, und es gibt keine lebenden Nachkommen, die dieser Menschen gedenken. So ist es an vielen Orten Europas.

Oft wurde ich von den Schandtaten, die gegen mein Volk verübt wurden, unmittelbar berührt, so als ob Energieströme, die mit diesen Taten zusammenhängen, noch im Äther nachwirkten. Mehrmals versetzte mich auf Eisenbahnfahrten die schüttelnde Bewegung in einen veränderten Bewußtseinszustand. Ich litt die Qual der Juden mit, die, in überfüllte, stickige Waggons gepfercht, die gleichen Routen zurücklegen mußten. Andere Male, während ich etwas gedankenverloren aus dem Fenster blickte, erschienen mir Bilder von über die Felder fliehenden Menschen, an denen der Zug vorüberraste.

Um diese belastenden Erlebnisse zu verarbeiten, suchte ich oft Gottes Nähe in der freien Natur. Mein Hobby ist die Ornithologie, und an den Tagen ohne öffentlichen Auftritt erforschte ich die nähere Umgebung – manchmal allein, manchmal mit Freunden. Dabei wurde ich mit einigen meiner früheren Erdenleben konfrontiert.

Einmal wanderten Ulrich Morgenthaler und ich in der Schwäbischen Alp. Er erzählte mir, daß im Mittelalter jede Zunft ihr eigenes Stück Wald besaß, wo sie Holz zum Heizen schlug. Ohne zu überlegen, rief ich ärgerlich: «Ja, Ulrich, und hätte ich damals hier gewohnt, so hätte ich das Holz von dir oder jemand anderem kaufen müssen, denn die Juden durften kein Land besitzen. Viele von uns erfroren, weil wir es uns nicht leisten konnten, Holz zu kaufen.»

Plötzlich lief ein Frösteln über meinen Rücken. *Wir erfroren* – ich hatte *wir* gesagt, nicht *sie*. Jetzt wußte ich, weshalb es mir immer ein Schrecken war zu frieren. Während ich in Deutschland durch den Wald wanderte, wurden Erinnerungen an ein vergangenes Leben im Mittelalter geweckt, wo es mir als Jude verboten war, Holz zu schlagen, und ich deshalb erfroren war. Jetzt forderte ich mein Recht, mich frei in den Wäldern Europas zu bewegen. Auf der weiteren Reise wanderte ich mit Stolz und innerer Kraft auf diesen Waldpfaden.

In Wien führte mich ein Fußweg zu einem Ort, der Antonshöhe genannt wird, wo die Menschen der Jungsteinzeit Hornstein (Feuerstein) für ihre Werkzeuge genommen hatten. Ich habe ähnliche archäologische Stätten in Amerika besucht, wo die Ureinwohner gelebt und gearbeitet hatten. Diese Orte waren aber lediglich von historischem Interesse für mich. Auf der Antonshöhe hatte ich ein völlig anderes Erlebnis – ein Erlebnis, das mich in tiefster Seele ergriff. Ich spürte eine starke Verbindung zu dem Ort – so stark, daß ich genau wußte, wo der beste Hornstein zu finden war, noch bevor ich überhaupt an der Stelle angelangt war. Hatte ich hier in einem längst vergangenen Leben in der Morgendämmerung der menschlichen Geschichte Hornstein gesucht? Beim Herauslesen der Hornsteinsplitter aus dem kreidig weißlichen Muttergestein hatte ich ein vertrautes Gefühl in der Hand. In Wirklichkeit gibt es den «Ewigen Juden», der immer wandern muß, nicht, denn wir Juden sind zusammen mit der übrigen Menschheit mit der Erde verwurzelt.

* * *

Die seltsamsten Augenblicke erlebte ich in Buchenwald. Beim Besuch eines jüdischen Grabes ist es Brauch, einen kleinen Stein zu hinterlassen, damit spätere Besucher sehen, daß man hier war und die Toten nicht vergessen sind. Ich hatte von Amerika eigens kleine Kieselsteine aus Sandstein mitgebracht, und zwar von dem Gestein, nach dem mein Wohnort Sandstone in Minnesota benannt ist, in der Absicht, sie bei den Massengräbern in Buchenwald zu hinterlegen. An jenem Morgen steckte ich die Steine sorgfältig in meine Tasche. Aber als der Moment kam, sie auf die Gräber zu legen, waren sie verschwunden. Waren sie mir unterwegs aus der Tasche gefallen? Das war die rationale Erklärung. Aber der Vorfall hatte auch eine geistige Bedeutung. Meine Steine waren nicht für die klar bezeichneten Gräber bestimmt, die so viele andere auch besuchten, sondern für unbekannte Gräber von Juden, die vergessen waren. Gott hat meine Steine dorthin gelegt, wo sie wirklich hingehören.

Im Museum von Buchenwald sah ich Photographien von Juden im Holocaust, die genau so gekleidet waren wie ich, mit schwarzem Hut und langen, herabhängenden Schläfenlocken. Mein Freund Ulrich sagte mir, es mache ihn nervös, daß ich so «offensichtlich jüdisch» aussehe.

Als wir am Vortag durch Weimar spazierten, fiel ein Stein neben mir auf den Bürgersteig – ein Stein, der vom losen Mörtel des alten Gebäudes stammen konnte, an dem wir vorübergingen, oder den vielleicht einer der Knaben geworfen hatte, die hinter uns auf der Straße spielten. «Der ist von dem Haus hier heruntergefallen», sagte ich laut. Wenn die Knaben den Stein geworfen hatten, um einen Juden zu schikanieren, wollte ich ihnen nicht die Genugtuung verschaffen, daß ich mich darüber betroffen zeigte. So gingen wir in Frieden weiter.

Als ich im Museum von Buchenwald am Ende eines Ganges um die Ecke biegen wollte, prallte eine ältere Dame fast mit mir zusammen. Sie hielt an und starrte mich an wie einen Geist. Etwas verlegen entschuldigte sie sich und erklärte dann: «Einen Moment lang dachte ich, ich kenne Sie von früher.» Dann ergriff sie meine Hände, schaute mir tief in die Augen und sagte: «Ich freue mich sehr, daß es immer noch Chassidim gibt auf der Welt. Als hier die Kommunisten regierten, wußten wir nie etwas von Israel oder den Juden. Wir dachten, ihr wärt alle tot. Ich bin froh, daß dies nicht stimmt.» Sie ließ meine Hände los, drehte sich um und ging.

Ich hatte genug von dem Museum. Ich mußte allein sein. Außen am Lager führte ein Fußweg dem Zaun entlang in den Wald. Im Lager war ein Kiesbelag, dann kam der Stacheldrahtzaun, und auf der anderen Seite des Weges war es grün, denn der Wald hatte sich wieder ausgebreitet. Die Wegspur verlief zwischen diesen beiden Schauplätzen wie eine Brücke, die Vergangenheit und Gegenwart miteinander verbindet.

Beim Touristeneingang war der Stacheldraht erneuert worden, aber weiter hinten, im Wald, war der ursprüngliche Draht noch vorhanden, verrostet und von den Isolatoren abgefallen, die ihn vor fünf Jahrzehnten gehalten hatten. Zwischen den Zementpfosten wuchsen hohe Bäume, und ich sah wildwachsende Blumen, die blühten. Eine Nachtigall – die einzige, die ich auf meiner ganzen Reise sah – saß auf einem der Zementpfosten. Aber sie sang nicht.

Ich erreichte eine kleine Lichtung, und dort verließ ich die Wegspur, um einen Platz zu finden, wo ich *Hisboddidus* machen konnte, eine Art privates Gebet, das die Breslower Chassidim sprechen. Ich ging auf einen großen Felsblock zu und dachte, dort könne ich mich gut hinsetzen und meditieren. Der Fels entpuppte sich als riesiger Steinbuchstabe «C». Ich drang weiter vor und fand noch mehr Steinbuchstaben, manche zerbrochen, die zusammen «Buchenwald» ergaben. Ich setzte mich auf das «N» und fing an, Gott mein Herz in einem nicht endenwollenden Strom von Empfindungen auszuschütten, der bald nicht mehr mit Worten zu artikulieren war und in ein *ai-ai-ai* des chassidischen *Niggun* überging. Ich fand keine Worte, die ausdrücken konnten, was ich damals empfand, und ich finde auch jetzt keine Worte, um es zu beschreiben. Mir war, als ob Hunderte von jüdischen Seelen um mich wären, die in den *Niggun* mit einstimmten. Wie ein Wirbelwind schienen sich die Seelen um mich zu drehen, dann erhoben sie sich in den Himmel. Ich war wieder allein – und hatte Frieden gefunden. Die Nachtigall war verschwunden, doch hörte ich andere Vögel singen.

Als ich auf dem Weg zum Touristengebiet zurückkehrte, dachte ich an die vielen Seelen, die mit ihrem letzten Atemzug gelobt hatten, vom Holocaust Zeugnis abzulegen. «Ich muß überleben», war ihr ständiger Gedanke gewesen. «Ich muß überleben, um der Welt davon zu berichten.» Diese Gelübde waren so stark, daß viele von denen, die mit ihren physischen Leibern nicht überlebten, in der geistigen Sphäre um Buchenwald verharrten. Sie wollten mit der Erde verbunden bleiben, bis die Welt die Geschichte ihres Leidens erfahren haben würde.

Zur Zeit des kommunistischen Regimes stand auf den Hinweistafeln nicht, daß hier Juden gestorben waren – es war nur von «Sowjetbürgern» die Rede. Der von den Nazis an den Juden um ihres Jüdischseins willen verübte Völkermord wurde von der Sowjetunion nicht bestätigt. So waren die jüdischen Seelen während Jahrzehnten erbittert an der Erde haften geblieben, um die Erinnerungen zu bewahren, welche die Welt vergessen wollte. Jetzt erst, da die Schilder in Buchenwald abgeändert werden und die Wahrheit mitteilen, werden diese Seelen erlöst, so daß sie sich in die Geistregion erheben können. Wie Abbye Silverstein in ihrem Beitrag «Die Heilerin heilt sich selbst» in diesem Buch erklärt, werden die Erinnerungen jetzt von den Museen gehütet.

* * *

Als ich in Berlin war, fragten mich verschiedene Anthroposophen: «Wie kann es sich bei den Fällen in Ihren Büchern um wiederverkörperte Seelen handeln, die in den Gaskammern ums Leben gekommen sind, wenn doch Zyankali die Seele für immer zerstört?» Ich verstand diese Frage nicht. Aus jüdischer Sicht ist die Seele ewig und kann nie zerstört werden, außer – was der Himmel verhüten möge – durch den Willen Gottes. Die Art des irdischen Todes kann das Weiterleben der Seele nicht beeinflussen, weil der Körper nur ein vorübergehendes Kleid ist. Deshalb sollte der Tod durch Zyankali nicht anders sein als sonst ein Tod.

Später wurde mir erklärt, Rudolf Steiner, der Begründer der Anthroposophie, habe gesagt, daß die Einnahme von Zyankali die Seele völlig auflöse, so daß diese zusammen mit Körperteilchen im Weltall zerstreut werde und sich nicht mehr inkarnieren könne. Ein Anthroposoph meinte sogar, weil Zyankali die Seele zerstöre, könnten die von mir dargestellten Fälle von Reinkarnation gar nicht Holocaust-Opfer sein. Er vermutete, daß es sich um Seelen von Nazis handle, die sich während ihrer «Lebensrückschau» nach dem Tod mit ihren Opfern identifiziert hatten und nun mit Erinnerungen wiedergeboren wurden, die ihnen als die eigenen erschienen. Ich fand diese Theorie lächerlich und sagte es ihm. Sie paßt nicht mit den Einzelheiten der Fälle zusammen, mit denen ich zu tun hatte, und scheint mir ein Versuch, Steiners Aussagen über Zyankali in dogmatischer Weise zur Anwendung zu bringen.

Doch die Sache mit dem Zyankali kam in jeder Versammlung auf meiner Tournee zur Sprache. Als ich in die Vereinigten Staaten zurückkehrte, wollte ich die Quelle aufsuchen, um festzustellen, was Steiner genau über Zyankali gesagt hatte. Dies war schwieriger, als ich erwartet hatte, weil der entsprechende Vortrag noch nicht auf englisch übersetzt war. Die meisten amerikanischen Anthroposophen hatten von dieser Aussage noch gar nie gehört. Doch Gott hat mich in bezug auf diese Frage offensichtlich geführt, denn mitten in meinen entmutigenden Nachforschungen rief mich eine mir völlig unbekannte Frau «aus dem Blauen heraus» an und fragte, ob ich je von dieser Aussage Steiners gehörte hätte. Mit ihrer Hilfe gelang es mir, das Zitat zu finden, das folgendermaßen lautet:

> «Wenn Sie aber durch Zyankali sich vergiften [beachten Sie bitte den Gebrauch des Reflexivpronomens ‹sich›], dann hat die Seele die Absicht, überall mit jedem Körperteilchen mitzugehen, und namentlich sich auszubreiten im Stickstoff und sich aufzulösen im Weltenall. Das ist der wirkliche Tod von Seele und Geist.»[1]

Der Gebrauch des Reflexivpronomens «sich» – sich vergiften – heißt für mich, daß an dieser Stelle von Selbstmord und nicht von einem Mordopfer in einer Gaskammer die Rede ist. Beachten Sie auch, daß Steiner im selben Abschnitt sagt, die Seele, die sich mit Zyankali vergiftet, *hat die Absicht,* sich im Weltall aufzulösen. Auch dies weist auf Selbstmord hin, nicht auf Mord.

In meiner Tätigkeit als Rabbi hatte ich mit selbstmordgefährdeten Menschen zu tun, die nicht nur sterben, sondern ihre Existenz ganz auslöschen wollten. Tatsächlich glauben Menschen, die Selbstmord begehen wollen, nicht an ein Leben nach dem Tod und erwarten, daß ihr individuelles Bewußtsein aufhört, wenn sie sich getötet haben. Es gibt Menschen, die in ihrer tiefen Niedergeschlagenheit wirklich wünschen, ihre Seele möge sich für immer im Weltall auflösen. So jemand könnte zu Zyankali greifen, weil es schnell wirkt und sicher zum Tod führt.

Die Holocaust-Opfer hingegen, die durch Zyklon-B-Gas (das Zyankali enthält) getötet wurden, verübten nicht Selbstmord und wollten auch nicht sterben. Sie hatten den verzweifelten Willen, mit allen Mitteln zu überleben, und sie gelobten, der Welt zu berichten, was geschehen war. So stark war dieser Wille, daß sie oft so schnell wie möglich wiedergeboren werden wollten, mit intakten Erinnerungen an den Holocaust. Jene, die nicht unmittelbar wiedergeboren wurden, blieben manchmal in der Gegend der Greueltaten an die Erde gebunden – auch wieder um Zeugnis abzulegen. Andere Holocaust-Opfer betrachteten ihren Tod als *Kiddusch ha-Shem* (eine jüdische Form von Martyrium durch Verfolgung) und erwarteten, direkt in den Himmel zu gelangen. Aber nirgends finden wir in den Annalen des Holocaust Berichte von Juden, die, nachdem sie ermordet worden waren, ihre ewigen Seelen im Weltall auflösen wollten. Steiners Aussage über Zyankali gilt nicht für die Opfer des Holocaust.

Hingegen besteht die schauerliche Möglichkeit, daß die Nazis genau deshalb Zyankali verwendeten, weil sie damit außer den Körpern auch die Seelen der Juden zu zerstören hofften. Wenn dies der Fall war, dann täuschten sich die Nazis. Wie die Geschichten dieses Buches klar aufzeigen, haben diese Seelen nicht nur die Vergasung mit Zyankali überlebt, sie wurden auch in neuen Körpern wiedergeboren, um in diesem Leben Heilung zu finden. Viele helfen außerdem mit, andere zu heilen, setzen sich für die Menschenrechte, für Gleichberechtigung und ganz allgemein für die Freiheit in der Welt ein. Wieder andere entdecken jetzt die Freude und Schönheit der Jiddischkeit von neuem und tragen zu einer Wiedergeburt jüdischer Spiritualität bei, damit sich diese wieder so entfalten kann, wie sie vor dem Holocaust war. Ich bin überzeugt, daß in der Generation des «Babyboom» zu einem großen Teil Seelen geboren wurden, die im Zweiten Weltkrieg gelebt hatten und zurückgekehrt sind, um in vielerlei Hinsicht an der Heilung unseres Planeten mitzuwirken.

Ich glaube, dieses Buch ist ein wichtiger Teil dieses Heilungsprozesses. Wie im 15. Kapitel («Der Kreis der Thora») in Teil II erklärt, habe ich mich jetzt von der Reinkarnationsberatung zurückgezogen, um in meinem Leben weiterzugehen. Die Bücher aber stellen weiterhin wichtige Heilungsmodelle dar und können Menschen, die sich in einer solchen Art von Therapie befinden, als Leitfaden dienen. Ein persönlicher Kontakt mit mir ist nicht mehr nötig, um Heilung von Holocaust-Wiedergeburts-Traumata zu erlangen. Nötig sind nur ein offener Sinn und die Bereitschaft, diesen Geschichten vorurteilslos zu begegnen. Mit dieser Bitte grüße ich Sie mit meinen herzlichen Segenswünschen.

1. August 1997   *Rabbi Yonassan Gershom*

Teil I

(Beyond the Ashes)

Einleitung

Während der Arbeit an diesem Buch habe ich viele Hüte getragen: den pelzbesetzten *Schtreimel* des chassidischen Mystikers, die regenbogenfarbene *Jarmulke* des kulturellen Pluralisten und den traditionellen, schlichten schwarzen Hut des jüdischen Orthodoxen. Oft bedurfte ich auch einfach eines gesunden Maßes an weltlich-wissenschaftlicher Barhäuptigkeit. Es war nicht immer leicht, die vielen verschiedenen Perspektiven «unter einen Hut» zu bringen, und wenn es mir im folgenden einmal nicht gelungen sein sollte, so übernehme ich dafür die volle Verantwortung.

Dieses Buch ist weniger eine wissenschaftliche Studie als eine Sammlung von persönlichen Geschichten, die mir in den vergangenen zehn Jahren von Menschen erzählt wurden, die glauben, daß sie im Holocaust gestorben und nun wiedergeboren seien. Diese Menschen haben mich nicht als Parapsychologen aufgesucht (der ich nicht bin), sondern als geistlichen Ratgeber. Daß man sich unter solchen Umständen nicht in den Elfenbeinturm zurückziehen und in hehrer Zurückgezogenheit forschen kann, wie es für eine wissenschaftliche Arbeit notwendig wäre, liegt auf der Hand. Vielmehr mußte ich eine persönliche Beziehung zu meinen Klienten aufbauen. Außerdem bekenne ich mich dazu, daß ich an Reinkarnation glaube, und das hat es jenen Menschen, die sich an mich gewandt haben, überhaupt erst ermöglicht, sich mir zu öffnen.

In mancher Hinsicht geht es mir wie dem einsamen Erfinder, der in seinem Labor vor sich hinexperimentiert und dabei sozusagen aus Versehen etwas entdeckt, das tatsächlich funktioniert. Viele Menschen haben, während sie mir ihre Geschichten erzählten, einen echten Heilungsprozeß durchgemacht und so die Kraft zum Weiterleben gefunden. Das war um so erstaunlicher, als sie nicht selten bereits durch eine konventionelle Therapie gegangen waren, die ihnen offenbar keine Linderung gebracht hatte. Erinnerungen an den Holocaust können mit den Methoden der Psychologie allein nicht verarbeitet werden, hier ist auch Religion gefordert. Deshalb habe ich mich bei der Arbeit an diesem

Buch entschlossen, dort, wo es dem Leser helfen kann, religiöse Lehren ebenso einzuflechten wie meine persönlichen Überzeugungen.

Meine Stellung innerhalb des amerikanischen Judentums ist etwas ungewöhnlich; ich habe keine reguläre Gemeinde, und gegenwärtig hänge ich keiner bestimmten Richtung des jüdischen Glaubens an. Meine persönliche Entwicklung ist als neochassidisch bezeichnet worden, denn ich halte mich in den meisten Fragen an die Tradition, bin aber gleichzeitig für neue Gedanken aus dem Bereich der Psychologie, der Soziologie und der Metaphysik offen. Meine Ordinierung zum Rabbiner erhielt ich durch den bekannten Vordenker der geistigen Erneuerung des Judentums, Rabbi Zalman Schachter-Shalomi. Reb Zalman, wie er von seinen Schülern genannt wird, ist selbst ein Überlebender des Holocaust und betrachtet sich als eine «Brücke» zwischen der Alten und Neuen Welt. Das jüdische Weltbild, dem Sie in diesem Buch begegnen, ist stark von seinen Lehren beeinflußt.

Als Geschichtenerzähler war ich seit langem mit den alten Reinkarnationslegenden vertraut, die einen wesentlichen Bestandteil meines Glaubens bilden. Rabbi Isaak Luria, der im sechzehnten Jahrhundert gelebt hat und als einer der größten jüdischen Mystiker aller Zeiten gilt, lehrte nicht nur den Glauben an die Reinkarnation, sondern stand auch in dem Ruf, ein präziser Deuter von Offenbarungen aus früheren Leben zu sein. Das gleiche gilt für Israel ben Elieser, besser bekannt als Baal Schem Tow, der im achtzehnten Jahrhundert den Chassidismus begründete. Von diesen beiden Meistern und ihren Schülern gibt es unzählige mündlich und schriftlich überlieferte Reinkarnationslegenden.

Da ich mit diesen klassischen Geschichten vertraut war, kam es für mich nicht überraschend, als mir Menschen von ihren Erinnerungen an eigene frühere Leben erzählten. Wenn die Seelen von Menschen wiedergeboren werden konnten, die im sechzehnten Jahrhundert der spanischen Inquisition oder im siebzehnten den Chmielnizki-Pogromen zum Opfer gefallen waren, warum dann nicht auch die Seelen von Opfern des Holocaust in unserem Jahrhundert? Ich sah in den Geschichten der heutigen Suchenden eine Fortsetzung dieser Tradition, und so interpretierte ich sie im Kontext der jüdischen Religion als Wanderung der Seelen zurück zu Gott.

Nach und nach sprach sich herum, daß ich mich für Fälle von Reinkarnation nach dem Holocaust interessiere. Nichtreligiöse Berater und Hypnotherapeuten, die in ganz anderem Zusammenhang auf ähnliche Fälle stießen, nahmen Verbindung zu mir auf. Außerdem begegnete ich bei meinen Reisen landauf, landab immer wieder angesehenen Parapsychologen, die sich ebenfalls mit diesem Phänomen beschäftigten. Mir wurde klar, daß meine Arbeit auch außerhalb der jüdischen Gemeinschaft von Belang war. Ich begann mich mit der wissenschaftlichen Literatur zum Thema Reinkarnation und Todesnähe-Erfahrungen auseinanderzusetzen und stellte erstaunt fest, daß die wissenschaftlichen Erkenntnisse und die seit allen Zeiten existierende jüdische Überlieferung sehr einander ähnelten.

Nur wenigen Menschen ist offenbar bekannt, daß das Judentum etwas zum Thema Reinkarnation zu sagen hat. Deshalb bleibt meine Perspektive, wo ich in diesem Buch die Reinkarnationsvorstellungen verschiedener Kulturen miteinander vergleiche, stets eine eindeutig jüdische. Ich glaube, daß das den Wert dieses Buches steigert, denn es sind derzeit kaum Werke verfügbar, die das Phänomen der Reinkarnation aus jüdischer Sicht behandeln. (Um nichtjüdischen Lesern die Lektüre zu erleichtern, habe ich mich bemüht, alle Fachbegriffe im Text zu definieren, und überdies im Anhang ein Glossar dieser Begriffe beigefügt.)

Reformjuden wie konservative (und sogar viele orthodoxe) Juden wissen oft nicht einmal, daß es im Judentum derartige Lehren gibt. Andererseits ist der Reinkarnationsglaube meines Wissens für sämtliche chassidischen Sekten ein natürlicher Bestandteil ihrer religiösen Überzeugungen. Dieser Glaube wird auch von zahlreichen sephardischen Juden geteilt. Das ist nicht verwunderlich, denn bevor das «Katholische Königspaar» Ferdinand und Isabella die Juden 1492 aus Spanien vertreiben ließ, hatte die Kabbala unter den portugiesischen und spanischen Juden eine Blütezeit erlebt. Als die *Sephardim* vor der spanischen Inquisition fliehen mußten, nahmen sie die Kabbala mit. Zur mystischen Gemeinde von Safed in Israel, das im sechzehnten Jahrhundert ein Zentrum des jüdischen Mystizismus und Wirkungsstätte Rabbi Isaak Lurias war, gehörte eine große Zahl von sephardischen Flüchtlingen.

Hinzu kommt, daß das Interesse an jüdischer Mystik gegenwärtig sowohl in allgemeiner als auch in wissenschaftlicher Hinsicht eine Renaissance erlebt. Waren einige der älteren Forscher, darunter Martin Buber, noch geneigt, die Reinkarnationslehren zu ignorieren, so findet diese in der neueren Forschung wieder Beachtung. Gershom Scholem, der seinerzeit als der bedeutendste Experte auf dem Gebiet der Kabbala-Forschung galt, hat in seinen Schriften immer wieder eindeutig festgestellt, daß die Reinkarnation ein integraler Bestandteil der lurianischen Kabbala und des Chassidismus war.

Dieses Buch verfolgt also im wesentlichen drei Ziele: Erstens will es Hypnotherapeuten, Parapsychologen und Deutern von Offenbarungen aus einem früheren Leben den theologischen und kulturellen Kontext für ihre Fälle liefern; zweitens will es Menschen mit Erinnerungen an den Holocaust ermutigen, an der Heilung ihres persönlichen Karmas zu arbeiten; und drittens will es der interessierten Öffentlichkeit einen Überblick über die jüdischen Reinkarnationslehren vermitteln.

Ich erhebe nicht den Anspruch, mit diesem Buch sämtliche Fragen ein für allemal zu beantworten – ganz im Gegenteil. Es ist lediglich der Versuch, ein Thema zu enttabuisieren, das die Deuter von Offenbarungen aus früheren Leben und die Therapeuten seit Jahren beschäftigt, aber mit Rücksicht auf die Gefühle der Juden kaum öffentlich diskutiert worden ist. Fast auf jeder Spiritualismuskonferenz, auf der ich dieses Thema angesprochen habe, gab es mindestens einen Teilnehmer, der von derartigen Fällen berichtete. Ich habe die Hoffnung, daß dieses Buch andere und zweifellos kompetentere Leute ermutigt, das Phänomen mit dem gebührenden Ernst zu erforschen.

Als ich anfing, die Fälle systematischer zu erfassen, fragte ich die Betroffenen nicht nur nach ihren konkreten Erinnerungen an ein früheres Leben im Holocaust, sondern hielt auch das Alter, das Geschlecht, die Physiognomie und den Geburtsort fest sowie den religiösen und kulturellen Hintergrund dieser Menschen. Ich räume ein, daß ich dabei nicht immer konsequent vorging. Und ich gebe auch zu, daß ich in gewissem Maße bewertete, inwieweit die jeweilige Geschichte tatsächlich eine Erinnerung an ein früheres Leben war. In manchen Fällen hatte ich den Eindruck, daß die Behauptung eines Betroffenen, er fühle sich «als Jude», so stark von der christlichen Theologie gefärbt war, daß das, was der oder die Betreffende als Erfahrung aus dem früheren Leben bezeichnete, eher den Charakter eines archetypischen Traumes oder einer Phantasie hatte. Fälle dieser Art wurden hier ausgespart.

Ebenfalls ausgespart beziehungsweise nur sehr allgemein dargestellt sind über hundert Geschichten, die mir vertraulich mitgeteilt wurden und bei denen ich im gegenseitigen Einvernehmen mit den Betroffenen auf Aufzeichnungen verzichtete. Diese Fälle haben zwar mein Denken eindeutig beeinflußt, doch habe ich mit Rücksicht auf die Wünsche meiner Klienten davon abgesehen, sie schriftlich festzuhalten. Allerdings habe ich sie gezählt. Ich bin insgesamt über zweihundertfünfzig Menschen begegnet, die glauben, daß sie reinkarnierte Opfer des Holocaust sind.

Mehr oder weniger ausführliche Aufzeichnungen standen mir in achtundsiebzig Fällen zur Verfügung – sechsundfünfzig Frauen und zweiundzwanzig Männer. Davon waren sechzehn von Geburt jüdisch, sieben zum Judentum konvertiert, und fünfundfünfzig waren in diesem Leben keine Juden. Was ihr früheres Leben im Holocaust angeht, so glaubten achtundfünfzig, daß sie Juden waren, fünfzehn gingen davon aus, daß sie keine Juden waren, und fünf waren sich nicht sicher. Weitere frühere Leben, die einige Klienten in anderen Jahrhunderten sowohl als Juden als auch als Nichtjuden geführt zu haben behaupteten, wurden hier nicht berücksichtigt. Die Betroffenen kamen aus siebzehn amerikanischen Bundesstaaten sowie aus Neuseeland, Israel, Frankreich, Deutschland und Kanada.

Als die erste Ausgabe von *Beyond the Ashes* 1992 erschienen war, nahmen Hunderte von weiteren Menschen Kontakt mit mir auf, die in der gleichen Situation waren. Dadurch steht jetzt eine viel größere Auswahl von Fällen zur Verfügung, und es zeigt sich, daß die oft zitierte Statistik von 1991, wonach zwei Drittel der betroffenen Menschen in diesem Leben nicht jüdisch seien, völlig falsch und überholt ist. Nicht weil sie in der Minderzahl waren, hatten sich zunächst weniger Juden gemeldet, sondern weil bei den Juden ein strenges Tabu dagegen besteht, sich über das persönliche spirituelle Leben in einer öffentlichen Publikation zu äußern. Als *Beyond the Ashes* im *Jewish Book Club* 1993 besprochen wurde, sahen die Juden in dieser Anerkennung durch eine zum jüdischen Hauptstrom gehörige Institution die Zustimmung, über ihre Holocaust-Erinnerungen aus einem früheren Erdenleben zu berichten. Ich bin nun überzeugt, daß eine starke Mehrheit der in der Generation des «Babyboom» auf die Welt gekommenen Juden wiedergeborene Holocaust-Opfer sind. (Siehe auch die Einleitung zu Teil II.)

Bei der Wiedergabe der Geschichten mußte ich natürlich, um die Privatsphäre der Betroffenen zu schützen, einige Einzelheiten ändern. Es versteht sich von selbst, daß die Namen nicht die wahren Namen der Klienten sind. Die genannten Geburts- oder Wohnorte sind im allgemeinen authentisch, sofern die Klienten in Großstädten beheimatet sind; wo dies nicht der Fall ist, habe ich nur den Bundesstaat oder das Land, in dem sie beheimatet sind, angegeben. Dies geschah in der Absicht, einerseits zu zeigen, wie weit das Phänomen an sich verbreitet ist, andererseits aber nicht die Identität von Personen preiszugeben, die aus kleineren Ortschaften kommen. Wenn sich Menschen an den Namen erinnern konnten, den sie in ihrer vorangegangenen Inkarnation hatten, habe ich den wirklichen Namen verwendet, weil die Betroffenen jetzt höchstwahrscheinlich tot sind.

Da es mir widerstrebt, diese Geschichten nach Manier der Sensationspresse lediglich als «Berichte über die Reinkarnation von Opfern des Holocaust» zu erzählen, war ich bestrebt, sie in einen allgemeineren Kontext einzubetten und sie in ihrem Zusammenhang mit der Geschichte, der jüdischen Mystik und der Reinkarnationslehre zu zeigen. Mir standen weder die Zeit noch die finanziellen Möglichkeiten zur Verfügung, die Berichte in allen Einzelheiten nachzuprüfen; wo dies jedoch möglich war, habe ich auf historische Ereignisse hingewiesen, die Parallelen zu den Vorgängen aufweisen, von denen die jeweils Betroffenen berichteten. Darüber hinaus habe ich auch persönliche Auffassungen von Menschen über den Einfluß des Holocaust auf das Karma der Welt aufgenommen.

Ich werde mitunter gefragt, welche Rolle meine eigenen übersinnlichen Fähigkeiten bei dieser Arbeit spielen. Diese Frage ist nicht leicht zu beantworten. Ich bezeichne mich nicht als Medium; ich entschlüssele keine «Offenbarungen»; ich versetze mich weder in Trance, noch bin ich jemand, der Geisthelfer «channelt», das heißt einen Kontakt zu Geistwesen aus anderen Welten herstellt. Eigentlich passiert nichts weiter, als daß ich bei ganz alltäglichen Dingen gelegentlich Eindrücke empfange, die von einer anderen Bewußtseinsebene zu kommen scheinen. Manche dieser Erfahrungen sind visuell oder akustisch, andere haben eher den Charakter eines «inneren Wissens». Wenn dies geschieht, bin ich mir meiner Umgebung absolut bewußt, so daß die Menschen in meiner Nähe im allgemeinen gar nicht merken, daß sich etwas «Übersinnliches» vollzieht. In einigen der hier wiedergegebenen Geschichten habe ich diese intuitiven Erfahrungen geschildert.

Ich kann unmöglich all die vielen Menschen nennen, die mich bei der Arbeit an diesem Buch unterstützt haben. Danken möchte ich aber Reb Zalman, der mir bei meiner spirituellen Suche den Rücken stärkte, meiner Frau Caryl, die mich immer wieder von neuem ermutigt hat, Dan Weiss, der sich viele Stunden lang meine Theorien anhörte, der Organisation *Shevet Shalom*, die in mageren Jahren meinen Lebensunterhalt sicherte, der Buchhandlung *Evenstar,* die mir die Räume für meine ersten Workshops zur Verfügung stellte, meinem Lektor Jon Robertson, der mir half, mein Manuskript so abzufassen, daß der Durchschnittsleser es versteht, und allen, die mir ihre Geschichten erzählt haben, ohne die ich dieses Buch nicht hätte schreiben können. Möget ihr alle auch weiterhin in Schönheit, Freude und Frieden auf dem spirituellen Weg wandeln.

18. Elul 5752   *Reb Yonassan Gershom*
(am Geburtstag des Baal Schem Tow)

In der Woche, in der wir lesen:
«Und erfreuen sollt ihr euch all des Guten,
das JHWH, euer Gott, euch gab.»

Erstes Kapitel

Merkwürdige Begegnung an einem Winterabend

Ich hatte sie oft bei meinen Kursen über die Kabbala und über jüdische Esoterik unter den Zuhörern sitzen sehen und mich schon gewundert, daß diese junge blonde Frau skandinavischer Herkunft ein solch starkes Interesse an jüdischer Mystik zeigte. Dabei hatte ich keine Ahnung gehabt, wie sehr sie beteiligt war.

Wegen eines Schneesturms hatte ich an jenem Winterabend den Gesprächskreis, der normalerweise bei mir zu Hause stattfand, abgesagt; sie hatte aber die Nachricht nicht bekommen und war doch erschienen. «Wenn Sie schon mal hier sind, können Sie auch reinkommen und eine Tasse Kaffee trinken», schlug ich ihr vor.

Sie nahm die Einladung an. Als der Kaffee auf dem Tisch stand, fragte ich sie, worüber sie gern reden möchte, und rechnete damit, daß sie mich nach der Kabbala fragen werde. Doch sie wollte über den Holocaust sprechen!

Sie erzählte mir, daß sie seit ihrer Kindheit, wenn vom Holocaust die Rede war, von einem lähmenden, ihr unerklärlichen Entsetzen gepackt würde. Ihre Schwester schriebe gerade eine wissenschaftliche Arbeit über Konzentrationslager und wollte ihr ständig erzählen, zu welchen Erkenntnissen sie gelangt war, aber sie konnte es einfach nicht ertragen, darüber zu sprechen.

Während die junge Frau sprach, sah ich die Angst in ihren tiefblauen Augen. Und plötzlich spürte ich, wie ich in einen anderen Bewußtseinszustand hinüberglitt, was bei beratenden Gesprächen des öfteren vorkommt. Vor ihr schönes Gesicht schob sich auf einmal ein anderes, dünnes, abgezehrtes Antlitz. Gleichzeitig hörte ich eine von vielen Stimmen gesungene, alte chassidische Weise. Ich hatte das Gefühl, als bewegten wir uns zwischen zwei unterschiedlichen Zeiten hin und her. Die junge Frau schien indes nicht zu bemerken, was mit mir vor sich ging.

«Ich würde gern etwas ausprobieren», sagte ich. «Wenn Sie einverstanden sind, summe ich jetzt eine Melodie, und Sie sagen mir, ob Sie dieses Lied irgendwann schon einmal gehört haben.» Ich begann das

Lied zu summen, das ich in meiner Vision gehört hatte, und ihre Augen weiteten sich vor Entsetzen. Dann brach sie zusammen, weinte und stieß schluchzend hervor, sie sei im Holocaust «gestorben». Das Lied war das *Ani Maamin* («Ich glaube»), ein frommer Gesang, mit dem viele tausend Juden ihren letzten Gang in die Gaskammern antraten. Sie hatte es in diesem Leben noch nie gehört.

Das war 1981. Seither habe ich mit buchstäblich Hunderten von Menschen gesprochen, die glauben, daß sie im Holocaust gestorben und wieder auf die Welt gekommen seien. Sie gelangten auf die verschiedenste Weise zu dieser Überzeugung: durch Träume, Visionen, Déjà-vu-Erlebnisse, Offenbarungen aus früheren Leben, Intuition, durch Geisthelfer, automatisches Schreiben und Hypnotherapie. Die meisten von ihnen sind ganz normale Menschen aus den verschiedensten Lebensbereichen – und es werden von Tag zu Tag mehr. Was hat es mit diesem Phänomen auf sich? Ist der Holocaust zum universellen Archetyp für menschliches Leiden geworden, oder handelt es sich bei diesen Menschen tatsächlich um reinkarnierte Opfer?

Als mir die ersten Geschichten über Reinkarnation aus dem Holocaust zu Ohren kamen, behielt ich sie für mich, weil ich fürchtete, meine Glaubwürdigkeit als Lehrer zu verlieren. Die Juden reagieren auf das Thema Holocaust sehr empfindlich, und ich wollte mich nicht dem Vorwurf aussetzen, eine so unermeßliche Tragödie lediglich reißerisch vermarkten zu wollen. Deshalb verzichtete ich die ersten drei Jahre weitgehend darauf, mich öffentlich dazu zu äußern, deutete aber hier und da in kleinen Diskussionsgruppen an, daß ich mich für reinkarnierte Opfer des Holocaust interessierte.

Mit der Zeit bekam ich dann Anrufe von Leuten, die einen Termin mit mir verabreden wollten. Nachdem sie sich am Telefon vorsichtig an mich herangetastet hatten, gestanden sie mir, daß auch sie glaubten, im Holocaust gestorben zu sein. Die meisten hatten bis dahin noch mit keinem Menschen darüber geredet. Es war bekannt, daß ich mich mit Parapsychologie beschäftigte; vielleicht gab ihnen das ein Gefühl der Sicherheit und veranlaßte sie, mir ihre Geschichten zu erzählen.

1984 war ich eingeladen, bei dem alljährlich stattfindenden Treffen der *Spiritual Frontiers Fellowship* (SFF) am *Carleton College* in Northfield, Minnesota, einen Vortrag zu halten. Dem SFF gehören die verschiedensten spirituell orientierten Menschen an, die sich für übersinnliche Erscheinungen interessieren und größtenteils an Reinkarnation glauben. Hier hoffte ich ein Publikum zu finden, das für die von mir gesammelten Fallbeispiele empfänglich wäre. Deshalb schlug ich vor, meinen Beitrag «Fälle von Holocaust-Reinkarnation» zu nennen. Ich handelte mir eine Abfuhr ein. Der Vertreter der SFF erklärte mir, da das Motto der Klausur «Ich bin das Licht» laute, wolle man sich auf erbauliche und ihrem Wesen nach positive Themen konzentrieren, wie es die Teilnehmer erwarteten. Das Thema Holocaust sei einfach zu schwer und zu deprimierend und würde die Leute zu sehr mitnehmen, selbst wenn ich über Reinkarnation spräche. Ob ich mir keinen erfreulicheren Gegenstand wählen könnte, etwa die Sabbatliturgie.

Ich willigte ein, über das «Empfangen des Sabbatlichtes» zu reden, und zog an jenem Freitag abend mit fünfhundert Menschen aus dem Saal ins Freie, um bei Sonnenuntergang in freudiger Ekstase *Schalom* zu singen. Ich hatte ihnen die positive, erbauliche Erfahrung vermittelt, für die ich bezahlt wurde. Dennoch kam der Holocaust schließlich zur Sprache. Nach dem gemeinsamen Singen hatten die Teilnehmer so viel Vertrauen zu mir gewonnen, daß etliche mich um ein persönliches Gespräch über ihr spirituelles Leben baten. Einige fragten vorsichtig, ob ich glaubte, daß Juden als Nichtjuden wiedergeboren werden könnten. Als ich bejahte, teilten sie mir Erinnerungen mit, von denen sie meinten, sie müßten aus einem früheren Leben stammen.

Die Zeit war reif für einen Workshop zu diesem Problem. Doch wo sollte ich ihn abhalten? Die metaphysisch orientierten Gruppen, denen ich das Thema vorschlug, reagierten durchweg ablehnend. Und die Juden interessierten sich im großen und ganzen nicht für Mystik, schon gar nicht, wenn es um den Holocaust ging. Das Thema war den Leuten einfach zu heikel. Trotzdem kamen immer mehr Menschen mit derartigen Berichten zu mir, froh, endlich jemanden gefunden zu haben, der bereit war, ihnen zuzuhören. Als sich herumsprach, daß ich für solche Dinge offen war, wandten sich auch Menschen an mich, denen ich von dritter Seite empfohlen worden war. Gleichzeitig fing ich an, Geschichten aus zweiter Hand, aber doch aus zuverlässiger Quelle zu sammeln: Geistliche oder Therapeuten, die mich wegen eines ihrer Klienten um meine Meinung baten.

Im Juli 1985 nahm ich an einer *Kalla* teil, einer einwöchigen Versammlung geistlicher Besinnung, bei der das Thema Holocaust aus naheliegenden Gründen nicht tabu war. Veranstalterin dieser *Kalla* war eine als *B'nai Or* («Kinder» oder «Jünger des Lichtes») bekannte Gruppe, eine von Rabbi Zalman Schachter-Shalomi, dem bekannten Vordenker der spirituellen Erneuerung des Judentums, gegründete Vereinigung spiritueller Sucher. Schachter-Shalomi ist ein Meister der Kabbala, der viele Jahre lang mit östlichen Mystikern im Gedankenaustausch stand und sich daher mit den Reinkarnationslehren der verschiedensten Kulturen bestens auskennt. Da ich mich unter seiner Mentorenschaft auf meine Ordinierung vorbereitete, kannte ich die Leiter der auf dem Programm stehenden Workshops größtenteils persönlich. Insofern war die *Kalla* für mich so etwas wie ein Heimspiel, und ich hoffte, hier Gehör zu finden.

Die etwa hundertfünfzig Teilnehmer waren größtenteils jüdische Intellektuelle und Erzieher (sowohl Rabbiner als auch Laien), die mit Schachter-Shalomis Wirken zu tun hatten – also wahrlich keine Versammlung von Ignoranten. Offiziell sollte ich eine Selbsterfahrungsgruppe zum Thema «Die Suche nach einer jüdischen Vision» leiten, hoffte aber, daß sich irgendwann die Gelegenheit böte, das Thema Holocaust-Reinkarnation und die mir bekannten Fälle zur Sprache zu bringen. Wenn ich die Frage nicht einmal innerhalb der jüdischen Erneuerungsbewegung anschneiden konnte, wo dann?

Die Gelegenheit ergab sich schneller als erwartet. Am Montag abend, nach dem regulären Programm, saßen wir zu mehreren auf der Treppe und erzählten uns Geschichten über unsere Heimatgemeinden. Ich erwähnte, daß ich eine Reihe von Menschen kannte, die zum Judentum übergetreten waren und meinten, sich an ein früheres Leben zu erinnern – ein Leben während des Holocaust. Die Betreffenden waren durchweg zwischen 1947 und 1953 geboren und aufgrund ihrer Herkunft kaum mit Juden in Berührung gekommen. Trotzdem hatten sie, seit sie zum erstenmal in einer Synagoge waren, das Gefühl gehabt, von Natur aus mit dem Judentum vertraut zu sein. Und alle glaubten, ihre Konversion sei eine Rückkehr in «ihr Volk» nach einer vorangegangenen Inkarnation.

Jemand fragte: «Wie viele solcher Fälle gibt es?» Und ich erwiderte: «Im Moment etwa ein Dutzend.» Die anderen meinten, daß diese Zahl schwerlich Verallgemeinerungen zulasse. Ich stimmte dem zu, erklärte aber, daß ich die Geschichten nicht systematisch gesammelt hätte und daß möglicherweise sehr viele weitere, mir nicht bekannte existierten. Das sei auch der Grund, weshalb ich davon spräche; ich wollte erfahren, ob anderen Teilnehmern womöglich ähnliche Fälle bekannt seien.

Im Verlauf der Unterhaltung bemerkte ich eine Frau, die etwas außerhalb saß und aufmerksam zuhörte. Am nächsten Tag kam sie zu mir und sagte: «Ich muß Sie unbedingt sprechen.» Sie erzählte, wie sie sich am

Vorabend unwiderstehlich zu der Treppe hingezogen gefühlt habe, auf der wir saßen. Während unseres Gesprächs sei es ihr eiskalt den Rücken hinuntergelaufen, denn sie selbst sei zum Judentum konvertiert, weil sie sich daran erinnere, im Holocaust gestorben zu sein. Jetzt oder nie! Die Frau und ich beschlossen spontan, während der *Kalla* eine Gesprächsrunde anzubieten. Die Frage war, wie wir vorgehen sollten, ohne den Eindruck von Effekthascherei zu erwecken und die Teilnehmer so von vornherein abzustoßen. Um die Sache möglichst niedrig zu hängen und niemanden zu verprellen, beschränkten wir uns auf Mund-zu-Mund-Propaganda; wir fragten, ob das Interesse an einer zwanglosen Zusammenkunft vorhanden sei, bei der diejenigen, die sich angesprochen fühlten, über ihre Erinnerungen an ein früheres Leben im Holocaust reden könnten.

Es kamen neun Personen, die sämtlich – teils aus eigenem Erleben, teils aus zweiter Hand – Reinkarnationsgeschichten zu erzählen hatten. Das Phänomen war also nicht auf Minnesota beschränkt. Hier saßen jüdische Intellektuelle aus dem ganzen Land versammelt, die unabhängig voneinander ähnliche Fälle wie ich erlebt hatten, *und offenbar paßten alle in ein und dasselbe Schema.* Die Betroffenen waren zumeist in den Jahren des sogenannten Babybooms in den Vereinigten Staaten geboren und hatten ähnliche Alpträume und aufblitzende Rückerinnerungen. In dem Moment wurde mir klar, daß das Thema viel größere Dimensionen besaß, als ich angenommen hatte. Von da an begann ich, Aufzeichnungen zu machen und solche Gespräche möglichst mitzuschneiden.

Im März 1986 schloß ich meine Diplomarbeit ab und wurde von Rabbi Schachter-Shalomi zum Rabbiner ordiniert. Danach hatte ich endlich Zeit, über meine Erkenntnisse zum Thema der Reinkarnation zu schreiben. Doch ich stieß abermals auf Widerstand. Kein jüdisches Blatt wollte sich auf das Problem einlassen, und die nichtjüdischen Spiritualismus-Zeitschriften mochten sich nicht mit dem Holocaust befassen. Mir schien es so, als ob Reinkarnation so lange gut und schön war, wie es dabei um Dinge ging, die ein paar tausend Jahre zurücklagen. Die Leute waren hocherfreut, wenn man ihnen sagte, daß sie vielleicht schon einmal als ägyptische Prinzessin oder tibetischer Mönch existiert hatten, die Vorstellung aber, daß man erst vor relativ kurzer Zeit in einem Konzentrationslager umgekommen sein sollte, war denn doch zu grausig. Und einige der Redakteure, an die ich mich wandte, hatten wohl im Grunde ihres Herzens auch Angst, daß die Verbindung von Holocaust und Reinkarnation die Gefühle der Juden verletzen könnte.

Im November 1986 erschien in der von der A.R.E., der *Association for Research and Enlightenment*, herausgegebenen Zeitschrift *Venture Inward* ein Artikel über Juden, die sich mit den Lehren des amerikanischen Hellsehers Edgar Cayce, des «schlafenden Propheten» auseinandersetzten. Der Artikel trug die Überschrift «Das Dilemma der Christusorientierten Deutungen» und beschäftigte sich mit den Schwierigkeiten, die viele Juden mit Cayces Material hatten, weil er selbst stark christlich ausgerichtet war. Trotz dieser theologischen «Sprachbarriere» hatten die jüdischen Mitglieder der A.R.E. das Material gründlich studiert, weil sie der Ansicht waren, das Cayces Lehren jenseits der religiösen Differenzen eine gewisse Allgemeingültigkeit besäßen.[1]

Edgar Cayces hellseherische Fähigkeiten sind zu seinen Lebzeiten sehr bestaunt worden. Wenn Cayce sich im Zustand tiefer Trance befand, konnte er «Ferndiagnosen» stellen, obwohl er zum Zeitpunkt der Konsultation nichts weiter über den betreffenden Patienten wußte als dessen Namen und Aufenthaltsort und keine medizinische Ausbildung genossen hatte. Seine Diagnosen erwiesen sich immer wieder als richtig, und oft schlug auch die von ihm empfohlene Therapie an. Obwohl Cayce in den dreiundvierzig Jahren, während denen er seine Fähigkeiten demonstrierte, mehrmals von Skeptikern auf Herz und Nieren geprüft wurde, gab es keinerlei Anzeichen für einen Betrug.

Als der Hellseher 1945 starb, hinterließ er vierzehntausend Stenoprotokolle von Sitzungen, bei denen er uber sechstausend Menschen Auskunft erteilt hatte. Cayces *Readings*, wie sie genannt werden, sind in der Zentrale der A.R.E. in Virginia Beach, Virginia, aufbewahrt und werden noch heute sowohl von Medizinern als auch von Laien studiert. Viele von diesen Aussagen enthalten nicht nur Diagnosen, sondern Informationen über den spirituellen Reifeprozeß der Klienten. Einer der wesentlichen Gedanken ist dabei, daß die Person, welcher das Reading galt, bereits viele Male auf der Welt gelebt hat und daß die Ereignisse der Vergangenheit Einfluß auf ihr gegenwärtiges Leben nehmen, und zwar sowohl in Form körperlicher Krankheiten als auch in den Dingen des täglichen Lebens. Mit anderen Worten: Edgar Cayce war ein Vertreter der Reinkarnationslehre.[2]

Der erwähnte Artikel in *Venture Inward* war mir aufgefallen, weil hier endlich einmal die Zeitschrift einer angesehenen Organisation bereit war, sich im Zusammenhang mit metaphysischen Fragen eines jüdischen Problems anzunehmen. Vielleicht konnte ich da meine Erkenntnisse über Reinkarnation und Holocaust veröffentlichen.

Ich fragte bei A. Robert Smith, dem Chefredakteur, an, und er war tatsächlich interessiert. Der Artikel war etwas zu lang für seine Zeitschrift, aber Smith zeigte sich von den Fallbeispielen so beeindruckt, daß er mir den benötigten Platz einräumte. So kam es, daß *Venture Inward* mit meinem in der November/Dezember-Nummer 1987 veröffentlichten Artikel «Are Holocaust Victims Returning?» («Kehren Opfer des Holocaust zurück?») dem Thema insgesamt zum Durchbruch verhalf.

Der Artikel fand ein enormes Echo, womit weder Smith noch ich gerechnet hatten. Schon in der ersten Woche nach seinem Erscheinen kamen erste Leserreaktionen, die an mich weitergeleitet wurden. Viele Briefe stammten von Menschen, die mein Beitrag erschüttert hatte, weil sie selbst in dem Gefühl lebten, reinkarnierte Opfer des Holocaust zu sein. Sie teilten mir faszinierende Einzelheiten mit, die das, was ich bereits entdeckt hatte, erhärteten. Manche schickten mir sogar Tonbänder von ihren unter Hypnose durchlebten Rückführungen.

Anfangs beantwortete ich jeden Brief persönlich, doch als es immer mehr wurden, reichte die Zeit allenfalls noch für ein höfliches Dankeschön, und manchmal schaffte ich nicht einmal das. Ich erfüllte meine Rabbinerpflichten auf freiberuflicher Basis, hatte also keine reguläre Gemeinde, die für meinen Lebensunterhalt aufkam, und für das ausgewachsene Reinkarnationsprojekt, das sich nun abzuzeichnen begann, fehlten die Mittel. Ich hatte noch nicht einmal eine Sekretärin, die meine Korrespondenz erledigen konnte. Deshalb bitte ich an dieser Stelle alle, die vergeblich auf eine Beantwortung ihres Schreibens warteten, um Verzeihung – ich war einfach überfordert.

Hinzu kam, daß sich jetzt Menschen von überall her telefonisch bei mir meldeten – selbst aus Neuseeland riefen welche an –, um sich von ihren mit einem früheren Leben im Holocaust verbundenen Träumen, Visionen, Alpträumen und Phobien zu befreien. Die emotionale Heilung, die sich oft während dieser Telefongespräche vollzog, ist mit Worten nicht zu beschreiben. Ich konnte die Gesichter der Anrufer zwar nicht sehen, aber ich hörte, wie sich ihre Stimmen veränderten, wenn sie mir ihre Seele öffneten. Sie waren ganz gewöhnliche Menschen, die von Kindheit an von diesen Reinkarnationserinnerungen gepeinigt wurden, aber bis dahin stets darüber geschwiegen hatten, weil sie fürchteten, man könnte sie für verrückt halten. Und nun bestätigte ihnen mein Artikel, daß andere die gleiche Erfahrung gemacht hatten. Endlich konnten sie reden, und das taten sie und fanden auf diese Weise inneren Frieden.

Trotzdem fiel es vielen Anrufern noch schwer, das Thema zur Sprache zu bringen. Manche hängten mehrmals schweigend ein, bevor sie den Mut fanden, sich zu melden. Andere hingegen fühlten mir gründlich auf den Zahn, ehe sie den Grund ihres Anrufs nannten. Diese aufrichtige Zurückhaltung und die Tatsache, daß die Geschichten einander auffallend ähnelten, überzeugten mich davon, daß das Phänomen real sein mußte. Wie wäre es sonst möglich gewesen, daß Hunderte von Menschen aus allen Ecken des Kontinents, die einander nie begegnet waren, von den gleichen Erfahrungen berichteten? Entweder sagten sie die Wahrheit, oder es war eine gewaltige Organisation von Lügnern am Werk, die sich rund um den Globus zusammengerottet hatten, um mich zum Narren zu halten! Das war natürlich nicht auszuschließen, aber welches Motiv hätten die Leute haben sollen? Logischer war die Annahme, daß die Anrufer es ernst meinten.

Normalerweise begannen die Telefonate damit, daß eine scheue, zögernde Stimme am anderen Ende fragte, ob ich der Rabbiner sei, der über Reinkarnation geschrieben habe. Wenn ich bejahte, fing der Anrufer beziehungsweise die Anruferin an, mir seine oder ihre Geschichte zu erzählen. Oft schnürte es ihnen die Kehle zu, oder sie begannen zu weinen, wenn sie mir Alpträume aus ihrer Kindheit schilderten oder plötzlich aufblitzende Rückerinnerungen, die ihnen angst machten, und wenn sie erzählten, daß sie jahrelang das Gefühl gehabt hatten, ohne ersichtlichen Grund «anders» und irgendwie «ausgestoßen» zu sein.

Ich ging in unterschiedlicher Weise auf die Anrufer ein. Ich würde gern sagen können, daß ich sie systematisch befragt und ausgehend von Alter, Geschlecht, Beruf, Geburtsort und anderen persönlichen Details ein zusammenhängendes Bild von der jeweiligen Persönlichkeit entwickelt hätte. Aber das war nicht immer möglich. Manche Anrufer wollten anonym bleiben, manche wollten nicht mit solchen «Banalitäten» belästigt werden. Vielen tat es schon wohl, daß sie in mir endlich jemanden gefunden hatten, der ihnen zuhörte.

Im Durchschnitt dauerten die Telefonate mindestens eine halbe Stunde, viele aber auch erheblich länger. Oft bemerkte ich gegen Ende des Gesprächs, daß die Stimme des Anrufers gelassener klang, als ob das Erzählen seiner oder ihrer Geschichte eine Katharsis bewirkt hätte. Manche sprachen das auch aus, indem sie etwa sagten, daß sie sich jetzt besser fühlten oder vermeinten von der entsetzlichen Last befreit zu sein. Dann bedankten sie sich freundlich und legten auf.

Auch ich legte auf, und was man mir gerade mitgeteilt hatte, erfüllte mich mit einem heiligen Schauder. Es ist schwer, so etwas in Worte zu fassen, aber die innere Ruhe, die ich empfand, war so groß, daß ich einfach «wußte», es war eine Heilung eingetreten. Leider haben nur sehr wenige von diesen Menschen noch ein zweites Mal angerufen, so daß ich kaum Gelegenheit hatte, ihr Schicksal weiter zu verfolgen. Diejenigen, die es taten, berichteten in der Regel, daß ihre schrecklichen Erinnerungen an den Holocaust inzwischen verblaßt seien und sie nun ganz normal leben könnten.

Mein Status als Rabbiner trug wesentlich dazu bei, daß die Leute mir vertrauten. Viele Anrufer gehörten anderen Religionsgemeinschaften an und hatten immer gemeint, es sei irgendwie ungehörig, wenn sie behaupteten, in einem früheren Leben Juden gewesen zu sein. Die meisten hatten nicht die leiseste Ahnung davon, daß die Reinkarnation ein fester Bestandteil in der jüdischen Religion ist. Die wenigsten Menschen auf der Welt wissen, daß die Reinkarnationslehre ein grundlegendes Element der jüdischen Mystik ist und die meisten chassidischen und sephardischen Juden bis heute daran glauben. Auch unter den amerikanischen Juden herrscht in diesem Punkt weitgehend Unwissenheit, denn die Mehrzahl von ihnen lehnt die eher mystischen Aspekte des Judentums ab zugunsten eines «ethischen Monotheismus» ohne esoterische Lehren.

Es muß sehr ermutigend gewesen sein, einen Rabbiner zu finden, der kein Hehl aus seinem Glauben an Reinkarnation macht. Manche Anrufer berichteten mir Einzelheiten, die für sie selbst bedeutungslos waren, die ich aber sofort als jüdische Riten oder Bräuche identifizierte. So erzählte zum Beispiel eine protestantische Hausfrau, sie habe das starke Bedürfnis, am Freitagabend Kerzen anzuzünden – eine Sitte, die im Protestantismus nicht verankert ist und deren Bedeutung sie und ihre Familie nicht erklären konnte. Jüdische Frauen hingegen zünden seit Tausenden von Jahren am Sabbatabend, unmittelbar vor Sonnenuntergang, die Kerzen an. Dieser Brauch spielt im jüdischen Leben eine so zentrale Rolle, daß ein gläubiger Jude selbst unter den widrigsten Umständen versuchen wird, daran festzuhalten. Mir wurde von Überlebenden des Holocaust berichtet, daß Frauen, die an einem Freitag nachmittag von den Nazis deportiert worden waren, die Sabbatkerzen mitgenommen hatten, um sie bei Sonnenuntergang in den vollgepferchten Viehwaggons anzuzünden.

Ein anderer nichtjüdischer Anrufer erzählte mir, daß sein kleiner Sohn, als er allein essen lernte, sich geweigert habe, Milch zu trinken, wenn Fleisch auf dem Tisch stand. Wenn die Eltern ihn zwingen wollten, schüttete er die Milch auf den Boden. Die darüber aufgebrachten Eltern konnten sich nicht erklären, warum er das nur mit Milch tat, nie aber mit Wasser oder Saft. Auch darin erkannte ich ein mögliches Überbleibsel aus einem früheren Leben als Jude. Eines der wichtigsten jüdischen Speisegesetze verbietet das gemeinsame Verzehren von Fleisch und Milch. Fleisch mit Wasser oder Saft zu genießen, ist hingegen absolut koscher.

Ich fragte die Anrufer, ob sie mir als Gegenleistung für die Zeit, die ich ihnen geschenkt hatte, gestatteten, ihre Geschichten – selbstverständlich mit geänderten Namen – für meine wissenschaftlichen Studien zu verwenden. Auch wenn sie ablehnten, bekamen sie eine Beratung, aber die meisten willigten ein. Manche drängten mich sogar, ein Buch zu schreiben, damit andere ebenso davon profitieren könnten wie sie. (Einige der Geschichten sind in diesem Band enthalten.)

Im September 1988 erschien in der Zeitschrift *Omni*[3] ein Artikel über meine Arbeit, der auf meiner Veröffentlichung in *Venture Inward* und einem Telefoninterview mit mir basierte. *Omni* zitierte mich korrekt mit der Bemerkung, daß ein hoher Prozentsatz der Betroffenen in diesem Leben blonde, blauäugige Nichtjuden waren, die sich, als sie als verängstigte Kinder gestorben waren, leidenschaftlich gewünscht hatten, keine Juden zu sein. Ich hatte gesagt, daß Selbstbezichtigung unter Mißbrauchsopfern ein weitverbreitetes Phänomen sei und bei Reinkarnationsfällen die Erklärung dafür sein könnte, daß einige der von mir befragten Menschen als Blonde wiedergeboren waren.

Leider schlachtete die Boulevardpresse den Artikel in *Omni* weidlich aus. «Holocaust-Opfer in blonden Körpern wiedergeboren», stand im *National Examiner*[4] zu lesen. Daraufhin erhielt ich Anrufe von aufgebrachten Juden. Ich fiel aus allen Wolken, denn man warf mir sogar vor, ich verträte rassistische Ansichten. Das hatte ich wirklich nie im Sinn gehabt. Da sowohl *Omni* als auch der *Examiner* das Hauptaugenmerk darauf gelegt hatten, daß jüdische Opfer als blonde Nichtjuden wiedergeboren würden, hielten mich einige Leute für «antiarisch», andere unterstellten mir, ich wollte bei blonden Menschen Schuldgefühle wecken. Genau entgegengesetzt war der Vorwurf eines Schwarzen, der mir gegenüber die Vermutung äußerte, ich hielte weiße Körper für irgendwie «besser» als dunkelhäutige.

Dabei lag dies alles mir völlig fern. Ich hatte mich nicht wegen irgendwelcher Vorurteile auf die nichtjüdischen Fälle konzentriert, sondern deshalb, weil diese sich am besten dazu eignen, den Reinkarnationsglauben zu stärken. Wenn ein Kind aus einer auf dem Lande lebenden protestantischen Familie, das nie Juden kennengelernt hat und nichts vom Judentum weiß, von einem Leben in Osteuropa träumt und entsprechende Erinnerungen hat, so ist dies ein sehr einleuchtender Beweis. Natürlich gibt es auch Juden, die als Juden wiedergeboren wurden, aber diese Fälle sind schwerer nachzuvollziehen, weil sie in diesem Leben mit einem Wissen von jüdischen Dingen aufgewachsen sind. Da ich mich in meinem Artikel aus Platzgründen hatte beschränken müssen, hatte ich mich entschlossen, dort nur die überzeugendsten Fälle zu nennen.

Trotzdem war von da an gewissen Kreisen meine gesamte seelsorgerische Tätigkeit suspekt, man verweigerte mir sogar mehrmals die Gastfreundschaft. Obwohl die Reinkarnationslehre in der jüdischen Religion verankert ist (siehe drittes Kapitel), betrachteten viele die Verbindung zum Holocaust als sensationslüsterne New-Age-Masche. Außerdem waren einige chassidische Juden tief beunruhigt, weil ich zu behaupten gewagt hatte, daß ihre Vorfahren vielleicht als Nichtjuden reinkarniert sein könnten. In den jüdischen Quellentexten herrscht Uneinigkeit darüber, ob dies möglich ist, doch die Mehrzahl der modernen Chassidim vertritt die im sechzehnten Jahrhundert von dem Mystiker Isaak Luria dargelegte Auffassung, daß Juden in allen Inkarnationen Juden bleiben. Diese Ansicht deckte sich jedoch nicht mit meinen Erkenntnissen, und ich dachte nicht daran, meine Theorie aufzugeben, nur um nicht mit einer mittelalterlichen Lehre in Konflikt zu geraten.

Andererseits öffneten mir nun alternative spirituelle Gemeinschaften ihre Türen. Ich hielt jetzt regelmäßig Workshops ab, trat in Talk-Shows auf und sammelte weiter Material für das vorliegende Buch. Ich hatte bereits über hundertfünfzig Fälle aufgezeichnet, einige davon sehr detailliert, und fühlte mich reif, mit dem Schreiben zu beginnen, als uns ein persönliches Unglück traf. Meine Frau Caryl erkrankte an der «Umweltkrankheit», was bedeutete, daß wir gezwungen waren, unser Leben radikal umzustellen. So mußte das Buch erst einmal warten.

Die «Umweltkrankheit» wird als die Krankheit des zwanzigsten Jahrhunderts bezeichnet und besteht in einem ganzen Komplex von allergischen Reaktionen auf moderne Chemikalien und Umweltgifte. Die Symptome können sehr schwer sein. Caryl wurde zum Beispiel ohnmächtig und von unwillkürlichen Muskelzuckungen befallen, wenn sie bestimmte Parfüms und Klebstoffe roch; bei einer Reihe anderer Chemikalien reagierte sie gereizt, litt unter Muskelschmerzen und Anfällen geistiger Verwirrung. Wir wohnten damals im Zentrum von Minneapolis, mitten im dicksten Großstadtmief, und Caryls Zustand hatte sich so sehr verschlimmert, daß sie kaum noch aus dem Haus gehen konnte. Schon nach einem kurzen Spaziergang mit dem Hund war durch die Abgase, die sie eingeatmet hatte, ihr Geist verwirrt, und sie hatte Koordinationsstörungen. Ein Heilmittel ist nicht bekannt; sie mußte die schmutzige Großstadtluft meiden. Also blieb uns nichts weiter übrig, als uns ein ländliches Domizil zu suchen.*

Im Frühjahr 1988 zogen wir in einen kleinen Ort etwa hundert Meilen nördlich von Minneapolis. Ich hoffte, meine Tätigkeit als freiberuflicher Seelsorger in den sogenannten *Twin Cities,* Minneapolis und Saint Paul, fortsetzen und meine interkonfessionelle Arbeit mit Christen in Nordminnesota weiter ausdehnen zu können. Den Gedanken an eine eigene Gemeinde mußte ich ein für allemal aufgeben, zum einen, weil Caryl es nicht ausgehalten hätte, in einer Synagoge voll parfümierter Menschen zu sitzen, zum anderen, weil es in den ländlichen Gebieten von Minnesota gar keine Juden gab.

Weshalb der Mangel an Kontakten zu anderen Juden für uns so problematisch war, kann man nur verstehen, wenn man weiß, was Jüdischsein eigentlich bedeutet. Viele Leute meinen, das Judentum sei mehr oder weniger eine Religion; tatsächlich aber ist der Ausdruck «jüdischen Glaubens sein» dem jüdischen Denken gänzlich fremd. Wenn die Juden ihre traditionelle Lebensweise in einem Begriff definieren, gebrauchen sie häufig das Wort *Jiddischkeit,* was für gewöhnlich mit «Jüdischsein» übersetzt wird. Doch diese Übersetzung ist nicht ganz adäquat. Es gibt kein Wort, das ausdrückt, was mit *Jiddischkeit* gemeint ist, weil dieser Terminus eine ganze Lebensweise umfaßt. Am nächsten kommt man der Sache noch, wenn man sagt, daß Jüdischsein die Zugehörigkeit zu einer «Stammeskultur» bedeutet.

In Minnesota vermißte ich die jüdischen Feste mit ihren Speisen, Liedern, Geschichten, das ganze undefinierbare Umfeld, das einem das Gefühl gibt, Teil einer Gemeinschaft zu sein. In Minneapolis war unser Haus stets ein Treffpunkt für Juden der verschiedensten Schattierungen gewesen, und zu besonderen Gelegenheiten, zum Beispiel Pessach, saßen an unserem Tisch fünfundzwanzig bis dreißig Gäste, mit denen

---

*Seither sind zwar neue Behandlungsmöglichkeiten verfügbar geworden. Trotzdem müssen wir weiterhin der Stadt fernbleiben, um das Immunsystem meiner Frau nicht wieder zu überlasten (August 1997).

wir nach altem Brauch das fröhliche Festmahl genossen, das bis tief in die Nacht dauert. Jetzt aber lebten wir so weit weg von der Stadt, daß all das nicht mehr möglich war. In unserer Kleinstadt nahm niemand außer uns von den jüdischen Feiertagen Notiz. Am Sabbat, an dem sich die Juden nach altem Brauch gegenseitig besuchen, fühlten wir uns völlig isoliert. Nirgendwo im Umkreis von hundert Meilen war auch nur die kleinste Spur von *Jiddischkeit* zu finden.

Auch an meiner interkonfessionellen Arbeit bestand nicht das mindeste Interesse. In den *Twin Cities* hatte ich in der kirchlichen Erwachsenenbildung Kurse über jüdische Bräuche und den jüdischen Glauben gehalten; hier bestand für so etwas kein Bedarf. Die einzigen Christen, die uns aufsuchten, waren «Missionare», die uns ihre Pamphlete unter die Nase hielten und uns zu bekehren versuchten. Ich wurde nicht ein einziges Mal von einer kirchlichen Gruppe zu einem Vortrag eingeladen, obwohl es sich in der Stadt herumgesprochen hatte, daß ich Religionswissenschaftler war. Die Leute hatten einfach kein Interesse daran, etwas über das Judentum zu erfahren, und *Interfaith dialogue* – der interkonfessionelle Dialog – war so unbekannt, daß die Lokalzeitung in unserer Anzeige einen *«Interface dialogue»* daraus machte – als wollten wir Computer verkaufen!

Alles Esoterische galt hier von vornherein als Teufelswerk. Nachdem ich 1989 in einer Talk-Show im regionalen Fernsehen über Reinkarnation gesprochen hatte, wurde mir aufgrund der Vorurteile gewisser fundamentalistischer Kreise untersagt, weiter als ehrenamtlicher Seelsorger im nahe gelegenen Gefängnis zu arbeiten. Da ich nicht zu beweisen vermochte, daß dies eine Diskriminierung war, konnte ich meine Arbeit mit den Häftlingen erst fortsetzen, nachdem es in der Gefängnisleitung personelle Veränderungen gegeben hatte.

Unterdessen kam auch meine seelsorgerische Tätigkeit in den *Twin Cities* mehr und mehr zum Erliegen, und die Angebote, außerhalb Vorträge zu halten, wurden ebenfalls immer spärlicher. Dies wiederum hatte zur Folge, daß wir mehr als einmal kurz vor dem finanziellen Ruin standen, denn ich war so überqualifiziert, daß es auf dem Lande einfach keine Verwendung für mich gab. Die Krankheit meiner Frau, der Kulturschock, als gläubiger Jude in einer Kleinstadt zu leben, der Verlust der Kontakte zu anderen Juden – all das forderte seinen Tribut. Ich war schlicht am Ende. Da ich als Rabbiner nicht mehr unseren Lebensunterhalt bestreiten konnte, begann ich mich auf den weltlichen Journalismus zu konzentrieren.

Doch die Sache mit der Reinkarnation ließ mich nicht los. Bis heute kursieren Kopien von meinem Artikel «Are Holocaust Victims Returning?», so daß ich noch jetzt, fünf Jahre danach, Briefe und Anrufe von Menschen erhalte, die mich um nähere Informationen bitten. Eine solche Reaktion auf einen einzigen Zeitschriftenartikel ist höchst ungewöhnlich. Und während ich an diesem Buch arbeite, wird der Artikel für eine Anthologie über westliche Mystik ins Japanische übersetzt. Auch aus Tschechien habe ich einen Brief mit der Bitte um Nachdruckerlaubnis bekommen. Die Geschichte will also erzählt werden, und offenbar bin ich ausersehen, dafür das Medium zu sein.

Ich habe mich oft gefragt, warum diese Aufgabe gerade mir zugefallen ist. Es war nicht leicht, so viele Alpträume, Visionen und lebhafte Erinnerungen an Qualen und Verrat anzuhören. Eine derartige Beratungstätigkeit erfordert ein enormes Maß an Einfühlungsvermögen. Bisweilen war ich emotional so erschöpft, daß ich kaum noch weitermachen konnte. Häufig genug ging ich nachts zutiefst deprimiert zu Bett und fragte meinen Schöpfer, warum gerade mir diese erdrückend traurige Last auferlegt ist.

In einer dieser Nächte träumte ich, ich sei ein chassidischer Junge von acht oder neun Jahren und lebte in Osteuropa. Die Juden des Dorfes hatten sich versammelt; in der Ferne hörten wir Geschützdonner. Mein Vater, der Rabbiner des Ortes, versuchte, die Leute zu trösten. Er erklärte ihnen, daß sie zwar bald sterben müßten, aber sie sollten sich nicht fürchten, denn der Körper sei nur ein Gewand. Die Seele, sagte er, lebe ewig und werde eines Tages in neuem Gewand wieder auf Erden wandeln.

Allerdings, fuhr der Rabbi bekümmert fort, gebe es da ein Problem. Über viele, viele Inkarnationen hinweg seien ihre Seelen immer wieder in dieses Dorf zurückgekehrt und hier als Kinder ihrer Kinder wiedergeboren worden. Diesmal jedoch würde das Dorf vollkommen zerstört werden, niemand würde überleben, der den Seelen neue Körper zur Verfügung stellen könnte. Folglich könnten sie nie mehr hierher zurückkehren und würden wohl im nächsten Leben voneinander getrennt werden. Die Frage sei, wie sie einander wiederfinden sollten.

Es wurde beschlossen, das Los zu werfen. Derjenige, auf den das Los fiele, würde sofort wiedergeboren werden und einen neuen Ort suchen, an dem sich die Dorfbewohner treffen könnten. Er sollte den Weg bereiten und den anderen als übersinnliches Leuchtfeuer dienen, damit sie ihn finden könnten. Auf diese Weise würden sie einander hoffentlich nicht verlieren.

Ernst sprachen die Juden ein gemeinsames Gebet. Dann zog jeder ein Los. Der Geschützdonner kam immer näher. Plötzlich erstarrte alles – das Los war auf mich gefallen! Als ich gerade protestieren wollte, ich sei noch viel zu klein und wisse nicht, was ich zu tun hätte, drangen die Nazis ins Dorf ein und begannen alle zu erschießen. Ich wachte auf.

Ich weiß nicht, ob dieser Traum buchstäblich wahr ist. Sicher ist, daß ich mich von Natur aus zum Chassidismus hingezogen fühle, obgleich ich nicht als Chassid aufgewachsen bin, sondern mich erst später für diese Glaubensrichtung entschieden habe. Die Musik, die Legenden und die Lehren der Chassidim bringen in meiner Seele etwas zum Klingen, was das moderne amerikanische Judentum nicht kann. Ich hatte schon bei anderen Gelegenheiten das Gefühl, daß ich früher in Osteuropa gelebt habe – vor dem Holocaust –, zu einer Zeit, als der Chassidismus noch eine mystische Lehre war und sich nicht vor den Karren der Politik hatte spannen lassen. Im Laufe der Jahre haben mir etliche Leute gestanden, daß sie glaubten, ich sei in einem früheren Leben ihr Rabbiner gewesen. Ich möchte das nicht ausschließen (siehe 15. Kapitel in Teil II, «Der Kreis der Thora»).

Trotzdem neige ich zu der Annahme, daß dieser Traum eher symbolisch zu deuten ist. Genau wie dem Jungen im Traum ist mir eine Verantwortung übertragen worden, die ich mir so nicht selbst ausgesucht habe. Vielleicht war es nur der Zufall, der mir vor über zehn Jahren an einem verschneiten Winterabend diese verängstigte Frau ins Haus wehte. Oder vielleicht bin ich einfach deshalb auserwählt, weil ich bereit war, ihr zuzuhören und ihre Geschichte ernst zu nehmen. Was immer der Grund gewesen sein mag – nachdem ich die Tür einmal geöffnet hatte, war der Weg frei für andere verwundete Seelen. So konnten sie einander finden, und so setzte allmählich die Heilung ein. Dies Buch ist die Geschichte dieser Heilung.

ZWEITES KAPITEL

Erinnerungen aus einem anderen Leben

Beverly war eine alleinerziehende Mutter Mitte Dreißig, die ich 1984 durch eine soziale Einrichtung kennenlernte. Sie hatte einen nichtjüdischen Vater und eine jüdische Mutter, die ihre Herkunft allerdings verschwieg. Erst als erwachsene Frau erfuhr Beverly von ihren Eltern, daß sie Jüdin war. Dementsprechend hatten weder sie selbst noch ihre Tochter Susan, ein Teenager, eine Ahnung von jüdischen Bräuchen, jüdischem Denken und jüdischer Religion.

Warum hatte die Mutter Beverly nichts von ihrer jüdischen Abstammung erzählt? Bis heute ist nur wenigen Menschen bekannt, daß sich die Restriktionen, die in den Vereinigten Staaten für Farbige galten, bis zur Verabschiedung des Gesetzes über die Bürgerrechte im Jahre 1964 auch gegen Juden richteten. Viele Hausbesitzer nahmen keine jüdischen Mieter, Arbeitgeber keine jüdischen Angestellten, Colleges und Universitäten verweigerten Juden oft die Zulassung zum Studium. Beverly war Jahrgang 1950. Angesichts der genannten Diskriminierungen hatte ihre Mutter offenbar gemeint, es sei besser, wenn man das Mädchen nicht für eine Jüdin hielt.

Doch nun, da Beverly über ihre Herkunft im Bilde war, wollte sie mehr darüber erfahren. Sie war ein zutiefst frommer Mensch und hatte immer darunter gelitten, daß Religion in ihrem Elternhaus keine Rolle spielte. Hinzu kam, daß Beverly Legasthenikerin und außerstande war, sich allein weiterzubilden. Das ist insofern von Bedeutung, als sie demgemäß weder die Bibel noch irgendwelche Bücher über Parapsychologie oder über den Holocaust gelesen hatte.

Im Laufe der folgenden Monate wurden Beverly und ich Freunde. Am Sabbat oder an jüdischen Feiertagen besuchte sie uns häufig zu Hause.

Einmal nach dem traditionellen Sabbatmahl – wir hatten uns über allerlei persönliche Dinge unterhalten – kamen wir auf Träume zu sprechen. Da erzählte Beverly meiner Frau Caryl und mir, anfangs zögernd, als ob sie fürchtete, wir könnten ihr nicht glauben, von einem Alptraum, den sie als Kind immer wieder geträumt hatte.

In dem Traum sah sie sich als kleinen Jungen von sieben oder acht Jahren zusammen mit der Mutter in einer Menschenschlange. Beverly schilderte, wie sie vor einem Tisch standen, an dem ein Mann saß, der einen Teil der Leute nach rechts und die anderen nach links schickte. Er zeigte auf eine Tür, und sie gingen hindurch.

Szenenwechsel. Plötzlich befanden sie sich in einem gräßlichen Raum, in dem es entsetzlich stank. Männer verbrannten Menschen bei lebendigem Leib; auch der kleine Junge wurde ins Feuer geworfen. Er versuchte, die Flammen an seinem Körper zu löschen, dann starb er.

Als Beverly diese Szene beschrieb, roch ich auf einmal verbranntes Fleisch. Ich entschuldigte mich, stand vom Tisch auf und lief in die Küche. Wir sind Vegetarier und verzichten folglich auf jeglichen Fleischverzehr, aber wenn man nachschauen will, ob etwas brennt, geht man natürlich zum Herd.

In der Küche war alles in Ordnung. Aber ich roch immer noch Rauch. Ich trat vors Haus, und sofort war der Geruch verschwunden! Keiner der Nachbarn grillte, und auch sonst brannte weit und breit kein Feuer, von dem der Geruch, den ich wahrgenommen hatte, herrühren konnte. Doch als ich ins Haus zurückkehrte, war er wieder da. Er kam also eindeutig von irgend etwas im Haus; am stärksten war er im Wohnzimmer, wo Caryl und Beverly saßen und sich über mein seltsames Verhalten wunderten.

«Was hast du denn?» fragte Caryl. «Ich rieche Rauch», sagte ich. «Ihr nicht?»

Beverly und Caryl sahen mich verwundert an und schüttelten den Kopf. Meine Frau, die allein schon wegen ihrer schweren Allergien eine ungeheuer empfindliche Nase haben muß, roch absolut nichts!

Mir lief es eiskalt den Rücken hinunter, denn plötzlich begriff ich, daß ich eine übersinnliche Geruchsreaktion hatte. Als Beverly erzählte, wie sie im Traum bei lebendigem Leib verbrannt worden war, hatte ich offensichtlich die Erinnerungen ihrer Seele aufgenommen wie ein Funksignal. In dem Moment, in dem mir das klar wurde, verschwand der Geruch.

Ich machte mir Sorgen, wie Beverly darauf reagieren würde – unbegründete Sorgen, wie sich zeigte. Für sie war meine übersinnliche Reaktion eine Bestätigung, ein Zeichen, daß ich ihr glaubte. Nachdem sie sich Kaffee nachgeschenkt hatte, erzählte sie uns ihren Traum zu Ende.

Erneuter Szenenwechsel. Der kleine Junge und seine Mutter standen abermals mit vielen Menschen in einer Reihe. Vor sich sahen sie ein wunderschönes Tor, und der Junge wußte, es war das Himmelstor. Die Männer in der Reihe trugen seltsamerweise alle Hüte, und Beverly erinnerte sich, daß sie sich darüber gewundert hatte: Wieso nahmen die Männer nicht die Hüte ab, wenn sie in den Himmel kamen? Dann wurde der Junge des Wartens müde und spazierte auf einer tiefergelegenen Ebene herum, wo er einen «männlichen Engel» traf. Der Engel sagte: «Da du schon so weit nach unten gekommen bist, mußt du wieder zurück auf die Erde.» Das wollte der Junge nicht; er fragte immer wieder nach seiner Mutter, doch der Engel erklärte ihm, man werde eine neue Mutter für ihn finden. Er zeigte dem Jungen einen Lichtstrahl, dem dieser folgte. So gelangte der Junge in den Schoß einer Frau, und dann wurde «er» Beverly.

Nach meinem Dafürhalten ist das ein authentischer Traum. Es ist unverkennbar ein Traum vom Holocaust, aber kein stereotyper, denn er enthält keine Klischees, keine häufig wiederholten Sätze oder Szenen, die Beverly aus dem Radio oder dem Fernsehen haben könnte. Sie erwähnt weder Gaskammern noch hungernde Menschen. Und was sie über das Verbranntwerden bei lebendigem Leibe sagt, ist historisch korrekt. Zu Anfang des Holocaust wurden viele Juden lebendig verbrannt; man trieb sie in die Synagogen, schloß sie ein und legte Feuer.[1] Es gibt auch Augenzeugenberichte, wonach Juden mit Benzin übergossen und angezündet wurden.[2] Doch das sind nicht die Bilder, mit denen man sich normalerweise den Holocaust vorstellt, und es sind ganz gewiß nicht die Bilder, die in einem «archetypischen» KZ-Traum vorkommen.

Im allgemeinen wird mit der Ermordung der Juden durch deutsche Nazis die Vorstellung von Konzentrationslagern und Gaskammern verbunden. Das gibt aber kein angemessenes Bild von der zwölfjährigen Schreckensherrschaft der Nazis und der Judenverfolgung.

Schon bevor Hitler an die Macht kam, gab es braune Schlägerbanden, die Juden verprügelten und terrorisierten. Mit der Machtübernahme verschlimmerte sich die Lage; 1935 wurden die Nürnberger Gesetze erlassen, die die Juden schrittweise ihrer Rechte beraubten – bis hin zur Konfiszierung ihres Eigentums. Der gelbe Davidstern, den sie (ab 1941) tragen mußten, machte sie zu einer leicht erkennbaren Zielscheibe für gewalttätige Übergriffe. Schließlich begannen die Nazis die Juden zu deportieren. Sie wurden erschossen, erhängt, mißhandelt, bis sie starben, oder als Arbeitssklaven in die Lager geschickt.

Seit die Deutschen im September 1939 in Polen einmarschiert waren, operierten Sonderkommandos der SS hinter der Front und ermordeten die Juden aus dem von der deutschen Wehrmacht eroberten Dörfern. Oft wurden die Opfer einfach in die Wälder verschleppt und dort erschossen. Manchmal trieb man sie mit perverser Grausamkeit zum jüdischen Friedhof, wo sie umgebracht wurden. Gläubige Juden, die ihren Tod ahnten, legten ihren Gebetsmantel um, damit sie wenigstens in angemessener Kleidung starben. Aber bald mußten sich die Menschen vor der Erschießung nackt ausziehen. In allen Ländern, welche die Nazis eroberten, verfolgten sie die Juden, nicht selten mit Unterstützung der «christlichen» Bevölkerung.[3]

Der nächste technische «Fortschritt» in dieser von Menschen gemachten Hölle waren «Gaswagen», Lastwagen, bei denen man die Auspuffgase durch ein Rohr in den Frachtraum leitete. Es wird immer wieder behauptet, die Juden seien freiwillig in diese Todeswagen gestiegen, aber das stimmt nicht. Oft haben sie geschrien und Widerstand geleistet, bis man ihre Gegenwehr durch Schläge gebrochen hatte. Dann wurden die Wagen verschlossen und die Motoren gestartet. Wenn die Schreie verstummt waren, fuhren die Wagen in die Wälder, wo die Leichen verscharrt wurden.[4]

Weil die Leichen Beweismaterial waren, gingen die Nazis schließlich dazu über, ihre Opfer einzuäschern. Nun fuhren die Todeswagen direkt zu großen Öfen. Manchmal versagte das Kohlenmonoxid, und wenn die Wagen geöffnet wurden, erweckte die frische Luft die Menschen drinnen wieder zum Leben. Mindestens ein Augenzeuge hat gesehen, wie solche Opfer lebendig in die Öfen geworfen wurden.[5] Die Gaswagen waren nicht «effizient» genug. Seit 1942 bauten die Nazis ihre berüchtigten «Duschräume» in den KZs, die in Wirklichkeit Gaskammern waren. Anfangs verwendete man auch hier Abgase von Motoren, doch bald wurde ein giftigeres, schneller wirkendes Gas verwendet.

Nicht perverse Lust veranlaßt mich, ausführlich auf diese Details einzugehen. Ich möchte nur darauf hinweisen, daß die Angabe, «sechs Millionen Juden sind ermordet worden», nichts über die verschiedenen Methoden aussagt, mit denen diese Menschen tatsächlich umgebracht wurden. Ebensowenig sagt sie über die Zehntausende von Juden aus, die an Hunger, Erschöpfung, Krankheit und Selbstmord oder auf den Todesmärschen starben. Juden wurden erschossen, erstochen, aufgehängt, ertränkt, bei lebendigem Leibe ausgeweidet, hinter Fahrzeugen hergeschleift, verbrannt, lebendig begraben und bei medizinischen Experimenten getötet. Die teuflische Phantasie der Nazis, die sich immer neue Mittel einfallen ließen, um ihre Opfer zu quälen, erfüllt uns mit Grauen.

Wenn die Menschen, die sich an mich gewandt haben, um mir ihre Erinnerungen an ein früheres Leben im Holocaust zu schildern, ihre Geschichten erfunden oder einfach schlecht geträumt hätten, wäre es logisch, daß sie durchweg behaupten würden, sie seien in den Gaskammern umgekommen. Doch das ist nicht der Fall. In den folgenden Kapiteln werden Sie erfahren, daß meine Gesprächspartner viele sehr verschiedene Todesarten angeben, die sich mit den historischen Daten decken. Überdies werden nicht selten signifikante und verifizierbare Einzelheiten berichtet.

Doch kehren wir zurück zu Beverlys Traum und zu dem Mann am Tisch, der nach rechts oder links zeigte. Hierbei handelt es sich um eine Szene, die in einem Kindertraum alles andere als normal ist. Es dürfte wohl kaum einen Überlebenden des Holocaust geben, der sich nicht an die Selektionen erinnert, bei denen «rechts» Leben bedeutete und «links» Tod. Die Kinder wurden oft von ihren Müttern getrennt und sofort umgebracht. Beverly erinnerte sich, daß es «entsetzlich stank», nach brennendem Fleisch und Tod (wie es auch von Überlebenden beschrieben wird); sie lebte aber offenbar nicht lange genug, um auch die Erfahrung des Verhungerns durchlitten zu haben.

Noch überzeugender ist in meinen Augen die Tatsache, daß die Männer, die vor dem Tor zum Himmel standen, alle Hüte trugen. Heutzutage stellen sich Nichtjuden fromme Juden mit einem Schädelkäppchen vor, und so werden sie für gewöhnlich auch in den Medien dargestellt. Vor dem Holocaust war die *Jarmulke*, das Schädelkäppchen, für europäische Juden die übliche Kopfbedeckung nur in geschlossenen Räumen; am Sabbat oder zu anderen Gelegenheiten, bei denen man seinen Feststaat anlegte, wurde über der *Jarmulke* ein Hut getragen. Vor allem Chassidim hätten sich in der Öffentlichkeit nicht nur mit einer *Jarmulke* auf dem Kopf zeigen mögen, und wenn sie vor ihren Schöpfer traten, würden sie alle ihre feinsten Sabbathüte tragen wollen. Doch wie kommt Beverly zu einer solchen Vorstellung vom Himmel, obwohl sie als Kind weder wußte, daß sie selbst Jüdin war, noch irgendwelche Kontakte zu Juden hatte?

Die Hüte waren übrigens nicht die einzige «intuitive» jüdische Vorstellung, die Beverly als Kind gehabt hatte. So hatte sie sich stets Salz aufs Brot gestreut, eine Sitte, die an der jüdischen Sabbattafel gebräuchlich, sonst aber so gut wie unbekannt ist. Und war die Tatsache, daß sie sich beim Mutter-Vater-Kind-Spielen oft Schnur «wie eine Schlange» um den Arm wickelte, nicht vielleicht eine Reminiszenz an die *Tefillin,* die Gebetsriemen, die jüdische Männer beim Beten tragen?

Für Beverly erwies es sich als Katharsis, Caryl und mir diesen Traum zu erzählen. Im Lauf des folgenden Jahres entwickelte sie ein neues Selbstvertrauen und lernte ihr Leben besser meistern. Nicht lange danach zog sie mit ihrer Tochter Susan in eine andere Stadt. Ich habe die beiden aus den Augen verloren, glaube aber fest daran, daß schon dieser Ortswechsel an sich ein Akt der Befreiung war, den Beverly nur vollbringen konnte, weil sie den Schmerz ihres früheren Lebens losgelassen und fester im jetzigen Wurzeln geschlagen hatte.

Beverlys Erinnerungen waren ungewöhnlich klar, aber es gibt Menschen, die sich eher bruchstückhaft erinnern, zum Beispiel in Form von Phobien. Ein junges Mädchen namens Joan, das im Mittelwesten auf einer Farm aufgewachsen war, hatte eine unerklärliche Angst vor Stacheldraht. In Joans gegenwärtigem Leben gab es nichts, was diese Angst hätte rechtfertigen können. Sie war nie an Stacheldraht hängengeblieben, was jemandem, der Kühe auf der Weide hielt, leicht hätte passieren können. Trotzdem war sie jedesmal, wenn ihr Vater auf seinem Kleinlastwagen eine Rolle Stacheldraht mitbrachte, außer sich vor Angst.

Joan gelangte schließlich zu der Überzeugung, daß diese Phobie etwas mit ihrem früheren Leben zu tun haben müsse, und nachdem sie geträumt hatte, sie sei in einem Konzentrationslager umgekommen, ließ die Angst nach. Sie mag noch immer keinen Stacheldraht, aber inzwischen kann sie wenigstens auf der Farm Zäune flicken, ohne in Panik zu geraten.

Andere Menschen berichten von Angst vor der Polizei, vor Uniformen und Sirenen. Manche entwickeln in dem Moment, in dem eine solche Erinnerung erwacht, regelrecht körperliche Symptome wie beispielsweise Asthma und andere Atembeschwerden. In zwei Fällen wurden Asthmaanfälle durch die Berührung mit jüdischen Riten ausgelöst, als ob allein der Gedanke an eine jüdische Identität den Betroffenen plötzlich den Atem verschlagen hätte.

Frieda wollte zum Judentum konvertieren und war 1982 aus Deutschland in die Vereinigten Staaten gekommen, weil die Rabbiner in ihrem Heimatland nach dem Holocaust es ablehnten, Konversionen vorzunehmen. An einem Freitag nachmittag, vor dem Sabbat also, wurden die Übertrittszeremonien vollzogen, und kurz danach erkrankte Frieda. Am Samstag abend, während der *Hawdala,* dem Segen, mit der Sabbat endet, erlitt sie plötzlich einen schweren Asthmaanfall und mußte ins

Krankenhaus gebracht werden. Dort wurde eine «allergische Reaktion» auf das während der *Hawdala* verbrannte Räucherwerk diagnostiziert. Unmittelbar nach ihrer Entlassung aus dem Krankenhaus kehrte Frieda nach Deutschland zurück.

Monate später schickte sie mir eine Kassette, auf der sie erklärte, sie habe nie an die Diagnose der Ärzte geglaubt. Es höre sich vielleicht merkwürdig an, aber sie sei der Überzeugung, daß der Asthmaanfall von einer «KZ-Decke» ausgelöst worden sei, die ihre Gastgeberin ihr gegeben hatte, als sie anfing, sich unwohl zu fühlen. (Ob die Decke wirklich aus dem Holocaust stammte oder nur so aussah, weiß ich nicht.) In jener Samstagnacht im Krankenhaus hatte sie geträumt, sie habe als Jugendlicher, als Junge, den Holocaust erlebt. In ihrem Bewußtsein hallten die Worte «Nie mehr nach Hause; du kommst nie mehr nach Hause» wider, und diese Botschaft übertrug sich auf den nächsten Tag. Auf dem Weg zum Flughafen hörte sie ständig diese Worte, glaubte aber, daß Gott sie behüten und leiten und ihr Glaube sie sicher nach Hause bringen werde.

In Deutschland erfuhr Frieda von ihrem Arzt, daß sie tatsächlich um ein Haar gestorben wäre. Vor allem aber spürte sie, daß «Nachhausekommen» viel mehr bedeutete als ihre wohlbehaltene Rückkehr nach Deutschland:

«Nicht ‹sterben› – was ist schon ‹sterben›, das ist nichts. Aber *nie mehr nach Hause kommen!* Und das habe ich durch diese gräßliche braune Decke erkannt ... Ich kann Ihnen das erzählen, weil ich weiß, Sie können mich verstehen. Sie wissen, was ich damit sagen will. Ich habe es erst gewußt, als ich in meinen Träumen zu Hause war, und ich träumte vom Konzentrationslager, und es kommt alles zusammen.»

Für Frieda war der Übertritt zum Judentum ein «Nachhausekommen», denn sie glaubt, daß ihre Seele in Wahrheit jüdisch ist. Sie hat mir noch ein paarmal geschrieben; sie ist sehr glücklich, auch weil die deutschen Rabbiner sie als Jüdin akzeptiert haben.

Auch Nancy, eine amerikanische Collegestudentin, überlegte Mitte der achtziger Jahre, ob sie zum Judentum konvertieren sollte. Auf Einladung eines Rabbiners, der an ihrem College eine Gastvorlesung hielt, nahm sie in einer Synagoge in der Nähe von Philadelphia zum erstenmal an einem jüdischen Gottesdienst teil. Die Liturgie wurde in hebräischer Sprache zelebriert, aber sie sagte später, daß sie ihr merkwürdig vertraut vorgekommen sei, so als ob sie alles schon einmal erlebt hätte.

Sie verstand kein einziges Wort, und doch war ihr, als ob der Rhythmus der Gesänge, die so ganz anders klangen als ihre protestantischen Kirchenlieder, ferne Erinnerungen wachriefe. Als die Gemeinde beim *Schema* angelangt war, hatte Nancy plötzlich einen schrecklichen Hustenanfall und bekam keine Luft mehr. Atemlos stieß sie immer wieder die Worte *Adonai Echad* («der Herr ist einzig») aus der ersten Strophe des Gebets hervor. Man führte sie aus dem Saal, und nach etwa einer halben Stunde legte sich der Husten. «Was für ein Alptraum!» keuchte sie und berichtete, sie habe die Vision gehabt, in der Gaskammer zu sterben.

Daß sie, ohne Hebräisch zu können, in der Lage war, die Worte zu wiederholen, ist erstaunlich genug. Doch woher wußte sie, daß dies die Worte sind, welche die Juden auf dem Sterbebett sprechen und die zweifellos Millionen von ihnen im Augenblick ihres Erstickungstodes keuchend gestammelt haben?

Diese beiden Geschichten weisen eine unheimliche Ähnlichkeit auf mit dem in Noel Langleys Buch *Edgar Cayce on Reincarnation* zitierten Fall Patricia Farrier. Cayce hatte Patricia eine Vision gedeutet, derzufolge sie ihr früheres Leben in der Nähe von Fredericksburg, Virginia, verbracht haben sollte: Akten aus dieser Zeit existierten noch. Also fuhr sie mit ihrer Schwester Emily dorthin, um der Sache nachzugehen. Die beiden Frauen übernachteten in einem kleinen Hotel auf dem Lande. In der Nacht wachte Emily auf, weil sie ihre Schwester nach Luft ringen hörte. Als der Arzt kam, lag Patricia im Koma und war dem Tode nah. Sie konnte gerettet werden.

Bei einer späteren Séance teilte ihr Cayce mit, daß sie in ihrem früheren Leben in einem Rübenkeller umgekommen sei, dessen Decke einstürzte, so daß sie verschüttet wurde und unter einem Berg von Erde und Gemüse erstickte. Das Hotel, in dem sie übernachtet hatte, war laut Cayce entweder an derselben Stelle, wo sie früher gelebt hatte, oder in unmittelbarer Nähe davon; so wurde die Erinnerung wachgerufen, die dazu führte, daß ihr Körper den Todeskampf eines früheren Lebens wiederholte.[6]

Auch einige der aus dem Holocaust reinkarnierten Menschen sind in diesem Leben an den Ort ihres Todes zurückgekehrt, und ihre Erfahrungen sind erschütternde Zeugnisse der Verbindung zu ihrem früheren Leben. Einer dieser Menschen ist Judy, eine amerikanische Austauschschülerin, die ihr erstes High-School-Jahr in Deutschland verbrachte. Dort besuchte sie im Rahmen einer Exkursion das ehemalige Konzentrationslager Dachau. Sie hatte das unheimliche Gefühl, sich dort beängstigend gut auszukennen. Ihr sei gewesen, als ob sie zwei Leben gleichzeitig lebte, berichtete sie. Alles war ihr entsetzlich vertraut; auch ohne die Erklärungen des Fremdenführers wußte sie, wo die einzelnen Gebäude gestanden und wozu sie gedient hatten. Die Baracke, in der sie gestorben war, gab es nicht mehr, aber sie kannte genau die Stelle, an der sie gestanden hatte, und in der Erinnerung beobachtete sie ihren eigenen Tod.

Die ganze Zeit über vermeinte Judy, im Morast zu waten, obwohl es nicht regnete und die Wege mit Kies bestreut waren. (In den vierziger Jahren hatte es den Kies tatsächlich nicht gegeben, das Lagergelände hatte sich nach Niederschlägen in eine einzige Schlammwüste verwandelt.) Als sie später die Schuhe auszog, waren diese trocken; trotzdem hatte sie schmutzige Füße und Strümpfe. War das vom Schweiß? Oder war sie in ein anderes Leben «getreten»? Und wenn ja, was wollte ihr diese verblüffende körperliche Erfahrung sagen? Welche Bedeutung hatte sie für ihr Leben? Judy wußte es nicht.

Ein weiterer merkwürdiger «Zufall» ist, daß Judy, als sie nach Deutschland kam, plötzlich an schweren Menstruationskrämpfen zu leiden begann, die sie vorher nie gehabt hatte. Die Krämpfe kehrten jeden Monat wieder, bis zu jener Exkursion in Dachau, wo sie ihren eigenen Tod sah. In der Vision war Judy eine Gebärende von sechzehn oder siebzehn Jahren gewesen. Jemand schnitt sie auf, holte das Kind heraus und tötete es. Mit leiser, trauriger Stimme schilderte sie, wie sie sich selbst sterben spürte und ihre auferstandene Seele zusah, wie man ihr neugeborenes Baby tötete. Nach dieser Vision hörten die Menstruationskrämpfe auf und sind nicht mehr wiedergekommen.

Jacobs Erfahrung ist ganz anders als die Erlebnisse von Nancy, Frieda und Judy. Diese drei wollten Jüdinnen werden, Jacob hingegen versuchte, vor seiner jüdischen Identität davonzulaufen. 1940 geboren, wuchs er in einer kleinen orthodoxen Gemeinde im Süden der USA auf, wo er traditionell jüdisch erzogen wurde. Sabbatrituale, Gebete, die hebräische Sprache – all das hatte Jacob mit der Muttermilch aufgenommen. Doch als er aufs College kam, fing er an, alles Jüdische rigoros abzulehnen, und wurde, wie er selbst sagt, «sehr rationalistisch und skeptisch». Er wollte Arzt werden.

Nachdem er seinen Glauben verloren hatte, ging er auch nicht mehr in die Synagoge. Einmal aber nahm er, mehr aus Pflichtgefühl denn aus eigenem Antrieb, an der *Bar Mizwa* eines Verwandten teil. Beim Gottesdienst wäre er «beinahe eingeschlafen», als er plötzlich «etwas roch» und sich als drei- bis fünfjähriges Kind sah. Er stand neben einem Mann mit einem grauen Bart und wußte, daß dies sein Vater beim Studium der Thora war. Die ganze Atmosphäre entsprach der des *Schtetl* in Osteuropa, doch der «Vater» in der Vision hatte keine Ähnlichkeit mit seinem Vater im jetzigen Leben.

Damals bedeutete diese Erfahrung dem rationalistischen Jacob gar nichts; er legte sie als einen durch die religiöse Umgebung hervorgerufenen nostalgischen Traum ad acta. Doch 1986 machte er eine Reihe tiefgreifender Veränderungen durch, die dazu führten, daß er mystischen Ideen offener gegenüberstand. Ein Jahr später gab ihm jemand eine Kopie meines in *Venture Inward* erschienenen Artikels «Are Holocaust Victims Returning?». Das ließ seine «Seele schaudern»; er war so bewegt, daß er mich anrief und ein über einstündiges Ferngespräch mit mir führte. Wenn er im Holocaust umgekommen sei, glaubte Jacob, dann nicht in einem Lager, sondern bei einer Erschießung auf freiem Feld in Polen.

Wie schon gesagt, sind in der ersten Zeit des Holocaust zahlreiche Juden auf die Felder und in die Wälder getrieben und dort erschossen worden. Oft mußten sie erst ein Massengrab ausheben und sich dann an dessen Rand aufstellen, so daß ihre Körper in die Grube fielen. Oder sie mußten sich eng nebeneinander bäuchlings in die Grube legen und wurden von hinten erschossen. Viele starben nicht sofort und wurden lebendig begraben. Ein paar von ihnen überlebten, konnten fliehen und später über die Greueltaten berichten.[7]

Doch was geschah mit denen, die nicht davonkamen und langsam unter dem zermalmenden Gewicht von Erde und Leichen erstickten? Immer wieder klingt in Träumen von früheren Leben das Thema an, daß jemand in einem Massengrab lebendig begraben wird. Hier der Brief von Cynthia, die mir 1987, nachdem sie meinen Artikel in *Venture Inward* gelesen hatte, aus New Jersey schrieb. Cynthia ist keine Jüdin; sie wurde 1954 geboren. Mit zwanzig bekam sie «aus heiterem Himmel und ohne ersichtlichen Grund» Asthma, ist aber überzeugt, daß es mit ihrem «Tod in einem früheren Leben» im Zusammenhang steht:

«Ich glaube schon seit einigen Jahren, daß ich im Holocaust Jüdin war. Vor kurzem habe ich jemanden kennengelernt, von dem ich absolut überwältigt war [emotional] ... Ich habe mich [mittels Selbsthypnose] zurückversetzt und den Ort gesucht, wo ich diesem Menschen schon einmal begegnet war, und fand mich lebendig begraben, ohne Sarg; Erde wurde auf meinen schwerverletzten Körper geworfen. Ich weiß nicht genau, wodurch ich verletzt war, nur, daß *ich mich nicht bewegen konnte* – Erde im Gesicht in einer Grube mit Leichen oder anderen schwerverletzten Menschen; ich schaute hoch und sah Männer mit Gewehren, die Mäntel anhatten, und diesen Mann [den aus dem jetzigen Leben] auf einer Art Gestell oder an einen Baum gefesselt oder so. Ich glaube, er wurde gefoltert. In diesem Punkt bin ich mir nicht ganz sicher.»

Aus Oklahoma schrieb mir Barbara, die von Berufes wegen Visionen aus früheren Leben deutet und sich als «die einzige in einer ganzen Familie von Brünetten, die blaue Augen und blondes Haar hat», bezeichnet. Barbara wurde am 24. September 1939 geboren und wäre mit anderthalb Jahren beinahe an Keuchhusten gestorben. Sie leidet bis heute an chronischer Nebenhöhlenentzündung und Bronchitis. Barbaras eine Großmutter war eine Zigeunerin aus Bayern. Barbara meint, sie sei in einem früheren Leben vielleicht eine Roma gewesen, die von den Nazis umgebracht wurde:

«Die ersten drei Jahre meines Lebens verbrachte ich in ständiger Angst. Ich hatte Nacht für Nacht die gleichen Alpträume: Ich träumte, ich würde lebendig begraben und von den Nazis mit Erde zugeschüttet. In meiner Kindheit gab es noch kein Farbfernsehen – bloß Radio und Wochenschauen in Schwarzweiß. Wenn ich eine Wochenschau sah, verging ich jedesmal vor Angst; ich wußte, welche Farbe die Uniformen der Deutschen hatten – ich wußte es einfach. Vor den Japanern hatte ich nicht solche Angst – nur vor den Deutschen. Ich wußte von den Konzentrationslagern, ehe ich das englische Wort kannte ... Ich konnte mich nicht hypnotisieren lassen. Also lernte ich, mich selbst zurückzuversetzen [in die Erinnerung an ein früheres Leben]. Ich fand die Antwort in einem extrem traumatischen Prozeß – doch sie brachte mir Frieden und nahm viel Druck von mir. Ich stellte fest, daß ich Anfang des Winters 1939 als fünfjähriges Mädchen von den Nazis lebendig begraben wurde. Ich erinnerte mich an die Angst, den Tod, die Verwirrung. Das ‹Warum gerade ich?› habe ich auf mein jetziges Leben übertragen. ‹Warum gerade ich ...›
Die Erinnerungen meiner Kindheit waren stets die gleichen – immer und immer wieder ... Es war kalt und dunkel – ein Wald –, ich sehe

immer noch die hohen Bäume, ein Massengrab, die Deutschen. Besonders deutlich erinnere ich mich an ihre schwarzen Stiefel. Es lag Schnee. Ich sehe noch das Blut. Aber ich habe nicht geblutet. Ich war lebendig begraben und bin erstickt. Die Erde war so schwer, und ich hatte das Gefühl, daß da Holz war – ein Baum –, ich weiß wirklich nicht ...»

Diese beiden Berichte stammen von Menschen, die räumlich und zeitlich weit voneinander entfernt geboren sind. Wir wissen heute, daß die Nazis sich bei Massenerschießungen oft nicht die Mühe machten, kleine Kinder umzubringen, sondern sie, um Munition zu sparen, einfach lebendig in die Grube warfen.[8] Insofern sind diese Schilderungen historisch richtig. Doch noch interessanter ist aus meiner Sicht, daß beide Frauen einen Baum erwähnen. Hat es so einen Zwischenfall tatsächlich gegeben, daß die Nazis jemanden an einen Baum banden und mißhandelten, während sie Juden erschossen? Und wenn ja, sind diese beiden dann in ein und demselben Massengrab gestorben, oder haben sie sich in irgendeiner Form übersinnlich auf dasselbe tragische Ereignis «eingestellt»?

Es ist merkwürdig, daß Barbara, die im September 1939 geboren wurde, von sich sagt, sie sei zu Beginn des Winters desselben Jahres gestorben. Selbst wenn man berücksichtigt, daß der Winter in einem Land wie Polen sehr zeitig einsetzen kann, wäre sie in diesem Fall überraschend schnell zurückgekommen. Das ist nicht ausgeschlossen, aber es könnte auch eine andere Erklärung geben.

Der große Sufi-Meister Hazrat Inayat Khan, der 1910 in den Westen kam und mit dessen Lehren wir uns noch heute auseinandersetzen, hält es für möglich, daß eine Seele auf dem Weg zu einer neuen Verkörperung die Erinnerungen einer anderen Seele aufnimmt, die in die geistige Heimat zurückkehrt. Wenn eine herabsteigende Seele auf dem Weg durch die Sphäre der *Dschinns* anderen Wanderern begegnet, die auf dem Heimweg sind, könne sie vieles von ihnen lernen.[9] Falls solche Erinnerungen bei der niedersteigenden Seele einen «tiefen Eindruck» erwecken, so Khan, wird sie das Gefühl haben, als hätte sie diese Dinge selbst erlebt.*

---

* Der Anthroposoph Nothart Rohlfs bezog sich auf dieses Beispiel meines Buches, um eine Alternative zur Reinkarnation aufzuzeigen. Ich muß aber klarstellen, daß dieser eine Fall eine *Ausnahme* und nicht die Regel ist. In den meisten Fällen, die in diesem Buch dargestellt werden, bin ich überzeugt, daß es sich um Reinkarnation handelt.

Edgar Cayce sagte ebenfalls, daß die Erinnerungen von einer Seele auf die andere übertragen werden können:

«Frage: *Ist es nicht so, daß die Menschen fremde Erinnerungen übernehmen, sie gewissermaßen fehlaneignen und für ihre eigenen halten?*
Antwort: Persönliche Erfahrungen haben ihren Einfluß auf die innere Seele, desinkarnierte Wesenheiten (gleichgültig, ob sie zur Erde hinab- oder zum Himmel aufsteigen) können das Denken einer Wesenheit oder eines Geistes beeinflussen.»[10]

Barbara kann die Informationen in ihrem Traum von einer anderen Seele erhalten haben, die sich auf dem Rückweg in den Himmel befand. Oder aber sie ist tatsächlich unmittelbar nach ihrem grausamen Tod wiedergeboren worden. Und es gibt noch eine dritte Möglichkeit: Da sie ein Medium ist, könnte sie auch Eindrücke von Ereignissen empfangen haben, die auf der anderen Seite des Erdballs geschehen sind. Wie auch immer, daß sie ihre Geschichte erzählen konnte, hatte eine sehr günstige therapeutische Wirkung. Sie begann jetzt, mit ihren übersinnlichen Fähigkeiten Menschen zu helfen, die glaubten, daß sie reinkarnierte Opfer des Holocaust seien. In einem zweiten Brief schrieb sie mir: «Jetzt bin ich imstande, mit anderen über den Holocaust, mit dem ich vorher nicht umgehen konnte, zu reden. Es sieht so aus, als ob meine innere Heilung einen großen Fortschritt gemacht hat ... Wenn fünf Millionen von uns für den Frieden in der Welt wiederkommen, werden wir eine Kraft sein!»

Ich werde oft gefragt, woran man eigentlich erkennt, ob es sich bei dem, was jemand erzählt, tatsächlich um Reinkarnation handelt. Darauf kann ich nur antworten, daß wir keine Möglichkeit haben, das zweifelsfrei zu beweisen. Könnten die Betreffenden sich alles bloß ausgedacht haben? Ja, das wäre möglich. Ebenso könnte es sein, daß sie Halluzinationen oder einfach eine morbide Phantasie haben. Doch selbst wenn all diese Geschichten nur Träume und Wahnvorstellungen sind, zeigen sie, wie tief der Holocaust unser kollektives Bewußtsein beeinflußt hat. Für diejenigen, die sie erleben, sind diese aufblitzenden Rückerinnerungen durchaus real, und ich glaube, daß ich als geistlicher Lehrer und Ratgeber die Pflicht habe, sie zu respektieren und ernst zu nehmen.

Ich persönlich glaube zwar an Reinkarnation, bin mir aber bewußt, daß meine Arbeit keine wissenschaftliche Forschung ist und daß diese anekdotischen Berichte für Skeptiker kaum ein Beweis sein dürften. Obwohl es durchaus überzeugende Studien über Menschen gibt, die sich an ein früheres Leben erinnern[11], ist bislang noch keine Methode entwickelt worden, mit der das Phänomen zweifelsfrei dokumentiert werden kann. Das heißt jedoch nicht, daß es Reinkarnation nicht gibt. Es heißt nur, daß wir keine Beweise haben. Oft können mystische Wahrheiten erst später, wenn die technischen Möglichkeiten weiter fortgeschritten sind, wissenschaftlich untersucht werden.

Denken Sie an die indischen Yogis, die immer schon behauptet haben, sie seien in der Lage, Bewußtseinszustände durch bestimmte Atemtechniken zu steuern. Die westliche Medizin hat über diese Vorstellung gelacht und sie als Quacksalberei abgetan, bis Swami Rama aus dem Himalaja kam und bei der Menninger Foundation[12] unter Laborbedingungen demonstrierte, daß er seine Hirnströme ebenso wie bestimmte Körperfunktionen, die das Nervensystem normalerweise automatisch steuert, willkürlich zu ändern und zu kontrollieren vermochte. Swami Rama war in der Lage, seine Hauttemperatur zu steigern, den Blutdruck zu senken und seinen Herzschlag fünfzehn Sekunden lang aussetzen zu lassen – und all das allein durch Atemtechnik und gedankliche Konzentration! Dank der modernen Labortechnik konnte man die Behauptungen der Yogis verifizieren. Diese wissenschaftlichen Erkenntnisse wiederum eröffneten die Möglichkeit, Biofeedback-Techniken zu entwickeln, die heute auch in der Schulmedizin weithin Anwendung finden.

Einen ähnlichen Durchbruch haben wir beim Thema Todesnähe-Erfahrungen erlebt. In jeder Kultur gibt es Geschichten von Engeln, Halbgöttern, verstorbenen Angehörigen oder anderen Geistwesen, die Sterbende in eine andere Welt geleiten. Überall auf der Welt haben Schamanen behauptet, sie könnten in die «andere Welt» eintreten, wenn sie es wollten, oft durch einen langen Tunnel, an dessen Ende ein unkörperliches Licht leuchtete. In einigen Kulturen bezeichnet man die Initiation des Schamanen sogar als «kleinen Tod», und immer wieder berichten Geistheiler, daß Geistwesen ihnen ihre Kräfte nach einer lebensbedrohlichen Krankheit oder einem Koma verliehen hätten. Die meisten Anthropologen jedoch hielten das für reine Mythologie.

Die moderne Medizintechnik macht es möglich, relativ viele Patienten aus dem klinischen Tod zurückzuholen. Und tatsächlich beschreiben diese ansonsten ganz «gewöhnlichen» Menschen häufig Erfahrungen, die den von den Schamanen der Naturvölker geschilderten sehr nahe kommen. Doch obwohl Krankenschwestern und Ärzte in zunehmendem Maße von Patienten, die auf dem OP-Tisch «gestorben» waren, über deren Todesnähe-Erfahrungen unterrichtet werden, hat die Schulmedizin diese «mystischen» Geschichten lange nicht ernst nehmen wollen. Erst als 1975 Dr. Raymond Moody mit seinem Buch *Life After Life* («Leben nach dem Tod»)[13] das Eis brach, begann man über dieses Phänomen zu reden. Und inzwischen wird es von Wissenschaftlern erforscht.

Daß Fälle von reinkarnierten Opfern des Holocaust auf so großes Interesse stoßen, hängt damit zusammen, daß sie auf ein Ereignis aus der jüngsten Geschichte zurückgehen und folglich manchmal überprüfbare Einzelheiten enthalten. Hinzu kommt, daß die Anzahl derer, die behaupten, ähnliche Erfahrungen gemacht zu haben, groß genug ist, um ausreichend adäquates Vergleichsmaterial zu liefern. Bislang hat noch niemand das Phänomen ernsthaft wissenschaftlich untersucht. Ich hoffe, daß das eines Tages geschieht, denn nur so haben wir die Chance zu beweisen, daß Reinkarnation wirklich existiert.

Unterdessen häufen sich die Fälle. Ich bin weder Psychologe noch Naturwissenschaftler, sondern jemand, der anderen Menschen spirituellen Rat zu geben versucht, was bedeutet, daß ich ihre Erfahrungen nicht als wahr oder falsch einstufen möchte, sondern versuche, mit dem von diesen Menschen erarbeiteten persönlichen Wachstum innerhalb ihres eigenen Glaubenssystems umzugehen. Natürlich behaupte ich nicht, daß es sich bei jedem Fall, der mir zu Ohren kommt, tatsächlich um eine Holocaust-Reinkarnation handelt. Doch gibt es Geschichten, die in meinen Augen wahrscheinlicher sind als andere. Das sind besonders die Fälle, bei denen mehrere der folgenden Kriterien zusammentreffen:

1. *Alpträume während der Kindheit, Phobien und dergleichen mit Holocaust-Thematik.* Viele der hier abgedruckten Beispiele zeigen, daß diese Träume sehr lebendig sein können und Einzelheiten enthalten, die in den Alpträumen von Kindern normalerweise nicht vorkommen. Es ist möglich, daß die «Nazis» im kollektiven Unbewußten so etwas wie der Archetyp des «schwarzen Mannes» geworden sind, daß also in manchen dieser Träume allgemeine Ängste und Unsicherheitsgefühle in Gestalt von Holocaust-Bildern reflektiert werden. Am glaubwürdigsten finde ich diejenigen Reinkarnationsträume, in denen spezifische Informationen enthalten sind, die ein Kind normalerweise in seinem gegenwärtigen Leben nicht kennen kann.

Sollten Sie unter derartigen Alpträumen leiden, führen Sie ein Traumtagebuch und schauen Sie dann in Büchern über den Holocaust nach, ob Sie reale Ereignisse finden, die Ähnlichkeit mit den von Ihnen geträumten haben. Falls Ihr Kind solche Träume hat, ermuntern Sie es, darüber zu reden und vielleicht Bilder aus dem Traum zu malen. Ich bin überzeugt, daß Kinder, wenn sie über etwaige Erinnerungen aus einem früheren Leben sprechen können und ernst genommen werden, schneller von den Traumata geheilt werden, die sie möglicherweise aus diesem früheren Leben in das jetzige übertragen haben.

2. *Bei Nichtjuden, die nie mit Juden oder dem Judentum in Berührung gekommen sind, treten zwanghafte Verhaltensweisen, Angewohnheiten und dergleichen auf, die eine Übertragung jüdischer Bräuche und Rituale sein könnten.* Damit meine ich nicht allgemein bekannte jüdische Themen wie den Auszug aus Ägypten, sondern Bräuche und Riten, die nicht in der Bibel beschrieben werden und außerhalb des Judentums weitgehend unbekannt sind. Die osteuropäischen Juden unterschieden sich in puncto Kultur völlig vom biblischen «Volk Israel». Das Judentum hat sich im Laufe der Jahrhunderte weiterentwickelt, und in der Bibel ist weder von solchen spezifischen Bräuchen wie dem Anzünden der Sabbatkerzen die Rede, noch wird in ihr erklärt, wie man einen *Tallit* macht oder die *Tefillin* anlegt.

Zusätzlich zur geschriebenen Thora, den Christen als Altes Testament bekannt, gibt es eine Unmenge mündlicher Überlieferungen, die man nur im Umgang mit Juden lernen kann. Das hebräische Wort «Thora» bedeutet Lehre; im weitesten Sinne verstehen die Juden darunter die Gesamtheit der schriftlich wie mündlich überlieferten jüdischen Weisheit aus fünf Jahrtausenden. Und obwohl ein großer Teil dieser mündlich überlieferten Weisheit unterdessen in Buchform veröffentlicht und sogar in andere Sprachen übersetzt ist, weiß die nichtjüdische Welt mit Ausnahme gewisser akademischer Kreise bis heute kaum etwas über diese Dinge.

Theoretisch ist es schon möglich, sich diesbezügliche Kenntnisse anzulesen und eine überzeugende Geschichte zu erfinden, aber das ganz besondere «Gefühl», das sich mit dem Jüdischsein verbindet, läßt sich nur sehr schwer nachahmen. Ein, zwei Leuten mag es gelingen, andere auf diese Weise zu täuschen, doch wenn das Phänomen so häufig geschildert wird, bin ich geneigt, den Betroffenen zu glauben, daß sie die Wahrheit sagen.

Auch hier ist es wieder wichtig, die Erinnerungen und Träume aufzuzeichnen. Danach sollten Sie versuchen, sie zu verifizieren. Gehen Sie ruhig einmal in eine Synagoge, hören Sie jüdische Musik, sprechen Sie mit Juden, die dem Thema Reinkarnation aufgeschlossen gegenüberstehen.

3. *Intuitives Begreifen jüdischer Mystik bei einem Menschen, der zwar jüdischer Herkunft, aber nicht religiös erzogen worden ist.* In den meisten reformierten und konservativen Synagogen wird die Kabbala nicht gelehrt. Wenn jemand dennoch einen «Sinn» dafür hat, könnte dies darauf hindeuten, daß der Betreffende in einem früheren Leben Chassid war oder möglicherweise in einer früheren Inkarnation unter den mittelalterlichen Kabbalisten in Spanien, Norddeutschland oder der Provence gelebt hat. (Es kann auch Opfer des Holocaust geben, die in den heutigen orthodoxen oder chassidischen Gemeinden wiedergeboren werden, doch wegen der intensiven jüdischen Erziehung in ihrem gegenwärtigen Leben würde ein Zeugnis mit diesem Merkmal gar nicht offenkundig werden.)

In diese Gruppe gehören nach meinem Dafürhalten auch jüdische Kinder, die von sich aus religiöser sind als ihre Eltern. Ein kleines Mädchen, das zum erstenmal in einen jüdischen Geschenkladen kam, griff sofort nach einer Thorarolle, drückte sie ans Herz und fing an, mit ihr zu tanzen. «Oh, Mami, Mami», rief die Kleine aufgeregt. «Das mußt du mir bitte kaufen – das ist das schönste Geschenk meines Lebens!» Dieses Kind war noch nie in einer Synagoge gewesen, es hatte noch nie eine Thorarolle gesehen und konnte nicht wissen, daß die Juden an bestimmten Feiertagen mit der Thorarolle tanzen. Seine Eltern waren zwar jüdischer Herkunft, hatten sich aber den Unitariern zugewandt und schon lange vor der Geburt ihrer Tochter aufgehört, jüdische Bräuche zu pflegen.

Viele Juden, die sich an ein stärker religiös geprägtes früheres Leben erinnern, sind vom modernen amerikanischen Judentum enttäuscht. Der Holocaust hat einen großen Teil der Freuden und Schönheiten des jüdischen Lebens verschüttet. Ich sage bewußt «verschüttet» und nicht «ausgelöscht». Wenn Sie zu dieser Gruppe gehören, können Sie gewiß sein, daß die Spiritualität, die Sie früher einmal erlebt haben, im Gedächtnis Ihrer Seele noch vorhanden ist. Versuchen Sie, in sich zu gehen und zum tiefen Verständnis der Thora zurückzugelangen, wie Sie es früher hatten; versuchen Sie es wieder «hervorzuholen», indem Sie beispielsweise den Sabbat feiern und die jüdischen Feiertage einhalten. Das Judentum bedarf dringend einer spirituellen Erneuerung, und Sie können dabei eine wichtige Rolle spielen.

4. *Das Gefühl, in der eigenen Familie «fehl am Platze» zu sein.* Der 1945 verstorbene Hellseher Edgar Cayce endeckte das Phänomen, daß Kinder, die im Zweiten Weltkrieg umgekommen waren, zu schnell zurückgekehrt sind und ungeeignete Familien gewählt haben:

«Gegen Ende seines Lebens, als der Zweite Weltkrieg immer näher rückte, machte sich Edward Cayce zunehmend größere Sorgen um die Kinder, die unschuldig in ihn verstrickt werden würden. Er war nicht der einzige, der Angst um die Seelen der Kinder hatte, die, verwirrt durch einen gewaltsamen Tod, orientierungslos in den niederen astralen Ebenen umherwandern würden, unfähig, ‹zum Licht› emporzusteigen, und in ihrer Verwirrung zu früh zur Erde zurückkehren könnten, einfach aus dem Bedürfnis heraus, die zeitweilige Geborgenheit eines Mutterleibes zu genießen. Seine Befürchtungen wurden von der englischen Hellseherin Joan Grant und ihrem Ehemann, dem Psychiater Denys Kellsey, geteilt, die unter Anwendung der Regressionstechnik unter Hypnose auf zahlreiche Fällen von zu schnell reinkarnierten ‹Kriegskindern› stießen, die sich ungeeignete Familien gewählt hatten auf der Suche nach einem provisorischen Schutz vor den Schrecken der Bombenangriffe und der Vernichtungslager, welche sich nach dem Tode wie bösartige Denkmuster bei ihnen eingenistet hatten.»[14]

Unter normalen Bedingungen, wenn der natürliche Tod im Alter eintritt, ist die «Wartezeit» zwischen den Inkarnationen länger, und in der Regel kehren die Seelen in ihre angestammten karmischen Gemeinschaften zurück. In Kriegen oder bei Massenkatastrophen jedoch geraten diese Abläufe mitunter durcheinander, und es kann passieren, daß sich Seelen «verirren». Wenn Sie das Gefühl haben, solch eine verirrte Seele zu sein, die in eine Familie von «Fremden» hineingeboren wurde, sollten Sie zu verstehen versuchen, daß sowohl Sie als auch Ihre Eltern in gewissem Sinne unschuldige Opfer des Krieges sind. Sie haben nach dem erstbesten Körper gegriffen, und Ihre Eltern haben sich vielleicht sehnsüchtig ein Kind gewünscht, irgendein Kind, das nach soviel Tod und Zerstörung wieder Leben in die Welt bringt. Auch wenn Sie und Ihre

Eltern ganz und gar nicht zusammenpassen, haben Sie einander doch in bestimmter Hinsicht gewählt.

Versuchen Sie sich so gut wie möglich mit Ihrer Familie auszusöhnen, damit kein ungelöstes Karma zwischen Ihnen steht, das Sie in Ihre nächste Inkarnation mitschleppen. Falls die Beziehungen zu Ihrer Familie so schlecht sind, daß Sie es einfach nicht mehr aushalten, mit diesen Menschen zusammenzusein, sollten Sie zumindest damit anfangen, Ihrerseits den Groll abzubauen, denn nur so können Sie vermeiden, daß Sie karmisch an Ihre Eltern gebunden bleiben. Nehmen Sie sich vor, bei künftigen Inkarnationen die Lehre aus dieser Erfahrung zu ziehen und sich bei der Wahl Ihres Körpers mehr Zeit zu lassen.

5. *Während des «Babybooms» geboren und/oder fast bei der Geburt gestorben zu sein.* Die hier zitierten Fälle betreffen überwiegend Menschen, die zwischen 1946 und 1953 geboren wurden (obwohl manche bereits 1939, andere erst in den siebziger Jahren zur Welt kamen) und jetzt in den Dreißigern oder Vierzigern sind. Sie gehören also der Generation an, die sich später in der Bürgerrechtsbewegung engagierte und die Friedensbewegung der sechziger Jahre ins Leben rief. Sind diese Millionen Seelen so schnell wie möglich zurückgekommen, um sich für den Weltfrieden einzusetzen und dafür zu sorgen, daß die Schrecken, die Sie erleben mußten, sich nie mehr wiederholen können?

Zweifellos trifft das auf einige zu. Doch es scheint auch andere zu geben, die gegen ihren Willen geboren wurden und eigentlich nicht hier sein möchten. Ein Teil der von mir interviewten Menschen wäre fast bei der Geburt gestorben oder litt an schweren Kinderkrankheiten, so daß man meinen könnte, ihre Seele hätte gemerkt, daß sie zu schnell reinkarniert war, und daraufhin vergeblich versucht, die Erde wieder zu verlassen. Viele von ihnen geben an, es sei für sie schwierig, in dieser Welt «Fuß zu fassen», als ob sie Angst hätten, sich in vollem Umfang auf das Leben einzulassen. Wenn Sie zu dieser Gruppe gehören, fangen Sie an, diese Angst abzubauen, indem Sie sich in die Schönheit der Natur versenken und sich Zeit nehmen, die Wunder der Schöpfung zu erforschen. Umgeben Sie sich mit Schönheit, dann wird es Ihnen nach und nach gelingen, das Grauen abzubauen, das noch in Ihrer Seele widerhallt.

Haben Sie sich erst einmal mit der Tatsache ausgesöhnt, daß Sie reinkarniert sind, so versuchen Sie, Ihr gegenwärtiges Leben zu nutzen und möglichst viele Erfahrungen zu sammeln. Wählen Sie sich ein

Betätigungsfeld, auf dem Sie dazu beitragen können, unseren Planeten zu heilen. Sie können sich für die Rettung des Regenwaldes einsetzen, für den Frieden beten, Obdachlosen zu essen geben oder einen Blumengarten pflanzen. Sie brauchen nur Ihr Herz zu öffnen, dann wird der Schöpfer Ihnen den Weg weisen.

6. *Asthma, Atembeschwerden oder Anfälligkeit für Bronchitis, aber auch Anorexie und andere Eßstörungen.* In einigen dieser Fälle mit medizinischen Symptomen suchten die Betroffenen zunächst mit Hilfe der Schulmedizin oder durch Hypnotherapie Linderung und merkten erst später, daß es sich um Erinnerungen aus einem früheren Leben handelt. Um es ganz deutlich zu sagen: Ich behaupte keineswegs, daß Atembeschwerden und Eßstörungen grundsätzlich auf ein früheres Leben während des Holocaust zurückzuführen sind. Wenn sie jedoch *in Verbindung* mit anderen hier aufgeführten Kriterien auftreten, könnten diese Symptome auf ein solches früheres Leben hindeuten.

Ich kenne zum Beispiel einen Fall, bei dem ein junger Mann zum Judentum konvertierte, chassidischer Rabbi wurde und ein solches Maß an spiritueller Einsicht erlangte, daß er eine beträchtliche Anhängerschaft anzog. Kurze Zeit später erkrankte er an Anorexie und hungerte sich buchstäblich zu Tode. Man könnte nun natürlich sagen, daß es sich bei diesem Mann um einen fanatischen Asketen gehandelt hätte, der einfach zuweit gegangen ist. Der Fall läßt sich jedoch auch so interpretieren, daß der Betreffende eine «unerledigte Aufgabe» aus einem früheren Leben abgearbeitet hat. Er könnte beispielsweise ein Rebbe (ein jüdischer Lehrmeister) gewesen sein, dessen Chassidim in den Lagern verhungert sind, während ihm selbst ein «leichterer» Tod widerfuhr, und er aus dem Gefühl heraus, versagt zu haben, als er seinen Schülern in ihrer Not hätte beistehen müssen, das Bedürfnis verspürte, die Gemeinschaft wieder zu sammeln und Sühne zu leisten.

Wenn Sie das Gefühl haben, die Ursachen für ein gesundheitliches Problem könnten in einer anderen Inkarnation liegen, überlegen Sie, ob Sie nicht *neben ihrem Arzt* noch einen guten Hypnotherapeuten aufsuchen sollten. Am besten holen Sie sich bei beiden Rat; verlassen Sie sich in medizinischen Fragen niemals allein auf den Hypnotherapeuten.

7. *Helles Haar und helle Augen, wenn alle anderen Familienmitglieder dunkel sind.* Hier muß ich vorausschicken, daß dies zwar auf etwa zwei Drittel der für dieses Buch interviewten Menschen zutrifft, aber nicht

unbedingt ein verläßliches Kriterium ist, weil ich nur von denen ausgehen kann, die zu mir gekommen sind. Wenn wir all die unbekannten Fälle einbeziehen könnten, die vielleicht als dunkelhaarige und dunkeläugige Juden, als Schwarze oder Angehörige anderer Rassen zurückgekommen sind, wäre der Prozentsatz geringer. Immerhin können Hellhaarigkeit und Helläugigkeit *in Verbindung* mit einem oder mehreren anderen der hier genannten Kriterien die Glaubwürdigkeit eines Falles erhärten. (Man muß aber daran denken, daß es auch blonde Juden gibt.)

8. Außergewöhnlich starkes emotionales Reagieren auf den Holocaust, egal, ob in der Kindheit oder ausgelöst durch ein Ereignis im Erwachsenenleben. Hiermit meine ich nicht die normalen Abscheuempfindungen, die jeder verspürt, wenn er über die Greueltaten liest, sondern vielmehr ein überwältigendes Rückerinnerungserlebnis in Verbindung mit unerklärlichen Ängsten oder gar körperlichem Schmerz. Eine Frau wurde nach dem Film *Sophies Entscheidung* von stundenlangen Weinkrämpfen geschüttelt. Das ist selbst dann eine ungewöhnliche Reaktion auf einen Film, wenn er den Holocaust zum Thema hat.

Bei diesen Fällen versuche ich auch zu ermitteln, ob das betreffende Kind möglicherweise in diesem Leben mißhandelt oder mißbraucht worden ist – eine Erfahrung, die sich mit dem Archetyp des Holocaust verschränken und eine in Holocaust-Bilder gekleidete Rückerinnerung auslösen kann. Wenn jemand zum Beispiel als Kind nicht genug zu essen bekommen hat oder geschlagen wurde, kann er oder sie sich «wie ein Jude im Konzentrationslager» fühlen und benutzt dann dieses Bild, um die Erfahrung von Mißhandlung zu beschreiben. Das schließt eine Reinkarnation nach dem Holocaust nicht unbedingt aus, da die Mißhandlung auch eine Folge der Rückkehr in eine ungeeignete Familie seine könnte (siehe Punkt 4). Dennoch empfehle ich bei Mißhandlungen im gegenwärtigen Leben neben den parapsychologischen Verfahren immer auch noch eine Standardtherapie.

9. Die Aufrichtigkeit des Erzählenden, das allgemeine «Gefühl», das ich bei dem Interview habe, und meine eigenen übersinnlichen und/oder intuitiven Eindrücke. Das ist natürlich ein sehr subjektives Kriterium, aber bei manchen Interviews ist der Funke einfach übergesprungen, und meine Seele fröstelte gewissermaßen, während das bei anderen nicht der Fall war. Hier muß ich wiederum davor warnen, daß man sich in seiner Reaktion auf das Material von persönlichen oder kulturell bedingten

Vorurteilen beeinflussen läßt. Anfangs war ich geneigt, Geschichten von Leuten, die mir erzählten, Jesus sei in der Gaskammer zu ihnen gekommen, um ihre Seele in den Himmel zu geleiten, als Unfug abzutun. Ein Rabbiner kann sich natürlich nur schwer vorstellen, daß es Juden gibt, die im Augenblick ihres Todes ausgerechnet Jesus gesehen haben wollen. Aber irgendwann ging mir auf, daß ja auch viele Christen von den Nazis vergast worden waren und daß diese Menschen natürlich *erwartet* haben dürften, Jesus zu sehen. Wie Dr. Moody in *Leben nach dem Tod* ausführt, nimmt das «Lichtwesen», das kommt, um die Seele in die nächste Welt zu geleiten, häufig jene Gestalt an, welche die Seele zu erblicken erwartet. Buddhisten sehen Buddha, Christen sehen Jesus, Juden sehen Engel oder den Propheten Elias. Und Atheisten? Die sehen einfach ein helles Licht!

Dies also sind die Kriterien, nach denen ich Ausschau halte, wenn ich festzustellen versuche, ob jemand ein Holocaust-Reinkarnierter sein könnte. Wenn die Reinkarnationsgeschichten wahr sind, dann gibt es noch viele Seelen, teils inkarnierte, teils noch in einer geistigen Sphäre verharrende, die bis heute an dieser schrecklichen Tragödie leiden. Und das wirkt sich wiederum auf unsere gegenwärtige Welt aus. Die folgenden Kapitel beschäftigen sich mit einigen der Probleme im Zusammenhang mit dem Holocaust sowie mit karmischen Heilungsprozessen bei Individuen und bei Gruppen von Menschen. Doch sehen wir uns zunächst einmal an, was das Judentum zur Frage der Reinkarnation zu sagen hat!

DRITTES KAPITEL

Das Leben nach dem Tode in der jüdischen Lehre

Lehrt das Judentum tatsächlich Reinkarnation? Es mag Sie überraschen, aber die Antwort heißt: Ja. Das bedeutet nicht, daß alle Juden daran glauben, denn das Judentum hat keine definitive Lehrmeinung zum Thema Leben nach dem Tod. Die Juden haben erkannt, daß es keine wissenschaftlichen Beweise für den genauen Charakter des Jenseits gibt und es daher unsinnig wäre, darüber Dogmen aufzustellen. Über die Jahrhunderte hat sich eine ganze Reihe von Glaubensvorstellungen über das Leben nach dem Tod herausgebildet, die bis heute nebeneinander existieren, und jeder Jude kann für sich entscheiden, welcher er folgen möchte.

Diese Glaubensvorstellungen gliedern sich in vier Kategorien: 1. Weiterleben in den eigenen Nachkommen; 2. leibliche Auferstehung; 3. Weiterleben als unsterbliche Seele im Himmel; 4. Reinkarnation. Diese Kategorien schließen sich nicht gegenseitig aus, und viele Juden glauben an eine Kombination daraus. Ich möchte mit Ihnen zusammen eine Entdeckungsreise unternehmen, auf der Sie die faszinierende Entwicklung des jüdischen Denkens kennenlernen sollen. Doch zuerst ein paar Worte zu den Quellen.

Jeder kennt die hebräische Bibel (das Alte Testament), doch viele Menschen wissen nicht, daß die Bibel nur einen Teil der Schriften ausmacht, die den Juden heilig sind. Leider kann ich hier aus Platzgründen nicht ins Detail gehen, aber damit Sie sich eine allgemeine Vorstellung machen können, möchte ich Ihnen zumindest einen Überblick über die wichtigsten Quellen geben.

Beginnen wir mit dem *Talmud*, einer großen, vielbändigen Sammlung von Schriften aus über siebenhundert Jahren – von etwa 200 vor bis 500 nach der Zeitenwende (zur Zeit des griechisch-römischen Weltreichs also). Ursprünglich wurde der Talmud mündlich weitergegeben, was sich im Stil der Texte widerspiegelt. Das Material wird nicht linear, Schritt für Schritt dargestellt, sondern einzelne Passagen, die sich mit einer ähnlichen Thematik befassen, sind zu insgesamt vierundsechzig *Traktaten* zusammengefaßt. Diese Gliederung nutzt Assoziationen als

Gedächtnisstütze und ermöglicht umfangreiche Exkurse zu Fragen, die auf den ersten Blick das eigentliche Thema nur am Rande berühren.

So wird zum Beispiel mitten in einem Traktat über Eheverträge (*Ketubbot*) über das Leben nach dem Tod diskutiert, und in einem Traktat über Benediktionen (*Berachot*) ist seitenlang von Traumdeutung die Rede.

Talmud ist das hebräische Wort für «lernen» oder «studieren», und der Talmud ist in der Tat so aufgebaut, daß man ihn nicht im eigentlichen Sinne lesen kann, sondern gründlich Seite für Seite studieren muß.

Der Talmud besteht im wesentlichen aus der *Halacha*, die das System der jüdischen Gesetze und Riten umfaßt, und der *Aggada*, die keine Gebote enthält. Sie vor allem interessiert uns hier, weil sie einen Teil der Jenseitslehren beinhaltet, mit denen wir uns beschäftigen wollen. Im Gegensatz zur *Halacha* wird die *Aggada* nicht als autoritativ und für alle Juden verbindlich angesehen, so daß die Meinungen darüber, inwieweit man sich auf sie berufen kann, auseinandergehen. Einige betrachten diesen Teil des Talmud als reine Unterhaltung, während andere darin wahre Berichte über das Leben und die Lehren der erleuchteten Meister sehen.

Außer dem Talmud gibt es viele, viele andere Bücher sowohl zu den Gesetzestexten als auch zum Komplex der *Aggada*. Ein besonders wichtiges Werk ist die *Midrasch*. Die Bezeichnung leitet sich von dem hebräischen Wort für Forschen, Suchen her. Die Schrift zu erforschen, bedeutet für die Juden nicht, in der Bibel zu blättern, sondern die Texte sowohl durch intellektuelle Hinterfragung als auch durch «Seelenerforschung» auszulegen. Häufig ist in der Midrasch jeder einzelne Vers mit Allegorien, Parabeln, Analogien und Geschichten kommentiert, die seine tiefere Bedeutung illustrieren. Das *Sefer ha-Sohar,* das bedeutendste Werk der *Kabbala,* ist im Stil der Midrasch als fortlaufender Kommentar zum *Pentateuch* (den ersten fünf Büchern des Alten Testaments) geschrieben.

Der heutige Leser, der an Selbsthilfebücher und Heimwerkerlexika gewöhnt ist, kann mit diesen klassischen Texten zunächst wenig anfangen, weil die mystischen Lehren in ihnen alles andere als leichtverständlich dargelegt werden. Das hängt mit der im Talmud selbst angesprochenen Tradition zusammen, daß die Kabbala nur durch Andeutungen und Anspielungen weitergegeben werden darf, und nur an Schüler, die bereits über ein fundiertes jüdisches Wissen verfügen. Deshalb setzten die mystischen Texte voraus, daß der Leser die Bibel, den Talmud und die Midrasch in den Originalsprachen (Hebräisch und Aramäisch) lesen kann und in der Lage ist, Andeutungen ohne weitere

Erläuterungen zu verstehen. Hinzu kommt, daß viele ganz gewöhnliche hebräische Wörter, Wortverbindungen und sogar Buchstaben noch eine zweite, spezifische Bedeutung haben, die der Schüler vorher schon von einem Meister gelernt haben sollte. Im Grunde sind diese Bücher also in einer Geheimsprache verfaßt. Erst nach jahrelangen Studien, und nur wenn man mit den praktischen Dingen des jüdischen Lebens wirklich vertraut ist, kann man sie entschlüsseln. (Das ist einer der Gründe, weshalb es, wenn jemand die Kabbala «intuitiv» begreift, in meinen Augen darauf hindeuten könnte, daß der Betreffende in einem früheren Leben ein jüdischer Mystiker war.)

Bibel, Talmud, Halacha und Aggada, Mystik, Parabeln, Geschichten, Riten und Moralschriften bilden zusammengenommen den gewaltigen Korpus an Weisheit, den wir mit dem hebräischen Wort *Thora* bezeichnen, das häufig mit «Gesetz» übersetzt wird, in Wirklichkeit jedoch «Lehre» heißt. Viele Christen glauben, die Thora sei lediglich die Schriftrolle mit den fünf Büchern Mose in der Synagoge. Aber wenn ein Jude sagt, daß er die Thora studiert, dann meint er damit nicht nur das Alte Testament. Im weitesten Sinne umfaßt die Thora sämtliche Schriften, Lehren, Einsichten und Bräuche aus fünftausend Jahren jüdischer Kultur. Es liegt auf der Hand, daß wir hier nicht auf all das ausführlich eingehen können, doch ich hoffe, daß Sie durch die folgende Entdeckungsreise zu weiteren Studien angeregt werden.

Wenn man sich mit diesem Material beschäftigt, darf man nicht vergessen, daß es in der Thora kein Vorher oder Nachher gibt. Das heißt, daß ein späterer Kommentar die Lehren der Alten nicht aufhebt, sondern jede Generation baut nur mit neuen Interpretationen, die potentiell seit jeher existierten, den früheren Gelehrten allerdings noch nicht «offenbar» waren, auf dem Bestehenden auf. Das Studium der jüdischen Schriften ist folglich nicht darauf gerichtet, einer der verschiedenen Richtungen den Vorzug vor den anderen zu geben, sondern sucht das Verbindende zwischen ihnen. (Selbst in der Bibel und im Talmud bestehen unterschiedliche Auffassungen über das Leben nach dem Tode, die seit Jahrtausenden nebeneinander existieren und bewahrt werden.)

Der Übersichtlichkeit halber habe ich mich entschlossen, das Material in chronologischer Ordnung darzustellen, möchte Sie aber bitten, daran zu denken, daß sämtliche hier vertretenen Ansichten über das Leben nach dem Tode bis heute im Judentum präsent sind. Viele Juden glauben, wie gesagt, an eine Kombination der vier Kategorien, auf die ich im folgenden näher eingehen möchte.

1. *Weiterleben in den eigenen Nachkommen.* Manche Juden glauben nicht, daß die Seele des einzelnen überlebt, sondern gehen davon aus, daß der Lebensfaden durch die eigenen Nachkommen oder den «Samen» weitergesponnen wird. Das erklärt die ausführliche Genealogie in der Bibel, wo die Lehre noch nicht vom Meister an den Schüler, sondern vom Vater an den Sohn und von der Mutter an die Tochter weitergegeben wird. Kinderlosigkeit wird als Tragödie angesehen, nicht nur für die jeweilige Kleinfamilie, sondern für die ganze Sippe. Ohne Kinder stirbt die Linie der Eltern im physischen wie im spirituellen Sinne aus. Der Zölibat hat in diesem Weltbild keinen Platz, es gilt als Verantwortungslosigkeit gegenüber dem Stamm und als eine Art spiritueller Selbstmord.

In den Anfängen des Judentums wird der Aspekt des Überlebens durch Nachkommen besonders hervorgehoben. In der Geschichte von Abraham und Sara klagt Abraham darüber, daß er keinen Erben hatte und alles seinem Knecht Elieser zufallen werde. Aber Gott beruhigt Abraham; er verspricht ihm, er werde so viele Nachkommen haben, wie Sterne am Himmel stehen. Sara glaubt offenbar, das solle bedeuten, daß sie sich einer «Leihmutter» bedienen müsse, der Ägypterin Hagar, die in der Tat einem Sohn namens Ismael das Leben schenkt. So kann Abrahams Samen überleben. Doch was ist mit seiner armen Frau Sara?

In der Bibel steht geschrieben, daß Gott auch Sara nicht vergaß und ihr durch Engel verkünden ließ, sie werde noch in hohem Alter ein Kind empfangen. Das Wunder von Isaaks Geburt liegt nicht allein in der Tatsache, daß Sara im neunzigsten Lebensjahr schwanger wird, sondern auch darin, daß die Linie von Abraham und Sara überlebt, aus der schließlich das jüdische Volk entsteht.

Der Glaube, daß in Samen- und Eizelle, die sich vereinen, um ein Kind zu erzeugen, ein «Lebensfunke» der Eltern überlebt, hat eine biologische Grundlage. Wir wissen nicht genau, worin dieser «Lebensfunke» besteht, doch wir wissen, daß Leben in der gesamten Natur stets aus anderem Leben hervorgeht. Theoretisch ist es möglich, diesen «Lebensfunken» bis zum Ursprung des Lebens überhaupt zurückzuverfolgen. Etwas von den Vorfahren lebt tatsächlich in den Nachkommen weiter, und sei es auch nur ihre DNS. Umgekehrt wird, wenn ein Lebewesen stirbt, ohne sich fortgepflanzt zu haben, sein «Lebensfunke» ein für allemal im genetischen Pool ausgelöscht. Das versteht man gemeinhin unter dem Satz der Mischna, «daß, wenn einer eine Person vernichtet, es ihm die Schrift anrechnet, als hätte er eine ganze Welt vernichtet, und wenn einer eine Person erhält, es ihm die Schrift anrechnet, als hätte er eine Welt erhalten»[1].

Eines der gebräuchlichsten Argumente der heutigen Naturwissenschaftler gegen die Reinkarnation ist die Vorstellung, daß diese «Erinnerungen» irgendwie genetisch in unsere DNS einprogrammiert seien. Mit anderen Worten: Anstatt uns an etwas zu erinnern, das unserer Seele in einem anderen Leben geschehen ist, könnten wir einfach unsere Gene aktivieren. Aber das erklärt nicht, wieso beispielsweise ein Weißer, wenn er unter Hypnose in ein anderes Leben zurückgeführt wird, sich daran erinnert, ein Negersklave gewesen zu sein. Es erklärt auch nicht, wieso einige meiner Klienten sich daran erinnern konnten, daß sie während des Holocaust umgekommen sind – zu einer Zeit, da ihre jetzigen Eltern bereits lebten! Dr. Joel Whitton, der Verfasser des Buches *Life Between Life*, meint, es gebe einfach nicht genug DNS, um die Erinnerungen auch nur *eines* Lebens zu speichern, geschweige denn die einer ganzen Reihe von Leben.[2] Die Genetik spielt ohne Zweifel eine gewisse Rolle bei unserer Zusammensetzung, lieferte aber nicht für alle Fragen die Antwort.

Die jüdische Mystik des Mittelalters entwickelte die Vorstellung von einem «Urfunken des Lebens» weiter zu der Lehre von Adam Kadmon, dem «ersten Menschen». Das war der Adam vor dem Sündenfall, ja vor der Erschaffung Evas. Adam Kadmon war ein Hermaphrodit und wird mit weiblichen Brüsten und männlichen Genitalien dargestellt. Er/sie bewahrte in seinem/ihrem «Samen» potentiell alle Seelen der ganzen Menschheit. Deshalb trägt bis heute jeder Mensch «einen Funken von Adams Seele» in sich.

Außerdem stehen wir alle in einer bestimmten Folge von Vorfahren. In vielen jüdischen Geschichten sind fromme Personen so beschrieben, daß sie «einen Funken von Moses' Seele» oder von der Seele einer anderen archetypischen Figur in sich tragen. Es wird in den Legenden nicht immer deutlich, ob das wörtlich oder metaphorisch zu verstehen ist, es hat aber nichts mit Rassismus zu tun. Konvertiten zum Judentum werden in der Regel symbolisch in einen Stamm «adoptiert» und als «Söhne und Töchter Abrahams und Saras» bezeichnet. Sie und ihre Nachkommen werden ohne Abstriche als Juden akzeptiert, was zur Folge hat, daß die moderne Gemeinde aus Mitgliedern aller Rassen und Nationalitäten besteht.

Der Glaube an ein Weiterleben in den Nachkommen trägt dazu bei, daß der Holocaust noch immer so eine ungeheure Bedeutung für das jüdische Volk hat. Im Holocaust wurden nicht nur Millionen Juden, sondern *sechs Millionen potentielle Welten* vernichtet. Jeder dieser Menschen war Teil einer genealogischen Reihe, die nun unwiderruflich abgeschnitten ist. In vielen Fällen wurden ganze Familien und ganze Gemeinden ausgelöscht. Damit sind auch viele der Familiengeschichten verschwunden, die über Generationen mündlich von den Eltern an die Kinder überliefert wurden.

Für die wenigen Überlebenden ist es äußerst wichtig geworden, die Namen der Opfer des Holocaust zu bewahren, besonders derer, die keine Nachkommen hatten, welche die Erinnerung an sie wachhalten könnten. Deshalb werden so viele Denkmale errichtet, so viele Archive über den Holocaust angelegt, welche die Namen der Ermordeten erfassen, bevor die letzten Augenzeugen verschwunden sind. In der Holocaust-Gedenkstätte Yad Vashem in Jerusalem werden immer noch die Namen jener Juden gesammelt, die nachweislich von den Nazis umgebracht wurden.

2. *Leibliche Auferstehung.* Der Glaube an die tatsächliche leibliche Auferstehung, der unter den heutigen Juden eher selten anzutreffen ist, hatte in talmudischer Zeit so starke Bedeutung im Judentum, daß er sogar zum zentralen Dogma der christlichen Religion wurde, die sich zu dieser Zeit aus der jüdischen entwickelte. Es ist nicht genau bekannt, wann diese Lehren ins jüdische Denken eindrangen. Moses wurde wie ein ägyptischer Prinz am Hofe des Pharao erzogen, und die Ägypter glaubten bekanntlich, daß der Körper für das Leben nach dem Tode konserviert werden müsse. Moses spricht nirgendwo direkt von Auferstehung, doch im Jahrhunderte später geschriebenen Buch Daniel lesen wir: «Von denen, die im Land des Staubes schlafen, werden viele erwachen, die einen zum ewigen Leben, die anderen zur Schmach, zu ewiger Abscheu.»[3] Könnte es sein, daß Moses die Lehre von der leiblichen Auferstehung mündlich weitergegeben hat und daß sie erst viele hundert Jahre später niedergeschrieben wurde? Oder hat Gott sich diesbezüglich erst zu Daniels Lebzeiten offenbart? Wir wissen es nicht. Was wir wissen, ist, daß es grundlegende Unterschiede zwischen dem jüdischen und dem ägyptischen Auferstehungsbegriff gibt, die hier erläutert werden sollen.

Die alten Ägypter stellten sich das Leben nach dem Tode im großen und ganzen genauso wie das vorherige Leben vor, mit den gleichen Grundbedürfnissen und Wünschen. Obwohl die Ägypter an die Existenz einer Seele (*Ka*) glaubten, gingen sie davon aus, daß diese den irdischen Körper benötige, um weiterleben zu können. Ohne den Körper sei kein Leben nach dem Tode möglich, meinten sie, und das erklärt, warum sie die Körper der Verstorbenen mumifizierten. Das demokratische Gleichheitsprinzip fand in ihren Jenseitsvorstellungen freilich kaum Verwendung: Die Mumifizierung war ein teures und zeitraubendes Verfahren, das sich nur die Oberklasse leisten konnte. Die Armen hörten offenbar auf zu existieren, wenn ihr Körper sich zersetzte.

Die Ägypter konservierten nicht nur den Körper eines Verstorbenen, sondern statteten sein Grab auch mit allen irdischen Annehmlichkeiten aus, derer die Seele ihrer Vorstellung nach in der nächsten Welt bedurfte: Nahrung, Kleidung, Möbel und Diener sowie Handschriften, in denen die Seele für ihre Wanderung mit Anweisungen versehen wurde. Die alten Ägypter waren der Meinung, daß man Besitz sehr wohl mitnehmen konnte, und viele Pharaonen häuften ihr Leben lang Reichtümer an, um sie sich mit ins Grab geben zu lassen. So wurde die Vorbereitung auf das Jenseits fast wichtiger als das Offensein für alle Erfahrungen im Diesseits.

Vielleicht war die Entscheidung der Juden, ihre Begräbnisriten eher schlicht zu halten, eine Reaktion auf den pompösen Totenkult der Ägypter. Immerhin waren sie in Ägypten Sklaven gewesen und dürften ihr Leben damit zugebracht haben, Grabstätten für den Pharao zu bauen. Die Juden, die hinter den Kulissen als Sklaven und Handwerker die Aufgabe hatten, dem Pharao das Jenseits angenehm zu machen, erkannten sicher die Nutzlosigkeit des Ganzen und lehnten aus diesem Grunde die Jenseitsvorstellungen der Ägypter ab.

In der Bibel steht mehrfach[4], daß die toten Körper tot sind und weder essen noch schlafen, noch den Schöpfer aus dem Grabe preisen. Einige Christen (besonders die Zeugen Jehovas) haben daraus gefolgert, daß die Bibel die Existenz einer unsterblichen Seele leugne.[5] Wahrscheinlicher ist indes, daß diese Stellen als Polemik gegen die Überzeugung der Ägypter zu verstehen sind, wonach die Mumien wieder zum Leben erwachen und in ihren Gräbern herumspazieren können.

In biblischen Zeiten wickelten die Juden ihre Toten in einfache Leichentücher und legten sie in Höhlen oder Grüften; heute beerdigt man sie in schlichten Holzsärgen. Jedenfalls kann der Körper auf natürliche Weise verwesen und wird nicht einbalsamiert. Die einzige Ausnahme, von der die Bibel berichtet, war Jakobs Sohn Joseph, der es in Ägypten zu einer herausragenden Stellung gebracht hatte und daher einbalsamiert wurde und ein Staatsbegräbnis bekam. Allerdings nahm Joseph, bevor er starb, seinen Brüdern das Versprechen ab, seine Gebeine ins Land seiner Vorfahren zu bringen. Diese Aufgabe wurde von Moses erfüllt, der die Gebeine beim Exodus mitnahm.

Auch die Gebeine nicht einbalsamierter Leichen konnten unter günstigen Bedingungen jahrhundertelang ja über Jahrtausende erhalten bleiben. Für die Anhänger der Auferstehungslehre war es sehr wichtig, daß die Gebeine nicht verrotteten, denn diese, glaubte man, würden beim Jüngsten Gericht gebraucht werden, damit sie Fleisch ansetzten und zur Unsterblichkeit gelangten. Diese Vorstellung ist am deutlichsten in Hesekiels Vision vom Totenfeld Israel ausgeführt.

Dem Propheten Hesekiel, der im sechsten Jahrhundert vor Christus mit anderen Juden in babylonische Gefangenschaft geraten war, wurde eine Ebene voller verdorrter menschlicher Gebeine gezeigt – vermutlich ein Schlachtfeld, auf dem die Juden niedergemetzelt worden waren. Dann sah er in seiner Vision, wie diese Gebeine sich von neuem zusammenfügten und wieder mit Fleisch bekleidet wurden. Hierauf hauchte Gott ihnen Leben ein und sprach zu Hesekiel: «Menschensohn, diese Gebeine sind das ganze Haus Israel ... Ich öffne eure Gräber und hole euch, mein Volk, aus euren Gräbern herauf. Ich bringe euch zurück in das Land Israel ... dann werdet ihr erkennen, daß ich der Herr bin. Ich hauche euch meinen Geist ein, dann werdet ihr lebendig, und ich bringe euch wieder in euer Land.»[6]

Viele Juden (und viele Christen) haben diese Prophezeiung wörtlich genommen und erwarten die fleischliche Auferstehung. Die Formulierung: «... ich bringe euch wieder in euer Land» sowie Hesekiels wiederholte Hinweise auf das *«Reich der Lebendigen»* haben einige Talmudgelehrte zu der Annahme veranlaßt, daß die Auferstehung allein im *Land Israel* geschehen könne. Sie meinten, die Erde dort sei so heilig, daß selbst Ungläubige aufgrund der Tatsache, daß sie in solch heiliger Erde begraben seien, zur Auferstehung gelangen müßten.[7] Doch was war mit den frommen Juden, die nicht im Land Israel begraben waren? Den Gerechten würde doch das ewige Leben nicht verwehrt werden, nur weil sich ihre Gräber nicht am rechten Ort befanden. Es entstand eine kuriose Legende, welche die Lösung für dieses Dilemma anbot. Sie ist im Talmud erstmals erwähnt und wurde über die Jahrhunderte weiterentwickelt und unzählige Male kommentiert. Die Toten, die in anderen Ländern beerdigt waren, würden sich *unterirdische Tunnel* graben müssen, um im Land Israel auferstehen zu können. In einigen Versionen der

Legende existierten diese Geheimtunnel bereits, in anderen mußten die Toten sich wie Maulwürfe nach Israel durchwühlen. Der Talmud deutet an, Gott werde die Tunnel öffnen, aus denen die Toten dann «wie Flaschen» an den Ort der Auferstehung «rollen» würden.[8] Sicherer war es allerdings in jedem Falle, im Heiligen Land selbst begraben zu werden und sich die unterirdische Wanderschaft zu sparen. Sogar Menschen, die nicht an diese Legenden glaubten, wollten so bestattet werden, daß ihre Füße nach Jerusalem zeigten, zum Zeichen dafür, daß sie am Tage der Auferstehung zurückkehren würden. Bis heute wird bei jeder jüdischen Beerdigung eine Handvoll Erde aus dem Heiligen Land in den Sarg gegeben, die den Toten symbolisch an seine Heimat «binden» soll.

Obwohl Texte von tatsächlichen, realen Tunneln zu sprechen scheinen, ist vielleicht doch etwas Abstraktes, Spirituelleres gemeint. Menschen, die Todesnähe-Erfahrungen gemacht haben, beschreiben immer wieder den Weg durch einen langen Tunnel, der in eine schöne Landschaft führt. Die Annahme, daß einer der Weisen des Talmud eine solche spirituelle Erfahrung gemacht und sie seinen Kollegen wie eine körperliche Wahrnehmung beschrieben hat, liegt nahe.

Die Alten haben ihre Träume und Visionen häufig sehr konkret geschildert, sie wörtlich genommen und nicht zwischen übersinnlichen Erscheinungen und der Realität im Wachsein unterschieden. Der Psychiater Julian Jaynes aus Princeton meint, diese Menschen hätten mitunter nicht erkennen können, daß solche Bilder von ihrem eigenen Geist erzeugt waren, sondern sie für etwas von außen Kommendes gehalten.[9]

Einige der im Talmud zitierten Rabbis haben eine Form der Mystik praktiziert, die man *Merkawa*-Mystik nennt und bei der über die im ersten Kapitel von Hesekiel enthaltene Vision vom «Thronwagen Gottes» meditiert wird. Die *Merkawa*-Mystiker behaupteten, man durchschreitet beim «Aufstieg» sieben «große Thronhallen», bis man vor «Gottes Thron» trete. Diese Wanderungen sind stets sehr konkret beschrieben, und erst in späteren Kommentaren finden wir Aussagen wie: «Die Patriarchen selbst sind der Thronwagen».[10]

Andererseits gibt es in den rabbinischen Texten ein paar deutliche Hinweise auf offenbar außerkörperliche Erfahrungen. Das bekannteste Beispiel dürfte die Geschichte von den «Zehn Märtyrern» sein, die jedes Jahr zu Jom Kippur, dem Versöhnungstag, beim Gottesdienst vorgelesen wird. Sie erzählt, wie der römische Kaiser Hadrian im Jahre 135 nach Christus zehn jüdische Weisen unter falsche Anklage stellte und befahl, sie hinzurichten. Die Weisen baten um drei Tage Aufschub, um «sicher zu gehen, daß dieses Urteil vom Himmel beschlossen» sei. Erstaunlicherweise willigte Hadrian ein. Rabbi Jischmael ben Elischa, der zugleich der Hohepriester war, unterzog sich daraufhin einer rituellen Reinigung, rief den heiligen Namen Gottes an und «stieg auf», um in Erfahrung zu bringen, ob dieses Martyrium in der Tat von Gott gewollt sei. Er sah eine Gestalt in einem Gewand aus Leinen, die sprach: «Fügt euch, ihr geliebten Heiligen, denn ich habe hinter dem Vorhang [des himmlischen Allerheiligsten] sagen hören, dies sei euch bestimmt.»

Darauf kam Rabbi Jischmael wieder zur Erde zurück und überbrachte seinen Kollegen die Botschaft, und diese waren bereit, das Martyrium auf sich zu nehmen. Einer der hingerichteten Rabbis war Akiba, der unter der Folter so fieberhaft betete, daß der Henker ihn fragte, ob er ein Zauberer sei, daß er solche Schmerzen aushalten könne. Akiba antwortete, er sei kein Zauberer, sondern freue sich über die Gelegenheit, Gott mit seinem ganzen Leben zu lieben. Er starb mit den letzten Worten des Schema Jisrael («Höre, Israel») auf den Lippen: «Adonai Echad» – «Der Herr ist einzig».[11] Seither beten das alle frommen Juden im Augenblick ihres Todes.

Es liegt auf der Hand, weshalb diese Geschichte an Jom Kippur zum festen Bestandteil des Gottesdienstes geworden ist. Sie soll die Juden dazu anhalten, Gott mit vollkommener Hingabe zu dienen. Zugleich aber enthält sie meines Erachtens einen deutlichen Hinweis auf so etwas wie eine Zustandsänderung, die es dem Hohepriester erlaubte, als auf der Erde lebender Sterblicher zum Himmel «aufzusteigen». Da es sich um Rabbis aus talmudischer Zeit handelt, könnte die Legende meine Vermutung erhärten, daß die Geschichten mit den Tunnels ihren Ursprung in Berichten über außerkörperliche oder Todesnähe-Erfahrungen haben. Diese Theorie wird auch dadurch gestützt, daß der erwähnte Rabbi Jischmael der Verfasser des *Hechalot Rabbati* ist, eines Textes, in dem die bereits erwähnten «großen Thronhallen» beschrieben werden.[12]

Heute glauben nur noch sehr wenige Juden an eine leibliche Auferstehung, und auch dies hängt mit dem Holocaust zusammen. Wie können sich, wenn der Körper verbrannt und die Asche in alle vier Winde verstreut ist, nichtexistente Gebeine wieder zusammenfügen und auferstehen? Ein bißchen näher kommen wir einer Erfüllung dieser Weissagung vielleicht, wenn wir an die Überlebenden der Konzentrationslager denken. Betrachtet man die Fotos der ausgemergelten «lebenden Leichname», die 1945 von den Alliierten befreit wurden und nur noch Haut und Knochen waren, möchte man kaum glauben, daß diese «Gebeine» es geschafft haben, am Leben zu bleiben. Und doch haben die meisten Überlebenden nicht nur von neuem Fleisch angesetzt, sondern viele von ihnen haben sich im Heiligen Land niedergelassen und mitgeholfen, auf «ihrem Boden» den Staat Israel zu gründen. Sollte dies die Auferstehung sein, von der Hesekiel sprach? Sollte darunter nicht die tatsächliche Wiedererweckung von Leichen zu verstehen sein, sondern das Wiedererwachen des jüdischen Geistes nach einer Tragödie von so ungeheurem Ausmaß?

3. *Weiterleben als unsterbliche Seele im Himmel.* In der Bibel ist zwar der Begriff unsterbliche Seele nirgendwo eindeutig genannt, doch ist die Existenz der Seele Gegenstand späterer, nach der Kanonisierung der Bibel aufgezeichneter jüdischer Schriften. Das veranlaßte einige Theologen zu der Annahme, diese Vorstellung von der Seele sei im Judentum ursprünglich nicht verankert gewesen, sondern aus anderen Kulturen übernommen worden. Das halte ich für einen Irrtum. Eine Lehre kann jahrhundertelang als mündliche Überlieferung existieren, bis sie schließlich niedergeschrieben wird. Esoterische Lehren wurden in alter Zeit geheimgehalten, und da alle Bücher handgeschrieben waren, bedeutete «Veröffentlichung» weniger die Verbreitung zahlreicher Exemplare als vielmehr mündliche Weitergabe. Kommentare zu Texten wie der Bibel wurden ebenfalls mündlich gelehrt und vom Hörer sorgfältig memoriert, indem er sie mindestens hundertmal wiederholte.

Heute mißtrauen wir mündlichen Überlieferungen, weil dabei, ähnlich wie bei dem Kinderspiel «Stille Post», Informationen verlorengehen. Aber vor der Erfindung des Druckes mit beweglichen Lettern Mitte des sechzehnten Jahrhunderts wurde der größte Teil des Wissens mündlich übermittelt. Die Gelehrten reisten dorthin, wo es ein Exemplar eines bestimmten Buches gab, lernten es auswendig und zogen dann weiter, um einen anderen Text zu memorieren. Die Troubadoure des Mittelalters konnten mehrere hundert Verse eines Gedichts behalten, das sie nur dreimal gehört hatten, und Professoren an den Universitäten verblüfften ihre Studenten damit, daß sie hundert oder mehr Zeilen Text nach nur einmaligem Hören aus dem Gedächtnis wiederholten.[13] Ein echter Gelehrter war für die mittelalterlichen Juden derjenige, der mit einer Nadel mehrere Seiten des Talmud durchstechen und angeben konnte, welche Wörter die Nadel durchbohrt hatte. Die mündliche Überlieferung war in der Zeit vor der Erfindung des Buchdrucks manchmal außerordentlich präzise.

Im Mittelalter erschienen jüdische Jenseitslehren sowohl in den theologischen Schriften als auch in der Folklore, und der normale Jude jener Zeit glaubte offensichtlich an eine Seele. Immer wieder können wir lesen, daß ein Jude am Grab eines Rabbi oder eines geliebten Menschen betete und dessen Seele ihm später im Traum oder in einer Vision erschien. Man glaubte, daß die Seele, auch wenn sie den Körper verlassen hatte, doch noch irgendwie mit dessen irdischer Ruhestätte verbunden sei und man deshalb an der Grabstätte leichter mit ihr in Verbindung treten könne.[14] Dieser Glaube hat sich bis heute erhalten. Vor kurzem hörte ich, wie eine Überlebende des Holocaust jemandem erklärte, weshalb sie den Wunsch hatte, nach Auschwitz zurückzukehren: «Es ist das Grab meiner Mutter. Wo sonst kann ich ihr nahe sein?»

Der große jüdische Philosoph Maimonides, der im zwölften Jahrhundert lebte, versuchte, den Glauben an die Seele mit dem an die leibliche Auferstehung zu verbinden. Obwohl er die Auferstehung als Glaubensartikel akzeptierte, fiel es ihm bei einigen Texten schwer, sie wörtlich zu nehmen. Er fand folgenden Ausweg: Wenn der Messias komme, sagte er, würden die Toten auferstehen, doch damit sei der Prozeß nicht zu Ende. Das eigentliche Ende sei ein spiritueller Zustand, in dem es weder den Tod noch den Körper geben werde. «Denn wir glauben», sagt Maimonides, «und jeder, der mit Verstand begabt ist, weiß, daß dies die Wahrheit ist, daß in der kommenden Welt (*Olam ha-ba*) die Seelen körperlos sein werden wie die Engel.»[15]

Olam ha-ba ist talmudisches Hebräisch und dürfte ursprünglich den realen Planeten Erde nach der Läuterung durch das Jüngste Gericht gemeint haben – eine «kommende Welt» also im wahrsten Sinne des Wortes, ähnlich wie die, an die strenggläubige Christen bis heute glauben. Bei den modernen Juden indes kann «kommende Welt» auch «andere Welt» auf einer anderen Bewußtseinsebene bedeuten – nämlich den Himmel.

Die verbreitetste jüdische Metapher für den Himmel ist der Garten Eden, der Ort der vollkommenen Harmonie. Dort versammeln sich die größten Propheten, Lehrer, Gelehrten und Heiligen unter dem Baum des Lebens, um miteinander die Geheimnisse der Thora zu ergründen. Der Löwe legt sich neben das Lamm, und alles ist, wie es war, bevor Adam und Eva von der verbotenen Frucht aßen.

Eine andere, ebenfalls weitverbreitete Vorstellung vom Himmel ist, besonders in chassidischen Texten, die von einer himmlischen Akademie (*Jeschiwa Haschamajim*), einem Ort des Thorastudiums, an dem löbliche Seelen lernend, feiernd und singend um eine ewige Sabbattafel versammelt sind. (Juden nennen manchmal den Sabbat einen «Vorgeschmack auf die kommende Welt».) Besonders fromme Seelen können zu dieser himmlischen Schule schon Zutritt finden, während sie noch auf der Erde leben. So erzählt man sich beispielsweise, daß der Baal Schem Tow (der «Meister des guten Namens»), der im achtzehnten Jahrhundert lebte und als Begründer des Chassidismus gilt, bei Nacht häufig seinen Körper verlassen habe, um in den Himmel aufzusteigen. Dort habe er die Geheimnisse der Kabbala erfahren, die er dann seinen irdischen Schülern weitervermittelt habe:

«Er [der Kantor des Baal Schem Tow] erzählte von den Stunden, in denen sich die Seele des Meisters zum Himmel erhob, und der Leib blieb wie tot zurück, und dort unterredete sich die Seele mit wem immer sie wollte, mit Moses, dem getreuen Hirten, und mit dem Messias, und fragte und bekam Antwort.»[16]

Doch bevor die Seele des Verstorbenen in die himmlische Akademie oder den Garten Eden einziehen kann, muß sie vor das himmlische Tribunal treten. Dieses Gericht entspricht dem irdischen *Bet Din*, dem jüdischen Gerichtshof, vor dem die Juden jahrhundertelang ihre Streitigkeiten regelten, bis ihnen von den weltlichen Regierungen die Bürgerrechte gewährt wurden. Noch heute kommt es vor, daß ein Jude den Bet Din anruft, und darum existiert diese Institution noch immer. Der Bet Din besteht aus drei jüdischen Gelehrten, von denen mindestens einer ein ordinierter Rabbiner sein muß. In größeren Städten gibt es in der Regel einen Rabbiner, der dieses Amt permanent innehat, in kleineren Gemeinden hingegen tritt ein Bet Din nur dann zusammen, wenn er gebraucht wird. Jeder ordinierte Rabbiner kann einen Bet Din einberufen.

In den Studien von Dr. Joel Whitton findet sich eine interessante Parallele zu diesem himmlischen Gericht. Whitton hat viele Klienten unter Hypnose zum «Bardo» zurückgeführt. *Bardo* nennen die tibetanischen Buddhisten den spirituellen Zustand, in dem die Seele die Zeit zwischen den einzelnen Inkarnationen verbringt. Zahlreiche Klienten Whittons berichten, sie hätten vor einem «ätherischen Gericht» erscheinen müssen, das aus *drei Richtern* bestand! Meines Wissens kannte keiner dieser Menschen die jüdische Lehre vom himmlischen Gerichtshof. Whitton selbst zählt mehrere Kulturen auf, in denen die Vorstellung von einem himmlischen Triumvirat existiert, ohne das Judentum auch nur zu erwähnen. Seine Forschungen deuten jedenfalls darauf hin, daß in der in jüdischen Legenden so häufig vorkommenden Vorstellung von einem himmlischen Gerichtshof etwas Wahres liegt.[17]

Das einzige, was den Seelen in der kommenden Welt fehlt, ist die Möglichkeit, *Mizwot* (Gebote, gute Taten) zu vollbringen, denn dazu bedarf es eines Körpers. Im Himmel kann man weder die Armen nähren noch die Nackten kleiden, weil es dort Hunger und Armut nicht gibt. Ebensowenig kann ein Jude in der spirituellen Welt die rituellen Vorschriften des Judentums einhalten, denn auch sie erfordern bestimmte materielle Voraussetzungen. Die Sabbatlichter anzünden oder den Gebetsmantel anlegen kann man nur in der materiellen Sphäre. Und obwohl diesen äußerlichen Ritualen eine tiefe spirituelle Bedeutung innewohnt, ist es nicht möglich, sie außerhalb der materiellen Welt auszuüben.

Die guten Taten, die wir auf der Erde vollbringen, werden im Buch des Lebens ein für allemal festgehalten und gelten in der kommenden Welt als Verdienste. Deshalb ist es sehr wichtig, hier auf der Erde, wo wir die Gelegenheit dazu haben, möglichst viele *Mizwot* zu vollbringen, denn je mehr Verdienste man aufzuweisen und je mehr spirituelles Wissen man sich angeeignet hat, desto höher ist die Ebene, die man in der nächsten Welt erreicht. Allgemeinverständlich ausgedrückt, heißt das, man häuft ein «gutes Karma» an.

Und was ist mit den Seelen, die ein «schlechtes Karma» angesammelt haben? Auf sie wartet die *Gehenna*, eine Art Fegefeuer, in dem sie von ihren Sünden gereinigt werden, ehe sie den Garten Eden betreten dürfen. Das «Urteil» richtet sich danach, wie man gelebt hat, dauert aber nach allgemeinen Glaubensvorstellungen nicht länger als ein Jahr. Im Judentum gibt es keine ewige Verdammnis, weil jeder Mensch, ganz gleich, wie böse er war, irgendwo auf der Welt etwas Gutes getan hat, für das er am Ende belohnt werden muß. Viele chassidische Geschichten erzählen davon, wie eine arme Seele vor dem Vergessen errettet wird, weil sie hier auf Erden eine scheinbar unbedeutende gute Tat vollbracht hat.

Wenn die *Gehenna* aber nur ein Jahr dauert, ist selbstverständlich die Frage naheliegend, was mit einer Seele wie der von Adolf Hitler passiert. Whitton geht davon aus, daß die Seele in der nächsten Welt all die Schmerzen und das Leid erdulden muß, die sie auf der Erde anderen zugefügt hat.[18] Wenn das wahr ist, dann könnte ein solches Jahr für einen Hitler in der Tat genügen. Die meisten esoterischen Überlieferungen sind sich darin einig, daß es Zeit oder das, was wir darunter verstehen, in der nächsten Welt nicht gibt. Wer weiß also, was dort als ein «Jahr» empfunden wird?

Einige jüdische Mystiker glauben, daß die spirituelle Welt aus mehreren Ebenen besteht, die mit den Sprossen der Leiter in Jakobs Traum verglichen werden. So gibt es etwa eine «untere Gehenna», in der die Gefühle geläutert werden, und eine «obere Gehenna» zur Katharsis von Geist und Seele. Dem entspricht ein «unterer Garten Eden», der die Gefühle erfreut, und ein «oberer Garten Eden», in dem auch die Seele geistige Befriedigung findet. Wenn die Seele von einer Ebene zur anderen überwechselt, wird sie in den «Fluß des Lichts» getaucht. Die Seelen auf den höheren Ebenen können herabsteigen, um denen auf den niederen Ebenen beizustehen, und erhalten ihrerseits Hilfe von jenen Seelen, die sich auf einer noch höheren Ebene befinden. Vollkommen ist nur Gott, der Schöpfer des Universums; alles andere entwickelt sich ständig. Nach diesem Modell ist die Erleuchtung ein Prozeß, kein Daseinszustand.[19]

In der anderen Welt können die Seelen, wie schon gesagt, nicht die materiellen Gebote erfüllen, aber sie können von den *Mizwot* profitieren, die hier auf Erden in ihrem Namen vollbracht werden. Das erklärt den jüdischen Brauch, ein Werk der Nächstenliebe dem Andenken an einen nahestehenden Verstorbenen zu widmen. Wenn Nichtjuden in eine Synagoge kommen, wundern sie sich oft, daß dort so viele Dinge – Stühle, Bücher, Lesepulte, Thorarollen, ja sogar ganze Räume – deutlich sichtbare Inschriften zum Gedenken an irgend jemanden tragen. Diese Inschriften dienen nicht nur der materiellen Bewahrung der Namen geliebter Menschen, sondern helfen darüber hinaus den Seelen der Verstorbenen, in der nächsten Welt fortzuschreiten. Jedesmal, wenn jemand aus «ihrer» Thorarolle liest oder in «ihrem» Becher den Wein segnet, wird dies so gewertet, als ob sie selbst den Gegenstand demjenigen gespendet hätten, der ihn benutzt.

Ebenso hat ein lebender Jude die Möglichkeit, das Verdienst seiner eigenen Taten auf einen Verstorbenen zu überschreiben. Zum Beispiel kann man, wenn man sich ins Studium der Thora versenkt, erklären, daß dieses Studium einem bestimmten Menschen als Verdienst angerechnet werden solle. Auf diese Weise erhält die Seele gleichsam einen Pluspunkt fürs Thorastudium, der ihr in der nächsten Welt voranzukommen hilft. Das ist auch einer der Gründe dafür, daß in der Synagoge morgens und abends das *Kaddisch*, das Totengebet, gesprochen wird. Man glaubt, daß die meisten Seelen unmittelbar nach dem Tode eine Zeit der Läuterung in der Gehenna zubringen. Und weil niemand unterstellen möchte, daß ein geliebter Verstorbener ein ganzes Jahr dort bleiben müsse, wird das Kaddisch nach dem Ableben eines Angehörigen nur elf Monate lang gesprochen.

Eine weitere Sitte, die in diesem Zusammenhang erwähnt werden muß, ist die sogenannte *Jahrzeit*, die Erinnerung an den Sterbetag. Bis vor kurzer Zeit haben die Juden Geburtstage nicht begangen, sondern statt dessen die *Jahrzeit*, den Tag des Erinnerns, der von den jüdischen Mystikern als ein Hineingeborenwerden in die nächste Welt betrachtet wird. Selbst Juden, die nicht fromm sind, zünden am Vorabend der *Jahrzeit* ein vierundzwanzig Stunden brennendes Licht an, und viele haben es sich zur Gewohnheit gemacht, an diesem Tag oder am darauffolgenden Sabbat ein religiöses Fest zu stiften. Die Thoralesung, die bei einem solchen Fest gehalten wird, die Geschichten, die erzählt, die Lieder, die gesungen werden, gelten wiederum als «gutes Karma» für die Seele des Verstorbenen.

Es ist naheliegend, diese Weltsicht als einen Versuch zu interpretieren, sich den Zugang zum Paradies zu «erkaufen», und im ungünstigsten Falle kann es in der Tat so sein. Wir dürfen indes nicht vergessen, daß all das Symbole für einen spirituellen Vorgang sind, der im Kontext der jüdischen Tradition gelehrt wird und den wir nicht in jedem Punkt rational begreifen. Meine Lesart dieser Bräuche ist die, daß es zwischen dieser und der nächsten Welt eine Wechselbeziehung gibt und daß der Schleier, der die eine von der anderen trennt, sehr dünn ist. Die beiden Welten sind miteinander verbunden und müssen sich bei der Weiterentwicklung wechselseitig helfen. Oder, wie Reb Zalman, einer meiner Lehrer, es ausgedrückt hat: «Es ist eine Beziehung auf Gegenseitigkeit. Wir geben ihnen das, woran wir auf Erden reich sind – die Fähigkeit, gute Taten zu vollbringen und uns in Liebe ihrer zu erinnern. Sie geben uns das, woran sie im Himmel reich sind: Liebe, Ehrfurcht, Freude, Großmut und Gottergebenheit.»

4. *Reinkarnation*. Da es, wie schon gesagt, im Alten Testament keine deutlichen Schilderungen vom Leben nach dem Tode gibt, finden wir

dort natürlich auch nichts über Reinkarnation. Allerdings sind in der Bibel einige Stellen enthalten, die von späteren Kommentatoren als «Hinweise» auf die Reinkarnation interpretiert wurden. Diese «Hinweise» versteht man allerdings nur, wenn man den «Code» kennt, mit dem die Juden biblische Texte meist lesen.

Eines dieser Codewörter ist im *Bahir* erläutert, einem Buch, das nach der Überlieferung von dem talmudischen Rabbi Nechunja ben ha-Kana stammt, der im zweiten Jahrhundert lebte. Rabbi Nechunja war der führende Mystiker seiner Zeit und der unbestritten größte Meister der bereits erwähnten *Merkawa*-Mystik. Es ist allerdings fraglich, ob Rabbi Nechunja tatsächlich der Verfasser des Bahir ist, der in seiner heutigen Form erst im zwölften Jahrhundert publik wurde. Möglicherweise enthält das Buch mündliche Überlieferungen von Rabbi Nechunja, die jedoch viel später, im Mittelalter, niedergeschrieben wurden. Wie dem auch sei, die Authentizität des Bahir als Text der Kabbala steht nach wie vor außer Frage.

Im Bahir finden wir das folgende rätselhafte Zwiegespräch:

«Rabbi Meïr sagte: Was bedeutet ... von Geschlecht zu Geschlecht? Rabbi Papias sagte: So steht geschrieben [Ecclesias. 1,4]: ‹Ein Geschlecht geht, und ein Geschlecht kommt›, und Rabbi Akiba hat gesagt: ... ‹Ein Geschlecht, das schon [einmal] gekommen ist›.»[20]

Das ist eine sehr wichtige Stelle, weil sie uns sagt, daß der Bahir «Geschlecht» oder Generationen gleichgesetzt mit «Inkarnation»; das heißt, das Geschlecht (oder die Generation), das «geht», ist auch das, das «kommt». Das Verfahren, ein Wort durch ein anderes zu ersetzen, ist in der rabbinischen Literatur durchaus üblich. Manchmal stützt sich die andere Deutung auf «Wortspiele», die in der Struktur der hebräischen Sprache liegen, manchmal ist dies einfach eine Möglichkeit, einen älteren Text im Lichte neuer Informationen neu zu interpretieren. Wir wissen nicht, wie lange schon Inkarnation für Generation gebraucht worden ist, ehe es im Bahir fixiert wurde. Doch scheint diese Interpretation, zumindest unter Mystikern, allgemein akzeptiert gewesen zu sein, denn die gleiche Verwendung findet sich auch im *Sohar*, einem noch bekannteren kabbalistischen Text, der in seiner heutigen Form etwa hundert Jahre nach dem Bahir bekannt wurde.

Außer in der Passage bezüglich der Generationen nimmt der Bahir noch an mehreren anderen Stellen Bezug auf die Reinkarnation. Zum Beispiel:

«Warum geht es [manchem] Frevler gut und [manchem] Gerechten schlecht?
Weil der Gerechte schon [einmal] in der Vergangenheit ein Frevler war und nun bestraft wird. Aber bestraft man denn für [Vergehen der] Jugendtage? Rabbi Simon hat doch gesagt, daß man erst vom zwanzigsten Jahre ab bestraft! [Er sprach:] Ich spreche ja nicht vom [selben] Leben, ich spreche davon, daß er schon in der Vergangenheit da war.»[21]

Diese Stelle erinnert an eine an Jesus gerichtete Frage, über die im Johannesevangelium berichtet wird: «Meister, wer hat gesündigt, dieser oder seine Eltern, daß er blind geboren ist?» Die Frage impliziert den Glauben an die Reinkarnation; wie sonst sollte der Blinde vor seiner Geburt gesündigt haben? Jesu Antwort unterscheidet sich von der im Bahir: «Es hat weder dieser gesündigt noch seine Eltern, sondern es sollen Gottes Werke offenbar werden an ihm.»[22]

Die Christen diskutieren bis heute darüber, wie diese Antwort gemeint ist. Manche sehen darin eine generelle Leugnung des Reinkarnationsgedankens. Andere sagen, die Reinkarnation werde hier nicht a priori geleugnet, die Stelle beziehe sich lediglich auf den einen konkreten Mann, der blind geboren sei, damit Jesus die in den folgenden Versen beschriebene Wunderheilung an ihm habe vollziehen können. Wie auch immer – die Geschichte weist darauf hin, daß Juden in römischer Zeit an Reinkarnation geglaubt haben. Jesus und Rabbi Nechunja waren beinahe Zeitgenossen; sollten beide unabhängig voneinander auf die gleichen esoterischen Lehren zurückgegriffen haben?

Wenn wir «Inkarnation» für «Generation» setzen, hilft uns das auch bei der Deutung einer anderen Bibelstelle, die von manchen Juden als Hinweis auf Reinkarnation verstanden wird. Diese Stelle findet sich im fünften Buch Mose, wo Moses einer neuen Generation von Juden, die auf dem Weg ins Heilige Land den Jordan überqueren wollen, den Bund von Sinai erklärt: «Er, unser Gott, hat mit uns einen Bund geschlossen am Horeb [Sinai]. Nicht mit unseren Vätern hat er diesen Bund geschlossen, nein, mit uns, die wir heute hier stehen, mit uns allen, mit den Lebenden.»[23] Im folgenden werden die zehn Gebote wiederholt. Wenn man verstehen will, wieso diese Stelle als Hinweis auf die Reinkarnationslehre gedeutet werden kann, muß man zuerst wissen, was am Berg Sinai geschah.

Ein «Bund» ist ein Zusammenschluß, den zwei oder mehr Parteien zum gegenseitigen Vorteil miteinander vereinbaren. Der in der Thora beschriebene Bund entspricht in der Anlage im wesentlichen den Lehensverträgen zwischen Herrschern und Vasallenstaaten, wie sie im Nahen Osten im Altertum üblich waren. Der Herrscher, der die Vereinbarung anbietet, legitimiert sich («Ich bin der Herr, dein Gott») und legt dann die einzelnen Vertragspunkte dar (die Gebote). Es folgen eine Liste von Privilegien, mit denen die Einhaltung des Vertrages belohnt wird (5. Buch Mose 28), sowie die Androhung strenger Strafen, die derjenige zu gewärtigen hat, der den Vertrag bricht (die Verfluchungen, 5. Buch Mose 27).[24] Diese Vertragsform war den Generationen von Juden, die auf dem Berg Sinai standen, durch und durch vertraut.

Allerdings erlangte ein Lehensvertrag nur dann Gültigkeit, wenn er von den Untertanen ratifiziert wurde. Laut Bibel geschah dies folgendermaßen: «Alles Volk antwortete einmütig und sprach: ‹Alles, was Er geredet hat, wollen wir tun.›»[25] Der Gott der Juden ist kein zorniger Diktator droben im Himmel, der seine Untertanen eigenmächtig seinem Willen unterwirft, sondern er hat ein ganz konkretes Abkommen mit seinem Volk geschlossen, auf das dieses Volk aus freien Stücken eingegangen ist. Die Vorstellung, daß die Juden einen Bund mit Gott geschlossen haben, nimmt in der jüdischen Theologie eine solch zentrale Stellung ein, daß sie zur Selbstverständlichkeit geworden ist.

Nun birgt aber die zitierte Stelle aus dem 5. Buch Mose (siehe Anmerkung 23) ein ernsthaftes Problem. Als Moses diese Worte sprach, waren nur noch drei der Erwachsenen, die am Berg Sinai zugegen gewesen waren, am Leben: Moses selbst, Josua und Kaleb. Der Rest ihrer Generation war während der vierzigjährigen Wanderschaft durch die Wüste gestorben. Ein paar, die als Kinder der Verkündung der zehn Gebote beigewohnt hatten, lebten sicher noch, doch weil sie seinerzeit noch nicht volljährig gewesen waren, konnten sie nicht Vertragspartner sein. Wie also konnte Moses sagen, daß das Abkommen bindend sei für «uns, die wir heute hier stehen, mit uns allen, mit den Lebenden»? Wird damit nicht die Willensfreiheit künftiger Generationen ignoriert?

Die mündliche Überlieferung der *Midrasch* befaßte sich schon früh mit dieser Frage und ging davon aus, daß es sich um einen rückwirkenden Vertrag handle und die Formulierung «mit unseren Vätern» (5. Buch Mose 5,3) auch diejenigen Juden einschließe, die vor der Offenbarung am Sinai gestorben waren. Künftige Generationen dagegen wären mit der an anderer Stelle enthaltenen Formulierung «und mit denen, die heute nicht hier bei uns sind» erfaßt.[26] Damit seien alle Seelen aller Juden, die je geboren waren oder noch geboren werden würden, sowie derer, die eben körperlich inkarniert waren, zugegen gewesen. Jeder Jude habe sich bereits vor seiner Geburt aus freiem Willen entschieden, in den am Berg Sinai geschlossenen Bund einzutreten, und sei daher verpflichtet, ihn einzuhalten. Die Vorstellung, daß alle Generationen von Seelen auf dem Sinai präsent waren, ist heutzutage unter den Juden so allgemein anerkannt, daß selbst die Reformbewegung diesen Midraschtext in ihren modernen Auslegungen der Thora wiedergibt, ohne es für nötig zu halten, ihn näher zu kommentieren.[27]

Die Kabbalisten hingegen sind noch einen Schritt weiter gegangen. Die Mystiker lasen «Generationen» als «Inkarnationen» und lehrten, daß nicht nur alle Seelen anwesend waren, sondern daß *dieselben Seelen,* die am Sinai gestanden hatten und später in der Wüste gestorben waren, nunmehr reinkarniert, die letzten Worte Mose vernahmen. Und weil die jeweils lebende Generation die Reinkarnation ihrer Vorfahren ist, hatte Gott diesen Bund nicht nur «mit unseren Vätern», sondern «mit uns, die wir heute hier stehen, mit uns allen, mit den Lebenden» geschlossen.

Der Bund von Sinai sei dieser Lehre zufolge daher nicht mit einem irdischen Vertrag zu vergleichen, der mit dem leiblichen Tod einer der beteiligten Parteien erlischt. Vielmehr ist er ein *le-Dorotam Berit olam*, ein einziger Bund «mit dir und deinem Samen nach dir von Geschlecht zu Geschlecht»[28] oder von Inkarnation zu Inkarnation, der von einem Leben ins nächste übertragen wird. Diese Vorstellung nimmt im jüdischen Denken einen sehr wichtigen Platz ein; wir werden im vierten Kapitel noch einmal darauf zurückkommen.

Auch wenn die frühen Texte der Kabbala von Reinkarnation höchstens in Anspielungen sprechen, die nur von Eingeweihten zu verstehen sind, finden wir im vierzehnten Jahrhundert Schriften, die sich ausführlich und in aller Deutlichkeit mit dem Thema auseinandersetzen. Im Hebräischen wurde das Phänomen der Reinkarnation anfangs mit Begriffen wie *ha-Taka* («Übertragung») oder *Ibbur* («Durchdringung») erfaßt. In dem aus dem dreizehnten Jahrhundert stammenden *Sohar*, den man auch die Bibel der Kabbala nennt, wird dafür das Wort *Gilgul* verwendet, das bis heute in Gebrauch ist.

Ursprünglich bezeichneten *Gilgul* und *Ibbur* dasselbe. Doch gegen Ende des vierzehnten Jahrhunderts setzte eine Differenzierung der zwei Begriffe ein. *Ibbur* bedeutete nunmehr das Eintreten einer anderen Seele in den Körper eines lebenden Menschen, gleichsam als «gutartige Besessenheit». Eine *Ibbur* ereignet sich im allgemeinen zu einem guten Zweck, wobei die Gastseele nur kurze Zeit verweilt, um eine bestimmte Tat zu vollbringen. So könnte beispielsweise eine heilige Seele, die alle 613 Gebote der Thora bis auf ein einziges erfüllt hat, zeitweilig als *Ibbur* «vermittelt» werden, um diese eine noch ausstehende *Mizwa* zu vollbringen. Sobald dies geschehen ist, verschwindet der *Ibbur* von sich aus und kehrt zurück ins Geistreich. (Ein *Ibbur* ist sozusagen das Gegenstück zu einem *Dibbuk*, einer bösen Seele, die in den Körper eines lebenden Menschen schlüpft und ausgetrieben werden muß. [29])

Gilgul hingegen bedeutete jetzt die Wiedergeburt einer Seele in einen neuen Körper, also die Reinkarnation. Wie gesagt gingen die Meinungen der Kabbalisten darüber, was genau unter *Gilgul* zu verstehen sei, weit auseinander; sie konnten sich nicht einigen, wer zurückkommt und wie oft. Im Bahir heißt es, daß die Reinkarnation über tausend Generationen dauern könne, womit, wie wir gesehen haben, nichts anderes gemeint ist als tausend Reinkarnationen.[30] Rabbi Isaak Luria, der berühmte Mystiker aus dem sechzehnten Jahrhundert, hingegen glaubte, daß eine Seele normalerweise nur drei- bis viermal zurückkehrt.[31] Auf einige dieser Auffassungen werden wir in den folgenden Kapiteln noch zurückkommen und dann untersuchen, ob und wie sie sich auf einzelne Fälle von Holocaust-Reinkarnation anwenden lassen.

Sie werden sich jetzt vielleicht fragen, wie verbreitet diese kabbalistischen Glaubensinhalte waren, ob der Reinkarnationsglaube ein anerkannter Inhalt der jüdischen Religion oder nur die Phantasterei irgendeiner Randgruppe ist. Und Sie werden sich fragen, was eigentlich die Kabbala ist.

Das hebräische Wort *Kabbala* wird häufig mit «Tradition» übersetzt, bedeutet aber genaugenommen «das, was empfangen wurde». *Kabbala* hat denselben Stamm wie das hebräische Verb *kibel*, das «empfangen» heißt und in der hebräischen Fassung des Satzes «Am Sinai *empfing* Moses die Gesetzestafeln» vorkommt oder in der Formel vom *Empfangen* des Sabbat, die jeden Freitag beim Abendgottesdienst in der Synagoge gebraucht wird. Mit anderen Worten: Die Kabbala ist weniger eine von Gelehrten stammende schriftliche Überlieferung als vielmehr ein spiritueller Prozeß, in dem die Seele innere Weisheit empfängt.

Wie verbreitet die Kabbala im Mittelalter war, läßt sich schwer sagen, weil sie in der Praxis in die äußeren Formen des orthodoxen Judentums integriert wurde. So konnten etwa ein Kabbalist und ein Nichtkabbalist haargenau dieselbe Liturgie befolgen, sie aber vollkommen unterschiedlich erleben. Wer hätte die Unterschiede nennen können? Die jüdischen Mystiker waren keine Bilderstürmer, darauf erpicht, die Tradition zu zerstören – ganz im Gegenteil: Sie sahen in der Kabbala einen inneren Grund, die Gebote genau zu befolgen, weil alles, was man auf Erden tat, «droben» schwerwiegende Folgen hatte.

Doch die Lehren der Mystiker deckten sich nicht unbedingt mit den Glaubensvorstellungen des Durchschnittsjuden. Die Kabbala wurde als esoterische Geheimlehre angesehen, die nur den gelehrtesten Rabbis zugänglich sein durfte. Es galt als gefährlich, die breite Masse in die Kabbala einzuweihen, zum einen, weil ihr esoterischer Symbolgehalt die Ungebildeten zu Ketzerei verleiten konnte, zum anderen, weil man fürchtete, das gemeine Volk könnte sie zum Zwecke der Magie oder der Theurgie, der Gottesbeschwörung, mißbrauchen. Die Rabbis erkannten zwar den Wert der Theurgie, meinten aber, daß nur einer ganz kleinen Elite von besonders frommen Menschen das Recht zustehe, sie tatsächlich auszuüben. Wer in einen mystischen Zirkel aufgenommen werden wollte, mußte sich einer strengen Prüfung unterziehen, und nicht selten verlangte man von den Schülern, daß sie einen Eid zur Geheimhaltung ablegen.[32] Erst im sechzehnten Jahrhundert, als es infolge der Erfindung des Buchdrucks möglich wurde, Bücher in größeren Mengen zu veröffentlichen, konnte die Kabbala praktisch von jedermann studiert und ausgeübt werden.

Im achtzehnten Jahrhundert «popularisierte» der Baal Schem Tow, der Begründer des Chassidismus, die Kabbala und machte auch den Laien viele der Vorstellungen zugänglich. Meines Wissens glauben noch heute alle chassidischen Sekten an die Reinkarnation. Viele Leute sind überrascht, daß Chassidim, die in der Regel als «ultraorthodoxe» Reaktionäre hingestellt werden, an etwas so Mystisches wie die Reinkarnation glauben können. Dabei ist es gerade ihr Widerstand gegen jeden Wandel, der solche Lehren unter Chassidim bewahrt hat. Die Lubowitscher Version des chassidischen Gebetbuchs enthält sogar ein Nachtgebet, in dem der Betende jedem vergibt, der ihm «in dieser oder irgendeiner anderen Inkarnation ... Ärger oder Verdruß bereitet hat».[33]

Am anderen Ende des Spektrums neigen Reformjuden und Konservative zu Skepsis gegenüber der Reinkarnation. Ich habe immer wieder von Suchern gehört, ihr Rabbiner habe ihnen erklärt: «So etwas gibt es im Judentum nicht.» Meistens spiegelt solch eine Antwort nur Unwissenheit wider; bis vor kurzem wurden Kabbala und Mystizismus in den

Judaistik-Seminaren kaum erwähnt. In ihrem Bemühen um «Wissenschaftlichkeit» weist die offizielle Judaistik in den USA alles von sich, was nach «Aberglauben der Alten Welt» riechen könnte. Das hat zur Folge, daß die Nachkommen der orthodoxen Rabbiner, für die der Glaube an die Reinkarnation etwas ganz Normales war, mitunter nicht einmal wissen, daß es diese Lehre in der jüdischen Religion überhaupt gibt.

Aber das ändert sich mit der Zeit. In den letzten dreißig Jahren sind zahlreiche jüdische mystische Quellen ins Englische übersetzt worden, wodurch die «geheimen» Lehren erstmals für Laien zugänglich sind. So gibt es beispielsweise seit 1973 eine englische Übersetzung der *Tanija*, eines bedeutenden chassidischen Textes von Rabbi Schneur Zalman aus Ladi, dem ersten Lubowitscher Rebbe. 1979 fertigte Rabbi Aryeh Kaplan, ein namhafter Breslower Chassid, die erste Übersetzung des Bahir in Englische an und nahm in sein hervorragendes, 1982 erschienenes Buch *Meditation and Kabbalah* auch den vollständigen Text der *Hekhalot Rabbati* mit auf. Raphael Patai sammelte und übersetzte in seinem Buch *The Messiah Texts* Hunderte jüdischer Hinweise auf den Messias und die kommende Welt. (Gershom Scholem besorgte eine deutsche Übersetzung und Edition des Buches Bahir.)

Darüber hinaus machen sich in letzter Zeit viele Juden, die sich mit östlichen Religionen befaßt haben, in denen offen von Reinkarnation gesprochen wird, auf die Suche nach ihren eigenen Wurzeln und betrachten den Judaismus genauer. Damit verwerfen sie nicht unbedingt die Dinge, die sie in anderen Traditionen gefunden haben, sondern suchen gezielt nach authentisch jüdischen Entsprechungen etwa von Meditation, Geistheilung und Reinkarnation. Dabei entdecken sie oft «untergegangene» Techniken wieder und tragen so dazu bei, in den jüdischen Quellen enthaltene und bislang im dunkeln gebliebene Lehren zu erhellen. Diese Form der vergleichenden Philosophie hat zur Herausbildung einer Bewegung geführt, die man als «neochassidisch» bezeichnen könnte und die den Mystizismus der chassidischen Lehren mit einem personalisierten holistischen Bewußtsein zu verbinden sucht. (Ich selbst zähle mich zu dieser Gruppe.)

Wie wir gesehen haben, gehen die Meinungen über das Leben nach dem Tode innerhalb des Judentums weit auseinander; die Vorstellungen reichen von einem genetischen Überleben über die leibliche Auferstehung bis zum ewigen Leben im Himmel und zur Reinkarnation. Es kann durchaus sein, daß an allen vier Auffassungen etwas Wahres ist und manche Seelen auf den verschiedenen Stufen ihrer spirituellen Entwicklung mehrere dieser Zustände durchmachen. Wie dem auch sei, die Reinkarnationslehre ist ein gültiger Bestandteil der jüdischen Religion, wenn auch vielleicht nicht der offiziellen. Wir wollen nun sehen, wie diese Lehre auf Fälle von Holocaust-Reinkarnation angewandt werden kann.

VIERTES KAPITEL

Jüdische Seelen in nichtjüdischen Körpern

Am 2. September 1939 besetzten Hitlers Truppen die polnische Stadt Zawiercie, in der siebentausend Juden lebten. Alle jüdischen Männer zwischen siebzehn und fünfzig Jahren erhielten den Befehl, sich auf dem Marktplatz zu versammeln. Man hielt sie neun Tage lang fest, quälte und mißhandelte sie. Von da an verfuhren die Nazis in jeder eroberten Stadt so mit den Juden.[1]

An jenem 2. September 1939 wurde in einer katholischen Familie in den Vereinigten Staaten von Amerika ein Mädchen namens Martha geboren. In ihrer Kindheit kam die blonde Martha nicht mit Juden in Berührung. Ihr Vater war Antisemit; er schickte sie auf eine private Internatsschule, wo ihr beigebracht wurde, daß die Juden den Heiland umgebracht hätten. Vom Holocaust erfuhr Martha erst auf dem College. Dort machten sich die anderen Studenten wegen ihres Denkens und ihrer Religiosität über sie lustig, erwartete man doch in jener Zeit von einer Frau, die das College besuchte, daß sie auf der Suche nach einem Mann sei.

1987, im Alter von achtundvierzig Jahren, lernte Martha einen Rabbiner kennen und begann, sich für das Judentum zu interessieren. Als sie zum erstenmal an einem Sabbatgottesdienst teilnahm, brach sie zu ihrer eigenen Überraschung in Freudentränen aus. Auch bei weiteren Besuchen in der Synagoge erlebte sie tiefgreifende Gemütsbewegungen. Die hebräischen liturgischen Gesänge zu Jom Kippur, dem höchsten jüdischen Feiertag, versetzen sie in einen «höheren Bewußtseinszustand».

Nach einiger Zeit entschloß sich Martha, zum Judentum zu konvertieren. Als sie bei der *Mikwe*-Zeremonie, dem rituellen Tauchbad, schwor, dem jüdischen Volk treu zu sein, begann sie zu zittern. Die anwesenden Rabbiner hielten das für ein Zeichen ihres «religiösen Eifers» doch in Wirklichkeit war Martha von unaussprechlicher und scheinbar völlig unerklärlicher Angst ergriffen. Warum war sie in diesem Augenblick ihres Lebens, der doch ein freudiger sein sollte, von solchem Entsetzen gepackt?

Im selben Jahr beschloß Martha auch, die transzendentale Meditationstechnik zu erlernen. Sie absolvierte den Einführungskurs und erschien am festgesetzten Tag mit ihren Geschenken – Früchten und Blumen – zur Initiationsfeier. Doch anstatt ein transzendentales Hochgefühl zu erleben, begann Martha plötzlich «in Zungen zu reden», und dies in einer Sprache, die slawisch klang. Gleichzeitig litt sie unter entsetzlichen körperlichen Schmerzen. Weder sie selbst noch ihr Meditationsmeister fanden dafür eine Erklärung. Ein paar Wochen später sah Martha im Fernsehen einen Dokumentarfilm über den Holocaust und reagierte abermals extrem: Sie wälzte sich in unbeschreiblicher Angst auf dem Fußboden.

Es ist unwahrscheinlich, daß Martha tatsächlich am selben Tag in Polen gestorben ist, an dem sie in Amerika geboren wurde. Möglich aber ist, daß sie von den Nazis zu Tode gequält wurde. Wie bereits im zweiten Kapitel erläutert, begannen die Verbrechen an Juden mit Hitlers Machtergreifung 1933 und vor dem Überfall auf Polen. Die Reichskristallnacht, in der Synagogen, Tempel, Friedhöfe und jüdische Geschäfte zerstört und in Brand gesetzt wurden, war die Nacht vom 9. auf den 10. November 1938, also fast ein Jahr bevor Martha geboren wurde. 35 000 Juden wurden in die deutschen Konzentrationslager Dachau, Sachsenhausen und Buchenwald verschleppt.[2]

Marthas Geschichte paßt in ein in solchen Gesprächen häufig wiederkehrendes Muster. Immer wieder berichten Nichtjuden, die ohne jede Berührung mit Juden aufgewachsen sind, bei ihrer ersten Begegnung mit jüdischen Sitten und Riten von Déjà-vu-Erlebnissen. Man könnte nun meinen, daß diese Menschen zwar in ihrer Kindheit keinen persönlichen Kontakt mit Juden hatten, sich aber in der Bibel auskannten und sich daher möglicherweise einfach mit den Archetypen des Alten Testaments identifiziert haben. Aber das Judentum hat sich über die Jahrhunderte gewandelt und weiterentwickelt, und die Bräuche der Ostjuden sind von einem «Flair» umgeben, das aus Bibeltexten allein nicht erfaßt werden kann. Christen und Juden lesen diese Texte sehr unterschiedlich, und zwischen den beiden Kulturen besteht eine so enorme Kluft, daß es für einen Nichtjuden buchstäblich nicht möglich ist, sich ausschließlich auf der Grundlage dessen, was er aus der Christenlehre weiß, als Jude auszugeben.

Martha fühlte sich offenbar, obwohl sie nicht jüdisch aufgewachsen war, in ihrem tiefsten Inneren als Jüdin. Das ist gar nicht so ungewöhnlich. Mir sind viele Menschen begegnet, die sich an ein früheres Leben im Holocaust erinnern und im gegenwärtigen Leben keine Juden sind. Interessanterweise glauben nur sehr wenige von denen, die übersinnliche Erfahrungen irgendwelcher Art gemacht und mir davon berichtet haben, daß sie in einem ihrer früheren Leben sehr fromme Juden waren. Wie es scheint, haben die meisten die jüdische Religion nur nebenbei ausgeübt und ihre jüdische Identität für etwas eher Zufälliges, ohne besondere Bedeutung für ihr tägliches Leben gehalten. Wo dies der Fall war, liegt die Vermutung nahe, daß viele der Betroffenen sich erst in dem Moment mit ihrem Judentum auseinandersetzten, als sie von den Nazis gezwungen wurden, den gelben Stern zu tragen, sowie gedemütigt, gepeinigt, deportiert und umgebracht wurden. Wenn solch eine Seele vorher nicht die schönen Seiten des Judentums erlebt hat – die Feste, die Feiertage, die Gebete und die Rituale –, kann es leicht geschehen, daß sich ihr nur das entsetzliche Leiden eingeprägt hat, das sie im Holocaust durchmachen mußte, und daß der Begriff «Jüdischsein» für sie fortan negativ besetzt ist und sich ausschließlich mit «Leiden» verbindet. Das wiederum könnte dazu beigetragen haben, daß die betreffende Seele sich dafür entschieden hat, in diesem Leben einen nichtjüdischen Körper zu wählen.

«Jüdischsein» wird bis heute häufiger, als man glauben möchte, mit «Leiden» gleichgesetzt. Bei meinen interkonfessionellen Workshops über jüdische Geschichte bitte ich die Teilnehmer mitunter, verbale Assoziationen auf Karteikarten zu schreiben, die dann gezeigt und laut vorgelesen werden. Als Antwort auf die Frage: «Was bedeutet es, Jude zu sein?» lese ich immer wieder: «Viel Leid» oder: «Verfolgung». Die gleichen Antworten kommen, wenn ich frage, was es bedeutet, auserwählt zu sein. Ich entnehme daraus, daß, obwohl die Leute unterschiedlich gut über das Judentum Bescheid wissen, allgemein bekannt zu sein scheint, daß die Juden oft einzig und allein wegen ihrer Identität leiden mußten.

Wenn ein Erwachsener bewußt um einer Sache willen leidet, vermag dieses Leiden bisweilen dazu beizutragen, seine Kraft zu erneuern und seine Entschlossenheit zu stärken. Doch wenn ein Kind leidet und nicht weiß, warum es leidet, empfindet es das oft als Bestrafung. Das kann zu schädlichen Selbstanklagen führen. Nehmen wir zum Beispiel den folgenden Alptraum aus ihrer Kindheit, den mir eine in Chicago geborene Hausfrau mittleren Alters erzählt hat:

«... Ich hatte meinen Mantel mit dem gelben Stern darauf an und wurde aufgefordert, den Mantel auszuziehen. Also zog ich den Mantel aus, und sogar auf meinem Kleid hatte ich den gelben Stern. Ich stellte mich in die Reihe, und sie schrieben Nummern auf uns. Ich weiß noch, daß ich meine Mutter gefragt habe: ‹Warum machen die das mit mir? Ich war doch immer artig.›
[Später im Traum] ... kam ein Soldat herein und sagte, daß die Kinder am nächsten Tag fortgebracht würden, und so kam es ... Wir stiegen auf einen Lastwagen und fuhren eine Weile, dann ließen sie uns absteigen, und ich weiß noch, daß überall Stacheldraht war. Und ich hatte immer noch keine Ahnung, was los war. Ich war inzwischen fast sieben [Jahre alt]. Im Grunde kam es mir gar nicht so vor, als ob wir lange dort waren, aber es war zu lange ... Sie hatten Öfen; ich kann mich erinnern, daß da Öfen in Gebäuden waren, und die waren aus Backsteinen, und sie haben Menschen festgebunden, sie gefesselt und einfach reingesteckt. Sie haben diese Ofentür aufgemacht und angefangen, die Kinder hineinzuwerfen, eins nach dem anderen, und ich habe mich nach meinem Bruder umgeschaut. Ich wollte mich an ihm festhalten. Ich konnte ihn nirgends finden. Bald war ich an der Reihe. Ich rief immerzu: ‹Hört doch mal, ich muß euch was sagen – ich will keine Jüdin sein.› Ich verstand zwar nicht, wieso es falsch war, eine Jüdin zu sein, aber irgendwie begriff ich, daß es nicht gut war. Geholfen hat es nicht.»

Nach jüdischem Glauben ist von Bedeutung, woran man im Augenblick des Todes denkt. Zu den Sterberiten gehört das Bekennen der Sünden aus der Jom-Kippur-Liturgie, und der fromme Jude wird angehalten, dem Beispiel Rabbi Akibas zu folgen, der mit den Worten «Höre, Israel, der Herr ist unser Gott, der Herr ist einzig!» in den Tod ging. Doch ein verängstigtes Kind wie das Mädchen in dem gerade geschilderten Traum kann nicht mit einem so erhabenen Bewußtsein sterben. Vielleicht hatte es das *Schema Jisrael* noch nie gehört. Wie also hätte das Kind es im Augenblick des Todes beten können?

Wir sehen es vor uns, wie es als ganz normales Kind in einer deutschen Stadt aufwächst und mit den Kindern der Nachbarschaft zur Schule geht. Und plötzlich ist alles anders; plötzlich ist es eine «Judensau». Das Kind muß die Schule verlassen und darf nicht mehr mit seinen Freundinnen spielen oder mit ihnen ins Kino gehen; es darf nicht mehr im Park toben und sich kaum noch auf der Straße sehen lassen.

Schließlich wird die Wohnung seiner Eltern beschlagnahmt, Soldaten reißen es brutal von seiner Mutter fort. Alles, was ihm lieb war, wird ihm genommen, nur weil es Jüdin ist.

Es gab in Europa jüdische Familien, die so stark an ihre nichtjüdische Umwelt angepaßt waren, daß ihre Kinder erst in jenem Moment, in dem sie «antijüdischen Maßnahmen» unterworfen wurden, überhaupt erfuhren, daß sie Juden waren. Man kann sich durchaus vorstellen, daß solch ein Kind es als Strafe empfand, Jude zu sein («ich war doch immer artig»), und sich wünschte, es könnte das «schreckliche Stigma» seiner jüdischen Herkunft abwerfen. Gut möglich, daß sich das Kind aus dem Traum deshalb in seinem nächsten Leben von einem nichtjüdischen Körper hat anziehen lassen.

Noch eine weitere Merkwürdigkeit spricht für diese Hypothese: Etwa zwei Drittel der Menschen, die ich für dieses Buch interviewt habe, sind blond und haben blaue oder hellbraune Augen. Anfangs hielt ich das dem hohen skandinavischstämmigen Bevölkerungsanteil in Minnesota zugute, doch auf meinen Reisen durchs Land konnte ich feststellen, daß dies auch in anderen Bundesstaaten zutrifft. Mehrere Personen sagten mir, sie seien in ihrer Familie die einzigen mit dieser Haar- und Augenfarbe. Ihre Angehörigen hätten durchweg dunkle Augen und Haare. Wir wissen, daß blonde Haare und blaue Augen rezessive Merkmale sind, die unter Umständen erst nach Generationen wieder auftreten, trotzdem ist es eigenartig, daß dies gerade bei Menschen, die glauben, daß sie im Holocaust gestorben sind, so häufig passiert.

Die Nazis legten bekanntlich großen Wert auf ihre angebliche «rassische Überlegenheit» und stellten den blonden, blauäugigen Nichtjuden als Ideal hin. Die große Mehrzahl der europäischen Juden (und auch viele Nichtjuden) war eher dunkel; es ist also durchaus vorstellbar, daß eine Seele, die sich mit dem Unterdrücker zu identifizieren beginnt, sich verzweifelt wünscht, mit «arischeren» Merkmalen geboren zu sein. Wenn dieser Gedanke sich im Bewußtsein verfestigt hat, kann es sein, daß die Seele sich von einem hellhaarigen Körper angezogen fühlt oder ihn vielleicht sogar irgendwie hervorbringt, weil sie glaubt, dadurch vor weiterer Verfolgung geschützt zu sein.

Die Vorstellung, daß das frühere Leben sich im gegenwärtigen auf den Körper des Menschen auswirken kann, wurde von Ian Stevenson in seinem Buch *Twenty Cases Suggestive of Reinkarnation* entwickelt. Stevenson hat mehr als fünfunddreißig Jahre mit Kindern gearbeitet, die sich an frühere Leben erinnern, und konnte in vielen Fällen sogar noch lebende Familienmitglieder aus den einstigen Inkarnationen ermitteln. Er hat Beispiele entdeckt, bei denen Muttermale oder Mißbildungen in diesem Leben einen Bezug zu Verletzungen aufweisen, die dem Körper im vorigen Leben beigebracht wurden.[3]

Natürlich ist es denkbar, daß einige meiner Fälle ein psychologisches Phänomen aus diesem Leben darstellen. Ray Hyman, ein Psychologe von der Universität Oregon, der nicht an Reinkarnation glaubt, ist der Ansicht, daß diesen Fällen ein verinnerlichtes Schuldgefühl zugrunde liegt. «Hellhaarige Nichtjuden», sagt Hyman, «können sich aus dem Bedürfnis heraus, nicht mit dem Herrenrasseideal der Nazis identifiziert zu werden, einbilden, sie seien reinkarnierte Opfer des Holocaust.»[4]

Sicher gibt es Fälle, auf die Hymans Theorie zutrifft. Wenn sie in Nazideutschland gelebt hätten, meinen diese Menschen, hätten sie womöglich zu den Unterdrückern gehört. Diese Vorstellung entsetzt sie so sehr, daß sie sich mit den Juden und den anderen Opfern identifizieren wollen und darum zu der Überzeugung gelangen, daß auch sie in ihrem früheren Leben in den Lagern umgekommen seien.

Ich habe nie behauptet, daß jeder Blonde, der zu mir kommt, tatsächlich ein wiedergeborenes Opfer des Holocaust ist. Bei manchen war mir klar, daß die Ursache für ihre Probleme in ihrem jetzigen Leben liegt. In solchen Fällen habe ich zu einer Standardtherapie geraten. Doch ist schon die Tatsache, daß diese «Phantasien» in Gestalt von Bildern aus dem Holocaust daherkommen, interessant und zeigt, wie tief der Holocaust unser Bewußtsein geprägt hat.

Ich möchte auch klarstellen, daß nicht nur blonde Menschen solche Erinnerungen an ein früheres Leben haben. Regina ist schwarz, ihr Haar und ihre Augen sind dunkel, und ihre Haut hat nach ihrer eigenen Aussage die Farbe von «Milchkaffee». Sie rief mich an, nachdem sie meinen Artikel in «Venture Inward» gelesen hatte. Regina hatte nicht nur intuitive Erinnerungen an den Holocaust, sie hatte sich auch mehrfach der Hypnose unterzogen, um jenes Vorleben mit Hilfe der Regression zu ergründen, und war bereit, mir die Tonbänder dieser Hypnosesitzungen zur Verfügung zu stellen.

Regina, 1950 geboren, stand ihrer leiblichen Familie nie sehr nahe. Sie erinnert sich, geglaubt zu haben, sie müsse ein Adoptivkind sein, weil sie einfach das Gefühl hatte, nicht dazuzugehören. Sie hatte häufig Alpträume, in denen Soldaten, SS-Angehörige, in ihre Wohnung eindrangen. Obwohl sie noch ein Kind war, wußte sie, wer diese Soldaten waren, denn sie trugen Uniformen und Armbinden mit Hakenkreuzen.

Neuerdings träumte sie außerdem, sie versteckt sich hinter einer *eingefallenen Backsteinmauer* im Wald.

Einmal, in einem Restaurant, hatte Regina ein übersinnliches Erlebnis: Sie sah ein deutsches Aufsatzheft vor sich. Sie konnte es lesen. Der Name auf dem Umschlag lautete Friedrich, und gelebt hatte dieser Junge im tschechischen Austerlitz. Als Regina später in der Bibliothek nachsah, wo Austerlitz liegt, fand sie eine Karte, auf der am Stadtrand eine *Ziegelei* eingezeichnet war. Sollte dieses Erlebnis etwas mit ihren Träumen in jüngster Zeit zu tun haben?

Entschlossen, das Rätsel zu lösen, suchte Regina einen Hypnotherapeuten auf und ließ sich in mehreren Sitzungen in ihr früheres Leben zurückführen. Dabei trat zutage, daß sie in der Tat ein jüdischer Knabe namens Friedrich gewesen war und in den dreißiger Jahren in der Bergasstraße in Austerlitz gewohnt hatte. Seine Mutter hatte Esther geheißen, sein Vater Johann. Unter Hypnose schrieb Regina als Friedrich mit der linken Hand, obwohl sie im Wachzustand Rechtshänderin ist. In einer der Regressionen schilderte sie, wie Friedrichs Vater eines Tages mit trauriger, angeekelter Miene nach Hause kam und sagte: «Sie verschenken die Tschechoslowakei an Hitler!» Das Datum, das in der Sitzung offenbart wurde, war der 30. September 1938.

Für Regina hatte dieses Datum zunächst keine Bedeutung, doch dann informierte sie sich in der Bibliothek und erfuhr, daß Hitler im Sommer 1938 die Herrschaft über das sogenannte Sudetenland, also die deutschsprachigen Teile der Tschechoslowakei, gefordert hatte. Am 29. September kamen in München Großbritannien, Frankreich und Italien überein, auf Hitlers Forderung einzugehen. Deutschland bekam das Sudetenland, was bedeutete, daß die Tschechoslowakei die Gebirgsregion, ihren natürlichen Schutzwall, verlor. Unmittelbar danach begann die SS, die Juden dort zu drangsalieren. Reginas Erinnerungen an ihr früheres Leben waren historisch korrekt.

In weiteren Sitzungen offenbarte sich nach und nach auch der Rest der Geschichte. Als die Nazis die Familie abholen kamen, wollte Friedrich das verhindern und griff zum Gewehr seines Vaters. Die Uniformierten überwältigten ihn aber und erschossen die Eltern vor seinen Augen. Seine Schwester rannte aus der Wohnung und wollte sich verstecken, wurde aber gefunden, schwer mißhandelt und dann erhängt.

Friedrich wurde schließlich, als er fünfzehn Jahre alt war, ebenfalls getötet. Regina erzählte dem Therapeuten, der Körper habe «nach dem

Vergasen oder was sie gemacht haben, häßlich und grünlich ausgesehen». Dann schilderte sie, wie Friedrich, nachdem er gestorben war, die Stimme seiner Schwester rufen hörte und daß er «Lichter» sah. Seine Schwester erschien ihm in einem «Körper aus Licht», und er war glücklich, weil er, wie Regina es ausgedrückt hat, spürte, dies war «der Teil, auf den ich gewartet habe».

Es ist durchaus denkbar, daß Friedrich zuerst in ein Arbeitslager kam und später in eines der Todeslager gebracht wurde. 1942 wurden in Belzec, Chelmo, Treblinka und Sobibor bereits Menschen vergast, allerdings noch immer mit Abgasen von Dieselmotoren.[5] Bei einer Kohlendioxidvergiftung verfärbt sich der Körper tatsächlich und wird blau oder grünlich.

Diese kleinen Details, welche die Leute oft selbst nicht kennen, sind es, die mich davon überzeugen, daß diese Geschichten der Wahrheit entsprechen und es sich lohnt, sich näher mit ihnen zu befassen. Mitunter habe ich schon bestimmte Aspekte einer Geschichte angezweifelt, weil sie mir nicht ganz glaubwürdig erschienen, dann aber erfahren, daß das entsprechende Ereignis in der Tat historisch belegt ist.

So hatte ich zum Beispiel Bedenken, als Beverly (siehe zweites Kapitel) Caryl und mir ihren Traum erzählte und dabei behauptete, sie sei lebendig in einen der «Öfen» geworfen worden. Der Talmud sagt, daß jeder Traum zwangsläufig auch gewisse wertlose Informationen enthält,[6] und genau das schien mir an dieser Stelle der Fall zu sein. Darum ging ich in meinem Artikel zwar darauf ein, daß sie bei lebendigem Leibe verbrannt worden war, ließ aber die Öfen unerwähnt und vermutete statt dessen, daß sie unter denjenigen Juden gewesen sei, die in Gebäuden lebendig verbrannt wurden.

Kurz darauf sprach eine andere Frau davon, daß Menschen verbrannt wurden. Als sie zweieinhalb Jahre alt war, hatte ihr Bruder sie mit einer Maske erschreckt; die Mutter hatte ihm die Maske weggenommen und ins Feuer geworfen. Dies hatte die Kleine zwar gesehen, aber ihre Angst hatte nicht nachgelassen, denn durch den Anblick der im Kaminfeuer brennenden Maske war eine Erinnerung aus ihrem früheren Leben in ihr wachgerufen worden – die Erinnerung daran, wie sie mit ansehen mußte, wie Menschen in ein Feuer geworfen wurden. Jahre später, als sie bereits erwachsen war, sah sie sich den Film *Shoah* an, und «wußte» plötzlich, daß man Menschen bei lebendigem Leib in die Krematoriumsöfen geworfen hatte. Sie wartete darauf, daß ihr der Film dieses Wissen bestätigte – er tat es.[7]

Wie konnte ein Kleinkind im Jahre 1954 Details kennen, welche die breite Öffentlichkeit erst in den achtziger Jahren erfahren hat? Zufall? Vielleicht. Doch wenn Hunderte Menschen derartige Zufälle erleben, kann man wohl davon ausgehen, daß an ihren Behauptungen etwas Wahres ist.

Nehmen wir zum Beispiel die Geschichte von Irene aus Minnesota, die beileibe nicht zu den Leuten gehört, die sich gern interessant machen. Sie hatte ständig Angst, für verrückt erklärt zu werden, und als wir uns 1986 persönlich trafen, weigerte sie sich, mir ihren Namen zu nennen, erlaubte mir aber, ihr Material zu verwenden. Ich war der erste Mensch, dem sie ihre Geschichte erzählte.

Irene war keine Jüdin und wußte kaum etwas über das Judentum. Sie hatte einen Prospekt gesehen, in dem mein Workshop zum Thema «Reinkarnation und Holocaust» bei *Evenstar,* einer auf New-Age-Literatur spezialisierten Buchhandlung in Minneapolis, angekündigt wurde. Bei dem Thema lief es ihr eiskalt den Rücken runter, aber es wäre ihr niemals in den Sinn gekommen, an solch einem Workshop teilzunehmen oder ihre Geschichte dort zu erzählen. Also wandte sie sich später an mich. In der vertraulichen Atmosphäre meines Wohnzimmers berichtete mir Irene, wie sie einmal allein im Auto unterwegs war und plötzlich durch irgend etwas Erinnerungen an den Holocaust in ihr wachgerufen worden waren. An einer Eisenbahnstrecke verließ sie die Straße und weinte zwei Stunden lang: Sie sah Menschenmassen an den Schienen stehen. Es waren wirklich Schienen da, aber sie selbst pendelte plötzlich zwischen den beiden Zeiten hin und her und sah, wie Menschen zusammengetrieben und danach voneinander getrennt wurden. Während dieser Vision hatte sie deutlich das Empfinden, ein halbwüchsiger Junge zu sein, der außer sich war vor Angst und Entsetzen.

Dann erschien in der Vision ein alter Mann, und sie fühlte, daß das entweder ihr Vater aus einem anderen Leben oder ein «Geisthelfer» war. Er mahnte sie, indem er den halbwüchsigen Jungen in der Vision mahnte, «nicht zu vergessen, nicht zu vergessen, daß dies geschehen ist». Der alte Mann nannte sie zärtlich «Yosef, Yosef, Yosef».

Ich fragte Irene, ob sie diesem Namen im jetzigen Leben schon begegnet sein könnte und ob sie Deutsch oder Hebräisch spreche. Weder das eine noch das andere war der Fall. Als sie die Geschichte zu Papier brachte, schrieb sie Y-O-S-E-F, eine Schreibweise, die sie nie zuvor gesehen hatte. (Yosef ist die hebräische Form von Joseph; die Aussprache ist im Hebräischen und im Deutschen gleich, im Englischen jedoch anders.)

Das war Irenes erste derartige Erinnerung, der viele weitere folgen sollten. In einer Vision beobachtete sie, wie all diese Menschen in einen Duschraum getrieben wurden. Sie wußte nicht, wozu, aber man sagte ihnen, daß sie sich nackt ausziehen und in einen Duschraum gehen sollten. Dann wurde die Tür geschlossen, und der Raum war «voller Tod». Irene hatte keine Ahnung, daß diese Duschräume Gaskammern waren. Wenn sie die Geschichte erfunden hätte, würde sie vermutlich gesagt haben: «Man trieb sie in die Gaskammern.» Aber sie hat es anders formuliert. Die Leute wurden einfach dort hineingetrieben, dann wurden die Türen geschlossen, und der Raum war «voller Tod».

Irene war nicht verheiratet, doch dachte sie immer, sie würde einen Ehering – sollte sie einmal einen haben – nicht an der linken, sondern an der rechten Hand tragen. Sie wußte nicht, daß bei einer jüdischen Hochzeit der Bräutigam der Braut den Ring zuerst an den rechten Zeigefinger und nicht an den Ringfinger der linken Hand steckt. Später kann die Frau den Ring an einen anderen Finger wechseln, wenn sie das möchte, auf jeden Fall besteht keine Notwendigkeit, ihn links zu tragen; es ist sogar möglich, daß sie ihn gar nicht trägt. In Europa trugen manche Jüdinnen ihren Ehering tatsächlich an der rechten Hand.

Ich bin so ausführlich auf das Thema Juden in nichtjüdischen Körpern eingegangen, weil die Geschichten dieser Menschen meiner Ansicht nach aufs überzeugendste beweisen, daß Reinkarnation ein wirkliches Phänomen ist. Das heißt nicht, daß ich nicht auch jüdische Klienten hätte, die mir ähnliche Erfahrungen berichten. Es gibt mindestens ebenso viele – wenn nicht sogar mehr – Juden mit derartigen Erinnerungen. Wie bereits im vorigen Kapitel gesagt, glauben die Chassidim nicht nur an Reinkarnation, sondern sie gehen davon aus, daß Juden auch als Juden zurückkommen. Wenn also ein chassidisches Kind sich daran erinnert, daß es im Holocaust als Jude gestorben ist, dann wird es das als gegeben hinnehmen. Es ist nicht sehr wahrscheinlich, daß solch ein Mensch bei mir Rat sucht!

Manchen Leserinnen und Lesern, die sich mit dem Thema Reinkarnation von einer «universelleren» Warte aus befaßt haben, mag es befremdlich vorkommen, daß eine religiöse oder ethnische Identität aus einem Leben ins nächste übernommen werden kann. Die Chassidim glauben immer schon, daß zwischen jüdischen und nichtjüdischen Seelen ein Unterschied besteht. Diese Vorstellung ist unter den Chassidim

so verbreitet, daß mir fast jedesmal, wenn ich von solchen Fällen gesprochen habe, erklärt wurde, es könnten gar keine «richtigen» Juden sein, die da in nichtjüdischen Körpern existierten; so etwas gebe es nicht. Ein Lubowitscher Chassid sagte: «Direkt nach dem Holocaust hat jemand den Rebbe gefragt, ob es sein könnte, daß ein Jude noch einmal als Nichtjude auf die Welt kommt. Und der Rebbe hat geantwortet: Nein – einmal Jude, immer Jude.»
Die Frage, worin sich Juden und Nichtjuden nun genau unterscheiden, wird unterschiedlich beantwortet. Manche meinen, das sei in erster Linie eine Sache der Vererbung und des Verhaltens, andere hingegen vertreten die Ansicht, dieses Anderssein sei in der Seele «verwurzelt». In allen Erklärungen aber kehrt das Argument wieder, daß die Juden am Sinai die Thora empfangen hätten und die Nichtjuden nicht; damit habe sich ein wesentlicher Unterschied hinsichtlich der spirituellen Verantwortlichkeit herausgebildet. Wenn wir verstehen wollen, was das mit Reinkarnation zu tun hat, müssen wir zunächst wissen, daß die Thora für viele Juden viel mehr als eine bloße Schriftrolle ist und nicht nur auf der irdischen Ebene gilt.

Nach dem kabbalistischen Glauben, der in den Chassidismus wie in andere jüdische Strömungen eingegangen ist, transzendiert die Thora Raum und Zeit. Neben der geschriebenen Thora, wie wir sie kennen, gibt es eine esoterische, «kosmische Thora», die Gott mit «schwarzem auf weißes Feuer» geschrieben hat. Diese unmittelbar aus dem Geist Gottes hervorgegangene Ur-Thora verdichtet sich immer mehr, bis sie zu der Schriftrolle wird, die wir auf der Erde kennen. Doch selbst hier ist der Thoratext, der uns als bloßer biblischer Bericht erscheint, in Wirklichkeit ein einziger langer mystischer Gottesname.[8] Deshalb existiert die Thora in der einen oder anderen Form in allen Welten und Bewußtseinssphären, die Teil von Gottes Schöpfung sind.[9] Und die logische Konsequenz daraus ist, daß sie, da sie in allen Welten existiert, auch in allen Welten Gültigkeit haben muß.

Ein Buch wie das vorliegende vermag die Frage, ob die Seelen von Juden grundsätzlich anders sind als die von Nichtjuden, nicht zu beantworten. Ich glaube jedoch, daß es einer Seele freisteht, sich auf einen Bund festzulegen, über viele Inkarnation hinweg und in vielen Welten. Dr. Joel Whitton, der Autor des Buches *Life Between Life* («Das Leben zwischen den Leben»), geht davon aus, daß die «fortgeschritteneren Seelen» Pläne für «mehrere künftige Leben» entwickeln und die Zeit zwischen diesen Leben mit Lernen verbringen.[10] Viele Juden glauben, daß die Seelen der Gerechten in der kommenden Welt mit den Weisen des Talmud die Thora studieren. Wenn dann für eine Seele die Zeit gekommen ist, auf die Erde zurückzukehren, sucht sie sich ein Leben aus, das ihr Gelegenheit gibt, möglichst viele *Mizwot* zu vollbringen.

Eine große Anzahl frommer Juden glaubt heute, daß der Charakter der an der Schwelle zur Inkarnation stehenden Seele vom Bewußtseinszustand der Eltern zum Zeitpunkt der Empfängnis geprägt wird. Aus diesem Grunde waren viele Kabbalisten der Ansicht, die Nacht von Freitag auf Samstag (Sabbat) sei am günstigsten für den Geschlechtsverkehr, weil Mann und Frau in dieser Nacht besonders glücklich und friedlich gestimmt seien. Reb Gedaliah Fleer, ein hochangesehener Breslower Chassid, schrieb: «Die in Reinheit und Frömmigkeit empfangene Seele wird den frommen und göttlichen Seiten des Lebens in den meisten Fällen offener und empfänglicher gegenüberstehen. Und also ist die Reinheit des Denkens bei der Empfängnis ebenso entscheidend wie die Liebe, wenn nicht gar noch entscheidender.»[11]

Ich habe oft von jüdischen werdenden Eltern gehört, sie beteten um ein Kind, das sich zum jüdischen Glauben bekenne und bestrebt sei, gottgefällig zu leben. Kinder, die in solche Familien hineingeboren werden, haben merkwürdigerweise nicht selten aus sich heraus ein Gefühl für *Jiddischkeit*, welche die ganze jüdische Lebensweise umfaßt. Es ist schwer zu sagen, ob diese kindliche Religiosität etwas Naturgegebenes oder ob sie anerzogen ist. Ich persönlich neige zu der Auffassung, daß die Religiosität der Eltern auf Erden fromme Seelen aus der anderen Welt anzieht, so daß gläubige Juden häufig als Juden wiedergeboren werden.

Ich habe auch Juden aus konservativen oder reformierten Gemeinden und aus weltlichen Kreisen kennengelernt, die sich an ein früheres Leben im Holocaust erinnerten; ihre Probleme unterscheiden sich aber in der Regel sehr von denen meiner nichtjüdischen Klienten. Die meisten «progressiven» Juden haben keine Ahnung, daß es im Judentum Reinkarnationslehren gibt, und sind vielfach der Überzeugung, daß es irgendwie «unjüdisch» sei, an so etwas zu glauben. Sie kommen zu mir, nicht weil sie von ihren Holocaust-Alpträumen erzählen wollen, sondern weil ich ihnen bestätigen soll, daß es nicht schlimm ist, wenn ein Jude an Reinkarnation glaubt! Ihre aufblitzenden Rückerinnerungen, Träume und Visionen sind nicht weniger überzeugend als die meiner nichtjüdischen Gesprächspartner, doch weil sich der Holocaust auf die gesamte jüdische Kultur auswirkt, läßt sich in ihrem Falle schwerer nachweisen, daß diese

Dinge etwas mit Reinkarnation zu tun haben. Der skeptische Leser wird sich fragen, ob diese Juden sich wirklich an ein früheres Leben erinnern oder nur an etwas, das sie in diesem Leben vor langer Zeit gelernt und in ihrem Unterbewußtsein vergraben hatten.

Die meisten Nichtjuden dagegen sind nicht vom Holocaust durchdrungen. Viele haben mir sogar erzählt, daß sie erst als Erwachsene etwas davon erfahren haben. Das kann durchaus sein. Bei der Mehrzahl von ihnen handelt es sich um Kinder des sogenannten Babybooms, die in den vierziger und fünfziger Jahren geboren wurden. In den meisten Schulen und Colleges aber gelangte das Thema Holocaust erst Mitte der siebziger Jahre in die Lehrpläne. So unglaublich es sich anhört, in den fünfziger Jahren wurden etliche Doktoranden der philosophischen Fakultät, die über den Holocaust promovieren wollten, mit der Erklärung abgespeist, daß dieses Thema niemanden interessiere.[12]

Dieses Desinteresse war natürlich eine emotionale Abwehr sowohl der Juden als auch der Nichtjuden, die das Geschehene vergessen und so schnell wie möglich zur «Tagesordnung» zurückkehren wollten. In der Nachkriegszeit redete niemand viel über den Holocaust. Selbst der produktive Schriftsteller Elie Wiesel, den man als den «Propheten des Holocaust» bezeichnet hat, war so traumatisiert von dem, was er durchgemacht hatte, daß es zehn Jahre dauerte, bis er anfangen konnte, etwas niederzuschreiben. Zwanzig Jahre lang war Wiesel ein einsamer Rufer in der Wüste, denn die meisten Überlebenden empfanden das Erlebte noch als so nah und schmerzhaft, daß sie sich außerstande sahen, darüber zu reden.

Sogar in Israel wurde der Holocaust bis zum Prozeß gegen Adolf Eichmann 1961 in den Schulen kaum erwähnt. Ruth Firer von der pädagogischen Fakultät der Hebräischen Universität in Jerusalem, eine Spezialistin auf dem Gebiet der didaktischen Vermittlung des Holocaust, erinnert sich, daß der Holocaust in den fünfziger Jahren «ein Familiengeheimnis – eine Schande» war. Jeder hat damals versucht, sich an dem Thema vorbeizumogeln. In den Schulen hörten die Kinder von den Helden des Warschauer-Getto-Aufstands, aber das war es auch schon.[13] Erst in den siebziger Jahren traten zahlreiche Überlebende an die Öffentlichkeit, berichteten, was sie gesehen hatten, und sorgten dafür, daß die historisch abstrakten «sechs Millionen» toten Juden endlich Namen und Gesichter bekamen.

In den fünfziger Jahren wurde in den Vereinigten Staaten nicht nur wenig über den Holocaust gesprochen, es gab auch kaum Kontakte zwischen Juden und Nichtjuden. Einige meiner Gesprächspartner, die in abgelegenen ländlichen Gebieten aufgewachsen sind, hatten nicht einmal eine klare Vorstellung davon, was Juden überhaupt sind. Eine Frau aus Arkansas erzählte mir, ihr sei erst Mitte Vierzig klargeworden, daß Weihnachten und Ostern bei den Juden nicht gefeiert werden. Trotzdem enthalten die von diesen Menschen beschriebenen Erinnerungen aus einem früheren Leben häufig authentische Fakten aus dem Holocaust und Hinweise auf ostjüdische Traditionen. Sie selbst wundern sich, wie gesagt, oft über Einzelheiten, die ihnen merkwürdig vorkommen, zum Beispiel, daß man im Himmel Hüte trägt. In solchen Fällen ist das Reinkarnationsphänomen leichter zu erkennen, weil das, was diese Menschen schildern, in keinerlei Bezug zu jener Kultur steht, der sie in diesem Leben angehören.

Aber daß mehr Nichtjuden als Juden zu mir kommen, hat noch andere Gründe. Menschen, die als Juden gestorben sind und als Juden zurückkehren, können plötzliche Rückerinnerungen haben, ihre Identität jedoch steht meistens nicht in Frage. Nichtjuden hingegen, die sich daran erinnern, daß sie in einem anderen Leben Juden waren, sehen sich sehr oft mit dem Problem konfrontiert, daß sie sich wie «Deserteure» vorkommen, wie Verräter an ihrem eigenen Volk, was sie ja in gewissem Sinne auch sind. Diese Seelen haben den Entschluß gefaßt, nicht wieder jüdisch zu sein, auch wenn dies nur geschah, weil sie nach dem Tod die Orientierung verloren hatten und deshalb in den erstbesten Körper schlüpften.

Das bedeutet nicht unbedingt, daß sie bewußt gesagt haben: «Ich möchte ein blonder Deutscher sein.» Manchmal wünschten sie sich lediglich, etwas anderes als jüdisch zu sein, und dieser Wunsch hat dann das Muster für das nächste Leben festgelegt. Nachdem sie grausam von den Nazis umgebracht worden waren, schien es ihnen einfach sicherer, in die Herrschaftskultur hineingeboren zu werden, so daß sie keine Angst vor Verfolgung haben mußten. Nun aber, da diese Seelen in einer relativ offenen Gesellschaft leben, in der die Gefahr einer direkten Verfolgung nicht so groß ist, müssen sie feststellen, daß sie von ihren jüdischen Erinnerungen heimgesucht werden. Wenn sie «bei der Stange geblieben» wären, könnten sie an der gegenwärtigen Wiedergeburt der jüdischen Religion, Kultur und Spiritualität teilhaben. Deshalb fühlen sich viele der von mir Interviewten als Versager und meinen, in einem entscheidenden Augenblick ihren Glauben verleugnet zu haben und jetzt ausgestoßen zu sein.

Wenn das wahr ist, dann erhält die biblische Wendung vom «Ausgerodetwerden» aus seinem Volke dadurch eine neue Bedeutung. In der Thora finden wir diese Wendung zum erstenmal im Zusammenhang mit der Beschneidung, wo Gott zu Abraham sagt: «Ein ... Mann aber, der am Fleisch seiner Vorhaut sich nicht beschneiden läßt, gerodet werde solch Wesen aus seinen Volksleuten, meinen Bund hat er gesprengt.»[14] Im Hebräischen steht für Beschneidung und Bund dasselbe Wort, *brit,* und somit hat «ausgerodet werden» hier eine doppelte Bedeutung, die viel stärker ist als bei uns: Wenn ein Jude seine Vorhaut beschneidet, ist er ein Glied des Bundes, wenn nicht, wird er selbst «gerodet» werden.

In späteren Versen der Bibel, in denen es heißt, jemand wird «ausgerodet werden aus seinem Volke», wird diese Formulierung fast immer in Verbindung mit dem Bruch ritueller Gebote verwendet, die besonders mit dem «Jüdischsein» verbunden sind, wie etwa die Pessach- oder die Sabbatriten.[15] Aus diesem Grunde nahm das hebräische Wort für «ausgerodet werden», *Karet,* später im jüdischen Recht die Bedeutung von «exkommunizieren» an, was einer Ächtung gleichkam. Könnte es sein, daß *Karet* in der spirituellen Sphäre noch eine andere Bedeutung hat, nämlich die, daß man in der nächsten Inkarnation buchstäblich vom jüdischen Volk getrennt ist?

Das hängt meiner Meinung nach davon ab, von welchen Motivationen die jeweilige Seele geleitet wurde. Wie im dritten Kapitel bereits erläutert, gibt es im Judentum tatsächlich die Vorstellung von einem gemeinsamen Karma: den am Berg Sinai geschlossenen Bund. Im Idealfall sollen alle Juden diesen Bund einhalten, und genau wie viele Juden seit Jahrhunderten glaube ich, daß diese Verpflichtung über alle Inkarnationen hinweg Gültigkeit besitzt. Ein Jude, der sich bewußt und wissentlich entschließt, den Bund zu brechen, indem er sich vom Judentum abwendet, bekommt am Ende, was er gewollt hat: Er wird als Nichtjude wiedergeboren. Dieses «Exil» könnte durchaus als eine Art *Karet* verstanden werden.

Doch es kann auch Anlässe geben, in denen eine Seele das Bedürfnis hat, etwas von einer anderen Kultur zu lernen. Solche Inkarnation kann dann zu einer Bildungserfahrung werden. Mir zum Beispiel hat einmal eine Hellseherin gesagt, ich hätte mehr jüdische Inkarnationen als irgendeiner ihrer anderen Klienten durchgemacht. Das war für mich die Bestätigung für etwas, was ich in meinem Inneren ganz sicher weiß, daß ich nämlich die ganze jüdische Geschichte hindurch viele, viele Leben gelebt habe. Dabei müssen aber nicht *alle* meine Inkarnationen jüdisch gewesen sein. Ich spüre ganz deutlich, daß ich einige meiner Leben in anderen Kulturen zugebracht habe, um Erfahrungen zu sammeln, die ich in der jüdischen Welt zu jener Zeit nicht machen konnte.*

Offenbar bin ich eine Seele, die stets als Jude zurückgekehrt ist, wohingegen andere Seelen augenscheinlich immer wieder als Hindus, Buddhisten oder Christen zurückkehren. Und manche Seelen ziehen es anscheinend vor, von Ort zu Ort, von einer Kultur zur anderen zu wandern und in jeder Inkarnation neue spirituelle Wege zu beschreiten. Und sicher gibt es auch Gruppen von Seelen, die sich gemeinsam auf diese Reise begeben. Was sie karmisch aneinanderbindet, ist nicht die Zugehörigkeit zu einer bestimmten Religion, einem Volk oder einer Nationalität, sondern es sind die zwischen diesen Seelen bestehenden persönlichen Beziehungen. Wir dürfen annehmen, daß Gott in seiner unendlichen Weisheit das Karma auf viele verschiedene Arten zu heilen vermag und daß all diese Arten, jede auf ihre Weise, der beständigen Weiterentwicklung des globalen Bewußtseins und dem fortwährenden Reifen des Geistes dienen.

Ich glaube, daß jene Seelen, die nicht an eine bestimmte Kultur gebunden sind, mitunter die Funktion einer Brücke zwischen den verschiedenen karmischen Gruppen übernehmen können, indem sie das innere Wissen von einer Zeit in eine andere und von einem Ort an einen anderen tragen. Damit erfüllen sie eine sehr wichtige Aufgabe, denn sie helfen, die Barrieren niederzureißen, die sich zwischen Gruppen von Menschen auftürmen können, wenn sie zu isoliert sind. Gleichzeitig sammeln solche wandernden Seelen ein enormes Maß an Erfahrungen, an denen sie selber wachsen. Wie Bienen sammeln sie in vielen Leben den Nektar zahlreicher verschiedener Blumen. Manche dieser Seelen bleiben jedoch seicht und vergeuden ihre Energie, weil sie immer wieder dieselben Dinge lernen müssen, wenn auch in jeweils anderer Form, und einfach nicht ihre persönlichen Stolpersteine überwinden.

Aus diesem Grunde glaube ich, daß es auch Seelen geben muß, die lange genug in einer der verschiedenen spirituellen Traditionen ausharren, um zu höheren Stadien ihres jeweiligen Entwicklungsweges aufsteigen zu können. Eine Brücke, die nicht an beiden Ufern des Flusses fest verankert ist, wird bald fortgeschwemmt. Diese Seelen, die in all

---

*Wegen Verfolgung und so weiter im Mittelalter. Siehe auch die Ausführungen in meinem Vorwort über meine Inkarnation als Steinzeitmensch vor der Zeit, in der die Juden einen eigenen Stamm bildeten.

ihren Leben im selben Rahmen verharren, sind die Pfeiler, welche die spirituelle Brücke hier auf Erden tragen. Sie können zu einem hochentwickelten Spezialwissen gelangen, können auf die Erinnerungen und Erfahrungen zahlreicher Inkarnationen zurückgreifen und verfügen über ein Wissen, das in einem einzigen Leben nicht zu erwerben wäre.

Oder um einen anderen Vergleich heranzuziehen: Seelen, die solch einen Reifegrad erlangen, sind wie Leuchttürme: Obwohl sie selbst immer am selben Ort bleiben, geleiten sie andere Seelen über das spirituelle Meer.

Die Seele des Dalai Lama ist zum Beispiel seit vierzehn Inkarnationen das Haupt der tibetischen Buddhisten. Auch viele aus seiner engen Umgebung sind schon seit mehreren Leben zusammen. Da sie jedesmal wieder in den vertrauten Rahmen des tibetischen Buddhismus hineingeboren werden, können sie dort fortfahren, wo sie in der vorangegangenen Inkarnation aufgehört haben. Das heißt nicht, daß solche Seelen bei ihrer Geburt immer Wunderkinder sein müssen, obwohl auch das mitunter der Fall ist. Häufiger sind sie einfach aus sich selbst heraus mit den Symbolen, den Riten und der Sprache ihrer Religion vertraut, so daß ihnen das Wissen aus den vorherigen Leben leichter zugänglich ist. Dadurch wiederum wurde diese spezielle Karmagemeinschaft in die Lage versetzt, ein erstaunliches Maß an innerer Freiheit und Spiritualität zu entwickeln.

An sich ist es weder gut noch schlecht, die Grenzen zwischen den Kulturen von Inkarnation zu Inkarnation zu überschreiten. Ob diese Art der Grenzüberschreitung hilft oder schadet, hängt von den spirituellen Bedürfnissen des einzelnen und mitunter auch der Gesellschaft ab. Möglicherweise mußten wegen des entsetzlichen Hasses gegenüber den Juden, der zum Holocaust geführt hat, einige Seelen kulturelle Grenzen überschreiten, um gegenseitiges Verständnis aufzubauen.

Vorurteile auf beiden Seiten haben die Kluft zwischen Juden und Christen über Jahrhunderte so rigoros vertieft, daß eine Seite an die andere nur noch in negativen Klischees zu denken vermag. Diese Seelen könnten durch «Interinkarnation» mithelfen, die Mauer aus Vorurteilen abzutragen. Ein Nichtjude, der sich vom Judentum emotional angezogen fühlt, kann besser dazu beitragen, daß die Angehörigen seines eigenen Kulturkreises den jüdischen Lehren Achtung entgegenbringen. Und umgekehrt kann ein Jude, der einige Inkarnationen hindurch andere spirituelle Wege beschritten hat, die universellen Aspekte dieser Erfahrungen dazu benutzen, die moderne jüdische Theologie, die nach den verheerenden Auswirkungen von Jahrhunderten immer neuer Verfolgungen bis zum Holocaust von Angst und Mißtrauen gebeugt am Boden liegt, mit frischem Leben zu erfüllen.

Das ist der Grund, weshalb ich manchen Suchern, die mich fragten, ob sie zum Judentum konvertieren sollten, um sich ihrer karmischen Gemeinschaft wieder anzuschließen, zur Vorsicht geraten habe. In dieser unvollkommenen Welt ist es nicht leicht, Jude zu sein, und es mag Bereiche geben, in denen man dem Wohl des Planeten als Nichtjude besser dienen kann – besonders an Orten, wo Juden noch immer bis zu einem gewissen Grad aus der Gesellschaft ausgeschlossen sind. So darf zum Beispiel jemand, der bekanntermaßen Jude ist, nicht einmal dann in ein arabisches Land einreisen, wenn er dort an einem humanitären Projekt mitarbeiten oder Friedensdienst leisten will. In den ländlichen Gebieten Amerikas, in denen der Samstag der wichtigste Werktag ist und am Sonntag alles geschlossen hat, kann es für einen Juden, der den Sabbat einhält, sehr schwer sein, eine Anstellung zu finden.

Die meisten Rabbis, auch ich selbst, raten den Leuten eher ab, wenn sie zum Judentum übertreten wollen. Die Tradition schreibt vor, daß ein Bewerber dreimal abgewiesen werden muß, bevor er als möglicher Konvertit akzeptiert wird. Das hat nichts mit Chauvinismus zu tun, sondern damit, daß wir nicht die gleiche Art von exklusiver Lehre praktizieren wie die christlichen Kirchen. Wir glauben, daß auch Nichtjuden Gott dienen können. Und wir glauben, daß auch Nichtjuden in den Himmel kommen und «errettet» (ein Begriff, den die Juden in der Regel nicht gebrauchen) werden können, wenn sie die sieben noachidischen Gebote befolgen. Es besteht also keine Notwendigkeit, zum Judentum überzutreten – es sei denn, der Betreffende fühlt sich ganz besonders dazu berufen, Gott als Teil des auf dem Berg Sinai geschlossenen Bundes zu dienen.

Die noachidischen Gebote verlangen, daß der Mensch (erstens) keine Götzen anbetet, (zweitens) den Namen Gottes nicht entweiht, (drittens) nicht tötet, (viertens) nicht stiehlt, (fünftens) kein Blut oder Fleisch von lebenden Tieren zu sich nimmt, (sechstens) weder Ehebruch noch Inzest begeht und (siebtens) das Gesetz nicht selbst in die Hand nimmt, sondern Streitigkeiten vor Gericht beilegt.

Sie werden bemerkt haben, daß diese Vorschriften den zehn Geboten ähneln, ohne jedoch mit ihnen identisch zu sein. Der Sabbat beispielsweise gilt als spezifisch jüdisches Gebot, das für Nichtjuden nicht bindend ist. Das heißt nicht, daß nicht auch sie einen freien Tag haben sollen, nur muß dieser freie Tag eben nicht wie bei den Juden der Samstag sein. Ein Nichtjude kann natürlich noch mehr tun, als die noachidischen Gebote zu befolgen. Menschen, die sich von jüdischen Gottesdiensten und Feiertagen angezogen fühlen, dürfen nach Belieben daran teilnehmen, ohne Juden werden zu müssen, und viele tun das auch. Diese noachidischen Gebote stellen lediglich die Minimalforderungen dar, die der Schöpfer an alle Menschen, egal ob Juden oder Nichtjuden, erhebt. Alle Menschen, woher sie auch kommen, können dem Schöpfer dienen. Doch Seelen, die in der Vergangenheit dem Bund vom Sinai beigetreten sind, werden sich wahrscheinlich in einer künftigen Inkarnation von neuem dem jüdischen Volk anschließen und sollten deshalb einen Teil ihrer Zeit damit zubringen, die erfreulichen Seiten des Judentums kennenzulernen – unsere schönen Lieder, Gebete, Geschichten, Tänze und Bräuche –, um den qualvollen Erinnerungen an den Holocaust etwas entgegenzusetzen und das Schamgefühl mit einem gesunden Selbstbewußtsein zu bekämpfen. Dann wird sich mit dem Wort «jüdisch» nicht mehr nur die Vorstellung von Leiden und Qual verbinden, sondern dieses Wort wird endlich einen positiven Klang bekommen.

Wir alle, Juden wie Nichtjuden, sind entscheidend durch das Karma des Holocaust geprägt. Man fragt mich oft: «Wie konnte das geschehen?» Diese Frage ist nicht leicht zu beantworten. Vielleicht haben wir noch immer nicht genug Abstand zu dem Geschehen gewonnen, um seine eigentliche Bedeutung begreifen zu können. Was wir tun können, ist, daran zu arbeiten, daß die tiefen Wunden allmählich verheilen, und denen zu helfen, die durch ihre Erfahrungen traumatisiert sind, und zwar sowohl den inkarnierten als auch denen im «Jenseits». Denn diese Seelen sind nicht nur eines grausamen Todes gestorben, sondern viele von ihnen mußten dieses Trauma zudem als hilflose Kinder erleiden. Im nächsten Kapitel werden wir die Geschichten einiger dieser Kinder erfahren und untersuchen, was geschieht, wenn das Leben eines Menschen abgeschnitten wird, bevor er sein Werk auf Erden zu Ende führen konnte.

FÜNFTES KAPITEL

Die Seelen von einer Million Kindern

Steven, Jahrgang 1955, litt seit seiner Geburt an schweren Verdauungsstörungen und verbrachte sein erstes Lebensjahr im Krankenhaus. Er war «allergisch gegen alles». Überdies hatte Steven häufig Alpträume, in denen er die Wände seines Zimmers hochzuklettern versuchte. In diesen Träumen war er stets eine Frau und wiederholte beim Aufwachen immer dasselbe scheinbar sinnlose Wort *Wendorswagen*. In der Schule schrieb er Aufsätze über die Flucht aus einem Lager oder darüber, daß er zu Unrecht beschuldigt wurde – Geschichten, auf die seine Lehrer sehr besorgt reagierten.

Als Steven sechzehn war, legten sich seine Verdauungsprobleme; gleichzeitig fing er «wie durch ein Wunder» an, vorzüglich Klavier zu spielen, obwohl es ihm nie beigebracht worden war! Allerdings hatte seine musikalische Begabung auch eine Schattenseite. Jedesmal, wenn Steven sich ans Klavier setzte, war ihm, als müßte er vor vielen abgemagerten, halbverhungerten Kindern spielen. Er wollte die Kinder gern zum Lachen bringen, mußte aber innerlich weinen, weil er wußte, daß sie sterben würden. Diese Eindrücke nahmen ihn so sehr mit, daß er manchmal nicht weiterspielen konnte.

Doch nicht das war es, was Steve schließlich veranlaßte, einen Hypnotherapeuten aufzusuchen, sondern eine mysteriöse Phobie. Steven war aus irgendeinem unerklärlichen Grund extrem empfindlich am Hals und konnte es nicht ertragen, wenn jemand ihn dort berührte. Allein der Gedanke daran machte ihm panische Angst. Er wußte, daß diese Angst irrational war, aber sie ließ sich einfach nicht abschütteln. Mit Hilfe des Hypnotherapeuten kam folgende Geschichte ans Licht:

In einem anderen Leben war Steven eine Belgierin namens Hélène Ader gewesen, die in eine Familie von wandernden Schauspielern hineingeboren war. Ihr Vater starb, als sie noch ein Kind war, und als sie vierzehn war, kam ihre Mutter in eine Nervenheilanstalt. So war Hélène ganz auf sich gestellt. Sie ging nach Paris, machte sich etwas älter, als sie war, und bekam einen Job als Tänzerin in einem Nachtclub.

Der Besitzer des Clubs war ein polnischer Jude namens Balinszynski. Obwohl er erheblich älter war, verliebten sich die beiden ineinander und heirateten zwei Jahre später. Hélène blieb mit Balinszynski verheiratet, bis er starb. Sie erbte seine Nachtclubs, konnte sie aber nicht halten und zog wieder umher, trat als Schauspielerin auf und suchte nach Talenten. Schließlich heiratete sie ein zweites Mal, diesmal einen Preußen. 1943 wurde ihr zweiter Mann vermißt gemeldet, und sie reiste nach Preußen, um ihn zu suchen. Dort hatte sie Streit mit ihrem einflußreichen Schwiegervater. Er beschuldigte sie, ihm seinen Sohn gestohlen zu haben, und verlangte, daß die Ehe geschieden würde. Kurz darauf wurde Hélène als Jüdin nach Polen deportiert. Ihr Schwiegervater hatte offenbar den Behörden weisgemacht, daß Balinszynski nicht ihr erster Ehemann, sondern ihr Vater gewesen sei.

Zunächst kam Hélène nicht ins Konzentrationslager, sondern in «einen Stadtteil, wo wir alle zusammengepfercht waren – hungrig, schmutzig». Jeden Morgen kamen Polen mit Karren und brachten die Toten weg, Karren, die *Wendorswagen* genannt wurden – das war das merkwürdige Wort aus Stevens Träumen gewesen. Doch so schrecklich das Getto auch war, Hélène fühlte sich hier erstaunlicherweise zum erstenmal wirklich zu Hause. Sie hatte das Gefühl, endlich eine richtige Familie zu haben. Sie kümmerte sich um die Kinder und die Waisen, spielte ihnen oft kleine Szenen vor, um sie abzulenken, und wurde ihre Beschützerin. Einmal, als die Kinder krank waren und Medizin brauchten, schlief sie mit dem zuständigen Funktionär, um sich die Arznei zu beschaffen. Das sorgte für einen gewaltigen Skandal, und kurz darauf wurde Hélène mit dem Zug ins Lager transportiert.

Da sie mehrere Sprachen beherrschte, wurde sie bevorzugt behandelt; sie arbeitete als Dolmetscherin bei den Vernehmungen der Juden, die mit Lastwagen und Zügen eintrafen. Doch trotz ihrer Privilegien sah Hélène so viel Leid und Elend, daß sie allmählich die Lust am Leben verlor. Etwa um diese Zeit überredete sie ein Mitgefangener zur gemeinsamen Flucht. Sie sollte für ihn dolmetschen, und vielleicht, vielleicht würden sie ja jemanden finden, der ihnen half.

Sie wollten getrennt fliehen und sich dann außerhalb des Lagers treffen. Hélène entkam auf einem Lastwagen, der Menschenhaar geladen hatte; sie wurde von Bauern gefunden, die sie in die Scheune brachten, die als Treffpunkt mit ihrem Freund dienen sollte. Doch dieser hatte weniger Glück. Deutsche Soldaten verfolgten ihn bis zu dem Versteck, griffen beide auf und schafften sie ins Lager zurück, wo man sie hängte.

Im Augenblick ihres Todes schämte sich Hélène, irgend jemandem in die Augen zu sehen; daß sie es nicht geschafft hatte, zu fliehen und Hilfe zu holen, gab ihr das Gefühl, die anderen im Stich gelassen zu haben. Diese Scham und das Ersticken durch den Strang waren offenbar ins nächste Leben übertragen worden und erklären Stevens empfindlichen Hals und die Krankheit, an der er von Geburt an litt.

Steven selbst sagte dazu: «Ich wollte nicht noch einmal zurückkommen [auf die Erdebene], aber es war meine Pflicht. Die Kinder kamen scharenweise zurück. Sie hatten die Hölle und den Himmel erlebt. Jetzt waren sie bereit, ihr enormes Potential zu nutzen. Ich mußte für sie da sein. Das war meine Pflicht.»

Es ist tatsächlich vorgekommen, daß jemand im Getto oder im Lager für verhungernde Kinder Klavier gespielt hat – so unglaublich es auch klingen mag. Die Juden haben besonders in den ersten Jahren des Holocaust versucht, auch im Getto ein mehr oder minder «normales» Leben zu führen. Sie haben Vorträge organisiert, Kurse, Konzerte und Gruppen, in denen Erwachsene und Kinder die Thora studieren konnten. In Theresienstadt, wo die Nazis sich zu Propagandazwecken zeitweise bemühten, die Bedingungen «human» erscheinen zu lassen, gab es Kulturveranstaltungen wie Konzerte und Theatervorstellungen auch für Kinder. Das war natürlich alles nur ein grausamer Betrug, denn diese sogenannte «jüdische Mustersiedlung» war bald eine Durchgangsstation auf dem Weg nach Auschwitz.

Hat es diese Hélène Ader, die im Getto für verhungernde Kinder musizierte, wirklich gegeben? Vielleicht meldet sich eines Tages jemand, der diese unglaublich detaillierte Geschichte bestätigen kann. In einem Punkt jedenfalls hat Steven absolut recht: Die Kinder kehren scharenweise zurück. Von den vielen Personen, die mich bisher um Rat gebeten haben, hat nur eine einzige angegeben, im vorgerückten Alter gestorben zu sein. Die Mehrzahl war in den Zwanzigern oder jünger, und viele erinnern sich, daß sie als kleine Kinder gestorben sind.

Warum sind diese Seelen so schnell zurückgekehrt? In vielen Reinkarnationslehren wird davon ausgegangen, daß es zwischen den einzelnen Leben beträchtliche Warteperioden gibt. Alte Quellen wie Plato, Vergil oder die Bhagavad Gita nennen Abstände von tausend oder mehr Jahren![1]

Bei den Fällen, die Dr. Whitton in *Das Leben zwischen den Leben* schildert, reicht die Wartezeit von zehn Monaten bis zu über achthundert Jahren; der Durchschnitt liegt bei etwa vierzig Jahren. Laut Whitton hat sich die Zeit zwischen den einzelnen Inkarnationen in unserem Jahrhundert immer mehr verkürzt. Auch er hat Seelen gefunden, die im Zweiten Weltkrieg gestorben und in der «Babyboom»-Generation zurückgekehrt sind.[2]

Einer der Gründe, die als Erklärung für diese Verkürzung der Zeitspannen in Betracht kommen, ist das Tempo, in dem sich die Welt heute verändert.[3] Das Leben im alten Ägypten blieb über Jahrhunderte hinweg im Grunde unverändert, und da die Seelen während dieser Zeit kaum etwas Neues lernen konnten, hatten sie keinen Anlaß, schnell zurückzukommen. Das gleiche gilt für zahlreiche andere Kulturen überall auf der Welt. Noch bis ins späte Mittelalter dürfte es ausgereicht haben, nur alle paar Jahrhunderte wiedergeboren zu werden.

In den letzten fünfhundert Jahren aber hat sich das Tempo sowohl des gesellschaftlichen Wandels als auch der wissenschaftlich-technischen Entwicklung kontinuierlich beschleunigt. James Burke zählt in seinem Buch *The Day the Universe Changed* die vielen bahnbrechenden Erfindungen auf, die für uns heute schon selbstverständlich sind – Buchdruck, Fernrohr und Mikroskop, um nur einige zu nennen – und die Welt und die Art und Weise, wie wir sie erfahren, wesentlich beeinflußt haben. Inzwischen entwickelt sich die Wissenschaft rasant weiter, und wir leben, wie Burke es ausdrückt, «mit einem so enormen Maß an Veränderungen, daß wir kurz davor sind, selbst zu veralten».[4]

Als Seelsorger in einem Altenpflegeheim staune ich immer wieder, wie sehr sich die Welt allein in den letzten hundert Jahren «verändert» hat. Vielen der Heimbewohner sind noch die Zeiten im Gedächtnis, da man mit Pferd und Wagen fuhr und die ersten Automobile Aufsehen erregten. Ich selbst weiß noch, wie unsere Familie sich den ersten Fernsehapparat gekauft hat, eine Erfindung, die für meine fünf Jahre jüngere Schwester bereits eine Selbstverständlichkeit war. Ich kann mich auch noch ganz genau daran erinnern, wie mein Vater mir 1957 in der Zeitung die Schlagzeile über den erfolgreichen Start des «Sputnik», des ersten künstlichen Erdsatelliten, zeigte. Als ich ein junger Bursche war, waren Computer riesige Anlagen mit einem Wirrwarr von Drähten, die ganze Räume einnahmen und viel weniger leisten konnten als die Videospiele meines Enkels! Ich kann sehr gut verstehen, daß die Seelen angesichts einer Welt, die sich so rapide verändert, zwischen den einzelnen Inkarnationen nicht allzu lange im *Bardo* ausharren möchten.

Was passiert eigentlich nach Meinung von Metaphysikern zwischen den einzelnen Leben? Die Sinnbilder unterscheiden sich natürlich von

Kultur zu Kultur, das Wesen dieser Vorstellungen bleibt jedoch gleich. Im Augenblick des Todes wird die Seele von einem verstorbenen Angehörigen oder einem anderen Geistwesen abgeholt, mit dessen Hilfe sie die Grenze zur nächsten Welt überschreitet. Dort bekommt die Seele Gelegenheit, ihr Erdenleben einzuschätzen, und wird von ihren Sünden gereinigt, das heißt, sie verbringt eine Zeit im Reinigungsfeuer (Fegefeuer). Diese Läuterung befreit sie auch von dem emotionalen Schmerz, den ihre Erfahrungen ihr bereitet haben, so daß das vergangene Leben in das höhere Bewußtsein der Seele eingehen kann. Sie bleibt nun so lange in der anderen Welt, bis sie bereit ist, wieder auf die Erde zurückzukehren und neue geistige Erkenntnisse aufzunehmen.

All dies geschieht unter der Voraussetzung, daß der Betreffende eines natürlichen Todes und nicht vor der Zeit gestorben ist. Ältere Menschen oder solche, die schon lange krank sind, haben Zeit, sich auf den Tod vorzubereiten, und gehen in der Regel friedlich hinüber, wenn ihre Stunde gekommen ist. Doch wenn der Tod plötzlich oder gewaltsam eintritt, kann dieser Prozeß gestört werden, und die Seele verläßt den Körper, ohne Gelegenheit zu haben, sich darauf vorzubereiten. Es kann sogar vorkommen, daß die Seele gar nicht weiß, daß sie tot ist, und als «Gespenst» auf der Erde bleibt, bis sie merkt, daß sie nicht mehr inkarniert ist – ein Problem, auf das wir im achten Kapitel noch einmal zurückkommen werden. Oder die Seele hat das Gefühl, daß ihr Leben noch nicht vollendet war, und darum kehrt sie so schnell wie möglich zur Erde zurück. Wenn jedoch zwischen den einzelnen Inkarnationen keine Periode der Läuterung und der Heilung liegt, behält die Seele nicht selten starke Angstgefühle aus dem vorherigen Leben zurück.

Janet, die mir aus Vermont schrieb, schilderte mehrere Symptome, die ihrer Überzeugung nach im Zusammenhang mit einem früheren Leben standen, darunter auch eine Zwangsvorstellung, die mit dem Essen zu tun hatte. Sie hatte immer das Gefühl, sie müßte etwas sofort aufessen, weil es später nicht mehr da sein würde. Sie schrieb: «Ich habe aus mehreren Gründen das Gefühl, daß ich den Holocaust als Augenzeuge miterlebte [in einem anderen Leben] ... Meine früheste Erinnerung ist die an die Verwunderung meiner Eltern über die Alpträume, die ich als Kind hatte und aus denen ich immer mit dem Gefühl aufwachte, daß mich Todeskälte durchdringt ... Obwohl meine Eltern Antisemiten waren, haben mich die jüdischen Riten seit jeher fasziniert, und ich habe begierig Bücher über Juden gelesen.»

Interessant ist, daß Janet das Gefühl hatte, sie könnte auch in der Zeit der spanischen Inquisition gelebt haben, und glaubte, einen ihrer Collegeprofessoren, mit dem sie inzwischen persönlich befreundet ist, irgendwie aus jenem anderen Leben zu kennen:

«Ich fühle, daß ich den einen von ihnen [den Professor] irgendwann im fünfzehnten Jahrhundert in Spanien oder Portugal gekannt habe. Eines Tages [in diesem Leben] diskutierten wir in der Gruppe über irgendein Thema, und plötzlich sah ich schlagartig ein Bild vor mir, wie ich als Kind in einem Boot sitze. Dieser Professor war da und eine Menge anderer Leute, und er sagte, ich sollte keine Angst haben. Das war ganz intensiv. Ich habe ihm nie davon erzählt [von der Vision], aber eine andere Freundin aus demselben Kreis kennt sich in diesen Dingen aus und hat sofort begriffen, was ich meinte. Auch sie empfand eine starke Bindung in der Gruppe, als ob wir uns schon immer gekannt hätten.»

Ich habe noch drei weitere Klienten, die glauben, Opfer sowohl der Inquisition als auch des Holocaust zu sein. Viele Menschen wissen nicht, daß ein großer Teil der «Ketzer» und «Hexen», die von den spanischen Inquisitoren gefoltert wurden, Marranen oder «Kryptojuden» waren, die man gezwungen hatte, zum Katholizismus überzutreten, die aber insgeheim weiter dem Glauben ihrer Väter anhingen. Immer wieder wurden im Mittelalter Juden von der katholischen Kirche der Hexerei bezichtigt und auf dem Scheiterhaufen verbrannt.[5] Auch aus diesem Grunde wurde die Kabbala, die häufig mit «Zauberei» in Verbindung gebracht wurde, in jener Zeit nicht öffentlich gelehrt.

Als Sandra 1944 geboren wurde, hatte sie eine schwere Immunstörung, und die Ärzte bezweifelten, daß sie das Erwachsenenalter erreichen würde. Doch obwohl sie ihr Leben lang mit medizinischen Problemen zu kämpfen hat, ist sie nicht gestorben; heute arbeitet sie freiberuflich als Hellseherin in Alaska. Sandra glaubt, daß sie früher einmal den Flammentod erlitten hatte. Sie schrieb mir: «Ich hatte meine ganze Kindheit hindurch Alpträume, daß ich verbrannt würde, und meine Mutter hat mir erzählt, als Kleinkind hätte ich vor Angst geschrien, wenn ich eine Uniform sah. Sogar vor meinem Vater, der Lastwagenfahrer war, verkroch ich mich, wenn er seine Schirmmütze aufhatte.» Sandra sagt von sich, sie habe «entschieden eine Affinität zur Kabbala». Mehr noch als von den jüdischen Riten fühlt sie sich indes von Tarot-Karten und vom «Okkultismus» angezogen. Könnte es sein, daß Sandra im Holocaust eine Zigeunerin war, die von Nazis in Uniform verbrannt wurde? Die SS-Männer trugen ja tatsächlich hohe Schirmmützen, die eine entfernte Ähnlichkeit mit denen haben, die damals bei amerikanischen Lastwagenfahrern üblich waren.

Wenn Kinder solche angeborenen Ängste haben, stehen die Eltern meistens vor einem Rätsel, weil es im gegenwärtigen Leben nichts gibt, was diese Ängste rechtfertigt. Eine 1950 in Michigan geborene Frau schrieb mir: «Meine Mutter sagt, ich hätte mich als Kind sehr merkwürdig benommen. In einem Jahr hätte ich beispielsweise alle Süßigkeiten versteckt, die ich zu Halloween bekommen hatte, und die von meiner Schwester auch. Das Versteck hätte ich keinem verraten. Monate später fand meine Mutter die Süßigkeiten und fragte mich, warum ich das gemacht hätte. Ich antwortete: ‹Es wird Krieg geben, und dann verhungern wir.›»

Bob, ein Nichtjude aus Colorado, schilderte, wie sich ihm plötzlich der übersinnliche Eindruck vermittelte, daß seine Freundin Alice in einem früheren Leben den Holocaust erlebt habe. Da sie für die Reinkarnationsidee offen war, berichtete Bob ihr von dieser karmischen Erleuchtung. Alice starrte ihn mit offenem Mund an. Dann erzählte sie ihm, wie sie einmal, als sie fünf war, geweint hatte, und als ihr Vater sie nach dem Grund fragte, hatte sie geantwortet: «Warum hassen uns die Leute, bloß weil wir Juden sind?» Ihr Vater war tatsächlich Jude, hatte das aber so erfolgreich verheimlicht, daß nicht einmal ihre Mutter davon wußte. Als sie etwas größer war, wollte sich die Familie einen Dokumentarfilm über Auschwitz ansehen, doch zuvor beschrieb Alice den anderen alles genau.

Man schätzt, daß die Nazis über eine Million jüdische Kinder getötet haben. Wenn wir dazu noch die unbekannte Zahl von anderen Kindern unterschiedlichster Herkunft rechnen, die im Krieg selbst ums Leben gekommen sind, könnte man beinahe vermuten, daß die Babyboom-Generation zu einem sehr großen Teil aus Menschen besteht, die im Zweiten Weltkrieg umgekommen und reinkarniert sind. Unter karmischem Gesichtspunkt hätte das geradezu atemberaubende Folgen.

Eine alte jüdische Redensart lautet: «Wenn das Schwert erst einmal los ist im Lande, macht es keinen Unterschied zwischen Schuldigen und Unschuldigen.» Auf niemanden trifft das mehr zu als auf die Kinder, die Opfer eines Krieges werden. Manch einer mag versucht sein einzuwenden, daß es diesen Kindern aufgrund eines Karmas aus ihrem vorherigen Leben bestimmt war, jung zu sterben. Wenn dem wirklich so wäre, dann hätten sie nach ihrem «vorbestimmten» Tod auf der anderen Seite bleiben können. Die Tatsache, daß sie so rasch zurückgekommen sind, spricht aber dafür, daß sie unvorherbestimmt als Kriegsopfer umgekommen sind und ihr Tod nichts mit karmischer Rückerstattung zu tun hatte. Zwei Menschen haben mir sogar mitgeteilt, sie könnten sich erinnern, daß sie in diesem Jahrhundert zweimal als Kinder oder Jugendliche gestorben und jetzt zum drittenmal zurückgekehrt seien.

Viele Menschen glauben, daß wir, während wir in der anderen Welt sind, sorgfältig jedes Detail unseres Erdendaseins planen, doch das trifft nicht immer zu. Whittons Untersuchungen lassen vielmehr vermuten, daß nur die weniger entwickelten Seelen ein von vornherein geplantes «karmisches Drehbuch» haben, in das oft genau definierte Ratschläge und Forderungen des himmlischen Gerichtshofes eingegangen sind. Die fortgeschritteneren Seelen hingegen legen lediglich die Grundzüge ihres nächsten Lebens im voraus fest und lassen Raum für unerwartete Herausforderungen.[6] Deshalb kann es gut sein, daß man nicht aus eigener Schuld stirbt, sondern einfach, weil man das Pech hat, zur falschen Zeit am falschen Ort zu sein. Aus jüdischer Sicht gibt es in der Tat so etwas wie «Pech».

Diesen Seelen wurde das Leben abgeschnitten; sie haben «unerledigte Angelegenheiten», die sie auf die Erde zurückziehen, so daß sie fast umgehend reinkarnieren. Vielfach scheinen sie einfach in den erstbesten Körper geschlüpft zu sein, ohne darauf zu achten, ob sie mit der jeweiligen Familie harmonisierten. Von meinen Klienten habe ich immer wieder gehört, daß sie sich aus irgendeinem Grund unter ihren Angehörigen als Außenseiter fühlen, wie Fremde in einer im übrigen zufriedenen Familie.

Mitunter ist den Eltern diese Fremdheit sogar aufgefallen. Frieda, die Deutsche, von der im zweiten Kapitel die Rede war, beschrieb ihren Vater als Nazi, der sie niemals richtig akzeptiert hat. Obwohl es nicht den mindesten Zweifel an seiner biologischen Vaterschaft gab, sagte er oft, sie sei nicht sein Kind.

Manche Seelen kommen zurück, weil sie das Verlangen haben, die ihnen zugestandene Lebensfrist zu Ende zu bringen, andere, weil sie eine Verpflichtung, die sie vor ihrem Tod übernommen hatten, erfüllen wollen. Zwei typische Vertreter der letztgenannten Gruppe sind Joe und Sarah, ein Ehepaar mittleren Alters aus Florida. In diesem Leben war es Liebe auf den ersten Blick, die sie zusammengeführt hat, und beide hatten das Gefühl, sich schon immer zu kennen. Manchmal sagten sie sogar aus Spaß, sie seien sich bereits in einem früheren Leben begegnet. Ihre Beziehung machte rasch Fortschritte, und bald waren sie verheiratet, aber leider nicht glücklich. Schon nach kurzer Zeit ging ihre Ehe in die Brüche, und sie ließen sich scheiden. Als ich Sarah kennenlernte, sprachen die beiden kaum noch miteinander.

Sarah verstand das alles nicht. Wie konnte es sein, daß sie und Joe, die doch so glücklich miteinander gewesen waren, sich in einer derartigen Verbitterung getrennt hatten? Wenn sie tatsächlich verwandte Seelen waren, wieso hatte die Verwandtschaft dann nicht gehalten? Und wenn nicht, worauf ließ sich dann diese sofortige starke gegenseitige Anziehung zurückführen? Die Antwort fand Sarah in einer Deutung ihres früheren Lebens.

Joe und Sarah waren während des Holocaust ein jugendliches Liebespaar gewesen und hatten sich geschworen, auf immer und ewig zusammenzubleiben. Im Grunde war es eine Kinderliebe gewesen: Es war für beide das erste Mal. Unter normalen Umständen hätten sie nach einiger Zeit gemerkt, daß sie nicht zusammenpaßten, und die Beziehung abgebrochen. Doch die Zeiten waren nicht normal. Auf dem Gipfel ihrer Verliebtheit wurden Joe und Sarah getötet, und beide dachten im Augenblick ihres Todes daran, daß sie einander versprochen hatten, «für immer und ewig» zusammenzubleiben. Dieses Versprechen war so stark, daß es sie fast umgehend auf die Erde zurückkehren ließ, wo sie einander wiederfanden und dort weitermachten, wo sie aufgehört hatten. Und nun war ihre Beziehung zu Ende, was in ihrem vorherigen Leben sicher ebenso passiert wäre, wenn sie länger gelebt hätten.

Als Sarah von dieser «Kinderliebe» aus einem früheren Leben hörte, wurde ihr manches klar. Das erklärte nicht nur die «Liebe auf den ersten Blick», sondern auch die «Unreife», das «Kindische», das während der Scheidung hochgekommen war. Jetzt konnte Sarah Joe verzeihen und ihr eigenes Leben leben. Und ich bin sicher, daß sie das Geschehene vor einer weiteren unglücklichen Begegnung mit Joe in einer künftigen Inkarnation bewahren wird.

Eines der merkwürdigsten Dinge bei diesen Fällen ist, daß die mit einem Trauma aus dem früheren Leben zusammenhängenden Erinnerungen oft erst auftauchen, wenn die betreffende Person in diesem Leben das gleiche Lebensalter erreicht. Steven beispielsweise fing mit sechzehn spontan an, Klavier zu spielen, also im gleichen Alter, in dem er in seinem Hélène-Leben Balinszynski heiratete. Die Ehe selbst war keine traumatische Erfahrung, doch diente sie später als Vorwand, Hélène als Jüdin zu deportieren, und löste die Ereignisse aus, die zu ihrem Tode führten.

Warum diese Erinnerungen zu einem bestimmten Zeitpunkt an die Oberfläche kommen, wissen wir nicht genau. Es ist möglich, daß etwas in der Entwicklung des Körpers selbst die Erinnerung wachruft und so etwas wie ein «interinkarnationales Déjà-vu» auslöst. Wenn die Seele zurückgekommen ist, um dort anzuknüpfen, wo sie im vorherigen Leben aufgehört hat, wäre es plausibel, daß sich die Erinnerungen an jenes Leben etwa im gleichen Alter einstellen, in dem der Tod oder ein anderes Trauma eintraten. Viele Betroffene berichten von dem Beginn einer deutlichen Phase sehr intensiver Erinnerungen an ein früheres Leben, die durchaus eine psychische Krise auslösen können.

Die folgenden zwei Geschichten wurden mir von Freunden der Betroffenen erzählt:

«Die Anorexie [meiner Freundin] setzte im Teenageralter ein. In den Zwanzigern begann ihre Hinwendung zum jüdischen Glauben. Zu dieser Zeit hatte sie auch aufblitzende Rückerinnerungen, die sich um Konzentrationslager drehten. Inzwischen ist sie geschieden, aber in der Hochzeitsnacht packte sie plötzlich eine so mörderische Wut, daß sie sich ihrem Mann verweigerte und bis heute dabei geblieben ist. Beide Eltern lieben Deutschland und sind zweimal oder öfter dort gewesen.» (Connecticut)

«Sie wurde nervenkrank, und in dieser Zeit hatte sie plötzlich Erinnerungen an den Holocaust und war überzeugt, daß ihre Krankheit ursächlich mit dem Trauma aus einem früheren Leben zusammenhinge. Doch mit den Ärzten konnte sie darüber nicht reden. Sie stellte die interessante Behauptung auf, bei Schizophrenen handle es sich um ‹Menschen, die in der irdischen Sphäre nicht vollständig inkarniert› seien, und sie berichtete, daß sie wegen ihres vorigen Lebens im Holocaust Angst gehabt habe, sich voll auf ihr Dasein in dieser Welt einzulassen. Inzwischen ist sie wieder gesund und sagt, daß die Nervenkrankheit für sie ‹eine große Reinigung› gewesen sei.» (Minnesota)

Mitunter löst nicht das Lebensalter des Betroffenen, sondern eine bestimmte Jahreszeit das Déjà-vu aus. Ein interessantes Beispiel dafür ist

die 1946 in Tennessee geborene Becky. An ihren Vater kann sie sich nicht erinnern. Er verließ die Familie, als sie wenige Monate alt war. Ihre Mutter erzog sie in der baptistischen Tradition der Südstaaten. Als Becky zwölf Jahre alt war, erfuhr sie von der Mutter, daß der Vater Jude war und daß das «keine Schande» sei.
Becky war weit davon entfernt, sich ihrer jüdischen Abstammung zu schämen. Sie wollte mehr über das Judentum wissen. Sie schrieb:

«Ich habe mich seit meiner Jugend sehr für den Holocaust interessiert. *Exodus* [von Leon Uris] habe ich mehrmals gelesen und habe mich dieser Kultur fast selbst zugehörig gefühlt. ... In den letzten Jahren zieht es mich *immer im Herbst* zu Büchern über die Vernichtungslager in Polen. Ich lese dann stets *ein paar Wochen* darüber, und in dieser Zeit kommt es mir so vor, als ob sich ein Teil von mir in einer anderen Zeit und an einem anderen Ort befände. Das ist keine Erinnerung oder Vision, sondern ein Gefühl ... *Wirklich gespürt* habe ich, daß das Jüdische eine viel tiefere Bedeutung als nur die religiöse hat, als ich mit Freunden in Israel war. Es war, als ob meine Gebeine nach Hause gekommen wären. Nicht, daß ich mich tatsächlich an irgend etwas *erinnert* hätte; es war wieder nur ein *Gefühl* ...
Im Innersten meines Wesens fällt es mir schwer zu glauben, daß Jüdischsein nur eine Religion ist und nicht etwas viel, viel Tieferes.»

Im jüdischen Kalender ist der Herbst die Zeit der Hohen Feiertage, die mit Rosch ha-Schana, dem Neujahrsfest, beginnt, dem zehn Tage später der Versöhnungstag Jom Kippur folgt. Die Hohen Feiertage sind für alle Juden eine Zeit der Einkehr und Reue (hebräisch: *Teschuwa*), der «Rückkehr» zu Gott und den Geboten der Thora. Diese zwei Wochen sind für die Juden die besinnlichste, nachdenklichste Zeit des Jahres; dann besuchen selbst diejenigen, die sonst keine Synagoge betreten, die Gottesdienste. Wieso beschäftige sich Becky, die Baptistin, gerade in dieser Zeit so zwanghaft mit dem Holocaust? Sollte sich ihre Seele auf den jüdischen Kalender eingestimmt haben?

Wodurch auch immer solche Erinnerungen ausgelöst werden, der Heilungsprozeß entspricht in der Regel dem bei Schädigungen, die wir im gegenwärtigen Leben davontragen. Deshalb wenden Skeptiker auch immer wieder ein, daß es sich hierbei in Wirklichkeit nicht um Erinnerungen aus einem anderen Leben handle, sondern um Phantasien, in denen sich vergessene Mißhandlungen aus der Kindheit äußern. Ich bin anderer Meinung. Sicher kommen einige der Betroffenen aus nicht intakten familiären Verhältnissen, aber längst nicht alle. Viele berichten, daß sie normal aufgewachsen sind und es keine rationalen Gründe für ihre Ängste und Alpträume gab, und trotzdem stimmen ihre Geschichten mit denen der anderen überein.

Selbst wenn einige dieser Erinnerungen von verdrängten Kindheitstraumata hervorgerufen sind, ist doch das Entscheidende, daß diesen Menschen geholfen wird, den Schmerz zu überwinden und allmählich inneren Frieden zu finden. Oft hilft es schon, daß man ihnen zuhört. Wenn die Möglichkeit einer Reinkarnation erst einmal offen zur Sprache gebracht wird, dauert es für gewöhnlich nicht lange, bis Angst und Schmerz nachlassen. Sobald die «unerledigte Angelegenheit» geregelt ist – entweder indem man die Aufgabe erfüllt oder indem man bewußt losgelassen hat –, kann offenbar die Seele in diesem Leben richtig «Fuß fassen». Die Erinnerungen an eine frühere Existenz sind dann zwar noch da, aber sie verblassen, treten in den Hintergrund und beherrschen das Wachbewußtsein nicht mehr. Und auch dieser Prozeß verläuft nicht viel anders als die Behandlung von Schädigungen aus dem gegenwärtigen Leben.

Sehr heilsam wirkt es schon, daß man seine Geschichte erzählen kann und sie einem, was noch wichtiger ist, *geglaubt* wird. Immer wieder bedanken sich Menschen bei mir dafür, daß ich ihnen meine Tür geöffnet und sie ernst genommen habe. Fast alle Betroffenen, die in diesem Buch zitiert werden, empfanden es als außerordentliche Erleichterung, endlich über etwas sprechen zu können, das sie seit ihrer Kindheit belastete. Mir tut nur leid, daß sie so lange darauf haben warten müssen. Wenn sie in einer Kultur gelebt hätten, die den Reinkarnationsglaube akzeptiert, wäre ihnen diese jahrelange Frustration erspart geblieben.

Immerhin können wir aus ihren Erfahrungen lernen und gegenüber den Kindern der gegenwärtigen Generation, die womöglich auch von Erinnerungen aus einem anderen Leben heimgesucht werden, offener sein. Je eher eine Seele das Trauma eines gewaltsamen Todes hinter sich lassen kann, desto schneller vermag sie in ihrer jetzigen Inkarnation Fortschritte zu machen. Wenn uns unsere Kinder also von Träumen erzählen, die nichts mit ihren gegenwärtigen familiären Erfahrungen zu tun haben scheinen, sollten wir sie ernst nehmen und ermutigen, darüber zu reden. Dabei müssen wir ihnen immer wieder auf sanfte, liebevolle Weise versichern, daß diese Träume nicht im Jetzt passieren, daß die Kinder in Sicherheit sind und daß wir sie lieben.

Wie ich im zweiten Kapitel bereits erwähnte, machte sich Edgar Cayce große Sorgen um diese zu früh zurückgekehrten «Kriegskinder». 1943 wandte sich die Mutter eines vierjährigen Mädchens an Cayce, weil sie wissen wollte, warum ihre Tochter so große Angst vor dem Großstadtleben hatte. Seine Deutung ergab, daß «hier eine schnelle Rückkehr auf die Erde» vorlag, «aus der Angst durch die Angst zurück in die Angst».

In seinem vorherigen Leben hatte das kleine Mädchen Theresa Schwalendal geheißen. Im Alter von etwa fünf Jahren (1936 oder 1937) war Theresa von den Nazis nahe der deutsch-lothringischen Grenze umgebracht worden. Sie war fast umgehend reinkarniert und hatte nicht einmal neun Monate nach ihrem Tod in ihrem derzeitigen Körper die Erde wieder betreten. In ihrem Geist hatten sich Vergangenheit und Gegenwart gleichsam ineinander verkeilt, so daß sie den normalen New Yorker Großstadtlärm nicht von den angsterregenden Geräuschen unterscheiden konnte, die mit ihrem Tod zu tun hatten.

Cayce riet der Mutter, die Kleine mit viel Liebe zu behandeln und sie gegen laute Geräusche, Sirenen und andere Dinge, die sie an Nazideutschland erinnern konnten, abzuschirmen. «Haben Sie Geduld, schimpfen Sie nicht mit ihr», sagte Cayce. «Sie dürfen dem Körpergeist keine Vorwürfe machen ... Erzählen Sie ihr nie diese Märchen von Hexen, nichts, was ihr angst machen könnte, keine Geschichten von schweren Strafen, nur die von Liebe und Geduld.»[7]

Cayces «Kriegskinder» wurden in die Generation hineingeboren, die wir «Babyboom» nennen. Ich finde es faszinierend, daß dies genau die Generation ist, die Grimms Märchen abgelehnt und eine fröhlichere, lebensbejahendere Kinderliteratur hervorgebracht hat. Und diese Generation ist es auch, die heute offen über Kindsmißhandlung diskutiert und nach Wegen sucht, wie man sie verhindern kann. Vor dem Zweiten Weltkrieg galt es in den westlichen Gesellschaften als «normal», daß Eltern ihre Kinder schlugen; «Strafe» wurde als die beste Methode zur Durchsetzung von Disziplin betrachtet. Heute ist das anders. Könnte es sein, daß die Seelen dieser Generation, die in ihren früheren Inkarnationen so viel Entsetzliches erlebt haben, den Beschluß faßten, den Teufelskreis zu durchbrechen, der Kindsmißhandlung, Holocaust oder Kriege überhaupt geschehen läßt?

Stevens Geschichte vom Beginn dieses Kapitels endete mit seiner Feststellung: «Die Kinder kamen scharenweise zurück. Sie hatten die Hölle und den Himmel erlebt. Jetzt waren sie bereit, ihr enormes Potential zu nutzen.» Ich glaube, nun, da die Nachkriegsgeneration zur Reife gelangt und auf so vielen Gebieten das Leben bestimmt, werden wir allmählich auch sehen, wie dieses «enorme Potential» sich manifestiert.

Es wäre gut, wenn alle Familien dem Rat von Edgar Cayce folgen und ihre Kinder nicht mit «Geschichten von Strafen» einschüchtern würden. Das gilt für «religiöse» Erzählungen über das Fegefeuer ebenso wie für Märchen von Hexen, die in Pfefferkuchenhäusern wohnen und Kinder fressen. Kinder neigen dazu, sich selbst die Schuld zu geben, wenn etwas schiefgeht, und das wiederum erzeugt einen Minderwertigkeitskomplex, der unter Umständen von Inkarnation zu Inkarnation mitgeschleppt wird. Es liegt eine tiefe Weisheit in der in vielen Religionen lebendigen Vorstellung, daß ein Kind bis zu einem bestimmten Alter, etwa bis zur Pubertät, eigentlich nicht für seine Sünden verantwortlich ist. Das heißt nicht, daß man Kindern alles erlauben sollte oder daß sie nichts Unrechtes tun können. Aber es heißt, daß in der Kindheit gemachte Fehler kein bleibendes Karma schaffen.

Im Talmud steht, daß man im «Himmel» nicht für Sünden bestraft wird, die man vor seinem zwanzigsten Jahr begangen hat.[8] Zuvor begangene Fehler können unmittelbare Folgen haben, aber man wird nicht unbedingt in der kommenden Welt dafür zur Rechenschaft gezogen. Wenn zum Beispiel ein kleines Kind etwas stiehlt, kann es dafür im Jetzt und Hier natürlich verantwortlich gemacht werden. Doch nach dem Talmud gilt dieser Diebstahl nicht als «Sünde», die im «Himmel» (vor dem himmlischen Gericht) geahndet werden muß, weil das Kind noch zu klein ist, um den Unterschied zwischen Recht und Unrecht bereits verinnerlicht zu haben.

Die moderne Forschung über Todesnähe-Erfahrungen scheint diese Auffassung zu stützen. Nancy Evans Bush hat das der *International Association for Near-Death Studies* vorliegende Material analysiert und ist der Auffassung, daß die Todesnähe-Erfahrungen von Kindern denen von Erwachsenen sehr ähnlich sind. Die Grunderfahrung, durch einen Tunnel zu gehen, sich im leeren Raum zu befinden und schließlich in ein Licht einzutauchen, wird von beiden Gruppen gleichermaßen beschrieben. Der wesentliche Unterschied besteht darin, daß ein Viertel der Erwachsenen, die solche Erfahrungen gemacht haben, berichten, daß ihr ganzes Leben noch einmal an ihnen «vorübergezogen» sei; Kinder beschrieben dieses Phänomen nur ganz selten. In nicht einem einzigen der siebzehn Fälle von Kindern mit Todesnähe-Erfahrungen, die Bush untersucht hat, berichtet das Kind davon, daß es in irgendeiner

Weise Rechenschaft hätte ablegen müssen.[9] Dr. Melvin Morse, der ebenfalls Fälle von Kindern mit derartigen Erfahrungen erforscht hat, hält dies dem Umstand zugute, daß diese Kinder «noch nicht viel gelebt» haben.[10] Ich aber meine, daß der Talmud recht hat. An Kindern, die Todesnähe-Erfahrungen machen, zieht ihr Leben deshalb nicht noch einmal vorüber, weil sie karmisch noch nicht verantwortlich sind.

In früheren Zeiten galt in vielen Religionen die Ansicht, daß Kinder eine «Übungszeit» brauchen, damit sie lernen, wie sie sich anderen Menschen gegenüber verhalten müssen. Ebenso hatte man schon damals erkannt, daß Kinder in ihrer Selbstkritik geradezu neurotisch werden können und dazu neigen, sich zu kleinen Perfektionisten zu entwickeln, wenn man sie an den Maßstäben der Erwachsenen mißt. Die meisten Kulturen gestehen den Kindern deshalb einen gewissen Spielraum zu und markieren den Übergang von der Kindheit zum Erwachsenenalter durch eine bestimmte Zeremonie.

Ein bekanntes Beispiel dafür ist die jüdische *Bar Mizwa* oder *Bat Mizwa*, was wörtlich übersetzt «Sohn» beziehungsweise «Tochter der Gebote» bedeutet. Bevor ein Kind im religiösen Sinne erwachsen wird, was bei Mädchen im Alter von zwölf Jahren, bei Jungen mit dreizehn Jahren der Fall ist, haben die Eltern die karmische Pflicht, dafür zu sorgen, daß ihre Kinder die Gebote einhalten. Mit dem Eintritt ins Erwachsenenalter ist jeder Jude für sein religiöses Karma selbst verantwortlich, ganz gleich, ob an ihm die entsprechende Zeremonie vollzogen wurde oder nicht. In der ganz traditionellen Form der *Bar* beziehungsweise *Bat Mizwa* sagt der Vater des Kindes sogar ausdrücklich: «Gelobt sei Gott, der mich aus der Verantwortung für dieses Geschöpf entlassen hat.»[11]

Deshalb ist, zumindest aus jüdischer Sicht, ein kleines Kind, das in einem Krieg oder bei einer anderen Katastrophe stirbt, für das, was da geschieht, karmisch nicht verantwortlich. Kein Kind kann ein Verbrechen verüben, das den Tod im Holocaust rechtfertigen würde! Wie überhaupt kein Mensch, egal ob Kind oder Erwachsener, ein Verbrechen begehen kann, dessentwegen er in diesem oder einem künftigen Leben die Folter verdiente. Die vielzitierte Platitüde der New-Age-Bewegung, daß jeder Mensch sich seine eigene Wirklichkeit schaffe, bedeutet nicht, daß die Opfer von Verbrechen oder Greueltaten eine derartige Situation irgendwie «geschaffen» oder «herausgefordert» hätten.

Ich habe mich mit diesem Aspekt so lange befaßt, weil viele dieser «Kriegskinder», die in den vierziger und fünfziger Jahren reinkarnierten, inzwischen Erwachsene sind, die noch immer ein verinnerlichtes negatives Selbstbewußtsein mit sich herumschleppen, das ihnen von den Nazis aufgezwungen wurde. Nicht daß jemand Jude oder Roma, schwul oder lesbisch oder was auch immer war, ist unrecht. Unrecht war der Holocaust, und unrecht ist der Krieg an sich. Den Nazis, nicht ihren Opfern, hängt das Karma an, die Technik mißbraucht und Konzentrationslager errichtet zu haben.

Bei den Chassidim heißt es, ein Mantel habe zwei Taschen, in denen zwei verschiedene Lehren über die Welt steckten. Die rechte Tasche enthält die *Midrasch*, mit der Gott den ersten (androgynen) Adam im Garten Eden herumführt und zu ihm sagt: «Das alles ist für dich geschaffen.»[12] In der linken Tasche sind die Worte Abrahams, der zu Gott betete: «... und ich bin ja Staub und Asche.»[13]

Wenn wir wegen unserer technischen Errungenschaften überheblich werden und anfangen, uns unseren Nächsten und dem Rest der Schöpfung überlegen zu fühlen, dann müssen wir in die linke Tasche greifen, an Abraham denken und uns daran erinnern, daß wir aus dem Staub der Erde kommen und wieder zu Staub werden. Doch wenn wir deprimiert sind und das Leben uns sinnlos erscheint, dann brauchen wir die rechte Tasche und Adam. Dann sollen wir unsere Selbstachtung aufrichten, indem wir uns sagen: Gott hat diese ganze Welt für die Menschen erschaffen, also muß es einen Sinn haben, daß wir da sind. In solchen Momenten müssen wir uns vergegenwärtigen, daß wir die «Krone der Schöpfung» sind, die höchste Vollendung von Gottes Universum. Unser Schöpfer liebt und behütet uns; für ihn sind wir sehr wichtig.

Nur wenn wir das Gleichgewicht zwischen diesen beiden Taschen aufrechterhalten, schreiten wir spirituell voran. Wenn wir lediglich glauben, daß alles allein für uns geschaffen wurde, laufen wir Gefahr, wie die Nazis zu werden, die kalt und gefühllos waren und ausschließlich an sich dachten. Sagen wir uns aber fortwährend, daß wir nichts als «Staub und Asche» sind, so kann es passieren, daß wir uns in unserem Selbsthaß und unserer Unsicherheit selber lähmen. Nur der Ausgleich zwischen der Linken, der Hand der Gerechtigkeit, und der Rechten, der Hand der Gnade, vermag uns zu helfen, in Schönheit und Wahrheit auf dem spirituellen Weg zu wandeln.

SECHSTES KAPITEL

Schwarze Stiefel und Stacheldraht

Mary war ein hübsches Baby mit dunklen Augen und welligem braunen Haar; sie wurde im Mittelwesten in eine katholische Familie italienischer Abstammung hineingeboren. Tagsüber war sie meistens fröhlich und lachte viel, nachts aber schrie sie oft wie in Panik – ohne ersichtlichen Grund. Als sie sprechen gelernt hatte, beschrieb sie Alpträume von Bombenangriffen. Außerdem hatte sie von frühester Kindheit an entsetzliche Angst vor Sirenen.

Als Mary zur Schule kam, durchlebte sie den immer wiederkehrenden Tagtraum, unendlich weit laufen zu müssen, um nach Hause zu kommen. Diese Vision vermittelte sich ihr häufig auf dem Heimweg von der Schule oder von der Wohnung einer Freundin, und ihr fiel jedesmal ein Stein vom Herzen, wenn sie endlich daheim war und sah, daß ihre Mutter noch lebte. Einmal heulte während eines solchen Tagtraums tatsächlich eine Sirene los, und Mary schrie vor Angst. Sie rannte auf die Fahrbahn, hielt ein Auto an und rief: «Wir werden bombardiert, wir werden bombardiert!»

Die Fahrerin des Wagen versuchte vergeblich, sie zu beruhigen; schließlich fuhr sie Mary nach Hause. Die Eltern konnten sich das seltsame Verhalten ihrer Tochter nicht erklären. Sie glaubten, Mary habe «als Baby einfach zuviel Radio gehört». Immerhin war das Mädchen 1944 geboren, als täglich Berichte über den Krieg gesendet wurden.

Aber Mary wußte, daß die Sache viel tiefere Wurzeln hatte. Als Kind hatte sie manchmal auf dem Rücken gelegen und sich vorgestellt, sie würde immer kleiner werden, bis sie «verschwunden» wäre. Manchmal hatte sie sich auch als junge Frau gesehen, Anfang Zwanzig vielleicht, sehr mager, mit großen, ängstlichen Augen, die fragte: «Warum? Warum? Wie kann das sein?» Obwohl Mary in ihrem gegenwärtigen Leben immer genug zu essen hatte, fürchtete sie sich bis heute unsäglich davor, zu verhungern.

1969, als sie fünfundzwanzig war, fuhr Mary mit ihrem Freund nach Deutschland; in Heidelberg stiegen sie in einen Zug. Als die Schiebetüren sich schlossen, begann Mary plötzlich zu keuchen und schrie in panischer Angst: «Hier war ich schon mal, hier war ich schon mal. Hier bin ich gestorben!» Offenbar hatten diese Schiebetüren sie blitzartig an den Moment in einem anderen Leben erinnert, in dem die Türen an dem überfüllten Güterwaggon, mit dem man sie ins Lager gebracht hatte, verriegelt wurden. Sie hatte versucht, die Szene ihrem Freund zu erklären, doch der brachte für ihren Glauben an Reinkarnation kein Verständnis auf und «wollte von diesen Dingen nichts wissen». Von da an hatte Mary nie wieder darüber geredet – bis sie neunzehn Jahr später zu mir kam.

Während unseres Gesprächs sagte Mary mir, daß sie, als sie in der Bibel den Satz «Rahel weint über ihre Kinder und will sich nicht trösten lassen»[1] las, ohne ersichtlichen Grund in Tränen ausgebrochen sei. Dieser Satz aus dem Buch Jeremia wird von den Juden oft als Metapher für die Leiden im Exil gebraucht. Vollständig lautet die Textstelle:

«So spricht der Herr: Ein Geschrei ist in Rama zu hören, bitteres Klagen und Weinen. Rahel weint um ihre Kinder und will sich nicht trösten lassen, um ihre Kinder, denn sie sind dahin. So spricht der Herr: Verwehre deiner Stimme die Klage und deinen Augen die Tränen! Denn es gibt einen Lohn für deine Mühe – Spruch des Herrn: Sie werden zurückkehren aus dem Feindesland. Es gibt eine Hoffnung für deine Nachkommen – Spruch des Herrn: Die Söhne werden zurückkehren in ihre Heimat.»

Diese hoffnungsvollen Worte sprach Jeremias während der babylonischen Gefangenschaft (um 550 vor Christus). Er sprach davon, wie bitter das Exil für die Juden (Rahels Kinder) war, aber er prophezeite ihnen auch, daß Gott sie eines Tages aus Babylon wieder ins Heilige Land führen werde. Exil und Erlösung sind auch Gegenstand des *Tikkun Chazot*, des Mitternachtsgebets, in dem die frommen Juden die Leiden des Exils beklagen und bitten, daß der Messias komme. An einer Stelle in dem Gebet kommt die Metapher von Rahel (Jakobs Lieblingsfrau), die um ihre Kinder (ihre Nachkommen, die Juden) weint, direkt zur Sprache. Unter den Ostjuden war das inzwischen fast in Vergessenheit geratene Tikkun Chazot vor dem Holocaust ein fester Bestandteil der Glaubenspraxis.

Mary kannte weder das Tikkun Chazot, noch wußte sie, was Rahels Weinen für die Juden bedeutete. Sie war katholisch erzogen, und als ich mit ihr sprach, schien ihr noch nicht einmal klar zu sein, daß Rahel ursprünglich ein jüdischer Name war. Wieso also hatte dieser Satz aus der Bibel eine so starke emotionale Reaktion bei ihr ausgelöst?

Mary ist nicht der einzige Mensch, der von merkwürdigen Phobien und emotionalen Reaktionen befallen wird, die scheinbar aus dem Nichts kommen. Manche Leute werden durch ganz alltägliche Dinge in eine Panik versetzt, für die es in ihrem gegenwärtigen Leben keine rationale Erklärung gibt. Wenn man diese Ängste jedoch vor dem Hintergrund der Reinkarnationslehre betrachtet, sind sie plötzlich erklärlich. So haben zum Beispiel drei Menschen, die an ganz verschiedenen Orten geboren und aufgewachsen sind, von einer ähnlichen Phobie gegenüber schwarzen, hohen Stiefeln berichtet. Donnie Ducharme aus Raleigh, North Carolina, schrieb in einem Brief an *Venture Inward*:

«Ich wurde im Juni 1948 als Tochter einer baptistischen Familie in North Carolina geboren. Bis zu meinem sechsten Lebensjahr war ich sehr kränklich. In früher Kindheit hatte ich eine lähmende Angst vor schwarzen Stiefeln – diesen glänzenden Dingern, die bis zu den Knien reichen. Mein Großvater hatte Gummistiefel, die mir große Angst machten. Meine Mutter stellte sie immer vor den Herd, damit ich ihn nicht anfaßte und mich verbrannte. Die Stiefel haben dafür gesorgt, daß ich einen Bogen um den Herd machte. Ich weiß noch, daß ich mich mit dem Rücken an der Wand entlangdrückte, um so weit wie möglich von den Stiefeln entfernt zu sein. Warum ich solche Angst vor den Stiefeln hatte, wurde mir erst klar, als ich einen Film über Hitler sah, vor dem die Soldaten im Stechschritt paradierten. Da waren diese Stiefel! Plötzlich hatte ich das Gefühl, das selbst erlebt zu haben. Normalerweise habe ich mir keine Holocaust-Filme angeschaut. Ich kann nicht sagen, daß ich in dieser Beziehung unter irgendwelchen tiefsitzenden Komplexen leide – ich mochte mir so was einfach nicht antun. Als mir das mit den schwarzen Stiefeln klarwurde, war das wie eine Katharsis.
Als ich elf war, besuchte ich mit meiner Sonntagsschulklasse den Gottesdienst in einer Synagoge. Ich hatte das Gefühl, mich auf heiligem Boden zu befinden. Es war ein ungeheures Erlebnis, das mir noch ganz deutlich in Erinnerung ist. Ich empfinde von jeher eine tiefe Sympathie für das hebräische Volk. Auch die Zeit von der Jahrhundertwende bis zum Ende der dreißiger Jahre interessiert mich sehr.»[2]

Donnie schickte mir eine Kopie dieses Briefes, in dem noch andere interessante Einzelheiten standen, auf deren Veröffentlichung die Redaktion von *Venture Inward* leider verzichtet hatte. Nach seinem Bericht über das Erlebnis beim Sonntagsschulbesuch in der Synagoge erwähnt Donnie folgendes: «Außerdem habe ich eine ungewöhnliche Angewohnheit. Ich sehe mir Zeitschriften immer von hinten nach vorn an. Ich lese stets von hinten nach vorn, außer bei Büchern.»

Im Unterschied zu beispielsweise den englischen werden sowohl hebräisch als auch jiddisch geschriebene Bücher «von hinten nach vorn» gelesen. Aber Donnie kann weder Hebräisch noch Jiddisch. Mehr noch, ihr Umgang mit Juden ist anscheinend so begrenzt, daß sie auch nicht weiß, daß die Juden sich nicht als «hebräisches Volk» bezeichnen.

Der zweite Hinweis auf eine solche «Schwarze-Stiefel-Phobie» kam von Barbara aus Oklahoma, deren Geschichte wir bereits im zweiten Kapitel erzählt haben. Barbara schrieb mir:

«Während ich hier sitze, fällt mir gerade noch etwas ein. Als Kind, in diesem Leben, hatte ich immer Angst vor schwarzen Stiefeln. Kurz bevor meine Mutter starb, erzählte sie mir lachend, daß sie auf die oberste Stufe der Kellertreppe und auf die unterste Stufe der Treppe zum Speicher jeweils ein Paar schwarze Stiefel gestellt hat, damit das Kind – ich – nicht dorthin ging, und wie entsetzt ich über den Anblick der schwarzen Stiefel war. Vor Pferden und Gewittern, die Kinder normalerweise fürchten, hatte ich dagegen keine Bange.»

Die beiden Geschichten sind einander so ähnlich – bis hin zu der Tatsache, daß in beiden Fällen Erwachsene diese merkwürdige Phobie dazu benutzten, Kinder vor Verletzungen zu schützen –, daß ich, wenn ich es nicht besser gewußt hätte, gesagt haben würde, Donnie und Barbara müßten sich das zusammen ausgedacht haben. Doch die beiden Frauen sind sich meines Wissens nie begegnet, und Barbaras Brief erreichte mich Monate vor dem Abdruck von Donnies Brief in *Venture Inward*.

Als ich an der Erstfassung dieses Buches arbeitete, passierte etwas Sonderbares, das meine Aufmerksamkeit auf einen dritten Fall von «Schwarze-Stiefel-Phobie» lenkte. Wie bereits im ersten Kapitel beschrieben, bekam ich auf meinen Artikel in *Venture Inward* eine Menge Post. Darunter befand sich ein Heftchen mit «übermittelter» (gechannelter) Lyrik über den Holocaust, das ich kurz durchgeblättert, aber nicht gründlich gelesen hatte. Das hängt mit einem Vorurteil zusammen:

Ich bin immer skeptisch, wenn ich höre, etwas sei «übermittelt». Gleichwohl lag das Heftchen in einem Stapel Papier auf meinem Schreibtisch, als ich die Schilderung von Donnie und Barbara tippte.

Ich wollte gerade mit dem nächsten Abschnitt des Kapitels beginnen, als mich irgend etwas Unerklärliches innehalten ließ und ich abrupt aufstand, wobei ich den ganze Papierstapel vom Schreibtisch wischte. Als ich mich bückte, um die Blätter aufzuheben, fiel mein Blick auf die Worte «schwarze Stiefel». Hinten in dem Heft mit den Gedichten war ein Anhang, den ich nicht gelesen hatte, in dem ein weiterer Fall dieser Phobie geschildert wurde! War das Zufall, oder wollte jemand auf der «anderen Seite», daß Marshas Geschichte hier erzählt wird? Wie auch immer, ich nahm den Vorfall als Wink des Schicksals.

Auch Marsha litt unter dem Anblick von schwarzen Stiefeln, die rücksichtslos durch die Träume ihrer Kindheit trampelten. «Die schwarzen Stiefel waren hinter mir her», schrieb sie, «hohe, glänzende Soldatenstiefel, welche die Wälder durchkämmten, Suchscheinwerfer an- und ausschalteten, durch den Schlamm stapften – alles, weil sie mich suchten.»

In Marshas wachem Dasein gab es aber keine schwarzen Stiefel. Sie war in Amerika geboren und in einer liebevollen Familie aufgewachsen – zärtlich umsorgt, behütet. Sie erlebte eine fröhliche Kindheit, in der sie im Grunde nichts zu leiden hatte – außer an schrecklichen Kopfschmerzen.

Kein Arzt konnte die Ursache dieser Kopfschmerzen ergründen. Immer wieder war von Nebenhöhlenvereiterung, Kieferentzündung, Überanstrengung der Augen die Rede. Sie probierte alle möglichen Medikamente aus – letztlich ohne durchschlagende Wirkung. Mit den Jahren lernte sie neue Umgebungen kennen, neue Gesichter, neue Interessen – doch die gräßlichen Kopfschmerzen blieben.

Eines Tages lernte Marsha Rita Rudow kennen, eine stille, sensible Frau, die über die Gabe verfügte, «übersinnliche Gedichte» zu schreiben – Gedichte, die aus einer unbekannten Quelle zu strömen schienen. Rita hatte damals bereits zwei Bände mit «übermittelter» Lyrik veröffentlicht und arbeitete an einem dritten mit dem Titel *Voices from the Holocaust*. Die Gedichte trugen statt der Überschriften Nummern und erzählten die Geschichte eines Opfer des Holocaust, dessen Seele jetzt auf der «anderen Seite» war.[3]

Die beiden Frauen wurden Freundinnen; zwar verfolgten beide ihre eigenen Interessen, doch jede respektierte das besondere Talent der

anderen. Marsha begann, in die Geschichte ihres früheren Lebens einzudringen und gelangte mittels Regression nach Deutschland und in die Zeit des Holocaust. Nach und nach setzten die Erinnerungen ein: Überleben unmöglich ... ein ermordetes Kind ...
Rita «übermittelte» unterdessen weiter Gedichte. Bei der Arbeit an dem Gedicht mit dem Titel «*#61425*» brach ihr plötzlich kalter Schweiß aus, und sie bekam eine Gänsehaut. Das Gedicht handelte von einem kleinen Mädchen, das eines gewaltsamen Todes gestorben war: Die Nazis hatten es mit dem Kopf auf den Boden geschlagen und ihm den Schädel zerschmettert. Plötzlich erkannte Rita, daß es sich bei diesem kleinen Mädchen um Marsha in ihrem vorherigen Leben handelte! Damit war die Ursache der Kopfschmerzen geklärt. Als Marsha das Gedicht über ihren Tod gelesen hatte, ließen ihre Kopfschmerzen nach.

Marshas Heilung ist kein Einzelfall. Viele Menschen berichten, daß ab dem Moment, in dem ihnen klarwurde, daß die Ursache ihrer Probleme in einem vorherigen Leben lag, ihre Phobien und Krankheitssymptome verschwanden. Das soll nicht heißen, daß kranke Menschen aufhören sollten, ihre Medikamente einzunehmen. Aber für jemanden, der unter chronischen Symptomen leidet, die keine organische Ursache zu haben scheinen, könnte sich die Beschäftigung mit Reinkarnation als *Ergänzung* zu dem, was sein Arzt ihm rät, lohnen.

Gerade bei der Behandlung von Phobien lassen sich durch Erinnerungen an ein früheres Leben oft Heilerfolge erzielen. Wie schon erwähnt, treten immer wieder die gleichen Phobien auf: Angst vor Gas, Sirenen, Explosionen, Flugzeugen, Polizisten, Gewehren, Stacheldraht und Uniformen. Viele Menschen verspüren auch eine irrationale Angst vor dem Verhungern, dem Ersticken und davor, lebendig begraben zu werden. Manche geben an, eine tiefsitzende Angst vor dem Verbrennen zu haben, obwohl sie nie mit einem Feuer in Berührung gekommen waren. All diese Phobien sind mit dem Holocaust assoziiert, und wenn eine oder mehrere davon in Verbindung mit anderen in diesem Buch genannten Faktoren auftreten, erhärtet dies die Annahme, daß wir es mit Wirkungen aus einem früheren Leben zu tun haben. Hier fünf typische Beispiele, durchweg von Menschen aus der Babyboom-Generation, die in ganz verschiedenen, weit voneinander entfernten Regionen der USA leben:

«Ich habe eine Phobie vor lauten Geräuschen, besonders vor Gewehren, Preßlufthämmern, Kreissägen und so weiter ... Ich habe einen starken Drang nach frischer Luft und fühle mich, obgleich ich im kalten Nordwesten aufgewachsen bin, in geschlossenen Räumen sehr unwohl.

Als ich zwölf war, schickte mich mein Vater zu einem Schießkurs der NRA (National Rifle Association, eine amerikanische Schießgesellschaft). Ich hatte keine Lust dazu. Die 22er gingen ja noch. Doch als mein Vater seine größeren Kaliber brachte, fing ich an zu heulen. Er befahl mir, mit der 30.06er Springfield zu schießen, aber ich konnte nicht. Ich stand zwanzig Minuten mit dem angelegten Gewehr da und konnte einfach nicht abdrücken.» (Hawaii)

«Und dann, während Ihres Gottesdienstes, sah ich mich plötzlich als Zigeunermädchen von vielleicht etwas über vierzehn Jahren. Wir waren Roma, und ich sah meine zwei Brüder. Beide sind inzwischen zurück (das heißt reinkarniert). Jetzt sind sie nicht meine Brüder, aber in dem früheren Leben waren sie es. Dann wurden wir weggebracht. Und da es um Asthma geht: Ich habe mein Leben lang Angst vor dem Ersticken gehabt. Ich kann es nicht ertragen, in einem geschlossenen Raum zu sein, wo keine frische Luft reinkommt. Das macht mir panische Angst. Also jedenfalls sah ich plötzlich, wie man uns zusammen mit all den Juden aus dem Lager fortgebracht hat; wir mußten auf Lastwagen steigen und wurden fortgeschafft. Ich wurde von meinem Bruder getrennt; meine Eltern waren wohl nicht dort.» (Minnesota)

«Einmal flog eine Staffel Flugzeuge über uns hinweg. Mutter sagt, ich sei damals ungefähr vier Jahre alt gewesen. Meine Spielkameraden zeigten zum Himmel und machten Freudensprünge. Mutter kam heraus, um zu sehen, was der Wirbel zu bedeuten hätte, und fand mich im Gebüsch kauern, wo ich mich aus Angst vor den Flugzeugen versteckt hatte. Aber warum ich Angst vor den Flugzeugen hatte, konnte oder wollte ich ihr nicht erklären, sagt sie.» (Michigan)

«Mir wird immer klarer, daß es [das vorherige Leben im Holocaust] die Ursache von Störungen in diesem Leben ist. Zum Beispiel hat mich der Plan, in unserem Haus Gasleitungen legen zu lassen, in Bestürzung versetzt, und ich wußte nicht, warum. Drei Tage vor dem Einbau kam ich dann dahinter: ‹Ich habe Angst vor Gas.› Nachdem ich mir das eingestanden und die Angst rausgelassen habe, geht es mir wieder gut, aber das kostete mich ganz schön viel Kraft.» (Tennessee)

«Ich habe schon immer an Eßsucht gelitten. Ich habe solche Angst, daß nichts mehr da sein könnte, daß ich immer alles sofort aufessen muß.

Und noch eins: Obwohl meine Eltern Antisemiten waren, haben mich die jüdischen Rituale seit jeher fasziniert, und ich habe begierig Bücher über Juden gelesen.» (Vermont)

Oft werde ich gefragt, ob solche Geschichten nicht einfach Versuche sind, mit Hilfe von Rationalisierungen das Unbekannte wegzuerklären. Schließlich handelt es sich bei den Betroffenen um Menschen, die sowieso schon an Reinkarnation glauben. Wird man nicht allzu leicht durch Suggestion beeinflußt?

Das ist natürlich möglich. Aber viele dieser Menschen haben erst angefangen, an Reinkarnation zu glauben, *nachdem* die Erinnerungen hochkamen. Viele von ihnen sind in Familien mit konventionellen Religionen aufgewachsen – etwa der römisch-katholischen, baptistischen oder protestantischen, um nur einige zu nennen –, in der die Reinkarnationslehre kein Bestandteil des Glaubens ist. Manche sind zu einem Hypnotherapeuten gegangen, um eine schlechte Angewohnheit oder eine Phobie loszuwerden, deren Ursache ihrer Überzeugung nach irgendwo in ihrer frühen Kindheit lag. An Reinkarnation haben sie zu dieser Zeit nicht gedacht. Erst *nachdem* die Hypnose sie mit einem früheren Leben in Berührung gebracht hat, haben sie angefangen, daran zu glauben. Für einige war der Gedanke ein Schock. Die folgende Geschichte hat mir eine Frau erzählt, deren Kindheit denkbar weit vom «New Age» entfernt war:

«Ich wurde 1948 als jüngstes von achtzehn Kindern in Tennessee geboren. Meine Familie war arm, und lediglich drei von uns konnten ihren High-School-Abschluß machen. Da ich immer nur in Tennessee gewohnt habe und mich nicht für andere Länder interessiere, gibt es keinen Grund, weshalb ich Erinnerungen an ein Leben in Deutschland haben sollte. Ich bin streng protestantisch erzogen und weiß überhaupt nichts von jüdischen Dingen. Viel eher identifiziere ich mich mit den Deutschen und habe das qualvolle Gefühl, eine von ihnen zu sein und noch immer unter dem Unrecht [des Holocaust] leiden zu müssen.

In dieser Erinnerung war ich ein kleines Mädchen, das gewaltsam von seiner Familie getrennt wurde. Ich hatte das nie mit dem Krieg in Verbindung gebracht, bis mir ein Medium den Kontakt zu diesem Leben vermittelt hat. Mir wurde eine Geschichte erzählt, die mit meinen Gefühlen übereinstimmt. Danach ging ich in unsere Stadtbibliothek, wo mir zufällig ein Buch über Auschwitz in die Hände kam. In diesem Buch begegnete mir ein anderes Ich, das eines ungarisch-jüdischen Kindes von 1944. Jetzt frage ich mich, wie oft ich diese schreckliche Erfahrung durchgemacht habe.» [Sie könnte tatsächlich zweimal gestorben sein – einmal als Deutsche im Ersten Weltkrieg und einmal als Jüdin im Zweiten Weltkrieg.]

Die folgende Geschichte erfuhr ich von Paul, einem dänischstämmigen Christen, der mich aus Neuseeland anrief. Paul begann erst nach einer aus medizinischen Gründen vorgenommenen Regression unter Hypnose, an Reinkarnation zu glauben. Sein Fall ist besonders interessant, weil er sich allem Anschein nach an das *Bardo*, die Phase zwischen seinem vorigen und dem gegenwärtigen Leben, erinnern kann. Vor allem beschrieb Paul, wie er sich seinen gegenwärtigen Vater aussuchte, der daran beteiligt war, Juden aus Dänemark herauszuschmuggeln.

Als Dänemark 1940 von den Deutschen besetzt wurde, haben sich die Dänen standhaft geweigert, ihre jüdischen Nachbarn auszuliefern. In den folgenden drei Jahren half die dänische Widerstandsbewegung zahlreichen Juden aus Deutschland, Österreich und der Tschechoslowakei, in das neutrale Schweden zu flüchten. Am 28. August 1943 verhängten die Nazis den Ausnahmezustand über Dänemark, in der Absicht, die dänischen Juden genauso zu deportieren, wie sie es in so vielen anderen Ländern bereits getan hatten.

Doch die Dänen, die eine starke Widerstandsbewegung gegen die deutsche Besetzung organisiert hatten, bekamen Wind von diesen Plänen. In den Nächten vor dem Beginn der Verhaftungen (der auf das jüdische Neujahrsfest fiel) fingen dänische Seeleute und Fischer an, 5919 Juden, 1301 «Halbjuden» und 686 mit Juden verheiratete Christen übers Meer nach Schweden zu schmuggeln. Dank dieses wagemutigen Unternehmens fielen den Nazis nur fünfhundert dänische Juden in die Hände.[4] Die dänische Widerstandsbewegung hörte auch in den restlichen Kriegsjahren nicht auf, Juden in Sicherheit zu bringen.

Dieses Heldentum im Interesse der Juden hatte Paul, der in seinem vorherigen Leben eine Jüdin gewesen war, offenbar zu seinem gegenwärtigen dänischen Vater hingezogen. In einem zweiten Brief schrieb er mir:

«Viele Aspekte meines Denkens als Jugendlicher bekam ich erst wirklich zusammen, nachdem ich um 1974 herum hundert Stunden intensiver Rückführungen erlebt hatte … Anfangs war es ein ziemlicher Schock für mich zu erfahren, daß ich in meinem vorigen Leben eine jüdische Frau gewesen war, aber nach und nach gewann ich durch die Erinnerung an aufeinanderfolgende Ereignisse ein umfassenderes und gesicherteres Bild von den Dingen, die mich in jenem Leben bewegt haben, und davon, inwieweit mir diese Dinge noch etwas bedeuten oder mein jetziges Leben beeinflußt haben. Die Erinnerung ist so real, als würde ich mich an mein erstes Schuljahr erinnern.

Als ich meinen Körper verlor, wanderte ich nach Norden [im Geiste] und suchte mir meinen [gegenwärtigen] Vater aus, der Mitgefühl hatte und half, jüdische Menschen durch Dänemark hindurch- und aus dem Land herauszuschmuggeln, wie es damals dort üblich war. Ich ‹schwebte› um meinen Vater herum, wartete ein paar Jahre, und besetzte den ersten verfügbaren Körper.

Interessant ist vielleicht noch, daß ich in meinem vorigen Leben einen Sohn hatte, der, glaube ich, in Berlin Medizin studierte, aber ungefähr 1933 nach New York emigrierte. An den Nachnamen kann ich mich nicht mehr erinnern, halte es aber für möglich, daß dieser Arzt heute noch in Ihrem Land lebt. Er müßte jetzt zwischen siebenundsiebzig und dreiundachtzig Jahren alt sein. Ich könnte mir vorstellen, daß man diesen Mann anhand einer Reihe von Ereignissen in seinem Leben identifizieren kann. Sein Vater ist sehr viel früher gestorben als seine Mutter (ich), wahrscheinlich in den zwanziger Jahren. Er wohnte in einem sehr schönen Haus in einer Kleinstadt südlich von Berlin. Und natürlich hat er seine Mutter (mich) ungefähr 1944 verloren. Sie hatte das hübsche Haus der Familie vermutlich verkauft und wohnte in den letzten gefährlichen Jahren im Krieg in einer kleinen Mietwohnung. Er war vermutlich ein Einzelkind. Seine Mutter war womöglich eine freundliche, fürsorgliche Brünette.»

Paul war so fest von der Wahrheit dieser Erinnerungen überzeugt, daß er mich bat, ihm zu helfen, seinen noch lebenden Sohn aus dem anderen Leben zu finden. Leider gibt es in New York so viele Juden dieser Altersgruppe, daß ich ihn ohne den Nachnamen beim besten Willen nicht aufspüren könnte. Immerhin versprach ich Paul, die Geschichte zu veröffentlichen, womit wenigstens eine kleine Chance besteht, daß jemand sich darin erkennt.

Bis jetzt war die Rede von speziell mit dem Holocaust zusammenhängenden Ängsten und Krankheitszuständen bei Menschen, die in ihrem gegenwärtigen Leben keine Juden sind. Zusätzlich zu diesen speziellen Phobien haben viele Betroffene eine allgemeinere Angst, die aus früheren Inkarnationen mitgebracht sein könnte. Diese begegnet mir besonders häufig bei den Juden, für die schon das Leben in einer nichtjüdischen Umgebung eine Quelle der Beunruhigung sein kann.

Mir ist aufgefallen, daß es Juden heute oft widerstrebt, in die tieferen Gründe ihres Glaubens einzudringen, obwohl ihre Vorfahren in vergangenen Jahrhunderten trotz aller Verfolgung eine innere Frömmigkeit und eine persönliche Beziehung zu Gott hatten. Inwieweit diese Religionsfrage mit Reinkarnation zu tun hat und inwieweit mit der neueren Geschichte, ist schwer zu sagen. Doch welche Ursache auch immer sie haben mag – wenn wir anfangen wollen, das Karma zu heilen, müssen wir diese Angst bekämpfen.

In meiner Arbeit als geistlicher Ratgeber bin ich Juden jeder Art begegnet – Orthodoxen, Konservativen, Rekonstruktionisten, Reformjuden, Angehörigen der nicht als Glaubensgemeinschaft auftretenden, weltlichen Chawura-Bewegung, amerikanischen, israelischen, afrikanischen, europäischen Juden, Jungen und Alten, Männern und Frauen, Reichen und Armen, Militanten und Pazifisten. All diese Menschen kommen zu mir, weil sie eine Orientierung für ihr persönliches Leben suchen, und sie geben mir ihr Innerstes preis, wie sie es in der Öffentlichkeit niemals tun würden.

Bei diesen vertraulichen Begegnungen kommt immer wieder ein Thema zur Sprache. Die Juden leben heute vielfach mit großer Angst, und deren Hauptursache ist der Holocaust. Viele haben das Gefühl, daß es jeden Tag wieder zu einem Holocaust kommen, und daß ihnen, auch wenn ihr Leben im Moment noch so glücklich und erfolgreich ist, dann alles wieder genommen werden könnte. Es ist, als litte das ganze jüdische Volk unter einem kollektiven posttraumatischen Streßsyndrom, so daß das kleinste Anzeichen von Antisemitismus eine gewaltige kollektive Rückerinnerung auslöst. Das erklärt auch, warum manche Juden auf heutige Ereignisse so reagieren, als ob sie noch im Holocaust lebten. Diese Angst unterminiert nicht nur den Friedensprozeß im Nahen Osten, sie lähmt auch die individuelle spirituelle Entwicklung. Eine wirkliche Entfaltung der Seele ist nicht möglich, wenn man von Angst beherrscht wird, ganz gleich, welcher Religion man angehört.

Psychologen haben immer wieder festgestellt, daß da, wo die Angst regiert, sich keine wirkliche Liebe ausbreiten kann. Es heißt sogar, das Gegenteil von Liebe sei nicht Haß, sondern Angst. Jemand, der in ständiger Angst lebt, kann nicht einmal seine Freunde lieben, geschweige denn seine Feinde.

Wir wissen alle, daß Angst die instinktive Reaktion «Kampf oder Flucht» auslöst. Die meisten Tiere, Menschen eingeschlossen, gehen Konflikten lieber aus dem Wege und ziehen es unter normalen Umständen vor, Gefahren auszuweichen. Aber selbst sehr sanfte Haustiere werden wild, wenn man sie in die Enge treibt oder sie ängstigt, und kämpfen dann bis auf den Tod. Wenn das Leben bedroht ist, steigt der Adrenalinspiegel, und dann siegen die Urinstinkte.

In den vergangenen Jahrhunderten waren die Juden im großen und ganzen ein gewaltloses Volk, das in der Regel lieber vor der Gefahr floh, als zu kämpfen. Frühere Generationen hatten immer eine Möglichkeit zur Flucht in die Berge, über die Grenzen oder über das Meer in ein anderes Land, in dem sie sich sicherer fühlten und noch einmal neu anfangen konnten. Mit dem Holocaust jedoch ist alles anders geworden. Mitte des zwanzigsten Jahrhunderts schrumpfte die Welt plötzlich: Sie wurde zum Dorf, das den vor der Vernichtung durch die Nazis flüchtenden Juden die Tür vor der Nase zuschlug.

Die sanftmütigen Juden starben schnell, viele von ihnen wie Märtyrer, die dem Tod nicht minder mutig ins Auge sahen als Christen, die den Löwen vorgeworfen wurden. Überlebende berichten von Dörfern, deren chassidische Bewohner sich im rituellen Tauchbad reinigten, ihre Gebetsmäntel anlegten und das Sterbegebet sangen, während die Nazis sie niederschossen. Andere gingen tanzend und singend in den Tod, weil sie wußten, daß die Nazis zwar den Körper, nicht aber die Seele umbringen konnten. Sie lehnten es ab, sich zu wehren, nicht weil sie Feiglinge waren, sondern weil sie jene Gewaltlosigkeit beweisen wollten, von der sie meinten, daß sie ein Kernsatz ihrer Glaubenslehre sei.

Doch es gab auch andere Juden, die sich, in die Enge getrieben und ohne eine Fluchtmöglichkeit, entschlossen, die Gewaltlosigkeit aufzugeben und bis zum letzten Atemzug zu kämpfen. Diese Widerstandskämpfer, denen es gelang zu überleben, mußten ja glauben, die ganze Welt hätte etwas gegen die Juden und würde sie nie beschützen, sie könnten niemandem trauen als sich selbst. Sie konstruierten damit ein Weltbild, das aus der Verbitterung erwuchs und das nicht ganz richtig ist, denn immerhin gab es Nichtjuden, die ihr Leben aufs Spiel gesetzt haben, um Juden zu retten – zum Beispiel die erwähnten dänischen Seeleute. Im großen und ganzen aber hat die Welt den Juden die Tür vor der Nase zugeschlagen, und diese bittere Erfahrung wirkt sich auf das jüdische Volk bis zum heutigen Tag aus.

Ich glaube, daß genau diese Angst und diese Verbitterung die Juden, und zwar selbst Anhänger der sogenannten New-Age-Bewegung, heute daran hindert, ihre Spiritualität innerhalb des Judentums zu äußern. Wenn ich auf multikulturellen spirituellen Veranstaltungen aufgetreten bin, ist es mir oft passiert, daß die Juden, die andere Wege beschritten, so entschieden eine Begegnung mit mir mieden, als befürchteten sie, die bloße Anwesenheit eines Rabbiners könnte ihren inneren Frieden stören.

Der berühmte chassidische Sänger und Geschichtenerzähler Rabbi Shlomo Carlebach, der seit den Tagen der Flower-Power-Bewegung bei spirituellen Veranstaltungen auftritt, hat diese Abneigung seitens jüdischer Sucher ebenfalls bemerkt. 1985 schrieb Carlebach: «Niemand scheut sich zu sagen: ‹Entschuldigung, ich muß meditieren.› Aber zu sagen: ‹Entschuldigung, ich muß *dawenen Mincha* (das Mittagsgebet sprechen)› das ist peinlich … In keiner Generation war der jüdische Selbsthaß so ausgeprägt wie in der gegenwärtigen. Die Mehrzahl der Juden meint, sich für ihr Jüdischsein entschuldigen zu müssen.»[5]

Die «heimlichen» Juden, denen ich begegne, beschreiben ihre Wahrnehmung vom Judentum oft mit Worten wie «Falle», «eingeschränkt», «abgeschnitten», «eingegrenzt», «starr», «schmerzlich», «leer» und «deprimierend». Dabei kommen die meisten dieser Sucher aus Reformgemeinden oder sind weltlich erzogen und haben (zumindest im gegenwärtigen Leben) die Traditionen des jüdischen Glaubens nie wirklich praktiziert. Auch haben die Kinder der «Babyboom»-Generation die sozialen Barrieren, mit denen ihre Eltern noch konfrontiert waren, kaum mehr kennengelernt. Natürlich trifft jeder Jude mal auf Antisemitismus, doch im großen und ganzen steht die amerikanische Gesellschaft den Juden derzeit offen gegenüber. Warum also haben diese Leute das Gefühl, in einer «Falle» zu stecken? Könnte es sein, daß sie dieses Gefühl aus einem anderen Leben mitgeschleppt haben?

Der kalifornische Psychologe Morris Netherton hat eine Methode der *Past-Life*-Therapie entwickelt, bei der Wortassoziationen verwendet werden, um den Kontakt zu früheren Inkarnationen herzustellen. Dabei achtet der in Nethertons Methode ausgebildete Therapeut auf bestimmte Wörter, Sätze oder Ausdrücke, die in der Sprache des Patienten immer wieder vorkommen. Er greift eine Wendung heraus und bittet den Patienten, sich hinzulegen, sich auf das entsprechende Wort beziehungsweise die Wortgruppe zu konzentrieren und diese wie ein Mantra zu wiederholen, bis ihm eine andere Wendung oder ein Bild in den Sinn kommt. Davon ausgehend, benutzt der Patient dann dieses Bild, um Kontakt zu einem Ereignis aus einem früheren Leben aufzunehmen.[6]

Ich habe zwar die Netherton-Methode nicht direkt angewendet, jedoch jüdische Sucher aufgefordert, über ihre inneren Bilder vom Judentum zu meditieren. In vielen Fällen tauchen im Bewußtsein der Betroffenen dabei Vorstellungen von Angst, Schmerz und Verfolgung auf. Das geschieht sogar bei solchen Juden, die kaum eine religiöse Erziehung genossen haben und in bürgerlicher Geborgenheit aufgewachsen sind. Irgend etwas hat ihre innere Bindung an das Judentum zerstört. Ich glaube, daß dieses «Etwas» zumindest bei einigen von ihnen mit Erinnerungen an ein früheres Leben im Holocaust zusammenhängt.

Es gibt heute eine gewisse Tendenz, den Holocaust zu «universalisieren» und die spezifisch antijüdische Zielrichtung der Nazis herunterzuspielen. Fast jedesmal, wenn ich öffentlich zu diesem Thema spreche, meldet sich jemand aus dem Publikum, der zumeist in anklagendem Ton, ganz so, als ob die Juden leugneten, daß auch andere gelitten haben, erklärt: «Es sind ja schließlich nicht nur Juden umgebracht worden.» Oft werden dann die anderen von den Nazis verfolgten Gruppen aufgezählt.

Die Juden haben nie bestritten, daß im Holocaust auch Nichtjuden umgebracht worden sind. Vielen Menschen ist heute nicht mehr bewußt, daß die Nazis die Juden nicht nur ermordet haben, sondern dazu besonders gern deren Feiertage und religiöse Riten benutzt haben. So bevorzugten sie den Sabbat, um Juden abzuholen und jüdische Familien auseinanderzureißen und so den Freudentag in einen Trauertag zu verkehren. Rabbiner wurden auf offener Straße gedemütigt, sakrale Gegenstände und Gerätschaften eingesammelt und öffentlich entweiht. Aus Gebetsmänteln wurden Damenkleider geschneidert und in eleganten deutschen Modesalons verkauft. Die Nazis verbrannten die Thorarollen. Aus jüdischen Grabsteinen machten sie Fußböden für öffentliche Toiletten, und Synagogen benutzten sie als Pferdeställe. Als die Bibliothek der größten Talmudschule Polens in Lublin in Brand gesteckt wurde – das Feuer wütete zwanzig Stunden lang –, ließen die Nazis zur Feier des Tages eine Militärkapelle aufspielen.[7]

Noch schlimmer war es in den Lagern. Alles, was mit dem Judentum zusammenhing, wurde geschändet und lächerlich gemacht und verhöhnt. Wer sich weigerte, am Sabbat zu arbeiten, wurde erschossen. Am Jom Kippur, dem heiligen Fastentag, haben sich zuweilen SS-Leute einen Spaß daraus gemacht, Juden vor gedeckten Tischen strammstehen zu lassen, auf denen sich die köstlichsten Speisen häuften – Speisen, die sie seit Monaten nicht mehr gesehen hatten. Manchmal schikanierten Nazis hungernde Juden, indem sie ihnen einen Teller mit Köstlichkeiten anboten, um sie dazu zu bringen, einen heiligen Feiertag durch Essen zu entweihen.

In den Konzentrationslagern sollten die Juden nicht nur getötet werden, man wollte auch den jüdischen Geist zerbrechen. Und das gelang in vielen Fällen. Der Augenzeuge Chaim Kaplan schrieb am 18. November 1939 ins Tagebuch: «Die Einzelheiten der nazistischen Grausamkeiten genügen, um einen zum Wahnsinn zu treiben. Manchmal schämen wir uns, einander ins Gesicht zu blicken. Und, was noch schlimmer ist, wir haben begonnen, uns selbst als minderwertige Wesen zu betrachten, die nicht nach dem Ebenbilde Gottes erschaffen wurden.»[8]

Sollten die Nazis ihr schmutziges Werk so perfekt ausgeführt haben, daß manche reinkarnierte Seelen ihre negative Einstellung gegenüber jüdischer Tradition ins gegenwärtige Leben übernommen haben? Ist das der Grund, weshalb Seelen mitunter meinen, das Judentum sei eine Falle? Im folgenden habe ich drei einander ähnliche Ereignisse, die sehr stark auf diese Möglichkeit hindeuten, zu einer Geschichte verknüpft:

Bei einer christlichen Konferenz leitete ich ein Gespräch am runden Tisch über die Art und Weise, wie Juden und Christen ihren Glauben zum Ausdruck bringen. Eine gutgekleidete Frau, nennen wir sie Mrs. Ploni, fragte mich lächelnd nach meiner Meinung über einen bestimmten Rabbiner, der durch seine interkonfessionellen Aktivitäten bekannt geworden ist. Damit brachte die Dame mich einigermaßen in Verlegenheit, denn der bewußte Rabbiner bezeichnet sich zwar als einen Kabbalisten, hält sich aber nicht mehr an die alltäglichen religiösen jüdischen Vorschriften. Er ißt Schweinefleisch, arbeitet am Sabbat und steht in dem üblen Ruf, sexistische Witze zu erzählen. Es fiel mir daher schwer, seine Arbeit zu würdigen. Andererseits wollte ich den Mann aber auch nicht desavouieren. Also versuchte ich, diplomatisch zu sein, und sagte einfach, ich sei der Meinung, daß ein guter Meister die Lehren, die er vertritt, auch selbst im täglichen Leben befolgen sollte. Ebensowenig, wie ich zu einem schlaffen Sportlehrer ginge, wenn ich Bodybuilding lernen wollte, würde ich mir in geistlichen Dingen einen Meister suchen, der den Glauben, den er verkündet, nicht praktiziert.

Mrs. Ploni war über meine Antwort empört. Sie fing an, mich vor versammeltem Publikum zu beschimpfen. «Solche engstirnigen Leute wie Sie sind schuld daran, daß die Juden sich vom Judentum lossagen!» schrie sie wütend und verlangte, ich solle die Veranstaltung verlassen, denn ich sei «alles andere als ein Meister». Diese Vorwürfe trafen mich so unerwartet, daß es mir regelrecht die Sprache verschlug. Einigen der Anwesenden schien der Vorfall peinlich zu sein, doch niemand kam mir zu Hilfe.

Da es unmöglich war, vernünftig mit der Frau zu reden, ging ich erst einmal weg und hoffte, sie werde sich beruhigen. Aber sie dachte gar nicht daran. Als ich ein paar Minuten später wiederkam, begann sie von neuem mit ihrer Schimpftirade. Die Diskussion war damit natürlich zu Ende.

Ich überlegte den ganzen restlichen Nachmittag, was diese starke emotionale Reaktion wohl ausgelöst hatte. Später erfuhr ich von dritter Seite, daß Mrs. Ploni Jüdin war und den besagten Rabbiner gerade deshalb so bewunderte, weil er nach außen hin authentisch wirkte, ohne an seine Anhänger irgendwelche Forderungen zu stellen. Und da kam ich daher und erinnerte sie daran, daß jemand, der einen spirituellen Weg beschreitet, sich auch entsprechend verhalten muß; und das wollte sie im Zusammenhang mit dem Judentum einfach nicht hören.

Die Geschichte hat jedoch ein Happy-End. Mrs. Ploni wich mir zwar an den nächsten beiden Tagen aus, aber sie war wohl doch in sich gegangen; schließlich ergab sich die Gelegenheit zu einem vertraulichen Gespräch. Sie glaubte, als Jüdin im Holocaust gestorben und jetzt als Jüdin wiedergeboren zu sein. Obgleich sie sich in ihrem gegenwärtigen Leben als nichtreligiöse Jüdin durchaus wohl fühlte, hatte sie bei dem, was sie abwertend «die Religion» nannte, ausschließlich negative Assoziationen. Die grauenhaften Erfahrungen des Holocaust hatten ihre Seele anscheinend so sehr geprägt, daß der Gedanke an religiöse Praktiken nur Scham, Wut und Schmerz bei ihr hervorzurufen vermochte. Diese Negativgefühle hatten sich unterdessen größtenteils gelegt, so daß Mrs. Ploni zwar weit davon entfernt war, orthodox zu sein, aber zumindest nicht mehr feindselig reagierte, wenn Juden sich zu ihrer traditionellen Glaubensausübung bekannten.

Der bereits erwähnte Rabbi Shlomo Carlebach wurde einmal gefragt, warum so viele Juden sich den östlichen Religionen angeschlossen hätten. Er antwortete darauf, daß das Judentum in den Jahren, die für die «Babyboom»-Generation die prägenden waren, infolge des Holocaust eine so furchtbare Trauerzeit durchgemacht habe, daß in unserem geistlichen Haus keine Freude mehr gewesen sei. Die Menschen hätten zwar äußerlich die jüdischen Glaubensriten vollzogen, aber mit schwerem Herzen, und ihre Gebete seien von unaussprechlichem Schmerz erfüllt gewesen.

Die in dieses «Trauerhaus» hineingeborenen Kinder begriffen nicht, was es mit dieser Trauer auf sich hatte; sie glaubten, das Judentum bestünde überhaupt nur aus Schmerz und Schuldgefühlen. Deshalb sagten sich Juden vom Glauben ihrer Väter los und suchten nach einer Religion, in der es noch Freude gab. Einige hätten diese Freude in den östlichen Religionen gefunden. Und jetzt kehrten sie zum Judentum zurück und brachten die Freude mit.

Es ist nicht leicht für Juden, welche die transzendentale Seligkeit eines anderen Weges erlebt haben, in die «Schwere» des Judentums nach dem Holocaust zurückzukehren. Wieviel einfacher wäre es, Hindu oder Buddhist zu bleiben und sich in einer Kultur zu verwurzeln, die nie einen Holocaust erlebt hat! Doch zahlreiche jüdische Sucher fühlen sich nicht recht wohl, wenn sie zu Schiwa oder Krischna beten, und sehnen sich nach einer authentisch jüdischen Lehre, die in ihrem Innersten Widerhall findet.

Es gibt solche Lehren, doch bevor wir sie mit wahrhafter Freude empfangen können, müssen wir uns dem Schmerz unseres jahrhundertelangen Exils und auch des Holocaust stellen. Ich habe keine Patentrezepte dafür, wie sich das bewerkstelligen läßt, aber vielleicht kann uns die folgende Geschichte als Schlüssel dienen:

Vor einigen Jahren leitete ich zu Schawuot, dem jüdischen Wochenfest, eine kleine Gruppenklausur. Schawuot erinnert an die Offenbarung am Sinai und wird traditionell begangen, indem man die ganze Nacht mit dem Studium der Thora verbringt und bei Tagesanbruch an einem Gottesdienst teilnimmt, dem sich ein Festmahl anschließt. Normalerweise findet all das in der Synagoge statt, doch bei dieser Klausur trafen wir uns in meinem Haus in Nordminnesota und hatten vor, bei Tagesanbruch zum Fluß zu gehen.

Das Thema unserer Klausur lautete «Welche Stolpersteine hindern uns daran, die Thora anzunehmen?» Die ganze Nacht hindurch studierten wir jüdische Texte, sangen die überlieferten Lieder und erzählten uns Geschichten aus unserem Leben. Die Atmosphäre war sehr offen, und die meisten Teilnehmer erklärten ganz aufrichtig, was sie zu einer Abkehr vom Judentum veranlaßt hatte. Von unsensiblen Religionslehrern war die Rede, von materialistisch orientierten Eltern, sexistischen Gemeinden und heuchlerischen Rabbinern. Eine Frau meinte, die heutigen Juden beteten nicht Gott an, sondern den Staat Israel. Ein junger Mann berichtete, wie er während eines zwölf Schritte umfassenden Rehabilitationsprogramms gelernt hatte, spontan aus dem Herzen zu beten, und wie ihm sein Rabbiner dann (fälschlich) erklärt hatte, so könnten Juden nicht beten.

Am Ende dieser Nacht hatten wir uns mit Dutzenden von persönlichen Problemen bezüglich des Judentums und der Thora auseinandergesetzt und waren bereit für die nächste Etappe unseres Vorhabens. Etwa fünfundvierzig Minuten vor Sonnenaufgang verließen wir das Haus und machten uns auf den Weg zum Fluß. Es war schon so hell, daß wir keine Taschenlampe mehr brauchten, und die ersten Vögel sangen bereits. Ich hatte die Gruppe dazu angehalten, unterwegs zu schweigen und sich auf die Schönheit der Natur zu konzentrieren und auf die Fragen, denen wir in der Nacht zusammen auf den Grund gegangen waren.

Ich ging an der Spitze dieser stillen Prozession und bemerkte auf einmal ein paar große Felsbrocken, die vor uns auf dem Weg lagen, unweit der alten Eisenbahnbrücke, die wir unterqueren wollten. Als ich den Marsch am Vortag geplant hatte, waren die Felsbrocken noch nicht dagewesen. Ich nahm an, daß sie durch die von einem vorbeifahrenden Zug verursachten Erschütterungen den Hang hinuntergerollt waren, und beschloß, das Schweigen für einen Augenblick zu brechen und die Gruppe vor einem eventuellen weiteren Steinschlag zu warnen.

Sie können sich denken, wie entsetzt wir waren, als wir näherkamen und sahen, daß die vermeintlich «heruntergefallenen» Felsbrocken ein großes *Hakenkreuz* bildeten! Das war kein Zufall. Jemand hatte uns die Steine absichtlich als riesiges Hakenkreuz in den Weg gelegt! Und das, nachdem wir uns die ganze Nacht mit Stolpersteinen beschäftigt hatten! Das einzige Thema, das wir in dieser Nacht gemieden hatten, war der Holocaust. Es war das Thema, das wir am meisten fürchteten. Es erübrigt sich zu sagen, daß dieser grausame Streich die Harmonie unserer friedlichen Klausur zunichte machte.

Was sollten wir mit dem steinernen Hakenkreuz anfangen? Einige wollten es nicht einmal anfassen. Andere schlugen vor, die Steine ins Gebüsch zu werfen und auf diese Weise das «Amalek» zu beseitigen. Schließlich ordneten wir die Steine zu einem Kreis, sangen bei der Arbeit *Schalom* (Frieden) und verwandelten in wenigen Minuten das Symbol des Hasses in das Zeichen der Vollkommenheit. So gewannen wir unsere eigene Kraft zurück und waren in der Lage, weiter auf unser Ziel zuzugehen.

Ich habe nie herausbekommen, wer für dieses Hakenkreuz verantwortlich war. Doch die Täter hatten uns, ohne es zu wissen, die Antwort gegeben, nach der wir gesucht hatten. Das, was uns alle miteinander davon abgehalten hatte, die Thora aus vollem Herzen zu bejahen, waren nicht unsere schlechten Erfahrungen aus dem jüdischen Religionsunterricht, obwohl auch die eine Rolle spielten. Was unsere Spiritualität blockiert hatte, war die Angst, die wir alle im Herzen trugen und deren Ursache der Holocaust war. Sie hatte uns daran gehindert, in uns selbst hineinzugehen, weil wir fürchteten, statt des inneren Friedens nur unerträglichen Schmerz vorzufinden. Nun verlagerte sich der Schwerpunkt unserer Klausur auf die Frage, wie wir uns dieser Angst stellen, wie wir sie überwinden könnten, und das war ein großer Schritt nach vorn auf dem Wege zu einer spirituellen Heilung.

SIEBTES KAPITEL

Die Heilung des Karmas nach dem Holocaust

Inzwischen fragen Sie sich vielleicht: Und was ist mit Vergebung? Sollen wir nicht vergessen und vergeben? Natürlich bin ich der festen Überzeugung, daß Vergebung bei der Heilung eines negativen Karmas eine wesentliche Rolle spielt. Aber Vergebung ist keine Amnestie. Und auch kein kollektives Vergessen. Ganz im Gegenteil führt gerade die sprichwörtliche Verbindung von «Vergeben» mit «Vergessen» nicht selten dazu, daß wir dem Heilungsprozeß entgegenwirken, den wir fördern wollen.

Nur allzuoft erwarten die Menschen, wenn sie von Vergeben und Vergessen reden, daß das Opfer irgendeine «Löschtaste» in seinem Kopf betätigt und so tut, als ob nichts gewesen wäre, als ob niemand ihm Leid zugefügt hätte. Aber das geht nicht. Selbst wenn die beiden Seiten ihre Probleme miteinander durchgearbeitet haben und sich einig sind, daß sie «das Kriegsbeil begraben» wollen, wird die Beziehung zwischen ihnen nie wieder so wie vorher sein. Vergebung ist möglicherweise das Fundament, auf dem sich eine neue, vielleicht sogar bessere Beziehung errichten läßt, aber sie vermag nicht, die alte wiederherzustellen.

Ich habe Dr. Usharbud Aryah, dem bedeutenden Sanskritgelehrten und Schüler von Swami Rama, einmal bei einer öffentlichen Veranstaltung folgende Frage gestellt: «Mahatma Gandhi hat seinem Mörder vergeben; welches Karma liegt darin?»

Aryah hat darauf geantwortet, daß Gandhi damit nicht mehr karmisch an seinen Mörder gebunden sei, daß daher der Mörder, wenn er seine Tat nicht bereue, für sein eigenes Karma, was den Mord anginge, verantwortlich sei. Mit anderen Worten: Ich könnte Hitler vergeben, doch wenn Hitler selbst keinen Sinneswandel durchmacht, muß er auf die eine oder andere Weise die Folgen seines eigenen schlechten Karmas tragen. In dieser Frage sind Hinduismus und Judentum der gleichen Auffassung: Vergebung ist keine Amnestie, und bei Gott gibt es keine moralische Amnesie.

Die jüdische Religion lehrt, daß es bei Sünden, die nur Gott und den einzelnen Menschen betreffen, ausreicht, Gott um Vergebung zu bitten.

Wenn ich zum Beispiel versäume, meine täglichen Gebete zu sprechen, dann ist das eine Sache, die ausschließlich Gott und mich etwas angeht. Wenn ich aber einem anderen Menschen Schaden zugefügt habe, dann muß ich mich mit meiner Bitte um Vergebung direkt an diesen wenden. Und ich muß das Opfer meiner Missetat entschädigen. Wenn ich gestohlen habe, muß ich dem Opfer seinen Verlust zurückerstatten. Wenn ich jemanden verletzt habe, muß ich für die Arztkosten aufkommen. Und wenn ich jemanden ermordet habe, muß ich, abhängig vom Gerichtsurteil, unter Umständen mit meinem Leben dafür bezahlen, entweder buchstäblich oder in Gestalt einer lebenslänglichen Freiheitsstrafe. Erst wenn ich meine Angelegenheiten mit der Gesellschaft geregelt habe, kann ich darauf hoffen, daß Gott mir vergibt.

Diese Vorstellung, daß man dem Geschädigten Wiedergutmachung zu leisten hat, heißt in der weltlichen Rechtsprechung «Rechte der Opfer» und liegt auch dem «Auge um Auge» zugrunde, das wir aus der Bibel kennen.[1] Denn dieses «Auge um Auge» bedeutet nicht, wie gemeinhin angenommen wird, daß man Rache üben soll. Nach jüdischem Recht wird «Auge um Auge» seit jeher als *finanzielle Entschädigung für den Verlust eines Auges* betrachtet (ähnlich wie sich heute Versicherungspolicen abschließen lassen, die den Verlust jedes Körperteils mit einer bestimmten finanziellen Pauschale kompensieren.) Das heißt, daß das Auge des einen Menschen nicht mehr wert ist als das eines anderen. Das Auge eines Königs war genausoviel wert wie das eines Bauern. Ursprünglich ging es bei diesem Gesetz darum, die Ansprüche des Geschädigten zu beschränken. Außerdem wurden Art und Höhe der zu leistenden Entschädigung nicht von den Betroffenen, sondern von einem Gericht festgesetzt, so daß persönlichen Rachegelüsten von vornherein ein Riegel vorgeschoben war.

Wie paßt diese jüdische Lesart des «Auge um Auge» nun mit der Reinkarnationslehre zusammen? Ich glaube, daß das Prinzip in beiden Fällen das gleiche ist. Das Karma ist ein Prozeß von Ursache und Wirkung, aber es hat nicht unbedingt etwas mit «Wie du mir, so ich dir» zu tun. Deshalb sollten wir nicht versuchen, das Gesetz des Karmas in die eigenen Hände zu nehmen, sondern die Verantwortung des Urteils dem himmlischen Gerichtshof überlassen und darauf vertrauen, daß Gott zu gegebener Zeit jeden von uns für seine Taten zur Rechenschaft ziehen wird.

Das bedeutet nicht, daß Gott ein zorniger, rächender Gott, sondern wirklich der Richter des Universums ist, der gerechte Urteile fällt. Die

Vorstellung, daß Gott Gerechtigkeit übt, kann dem Opfer die innere Freiheit schenken, dem Täter zu vergeben. Viele Juden weigern sich, den Nazis zu vergeben, weil sie glauben, wenn sie das täten, würde die Welt die Nazis aus ihrer Verantwortung entlassen. Vielleicht stimmt das. Es ist ja bekannt, daß die Welt die Geschichte nur allzugern umfrisiert und die Leiden der Minderheiten unter den Teppich kehrt. Doch selbst wenn ein Kriegsverbrecher für seine Untaten hingerichtet wird – kann dieser eine Tod etwa das namenlose Leid aufwiegen, das er Tausenden von anderen Menschen zugefügt hat? Ohne eine irdische Justiz ist die Ordnung der Gesellschaft nicht aufrechtzuerhalten, der Schwere des Verbrechens aber wird sie oft nicht gerecht.

Wenn wir jedoch erkennen, daß Gott tatsächlich ein gerechter Gott ist, dann können wir unseren Zorn Gott überlassen und müssen ihn nicht weiter in unserem Herzen mit uns herumtragen. Unseren Feinden zu vergeben, heißt nicht, sie aus der Verantwortung zu entlassen, aber es verhindert, daß wir uns mit unserem eigenen Zorn und Haß die Seele vergiften. Darum müssen wir irgendwann einmal loslassen und alles Gott überlassen, weil wir wissen, daß selbst diejenigen Nazis, die auf Erden scheinbar ungestraft davonkommen, in einem anderen Leben zur Rechenschaft gezogen werden.

Ich habe mitunter Juden sagen hören, den Nazis zu vergeben, sei nicht möglich, weil nur die Opfer selbst ihren Peinigern vergeben können – und die Opfer seien tot. Wenn man nicht an ein Leben nach dem Tode glaubt, dann stimmt das natürlich. Ich persönlich kann mir allerdings nicht vorstellen, daß Gott ein Universum geschaffen haben sollte, in dem die Seele nicht irgendwann die Möglichkeit hat, zu bereuen. Schließlich glauben die Juden ja nicht an die ewige Verdammnis – nicht einmal für die Nazis.

Es ist ein Mißverständnis, wenn man annimmt, die Juden seien nicht imstande, einseitig zu vergeben. Natürlich ist es am besten, wenn der Täter den Geschädigten um Vergebung bittet; doch wenn das Opfer will, kann es auch vergeben, ohne darum gebeten worden zu sein. Die Idee der Gnade ist etwas sehr Jüdisches und hat schon lange vor Jesus existiert, der ja selbst Jude war und nur ein Prinzip wiederholt hat, das damals schon längst im jüdischen Glauben verankert war. Das Wort *Chesed*, das hebräische Äquivalent für Gnade, kommt nicht nur in der Bibel, sondern auch im jüdischen Gebetbuch unzählige Male vor und hat denselben Stamm wie das Wort *Chassid*, das soviel wie «fromm» bedeutet. *Chesed* wird sogar als Bezeichnung für die zehn Bewußtseinsstufen in der kabbalistischen Darstellung des Lebensbaumes verwendet (siehe achtes Kapitel). (Auch «Du sollst deinen Nächsten lieben wie dich selbst» ist übrigens ursprünglich ein jüdisches Gebot aus dem dritten Buch Mose.)[2]

Zu den grundlegenden Lehrsätzen der jüdischen Religion gehört jener, daß unser Schöpfer ein Gott der Vergebung ist, der Reue und Buße will, nicht Strafe. Doch während das Wort «Buße» an Dinge wie Selbstkasteiung und Flagellantentum denken läßt, hat sein hebräisches Äquivalent *Teschuwa* einen ganz anderen Charakter. Es heißt wörtlich übersetzt «Umkehr», Rückkehr auf Gottes Weg. Die Seele ist nach Auffassung der jüdischen Theologie rein und heilig; den Begriff der Erbsünde, der in einigen Richtungen des Christentums existiert, gibt es im Judentum nicht. Doch weichen wir aufgrund unseres eigenen Handelns und unserer eigenen Fehler immer wieder von Gottes Weg ab und verlaufen uns in einem Urwald von Irrtümern. Aber ganz gleich, wie weit wir auch fehlgegangen sein mögen, wir brauchen der Sünde nur den Rücken zu kehren und uns Gott von neuem zuzuwenden, und schon sind wir wieder auf dem rechten Weg. Das meinen die Juden mit dem Wort *Teschuwa*. Die Buße kann mit äußerlichen Symbolhandlungen wie Fasten einhergehen, das Entscheidende aber ist die innere Rückkehr zu Gott.

Jedes Jahr lesen die Juden überall auf der Welt zu Jom Kippur, dem Versöhnungstag, in der Synagoge das gesamte Buch Jona. Es erzählt die Geschichte von Ninive, einer verdorbenen Stadt, in der Raub, Gewalt, Götzenanbetung und Korruption herrschten. Gott schickte den Propheten Jona nach Ninive, damit er die Menschen ermahnte: Wenn sie ihren Lebenswandel nicht änderten, werde ihre Stadt untergehen. Die Menschen verstanden die Botschaft; sie fasteten und taten in Sack und Asche Buße, und *darum ist Ninive nicht untergegangen*. Dem Propheten Jona selbst scheint es offenbar mehr um Rache als um Vergebung gegangen zu sein, doch in der Bibel wird er von Gott streng getadelt, weil er kein Mitleid gezeigt hat. Jona ist das klassische Beispiel für das, was man als Jude *nicht* tun soll.

Wenn es wirklich ein Leben nach dem Tode gibt – sei es auf einer anderen Bewußtseinsebene, sei es als Reinkarnation –, dann haben die Nazis die Chance, jene Menschen, die sie einst mit ihrem Haß verfolgten, um Vergebung zu bitten. In diesem Falle ist es nicht nötig, daß das Opfer den Täter im nächsten Leben tötet, denn dadurch würde sich der Teufelskreis nur in die künftigen Leben fortsetzen. Es kann auch geschehen, daß derjenige, der in einem Leben der Mörder war, in seiner nächsten Inkarnation das Opfer zur Welt bringt und so den Körper, den er zerstört hat, ersetzt.

Einer Frau wurde bei der Rückführung in ein früheres Leben offenbart, daß sie zur Zeit der Kreuzzüge «Hexe» gewesen sei. In ihrem damaligen Leben verspürte sie einen derartigen Haß auf einen bestimmten Kreuzritter, der ihre Familie umgebracht hatte, daß sie ihn mit schwarzer Magie tötete. In diesem Leben kam der Ritter als ihr Sohn zurück, den sie liebte und großzog, obwohl immer ein gewisses Unbehagen zwischen den beiden herrschte.

Später unterzogen sich Mutter und Sohn gemeinsam einer simultanen Rückführung, bei der sie den Augenblick, in dem der Ritter starb, noch einmal erlebten. Die Emotionen dabei waren so heftig und schienen so real, daß es leicht zu einem Ausbruch von Gewalt hätte kommen können, wäre nicht eine dritte Person zugegen gewesen. Doch nachdem die Therapeutin sie daran erinnert hatte, daß das Ganze nur eine aufblitzende Rückerinnerung war, konnten sie die Angst und den Zorn zusammen bewältigen und einander vergeben. Der Sohn wurde schließlich in diesem Leben abermals Soldat, aber einer, der sich einem Moralkodex verpflichtet fühlt. Die Mutter glaubt, daß sie den Mord an dem Ritter gebüßt hat, indem sie ihn in diesem Leben zur Welt brachte; sie hat jetzt die innere Freiheit, spirituell voranzuschreiten.

Diese Geschichte ist ein klassisches Beispiel dafür, wie sich dem Karma Einhalt gebieten läßt, indem man nicht der Devise «Wie du mir, so ich dir» folgt. Doch das heißt keineswegs, daß die Betroffenen einfach vergessen, daß es das Ereignis überhaupt gegeben hat. Im Gegenteil, jetzt wenden beide das, was sie aus dieser Erfahrung gelernt haben, bewußt an. Als die Mutter zehn Jahre nach der Regression mit dem Golfkrieg konfrontiert war, empfand sie die gleiche Wut, die sie damals während der Kreuzzüge auf den Ritter gehabt hatte, auf Präsident Bush. Doch anstatt mit schwarzer Magie zu reagieren, setzte sie ihre Energie in der Friedensbewegung ein, fand also, karmisch gesehen, eine positive Form, ihren Zorn zum Ausdruck zu bringen. Der Sohn wiederum, der Soldat, hatte gelernt, seiner Mutter und anderen, die nicht damit einverstanden waren, daß er den Krieg befürwortete, Toleranz entgegenzubringen. Beide haben dazugelernt und sind spirituell gereift. Deshalb ist nicht zu befürchten, daß sie die gleichen karmischen Fehler noch einmal begehen.

Dieses Beispiel zeigt, daß «Vergeben und Vergessen» uns nicht weiterbringt. Wenn wir wirklich aus unseren Fehlern lernen wollen, müssen wir uns dieser Fehler erinnern können! Deshalb konzentriert sich die Rückführungstherapie zu einem großen Teil darauf, Erinnerungen an bestimmte Ereignisse aus früheren Inkarnationen hervorzurufen, welche die Ursache für Probleme im gegenwärtigen Leben sind. Wenn eine solche Erinnerung hochkommt, sollten wir sie herauslassen, damit wir sie untersuchen können und verstehen, was in Wahrheit passiert ist. Die Lösung liegt nicht im «Vergeben und Vergessen», sondern im *Vergeben und Fortschreiten.*

Wenn mir Menschen von ihren Erinnerungen an ein früheres Leben erzählen, versichere ich ihnen stets, daß die Juden und all die anderen Menschen, die in den Lagern ums Leben gekommen sind, nicht zur «Strafe» sterben mußten. Das ist ein außerordentlich wichtiger Punkt. Selbstanklagen sind unter Opfern sehr verbreitet, besonders, wenn sie in der Kindheit leiden mußten. Viele von ihnen haben mich gefragt: «Womit habe ich das verdient?» Und immer wieder waren sie sichtlich erleichtert, wenn ich ihnen erklärte, daß die Juden, die im Holocaust ihr Leben lassen mußten, für eine schöne, edle Religion gestorben sind. Manchen war offenbar noch nie der Gedanke gekommen, daß es das Judentum als Religion wert sei, dafür sein Leben hinzugeben.

Warum nicht? Weil sich leider in einigen Richtungen des Christentums hartnäckig die Auffassung hält, daß die Juden seit Jahrhunderten leiden müßten, weil sie Jesus umgebracht hätten. Die Folge ist, daß diese falsche Anschuldigung von allen möglichen bigotten Spießern zum Vorwand genommen wird, die Juden auch weiterhin zu diskriminieren. Zu der Zeit, als die meisten der in diesem Buch Erwähnten heranwuchsen, war es ganz üblich, daß jüdische Kinder auf dem Spielplatz als «Christusmörder» diffamiert wurden. Das geschieht heute zwar nur noch sehr selten, kann aber nach wie vor passieren. Ich begrüße es natürlich, daß diese Anschuldigung vom Zweiten Vatikanischen Konzil aus der katholischen Lehre getilgt wurde, und ich finde es löblich, daß viele protestantische Glaubensgemeinschaften dem Beispiel gefolgt sind – trotzdem muß ich daran erinnern, daß es in unserem scheinbar so aufgeklärten Zeitalter noch eine Menge Menschen gibt, deren Haltung gegenüber den Juden dringend einer Revidierung bedarf.[3]

Es kann sein, daß einzelne Juden etwas mit Jesu Tod zu tun hatten. Palästina war damals von den Römern beherrscht, und wie in jedem besetzten Land gab es Verräter, die mit der Siegermacht kollaborierten. Die Römer machten sich Sorgen über Rebellionen in Palästina, und jemand, der fünftausend Leute um sich sammelte, wurde als politische

Bedrohung angesehen. Man kann sich auch durchaus vorstellen, daß ein enttäuschter Judas Ischariot seinen ehemaligen Meister an die Herrschenden auslieferte. So etwas kommt immer wieder vor. Doch wenn ein einzelner unter bestimmten politischen Voraussetzungen zum Verräter geworden ist, kann das doch kein Grund sein, «die Juden» für den Tod Jesu verantwortlich zu machen.

Unter welchen Umständen auch immer er gestorben ist, ich kann mir nicht vorstellen, daß Jesus, der Liebe und Gewaltlosigkeit lehrte, gewollt hätte, daß sein Tod durch einen Holocaust gerächt wird, in dem unschuldige Menschen, darunter Millionen Kinder, umgebracht werden. Ebensowenig glaube ich, daß der Holocaust von Gott verfügt war. Diese Anschuldigungen gegen unseren himmlischen Vater zu erheben, wäre pure Blasphemie. Schließlich hat Jesus selbst für die Römer gebetet, die ihn ans Kreuz schlugen und gerufen: «Vater, vergib ihnen, denn sie wissen nicht, was sie tun.»[4]

Die *Midrasch*, die mündlich überlieferte Geschichte der Juden, lehrt, daß der Schöpfer am Roten Meer geweint habe, als die ägyptischen Krieger in ihren Streitwagen ertranken, weil auch sie Kreaturen Gottes waren. Wenn Gott den Verlust der ägyptischen Sklaventreiber beweinen konnte, wie muß Er dann erst um die unschuldigen Männer, Frauen und Kinder getrauert haben, deren einziges «Verbrechen» darin bestand, daß sie Juden waren? Die Juden beten keinen zornigen, rächenden Gott an; das ist ein weitverbreitetes Mißverständnis. Den «blutrünstigen» Jchova, den die Puritaner lehren, hat es im jüdischen Glauben nie gegeben.

Aber wenn der Holocaust eindeutig keine Strafe war, was hat es dann mit dem Karma auf sich? Haben diese Menschen sich ihre Inkarnationen selbst erwählt? Ja – in gewissem Sinne. Das heißt nicht, daß sie es sich ausgesucht haben, mißhandelt und brutal ermordet zu werden. Wir entscheiden zwischen den Inkarnationen über die *allgemeinen Umstände* unseres nächsten Lebens, zum Beispiel über unsere zukünftigen Eltern. Doch werden nicht alle Einzelheiten im voraus festgelegt, denn das nähme uns und anderen die Willensfreiheit. Wir sind keine Marionetten, die nach einem Drehbuch agieren, sondern freie Wesen, die in jedem Augenblick ihres Daseins eine Rolle innerhalb der Schöpfung bekleiden. Jeder von uns kann wählen, was er im nächsten Leben lernen möchte, aber es läßt sich nicht immer vermeiden, daß wir mit anderen in Konflikt geraten, die ihre eigenen Ziele verfolgen.

Stellen Sie sich zum Beispiel vor, eine Seele hat zahlreiche Leben als Gelehrter verbracht. Zwischen den einzelnen Inkarnationen gelangt diese Seele zu der Ansicht, die intellektuelle Sphäre nun zur Genüge zu kennen, und beschließt, mehr darüber lernen zu wollen, wie man die Menschen mit dem Herzen erreicht. Und weil sie das möglichst schnell erfahren möchte, kann es sein, daß sie einen Körper wählt, der geistig behindert ist. Einer Seele, der es nicht gegeben ist, den Intellekt zu gebrauchen, bleibt nichts weiter übrig, als zu lernen, durch Empfindungen und Gefühle Verbindung zu anderen aufzunehmen. Wenn alles gutgeht, wird die Seele in eine liebevolle, herzliche Umgebung hineingeboren, in der man sie als menschliches Wesen hegt und pflegt. Nach einem reichen, erfüllten Leben als Behinderter wird sie in die spirituelle Welt zurückkehren und gelernt haben, was sie lernen wollte.

Aber angenommen, die Umgebung verhält sich geistig Behinderten gegenüber feindselig, und anstatt sie zu hegen und zu pflegen, stempelt sie diese Seele als «Untermenschen» ab und vergast sie. Können wir wirklich behaupten, daß sich die Seele während ihres Aufenthalts in der geistigen Sphäre einen solchen Tod ausgesucht hat? Sicher nicht, denn das würde heißen, daß wir die moralische Verantwortung der Mörder leugnen. Auch sie haben einen freien Willen und müssen sich für das Karma verantworten, sich dafür entschieden zu haben, andere Menschen zu ermorden.

Die Menschen, die im Holocaust gestorben sind, haben es sich ausgesucht, zu jener Zeit in Europa geboren zu werden, das heißt aber nicht, daß sie den Beschluß faßten, im Konzentrationslager eines grausamen Todes zu sterben. Wenn es um das Karma geht, ist die Haltung, daß das Opfer «selbst schuld» sei, sehr gefährlich. Ganz gleich, welche Verbrechen ein Mensch in diesem oder einem anderen Leben auch begangen haben mag, mißhandelt und gefoltert zu werden, hat niemand «verdient». Selbst in der Bibel wurden Todesstrafen auf eine gnädige Weise vollstreckt, und Folter ist ein Begriff, der im jüdischen Recht nicht vorkommt. Die Exzesse der Nazis waren ihr eigenes Werk und weder göttliche Vorsehung noch etwas, das sich die Opfer selbst ausgesucht hatten.

Wie wir sehen, gibt es viele Faktoren, die Einfluß auf unsere nächste Inkarnation haben. Vielleicht hilft es, wenn wir uns ins Gedächtnis rufen, daß das Wort Karma im Sanskrit «handeln» bedeutet. In der Mischna steht: «Alle deine *Taten*» – unser ganzes Handeln also – «werden in das Buch eingeschrieben.»[5] Im Grunde gibt es zwischen dem östlichen Begriff des Karmas und der jüdischen Vorstellung von einem «göttlichen Gericht» keinen Unterschied. Beide machen uns für unser

Tun verantwortlich. Wir können uns zwar die allgemeinen Umstände unseres Erdenlebens aussuchen und tun es auch, doch muß die Summe unseres früheren Handelns einkalkuliert werden. Dabei gibt es offenbar vier Kategorien von Karma:

1. *Die karmische Gruppe, der wir angehören.* Die meisten Seelen inkarnieren zusammen mit anderen Seelen, die sie bereits aus früheren Leben kennen, weil emotionale Bindungen zwischen den Menschen eine sehr starke Kraft darstellen. Das kann positiv oder negativ sein und hängt von der Art der Beziehung zwischen zwei Seelen ab. Ein frommer Meister und seine Schüler können zum Beispiel als Gruppe wiederkommen, aber ebenso vermag eine Diebesbande als solche zurückzukehren! Daß man sich aus einem früheren Leben kennt, bietet noch keine Gewähr für eine gesunde Beziehung. Allerdings zwingt uns nichts, in einem bestimmten kollektiven Verhaltensmuster zu verharren. Die Seelen können spirituell fortschreiten oder sich ebenso rückentwickeln; dabei wechseln sie nicht selten von einer karmischen Gruppe zu einer anderen.

2. *Die historische Vergangenheit der Gruppe, in die wir hineingeboren werden.* Wir sind stark beeinflußt von den Wertvorstellungen, die um uns herum herrschen, aber auch von der Geschichte und Kultur der Familie, Rasse, Religion oder Nation, in die wir hineingeboren werden. Inkarniert eine Seele in einer Familie von Soldaten, so wird sie den Krieg wahrscheinlich zunächst einmal als etwas akzeptieren, das zum Leben gehört, obwohl sie ihn später vielleicht ablehnt. Ein als Schwarzer oder als Indianer inkarnierter wird davon geprägt sein, wie die Gesellschaft im allgemeinen mit Minderheiten umgeht; eine in ärmliche Verhältnisse hineingeborene Seele wird andere Prüfungen zu bestehen haben als eine, die eine sehr reiche Familie «ausgesucht» hat. Auch das sind «Probleme», die als Chancen zum Reifen und zur Veränderung angesehen werden können. Inneren Frieden kann man überall und unter allen Umständen finden, und mitunter sind diejenigen, welche die schwersten Prüfungen zu bestehen haben, auch diejenigen, die den größten Fortschritt machen.

3. *Unser eigenes Karma aus früheren Inkarnationen.* Es heißt, unser Geburtshoroskop sei die Zusammenfassung unseres Karmas im Augenblick der Geburt.[6] Das bedeutet indes nicht, daß wir für den Rest dieses

Lebens auf ein vorherbestimmtes Verhalten eingeschränkt sind. Wir können zwar die Umstände unserer Geburt nicht ändern, wohl aber unser Leben selbst in die Hand nehmen und das negative Karma überwinden. Jeder von uns ist zu einem bestimmten Zweck in diese Welt hineingeboren worden, und jeder von uns hat eine bestimmte Aufgabe, die kein anderer erfüllen kann. Gleichzeitig aber hat jeder von uns Probleme zu bewältigen und Prüfungen zu absolvieren. Diese persönlichen Herausforderungen sind bei jeder Seele andere. Wir können uns auf unserem spirituellen Weg bei Meistern oder anderen Leitfiguren Rat holen, aber laufen müssen wir allein.

4. *Entscheidungen, die wir dank unserer Willensfreiheit treffen.* Wir dürfen nicht vergessen, daß jede Seele ihre ureigene Reise zurückzulegen hat und es innerhalb einer jeden karmischen Gruppe ein breites Spektrum von Charakteren gibt. Die bloße Zugehörigkeit zu einer Gruppe ist noch keine Garantie für ein bestimmtes Lebensmuster. Das Gruppenkarma stellt das Bezugssystem dar, innerhalb dessen wir uns entwickeln. Doch wie der einzelne diese Möglichkeiten nutzt, bleibt seinem freien Willen überlassen.

Von jeher hat es in jeder Gesellschaft Individuen gegeben, die bewußt gegen den Strom ihres jeweiligen Gruppenkarmas schwammen. So gab es beispielsweise unter den heidnischen «Söhnen des Belial» Sucher, die sich zu Abraham und Sara ins Zelt setzten, um etwas über den einzigen Gott zu erfahren. Umgekehrt sind mitunter, wie die Bibel berichtet, einzelne Juden zurückgefallen in Ketzerei und Götzenanbetung. Während des Holocaust gab es Deutsche, die ihren jüdischen Nachbarn halfen, sich zu verstecken, und es gab Juden, die mit den Nazis kollaborierten – beides Beispiele dafür, daß die Willensfreiheit des einzelnen Vorrang hat vor dem Gruppenkarma.

Wir können daher nicht behaupten, daß die Zugehörigkeit zu einer bestimmten historischen Gemeinschaft automatisch dies oder jenes bedeutet. Egal, in welcher Situation wir uns befinden, wir können immer das Böse ablehnen und das Gute tun. Die jüdische Überlieferung lehrt, daß selbst Amalek, der doch die Personifizierung des Bösen war, bereuen könnte, wenn er es wollte, und daß Gott seinen Sinneswandel ebenso akzeptieren würde wie den irgendeines anderen Sünders.

Im Leben des einzelnen sind diese vier Faktoren natürlich auf sehr komplexe Weise miteinander verwoben. Wer in seelsorgerischen oder helfenden Berufen tätig ist, muß sich davor hüten, den ihn konsultierenden Menschen mit Patentlösungen zu kommen; denn selbst wenn die äußeren Umstände ähnlich liegen, kann das, was für den einen richtig ist, für den anderen ganz falsch sein. Deshalb gebe ich meinen Klienten in der Regel keine «Rezepte», sondern höre mir einfach an, was sie zu sagen haben, und lasse sie die karmischen Schlußfolgerungen selbst ziehen. Ich möchte nicht der Guru für sie sein, sondern eher so etwas wie ein mitfühlender Resonanzboden.

Da ich kein Hypnotherapeut bin, habe ich nie eine Rückführung in ein früheres Leben im eigentlichen Sinne mit meinen Gesprächspartnern vorgenommen. Normalerweise haben die Leute, wenn sie zu mir kommen, bereits durch Selbsthypnose, Träume, Visionen oder Déjà-vus Kontakt zu ihren Erinnerungen an ein früheres Leben aufgenommen. Mitunter bittet mich jemand, der sich noch nicht hundertprozentig sicher ist, um Rat, ob er sich einer Hypno- beziehungsweise Regressionstherapie unterziehen soll. Die meisten Menschen, die einen grausamen Tod zu bewältigen haben, müssen dazu nicht unbedingt in allen Einzelheiten wissen, wie sie gestorben sind. Es kann indes Fälle geben, in denen eine detaillierte Erinnerung hilfreich ist, zum Beispiel wenn jemand unter einer Phobie leidet, für die es scheinbar keine rationalen Gründe gibt. Hypnose kann durchaus nützlich sein, man muß sich aber vorher vergewissern, daß der Hypnotherapeut nicht nur sein Handwerk beherrscht, sondern sich auch mit dem Thema Holocaust auskennt.

Das gleiche gilt, wenn man sich an einen Hellseher wendet. Ich bin überzeugt, daß es genügend seriöse Hellseher gibt, aber es gibt auch eine Menge Leute, die von sich behaupten, mediale Fähigkeiten zu besitzen, sich aber in ihrer Meinung in puncto Juden und Judentum von Klischeevorstellungen leiten lassen. Daß jemand ein Medium ist, bedeutet weder, daß er keine Vorurteile hat, noch bietet es die Gewähr, daß er über tiefere Einsichten verfügt. Bevor man sich im Zusammenhang mit dem Holocaust eine Deutung des früheren Lebens geben läßt, muß man sich unbedingt vergewissern, daß das betreffende Medium das Judentum als gültigen spirituellen Weg anerkennt und die Erlebnisse, die man ihm mitteilt, nicht als eine Form der «Bestrafung der Juden» interpretiert. Wenn die Rückführung zu Erinnerungen an ein Leben im Holocaust nicht unter behutsamer, liebevoller Leitung und mit einer ebensolchen, den ganzen Prozeß begleitenden Unterstützung geschieht, kann sie außerordentlich traumatisch verlaufen. So etwas darf nicht auf die leichte Schulter genommen werden. Einer der Gründe, weshalb ich dieses Buch geschrieben habe, ist der, daß ich den Ratgebern und den Ratsuchenden einen Halt geben wollte, auf den sie sich beim Umgang mit diesen Themen und der Heilung des damit zusammenhängenden Karmas stützen können. Manchmal reicht es schon, daß ich einfach bestätige, ja, es gebe so etwas wie Reinkarnation. Viele Betroffene haben noch nie mit jemandem über ihre Träume und Visionen geredet, weil sie Angst hatten, man könnte sie für verrückt erklären. Schließlich klingt es ja wirklich etwas eigenartig, wenn jemand behauptet, er sei ein reinkarniertes Opfer des Holocaust! Aber wenn diese Menschen dann von anderen Fällen lesen, in denen von ähnlichen Erinnerungen die Rede ist, legt sich in der Regel die Angst und die innere Heilung setzt ein.

Ich glaube übrigens, daß der Heilungsprozeß von einer Inkarnation zur anderen sich nicht wesentlich von dem innerhalb eines einzigen Lebens unterscheidet. Deshalb können viele Verfahren zur Behandlung von Trauer und Mißhandlungsfolgen auch zur Heilung des Traumas aus einer Inkarnation während des Holocaust oder irgendeiner anderen Tragödie aus einem früheren Leben angewendet werden. Ein in meinen Augen sehr nützliches psychologisches Verfahren ist dabei das von Dr. Elisabeth Kübler-Ross in der Arbeit mit todkranken Patienten entwickelte Modell der *fünf Phasen der Bewältigung.* Heute wissen wir, daß dieses Modell überall angewendet werden kann, wo ein schwerer persönlicher Verlust vorliegt, und ich bin der Meinung, daß es uns auch bei der Heilung von einer Inkarnation zur anderen weiterhelfen kann.

Trauer ist definiert worden als der Prozeß des Wiederaufbaus des eigenen Lebens nach einem tragischen Ereignis. Kübler-Ross hat festgestellt, daß der Trauerprozeß sich in fünf Phasen gliedert, die eine nach der anderen durchlaufen werden müssen, damit der Betroffene wieder zu sich selbst finden kann. Diese fünf Phasen sind 1. Nicht-wahrhaben-Wollen; 2. Verhandeln; 3. Zorn; 4. Depression und 5. Zustimmung. Die einzelnen Phasen treten nicht immer in dieser Reihenfolge auf, und es kann vorkommen, daß zwei oder mehr gleichzeitig ablaufen.[7] Sowohl der Todkranke als auch seine Angehörigen machen diese Phasen durch – der Patient, weil er diese Welt verlassen muß, die Angehörigen, weil sie einen geliebten Menschen verlieren.

Ich lernte das Modell von Kübler-Ross kennen, als ich 1986 einige Zeit ehrenamtlich in einem Sterbehospiz tätig war. Seit ich todkranke Patienten betreut habe und mit den Insassen des Altenpflegeheims umgehe, in dem ich als Seelsorger tätig bin, ist mir klargeworden, daß der Prozeß der Trauer auch eine Form der spirituellen Heilung ist. In unserer Gesellschaft sprechen wir nicht offen über den Tod, obwohl wir alle einmal sterben müssen. Patienten, welche die ersten vier Phasen hinter sich gebracht und jene der Zustimmung erreicht haben, begegnen ihrem Tod in der Regel heiter und friedlich. Im Unterschied dazu ist für Patienten, die sich noch auf einer der vier Phasen zuvor befinden, der Augenblick des Todes sehr viel schwieriger. Das gleiche gilt für die Angehörigen. Ich glaube, daß die Art und Weise, wie wir mit dem Tod umgehen, sich entscheidend auf unsere nächste Inkarnation auswirkt.

Wenn ich mit Menschen spreche, die sich an ihren Tod aus einem früheren Leben erinnern, bemerke ich oft, daß noch immer eine oder mehrere dieser Phasen erkennbar sind, besonders wenn diese Menschen vorzeitig und gewaltsam aus dem Leben scheiden mußten. Manche haben einen großen Zorn auf ihre Peiniger oder auf Gott, andere sind depressiv. Wieder andere befinden sich noch in der Phase des Verhandelns; sie haben das Gefühl, daß sie in ihren früheren Leben um irgend etwas «betrogen» worden sind, und versuchen, im jetzigen einen Ausgleich dafür zu bekommen. Das Bewußtsein, daß solche Gefühle das Ergebnis eines unbewältigten Todes im vorherigen Leben sind, kann helfen, die Probleme des gegenwärtigen Lebens zu lösen.

Die Geschichte von Mrs. Ploni, die ich Ihnen im vorigen Kapitel erzählt habe, ist dafür ein gutes Beispiel. Die Wut, die sie an mir ausgelassen hat, war offenbar nicht nur eine Reaktion auf meine Bemerkungen im Rahmen einer theologischen Diskussion, sondern brach aus einer sehr viel tieferen Schicht hervor. Immer wieder begegnen mir Menschen, die plötzlich, ähnlich wie Mrs. Ploni, ohne ersichtlichen Grund Wutanfälle bekommen oder in Depressionen verfallen. Manche sind deswegen schon bei unzähligen Ärzten und Therapeuten gewesen, die alle nur feststellen konnten, daß ihnen aus medizinischer Sicht nichts fehlte. In vielen scheinbar hoffnungslosen Fällen hat die Heilung eingesetzt, sobald der Betroffene Kontakt mit seinen Erinnerungen an ein früheres Leben aufgenommen hat.

Ich will damit nicht sagen, daß die Rückführung ein Allheilmittel ist. Aber wenn Sie von unerklärlichen Emotionen überwältigt werden und keine der üblichen Therapien angeschlagen hat, dann sollten Sie es vielleicht einmal mit dieser Methode versuchen. Sie können damit anfangen, daß Sie Tagebuch über diese Erfahrungen führen. Gibt es bestimmte Menschen, Orte oder Situationen, die solche Emotionen bei Ihnen auslösen? Assoziieren Sie bestimmte Wörter oder Wendungen mit diesen Gefühlen? Passen sie in ein bestimmtes Muster? Wenn ja, versuchen Sie, darüber zu meditieren und alle Bilder festzuhalten, die ihnen dabei in den Sinn kommen.

Sie können auch versuchen, das zu tun, indem Sie sich an einen stillen, friedlichen Ort zurückziehen, wo Sie nicht gestört werden. Bitten Sie Gott, Sie zu beschützen und Sie in ein weiches, weißes Licht einzuhüllen, das alles Negative von Ihnen abhält. Dann schließen Sie die Augen und atmen ein paarmal entspannt und gleichmäßig durch. Wenn Sie Ihre Mitte gefunden haben, nehmen Sie sich vor, sich an das Ereignis aus Ihrem vorherigen Leben zu erinnern, das diese Reaktionen auslöst. Falls Sie befürchten, daß die Erinnerung traumatisch sein könnte, so versuchen Sie sich vorzustellen, daß Sie es auf einer Kinoleinwand sehen. So werden Sie «sehen», was passiert ist, brauchen aber den tatsächlichen Schmerz und das Leiden nicht noch einmal zu durchleben.

Seien Sie nicht enttäuscht, wenn Sie beim ersten Versuch keinen Erfolg haben. Ich glaube zwar, daß jeder Mensch übersinnliche Gaben besitzt, aber man braucht wie bei jeder anderen Fähigkeit eine gewisse Übung. Wenn es Ihnen gelingt, Bilder oder Eindrücke aus einem früheren Leben aufzufangen, schreiben Sie sie nieder oder zeichnen Sie sie – mit allen Einzelheiten, an die Sie sich erinnern können, auch wenn sie Ihnen irrelevant erscheinen. Manche Details mögen Ihnen zunächst sinnlos vorkommen, können Ihnen aber später vielleicht die historische Authentizität des Ereignisses bestätigen.

Wenn Sie sich an ein Ereignis aus einem früheren Leben erinnert haben, versuchen Sie es unter karmischem Blickwinkel zu verstehen. Hat dieses Ereignis Einfluß auf ihr gegenwärtiges Leben? Was können Sie daraus lernen? Müssen Sie bestimmte Haltungen oder Verhaltensmuster ändern, die durch dieses Ereignis ausgelöst wurden? Gibt es etwas, wofür Sie sich anderen gegenüber rechtfertigen müssen, oder ist es für Sie selbst notwendig, daß Sie denjenigen, die Ihnen Schaden zugefügt haben, vergeben?

Wenn Sie das Ereignis selbst und Ihre eigene Rolle dabei erfaßt haben, fangen Sie an, daran zu arbeiten, die negativen Emotionen loszulassen. Denken Sie daran: Indem Sie Ihren Peinigern vergeben, gewähren Sie ihnen keine Amnestie, sondern delegieren lediglich die Verantwortung für das Urteil an den himmlischen Gerichtshof. Bitten Sie den Schöpfer – ganz gleich, ob Sie ihn sich als Mann oder als Frau vorstellen –, Ihnen diese karmische Last abzunehmen. Beten Sie – irgendwie –, selbst wenn Sie nicht an Gott glauben, und vertrauen Sie darauf, daß Ihr Gebet erhört werden wird, auch wenn Sie jetzt noch nicht verstehen können, wie. Und wenn Sie die negativen Emotionen losgelassen haben, dann beten Sie um einen Segen, der alle zurückgebliebenen Narben heilt. Stellen Sie sich vor, Sie seien von heiligem Licht eingehüllt und von bedingungsloser Liebe umfangen. Bleiben Sie ein paar Minuten ganz still sitzen, bis Sie wieder in die Sphäre des normalen Bewußtseins zurückgekehrt sind. Dann recken und strecken Sie sich und gönnen sich etwas Schönes.

Neben der Heilung des Karmas auf der individuellen Ebene müssen wir nach meiner Überzeugung auch daran arbeiten, das Gruppenbewußtsein zu stärken. Im Gegensatz zu den Christen, die sich in erster Linie auf das Heil des einzelnen konzentrieren, ist das jüdische Verständnis von Karma mehr auf die Gemeinschaft bezogen. In unserer Tradition heißt es, daß alle Juden miteinander verwandt und füreinander verantwortlich seien. Deswegen stehen unsere Gebete auch durchweg im Plural, etwa: «Wir haben gesündigt» oder «Gib uns Frieden». Das erinnert uns daran, daß das Handeln des einzelnen niemals losgelöst ist vom Ganzen. Wir sind eine Gemeinde, in der jeder mit den anderen verbunden ist.

Es gibt noch andere Kulturen, die diese Gemeinschaftsperspektive haben. Die Lakota-Indianer sagen *Mitakujassin*, was «alle meine Verwandten» bedeutet. Viele Buddhisten legen den *Bodhisattwa*-Eid ab und versprechen damit, daß sie, wenn ihnen selbst die Erleuchtung zuteil geworden ist, so lange wiedergeboren werden wollen, bis «jedes fühlende Wesen» ebenfalls vom Rad des Karmas befreit ist. Nach der Bibel sind wir die Hüter unserer Brüder und Schwestern. Deshalb glaube ich, daß wir das negative Karma nur dann wirklich heilen können, wenn wir alle, Juden und Nichtjuden, gemeinsam an der Bewältigung unserer kollektiven und individuellen Probleme arbeiten.

In mehr als einer Hinsicht sind die Juden bis heute damit beschäftigt, über den Holocaust zu trauern, und das wirkt sich wesentlich auf ihre Weltsicht aus. Die Vernichtung der europäischen Juden hat das jüdische Volk stärker geprägt als die Zerstörung des Zweiten Tempels im Jahre 70. Von manchen wird der Holocaust sogar als *Churban schlischi* – «Dritte Zerstörung» – bezeichnet. Die Alte Welt ist endgültig untergegangen. Es führt kein Weg zurück. Eine Kultur ist vernichtet worden, und nichts kann sie uns wiederbringen.

Doch wie sollen wir Juden diese Trauer mit unseren Nachbarn in anderen Regionen der Welt teilen, die so wenig über unsere Kultur wissen? Den Begriff «die Juden» kennt jeder, aber wer weiß schon etwas über dieses Volk? Für die breite Masse sind die 1900 Jahre jüdischer Geschichte zwischen dem Tod Jesu und dem Holocaust nur ein großer weißer Fleck. Und dabei hat gerade diese Periode das heutige Judentum am stärksten geprägt. In dieser Zeit entstand die Kabbala, und im Mittelalter wurden, wie wir im dritten Kapitel gesehen haben, die jüdischen Reinkarnationlehren niedergeschrieben. Für die Juden sind diese 1900 Jahre, ist dieser große «weiße Fleck» von zahllosen Weisen, Philosophen, Heiligen und Sündern, Rabbis, Soldaten, Schnorrern, Dichtern und Märtyrern bevölkert.

Doch welcher Nichtjude hat je etwas von ihnen gehört? Noch heute, im Zeitalter der neuen spirituellen Aufklärung, wird immer wieder behauptet, die Juden seien das Volk, das den «zornigen Jehova» anbete – ein negatives Klischee aus dem christlichen Religionsunterricht. Das verstärkt bei vielen Juden das Gefühl der Entfremdung und trägt wesentlich dazu bei, den Zorn und die Depressionen, die der Holocaust hervorgerufen hat, am Leben zu halten. Wir Juden haben oft das Gefühl, um den Verlust von Angehörigen zu trauern, von denen unsere Nachbarn nicht einmal wissen, daß es sie gegeben hat.

Die Nichtjuden können helfen, diese Entfremdung aufzuheben, indem sie sich mit der Geschichte und Kultur der Juden beschäftigen und jüdische Riten, Geschichten und Traditionen in multikulturelle Programme aufnehmen. Wenn Nichtjuden öffentlich anerkennen, daß das Judentum als spiritueller Weg genauso schön und wertvoll ist wie jeder andere, werden auch die Juden selbst nach und nach das Gefühl haben, daß sie in der Weltfamilie willkommen sind.

Im Mai 1992 war ich eingeladen, auf einer vom *International Institute for Integral Human Sciences* (I.I.I.H.S.) veranstalteten Konferenz in Montreal einen Vortrag zum Thema «Der Asche entstiegen» zu halten. Als ich mir das Programm ansah, stellte ich fest, daß zwar die verschiedenen Konfessionen das Wochenende über mit mehreren Feiern vertreten waren, das einzige jüdische Thema auf der Tagesordnung aber mein Vortrag über den Holocaust war. Ich wies die Veranstalter darauf hin und bat darum, nachträglich noch etwas Fröhliches aus der jüdischen Tradition ins Programm aufzunehmen, damit bei den Teilnehmern nicht der Eindruck entstünde, das Judentum bestehe nur aus Schmerz und Leiden. Sie waren einverstanden.

Die Eröffnungsrede hielt Matthew Fox, ein bekannter katholischer Theologe, der über das Thema «Schöpfung und Spiritualität» lehrt. Da er am Freitag abend sprechen sollte, schlug ich vor, etwas zu machen, was mit dem jüdischen Sabbat zu tun hat, in dessen Mittelpunkt ja ebenfalls die Schöpfung steht. Wir beschlossen, auf der Bühne Sabbatkerzen anzuzünden. Weil dies normalerweise der Hausherrin obliegt, bat ich die international bekannte jüdische Kindertherapeutin und Parapsychologin Dr. Marilyn Rossner, die zu den Begründern des I.I.I.H.S. gehört, dieses Ehrenamt zu übernehmen.

Es war eine glückliche Idee. Im Zentrum des Vortrags von Matthew Fox stand die Rückkehr zu einer femininen Gottesvorstellung und die Heilung des Planeten Erde. Als Fox geendet hatte, betraten Marilyn und ich die Bühne und sprachen darüber, daß der Sabbat für die Juden die Rückkehr in den Garten Eden symbolisiert, den Zustand vollkommener Harmonie. Marilyn erzählte von ihrer Großmutter, die immer gesagt hatte: «Wenn alle Juden die Sabbatkerzen anzünden würden, hätten wir Frieden auf der Erde.» Dann brachte ich den Teilnehmern den Refrain von *Lecha Dodi* bei, einem mystischen Hymnus, der freitags abends in allen Synagogen überall auf der Welt erklingt. In diesem Lied wird der Sabbat als schöne Braut oder Königin gepriesen. Die Menschen auf der Bühne und die im Saal hakten sich ein, wiegten sich hin und her und sangen gemeinsam das *Lecha Dodi,* um in ekstatischer Freude den Sabbat zu begrüßen. Hinterher kam ein Mann zu mir und sagte: «Sie haben es heute abend fertiggebracht, daß ich stolz war, Jude zu sein.»

Riten können eine starke Kraft bei der karmischen Heilung sein. Das ist einer der Gründe, weshalb das Thema Holocaust in die moderne jüdische Liturgie integriert worden ist. So bleibt die Geschichte für künftige Generationen bewahrt. In den meisten Synagogen gibt es außerdem ein Holocaust-Symbol, häufig ein irgendwo im Tempel brennendes Ewiges Licht. Und dann ist da natürlich noch *Jom ha-Shoa*, der Holocaust-Gedenktag. Zunächst gab es Überlegungen, die Erinnerung an den Holocaust mit dem allgemeinen Trauertag *Tischa be-Aw* zu verbinden, der bereits in den jüdischen Kalender integriert war. Aber dann setzte sich die Auffassung durch, daß der Holocaust selbst in der jüdischen Geschichte, die ja leider eine Kette wütender Verfolgungen ist, etwas so Einmaliges darstellt, daß er einen eigenen Gedenktag haben sollte.

In der nichtjüdischen Welt können viele Menschen nicht recht verstehen, warum wir uns immer wieder an den Holocaust erinnern müssen. Aber wenn man einmal darüber nachdenkt, dann ist unser Erinnern so etwas wie der Grabstein für einen verstorbenen Angehörigen. Jeder einzelne dieser sechs Millionen Juden – und der Millionen anderer

Opfer, die im Krieg umgekommen sind – war ein einzigartiger Mensch, hatte eine Familie und Freunde, Hoffnungen und Träume. Wir Juden können den Holocaust nicht einfach vergessen, denn das hieße, die Namen und die Taten unserer Vorfahren und Angehörigen auszulöschen. Und welches Volk auf der Welt wäre dazu bereit? Noch heute, mehr als hundert Jahre nach dem Massaker von Wounded Knee, ehren die Sioux ihre dort ermordeten Stammesbrüder. Warum sollte es bei den Juden anders sein?

Rabbi Zalman Schachter-Shalomi hat einmal gesagt, die Welt brauche eine Woche der Trauer über den Holocaust, eine Zeit, in der Menschen aller Nationen und Konfessionen *gemeinsam* diese Tragödie betrauerten und das, was geschehen sei, wirklich akzeptierten. Erst wenn die Weltöffentlichkeit darin übereinstimme, daß der Holocaust das menschliche Bewußtsein ein für allemal verändert hat, könne bei Juden und Nichtjuden die Heilung einsetzen. Solange das nicht geschieht, schwanken wir weiter zwischen Nicht-wahrhaben-Wollen, Zorn, Verhandeln und Depression hin und her.

Man kann nur hoffen, daß die Menschheit aus der entsetzlichen Erfahrung des Holocaust etwas gelernt hat und sie diese – was der Himmel verhüten möge – nicht ein zweites Mal machen muß. Die Ereignisse des Zweiten Weltkriegs haben nicht nur für die Juden den Gang der Geschichte verändert, sondern für uns alle. Ich glaube, daß die Zahl der Menschen, die den Holocaust erlebt haben, groß genug war, um für einen sogenannten «Hundredth-Monkey-Effekt» zu sorgen, so daß der Holocaust als Archetyp in das kollektive Bewußtsein eingehen konnte. Genauso, wie der Auszug aus Ägypten zum Symbol aller Freiheitsbewegungen geworden ist, mahnt uns der Holocaust auf ewig, unsere technischen Errungenschaften nicht zu mißbrauchen. Wir können und sollten individuell vergeben, aber niemals können wir kollektiv vergessen. Die Schrecken von Auschwitz und Treblinka sind uns für alle Zeit ins Gedächtnis eingegraben.

Das Entscheidende ist, wie wir mit diesem kollektiven Erinnern umgehen. Es ist kein Zufall, daß auf den Zweiten Weltkrieg die Bürgerrechtsbewegung, die Friedensbewegung, die Frauenemanzipation und andere Initiativen zum Kampf um Gleichberechtigung folgten. Wenn heute ein Volk von einem anderen unterdrückt wird, werden die Bilder des Holocaust beschworen. Wenn man überhaupt sagen kann, daß Konzentrationslager etwas zur Heilung beigetragen haben, dann vielleicht dies, daß es fortan nicht mehr zu akzeptieren ist, wenn sich eine Gruppe von Menschen über eine andere erhaben fühlt. Der Holocaust hat das menschliche Bewußtsein auf Dauer verändert. Zwar gibt es auf der Welt immer noch Krieg und Verfolgung, aber wir halten diesen Zustand nicht mehr für «normal». Neben der Tragödie gibt es heute den Protest. So gesehen waren die «Opfer des Holocaust» in der Tat Märtyrer, die ihr Leben für Wahrheit und Glaubensfreiheit gelassen haben.

ACHTES KAPITEL

Wanderungen der Seele

Ich bezeichne in diesem Buch das reinkarnierte Individuum als «Seele». Wenn wir uns nun weiter mit dem Zusammenhang zwischen Holocaust und Reinkarnation auseinandersetzen, erhebt sich die Frage: Was ist diese «Seele» eigentlich? Welcher Teil des Menschen ist es, der den Tod überlebt? Wie werden die Erinnerungen aus früheren Leben bewahrt? Was für Geschöpfe sind wir in der nächsten Welt? Wir wollen versuchen, in diesem Kapitel Antworten darauf zu finden.

In der hebräischen Sprache gibt es mehrere Wörter für «Seele», die unterschiedliche Bedeutung haben. Allerdings haben die Gelehrten die Seelenstufen im Laufe der Jahrhunderte, ausgehend von ihren eigenen Erfahrungen und auf der Grundlage des generellen Wissensstandes ihrer Zeit, verschieden interpretiert. Wie wir in den vorangegangenen Kapiteln gesehen haben, war das Judentum nie eine statische Religion, sondern hat sich ständig weiterentwickelt und entfaltet. Die jüdischen Philosophen sind seit jeher darauf bedacht, jeden wissenschaftlichen Fortschritt in die jüdische Weltsicht zu integrieren. Das erklärt auch die auf den ersten Blick erheblichen Abweichungen zwischen dem Denken in den neueren jüdischen Texten und dem in den «Urquellen», auf denen diese Texte basieren. Die Thora selbst ändert sich nicht, aber die Art, wie Juden sie verstehen, entwickelt sich immer weiter.

Das menschliche Wissen wächst ständig, darum nimmt oft eine neue Generation die Welt ganz anders wahr als die vorherige. Ein Schüler fragte einmal einen Weisen: «Wie können die Menschen nur so dumm gewesen sein zu glauben, daß die Sonne um die Erde kreist? Wo einem doch schon der gesunde Menschenverstand sagt, daß es andersherum sein muß.»

«Ganz recht», erwiderte der Weise. «Aber ich wüßte doch gern, wie es aussähe, wenn die Sonne tatsächlich um die Erde kreiste.»

Rein äußerlich sähe das genauso aus. Und vierhundert Jahre nach Kopernikus sprechen wir noch immer von «Sonnenauf-» und «Sonnenuntergang», obwohl wir genau wissen, daß die Sonne weder auf- noch untergeht. Wir haben keine neuen Begriffe erfunden, sondern benutzen weiter die alten, allerdings *mit neuen Bedeutungen*. Heute weiß jeder, daß die Erde sich um ihre eigene Achse dreht und daß mit «Sonnenaufgang» der Augenblick gemeint ist, in dem die Seite, auf der wir uns befinden, ins Sonnenlicht eintritt und die Sonne für uns sichtbar wird. Verändert hat sich aber nicht der Grad der menschlichen Intelligenz, sondern lediglich unser Wissen über das Funktionieren des Sonnensystems.

Auch unter den Kabbalisten werden die alten Texte im Lichte neuer Erkenntnisse neu interpretiert. Ich glaube, daß die Mystiker, die ja die spirituellen Dimensionen des Bewußtseins ganz unmittelbar erfahren, nicht selten die Grenze zur religiösen Erkenntnis erreichen. Nichtmystikern diese «wechselnden Wirklichkeiten» zu erklären, ist sehr schwierig, weil es oft an dem entsprechenden Vokabular fehlt. Manchmal werden neue Wörter erfunden, häufiger aber benutzt man die alten Begriffe und gibt ihnen eine neue «Bedeutungsschicht».

Aus Platzgründen ist es mir nicht möglich, hier ausführlich darzulegen, wie sich mein gegenwärtiges Verständnis von «Seelenwanderung» herausgebildet hat – dazu wäre ein weiteres Buch nötig! Deshalb begnüge ich mich mit der Feststellung, daß auch ich stark von den neuesten wissenschaftlichen Erkenntnissen beeinflußt bin und mich bemühe, sie in die jüdische Weltsicht zu integrieren. Wer sich bereits mit der Kabbala auskennt, wird die folgenden Erörterungen mit Gewinn lesen, diejenigen aber, für die das Studium der Kabbala etwas Neues ist, müssen wissen, daß dieses Kapitel auf einer Kombination von jüdischer Mystik, neuzeitlicher Psychologie und meinen eigenen Beobachtungen beruht.

Die Kabbala lehrt, daß die Seele fünf Ebenen besitzt. Wie schon gesagt, sind sich die Quellen in der Interpretation dieser fünf Ebenen nicht immer einig. Ich meine, daß wir sie im Lichte der modernen Psychologie und Metaphysik wie folgt definieren können:

1. *Nefesch:* die biologische Lebenskraft des Körpers
2. *Ruach:* der niedere emotionale Geist oder das «Ego»
3. *Neschama:* das persönliche höhere Bewußtsein
4. *Chaja:* das kollektive Unbewußte einer Gruppe
5. *Jechida:* die Ebene der Einheit mit der Schöpfung und mit Gott

Manche mittelalterliche jüdische Mystiker waren der Ansicht, daß wir diese fünf Stufen nicht unbedingt von Geburt an besitzen, sondern einige davon bewußt entwickeln müssen. Eine Interpretation der 613

Mizwot (Gebote) der Thora geht beispielsweise davon aus, daß sie dazu dienen, die «Seelenglieder» zu entwickeln. 365 von diesen 613 Mizwot sind Verbote («Du sollst nicht ...»); sie beziehen sich auf die Tage des Jahres und symbolisieren unsere Pflicht, an jedem Tag unseres Lebens das Böse von uns zu weisen und uns für das Gute zu entscheiden. Die anderen 248 beziehen sich auf die Teile des Körpers, wie die mittelalterliche Anatomie sie kannte. Diese anderen 248 Mizwot sind Gebote («Du sollst ...»), und der Jude, der sie befolgt, erfüllt nicht nur auf der irdischen Ebene die Gesetze der Thora, sondern schafft sich zugleich einen «spirituellen Körper» für die nächste Welt.

Bei diesem Modell gibt es allerdings ein Problem. Einige dieser Mizwot gelten nach der Thora nur für bestimmte Kategorien von Menschen. Ein einzelner Mensch ist also unmöglich fähig, allen Geboten zu gehorchen. Zum Beispiel kann ein Mann nicht die Vorschriften bezüglich der Menstruation einhalten, und eine Frau kann nicht beschnitten werden. Dann gibt es Mizwot, die sich ausschließlich an Könige, Richter, Propheten, Bauern, Kaufleute und so fort richten. Das heißt, daß selbst der frommste Jude zwangsläufig bestimmte Gebote nicht befolgt, was wiederum bedeutet, daß er bestimmte «Seelenglieder» nicht entwickeln kann.

Die Kabbalisten haben dieses Dilemma mit Hilfe der Reinkarnationslehre gelöst. Dem international bekannten Kabbalaforscher Gershom Scholem zufolge weitete sich die Idee der Seelenwanderung, die ursprünglich als Strafe für bestimmte Sünden gemeint war, aus zu einem allgemeinen Gesetz, das zunächst für alle Seelen des Volkes Israel galt, später für die Seelen der Menschheit insgesamt und, in seiner radikalsten Ausprägung, sogar für sämtliche Geschöpfe – von den Engeln bis hin zu den empfindungslosen Wesen.[1] So kann ein Jude, der mehrfach und unter verschiedenen Bedingungen in den Bund von Sinai hineingeboren wird, im Laufe vieler Leben schließlich alle 613 Mizwot erfüllen.

Doch was ist mit den Nichtjuden? Wenn man, um einen spirituellen Körper hervorbringen zu können, die 613 Gebote der Thora erfüllen muß und diese Gesetze allein den Juden gegeben sind, was passiert dann mit dem Rest der Menschheit? Einige der mittelalterlichen Exegeten waren der Auffassung, daß den Nichtjuden die höheren Seelenebenen fehlen – eine Sichtweise, die ich ganz entschieden ablehne.[2] Wie Scholem sagt, hat sich die jüdische Reinkarnationslehre längst über die ethnozentristische Interpretation hinausentwickelt und wird inzwischen weit universeller begriffen. Ich persönlich glaube, daß alle Seelen dieselben fünf Ebenen haben, die aber je nach der karmischen Gruppe, zu der die einzelne Seele gehört, unterschiedlich entwickelt werden können.

Zwei dieser fünf Ebenen, das *Nefesch* und das *Ruach*, leben nicht über den Tod hinaus weiter, weil sie vom physischen Körper abhängen. Wenn der Tod eintritt, vereinigt sich das Nefesch, die Lebenskraft, wieder mit dem Universum und der Körper beginnt sich zu zersetzen. Auch das Gehirn vergeht, wenn es das Ruach, das im Nervensystem kodierte sensorische, emotionale und konditionierte Wissen, verliert. Der Körper mit seinem konkreten Gehirn und seiner Persönlichkeit ist für immer verschwunden.

Das *Neschama* hingegen überlebt. Seit talmudischer Zeit wird diese Ebene auch mit dem Intellekt und dem Charakter eines Menschen verknüpft. Das Neschama gehört nach Auffassung einiger Kabbalisten zu den Ebenen, die bewußt entwickelt werden müssen. Das ist eine erstaunlich moderne Einsicht, wenn man sie im Lichte der neuesten Entdeckungen auf dem Gebiet der Kinderpsychologie betrachtet. Den folgenden Abriß der Entwicklung des normalen Kindes finden wir in allen Lehrbüchern über Kinderpsychologie, obwohl dort natürlich nicht von Reinkarnation die Rede ist. Zum besseren Verständnis dessen, was die Mystiker uns sagen wollten, habe ich versucht, die beiden Denksysteme, die Kabbala und die Psychologie, miteinander in Übereinstimmung zu bringen.

Wir wissen, daß sich das Bewußtsein des Kindes in deutlichen Stufen entwickelt, die teilweise vom Reifen des Gehirns abhängen. Die meisten Lebensprozesse von Neugeborenen laufen unbewußt ab; sie essen und schlafen, und sie schreien, wenn ihre Bedürfnisse nicht befriedigt werden. Ein Neugeborenes scheint keine Abgrenzung zwischen sich und seiner Umgebung erkennen zu können. Vom kabbalistischen Standpunkt aus betrachtet, lebt es zunächst auf der Stufe des Nefesch, der elementaren Lebenskraft. Man könnte auch sagen, daß die Seele in der physischen Welt noch nicht richtig Fuß gefaßt hat.

Nach und nach entdeckt das Baby seine Finger, Zehen und anderen Körperteile; es findet heraus, wo das eigene Ich aufhört und die Welt anfängt. Der nächste Schritt ist, daß es eine individuelle Identität entwickelt, die von jener der Eltern gesondert ist. Hier beginnt die Ebene des Ruach, auf der das Kind emotionale Verbindung zu seinen Bezugspersonen aufnimmt, zu Haustieren und sogar zu Dingen wie etwa einem Teddybär oder anderen Spielsachen. Es fängt auch an zu sprechen, wodurch sich die Formen, in denen es seine Umgebung definiert, weiter «entfalten». Diese Phase ist in der Regel mit dreieinhalb Jahren abgeschlossen; dann kann das Kind sich klar als Individuum mit eigenen Vorlieben und Abneigungen äußern.

Im Alter von dreieinhalb bis sechs Jahren erforscht das Kind seine Umgebung immer weiter. In dieser Phase ist seine Weltsicht eine «magische», was bedeutet, daß es nicht in jedem Falle zwischen Schein und Sein unterscheiden kann. Wenn ein Kind dieser Altersgruppe behauptet, es sei Soldat oder Krankenschwester, dann hält es sich wirklich dafür. Das Abstraktionsvermögen des erwachsenen Menschen hat sich noch nicht herausgebildet.

Doch mit sechs Jahren hat das Kind gelernt, zwischen Phantasie und Realität zu unterscheiden. Jetzt beginnt es, die sozialen Rollen zu erforschen. Zuerst imitiert es die Erwachsenen und ahmt jene Rollenmuster nach, die es am besten kennt, die ihm grundlegende Werte vermitteln, aus denen es lernt, welche Verhaltensweisen erwünscht sind und welche nicht. In dieser Phase hat es sehr konkrete Vorstellungen von recht und unrecht. Zwischentöne kennt es nicht, weil es noch nicht die Fähigkeit zum subtilen, abstrakten Denken entwickelt hat.

Diese so aufgenommenen Wertvorstellungen verschmelzen schließlich zu einer «inneren Stimme», die es sein Leben lang behält und die fortan die Grundlage all seiner Entscheidungen bildet.[3] Das Kind hat jetzt begonnen, eine Idee gegen eine andere abzuwägen, und beginnt zu begreifen, daß sein Verhalten sowohl positive als auch negative Folgen haben kann. Von nun an entwickelt sein Geist sich so lange weiter, bis es in die Pubertät eintritt und Jugendliche oder Jugendlicher geworden ist, die oder der Anspruch darauf erhebt, «selber zu denken». Jetzt hat das Neschama, die intellektuelle Ebene der Seele, sich zu manifestieren begonnen und wird sich das ganze Leben hindurch weiterentwickeln.

Ich bin mir nicht sicher, ob sich diese Ebenen der Seele entwickeln, oder ob sie bereits in der spirituellen Sphäre existieren und nur warten müssen, bis das Gehirn des Kindes reif genug ist, sie zu verarbeiten. Sollte dies der Fall sein, dann könnte man das Gehirn als so etwas wie einen sehr komplizierten Computer betrachten, der bei der Geburt noch nicht «programmiert» ist, aber seine Kindheitserfahrungen dazu benutzt, die «Software» zu entwickeln, die schließlich die höheren Bewußtseinsebenen dazu befähigt, sich in der irdischen Sphäre zu manifestieren.

Nach meinem Verständnis der Kabbala beschränkt sich die Ebene des Neschama nicht auf die intellektuelle Entwicklung, sondern ist auch die Ebene der «ewigen Seele», die den Tod überlebt. Darüber hinaus besteht eine Verbindung zwischen dem Neschama und den beiden höheren, transzendentalen Ebenen des Chaja und des Jechida. Auf der Ebene des Neschama werden die Erinnerungen an sämtliche irdischen Inkarnationen der Seele bewahrt, wenn auch nicht unbedingt in allen Einzelheiten. Erhalten werden die Lehren und Wahrheiten, die für das spirituelle Reifen der jeweiligen Seele von Belang waren. Der Rest soll abgelegt werden wie ein altes Kleidungsstück. Das erklärt, weshalb die meisten Menschen sich an bestimmte Informationen wie Namen, Daten und Adressen, die sie in früheren Leben gekannt haben, nicht erinnern können.

Das ist gar nicht so schwer zu verstehen, wenn wir daran denken, daß ja in der irdischen Sphäre im täglichen Leben das gleiche passiert. Wir haben ein Kurzzeit- und ein Langzeitgedächtnis. Man sucht sich zum Beispiel im Telefonbuch eine Nummer heraus und behält sie so lange im Kopf, bis man sie gewählt hat. Aber wenn man sie nicht aufschreibt, weiß man sie morgen nicht mehr, weil sie nur im Kurzzeitgedächtnis gespeichert war. Die eigene Telefonnummer hingegen hat man meistens im Langzeitgedächtnis «gespeichert», von wo sie jederzeit abrufbar ist.

Man könnte sagen, daß das physische Gehirn für die Dauer eines Lebens das Kurzzeitgedächtnis der Seele ist, wohingegen das Neschama und die noch höheren Stufen als Langzeitgedächtnis von einer Inkarnation zur nächsten dienen. Unwichtige Einzelheiten werden normalerweise vergessen. Schleppt die Seele jedoch «unerledigte Angelegenheiten» aus einer oder mehreren Inkarnationen mit sich herum, dann kann es vorkommen, daß sie sich an bestimmte Einzelheiten aus dem betreffenden Leben erinnert. Solche Übertragungen sind häufig an eine Tragödie geknüpft, die sehr starke Emotionen hervorruft, zum Beispiel daß man während des Holocaust gefoltert worden ist. Normalerweise lösen sich Emotionen, wie schon gesagt, mit der Ebene des *Ruach* auf. Bei Mord oder einem anderen nicht gesühnten Unrecht jedoch kann das Ereignis sich ins Langzeitgedächtnis des Neschama einprägen und wird dann so lange von Inkarnation zu Inkarnation mitgeschleppt, bis es endlich bearbeitet wird. Sobald eine «unerledigte Angelegenheit» irgendwie geregelt ist, verschwindet auch sie aus dem Bewußtsein des Individuums.

Auf den Ebenen des Chaja und des Jechida hingegen bleiben alle Einzelheiten für immer gespeichert, weil dies die höheren Ebenen sind, auf denen die Seele vom Licht des allwissenden Gottes erhellt wird. Die Ebene des *Chaja*, was wörtlich «lebendiges Wesen» heißt, ist wahrscheinlich diejenige der fünf Ebenen, die wir am wenigsten begreifen; deshalb herrscht darüber bei den klassischen Exegeten auch solche Uneinigkeit. Das ist ein Gebiet, das nach meiner Überzeugung durch die moderne Psychologie etwas erhellt werden kann. Ich meine, daß das Chaja das «kollektive Unbewußte» der karmischen Gruppe darstellt, der wir angehören. Mit anderen Worten: Es ist die Stufe von C. G. Jungs «Archetypen».[4]

Im Unterschied zu vielen Jungianern glaube ich allerdings nicht an die Allgemeingültigkeit der Symbolik von Archetypen. Mir als Mitglied einer Minderheitskultur begegnen fortwährend Symbole, die in der «herrschenden» Gesellschaft etwas ganz anderes bedeuten als aus jüdischer Weltsicht. Für mich ist beispielsweise die Thora der dynamische, kraftvolle, lebendige «Plan» für Gottes Universum; für viele Nichtjuden hingegen ist sie eine Sammlung strenger, unflexibler archaischer Gesetze. Oder nehmen wir die Farbe Rot, die in den jüdischen Texten oft für Krieg, Blutvergießen und Hurerei steht, während sich für die amerikanischen Ureinwohner damit die lebensbejahende Vorstellung vom «guten roten Weg» verbindet. Wie wir archetypische Symbole interpretieren, hängt also, wie mir scheint, weitgehend davon ab, in welcher Kultur wir aufgewachsen sind.

Ist es möglich, die Symbolik des kollektiven Unbewußten zu verändern? Ich glaube, ja. Wie bereits angedeutet, kann ein so weitreichendes Ereignis wie der Holocaust einen «Hundredth-Monkey-Effekt» hervorrufen, was bedeutet, daß die Anzahl derjenigen, die diese Erfahrung gleichzeitig gemacht haben, groß genug ist, einen neuen Archetyp zu begründen. Dies wiederum kann dazu führen, daß die Symbolik des Ereignisses für alle Seelen zugänglich ist, die irgendwie mit der unmittelbar betroffenen karmischen Gruppe «vernetzt» sind. Ich glaube auch, daß Seelen mit einem bereits vorhandenen Archetyp in Verbindung treten können, wenn sie später davon erfahren. Der Auszug aus Ägypten beispielsweise, der in der Geschichte des jüdischen Volkes ein einschneidendes Ereignis war, ist dank biblischer Kenntnisse auch für Nichtjuden zum allseits bekannten Archetyp geworden.

Bildung kann auch helfen, negative Archetypen zu beseitigen, zum Beispiel solche mit sexistischem oder rassistischem Inhalt. Heute ist die

Welt durch moderne Massenmedien so verknüpft, daß sehr viele Menschen gleichzeitig dieselben neuen Interpretationen vermittelt bekommen. Der jeweilige Archetyp würde wahrscheinlich bestehen bleiben, sein negativer *Inhalt* sich aber in einen positiven verwandeln können. Mit dem «bösen Wolf» ist das bereits geschehen. Anstatt als niederträchtige Bestie, die das kleine Rotkäppchen angefallen hat, sieht man ihn heute als gefährdete Tierart, die es zu schützen gilt.

Auf der Stufe des Jechida ist die Seele mit der Schöpfung vereint und hat Berührung mit ihrem Ursprung im Geist des Schöpfers. In manchen Religionen wird diese Ebene als vollkommene Verschmelzung der Seele mit dem Bewußtsein Gottes betrachtet, doch die Mehrzahl der jüdischen Mystiker scheut sich, so weit zu gehen. Nach der jüdischen Theologie können wir nicht «Gott werden», weil Gott ein gänzlich einmaliges und unabhängiges Wesen ist. Man kann aber Gott «berühren» und dadurch «göttlich» werden. Damit ist gemeint, daß der eigene Wille so weit im Willen Gottes aufgeht, daß die beiden wesentlich eins sind. Der Talmudgelehrte Raban Gemeliel ben Judah ha-Nassi sagt: «Vollführe seinen Willen wie deinen Willen, auf daß er deinen Willen wie seinen Willen vollführe.»[5]

Am klarsten wird diese Beziehung zu Gott vielleicht verständlich, wenn man sich ein Stromnetz vorstellt, in dem Gott der Generator ist, der einzelne Mensch aber eine Glühbirne. Obwohl das Licht in der Birne deutlich sichtbar ist, wissen wir, daß der Strom nicht dort erzeugt wird, sondern in einem kilometerweit entfernten Kraftwerk. Ebenso zeigt sich im Herzen des einzelnen Menschen das göttliche Licht, dessen Quelle jedoch der Schöpfer ist. Aus jüdischer Sicht ist Gott sowohl immanent («innen») als auch transzendent («außen»). Der Schöpfer hat nicht einfach die Welt erschaffen und ist dann «seiner Wege gegangen», sondern er kümmert sich auch um sein Werk, und zwar in jedem einzelnen Augenblick. Das meint der Vers im jüdischen Morgengebet, der lautet: «Und in seiner Güte erneuert Er *jeden Tag fortwährend* das Schöpfungswerk.»

Wenn wir die Glühbirnenanalogie noch einen Schritt weiterführen, kann man sagen, solange wir mit Gott «vernetzt» bleiben, haben wir unbegrenzt Zugang zum göttlichen Licht. Wenn wir uns aber entschließen, die Stromzufuhr zu unterbrechen und von unseren «Egobatterien» zu zehren, werden wir bald ausgebrannt sein, weil unsere eigenen Energien ohne Verbindung zur Lichtquelle nicht lange vorhalten. Glücklicherweise brauchen wir, um uns wieder Gott anschließen zu können, nichts weiter als ein demütiges Herz und das aufrichtige Verlangen, dies zu tun, dem dann natürlich die entsprechenden Taten folgen müssen.

Doch zurück zu den «Ebenen der Seele». Viele Hellseher sagen, daß sie in Trance Einsicht in ein «akaschisches Archiv» nehmen können. Anderen Menschen scheint das gleiche unter Hypnose oder Selbsthypnose zu gelingen. Ich glaube, daß jemand, der sich in einer echten Trance befindet, die Stufen seines eigenen Nefesch, Ruach und Neschama durchläuft, um mit der Stufe des Chaja in Berührung zu kommen. Von dort aus kann das Medium bisweilen in die Ebene des Jechida sehen und gelangt so ins «Archiv», wo Gott alles aufbewahrt, was je geschehen ist.

Edgar Cayce beschreibt das akaschische Archiv als eine Art große Bibliothek, in der er für jede Seele ihre Lebensoffenbarung findet. Ähnliche Aussagen gibt es sowohl im Talmud als auch im Koran:

Talmud:
«Denke über drei Dinge nach, und du wirst zu keiner Sünde kommen: Wisse, was über dir ist: ein sehendes Auge, ein hörendes Ohr, und alle deine Taten werden in das Buch eingeschrieben.»[6]

Koran:
«Wahrlich werden Wir Leben geben den Toten, und Wir zeichnen auf, was sie vorausgeschickt haben, und das, was sie zurücklassen, und alle Dinge haben Wir festgehalten in einem deutlichen Buch.»[7]

Natürlich sind Begriffe wie Buch oder Bibliothek in diesem Zusammenhang nur Metaphern. In Kulturen ohne Schriftsprache gibt es dafür andere Bilder wie etwa den weitverbreiteten Glauben, daß die Geschichte der Vorfahren in Steine und Kristalle eingeschlossen sei. Andererseits haben Hellseher, die im Zeitalter der Elektronik geboren sind, ihre Erlebnisse gelegentlich mit dem Betrachten eines Videofilms verglichen. Der Grundgedanke ist jedenfalls der, daß das Wissen über die Inkarnationen eines Menschen über das Grab hinaus erhalten bleibt. Manche Dinge werden dabei offenbar von der Seele selbst erinnert, während andere dem «Buch des Lebens» entnommen werden können.

Wenn eine Information aber zugänglich geworden ist, muß sie über die Stufe des Chaja in den bewußten Geist des Mediums gebracht werden. Dabei wird sie von der Symbolik «gefärbt», die das jeweilige Medium verinnerlicht hat. Das erklärt, warum auch die «universalsten»

Mystiker dazu neigen, ihre Visionen und Träume in die ihrem eigenen kulturellen Hintergrund entsprechende Symbolik zu kleiden. Wenn das Gehirn mit einem Computer zu vergleichen ist, dann ist die im kollektiven Unbewußten vorhandene Symbolik die «Software», dank derer die Informationen eine lesbare Form erhalten.

Nachdem wir die fünf Ebenen der Seele untersucht haben, möchte ich diese nun in Zusammenhang bringen mit einer anderen kabbalistischen Grundidee: dem Baum des Lebens (siehe Seite 175). Um die Geduld der Leserinnen und Leser nicht mit weiteren hebräischen Begriffen zu strapazieren, habe ich mich entschlossen, auf die traditionelle Terminologie zu verzichten und jene zu verwenden, welche wir gerade gelernt haben. Zunächst aber ein paar Worte über das Baumschema an sich.

Der kabbalistische Baum ist in der westlichen Mystik so bekannt, daß viele Leute in ihm ein Synonym für die Kabbala sehen. Das hat Vor- und Nachteile. Einerseits dürften viele Leserinnen und Leser dieses Buches ihn bereits kennen. Andererseits aber ist es nicht sicher, ob das, was ich ihnen erklären möchte, mit dem, was sie schon darüber wissen, übereinstimmt. Das hängt damit zusammen, daß der Baum des Lebens von vielen verschiedenen philosophischen Strömungen übernommen worden ist, die sich theologisch vom Judentum unterscheiden. Gegenwärtig werden drei Grundströmungen der Kabbala gelehrt: erstens die ursprüngliche jüdische Kabbala, die absolut monotheistisch ist; zweitens die christliche Kabbala, deren Weltsicht der Dreieinigkeitslehre folgt; drittens die neopaganische Kabbala, welche die Gottheiten zahlreicher antiker Mythologien einschließt. Es versteht sich, daß mein Verständnis vom Baum des Lebens auf der jüdischen Version basiert.

Wenn Sie sich die Abbildung auf Seite 175 anschauen, werden Sie sehen, daß sie aus mehreren Kreisen (*Sefirot*) besteht, die durch allerlei Linien oder «Pfade» miteinander verbunden sind. Dieses Schema stellt das menschliche Bewußtsein beziehungsweise den «Mikrokosmos» dar. Es gibt auch Versionen des Baumes, die das Universum beziehungsweise den «Makrokosmos» und die göttlichen Attribute des Schöpfers versinnbildlichen. Ich habe, wie gesagt, die traditionellen hebräischen Bezeichnungen für die einzelnen *Sefirot* durch die fünf bereits behandelten Ebenen und einige modernere Termini ersetzt.

Am Fuße des Baumes befinden sich die «niederen Reiche»: Tier-, Pflanzen- und Mineralreich. Diese besitzen zwar nach kabbalistischer Auffassung ebenfalls einen «heiligen Funken» oder haben am «Geist des Lebens» teil, sind aber nicht so hoch entwickelt wie der Mensch.

Jedes höhere Reich schließt die Attribute des unter ihm liegenden ein. So zeigt beispielsweise das Mineralreich die Eigenschaft der *Kohäsion*, des Zusammenhalts der Atome und Moleküle also, das Pflanzenreich jedoch besitzt neben der *Kohäsion* auch noch *Wachstumskraft*, das Tierreich zusätzlich zu diesen beiden Merkmalen *Wahrnehmungsvermögen*. (Ich weiß, daß Kristalle «wachsen» und Pflanzen Licht «wahrnehmen». Bei den niederen Reichen gibt es eine Menge Überschneidungen, auf die näher einzugehen hier zu weit führen würde.)

In diesem System wird der Mensch als eigene Ebene betrachtet, welche die Eigenschaften des Mineral-, des Pflanzen- und des Tierreichs einschließt, die sich aber außerdem dadurch auszeichnet, daß sich der Mensch *seines Schöpfers bewußt* ist. Deshalb sind die Menschen die einzigen Wesen auf der irdischen Ebene, die einen wahrhaft freien Willen haben. Das Tier kann zwar nach diesem Modell ebenfalls Gefühle wie Liebe, Zorn oder Angst empfinden und mitunter sogar Intelligenz zeigen, ihm fehlt jedoch das moralische Wissen von Recht und Unrecht. Es ist nicht ausgeschlossen, daß der menschliche Körper eine Weiterentwicklung des Affen ist, unserer Seele aber hat Gott die Gabe des Bewußtseins geschenkt, über die das Tier nicht verfügt. Mit ihr geht ein höheres Maß an Verantwortung für unser Handeln einher.

Der Baum an sich ist eine «Detailvergrößerung» des Menschenreichs und kann auf verschiedene Weise organisiert werden, je nachdem, welche «Pfade» man hervorhebt. Für unsere Zwecke wollen wir ihn in Form von drei Säulen betrachten: Die vom Betrachter aus gesehen rechte Säule ist die Säule der Kraft oder Energie, die linke ist die Säule der Form, die mittlere ist die Säule des Gleichgewichts.

An der rechten Säule befinden sich die Eigenschaften der spirituellen Kraft oder «Energie», durch die sich die Bewußtseinsstufen in aufsteigender Folge auszeichnen. Während wir jede einzelne Ebene bewältigen und die rechte Säule «erklimmen», stellen wir fest, daß «holistische Kreativität» auf der Alltagsebene zu «Barmherzigkeit» und zu «Toleranz aus Mitgefühl» auf der religiösen Ebene führt, die wiederum weiterleitet zu «spiritueller Weisheit» auf der transzendentalen Ebene. Diese drei Ebenen haben eines gemeinsam: Sie sind Arten, die guten Absichten des Geistes (hebräisch *Kawwana*) auszudrücken.

An der linken Säule finden wir die Eigenschaften, die mit der Bewahrung der spirituellen Form zu tun haben. Wenn wir diese Säule erklimmen, gelangen wir von der Alltagsebene mit ihrer «objektiven Logik» zur «Gerechtigkeit und Strenge des kosmischen Gesetzes» auf der religiösen Ebene und von dort weiter zum «spirituellen Verständnis» auf der transzendentalen Ebene. Auch diese Ebenen haben wiederum eine Gemeinsamkeit: Sie liefern die Struktur, innerhalb derer sich der Geist ausdrückt.

An der mittleren Säule finden wir die fünf bereits besprochenen Ebenen. Die des Chaja wird durch einen gepunkteten Kreis dargestellt, weil sie zwar im eigentlichen Sinne nicht zu den zehn Sefirot gehört, viele Kabbalisten aber der Meinung sind, daß es dort eine weitere Ebene geben müßte. Die Mittelsäule symbolisiert das Gleichgewicht. Es ist unsere Aufgabe, auf jeder Seelenstufe das Gleichgewicht zwischen Form und Kraft zu finden, das Gleichgewicht zwischen Theorie und Praxis, zwischen Gerechtigkeit und Barmherzigkeit, zwischen Begreifen und Weisheit.

Man kann sich das so vorstellen, daß die Form der «Kelch» ist, die Kraft hingegen der «Wein». Ritus ohne Geist ist ein leerer Kelch, der schön aussieht, aber unseren Durst nicht zu stillen vermag. Andererseits rinnt uns der beste Wein durch die Finger, bevor wir auch nur einen Schluck davon trinken können, wenn wir keinen Kelch haben. Für den *«Kiddusch»,* das heißt, um Heiligkeit in die Welt zu bringen, braucht man beides, den Wein des Geistes und den Kelch des Ritus. Diese Analogie trifft auf alle Aspekte von Form und Kraft zu.

Das Beispiel mit dem Kelch und dem Wein macht auch deutlich, weshalb die jüdischen Kabbalisten die linke Säule mit dem weiblichen, die rechte aber mit dem männlichen Prinzip gleichsetzen, was von westlichen Metaphysikern als rückständig angesehen wird. Das hängt mit den modernen Klischees von den Eigenschaften der Geschlechter zusammen, wonach Männer als «logisch» und Frauen als «intuitiv» gelten. Die kabbalistische Vorstellung basiert indes auf einer andren, viel älteren Symbolik, nach der das weibliche Prinzip der Schoß, das männliche der Samen ist. Daher stellt die linke, weibliche Säule die Dinge dar, welche die *Struktur liefern* (den Kelch des Ritus), während die rechte, männliche Säule die Dinge symbolisiert, die *Energie einflößen* (den Wein des Geistes). Auch diese beiden Aspekte, das männliche und das weibliche Prinzip, müssen ins Gleichgewicht gebracht werden, und zwar unabhängig vom Geschlecht des physischen Körpers.

Die meisten Reinkarnationslehren gehen davon aus, daß wir unser Geschlecht von Inkarnation zu Inkarnation wechseln. Diese Theorie wird von der modernen Wissenschaft erhärtet, und wie wir gesehen haben, glauben viele jener Menschen, deren Geschichten in diesem Buch wiedergegeben werden, daß sie in einem früheren Leben dem jeweils anderen Geschlecht angehörten. Der *Sohar* enthält zahlreiche Hinweise darauf, daß die Seele, solange sie sich in der spirituellen Welt aufhält, hermaphroditisch ist und sich, wenn sie in die körperliche Welt eintritt, in eine männliche und in eine weibliche Hälfte «spaltet». Dies ist die theologische Basis für die Vorstellung von der Seelenverwandtschaft oder einen Ausdruck wie «meine andere Hälfte» für den Ehepartner.

Im Lichte der modernen Forschung neige ich eher zu der Auffassung, daß die Seele sich nicht spaltet, sondern einfach die Geschlechterrolle des Körpers übernimmt, den sie gerade bewohnt. Eine «verwandte Seele» ist daher meiner Ansicht nach nicht unsere tatsächliche andere «Hälfte», sondern die Seele, mit der wir beschließen, unser Leben zu teilen. Das Gefühl des «sofortigen Wiedererkennens», das viele Liebende erleben, resultiert wahrscheinlich daraus, daß sie den geliebten Menschen bereits in einem früheren Leben kannten. Ich glaube, diese Vorstellung führt zu gesünderen Beziehungen, weil sie die Autonomie der beiden Menschen anerkennt, die nicht «Hälften», sondern unabhängige Seelen sind, die beschlossen haben zusammenzubleiben.

Wie hängt all das nun mit dem spirituellen Reifeprozeß des Individuums zusammen? Ich glaube, daß es viele Leben dauern kann, bis man sämtliche Ebenen seines inneren Baumes miteinander ins Gleichgewicht gebracht hat, und daß jede Ebene die Seele vor neue Prüfungen und Aufgaben stellt. In meinen Kabbala-Workshops bitte ich die Teilnehmer oft, über den Lebensbaum zu meditieren und sich darauf zu konzentrieren, welche Eigenschaften ihnen am meisten zusagen und welche gar nicht. In der anschließenden Diskussion entdecken wir in der Regel, daß die Sefirot, die uns am wenigsten gefallen, genau die sind, an denen wir arbeiten müßten! Wenn jemand beispielsweise zu starren, fundamentalistischen Ansichten neigt, sollte er sich wohl in dem toleranteren Merkmal der Barmherzigkeit üben. Und wenn jemand zu allzu großer Nachgiebigkeit neigt, dürfte es an der Zeit sein, daß er sich in Gerechtigkeit übt.

Zugegebenermaßen ist meine Erklärung des Baumes sehr oberflächlich, und natürlich gibt es sehr viele andere Möglichkeiten, zu reifen und sich hin zum Licht zu entwickeln. Jede Inkarnation der Seele ist einmalig, und auch wenn wir viele Male wiedergeboren werden, sind doch die Umstände nie genau die gleichen. Deshalb sollten wir jeden Augenblick des Lebens als eine wunderbare Gelegenheit zur spirituellen Reifung schätzen und würdigen.

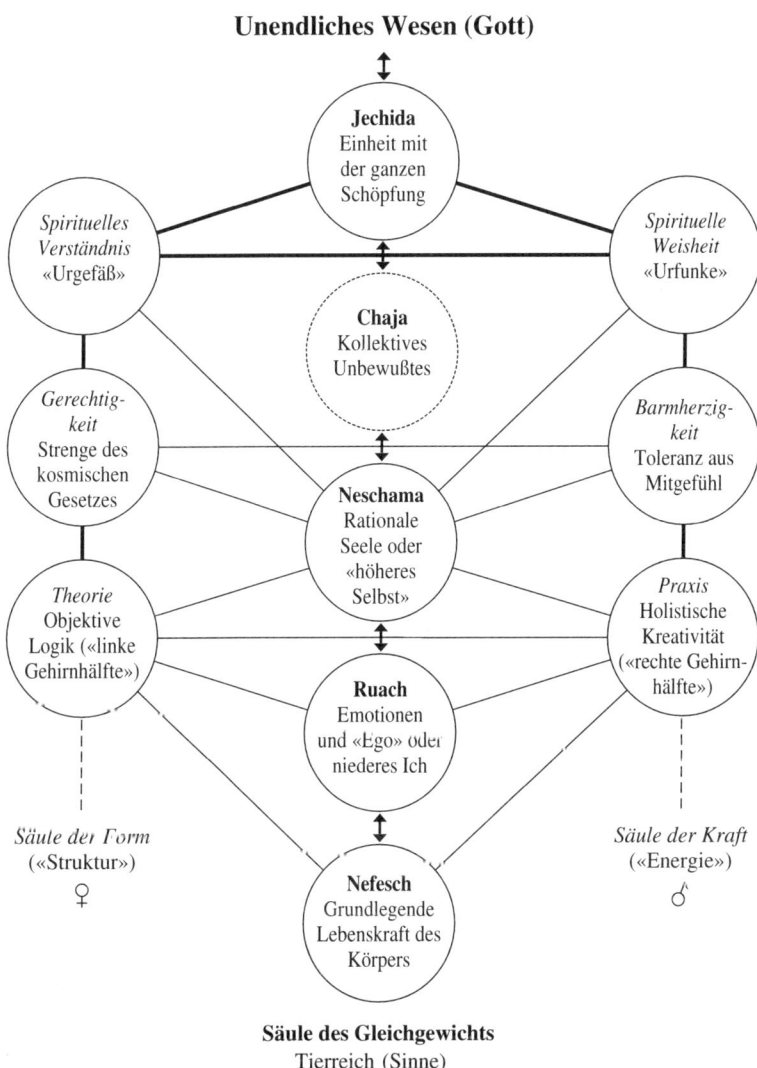

Kabbalistischer Baum des Lebens:
Die fünf Ebenen der menschlichen Seele

Die Pfeile stellen die Auf- und Abwärtsbewegung des Bewußtseins an der mittleren Säule des Gleichgewichts dar.

© 1992 by Yonassan Gershom

Wie oft kommt eine Seele zurück? In diesem Punkt gehen die Meinungen in den jüdischen Quellen auseinander. Im *Bahir* steht, daß die Reinkarnation «tausend Generationen» dauern kann, wobei, wie schon im dritten Kapitel gesagt, das Wort Generationen sowohl im Bahir als auch im Sohar oft für Inkarnationen steht. So heißt es zum Beispiel im zweiten Buch Mose (20,5–6), Gott werde der Väter Missetat an den Kindern bis ins vierte Glied, die vierte Generation also, sühnen, die Nachfahren der Gerechten aber bis in die tausendste Generation belohnen. Heißt dies, daß Gott die Kinder tatsächlich für die Sünden ihrer Eltern bestraft? Nein, sagt der Sohar, es bedeutet, daß unsere eigenen Sünden uns in einem künftigen Leben heimsuchen werden.[8] Diesem Bibelwort zufolge können bis zu vier Wiedergeburten nötig sein, damit eine Seele das negative Karma abgebaut hat – vorausgesetzt, sie sündigt zwischendurch nicht abermals!

Die spanischen Kabbalisten des Mittelalters glaubten, jede Seele kehre nach dem Leben im ursprünglichen Körper noch dreimal zurück, inkarniere also insgesamt nur viermal. Diese Annahme ging zurück auf Hiob 33,29, wo es heißt: «Siehe, all das pflegt Gott zu tun, zweimal, ja dreimal mit den Menschen.» Der große Kabbalist des sechzehnten Jahrhundert, Rabbi Isaak Luria, auf dessen Lehren sich die moderne jüdische Mystik im wesentlichen stützt, geht noch einen Schritt weiter: Wenn sich eine Seele nach vier Inkarnationen noch nicht gebessert habe, so lehrte er, kehre sie nicht nur nicht mehr zurück, sondern hörte ganz und gar auf zu existieren.[9]

In der Wirklichkeit dürfte Rabbi Lurias düstere Interpretation allerdings kaum zutreffen, und das war ihm selbst klar. Es heißt, daß sich ihm alle früheren Inkarnationen eines Menschen offenbarten, und er hat zweifellos erkannt, daß es schwerlich eine so schlechte Seele gibt, daß sie sich absolut nicht bessert. Selbst die schlimmsten Verbrecher haben irgendwo auch etwas Gutes getan. Darum lehrte Luria gleichzeitig, wenn die Seele auch nur in einer einzigen Inkarnation den kleinsten Fortschritt zum Guten gemacht habe, würden ihr so viele weitere Leben gewährt, wie sie brauche, um vollkommen zu bereuen.[10] Deshalb sind die meisten Seelen bereits weit öfter als viermal zurückgekehrt.

Viele chassidische Parabeln und Anekdoten aus späteren Jahrhunderten handeln davon, wie eine Seele durch eine kleine Mizwa davor bewahrt wird, dem Vergessen anheimzufallen. Dieser «spirituelle Optimismus» ist bis auf den heutigen Tag ein Grundzug des Chassidismus. Andere orthodoxe Strömungen neigen dazu, alle nichtorthodoxen Juden als hoffnungslos schlecht zu verdammen, nicht jedoch die Chassidim. Vielmehr verwenden viele von ihnen (besonders die Lubowitscher) einen großen Teil ihrer Kraft darauf, weniger fromme Juden dazu zu bewegen, daß sie in ihrem Leben mindestens eine neue *Mizwa* vollbringen. Sie glauben, daß diese winzige Verbesserung im gegenwärtigen Leben dem Betreffenden den Weg weisen kann, so daß er in künftigen Inkarnationen zu bereuen vermag.

Viele Kabbalisten lehrten auch, daß die Seelen der Gerechten, wenn nötig, Tausende von Male *freiwillig* zurückkehren, um dem Rest der Menschheit zu helfen. Dieser Glaube entspricht haargenau der buddhistischen Idee des *Bodhisattwa*. Solche Seelen nennt man auf hebräisch *Zaddikim*, «Gerechte». Manche Zaddikim, etwa die ostjüdischen chassidischen Wunderrabbis, werden offenbar. Andere bleiben anonym, als ob sie ganz «normale» Menschen wären. Man sagt, daß immer mindestens sechsunddreißig verborgene jüdische Heilige auf der Welt seien. Diese verborgenen Gerechten, *Lamedwowniks* oder *Lamed Waw Zaddikim* genannt (nach dem hebräischen Wort für «sechsunddreißig»), führen ein unauffälliges, aber musterhaftes Leben als Inkarnationen der Thora selbst. Ihnen ist es zu verdanken, daß die Welt noch immer besteht.[11]

Wenn wir wirklich so viele Leben leben, erhebt sich die Frage: Wer sind wir in der nächsten Welt? Ich glaube, daß wir dort die Kombination aus all unseren Leben sind. Die Persönlichkeit ist zwar in jedem irdischen Leben wirklich und einmalig, aber sie ist dennoch nicht das wahre höhere Selbst, sondern eine Projektion desselben. Auf den höheren Bewußtseinsebenen verschmelzen unsere sämtlichen irdischen Leben miteinander.

Man kann das, um es mit einem Beispiel aus der Medizin zu erklären, mit dem Krankheitsbild der «multiplen Persönlichkeit» (englisch: «Multiple Personality Disorder» – MPD) vergleichen, bei dem mehrere verschiedene «Leute» ein und denselben Körper bewohnen. Die moderne Psychologie geht davon aus, daß diese Krankheit durch ein schweres Trauma in der frühen Kindheit ausgelöst wird, zu einer Zeit also, da das Gehirn sich noch in der Entwicklung befindet und seine Individualität noch nicht klar definiert ist. Um den Schmerz des Traumas ertragen zu können, spaltet sich ein Teil von der Persönlichkeit ab, so daß die eine «Person» den Schmerz wahrnimmt, die andere nicht. Ist dieser Mechanismus einmal in Gang gesetzt, können sich sehr viele Persönlichkeiten herausbilden. Manche davon bleiben in der Zeit stehen; sie behalten das Alter bei, das sie zum Zeitpunkt der Abspaltung hatten.

Einige sind sich der anderen bewußt, während andere vollkommen unabhängig agieren. Im allgemeinen gibt es jedoch eine Kernpersönlichkeit, die von den abgespaltenen anderen weiß. Mit ihrer Hilfe vermögen die Psychologen herauszufinden, wie es zu den diversen Abspaltungen gekommen ist und wie sie sich reintegrieren lassen.

So können wir auch unsere zahlreichen Inkarnationen auf der Erde als eine Art multipler Persönlichkeiten betrachten, die sich von der Kernpersönlichkeit, dem höheren Selbst, abspalten. Wie die MPD durch ein Trauma ausgelöst wird, werden die multiplen Inkarnationen dadurch ausgelöst, daß die Seele versucht, mit den früheren Erfahrungen (Karmas) auf der Erde fertigzuwerden. Und wie der MPD-Patient sich im Wachzustand nicht an seine Traumata erinnern kann, so erinnert sich der Mensch im Normalfall nicht daran, welche Ereignisse zu seiner gegenwärtigen Inkarnation geführt haben.

Wenn wir diese Analogie noch einen Schritt weitertreiben, können wir sagen, daß die Heilung einer multiplen Persönlichkeit dem Prozeß vergleichbar ist, mit dem einem negativen Karma ein Ende gemacht wird. Damit die verschiedenen Persönlichkeiten reintegriert werden können, müssen sie einander kennenlernen und bewußt Erinnerungen und Informationen austauschen. Dabei erinnern sie sich an die auslösenden Traumata und setzen sich mit ihnen auseinander. Verläuft die Behandlung erfolgreich, so verschmelzen die Abspaltungen am Ende wieder zu einer Persönlichkeit. Manche MPD-Patienten haben diese Verschmelzung als «Tod» der abgespaltenen Persönlichkeit bezeichnet, doch deren Erinnerungen und Erfahrungen gehen nicht verloren. Vielmehr wird das Wissen, das vorher nur eine der abgespaltenen Persönlichkeiten besaß, jetzt von dem gesamten integrierten Selbst geteilt.

So vereint die Seele im Prozeß ihres Vorwärtsschreitens all ihre irdischen Erfahrungen zu einem einzigen Bewußtsein. Menschen, die spirituell nicht fortgeschritten sind, werden bruchstückhaft bleiben und sich ihrer früheren Leben nur selten bewußt sein. Doch wenn der Mensch spirituelle Fortschritte macht, fängt er an, sich derjenigen Ereignisse aus seinen früheren Leben zu erinnern, die sein gegenwärtiges Leben beeinflussen. Häufig sind diese bestimmenden Karmas traumatischer Natur, und wenn sie erst einmal bearbeitet sind, wird sich das karmische Muster nicht mehr wiederholen. Schließlich treten die positiven Lektionen, welche die Seele in ihren früheren Leben gelernt hat, ins Wachbewußtsein und können – hoffentlich – dem Wohle der Menschheit dienen.

Manchmal jedoch ist eine Seele so traumatisiert, daß sie nicht auf die höheren spirituellen Ebenen zurückkehrt, sondern sich in den Ereignissen ihres letzten Lebens verfängt und «erdgebunden» auf der niederen, der Astralebene, verbleibt. Ich selbst war bisher noch in keinem ehemaligen Konzentrationslager, habe aber von verschiedenen Medien gehört, daß viele erdgebundenen Geister bis heute an diese Orte gefesselt sind. Das entspricht anderen parapsychologischen Erkenntnissen, wonach die «Gespenster» oft an den Orten «spuken», an denen sie gestorben sind. Oft starben diese «spukenden Geister» einen traumatischen Tod und mußten etwas «unerledigt» lassen, was eine solche Seele daran hindert, ins Licht zu gehen. Medien haben vor allem die Aufgabe, diesen unglücklichen Seelen zu helfen, die Schwelle zum Eintritt in die nächste Welt zu übersteigen.

Natürlich ist jeder Fall einmalig, dennoch scheint es einige gemeinsame Faktoren zu geben, die erdgebundene Geister auf niederen Stufen der Astralebene festhalten. Diese Faktoren unterteilen sich in drei Hauptkategorien:

1. *Der Geist weiß nicht, daß er tot ist.* Es mag unglaublich klingen, daß jemand sterben kann, ohne es zu merken, aber so etwas kommt vor. Oft glaubt eine solche Seele nicht an ein Leben nach dem Tod und denkt deshalb: Da ich noch ein Bewußtsein habe, kann ich nicht wirklich tot sein. Hinzu kommt, daß sich bei einem plötzlichen Tod der Übergang ins Leben nach dem Tode so schnell vollziehen kann, daß die Seele ihn gar nicht wahrnimmt.

Ich hatte einmal eine Wohnung gemietet, in der fast unmittelbar nach meinem Einzug starke übersinnliche Aktivitäten einsetzten. Das Licht ging an und aus, Bilder fielen von den Wänden, und im Schlafzimmer waren mitunter deutlich Schwingungen von Zorn, Frustration und Angstgefühlen zu spüren. Ich vermutete sofort ein Spukgeschehen dahinter und versuchte, für den Geist Psalmen zu singen und zu beten. Als das nichts half und die Erscheinungen andauerten, lud ich ein Trance-Medium ein, das mit diesem Geist in Kontakt trat.

Es offenbarte sich folgende Geschichte: Ein junges Liebespaar war einige Jahre zuvor gemeinsam bei einem Autounfall ums Leben gekommen. Die junge Frau war anscheinend augenblicklich in die nächste Welt eingegangen, der junge Mann aber wußte nicht, daß er tot war. Er suchte in meiner Wohnung nach seiner Freundin, die zum Zeitpunkt ihres gemeinsamen Todes dort gewohnt hatte, und natürlich war das

«Gespenst» zornig, daß in «ihrem» Schlafzimmer ein anderer Mann schlief, nämlich ich. Es war nichts weiter nötig, als diesem erdgebundenen Geist zu sagen, daß er, um seine Liebste in der nächsten Welt zu finden, nur dem Licht zu folgen brauche.

2. *Die Seele hat Klischeevorstellungen von der nächsten Welt.* Vielen Menschen ist nicht klar, daß die religiösen Vorstellungen vom Leben nach dem Tode nur Metaphern sind; sie erwarten, daß diese Vorstellungen sich tatsächlich haargenau so bewahrheiten. Manche Seelen bleiben erdgebunden, weil sie feststellen, daß da kein Himmel mit Engeln ist, die auf Wolken sitzen und Harfe spielen. Die Hilfe der Geister, die sie abholen wollen, mögen sie nicht annehmen, fürchten womöglich gar, daß sie verkappte Dämonen sind. Andererseits kann auch die Furcht vor einem realen Höllenfeuer eine Seele davon abhalten, den Übergang zu vollziehen.

Ich frage mich oft, ob es eigentlich auch jüdische Geister gibt, die erdgebunden bleiben, weil sie glauben, daß sie in ihren Gräbern ausharren müßten, bis sie am Jüngsten Tage durch den Tunnel nach Jerusalem dürfen. Wie bereits im dritten Kapitel erwähnt, schließt die jüdische Variante der Auferstehung des Fleisches die Erwartung ein, daß die Gebeine eines Tages wieder Fleisch ansetzen. Es kann sein, daß manche Geister unfähig sind, die Stätten der ehemaligen Konzentrationslager zu verlassen, weil sich dort die Asche ihrer Gebeine befindet. Sollte dem so sein, dann müßten die betroffenen Seelen eigentlich befreit werden können, indem man ihnen erklärt, daß diese Symbole nicht wörtlich zu verstehen sind, sondern daß sie durch den astralen «Tunnel» in den «Himmel» gelangen können, von dem so viele Menschen berichten, die Nahtod-Erlebnisse gehabt haben.

3. *Die Seele hat «Unerledigtes», das Ereignisse oder Menschen betrifft, auf der irdischen Ebene hinterlassen.* Den erdgebundenen Geistern, bei denen das zutrifft, ist am schwersten zu helfen, weil eine Seele nur dann ins Licht entlassen werden kann, wenn sie dorthin will. Solange sie das Gefühl hat, daß sie ihre Aufgaben auf der Erde noch nicht erfüllt hat, wird die Seele weiter mit Menschen, Orten oder Dingen in der materiellen Welt verbunden bleiben.

Was die Opfer des Holocaust betrifft, so kann es meines Erachtens keinen Zweifel daran geben, daß viele von ihnen sich im Augenblick ihres Todes geschworen haben, nie zu vergessen und zu vergeben.

Andere haben sich geschworen, um jeden Preis zu überleben, aus Trotz sozusagen, und so «überleben» sie möglicherweise bis heute auf der astralen Ebene und wissen vielleicht gar nicht, daß sie keinen Körper mehr haben. Wenn solche erdgebundenen Seelen in Auschwitz oder Dachau sind, dürfte es sehr schwierig sein, sie zu befreien, es sei denn, man kann sie überzeugen, daß der Holocaust heute als geschichtliche Tatsache akzeptiert ist, daß ihr Tod nicht ausgelöscht ist, sondern erinnert wird.

Es ist wichtig, ihnen zu sagen, daß das jüdische Volk nicht nur den Holocaust überlebt hat, sondern auch seine Religion, Kultur und Tradition wiederbeleben und wirklich in das Land Israel zurückkehren konnte. Nur wenn man solche Seelen davon überzeugen kann, daß ihr Schwur vom jüdischen Überleben erfüllt ist, werden sie in der Lage sein, die Erde ohne das Gefühl, gescheitert zu sein, zu verlassen.

Wie bereits im dritten Kapitel erörtert, hat das *Kaddisch*, das jüdische Totengebet, nicht zuletzt den Sinn, der Seele bei ihrem Vorwärtsschreiten in der nächsten Welt beizustehen. Wo immer auf der Welt ein *Minjan* (ein Quorum von zehn jüdischen Männern) zum Gottesdienst versammelt ist, kann Kaddisch gesagt werden. Viele Juden der jetzigen Generation haben es sich zur Gewohnheit gemacht, an jedem Tag des Jahres Kaddisch für all jene zu sagen, die im Holocaust gestorben sind. Das ist ein sehr guter Brauch, der nach meiner Überzeugung solchen Seelen helfen kann, den Übergang zu vollenden.

Aber die Lehre vom Kaddisch hat auch eine negative Seite: Normalerweise sind es die Kinder (in sehr traditionell gesinnten Kreisen ausschließlich die Söhne), die Kaddisch sagen, und deshalb glauben viele Juden fälschlicherweise, sie seien, wenn sie keine lebenden Kinder zurücklassen, dazu verdammt, nach dem Tode ruhelos umherzuwandern. Unter den Ostjuden war dieser Glaube so verbreitet, daß Eltern ihren ältesten Sohn häufig «unser Kaddisch» nannten und über seine Geburt sehr erleichtert waren.

Diese Vorstellung erklärt nicht nur, warum es den Juden so wichtig ist, Söhne zu haben, sie könnte auch dafür verantwortlich sein, daß manche erdgebundene Seelen den Übergang nicht zu vollenden imstande sind, obwohl die Gemeinde Kaddisch für sie gesagt hat. Solchen Seelen muß man möglicherweise klarmachen, daß es nach jüdischem Glauben zulässig ist, wenn für einen Juden, der kinderlos stirbt, ein Stellvertreter das Kaddisch übernimmt und daß das karmisch das gleiche ist, als würde ein leibliches Kind diese Pflicht erfüllen (siehe 8. Kapitel, Teil II,

«Sage ‹Kaddisch› für uns»). Selbst in Fällen, bei denen eine ganze Großfamilie im Holocaust ausgelöscht wurde und kein einziger Angehöriger überlebt hat, gehören die Seelen dieser Verstorbenen immer noch zum jüdischen Volk und sind deshalb in dessen Gebete eingeschlossen.

Rabbi Zalman Schachter-Shalomi, ein Überlebender des Holocaust, setzt sich dafür ein, daß Menschen aller Konfessionen an den Stätten der ehemaligen Konzentrationslager für die erdgebundenen Seelen beten. «Dieses Blut», erklärte Reb Zalman in einem 1987 auf Video aufgezeichneten Vortrag zum Thema «Persönliche und planetarische Transformation», «schreit bis heute nach Rache.» Solange dem so sei, fuhr er fort, werde die Welt keine Ruhe finden. Deshalb sei ein wichtiger Teil des planetarischen Heilungsprozesses, diesen unglücklichen Seelen zu helfen, daß sie Frieden finden.

Auch ich bin der Ansicht, daß die Arbeit an der Heilung des Holocaust-Karmas für das Wohl des ganzen Planeten außerordentlich wichtig ist, und dazu gehört, daß die erdgebundenen Seelen der Opfer befreit werden. Allerdings müssen die Gruppen und auch die Einzelpersonen, die solch eine Arbeit tun, sich darüber im klaren sein, wie heikel das Thema Holocaust insgesamt ist, und sich seiner mit tiefer, anhaltender Achtung vor dem Judentum, für das diese Menschen ihr Leben gelassen haben, annehmen. Wer mit Seelen arbeitet, die für eine gerechte Sache gestorben sind, muß diese Sache wirklich akzeptieren können. Es reicht nicht aus, wenn man nur den Wunsch hat, eine «schlechte Ausstrahlung» zu beseitigen und «die Sache hinter sich zu bringen»; das kann das Problem sogar noch verschlimmern. Die Arbeit des übersinnlich Begabten ist im Grunde eine andere Form der Beratung. Manchmal müssen wir die Seele sogar «therapieren» und ihr helfen, allmählich in ihrem eigenen Tempo und im Rahmen ihres jeweiligen Glaubensbekenntnisses dem Licht entgegenzustreben.

Die möglichen «Wanderungen», die eine Seele zu vollziehen vermag, sind sicher nicht erschöpfend zu beschreiben. Bisher haben wir uns primär auf die Reinkarnation von Opfern des Holocaust konzentriert. Im folgenden wollen wir uns mit einigen Fällen von Nazis befassen, die zurückgekommen sind, und die karmischen Zyklen näher betrachten, die mit dem Holocaust in Verbindung stehende Ereignisse beeinflußt haben könnten.

NEUNTES KAPITEL

Zyklen der Wiederkehr

1984, als ich bei einer Klausur der *Spiritual Frontiers Fellowship* in Northfield, Minnesota, einen Workshop leitete, setzte sich in der Cafeteria eine Christin mittleren Alters, nennen wir sie Mrs. Brown, zu mir. «Ich habe vor Ihnen noch nie einen Juden getroffen, der an Reinkarnation glaubt», sagte Mrs. Brown. «Vielleicht können Sie mir helfen.» Mrs. Brown machte sich nicht ihretwegen Sorgen, sondern wegen ihrer halbwüchsigen Tochter, die seit einiger Zeit von Nazisymbolen fasziniert war. Jenny saß stundenlang in ihrem Zimmer und hörte sich deutsche Militärmusik an, und obendrein trug sie gern uniformartige Kleidungsstücke und hohe Stiefel. Sie hatte auch angefangen, Bücher, Fotos und andere Memorabilien des Dritten Reiches zu sammeln, und in ihre Schulhefte malte sie nicht mehr nur Männchen, sondern immer wieder auch Hakenkreuze.

Mrs. Brown war darüber verständlicherweise beunruhigt. Niemand in der Familie hatte sich je für die Nazizeit interessiert – beide Eltern waren liberal gesinnte Menschen, die sich in der Friedensbewegung engagiert hatten. Sie hatten sich bemüht, ihre Kinder zu Nächstenliebe und Toleranz zu erziehen. Anfangs hatte Mrs. Brown geglaubt, diese «Nazigeschichte» sei nur eine «Phase», die ihre Tochter durchmachte, möglicherweise ein Protest gegen die liberalen Wertvorstellungen ihrer Eltern. Unterdessen hatte sich das Faible allerdings zu einer regelrechten Obsession entwickelt, die weit über jugendliches Protestverhalten hinausging, und Mrs. Brown war zutiefst beunruhigt.

«Könnte das etwas mit Reinkarnation zu tun haben?» fragte sie und sah mir über den Tisch der Caféstube hinweg in die Augen.

Während Mrs. Brown erzählte, schob sich plötzlich das Bild von einem sechzehn- oder siebzehnjährigen Jungen in mein Bewußtsein, der im Cockpit eines Flugzeugs saß. Der Junge lächelte verzückt, und im Hintergrund hörte ich die Motoren dröhnen. Das Wort «Held» kam mir in den Sinn, und mir kam der Gedanke, daß der Junge vielleicht kein fanatischer Nazi gewesen war, eher ein «Idealist», aber fasziniert davon, Pilot eines Kampfflugzeugs zu sein. War dies sein erster Einsatz? War er dabei gefallen? Ich wußte es nicht. Aber für mich stand fest, daß ich im Begriff war, dem Grund für Jennys Besessenheit von Militärmärschen und Uniformen auf die Spur zu kommen.

Als ich Mrs. Brown meinen übersinnlichen Eindruck erläuterte, erwiderte sie, meine Schilderung passe sehr gut auf ihre Tochter. Jenny habe schon immer eine Vorliebe für Motorräder und schnelle Autos gehabt und oft gesagt, sie liebe das Heulen der Motoren. Andererseits habe sie nie so etwas wie Antisemitismus oder Rassismus erkennen lassen. Es war offenbar nicht die Ideologie der Nationalsozialisten, von der Jenny sich angezogen fühlte, sondern es waren die Äußerlichkeiten, an die sie sich aus einem früheren Leben «erinnerte». Diese Erkenntnis lieferte Mrs. Brown und mir einen Schlüssel für die Beantwortung der Frage, wie man Jennys Energie in eine positivere Richtung lenken könnte.

Ich schlug Mrs. Brown vor, mit Jenny über Reinkarnation zu sprechen, um festzustellen, ob ihre Tochter irgendwie das Gefühl hätte, in einem früheren Leben in Deutschland beheimatet gewesen zu sein. Außerdem riet ich Mrs. Brown, Jenny vorzuschlagen, sie sollte in einen Spielmannszug eintreten, wo sie ganz legal eine Phantasieuniform tragen und bei Umzügen Märsche spielen konnte. Darüber hinaus sollte Jenny sich einen Job oder ein Hobby suchen, bei dem sie mit schnellen, lauten Maschinen zu tun hatte, etwas mit Motorrädern- oder Rennwagen vielleicht. So könnte sie sich als «Held» fühlen, ohne den negativen Verlockungen des Faschismus zu erliegen.

Ich habe nie mehr etwas von Mrs. Brown gehört, weiß also nicht, was aus Jenny geworden ist. Vielleicht gewinnt sie gerade einen Pokal. Aber ihre Geschichte bringt mich auf eine interessante Frage. Wenn Juden und andere Opfer des Holocaust zurückkehren, was ist dann mit den Nazis? Sind auch sie wieder unter uns?

Ja, ich bin der festen Überzeugung, daß die Nazis zurückkehren. Wer wollte so töricht sein, davon auszugehen, daß nur die unschuldigen Seelen wiedergeboren werden? Natürlich glaube ich nicht, daß überzeugte Nazis, reinkarniert oder nicht, den Wunsch verspüren, sich an einen Rabbiner zu wenden. Deshalb habe ich bisher keine Gelegenheit gehabt, reinkarnierten Menschen zu begegnen, die noch dem Nationalsozialismus anhängen. Doch wenn wir daran denken, daß in den letzten Jahren in Amerika und überall auf der Welt rechtsextreme Organisationen wie Pilze aus dem Boden schießen, fällt es nicht schwer zu glauben, daß die Seelen, die im früheren Leben Nazis waren, wieder unter uns sind. Einige dieser Seelen haben sicherlich aus ihren Fehlern gelernt und sind über den Faschismus hinausgewachsen. Aber ich glaube, es gibt viele Seelen, welche die gleichen Fehler auch in ihrer gegenwärtigen Inkarnation wiederholen.

Natürlich lassen sich für den jüngsten Anstieg der Verbrechen von Haßtätern auch soziologische Ursachen ins Feld führen. Die Wirtschaft der Vereinigten Staaten befindet sich in der Rezession, und viele Jugendliche leben heutzutage in dem Gefühl, keine Zukunft zu haben. Demagogen aller Couleur profitieren von diesem Gefühl der Hoffnungslosigkeit und ziehen die jungen Leute an, indem sie simple Lösungen für komplizierte Probleme vorschlagen und ihren möglichen Gefolgsleuten versprechen, daß sie «wer sein» können, wenn sie andere herabsetzen. Und diese Taktik wird nicht nur von «weißen Herrenmenschen» angewendet. Der verstorbene Rabbi Meir Kahane, ehemals Mitglied des israelischen Parlaments und Gründer der *Jewish Defense League* in den Vereinigten Staaten, hatte vorgeschlagen, alle Araber aus Israel zu deportieren. Und weil Kahane ein ebensolcher Demagoge wie Hitler war, ist der Begriff «Kahanismus» für die Juden zum Synonym für diese verabscheuungswürdige Politik geworden. Leider kann Haß bei jeder Hautfarbe, Religion oder ethnischen Zugehörigkeit auftreten.

Doch warum fallen manche Leute auf rassistische Propaganda herein und andere nicht? Aus kabbalistischer Sicht meine ich, daß in Gruppen, die durch ihren Haß verbunden sind, die Mitglieder das höhere *Neschama* beziehungsweise die rationalen Aspekte der Seele aufgeben (oder gar nicht ausbilden). Ihr Leben spielt sich im wesentlichen auf den niederen emotionalen Stufen des *Ruach* ab. Starke Gefühle können bewirken, daß wir uns wohl fühlen, setzen aber oft das Denken außer Kraft. Demagogen wissen das und wenden Gefühle wie Eifersucht, Wut, Frustration und Haß gezielt an, um die Massen zu erregen. Ohne die «innere Stimme» des Gewissens, die das, was die Demagogen erzählen, kritisch beurteilt, wird man nur allzu leicht in die dumpfen Emotionen des Mob hineingezogen.

Deshalb gebietet uns die Thora, «Sei nicht im Gefolge einer Mehrheit zum Bösen.»[1] Dieses Gebot bestätigt, daß wir einen freien Willen haben, selbst denken können, daß wir den Haß ablehnen und Liebe üben sollen. Das klingt einfach, gehört aber zu den schwierigsten Dingen im Leben überhaupt, weil es nicht selten bedeutet, daß man allein gegen die Masse steht und sich ihrem Druck widersetzen muß. Und dabei kann man keineswegs immer sicher sein, dafür auf der irdischen Ebene belohnt zu werden. Aber zu lernen, unter widrigen Umständen das Richtige zu tun, ist eine der größten Herausforderungen, mit denen die Seele konfrontiert werden kann. Hier eine Geschichte, die mir eine Hellseherin am 4. August 1986 in Minneapolis bei einem Workshop zum Thema «Reinkarnation und Holocaust» erzählte.

Ihre Klientin war eine junge Frau gewesen, die das Medium wegen einer Liebesbeziehung aufgesucht hatte. Bei der Séance wurde offenbar, daß die Klientin in einem früheren Leben während des Zweiten Weltkriegs eine Jüdin, nennen wir sie Ruth, gewesen war, der Freund aber ein deutscher Soldat, den wir Hans nennen wollen.

Seinem Äußeren nach war Hans die Verkörperung des arischen Ideals – groß, sportlich, mit blondem Haar und tiefblauen Augen –, sah aus wie die Verkörperung des «Ariers» und war ein Musterexemplar von Hitlers «Herrenrasse», aber kein überzeugter Faschist. Er war wie viele andere Deutsche gegen Ende des Krieges als ganz junger Bursche zur Wehrmacht eingezogen worden und wurde mit gerade siebzehn Jahren in einem Konzentrationslager eingesetzt.

Hans war nicht gern Soldat. Er haßte das ganze nationalistische Getue der Nazis. Aber die Scheußlichkeiten, die er im Lager erleben sollte, trafen ihn völlig unvorbereitet. Hans wußte, wenn er offen den Befehl verweigerte, würde er auf der Stelle erschossen werden, also zeigte er seine Gefühle nicht. Im Herzen aber stand er auf seiten der leidenden Häftlinge und wünschte, er könnte sie retten. Ihm war klar, daß er als einzelner wenig ausrichten konnte. Die Befehle, die er bekam, versuchte er möglichst abzumildern, und wenn jemand etwas Lebensnotwendiges einschmuggelte, schaute er weg.

Eines Tages begegnete er Ruth, einer schwarzäugigen Jüdin von ungefähr sechzehn Jahren, und fühlte sich sofort zu ihr hingezogen. Hans und Ruth verliebten sich ineinander, und irgendwie gelang es ihm, sie aus dem Lager zu schmuggeln. Etwa ein Jahr lang konnte Hans Ruth verstecken, die für ihn zum Symbol seines persönlichen Widerstands gegen das ganze barbarische System wurde. Wenn er schon nicht alle Gefangenen retten konnte, dann wenigstens diese eine Frau. Doch schließlich wurden die beiden aufgespürt und erschossen.

Für die Klientin war es sehr problematisch, daß dieser Mann in ihrer gegenwärtigen Inkarnation abermals in ihr Leben trat. Ich fragte die Hellseherin, was sie der Klientin geraten habe. Die Frau durfte mir zwar aus Gründen der Schweigepflicht keine Einzelheiten erzählen, sagte aber, sie habe ihre Klientin zurückgeführt in ein anderes Leben vor dem Holocaust, in dem sie auch schon eine Beziehung zu dem betreffenden

Mann gehabt hatte, und mit der beschäftigten sie sich nun. Die Beziehung, die Hans und Ruth im Lager hatten, beruhte offenbar auf einer früheren gemeinsamen Inkarnation, in der sie glücklicher miteinander gewesen waren. Das erklärt, warum sie sich im Leben während des Holocaust so sehr zueinander hingezogen gefühlt hatten.

Eine andere Frau, bei der die Wurzeln ihrer Holocaust-Inkarnation in einem früheren Leben gefunden werden konnten, ist Esther, die in Saint Paul, Minnesota, lebt. In ihrem jetzigen Leben ist Esther eine sanftmütige, selbstsichere Jüdin, die sich für Kristalle, Auraheilung und Metaphysik interessiert. Als Auraheilerin hat sie auch Klienten, die sich erinnern, daß sie im Holocaust umgekommen sind, und die an ihrem Astralleib oftmals «Narben» aus jenem Leben tragen. Zu Esthers Verfahren der Aurareinigung gehört es, solchen Klienten zu helfen, den Schmerz ihrer Erfahrungen aus früheren Leben herauszulassen, so daß sie in ihrer persönlichen Entwicklung weiterkommen können.

1988, als ein Teil meines Artikels «Are Holocaust Victims Returning?» in Fortsetzungen in der in Minnesota erscheinenden Zeitschrift *Holistic Health Review*[2] nachgedruckt wurde, erfuhr Esther von meiner Beschäftigung mit dem Thema Reinkarnation. Gleich nach der ersten Folge schrieb sie mir in einem Brief, daß ihr ähnliche Fälle begegnet seien und sie mich gern sprechen würde. Ich rief sie an, und wir verabredeten uns zu einem Erfahrungsaustausch über unsere Heilungsarbeit.

Unser Gespräch, das als reine Fachdiskussion begonnen hatte, nahm bald eine persönliche Wendung. Als wir uns von Angesicht zu Angesicht gegenübersaßen, hatten wir beide bald das Gefühl, einander zu kennen. Sie erzählte mir, sie habe sich nach unserem ersten Telefonat daran «erinnert», mir in einem anderen Leben schon mal begegnet zu sein. Esther glaubte, daß ich einmal ihr Lehrer gewesen sei, nicht während des Holocaust, sondern im neunzehnten Jahrhundert in Osteuropa. In jenem Leben, sagte sie, sei ich ein Rabbiner gewesen, der an einer orthodoxen *Jeschiwa* (Talmudschule) unterrichtet habe, sie aber sei ein Jugendlicher gewesen, ein Schüler und habe Nathan geheißen. Zum besseren Verständnis der restlichen Geschichte muß ich den historischen Hintergrund etwas näher beleuchten.

Im neunzehnten Jahrhundert gab es in Europa heftige Auseinandersetzungen zwischen den traditionellen Juden und der sogenannten *Haskala*, der säkularisierenden Aufklärungsbewegung, die im späten achtzehnten Jahrhundert eingesetzt hatte. Dank der politischen und gesellschaftlichen Veränderungen in Westeuropa, besonders aber in Frankreich und Deutschland, konnten die Juden jetzt die Gettos verlassen und sich in die Gesellschaft integrieren. Aber der Preis für diese Akzeptanz bestand darin, daß sie sich assimilieren, sich also der dominierenden Kultur unterordnen mußten. Die *Maskilim*, die jüdischen Anhänger der Aufklärung, wollten die westliche Lebensart annehmen, sich westlich kleiden und nicht mehr das, wie sie meinten, «rückständige» Jiddisch, sondern hochdeutsch sprechen. In dieser Zeit bildete sich in Deutschland auch das Reformjudentum heraus, das die alten, orientalischen Formen der Religionsausübung ablehnte und den Gottesdienst dem der deutschen christlichen Kirchen bewußt anpaßte. Die Chassidim und andere traditionelle Juden lehnten sowohl den Reformismus als auch die Aufklärung entschieden ab; sie meinten, mit der Assimilation an die europäische Kultur verkauften die Juden ihre Erstgeburt für ein Linsengericht.[3]

Die aufgeklärten Juden wiederum wollten ihre Freiheit und waren bereit, den Preis der kulturellen Assimilation zu zahlen. Viele gingen sogar noch weiter. Sie machten die alte Lebensweise in aller Öffentlichkeit lächerlich und protzten mit ihrer neugewonnenen Freiheit, indem sie den Sabbat und andere jüdische Feiertage nicht mehr heiligten. Andere lasen fasziniert die Schriften von Karl Marx, der selbst ein assimilierter deutscher Jude war und den Spruch «Die Religion ist das Opium des Volkes» geprägt hat. Wieder andere wanderten in die Vereinigten Staaten aus, wo sie sich bald von ihrem religiösen und kulturellen Erbe befreiten, um im «Schmelztiegel» aufzugehen.

Nun zu Esthers Geschichte: Sie glaubte, daß ich in dieser Zeit ihr Rebbe gewesen sei und fest auf seiten der Traditionalisten gestanden habe. Esther berichtete, wie sie als Nathan einmal mit mir disputiert und sich für die Aufklärung ausgesprochen habe; ich aber hätte behauptet, das sei alles nur dummes Zeug und werde die Juden am Ende ins Unglück stürzen. Da habe der junge Nathan, empört über die «Rückständigkeit» seines Lehrers, die Jeschiwa verlassen und sei seinem Herzen gefolgt, das ihn in ein weltliches Leben geführt habe.

Wegen dieser starken Affinität zur deutschen Philosophie und Kultur kehrte die Seele dann als Deutscher wieder, den wir Wolfgang nennen wollen. Er wurde wahrscheinlich in den zwanziger Jahren geboren, denn genau wie Hans aus der vorigen Geschichte wurde er als ganz junger Mann zu Hitlers Wehrmacht eingezogen. Wolfgang hatte nichts dagegen, als Soldat für sein Land zu kämpfen, war aber entsetzt, als er zum Dienst in ein Vernichtungslager abkommandiert wurde. Was er dort sah, war für ihn so unerträglich, daß er Selbstmord beging.

Dieselbe Seele war nunmehr als Esther zurückgekehrt, die wie so viele andere Fälle in diesem Buch in die «Babyboom»-Generation hineingeboren war. In ihrer jetzigen Inkarnation ist sie eine brünette Jüdin mit olivfarbiger Haut. Sie ist nicht fromm, identifiziert sich aber in ethnischem Sinne stark mit ihrem Volk. Das scheint gewissermaßen das Gleichgewicht zwischen ihren beiden früheren Leben herzustellen, in denen sie als Nathan gegen das Judentum schlechthin aufbegehrte und als Wolfgang ein Nichtjude war, der den Befehl hatte, Juden zu töten. Heute ist Esther zwar nicht orthodox, verleugnet aber ihre jüdische Herkunft nicht. Sie hat gelernt, daß man Freiheit nicht dadurch gewinnt, daß man die eigene Kultur unterdrückt und sich assimiliert, sondern dadurch, daß man sich zu seinen Wurzeln bekennt und gleichzeitig die der anderen respektiert. Außerdem glaubt Esther, daß ihre derzeitige Arbeit als Auraheilerin eine karmische Wiedergutmachung für die Fehler ist, die sie in ihrem Leben als Wolfgang begangen hat.

Wir wollen das Thema «Wurzeln» jetzt einmal allgemein betrachten und uns fragen, wie die Nazis in die Vorstellung von den karmischen Gruppen passen. Dabei geht es nicht um «rassische Schuld», sondern um einzelne Seelen mit freiem Willen, die sich entschlossen haben, in jeder neuen Inkarnation gemeinsam zurückzukehren. Wie wir bereits gesehen haben, ist das Verhalten des einzelnen nicht durch die Gruppe oder die historische Situation vorgeprägt, in die er hineingeboren wird. Sowohl Hans als auch Wolfgang lebten in Nazideutschland, entschieden sich aber bewußt dafür, die nationalsozialistische Ideologie der Nazis abzulehnen, und wurden in eine spirituellere Umgebung wiedergeboren.

Die chassidischen (aber auch viele andere) Juden glauben, daß Hitler eine Reinkarnation von Amalek gewesen sei, dem Enkel Esaus und Sohn von dessen Sohn Eliphas.[4] Eine spätere Generation von Amalekitern «kam und wollte mit Israel kämpfen», und zwar in Raphidim[5], wurde aber von Josua geschlagen. Nach jüdischem Verständnis bedeutet die im Bibeltext gegebene Wendung «kam und wollte kämpfen», daß der Angriff als Überfall zu werten sei, dem keine Provokation von jüdischer Seite vorausgegangen war. Und damit nicht genug. Die Amalekiter stellten sich Josuas Heer nicht im fairen Kampf von vorn, sondern griffen den wandernden Zug von hinten an, wo die Frauen, Kinder und Alten sich mühsam voranschleppten.

So wurde Amalek das biblische Urbild für all jene, welche über die Schwachen und Wehrlosen herfallen. In der christlichen Theologie ist Amalek relativ unbekannt, in der jüdischen Weltsicht aber spielt er eine wichtige Rolle. Für die Juden ist er in mancher Hinsicht das, was Satan für die Christen ist. Die hebräische Bedeutung des Wortes «Satan» ist «Widersacher», und wie wir noch sehen werden, haben sich Amalek und seine karmische Gruppe in der Geschichte ein ums andere Mal als Widersacher der Juden erwiesen.

Auch König Saul kämpfte gegen die Amalekiter und vernichtete ihr ganzes Heer; nur Agag, ihren König (der ebenfalls als Inkarnation von Amalek gilt), verschonte er. Dieser wurde schließlich von dem Propheten Samuel getötet.[6] Agag hatte offenbar Nachkommen, denn im Buch Esther erfahren wir später, daß der Schurke Haman ein «Agagiter» war. (Auch er wird als Inkarnation von Amalek betrachtet.) Haman wollte König Ahasverus mit Hilfe einer Intrige dazu bringen, die Juden zu vernichten, wurde aber am Ende just an dem Galgen aufgehängt, den er für die Hinrichtung des frommen Mordechai hatte errichten lassen

Wie wir sehen, hat das biblische Geschlecht der Amalekiter über Generationen oder Inkarnationen hinweg die Juden angegriffen und sie zu vernichten versucht. Im zweiten Buch Mose 17,16 heißt es, «... daß der Herr streiten wird wider Amalek von Kind zu Kindeskind». Ich interpretiere das so, daß unser Schöpfer für die Unterdrückten, nicht für die Unterdrücker Partei ergreift und daß wir stets für Witwen, Waisen, Fremde und dergleichen eintreten sollen, für die Hilflosesten also, diejenigen, die einfach übergangen werden.

Heute kann man nicht mehr nachweisen, wer ein leiblicher Nachfahre des Amalek ist und wer nicht, und das ist wahrscheinlich auch gut so, steht doch in der Bibel geschrieben, Gott werde «den Amalek unter dem Himmel austilgen, daß man sein nicht mehr gedenke».[7] Wäre es möglich, die Amalekiter als ethnische Gruppe zu identifizieren, so könnte dies zum Völkermord führen. Amalek und seine Anhänger sind vielleicht weniger eine genetisch miteinander verbundene ethnische Gemeinschaft als eine durch ein gemeinsames Karma aneinander gebundene Gruppe von Seelen, die im Verlaufe der Geschichte in den verschiedensten Gewandungen aufgetreten ist. Heute wird «Amalek» in jüdischen Kreisen allgemein mit Bezug auf ein *bestimmtes Verhalten* gebraucht. Oder, um es anders zu sagen, das Wort bezeichnet mittlerweile kein genealogisches Phänomen mehr, sondern ein ideologisches.

Deshalb meint «Austilgen» des Amalek wohl, daß man faschistisches Verhalten beseitigen soll, nicht jemanden töten.

Ob Hitler in der Tat eine Reinkarnation von Amalek war, wissen wir nicht. Jedenfalls hat er sich genauso heimtückisch verhalten und versucht, das jüdische Volk auszulöschen. Sicher, es wurden nicht nur Juden umgebracht, aber wir wollen deshalb den Judenhaß der Nazis als solchen nicht herunterspielen. Besonders soll Hitler die Juden dafür gehaßt haben, daß sie Jesus, den Verkünder der Barmherzigkeit, hervorgebracht hatten, denn in seinen Augen war Barmherzigkeit ein Zeichen von Schwäche.[8] Für ihn waren die Juden «Untermenschen» und durch «Mischehen» obendrein Urheber von «rassischer Verunreinigung». Deshalb betrachtete er alle anderen «niederen» Rassen (wie etwa Zigeuner und Schwarze) als Verbündete der Juden in einer Verschwörung zur Vernichtung der «arischen» Rasse.[9]

Adolf Hitlers Buch *Mein Kampf* machte schon deutlich, daß er den Juden die Schuld an allen moralischen, sozialen und politischen Problemen gab, die das deutsche Volk je betroffen hatten. Deshalb meinte er, die Vernichtung der Juden sei «notwendig», um den Deutschen ihre Überlegenheit als «Herrenrasse» zurückzugeben. Überdies verband Hitler das Judentum immer wieder mit dem «Bolschewismus». Indem er beide in einem Atemzug nannte, konnte er die weitverbreitete Angst vor einer kommunistischen Revolution in Westeuropa (nach der russischen Revolution von 1917) ausnutzen, um Anhänger für seine Ziele zu gewinnen. *Mein Kampf* ist in Amerika erst 1939 in einer ungekürzten englischen Übersetzung erschienen, so daß vielen Amerikanern das ganze Ausmaß des Rassismus von Hitlers Programm erst sechs Jahre nach seiner Machtergreifung klar wurde.

Warum aber hatte es Hitler in allererster Linie auf die Juden abgesehen? Vielleicht weil wir Zeugen sind, wie der eine Gott uns die Gesetze gegeben hat, und wir deshalb von Hitler und all denen gehaßt werden, die diese Gesetze mißachten. Immer wieder und überall sind die Juden zu Sündenböcken gemacht worden. Hitler hat den deutschen Antisemitismus nicht erfunden. Er baute lediglich auf einer langen und schändlichen Tradition der Judenhetze auf, die es in Europa bereits seit Jahrhunderten gab und die nicht selten sowohl von der katholischen als auch von der evangelischen Kirche, den beiden größten in Deutschland vertretenen Konfessionen, unterstützt wurde.[10]

Was das deutsche Volk unter Hitler nicht begriffen hat, war dies: Wenn eine Gruppe zum Sündenbock gemacht wird, weitet sich die Verfolgung bald auch auf alle anderen aus. Ich will das an einem Beispiel erklären. In Kohlebergwerken tritt häufig natürliches Gas auf, das geruchlos ist. Heute gibt es moderne Verfahren, um dieses Gas zu orten, früher aber nahmen die Bergleute einen Käfig mit einem Kanarienvogel mit in den Stollen. Solange der Kanarienvogel lebte, gab es keine Gefahr. Doch wenn der Vogel starb, wußten die Bergleute, daß sie so schnell wie möglich zur Erdoberfläche zurückkehren mußten, weil sie sonst erstickten oder durch eine Explosion umkamen.

Sollten die Juden, weil sie in so vielen Ländern wehrlose «Fremdlinge» waren, die «Kanarienvögel» der Vorkriegszeit gewesen sein? Wenn ja, dann hätte das Aufkommen des Antisemitismus in Deutschland vor dem Zweiten Weltkrieg allen ein Warnsignal dafür sein müssen, daß die Menschenrechte in Gefahr waren. Und es sollte der Welt auch künftig eine Warnung sein. Leider hat die Welt damals nicht auf diese Warnung geachtet, sondern erst reagiert, als es bereits zu spät war

Martin Niemöller war ein deutschnationaler, antikommunistischer Christ, der anfangs glaubte, Hitler sei ein Segen für Deutschland. Doch als die Nazis anfingen, auch die Kirche «gleichzuschalten», verlor Niemöller seine Illusionen. So begründete der evangelische Pastor die «Bekennende Kirche», die offen gegen den Nationalsozialismus und den Antisemitismus Stellung bezog. 1937 wurde er verhaftet und kam in das Konzentrationslager Dachau, wo er bis zur Befreiung des Lagers durch die Alliierten im Jahre 1945 blieb. Nach dem Krieg schrieb Niemöller:

«Als die Nazis die Kommunisten holten, habe ich geschwiegen: Ich war ja kein Kommunist. Als sie die Sozialdemokraten einsperrten, habe ich geschwiegen: Ich war ja kein Sozialdemokrat. Als sie die Gewerkschafter holten, habe ich nicht protestiert: Ich war ja kein Gewerkschafter. Als sie mich holten, gab es keinen mehr, der protestierte ...»[11]

Gott sprach zu Abraham: «Segnen will ich, die dich segnen, die dich lästern, verfluche ich.»[12] In diesen Worten liegt eine ewige Wahrheit. Die Geschichte hat bewiesen, daß in Ländern, in denen man Juden und anderen Minoritäten Nächstenliebe und Achtung entgegenbringt, Wohlstand herrscht, während Länder, in denen dies nicht geschieht, am Ende untergehen. So blühten beispielsweise in Spanien im Mittelalter unter der Herrschaft der toleranten Mauren die Wissenschaften, die Literatur und die Künste auf, weil die afrikanischen Eroberer, obwohl selbst Moslems, Juden und Christen in Frieden ließen. Doch König Ferdinand und seine Gemahlin Isabella jagten ab 1492 – nach der Reconquista, der Rückeroberung Spaniens – auf Anraten Torquemadas, des Beichtvaters der Königin, die Moslems und die Juden aus dem Land. Diese Vertreibung hob das gesamte soziale Gefüge aus den Angeln, was dazu führte, daß die Wirtschaft im Land zusammenbrach.

Das Osmanische Reich aber, das die heimatlos gewordenen spanischen Juden aufnahm, profitierte von deren zahlreichen Talenten und Fähigkeiten und erlebte einen beachtlichen Aufschwung. Als Ferdinand und Isabella die Vertreibung der Juden befahlen, lud der türkische Sultan Bajesid II. die Vertriebenen ein, in sein Reich zu kommen. Es heißt, der Sultan habe über Ferdinand gesagt: «Kann man einen König weise nennen, der sein eigenes Land arm und das meine reich macht?»[13]

Auch Hitler hat schließlich sein eigenes Land zerstört. Daß er den Krieg verlor, lag nicht zuletzt an seinem aberwitzigen Judenhaß. Schließlich hat Hitler jüdische Wissenschaftler verunglimpft und vertrieben, etwa Albert Einstein, dessen Arbeit dann den Alliierten zugute kam. Das Karma schließt stets den Kreis.

Doch es mag sein, daß zu den historischen Gründen für den Holocaust noch tiefere, okkulte Kräfte gekommen sind. Ich persönlich glaube an die bereits erörterte Amalek-Theorie, wonach es eine karmische Gruppe von antisemitischen Seelen gibt, die im Laufe der Jahrhunderte in den verschiedensten Gewandungen immer wieder zurückgekommen ist. Dieser Konflikt geht nach meiner Überzeugung zurück bis auf die Zeit vor der in der Bibel beschriebenen Sintflut. Ich möchte diesen Gedanken noch etwas weiterverfolgen, indem ich jüdische Texte mit den Readings von Edgar Cayce vergleiche.

Die für diesen Zweck relevanten Readings gab Cayce in den Jahren von 1924 bis 1944, also just zu der Zeit, in der sowohl die Nazis als auch die Opfer des Holocaust lebten. (Hitler wurde 1889 geboren und starb 1945.) Ich weiß wohl, daß Cayce die Vereinigten Staaten nie verlassen hat und, soweit mir bekannt ist, nie von einem Nazi konsultiert wurde. Trotzdem wollte ich wissen, ob die Readings irgendwelche Informationen über in der ersten Hälfte unseres Jahrhunderts inkarnierte Seelen enthielten, die für das Verständnis der Abläufe im Holocaust von Nutzen sein könnten. Und ich fand tatsächlich etwas sehr Interessantes, das die Amalek-Theorie der jüdischen Überlieferung zu bestätigen scheint.

Cayce wurde zwar in der Regel zu spezifisch medizinischen Fragen konsultiert, gab aber auch «Lebensdeutungen», bei denen er das ganze Leben und die karmischen Muster eines Menschen untersuchte. Mehrfach fand Cayce, daß seine Klienten bereits in einer alten Zivilisation vor der Sintflut gelebt hatten. In dieser Zivilisation gab es ebenso wie heute miteinander streitende Parteien. Die beiden stärksten gegnerischen Gruppen waren einerseits die «Söhne des Belial» und andererseits die «Söhne des Gesetzes des Einzigen». Ob die beiden Parteien sich damals selbst so genannt haben oder Cayce ihnen diese Namen gab, um sie voneinander abzugrenzen, vermag ich leider nicht zu sagen.[14]

Die erste Gruppe, «Söhne des Belial», kommt in der Bibel vor und taucht zum erstenmal im fünften Buch Mose auf, wo von den Götzenanbetern die Rede ist.[15] Das hebräische Wort für Söhne heißt *B'nai* und kann auch Anhänger oder Jünger bedeuten; wenn es in diesem Sinne gebraucht wird, gilt es für Männer und Frauen. «Belial» ist nicht der Eigenname einer bestimmten Person oder eines Götzen, sondern ein hebräisches Wort für «Nichtswürdigkeit». Die wörtliche Bedeutung des hebräischen Ausdrucks *B'nai Belial* lautet also «Anhänger des Nichtswürdigen». In den beiden geläufigsten jüdischen Übersetzungen steht für *B'nai Belial* einmal «nichtswürdige Kerle»[16] und einmal «Schurken»[17]. Wir werden gleich sehen, daß die vor der Sintflut lebenden Söhne des Belial in Cayces Readings auch Schurken waren.

Der andere Name, «Söhne des Gesetzes des Einzigen», kommt in dieser Form nicht in der Bibel vor. Er paßt jedoch in die Vorstellungswelt und in die grammatikalische Struktur des Hebräischen. Wenn wir den Ausdruck ins Hebräische übersetzen, lautet er *B'nai Torat Echad. Torat* ist eine flektierte Form von *Tora,* was ja, wie schon gesagt, wörtlich übersetzt «Lehre» bedeutet, aber häufig mit «Gesetz» wiedergegeben wird. Dieses Wort kommt im Alten Testament 114mal vor, war also im Altertum ohne Frage sehr bekannt. Im modernen Hebräisch gibt es den Ausdruck *Ben Tora* – «Sohn des Gesetzes» – für einen Juden, der die Thora studiert und sorgsam die Gebote befolgt. Soweit mir bekannt ist, sind die Juden das einzige Volk der Erde, das sich als «Söhne des Gesetzes» bezeichnet. Könnte es sein, daß die jüdische Thora und das «Gesetz» von dem in Cayces Readings die Rede ist, etwas miteinander zu tun haben?

Das dritte Wort in meiner hebräischen Übersetzung, *Echad,* ist das letzte im *Schema Jisrael,* dem jüdischen Hauptgebet, dessen Text im Deutschen lautet: «Höre, Israel, der Herr, unser Gott, ist einzig.»[18] Wenn man das Judentum in einem einzigen Wort charakterisieren wollte, so wäre es dieses *Echad*, das soviel wie «einzig» bedeutet. Das jüdische Volk bezeichnet sich bis auf den heutigen Tag als *Am Echad*[19], was mit «einzigartiges» beziehungsweise «einziges Volk» oder, um es poetischer zu fassen, «Volk des Einzigen [Gottes]» übersetzt werden kann. Und abermals kenne ich kein anderes altes Volk, bei dem das Wort «einzig» einen so unmittelbaren Bezug zu seiner Gruppenidentität hat. Der Ausdruck *B'nai Torat Echad*, «Söhne des Gesetzes des Einzigen», ist sowohl seiner grammatikalischen Struktur nach als auch in seiner Bedeutung sehr jüdisch und weist darauf hin, daß die Glaubensinhalte des heutigen Judentums ihre Ursprünge in der von Cayce beschriebenen vorsintflutlichen Zeit haben.

Die Juden verstehen sich seit jeher als Zeugen der Einheit Gottes. Bereits vor dem Bund mit Abraham, der ja die Geburtsstunde des jüdischen Volkes war, gab es Propheten und andere Menschen, die dem einen einzigen Gott treu waren. Die Tatsache, daß die Bibel mit der Schöpfungsgeschichte und nicht einfach mit der Geburt Abrahams (des Stammvaters der Juden) beginnt, zeigt, daß die Juden ihren Monotheismus als Fortsetzung einer weitaus älteren Tradition verstehen. Seth, Enoch und Noah waren die Propheten des einzigen Gottes und gaben seine Lehren an Sem und seinen Nachfahren weiter.

Im vierzehnten Kapitel des ersten Buches Mose segnete Melchisedek, der König von Salem (Jerusalem), Abraham mit Brot und Wein.[20] Hier findet ein Ritual erstmals Erwähnung, das die Juden aller Richtungen noch heute daheim in ihren Wohnungen an jedem Freitagabend begehen, um den Sabbat zu empfangen. Der jüdische Segen über Brot und Wein auf einem weißgedeckten Tisch mit zwei Kerzen, wie sie üblicherweise an einer jüdischen Sabbattafel brennen, wurde auch Grundlage für die christliche Kommunion. Einige Mystiker sind der Auffassung, daß Melchisedeks Segen über Brot und Wein im Grunde ein Initiationsritus war. Rabbi Schachter-Shalomi zufolge war Melchisedek auch das Haupt einer Prophetenschule und «der letzte Hohepriester des Monotheismus im Zeitalter des Stiers, der die Fackel weitergab an Abraham, den ersten Hohepriester des Monotheismus im Zeitalter des Widders».[21]

Durch Abraham wurde die Lehre an die Juden (und andere monotheistische Völker) übertragen, die den Glauben an den einen Gott seit Jahrhunderten bewahren und von Generation zu Generation weitergeben. Der jüdische Philosoph Franz Rosenzweig schrieb in seinem Buch

Der Stern der Erlösung, die Juden seien bestimmt, das ewige Licht des Monotheismus brennend zu erhalten, damit andere das Feuer ihres Einsseins daran entzünden könnten. Rosenzweig war der Ansicht, daß das Christentum das Judentum nicht verdrängen, sondern es ergänzen und dazu beitragen sollte, das göttliche Licht in die nichtjüdische Welt zu tragen.[22] Es gab Zeiten, da war das «ewige Licht» des Judentums nur als schwaches Flackern in der Finsternis wahrnehmbar, aber es wurde erhalten, und heute glauben viele Menschen überall auf der Welt an den einen, einzigen Gott.

Wenn zwischen der von den Juden bewahrten monotheistischen Lehre und dem, was Cayces Deutungen über die «Söhne des Gesetzes des Einzigen» mitteilen, in der Tat ein Zusammenhang besteht, dann könnte auch ein karmischer Zusammenhang zwischen den Söhnen des Belial, Amalek und den Nazis bestehen. Zwar hat Cayce das meines Wissens nie öffentlich behauptet, er hat aber davon gesprochen, daß viele Seelen aus diesen beiden vorsintflutlichen Gruppen zu Beginn unseres Jahrhunderts wiedergeboren worden seien.[23] Zur Charakterisierung der beiden Gruppen sagte Cayce:

> «Die Söhne des Belial konzentrierten sich auf das Erfreuliche, das Befriedigende, den selbstsüchtigen Gebrauch materieller Dinge, *ohne* darüber nachzudenken, woher diese Dinge kamen und welche Entbehrungen für andere das mit sich brachte. Oder, wie wir heute sagen würden, sie kannten keine Moralnormen ... Die Söhne des Belial hatten nur eine Norm: das Selbst, die Selbstverherrlichung.»[24]
>
> «Die Söhne des Gesetzes des Einzigen glaubten, daß die Seele ein Geschenk des Schöpfers sei oder zu bestimmten Zeiten aus äußeren Quellen *in* die Projektion des *mentalen* und spirituellen Ich hineingelange. *Das* war die Norm des Gesetzes des Einzigen, die aber von den Söhnen des Belial *abgelehnt* wurde.»[25]

Mit anderen Worten: Während die «Söhne des Gesetzes des Einzigen» sich zu den spirituellen Ursprüngen der Menschheit bekannten, waren die Söhne des Belial in Egoismus und Materialismus gefangen. Auch in den in unserem Jahrhundert in Höhlen am Toten Meer bei Qumran entdeckten Schriftrollen ist von zwei einander feindlich gegenüberstehenden Gruppen die Rede, die dort «Söhne des Lichts» beziehungsweise «Söhne der Finsternis» genannt werden; sie sollen in einem fortwährenden Kampf liegen, der erst am Jüngsten Tag entschieden werden wird. Viele Forscher halten die Qumran-Sekte für einen Zweig der Essener, einer bei Flavius Josephus und Philo von Alexandrien erwähnten ordensähnlichen jüdischen Gemeinschaft. Andere weisen auf Ähnlichkeiten zwischen den Glaubensinhalten und Riten der Qumran-Sekte und denen der Pharisäer, Sadduzäer, Zeloten, Ebioniten und anderer Gruppierungen aus der gleichen Zeit hin. Einigkeit herrscht aber darüber, daß die Sekte, die jene Aufzeichnungen über die «Söhne des Lichts» und die «Söhne der Finsternis» hinterließ, jüdisch war und mindestens hundertfünfzig Jahre vor Christus entstanden ist.[26] Könnte es sein, daß die Essener die Lehre vom Kampf zwischen den «Söhnen der Finsternis» und den «Söhnen des Lichts» aus einer noch älteren Quelle haben?

Wenn man von Cayces Readings ausgeht, scheint sich die Auseinandersetzung zwischen diesen beiden Gruppen vor der Sintflut vor allem um zwei Themen gedreht zu haben. Das war zum einen die Entwicklung der Wissenschaften, welche die «Söhne des Gesetzes des Einzigen» zum Heilen und Helfen nutzten. In biblischen Zeiten oblag es den jüdischen Priestern *(den Kohanim)* nämlich auch, bestimmte Krankheiten zu diagnostizieren, was erklärt, weshalb im dritten Buch Mose die Kapitel über die Lepra enthalten sind. Man nimmt übrigens an, daß sich der Name Essener von dem aramäischen Wort *Essia* herleitet, das «Heiler» bedeutet, und zwar sowohl im körperlichen als auch im spirituellen Sinne.[27]

Die «Söhne des Belial» hingegen mißbrauchten die Wissenschaften zur Erlangung politischer Macht und arbeiteten damit letztlich auf den Untergang der Zivilisation hin. Sollten die Nazis tatsächlich die zurückgekehrten Söhne des Belial gewesen sein, dann ist klar, warum sie die modernen Wissenschaften für grausame, egoistische Zwecke mißbraucht haben.

Das zweite Thema, über das die beiden Gruppen stritten, war der Rang bestimmter Lebewesen, die Cayce in seinen Readings als «Dinge» bezeichnet. Wir wissen nicht genau, was sich hinter diesen «Dingen» verbirgt, doch könnte es sich dabei um Mutationen handeln, die aus gewissen Experimenten der Söhne des Belial hervorgegangen waren. Cayce will damit möglicherweise sagen, daß es eine prähistorische Periode gab, in der die menschlichen Seelen noch nicht vollständig in der physischen Welt inkarniert waren, sich aber bereits als Tiere und andere Lebewesen auf die irdische Ebene projizieren konnten.[28] Eine Parallele zu dieser Lehre findet sich in der kabbalistischen Vorstellung, daß die «Röcke aus Fell», die Gott Adam und Eva gab, als sie den Garten Eden verließen, keine Tierfelle waren, sondern physische Körper.[29] Doch wie dem auch sei, für die «Söhne des Gesetzes des Einzigen» waren diese «Dinge» menschlich, weil sie Seelen hatten; deshalb wollten sie ihnen Gleichheit gewähren und ihnen Bildung geben, damit sie sich bessern könnten. Die Söhne des Belial jedoch wollten diese «Dinge» auf ewig in Sklaverei halten:

«Vor der großen Flut gab es Perioden der Unruhe, entstanden aus den Konflikten, welche sich auftaten zwischen den Herrschenden, die die Universalität des Wissens aller Wesen anstrebten, und denjenigen, die im Kastendenken verhaftet waren und Ämter begehrten.»[30]

Einer der bekanntesten Grundsätze der Nazis war der von den Ariern als «Herrenrasse». Weniger bekannt ist, daß Hitler von einem deutschen Pseudowissenschaftler namens Hanns Hörbiger beeinflußt war, einem selbsternannten «Propheten», der die Auffassung vertrat, das Universum sei ein ewiges Schlachtfeld für die okkulten Mächte des Feuers und des Eises. Nach Hörbiger hat der Planet Erde vor langer Zeit eine Reihe von verheerenden Umwälzungen erlebt, bei denen Zivilisationen entstanden und vernichtet wurden und monströse Mutationen hervorgebracht worden sind. Aus einer solchen Mutationsperiode seien wahrscheinlich die Juden hervorgegangen, die Hörbiger für die «Degenerierung» der nordischen Rasse verantwortlich machte. Als Hitler an die Macht gelangte, ernannten die Nazis die rassistischen Theorien Hörbigers zur «Wissenschaft».[31]

Daneben war es vor allem Alfred Rosenberg, der Hitlers Denken geprägt hat. Sein *Mythus des 20. Jahrhunderts* wurde zu einem wesentlichen Bestandteil der NS-Ideologie.[32] Wenn Hitlers *Mein Kampf* die «Bibel» der Nazis war, dann war Rosenbergs *Mythus* ihr Katechismus. Rosenberg gehörte zusammen mit anderen späteren Nazigrößen einer okkulten Loge an, die sich Thule-Gesellschaft nannte. Hitler machte Rosenberg zum Ideologen des «Dritten Reiches», der die Geschichte neu schreiben und eine neopagane Religion begründen sollte. Rosenbergs *Mythus* war ein Versuch, die westliche Zivilisation von allen jüdischen Einflüssen zu reinigen und die alten Götter der nordischen Mythologie wiederaufleben zu lassen.[33] (Nach Rosenberg war Jesus ein blondes, blauäugiges arisches Kind, das entführt und versklavt worden war.) Unter den Metaphysikern gilt der Paganismus gemeinhin als freundliche, lebensbejahende Erdreligion; der von Rosenberg und seinen Kumpanen verkündeten Neopaganismus aber war herzlos und barbarisch.

Bei der Lektüre der Schriften dieser Naziideologen fielen mir immer wieder die Ähnlichkeiten zwischen ihrer Haltung gegenüber nichtarischen Völkern und dem egoistischen Verhalten der Söhne des Belial gegenüber den in Cayces Readings beschriebenen «Dingen» auf. Waren die Nazis Reinkarnationen der Geschlechter, die vor der Sintflut lebten? Oder gibt es eine archetypische «Amalek-Belial-Mob-Mentalität» bei den Anhängern aller Demagogen, welche die Prinzipien Freiheit, Gerechtigkeit und Gleichheit ablehnen? Wie auch immer, die Parallelen sind verblüffend.

Ob nun Hitlers Seele tatsächlich einst zu den Söhnen des Belial gehörte oder nicht – es wurde ihm nachgesagt, daß er sich für Okkultismus interessierte. Als Beweis hierfür gilt das Hakenkreuz, das verschiedentlich als Symbol für Hitlers Streben nach der vollkommenen Umkehrung der göttlichen Gesetze angesehen wird. (Siehe die Abbildung auf Seite 200.) Die Navajo und Hopi nennen dieses Zeichen, das in Kunst und Riten zahlreicher Naturvölker überall auf der Welt verbreitet ist, die «kreisenden Balken». Die Römer haben es in Mosaikfriesen verwendet, und im tibetischen Buddhismus kommt es ebenfalls vor. Auch bei den Indern finden wir es, was Hitler wohl veranlaßte, darin ein «arisches» Symbol zu sehen. In seiner ursprünglichen Form, mit im Uhrzeigersinn kreisenden Balken, symbolisiert das Hakenkreuz die vier Himmelsrichtungen und die Harmonie des Universums. Hitler aber hat das Hakenkreuz in wahrhaft satanischer Manier umgekehrt und es damit in ein Symbol des absoluten Chaos verwandelt.

Während Hitler damit beschäftigt war, eine Epoche des Chaos einzuleiten, gab es sowohl unter den Juden als auch unter den Nichtjuden andere, positivere spirituelle Kräfte, die sich ihm aktiv entgegenstellten. Im sechzehnten Jahrhundert hatte der bereits mehrfach erwähnte Rabbi Isaak Luria, der große Kabbalist, die Auffassung vertreten, daß die jüdischen Riten ihre Begründung vor allem im kollektiven Prozeß des *Tikkun Olam*, der «Wiederherstellung des Universums», hätten. Laut Luria zerbrachen im Akt der Schöpfung die «heiligen Gefäße» *(Sefirot)*, die das göttliche Licht aufnehmen sollten, wodurch «heilige Funken» auf die niederen Bewußtseinsstufen fielen. Mit anderen Worten: Das Universum hatte so etwas wie ein Leck, so daß das, was eigentlich rein spirituell sein sollte, sich mit der materiellen Welt vermischte.

Bedeutungen des Hakenkreuzes

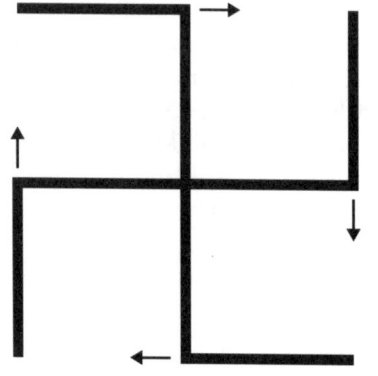

Traditionelles Hakenkreuz («kreisende Balken»), das sich im Uhrzeigersinn dreht und die Harmonie des Universums symbolisiert. Diese Form wird von den amerikanischen Ureinwohnern und anderen Völkern verwendet.

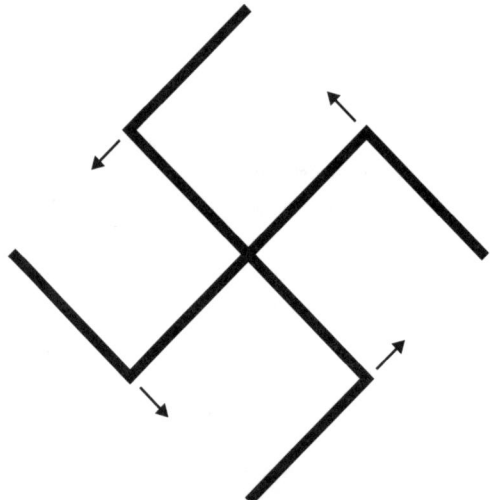

Das Hakenkreuz der Nationalsozialisten ist schräggestellt und dreht sich entgegen dem Uhrzeigersinn; es symbolisiert das Chaos. (Gelegentlich haben die Nazis das Hakenkreuz auch in nichtschrägen Varianten verwendet.)

Vergleich des Hakenkreuzes der «Erdreligionen» mit dem der Nationalsozialisten.
(Vergegenwärtigen Sie sich die Richtung, in der das Hakenkreuz sich «dreht», indem Sie sich die Striche als vier an Fahnenstangen wehende Flaggen vorstellen.)

Luria zufolge dienen die 613 *Mizwot* der Thora nicht nur dem Wohl des einzelnen Juden, der sie befolgt, sondern sind zugleich ein magisches Vehikel, mit dem diese heruntergefallenen «Funken» wieder dorthin zurückgebracht werden können, wohin sie im Universum gehören. Deshalb bedürfen die meisten Mizwot zu ihrer Ausführung bestimmter Stoffe oder Gegenstände. Wenn Mizwot mit der angemessenen Konzentration auf ihren Zweck *(Kawwana)* vollbracht werden, wird die in diesen physischen Gegenständen enthaltene psychische Energie freigesetzt und dem Schöpfer zurückerstattet, was sich auf die ganze Schöpfung auswirkt. Dieser kabbalistische Prozeß ist kumulativ: Wenn das *Tikkun Olam* vollendet ist, wird das Universum bereit sein für das messianische Zeitalter der planetarischen Einheit und des Friedens.

Damit das *Tikkun Olam* stattfinden kann, müssen natürlich Juden da sein, welche die Mizwot vollbringen und so, indem sie dazu beitragen, die planetarische Energie im Gleichgewicht zu halten, das «Königreich von Priestern»[34] verwirklichen. Selbstverständlich können einzelne Juden diese Verantwortung zurückweisen, aber solange es noch ein paar von ihnen gibt, einen Rest von Frommen sozusagen, welche die Gebote einhalten, wird der Prozeß *Tikkun Olam* weitergehen. (Auch Nichtjuden können am *Tikkun Olam* teilhaben, indem sie die noachidischen Gebote befolgen, von denen im vierten Kapitel die Rede war.)

Wenn nun Hitler tatsächlich ein Schwarzmagier gewesen wäre, so hätte er nichts so gefürchtet wie die «weiße Magie» der sechsunddreißig *Lamedwowniks,* den verborgenen jüdischen Heiligen, dank deren die Welt errettet wird, und die geistige Macht der Kabbalisten und chassidischen Rebben, deren Leben so vollkommen Gott geweiht waren.

Möglicherweise hat Hitler gespürt, daß die Welt, wie wir sie kennen, weiterexistieren wird, solange noch ein einziger Jude am Leben ist, der die Lehre (Thora) des einen gerechten und liebenden Gottes aufrechterhält. Um sein «tausendjähriges Reich» errichten zu können, hätte Hitler auch noch den letzten Zeugen des Bundes von Sinai auslöschen müssen. Glücklicherweise ist ihm das nicht gelungen.

Als mein Lehrer Reb Zalman bei einer zwanglosen Gruppendiskussion, die 1986 bei mir zu Hause stattfand, nach dem Sinn des Holocaust gefragt wurde, verglich er die kosmische Rolle des jüdischen Volkes mit den weißen Blutkörperchen im menschlichen Organismus. Diese, sagte er, bekämpfen Krankheiten, indem sie die von außen eindringenden Erreger absorbieren. Dabei mag das einzelne weiße Blutkörperchen absterben, der Körper aber wird auf diese Weise gerettet. Genauso, erklärte Reb Zalman, waren die Juden zu bestimmten Zeiten die «weißen Blutkörperchen» im spirituellen Körper der Menschheit. Wenn etwas Böses die Welt befällt, spüren die Juden die negative Energie häufig als erste und absorbieren seinen Einfluß. Das habe zwar im Laufe der Jahrhunderte viele Juden das Leben gekostet, doch sei durch ihr Opfer der «Körper der Menschheit» gerettet worden.

Unter den heutigen Juden ist diese Auffassung nicht gerade populär. Nach dem Holocaust haben sich viele Juden bewußt von der uralten Vorstellung losgesagt, daß die «heiligen Funken» emporgehoben werden müßten und die Welt durch unser Leiden geläutert werden könnte. Entweder, sagten sie, gebe es gar keinen Gott, oder er habe die Juden verlassen. Deshalb verherrlichten sie die Widerstandskämpfer, die zur Waffe gegriffen und gegen die Nazis gekämpft haben. Es war, als wäre der Zorn, der sich in den zweitausend Jahren Verfolgung angestaut hatte, jäh und unkontrollierbar aufgebrochen. Krieger, nicht mehr ihre spirituellen Meister wurden die Helden der Juden in unserer Zeit.

Das soll kein Vorwurf sein. Ich verstehe den Zorn, und ich fühle mit meinen jüdischen Brüdern und Schwestern. Andererseits finde ich, daß wir, wenn wir den Wert des Märtyrertums* leugnen, einiges verloren haben. Viele Juden machen die Gewaltlosigkeit heute in Bausch und Bogen lächerlich. Ein lebender Soldat, sagen sie, sei besser als ein toter Heiliger; das Überleben der Juden sei wichtiger als alles andere. Vielleicht haben sie recht. Aber solange wir nicht wieder an das Leben nach dem Tod glauben können, werden wir Mühe haben, unsere Spiritualität zurückzugewinnen und inneren Frieden zu finden.

Während der Arbeit an diesem Buch habe auch ich mit meinem Zorn auf die Nazis zu kämpfen gehabt. 1989 hatte ich einen sehr lebhaften Traum: Ich stand in einem Theaterfoyer und trug die Sabbattracht eines chassidischen Rebben mit Kaftan und Pelzhut und Schläfenlocken. Das Stück, das ich mir ansehen wollte, hieß «Leben und Zeit Adolf Hitlers». Die anderen Zuschauer hatten alle schon ihre Plätze eingenommen. Nur ich stand noch im Foyer.

In dem Moment, als das Saallicht erlosch und die Vorstellung anfangen sollte, kam Hitler persönlich von der Straße herein. Ich dachte, daß

---

*Obwohl das Wort «Märtyrertum» beinhaltet, daß das Opfer freie Wahl hatte, betrachtet die jüdische Lehre in Fällen, wo das ganze jüdische Volk verfolgt wird, *alle* Opfer als Märtyrer, auch jene, die keine Wahl hatten. Der hebräische Begriff lautet *Kiddusch ha-Schem*, was wörtlich übersetzt «Heiligung des göttlichen Namens» bedeutet – in der Regel indem man den Tod erleidet, weil man als Jude verfolgt wurde.

ich eigentlich Angst vor ihm haben müßte, aber irgendwie hatte ich keine. Hitler sah sehr klein, müde und traurig aus, wie jemand, der keinen Lebenswillen mehr hat. Er nahm sich ein Programmheft und kam zu mir.

«Nun sehen Sie sich an, was man über mich sagt!» jammerte er und zeigte auf die Seite im Programmheft, auf der die einzelnen Akte des Stücks über sein Leben benannt waren. Ich betrachtete das Blatt und sah, daß dort alles, was Hitler getan hatte, in chronologischer Reihenfolge erfaßt war, jede einzelne Szene.

«Ja», erwiderte ich, «so sind Sie den Menschen auf der Erde im Gedächtnis geblieben.»

Auf Hitlers Gesicht zeigte sich tiefer Schmerz. Dann brach er zusammen und schluchzte wie ein Kind. Im ersten Moment dachte ich: «Das geschieht ihm ganz recht.» Aber dann, ehe ich selbst noch wußte, was ich tat, hatte ich den weinenden Hitler plötzlich in die Arme genommen und tröstete ihn. Ich erklärte ihm, wenn er seine Taten aufrichtig bereue, stünde das Tor des Vergessens für ihn ebenso offen wie für jeden anderen Sünder, wenn der Weg dorthin auch sehr, sehr schwer werden würde. Hitler nickte; er war bereit, es zu versuchen.

In diesem Augenblick hielt draußen vor dem Theater ein Kastenwagen, aus dem ein dunkelhäutiger Mann stieg, außerdem ein geistig zurückgebliebener Junge und eine alte Frau im Rollstuhl; sie kamen ins Foyer und sagten: «Wir sind hier, um ihn auf die nächste Ebene zu bringen.» Hitler ging mit den dreien hinaus; sie fuhren zusammen mit dem Wagen weg, und ich wachte auf.

Könnte ich Hitler im wirklichen Leben in den Arm nehmen? Wahrscheinlich nicht. Aber die Welt der Träume ist ein seltsamer Ort; die Logik ist dort mitunter ausgeschaltet, damit eine Botschaft empfangen werden kann. In diesem Traum ging es nicht um Hitlers Reue, sondern darum, wie ich mit meinem eigenen Zorn fertig werde. Der Kampf zwischen Gut und Böse spielt sich ja nicht nur in der äußeren Welt, sondern auch in uns selbst ab. Jeder von uns hat das Zeug zu einem Hitler in sich, aber auch das Zeug zu einem Rebbe. In meinem Traum hatten sich diese beiden Seiten endlich von Angesicht zu Angesicht gegenübergestanden und sich versöhnt. Die Seite des Zorns konnte beginnen zu heilen. Ich weiß nicht, ob der wirkliche Hitler in der nächsten Welt bereut hat, aber seit diesem Traum fühle ich mich gelassener und Gott um vieles näher. (Für eine vertiefende Betrachtung dieses Traumes siehe Anhang B, Teil II, «Hat Hitlers Seele bereut?»)

ZEHNTES KAPITEL

Phönix aus der Asche

Die Religion des Judentums ist seit jeher auf die Hoffnung ausgerichtet. Selbst in den finstersten Perioden unserer Geschichte haben die Juden stets auf das «Licht am Ende des Tunnels» vertraut, auf die Zeit, da Frieden in der Welt herrschen wird. Daß man durch die Finsternis gehen muß, um zum Licht zu gelangen, ist eine Vorstellung, die tief in der jüdischen Psyche verwurzelt und in unserem Kultus verschlüsselt ist. Der jüdische Tag beginnt mit dem Sonnenuntergang und folgt damit dem Verlauf der Schöpfung, wie er in der Genesis dargestellt ist: «Abend ward und Morgen ward: Ein Tag.» Die Monate des jüdischen Kalenders beginnen mit dem Neumond und schreiten voran zum Licht. Auch der Anfang des Gebets, das wir am Seder, dem Abend vor dem Pessachfest, sprechen, unterstreicht die Hoffnung auf bessere Zeiten: «Dieses Jahr sind wir Sklaven, kommendes Jahr Söhne von Freien!»

Wohl nirgends ist die Orientierung der Juden auf die Hoffnung deutlicher ausgedrückt als in der Einhaltung von Tischa be-Aw, dem Tag des Gedenkens an die erste und zweite Zerstörung des Tempels in Jerusalem und viele tragische Ereignisse während unseres jahrhundertelangen Exils. Tischa be-Aw ist einerseits der traurigste Tag des jüdischen Kalenders – ein Fastentag, an dem wir bei unserem Gottesdienst voller Wehmut Teile aus Jeremias Klageliedern intonieren. Gleichzeitig aber ist dieser Tag von unendlicher Hoffnung erfüllt, weil eine uralte Tradition besagt, daß an ihm der Messias geboren werden wird. Deshalb blicken wir, obwohl der Gottesdienst an Tischa be-Aw bei Sonnenuntergang mit sehr traurigen Gedanken beginnt, am Nachmittag des folgenden Tages, mitten im Fasten, in die Zukunft, in der das messianische Zeitalter wie Phönix aus der Asche aufsteigen wird. So ist Tischa be-Aw ein Tag, der in Dunkelheit anfängt, sich aber zum ewigen Licht hinbewegt.

1969 war ich zu Tischa be-Aw in South Dakota; weit und breit gab es keine jüdische Gemeinde, bei der ich am Gottesdienst hätte teilnehmen können. Darum beschloß ich, das Fest mit meditativer Besinnung zu begehen und abzuwarten, ob sich eine Vision einstellen würde. Gegen

Sonnenuntergang stieg ich auf einen Hügel mitten in der Prärie und nahm nur eine Decke, eine Kerze und eine Bibel mit. Die Nacht war kühl, aber vollkommen klar; die Milchstraße und die Sterne leuchteten so hell, daß sie mir zum Greifen nah erschienen. Ich war sehr bewegt und von Demut erfüllt. Nachdem ich die Gebete gesprochen und bei Kerzenschein in der Bibel gelesen hatte, wickelte ich mich in meine Decke und schlief ein.

Kurz vor Sonnenaufgang hatte ich ein außerkörperliches Erlebnis, in dem mir ein Panorama all meiner Inkarnationen in den verschiedenen Epochen der jüdischen Geschichte erschien. Dann, noch immer in der Vision, flog ich über die Prärie und schaute hinunter auf einen riesigen Kreis von Menschen aller Rassen, Religionen und Nationalitäten, die um den Baum des Lebens tanzten. Sie trugen ihre Nationaltrachten und regenbogenfarbene Gebetsmäntel und sangen einen Vers aus dem 97. Psalm in hebräischer Sprache: «Licht ist ausgesät dem Bewahrten, und dem Herzensgraden Freude.»

Mir war klar, was diese Vision zu bedeuten hatte, eines aber wunderte mich: Warum trugen all diese verschiedenen Menschen *jüdische Gebetsmäntel* und sangen auf *hebräisch*? Den Gedanken, daß die ganze Welt jüdisch werden würde, verwarf ich sofort – er widersprach nicht nur dem Rest meiner Vision, sondern er war auch chauvinistisch. Trotzdem habe ich achtzehn Jahren lang gerätselt, was das zu bedeuten hatte.

Erst vor kurzem ist mir die volle Bedeutung der Vision aufgegangen. Die Leute in dem Kreis waren nicht zu meinem Glauben übergetreten, sondern hatten einander bestätigt, daß Jüdischsein etwas Schönes ist. Damit, daß sie jüdische Gebetsmäntel trugen, zeigten sie ihre Überzeugung, daß das Judentum eine eigenständige, vollgültige spirituelle Tradition ist, die den anderen an Tiefe und Kraft in nichts nachsteht.

In den sechziger Jahren waren nicht einmal die Juden selbst sich dessen sicher. Das Trauma des Holocaust hatte uns auf der Suche nach Freude und Liebe aus unseren eigenen Trauerhäusern auf andere spirituelle Wege getrieben. Ich glaube, daß viele nach dem Zweiten Weltkrieg geborene Juden tatsächlich aus dem Holocaust reinkarniert waren; wir waren aber (und hier schließe ich mich ausdrücklich mit ein), als wir auf die Welt kamen, von unaussprechlichem Schmerz erfüllt und hatten unsere Opferrolle ganz und gar verinnerlicht. Deshalb neigten wir dazu, unsere jüdische Identität zu verheimlichen, und versuchten, unerkannt in der dominierenden Kultur unterzutauchen. Und obwohl sehr viele Juden sich in der Friedens- und in der Bürgerrechtsbewegung engagiert haben oder auf andere Weise gesellschaftlich aktiv waren, haben wir dies nur selten als *Juden* getan.

Auch in der nichtjüdischen Welt wurde die spirituelle Seite des Judentums seinerzeit kaum wahrgenommen. Ich weiß noch, wie damals, als das Bibelwort «Schwerter zu Pflugscharen» zur Parole der Friedensmärsche geworden war, die meisten Menschen glaubten, dieser Gedanke habe seinen Ursprung im Christentum. Noch in neuerer Zeit neigten Mitglieder metaphysischer Kreise zu der Auffassung, die Rolle der Juden in der planetarischen Revolution sei mit dem Auftreten Jesu zu Ende gewesen. Diese theologische Fahrlässigkeit hat meines Erachtens mit dazu beigetragen, daß über das religiöse Leben der heutigen Juden weithin Unkenntnis herrscht.

Im April 1987 bereitete ein katholisches College im Mittelwesten ein großes Symposium zum Thema «Östliche und westliche Spiritualität und Persönlichkeitsentwicklung» vor, bei dem Vertreter der verschiedensten religiösen und philosophischen Strömungen als Referenten auftreten sollten. Es waren buddhistische und katholische Mönche dabei, hinduistische Yogis, Schamanen amerikanischer Indianerstämme, ein chinesischer Tai-Chi-Meister, aber auch weltliche Psychologen und Philosophen sowie Vordenkerinnen des Feminismus. Die Veranstalter waren der Meinung, ein ausgewogenes und breitgefächertes Programm zusammengestellt zu haben.

Doch als die Konferenz in den Medien angekündigt wurde, gingen empörte Anrufe aus jüdischen Kreisen ein. Die Anrufer wollten wissen, warum bei einem so bunten Spektrum von Referenten aller möglichen Religionen *kein einziger Jude* auf der Rednerliste stand?

Den Organisatoren war das sichtlich peinlich. Man lud mich in letzter Minute ein und erklärte mir entschuldigend: «Nachdem wir darauf aufmerksam gemacht worden waren, haben wir uns gefragt, wie uns ein solcher Lapsus unterlaufen konnte. Wir diskutierten darüber und stellten fest, daß wir uns stillschweigend einig waren, daß die Juden keine Spiritualität hätten.»

Ich sagte meine Teilnahme zu und hatte während des Symposiums viele schöne Gespräche mit spirituellen Lehrern aus dem ganzen Land. Anschließend wurde ich als jüdischer Referent zu einer weiteren multikulturellen Tagung nach Denver, Colorado, eingeladen. Anlaß dieser Konferenz war die *Harmonic Convergence*, der weltweite Bet- und Feiertag der New-Age-Bewegung, der am 16. und 17. August 1987 in Denver begangen wurde. Die *Convergence* wurde angekündigt als ein kosmisches Ereignis, das auf dem Maya-Kalender beruhte. Nach den Voraussagen der Maya-Propheten sollte ein Zeitalter des Friedens beginnen. Dort, in Denver, erlebte ich schließlich die Erfüllung meiner Vision von 1969.

Vorher aber mußte ich mich hier, in New-Age-Kreisen, mit dergleichen Unkenntnis bezüglich der jüdischen Spiritualität auseinandersetzen, die mir bereits in der christlichen Welt begegnet war. Überall in Amerika berichteten die Medien über die Feierlichkeiten aus Anlaß der *Harmonic Convergence*, die jüdischen Prophezeiungen aber kamen in diesen Berichten nirgendwo vor, und das obwohl der jüdische Kalender und jener der Maya nur dreiundzwanzig Jahre auseinanderliegen – für die Mayas war es das Jahr 5725, für die Juden 5747 – und die beiden Kalender während der *Convergence* ineinandergriffen und sich verbanden.

Der Maya-Kalender ist recht kompliziert und soll angeblich exakter als der gebräuchliche gregorianische sein. Er unterteilt die Zeit nicht nur in Tage, Monate und Jahre, sondern überdies in größere Zyklen. Ein Zyklus, der 1987 zu Ende ging, begann im Jahre 1519 – nicht lange also nach der «Entdeckung» Amerikas durch Kolumbus 1492. Jeder hat davon gehört, daß die Azteken die Spanier zunächst für Götter hielten. Das hing offenbar damit zusammen, daß die Europäer gegen Ende eines großen Kalenderzyklus eintrafen, als die Menschen Amerikas messianische Veränderungen erwarteten.

Doch die Spanier erwiesen sich als falsche Messiasse; sie brachten die «neun Höllen» des Schreckens und der Eroberung mit sich. Die *Harmonic Convergence* markierte das Ende der «neun Höllen» und den Anbruch des messianischen Zeitalters der Maya. Im Mittelpunkt der Maya-Prophezeiungen stand keine einzelne Person als Friedensbringer, sondern der kosmische Lebensbaum, von dem aus der Friede sich über den gesamten Planeten verströmen sollte. (Wie wir noch sehen werden, deckt sich diese Vorstellung von einem «kollektiven Messias» mit gewissen jüdischen Glaubensinhalten.)

Der eigentlichen *Convergence* gingen, beginnend mit dem 4. August, zwölf Tage der Reinigung voraus; in dieser Zeit sollten die einzelnen Menschen und die Völker sich auf den Eintritt in das bevorstehende neue Zeitalter vorbereiten. Merkwürdigerweise fiel der erste Tag dieser Reinigungsperiode mit dem jüdischen Trauertag Tischa be-Aw zusammen, dem Tag, an dem, wie schon gesagt, die Geburt des Messias erwartet wird. (Der jüdische Kalender ist ein Mondkalender, kein Sonnenkalender; Tischa be-Aw ist das letzte Mal im Jahre 1949 auf den 4. August gefallen und wird erst 2033 wieder auf diesen Tag fallen.) Noch merkwürdiger ist, daß der Tag, bevor Kolumbus im August 1492 in See stach, zugleich der letzte Termin war, den Ferdinand und Isabella (die Kolumbus' Reise finanzierten), den Juden gesetzt hatten, um Spanien zu verlassen, und auch dieser Tag fiel auf Tischa be-Aw!

Auch die spanische Inquisition, in deren Verlauf Tausende Juden, Moslems, Christen und Heiden sowohl in Europa als auch in Amerika den Tod auf dem Scheiterhaufen erleiden sollten, erreichte Ende des fünfzehnten Jahrhunderts einen Höhepunkt. So bezeichnete die Jahreszahl 1492 sowohl für die Juden als auch für die amerikanischen Ureinwohner den Beginn einer jahrhundertelangen Verfolgung und Vertreibung. Und wir können aus heutiger Sicht wohl sagen, daß beide Kulturen noch immer mit den Auswirkungen jener fünfhundert Jahre zurückliegenden Ereignisse zu kämpfen haben.

Arthur Waskow, der am *Reconstructionist Rabbinical College* in Philadelphia lehrt, hat diese Parallele zwischen der jüdischen Geschichte und der der amerikanischen Ureinwohner ebenfalls bemerkt. Für ihn sind die Jahre von 1492 bis 1945 zwei Seiten einer Medaille: nämlich des «Zeitalters der Moderne», wie er es nennt. Es begann mit dem Zerfall der traditionellen Gemeinden – der Juden in Spanien und der Inka in Südamerika – und endete in den Gaskammern von Auschwitz:

«Diese Daten, diese Meilensteine in der Biographie der Menschheit und des jüdischen Volkes – von 1492 bis 1945, von der ‹Entdeckung› Amerikas bis zur Erfindung der Atombombe, von der Vertreibung aus Spanien bis zur ‹Erfindung› des Holocaust – sind zutiefst miteinander verwoben ... Wir stehen inmitten der Trümmer der alten Weltsysteme, die von den Ruinen der neueren nur spärlich zugedeckt sind. Für einen neuen Raum, in dem wir menschlich leben können, haben wir noch nicht einmal die Pläne entworfen.»[1]

Bei der *Convergence*-Veranstaltung in Denver hatte ich reichlich Gelegenheit, Indianer aus ganz Nord- und Südamerika kennenzulernen. So wurde mir eine weitere Parallele in ihrer und unserer Geschichte bewußt: Hitlers Programm zur Behandlung der Judenfrage orientierte sich, wie er bereits in *Mein Kampf* erklärt hatte, an der Art und Weise, wie die Herrschenden in Nord- und Südamerika mit den Ureinwohnern verfahren waren. Die Indianerreservate des neunzehnten Jahrhunderts waren, wie mehrere Redner meinten, die primitiven Vorläufer der Konzentrationslager: Der Unterschied lag im Entwicklungsstand der Technik, die Absicht aber war im Grunde die gleiche. Die Nazis betrieben die Vernichtung der Juden mit ausgeklügelten Methoden, die amerikanischen Militärs setzten auf Einsperren, Verhungernlassen und pockeninfizierte Decken, mit denen sie ganze Stämme, die keine Abwehrkräfte gegen die Krankheit besaßen, ausrotteten. In beiden Fällen wurde das Volk von den Unterdrückern gettoisiert, wurden Land und Besitz konfisziert und die Menschen mit Gewaltmärschen an entlegene Orte deportiert, wo man sie demoralisieren und vernichten konnte.[2] Viele amerikanische Indianer sind daher der Ansicht, daß sie, ähnlich wie die Juden in Europa, Opfer eines systematischen Völkermordversuchs waren. Glücklicherweise vermochten sowohl das indianische als auch das jüdische Volk zu überleben, obwohl beide bis heute von den Wunden gezeichnet sind, die ihnen diese Erfahrung zugefügt hat.

Ich werde oft gefragt, wie viel Zeit nötig sein wird, bis der Holocaust «überwunden» ist. Wenn ich antworte, daß es wahrscheinlich viele Generationen dauern wird, ehe dieses Karma ganz geheilt ist, reagieren die Fragenden stets enttäuscht. Doch wenn man bedenkt, daß die Indianer die negativen Auswirkungen ihrer «Begegnung» mit Kolumbus noch nach fünfhundert Jahren spüren, darf man wohl annehmen, daß auch die Juden noch viele Jahre vom Holocaust beeinträchtigt sein werden. Allerdings glaube ich, daß wir den Heilungsprozeß sowohl für die Juden als auch für die amerikanischen Ureinwohner beschleunigen können, indem wir uns aktiv mit unseren Vorurteilen auseinandersetzen und etwas dafür tun, daß in dieser Welt mehr Menschlichkeit und Liebe herrschen. Darüber hinaus kann jeder Mensch an seinem persönlichen Karma arbeiten.

Bei der Zusammenkunft in Denver erfuhr ich, daß viele amerikanische Ureinwohner an Reinkarnation glauben und das erneute Aufblühen ihrer Kultur in jüngster Zeit darauf zurückführen, daß die Seelen der «Medizinmänner», die vor Hunderten von Jahren starben, zurückgekehrt seien. Diese Menschen scheinen die «Erinnerung» an die vor langer Zeit untergegangenen Zeremonien in sich zu tragen. Das stimmt mit meinem eigenen Gefühl überein, daß derzeit viele Juden aus früheren Jahrhunderten wiedergeboren werden – ein Thema, auf das wir später noch einmal zurückkommen wollen.

Am Morgen der eigentlichen *Convergence* versammelten wir uns auf der Rotunde des Colorado State Capitol zu einer Sonnenaufgangszeremonie, die von Nachfahren der Maya und Azteken aus Mexiko geleitet wurde, und bildeten dort einen großen Kreis. Hunderte Menschen aller nur denkbaren Nationalitäten und ethnischen Zugehörigkeiten waren dort, sämtlich in ihren zum Teil farbenfrohen traditionellen Trachten. Der einzige, der tatsächlich einen jüdischen Gebetsmantel anhatte (mit Streifen natürlich in den Farben des Regenbogens) war ich, und so tanzten wir – nicht zu hebräischen Gesängen, sondern zum Schlag der Trommeln, aber sonst war alles genau so wie in meiner Vision. Der Baum des Lebens in der Mitte des Kreises war zwar nicht sichtbar, aber im übertragenen Sinne zugegen, denn um ihn drehte sich die ganze *Convergence*. Mir kam es so vor, als ob der Weltenbaum, wenn auch unsichtbar, in der Tat das Zentrum unseres Kreises bildete.

Sieben Wochen nach jenem Tischa be-Aw 1987, mit dem die Vorbereitungen auf die *Harmonic Convergence* begannen, fing nach jüdischem Kalender ein neues Jahr an, und auch das hatte eine ganz besondere Bedeutung. Da es im hebräischen Alphabet ursprünglich keine Ziffern gab, schreibt man Daten traditionell mit hebräischen Buchstaben, deren Wert der Stelle entspricht, die der jeweilige Buchstabe in der Reihenfolge des Alphabets einnimmt. Diese Buchstaben ergeben nicht selten Wörter oder Akrostichen, die als Omen für das bevorstehende Jahr betrachtet werden. Das jüdische Jahr 5748, das am 24. September 1987 begann, wurde mit den Buchstaben Taw – Sin – Mem – Chet geschrieben. Was heißt das auf hebräisch? *Tismach* – «Freuet euch!» Für viele Juden war das völlig unabhängig von der *Harmonic Convergence* das größte Hoffnungssignal seit Jahrzehnten, denn in den Jahren davor hatten die Botschaften, die sich aus den Jahreszahlen ergaben, immer recht bedenklich geklungen. Das «Freuet euch!» aber war so hoffnungsvoll, daß einige Chassidim sogar glaubten, 5748 sei das Jahr des Messias.

Ich weiß nicht, warum die Leute, die sich öffentlich über die *Convergence* geäußert haben, nicht auf diese sensationelle Verschmelzung zweier alter Kalender eingegangen sind. Offenbar wissen einfach viele Menschen nichts über unseren Kalender und unsere Lehren. Die meisten Teilnehmer an der *Convergence* gingen vermutlich damals noch von der Existenz einer «jüdisch-christlichen Tradition» aus; ihnen war nicht klar, daß das spirituelle Judentum und das Christentum zwei voneinander unabhängige Religionen sind, die jeweils ihre eigenen Prophezeiungen haben.

Für mich war der Austausch über die Prophezeiungen das Interessanteste an der *Convergence*-Veranstaltung. Ich muß zugeben, daß ich nicht genau weiß, wie dieses Phänomen der Prophezeiungen zu deuten ist. Sind diese Vorhersagen bloß archetypische Träume und Visionen unterdrückter Völker, die sich nach neuen, besseren Zeiten sehnen? Oder können die Propheten wirklich in die Zukunft schauen? Wenn ja, wie steht es dann mit der Willensfreiheit? Lauter Fragen, die ich nicht ohne weiteres beantworten kann. Im Augenblick glaube ich, daß wir zwar einen freien Willen haben, daß es aber in der Geschichte bestimmte Grundmuster gibt, auf welche die Propheten unter Umständen aus der Ferne einen Blick erhaschen können. Aus jüdischer Sicht sind diese Ausblicke durchaus nicht immer eherne Wahrheiten; der Prophet spricht lediglich aus, *was geschehen könnte, wenn* die Menschen auf dem eingeschlagenen Weg bleiben. Doch es besteht immer die Möglichkeit zur Reue, und wie die Geschichte von Jona (siehe siebtes Kapitel) zeigt, kann ein aufrichtiger Sinneswandel «drohendes Unheil abwenden».

Ich finde es faszinierend, daß viele Prophezeiungen von Völkern der ganzen Welt sich offenbar auf unser Jahrhundert richten und konvergieren. Wenn das stimmt, dann wäre der Zweite Weltkrieg weitaus mehr gewesen als eine politische Konfrontation weltlicher Supermächte. Tatsächlich haben schon lange vor Kriegsbeginn Menschen aus verschiedenen Kulturen, die sich mit der Deutung von Weissagungen beschäftigten, vorausgesagt, daß in diesem Jahrhundert das «Ende das Zeitalters» eintreten werde.

Meir Löb ben Jechiel Michael Malbim, der damalige Oberrabbiner von Rumänien, ging 1868 davon aus, daß die Erlösung 1913 beginnen würde und der Tempel in Jerusalem bis 1928 wiederaufgebaut wäre.[3] Das hat sich zwar nicht bewahrheitet, aber interessant ist, daß 1914 der Erste Weltkrieg begann, dem Hitler seinen Aufstieg zu verdanken hatte. Wenn der Zweite Weltkrieg in den jüdischen Prophezeiungen eine Rolle spielt, dann könnte Rabbi Meir Löb mit seinen Spekulationen recht gehabt haben. Nur daß 1913/14 nicht die Erlösung selbst einleitete, sondern einen Konflikt zum Beginn der «messianischen Zeit», die «Messiaswehen», das heißt die «Große Trübsal», nach der das messianische Zeitalter wie Phönix aus der Asche steigen soll.

Als Hitler an die Macht kam, sahen Menschen, die sich mit den Schriften des Nostradamus befaßt hatten, im «Dritten Reich» eine Erfüllung einiger seiner Prophezeiungen. Nostradamus, behaupteten sie, habe die Revolutionen in Amerika und Frankreich ebenso exakt vorausgesagt wie den Aufstieg und Fall Napoleons. Nach Napoleon sollten noch zwei weitere Tyrannen kommen: ein Deutscher, der «vom grausamsten Thron, den es je gab, regiert», und ein Araber oder Perser mit einem blauen Turban. «Die Deutschen und ihre Nachbarn werden Krieg führen um die Herrschaft über die Wolkenregionen», schrieb Nostradamus im sechzehnten Jahrhundert, also vierhundert Jahre vor der Erfindung des Flugzeugs. Er nannte sogar den Namen des deutschen Tyrannen und irrte sich dabei nur in einem einzigen Buchstaben; Nostradamus nannte ihn Hister.[4]

Ebenso sahen viele Zeugen Jehovas während des Zweiten Weltkriegs in Hitler die Erfüllung der Antichristprophezeiungen aus der Offenbarung und verkündeten, daß das Ende der Welt nahe sei. Bis heute lehnen die Zeugen Jehovas sowohl die Zugehörigkeit zu politischen Parteien als auch den Militärdienst ab. Sie wurden deshalb seit 1933 von den Nazis verfolgt. Viele von ihnen sind in den Konzentrationslagern umgebracht worden, weil sie das Hakenkreuz nicht tragen wollten, das in ihren Augen das «Zeichen der Bestie» war, und den Hitlergruß verweigerten.[5]

Auch andere Christen sahen in Hitlers Hakenkreuz ein Zeichen des Teufels und der Endzeit. Für sie waren die Kampfflugzeuge über ihren Köpfen die «Heuschrecken», von denen es im neunten Kapitel der Offenbarung heißt, sie hätten «Panzer wie eiserne Panzer» und «ihr Antlitz gleich der Menschen Antlitz» schaute aus den Cockpits auf sie herab. Und es hörte sich wirklich an «wie das Rasseln an den Wagen vieler Rosse, die in den Krieg laufen», und es waren tatsächlich «Stacheln an ihren Schwänzen», nämlich die Bordwaffen, mit denen sie schossen, und die Bomben, die in «Feuer und Rauch und Schwefel» explodierten.

Auch die Hopi-Indianer im Südwesten der Vereinigten Staaten glaubten, daß sich in unserem Jahrhundert erfüllte, was ihre alten Seher vorhergesagt hatten. Nach der Prophezeiung sollten, wenn die «schwarze Straße» das Land und die «weiße Straße» (Kondensstreifen von Düsenflugzeugen) den Himmel kreuzen, zwei mächtige Völker erscheinen, das eine mit dem Zeichen der Sonne (Japan), das andere mit dem Zeichen des umgekehrten Hakenkreuzes (Deutschland). Diese beiden Mächte würden «die Erde zweimal erschüttern» (Erster und Zweiter Weltkrieg?) vor dem Tag der großes Reinigung. Wenn diese «Erschütterungen» der Erde vorbei wären, sollten die Hopi sich auf den Weg machen zu einem großen Versammlungshaus am Ufer des großen Wassers, wo «die Sonne durch die Mauern scheint» und die «Häuptlinge aller Völker sich treffen».

1957 brachen sechs geistliche Führer der Hopi mit ihrem Dolmetscher Thomas Banyaca auf in Richtung Ostküste, um im Gebäude der Vereinten Nationen mit seiner gläsernen Fassade vor der Generalversammlung zu sprechen. Sie scheiterten jedoch an der Bürokratie und mußten sich sagen lassen, daß man sich vier Monate im voraus anzumelden habe, um auf die Rednerliste zu kommen.

Die Hopi verließen das UN-Gebäude und zogen nach Washington zum Pentagon, doch auch dort standen sie vor verschlossenen Türen. Glücklicherweise nahmen sich die örtlichen Medien der Sache an, so daß die Hopi zumindest die Gelegenheit erhielten, die Warnung ihrer Vorväter publik zu machen: Wenn wir nicht in Frieden miteinander leben, wird eine «Kürbisflasche voll Asche» auf die Erde niederfallen und das Wasser und die Luft vergiften.[6]

Soll all das bloßer Zufall sein? Das kann ich mir nicht vorstellen. Ich persönlich glaube, daß der Zweite Weltkrieg wirklich die Erfüllung der «Endzeit»-Prophezeiungen vieler verschiedener Kulturen ist und der Holocaust in der Tat die Phase der «Geburtswehen des messianischen Zeitalters» war, die von den jüdischen Propheten geweissagt worden ist. Womit ich allerdings – ich betone dies ausdrücklich – nicht sagen will, daß der Holocaust gottgewollt war. Ich glaube vielmehr, daß es übersinnliche Warnungen bezüglich unseres Jahrhunderts gab; und wären diese Warnungen befolgt worden, hätte viel Leid vermieden werden können. In unseren jüdischen Gebeten bitten wir um das Wiedererstehen Jerusalems und darum, daß der Messias «schnell nach unserer Zeit» kommt. Nach traditioneller Leseart bedeutet das, daß der Messias früher oder später auf jeden Fall kommen wird; «schnell» nach Gottes Zeit, wenn wir alle bewußt darauf hinarbeiten, sonst aber «nach unserer [irdischen] Zeit», mit all den Prüfungen und Qualen, die dazwischenliegen.

Doch bevor wir uns weiter mit diesem Thema beschäftigen können, muß ich erklären, was der Messias für die Juden ist, denn dieses Wort bedeutet für viele Menschen etwas anderes. Es kommt aus dem Hebräischen, wo *Maschiach* einfach nur «gesalbt» heißt. Es kann als Nomen und als Adjektiv gebraucht werden und hat auch Verbformen. Zum erstenmal tritt es im ersten Buch Mose 31,13 auf, wo es sich auf einen Stein bezieht, den Jakob mit geweihtem Öl «gesalbt» und an dem er «ein Gelübde getan» hat. In der Bibel erscheint das Wort *Maschiach* dann erst wieder im zweiten Buch Mose, 28. Kapitel, und zwar mehrfach im Zusammenhang mit den Anweisungen zur Weihung der «Hütte des

Stifts» und zur Priesterweihe. Moses war der erste, der diese Anweisungen befolgte, was im dritten Buch Mose wie folgt beschrieben ist:

«Und Mose nahm das Öl der Salbung, er salbte die Wohnung und alles, was darin war, er heiligte es, er spritzte davon auf die Schlachtstatt siebenmal, er salbte die Statt und alle ihre Geräte, den Kessel und seinen Kasten, sie zu heiligen, er goß von dem Öl der Salbung auf Aarons Haupt, er salbte ihn, ihn zu heiligen.»[7]

Mithin war der Hohepriester Aaron im Grunde der erste «Gesalbte» oder «Messias». Das Ritual der Salbung mit geweihtem Öl erhielt sich über die biblische Zeit und wurde zur Priesterweihe und anläßlich der Inthronisierung von Königen vollzogen. Sowohl König Saul als auch König David waren in diesem Sinne «Messiasse». Der Prophet Jesaja, der weder Priester noch König war, erklärte: «… weil Er mich gesalbt hat … Glücksmär zu bringen …»[8] Damit ist gesagt, daß *Maschiach* nicht nur ein Amt, sondern auch eine Aufgabe bedeuten kann.

In allen genannten Beispielen wurden die gesalbten Menschen oder Gegenstände heilig (*kadosch*) und waren somit dazu bestimmt oder «erwählt», Gott zu dienen. Nach dem jüdischen Glauben bedeutet Heiligkeit weder Überlegenheit oder makellose Vollkommenheit, noch heißt es, daß der Betreffende zum Gott wird. Heilige Menschen dienen Gott, bleiben aber Menschen und fehlbar. Vollkommen ist allein Gott, alles andere entwickelt sich beständig weiter, hin zu einer immer größeren Vervollkommnung.

In der Bibel bezeichnet das Wort *Maschiach* aber nicht nur einzelne «Gesalbte», sondern wird auch in einem umfassenderen Sinne gebraucht. Im 19. Kapitel des zweiten Buches Mose schickt Gott Moses mit einer Botschaft zu den am Fuße des Sinai versammelten Juden. «Hört auf meine Stimme und wahrt meinen Bund, dann werdet ihr mir aus allen Völkern ein Sondergut. Denn mein ist all das Erdenland, ihr aber, ihr sollt mir werden ein Königreich von Priestern, ein heiliger Stamm.»[9]

In diesem Vers wird zwar das Wort *Maschiach* nicht verwendet, aber dafür werden die Juden als «Königreich von Priestern» bezeichnet, und Priester wurden, wie gesagt, stets gesalbt, wenn sie ihr Amt antraten. Deshalb werden die Bibelstellen, in denen die Wendung «von Gott gesalbt» hinsichtlich einer Gruppe von Menschen vorkommt, von den Juden heute als auf das ganze Volk bezogen verstanden, welches das gesalbte Königreich von Priestern ist oder, mit anderen Worten, ein kollektiver Messias.

Gleichzeitig aber lehrt die jüdische Theologie auch die Personifizierung des Messias in einem Menschen. Im Laufe der Jahrhunderte haben viele sich für den Messias ausgegeben, und zahlreiche jüdische Sekten (wie auch manche nichtjüdische) sind ihnen gefolgt. Doch neben dem gewöhnlichen Verständnis des Maschiach als einer bestimmten Person, welche die Menschen von der Unterdrückung erlöst, spielt im Judentum die Vorstellung von einem kollektiven Messias eine große Rolle.

Wie schon im neunten Kapitel erörtert, sahen die lurianischen Kabbalisten im *Tikkun Olam*, in der «Wiederherstellung der Welt» also, eine notwendige Voraussetzung für das Kommen des Maschiach. Nach Gershom Scholem stellte diese Lehre eine einschneidende Verlagerung des Schwerpunkts dar, weil sie bedeutete, daß das jüdische Volk nicht auf die Ankunft des Messias wartete, sondern selbst eine aktive Rolle in dem Erlösungsprozeß spielte. Im mystischen Sinne wurde der Maschiach von da an nicht mehr als Einzelwesen angesehen, das die Fähigkeit besitzt, Wunder zu tun und die Erde zu verbessern, sondern als die kollektive Seele des jüdischen Volkes.[10] Nach dem Holocaust verstehen viele Juden den Messias nicht mehr als personifiziertes Wunderwesen, sondern sprechen von einem «messianischen Zeitalter». Der bereits zitierte Arthur Waskow bezieht den Ausdruck «den Maschiach bringen» häufig auf soziale Aktivitäten.

Ich habe all diese Prophezeiungen und traditionellen Auffassungen hier erörtert, weil ich veranschaulichen möchte, daß die Juden auch weiterhin eine sehr wichtige Rolle bei der spirituellen Entwicklung unseres Planeten spielen und nicht so losgelöst vom Rest der Welt sind, wie mitunter angenommen wird. Der Gedanke der kollektiven Bewußtseinsverlagerungen, wie sie von der «modernen» Metaphysik verkündet wird, ist im Grunde gar nicht so neu; er bestätigt die jüdische Idee von einem kollektiven Messias. Die Juden vertreten von jeher die Auffassung, daß der Messias, ganz gleich, in welcher Form er kommt, hier auf unserem Planeten den konkreten, greifbaren «Frieden auf Erden» bringen wird. Wenn wir, wie ich glaube, die in vielen Kulturen prophezeite «große Trübsal» bereits hinter uns haben, dann erleben wir jetzt einen entscheidenden Moment in der Geschichte. Und wenn es wirklich einen «kollektiven Messias» gibt, dann sind wir alle miteinander in diesen Prozeß einbezogen.

Für den einzelnen bedeutet das, daß jeder von uns, ob Jude oder Nichtjude, seinen Beitrag zur Erlösung des Planeten Erde leisten kann. Jeder spirituelle Akt, jedes Gebet, jede gute Tat, die wir vollbringen, ist ein Schritt hin zum messianischen Zeitalter. Aus dieser Sicht können die alltäglichsten Dinge, die wir tun, eine Bedeutung von kosmischer Dimension erlangen. «Sei ebenso achtsam auf ein geringes Gebot, wie auf ein wichtiges», heißt es in der Mischna.[11] Aber woher wissen wir überhaupt, welche Mizwot «wichtig» sind und welche «gering»? Mitunter löst eine scheinbar unbedeutende Freundlichkeit eine Kette von Ereignissen aus, die unser ganzes Leben und vielleicht sogar den Gang der Geschichte verändern können.

Am Anfang dieses Kapitels war davon die Rede, daß wir uns aus der Finsternis zum Licht bewegen. Seltsamerweise hat noch jedesmal, wenn eine jüdische Gemeinde vernichtet wurde, die jüdische Spiritualität fünfzig bis fünfundsiebzig Jahre später eine neue Blütezeit erlebt. Jedesmal ist Phönix aus der Asche aufgestiegen und hat dem jüdischen Denken zu neuen Erkenntnissen verholfen.

Als der erste Tempel zerstört und die Juden in die babylonische Gefangenschaft geführt wurden, muß ihnen das, was sie erlebten, wie das Ende der Welt vorgekommen sein. «Wie sängen wir Seinen Gesang auf dem Boden der Fremde»[12] – ohne Tempel, ohne Opferhandlungen und so weit fort von der Heimat? Und doch führte gerade das Exil zur Errichtung der ersten Synagogen und machte den Menschen klar, daß sie keinen zentralen Tempel brauchten, um zu beten. Sie erkannten, daß Gott nicht nur an einem Ort ist, sondern daß man ihn überall finden kann. Siebzig Jahre später, als die Juden nach Jerusalem zurückkehrten und den zweiten Tempel bauten, waren sie gefestigter in ihrem Glauben als zuvor. Gott bekam wieder ein Haus in Jerusalem, aber er war überall auf der Welt derselbe, einzige Gott.

Auf die Zerstörung des zweiten Tempels folgte erneut ein Exil, und abermals erlebte das jüdische Leben danach einen Wandel. Diesmal wurde der Tempel nicht wieder aufgebaut; er ist bis heute zerstört. Darum wurde jedes jüdische Heim zum Tempel, und die Sabattafel ist der Altar darin. Das tägliche Essen wurde zum Gottesdienst. Und jetzt erkannten die Juden, was Abraham Joshua Heschel die «Architektur der Zeit» genannt hat.[13] Viele Jahrhunderte lang sollte es den Juden verwehrt bleiben, ihr eigenes, selbstverwaltetes Territorium, ihren eigenen Lebensraum zu haben. Von einem Augenblick zum anderen konnten sie aller greifbaren Dinge des Lebens – Synagogen, Häuser, Geschäfte –

beraubt werden. Den Sabbat aber konnte ihnen niemand nehmen; er wurde zum Heiligtum, zur Zuflucht vor einer immer feindlicher werdenden Welt.

Die Vertreibung aus Spanien 1492 war für die Juden ein weiterer Schock. Doch auch diesmal stieg Phönix wieder aus der Asche, denn nun entwickelte sich in der Gemeinde in Safed die Blüte der Kabbala, die ihrerseits eine tiefere Spiritualität des gesamten jüdischen Lebens hervorbrachte. Fortan waren die Mizwot nicht mehr nur Gebote, die eingehalten werden mußten, sondern ihre Befolgung trug entscheidend zur Heilung des Universums bei, zum «Emporheben der heiligen Funken», und konnte helfen, den Maschiach zu bringen.

Mitte des siebzehnten Jahrhunderts zettelte der Kosakenführer Bogdan Chmielnicki einen Aufstand gegen den polnischen Adel an und brachte bei dieser Gelegenheit die Juden gleich mit um. Eine Zeitlang sah es so aus, als ob diese Tragödie Kraft und Geist des jüdischen Volkes gebrochen hätte, doch schon in der folgenden Generation wurden sie wieder aus ihrer Verzweiflung gerissen, diesmal durch den Baal Schem Tow, den Begründer des Chassidismus. Er sorgte dafür, daß die Kabbala nicht mehr nur eine Sache der Gelehrten war, sondern dem ganzen Volk offenstand, und lehrte die einfachen Juden, in jeder Lebenslage wahrhaftig freudig zu beten. Von nun an waren selbst die alltäglichsten Dinge des Lebens von Heiligkeit durchdrungen.

Am Rosch ha-Schana 1746 fuhr der Baal Schem-Tow zum Himmel auf, wo er den Messias traf und ihn fragte: «Wann wirst du kommen?» Der Messias antwortete: «Wenn deine Lehre verbreitet und der Welt offenbar geworden ist ... dann werden alle Hüllen [alles Negative] fallen, und dann wird die Zeit der Gnade und der Erlösung sein.»[11] Als der Baal Schem-Tow diese Vision hatte, waren die Chassidim eine obskure, hinterwäldlerische jüdische Sekte irgendwo in den Karpaten. Doch während nur einer Generation verbreitete sich ihre Lehre wie ein Lauffeuer über ganz Osteuropa. Aber es bedurfte einer weiteren Katastrophe von ungeahntem Ausmaß, damit der Chassidismus sich unter den Juden der ganzen Welt ausbreiten konnte.

Diese Katastrophe war der Holocaust. Über fünfzig Jahr sind seit jener letzten Tragödie vergangen, und heute hat der Chassidismus weltweit die Juden – und auch die Nichtjuden – erreicht. Heute sind die chassidischen Geschichten und Parabeln in vielen Sprachen übersetzt. Abermals steigt Phönix aus der Asche, und abermals erleben wir eine Wiederbelebung des Judentums.

Worin liegt das Geheimnis dieser Unverwüstlichkeit, dieser den Juden eigenen Fähigkeit, Katastrophen von solcher Tragweite nicht nur zu überleben, sondern sogar noch gestärkt daraus hervorzugehen? Soziologen, Anthropologen, Psychologen – sie alle fanden für dieses Phänomen Erklärungen, die sicherlich richtig sind. Aber ich glaube, daß dabei auch die Reinkarnation eine wichtige Rolle spielt. Ich bin der Überzeugung, daß es eine Kerngruppe von Seelen gibt, denen es aufgetragen ist, als Juden zurückzukommen, und daß dieser «heilige Rest» stets innerhalb von einer oder zwei Generationen nach der Tragödie wiederkehrt, wenn die Gemeinde soweit geheilt ist, daß sie über die negativen Erfahrungen hinausschauen und sich in eine neuen Richtung entwickeln kann.

Während ich das Material für dieses Buch zusammentrug, hat man mich oft gefragt: «Wo sind die Seelen der verstorbenen chassidischen Rebben?» Das ist eine gute Frage. Aus den Augenzeugenberichten könnte man schließen, daß viele fromme Juden die Qualen ertragen haben, ohne in ihrem Glauben wankend zu werden. Sie starben in der festen Überzeugung, daß ihr Tod ein *Kiddusch ha-Schem* war, ein Opfer zur Heiligung des göttlichen Namens. Wahrscheinlich sahen diese Gepeinigten keine Veranlassung, sofort zurückzukommen, sondern verbrachten einen längeren Zeitraum in der anderen Welt. Ich glaube, daß jetzt, da der Holocaust fünfzig Jahre zurückliegt, auch diese Seelen wiederkehren, und daß dies zum Teil auch erklärt, wieso in den letzten zehn Jahren vor allem junge Leute ein so großes Interesse am traditionellen Judentum bekunden.

Anfang der achtziger Jahre fragte ich Rabbi Manis Friedman, einen bekannten Lubowitscher Chassiden, der auch als Autor in Erscheinung getreten ist, einmal: «Wenn wir uns wirklich immer mehr dem Zeitalter des Maschiach nähern, weshalb befolgen die heutigen Juden dann die Gebote der Thora weit weniger aufmerksam als unsere Vorfahren?»

Seine Antwort war hochinteressant. Er sagte, daß es viele sehr heilige Seelen gebe, die sich bewußt dafür entschieden hätte, in verweltlichten Familien wiedergeboren zu werden, weil sie die Freude der Rückkehr zur Thora erleben wollten. Diese Seelen hätten das Bedürfnis nach der ganz speziellen *Mizwa*, «*Teschuwa* zu tun», also Selbsterforschung zu betreiben. Seit ich diese Frage gestellt habe, haben sich in der Tat erstaunlich viele weltliche Juden meiner Generation wieder dem jüdischen Glauben zugewandt. Darüber hinaus sind in der jüngeren Generation etliche jüdische Kinder frommer als ihre Eltern. Und die

Enkel kommen mir oft religiöser vor, als wir in dem Alter waren. Sollten sie wirklich die zurückgekehrten Seelen der Opfer des Holocaust sein? Ich glaube, daß es außer diesen suchenden Seelen zahlreiche andere sowohl jüdische als auch nichtjüdische Seelen gibt, die zwar ursprünglich durch eine zu rasche Reinkarnation traumatisiert waren, inzwischen aber so weit geheiligt sind, daß sie wieder auf ihr spirituelles Wissen aus ihren Inkarnationen vor dem Holocaust zurückgreifen können. Das gleiche geht sicher auch in anderen karmischen Gruppen vor sich. Es war ja bereits die Rede von den amerikanischen Ureinwohnern, die glauben, daß ihnen das spirituelle Wissen aus ihren vorkolumbischen Inkarnationen nun wieder zugänglich ist. Auch unter der schwarzen Bevölkerung ist eine Rückbesinnung auf die afrikanische Religion und Kultur zu verzeichnen, wobei ich nicht weiß, ob die Schwarzen das auf Reinkarnation zurückführen. Doch woher auch immer diese Menschen ihre Erkenntnisse beziehen, wichtig ist, daß sie jetzt in der Mitte ihres Lebens stehen, in ihrer jeweiligen Gemeinschaft verantwortungsvolle Positionen einnehmen und damit eine neue Perspektive einbringen. Diese Perspektive kann nach meiner Überzeugung mit dem Begriff *globales Bewußtsein* beschrieben werden.

Die Anthropologin Margaret Mead äußerte 1971 die Ansicht, daß der «Generationskonflikt» der sechziger Jahre nicht bloß eine Rebellion der Kinder gegen ihre Eltern war, sondern seine Ursache in den enormen Unterschieden zwischen der Vorkriegs- und der Nachkriegsgeneration hatte. Nach Mead ging es nicht darum, daß die Eltern nicht mir ihren Kindern klarkamen oder die Kinder rebellierten oder andere Moralvorstellungen entwickelten. Das Problem bestand nach ihrer Auffassung vielmehr darin, daß um die Zeit des Zweiten Weltkriegs *«die ganze Welt eins wurde»*. Dies habe dazu geführt, daß in den sechziger Jahren alle jungen Menschen von Grund auf anders als alle alten gewesen seien.[15]

Der Zweite Weltkrieg hat die Welt tatsächlich vereint, aber diese Einheit beruhte auf der Angst vor gegenseitiger Zerstörung. Zum erstenmal in der Geschichte gab es einen Krieg, in den der ganze Planet verwickelt war. Selbst neutrale Länder waren von ihm betroffen. Der Krieg ließ die Welt zu einem globalen Dorf schrumpfen, und Wissenschaft und Technik waren an dem Punkt angelangt, an dem es uns buchstäblich möglich wurde, die Erde zu vernichten. Während die vor dem Krieg geborenen Menschen noch in Begriffen wie «wir» und «die anderen» denken konnten, hatte die nächste Generation bereits eine ganz andere Perspektive.

Die Atombombe auf Hiroshima und Nagasaki machten die ganze Welt zu einem «wir».

Und wenn der Zweite Weltkrieg die Mittel zu einer totalen Zerstörung bereitstellte, so war das Raumschiff Apollo ein Symbol des Friedens. Als wir die herrliche Fotografie von der leuchtendblauen Erde im Kosmos sahen, wurde es uns möglich, uns die planetarische Einheit vorzustellen, weil wir einen Schritt zurücktreten und die Erde so sehen konnten, wie sie wirklich ist. Diese zwei starken Symbole, die Atombombe und der blaue Planet sind heute unsere Alternativen. Darin bewahrheitet sich, was im fünften Buch Mose 30,19 geschrieben steht: «Das Leben und den Tod habe ich vor dich hingegeben, die Segnung und die Verwünschung. Wähle das Leben, damit du lebst, du und dein Same!»

1979 nahm ich an einer interkulturellen Veranstaltung im Hillel House, dem jüdischen Studentenclub der *University of Minnesota*, teil. Der andere Referent war Eddi Benton Banai, ein heiliger Mann der Ojibwa aus Minnesota. Wir erzählten einander unsere Geschichten und sprachen über unsere Traditionen, und schließlich kamen wir auf das Thema Prophezeiungen. Eddi erzählte der Gruppe von einer Ojibwa-Weissagung über die sieben «Feuer» oder Zeitabschnitte, die jeweils tausend Jahre dauern sollen. Nach dem Glauben der Ojibwa erleben wir jetzt das Ende des sechsten Feuers; das siebte wird entweder den vollkommenen Frieden oder die totale Vernichtung bringen.

Ich war erstaunt, wie sehr diese Prophezeiung einer talmudischen Lehre von den vier Epochen der jüdischen Geschichte ähnelt: zweitausend Jahre der Nichtigkeit, zweitausend Jahre der Thora, zweitausend Jahre der messianischen Zeit und tausend Jahre kommende Welt.[16]

Während ich dies hier niederschreibe, haben wir das Jahr 1992, nach dem jüdischen Kalender 5752, und es geht nicht mehr lange bis zum Jahr 6000. Sollten das «siebte Feuer» der Ojibwa und die kommende Welt der Juden ein und dasselbe sein? Und wenn ja, wie wird sie sein, die kommende Welt?

Im Talmud steht auch: «Der Sohn Davids [der Messias] kommt nur dann, wenn das Zeitalter entweder vollständig tugendhaft oder vollständig schuldbeladen ist.[17] Wenn es jemals eine Generation gegeben hätte, die ganz unschuldig war, dann hätte sich das Licht der Liebe und des Friedens längst über die Welt verbreitet. Also muß sich die Prophezeiung offenbar ins Gegenteil verkehren: Heißt das, daß wir alle schuldig sind?

Ich glaube, die Antwort tendiert zu einem Ja. Die wechselseitige soziale und ökonomische Abhängigkeit auf unserem Planeten ist heute so groß, daß es wohl keinen einzigen Menschen geben dürfte, der nicht in direkter oder in indirekter Weise, indem er von Umweltverschmutzung, Haß, Krieg, Gewalt oder Ungerechtigkeit profitiert, seinen Teil beigetragen hat. Sind wir nicht alle, jeder einzelne von uns, mit an dem erbärmlichen Zustand auf diesem Planeten schuld? Und ist nicht jeder von uns bis zu einem gewissen Grade für das verantwortlich, was sein Nächster tut? Wenn unsere Generation nicht zusammenkommt und den notwendigen Bewußtseinswandel vollzieht, dann wird von unserer Welt wohl nicht viel übrigbleiben. Gab es je eine Generation, die schuldiger als die unsere war?

Eine andere jüdische Überlieferung, von der Marilyn Rossner auf der Konferenz in Montreal (siehe siebentes Kapitel) sagte, sie habe sie von ihrer Großmutter gelernt, die aber ebenfalls auf den Talmud zurückgeht, besagt, daß der Messias sofort käme, wenn das ganze Volk Israel «zwei Sabbate nach Vorschrift halten» würde.[18] Dazu muß man wissen, daß der jüdische Sabbat kein puritanischer Sabbat ist, nicht nur, weil die Juden den Sabbat am Samstag begehen, die Christen aber am Sonntag, sondern er unterscheidet sich auch inhaltlich von jenem. Zwar lassen beide Konfessionen an diesem Tag ihre Geschäfte ruhen und arbeiten nicht, doch damit enden die Gemeinsamkeiten auch schon. Für die Puritaner, von denen viele Amerikaner ihre religiösen Vorstellungen übernommen haben, ist der Sabbat ein schwerer, düsterer Tag, an dem man über seine Sünden nachdenkt. Der jüdische Sabbat hingegen ist ein Tag des Lichts und der Freude, an dem es sogar verboten ist, an seine Sünden zu denken. Vielmehr versammeln sich die Juden am Sabbat an einer festlichen Tafel, um gemeinsam zu feiern, zu beten, zu essen, zu singen und das Gefühl der Zusammengehörigkeit zu genießen. Für die Juden ist der Sabbat ein «Vorgeschmack auf die kommende Welt», ein Stück Himmel auf Erden.

Wenn alle Juden überall auf der Welt den Sabbat gleichzeitig feiern würden, so würde dadurch, dieser Prophezeiung zufolge, eine spirituelle Einheit zwischen ihnen geschaffen, unabhängig davon, welcher Sekte oder Richtung sie angehören. Und wenn es ihnen gelänge, sich dieses Bewußtsein der Einheit über die folgende Woche zu erhalten und einen zweiten Sabbat zusammen zu begehen, so würden die dadurch in Gang gesetzten übersinnlichen Schwingungen vermutlich ausreichen, um einen «Hundredth-Monkey-Effekt» zu erzeugen, oder anders gesagt, einen kollektiven Bewußtseinswandel. (Diese Idee finden wir auch bei anderen Religionsgemeinschaften. So meint beispielsweise Maharishi Mahesh Yogi, der Begründer der transzendentalen Meditation, daß es eine beruhigende Wirkung auf den ganzen Erdball hätte, wenn nur ein Prozent der Weltbevölkerung meditieren würde.)

Beide Kulturen haben recht. Dieser Planet hat es dringend nötig, daß sich die Menschheit mit vereinten Kräften für ihn einsetzt. Gleichzeitig aber müssen die Juden und andere kulturelle Minderheiten die Freiheit haben, ihre eigenen Wege zu gehen. Einheit in der Verschiedenheit, nicht die lähmende Konformität von Hitlers *Ein Reich, ein Volk, ein Führer* – das ist es, was wir anstreben sollten.

Auch hier begegnen wir wieder der Polarität zwischen Leben und Tod. Wir können uns für den faschistischen Weg entscheiden und versuchen, jeden zu bekehren, zu assimilieren oder zu vernichten, der nicht genauso ist wie wir, oder wir können den pluralistischen Weg wählen und uns über die wunderbare Verschiedenheit zwischen den Individuen und den Kulturen freuen. Ja, es ist richtig: Als Menschen, die auf ein und demselben Planeten leben, sind wir aufeinander angewiesen, und so gesehen sind wir in der Tat «ein Volk». Zugleich aber ist jede Kultur etwas Besonderes und jeder Mensch einmalig, und jeder hat einen spezifischen «Funken», den nur er emporheben kann. Und damit nicht genug: Wenn wir andere daran hindern, die «Funken» emporzuheben, mit denen zu arbeiten der Sinn ihrer Inkarnation ist, so wirkt sich das negativ auf den gesamten Prozeß des Tikkun Olam aus, und die «Wiederherstellung des Universums» schreitet langsamer voran. In gewisser Weise sind wir ein spirituelles Ökosystem, in dem jeder einzelne sein Teil zum Wohle des Ganzen beiträgt.

Im *Sohar*, der weithin als die «Bibel» des Kabbalismus betrachtet wird, finden wir die folgende schöne Prophezeiung:

«Erwartet nicht, daß der Messias kommt, ehe der in leuchtenden Farben erstrahlende Regenbogen erscheint und die Erde erleuchtet. Erst dann erwartet den Messias.»[19]

Ich brauche hier nicht näher darauf einzugehen, daß der Regenbogen heute als Symbol für die Einheit in der Verschiedenheit gilt. Wir sind dabei, den Dualismus von «wir» und «sie», der das Zeitalter der Fische geprägt hat, zu überwinden, und wir erkennen allmählich, daß die Welt nicht «schwarzweiß mit ein paar grauen Streifen» ist. Zwischen dem weißen Licht der Emanation und dem schwarzen Licht der Absorption liegt ein ganzer Regenbogen von Möglichkeiten. Jede Farbe dieses Regenbogens, jede Kultur, jeder Stamm, jede Religion oder was auch immer hat ihre Berechtigung. Wenn nur eine einzige Farbe fehlt, ist der Regenbogen nicht vollkommen. Das schließt die Juden ein. Die Wunden des Holocaust sind so tief, daß sich viele Juden heute noch nicht als Teil dieses globalen Regenbogens fühlen. Und nicht nur der Holocaust, sondern auch die vielen Jahrhunderte – und Inkarnationen! – der Verfolgung, die ihm vorausgingen, haben die jüdische Psyche traumatisiert. Zahlreiche Juden empfinden schon den bloßen Gedanken an einen interkulturellen Dialog als Bedrohung, weil der «Dialog» in der Vergangenheit nur darin bestand, daß die Herrschaftskultur die Juden dazu überreden wollte, ihre eigene Religion aufzugeben und einen anderen Glauben anzunehmen. Ein echter, auf gegenseitiger Achtung basierender Dialog ist für jeden von uns eine neue Erfahrung, und wenn sich Vertrauen aufbauen soll, wird auf allen Seiten viel Geduld und Verständnis nötig sein.

Ich finde es sehr bedauerlich, daß es vier Jahrzehnte gedauert hat, bis die Welt das Schweigen brach und anfing, offen über den Holocaust zu sprechen, aber vielleicht brauchte die Welt diese «vierzig Jahre in der Wüste», um sich so weit zu erholen, daß sie fähig war, sich mit einem so bedrückenden Karma auseinanderzusetzen. Jeder von uns, ob Jude oder Nichtjude, trägt den Schmerz dieser archetypischen Ereignisse in sich. Und solange wir nicht alle miteinander offen darüber reden können, wird es sehr schwer sein, ihn zu überwinden. Ich würde Ihnen gern einen Weg zu schneller Heilung weisen, aber damit würde ich Ihnen etwas vormachen. Das wahre Tikkun Olam – die Wiederherstellung der Welt – ist ein langsamer, schwieriger Prozeß, und leider warten noch immer viele «heilige Funken» darauf, emporgehoben zu werden.

Trotzdem dürfen wir uns nicht entmutigen lassen. «Es obliegt dir nicht, die Arbeit zu vollenden», sagte Rabbi Tarphon vor zweitausend Jahre. «Du bist aber auch nicht so weit frei, dich ihrer zu entledigen.»[20] Auch wenn wir die Sonne am Horizont noch nicht sehen können, müssen wir immer daran denken, daß die Vögel eine Stunde vor Sonnenaufgang zu singen beginnen, wenn es noch ganz dunkel ist. Wir im Zeitalter des Wassermanns sind wie diese Vögel mit ihrem Gesang: Wir verkünden, daß die lange Nacht beinahe vorüber ist, und tun die ersten Schritte zur Heilung.

Und die Sonne *wird* aufgehen. Schon sehen wir die ersten Hoffnungsstrahlen. Das Judentum erlebt eine spirituelle Erneuerung, und insgesamt wächst überall auf der Welt das Interesse an den jüdischen Lehren. Zum erstenmal seit Jahrhunderten werden die Juden als Gleiche unter Gleichen behandelt. An vielen Colleges kann heute Judaistik studiert werden, und in Publikationen zum Thema Metaphysik finden sich seit einiger Zeit Artikel über die Kabbala und den Chassidismus. Einige Bildungsstätten, zum Beispiel die Lama Foundation in New Mexico, haben sogar den Sabbat in ihre interkulturellen Programme aufgenommen. Bei interkonfessionellen Veranstaltungen treten regelmäßig Rabbiner als Referenten auf, in Kirchen wird der Sederabend begangen, und Papst Johannes Paul II. hat als Geste der Versöhnung der Synagoge in Rom einen offiziellen Besuch abgestattet. Sogar der Dalai Lama hat sich in den letzten Jahren mit Juden der verschiedensten Richtungen getroffen, um hinter das Geheimnis zu kommen, wie es uns gelungen ist, in der Diaspora zu überleben. Nachdem das Judentum von der westlichen Welt so lange unterdrückt und geächtet wurde, bringt man ihm endlich Liebe, Interesse und Achtung entgegen.

Und das ist vielleicht der wunderbarste Weg zur Heilung des Karmas des Holocaust; so können wir alle miteinander aus der Asche emporsteigen. Wie wir aus diesem Buch erfahren haben, sind viele Seelen, die in dieser Feuersbrunst ihr Leben verloren, inzwischen unter uns wiedergeboren. Wir wollen uns diesmal gemeinsam bemühen, ihre Wunden zu heilen, indem wir ihnen eine wahrhaft liebevolle, aufmerksame, ermutigende Atmosphäre verschaffen, in der sie sich offen zu ihrer jüdischen Identität bekennen und den globalen Regenbogen um ihr besonderes Licht bereichern können. Nur wenn Juden und Nichtjuden gemeinsam sitzen, «jedermann unter seinem Rebstock, unter seinem Feigenbaum, und keiner scheucht auf» (Micha 4,4), wird es uns endlich gelingen, die Schrecken des Holocaust hinter uns zu lassen, damit das Zeitalter des Friedens aufsteigen kann wie Phönix aus der Asche. Es ist an der Zeit, daß wir alle die ersten Schritte tun und anfangen, gemeinsam auf den Sonnenaufgang zuzugehen.

«Und an jenem Tage soll JHWH Eins sein und Gottes Name soll sein: Eins.»

«Möge der Eine, der Frieden schafft droben im Himmel, Frieden schenken uns, dem Volk Israel, und der ganzen Welt. Amen.»

ANHANG

Einige Richtungen des Judentums

Was ist ein Jude? Auf diese Frage gibt es keine einfache Antwort. Die Juden sind keine Rasse, denn ihre Identität ist nicht biologisch definiert. Es gibt Juden aller Hautfarben, aller Rassen, von den schwarzen Juden aus Äthiopien über die braunhäutigen in den arabischen Ländern bis hin zu hellhäutigen in Europa. Die Juden stellen also keine eigenständige Rasse dar, sondern gewissermaßen einen Querschnitt durch alle Rassen. Gleichzeitig ist Jüdischsein mehr als eine Religion, denn es gibt eine klare ethnische Identität, die auch weltliche Dimensionen hat. Ich persönlich ziehe es vor, die Juden als Stammeskultur im anthropologischen Sinne zu definieren. Sie haben gemeinsame Vorfahren (Abraham und Sara), eine gemeinsame Sprache (Hebräisch), eine gemeinsame territoriale Basis (Israel), eine gemeinsame Religion (das Judentum) sowie gemeinsame Bräuche, die sich in traditionellen Festen und besonderen Speisen manifestieren. Die Religion ist also nur einer der Bestandteile der jüdischen Identität. Es gibt viele Juden, die keine religiöse Bindungen an das Judentum haben – manche sind sogar Atheisten –, sich aber dennoch als Juden verstehen und von anderen Juden als solche betrachtet werden. In Israel sind gegenwärtig nur etwa zehn Prozent der jüdischen Bevölkerung religiös.

Ich werde mitunter gefragt, wie es sein kann, daß die heutigen Juden alle von Abraham und Sara abstammen, wo doch bekanntlich im Laufe der Jahrhunderte so viele Menschen aus anderen Gruppen zum Judentum übergetreten sind. Darauf gibt es eine doppelte Antwort. Erstens werden Menschen, die zum Judentum konvertieren, gewissermaßen «vom Stamm adoptiert» und *bona fide* als Kinder Abrahams und Saras betrachtet. Im Gottesdienst wird ein Konvertit als «Sohn oder Tochter Abrahams und Saras» bezeichnet. Und ein Kind mit jüdischer Mutter und nichtjüdischem Vater nennt aus rituellen Gründen Abraham seinen Vater, weil zwar die Zugehörigkeit zum Judentum von der Mutter weitergegeben wird, bestimmte religiöse Funktionen aber vom Vater geerbt werden. Matrilineare neben patrilinearen Funktionen kommen in vielen Stammeskulturen vor.

Zweitens heiraten Menschen, die zum Judentum konvertieren, in der Regel in die jüdische Gemeinde ein, so daß ihre Kinder gleichsam auf den Familienstammbaum aufgepropft sind. Früher waren Rabbiner manchmal sogar der Meinung, daß ein Konvertit unbedingt einen geborenen Juden heiraten müsse und Ehen zwischen Konvertiten ungültig seien. (Heute ist das nicht mehr so oder allenfalls in sehr orthodoxen Sekten.) Doch selbst wenn zwei Konvertiten untereinander heiraten, werden ihre Kinder wahrscheinlich keine Konvertiten heiraten, so daß sich die Konvertitenfamilie genealogisch irgendwann mit der Hauptgemeinde vereinigt.

Theoretisch können daher alle Juden ihre Herkunft auf Abraham und Sara zurückführen. In der Praxis ist da über das Mittelalter hinaus kaum noch etwas nachzuweisen, weil nach jahrhundertelangen Judenverfolgungen und Bücherverbrennungen durch Antisemiten die Unterlagen verloren sind. Während des Holocaust waren die Nazis intensiv bemüht, alles zu vernichten, was an eine jüdische Identität erinnerte, auch die Archive in den Synagogen. Aber selbst wenn wir nicht direkt beweisen können, daß alle Juden von Abraham und Sara abstammen, stimmt diese Behauptung doch im mythologischen Sinne noch. Auch das ist wieder eine Sicht, die ganz typisch für Stammeskulturen ist, in denen die wirklichen oder vorgestellten gemeinsamen Vorfahren als Ursprung des Volkes betrachtet werden.

Ein weiteres Thema, das hier Erwähnung finden soll, ist die «Besonderheit» der Juden. Es gibt im Hebräischen mehrere Wörter, die man mit «besonders» übersetzen kann, aber sie bedeuten jeweils etwas anderes. Der Begriff «besonderes Volk» heißt nicht unbedingt, daß dieses Volk etwas Besonderes ist, sondern nur, daß es innerhalb der umgebenden Gesellschaft eine Gruppe bleibt. Deshalb sollte man vielleicht besser von einem «gesonderten Volk» sprechen. In der *Mechilta* (einem klassischen jüdischen Kommentar) heißt es mit Bezug auf die versklavten Juden im alten Ägypten, sie hätten ihre hebräischen Namen, ihre Sprache und ihre Tracht behalten. Mit anderen Worten: Sie sind nicht in der herrschenden Kultur aufgegangen.

Innerhalb des jüdischen Volkes gibt es die unterschiedlichsten Gruppierungen, so daß die allgemeine Bezeichnung «die Juden» im Grunde einer Spezifizierung bedarf. Die nicht jüdische Welt unterteilt die Juden in Orthodoxe, Konservative und Reformjuden, doch diese Glaubensrichtungen gibt es erst seit hundert bis hundertfünfzig Jahren; sie sagen wenig darüber aus, wie sich die Juden über die Jahrhunderte hinweg orientiert haben. In jeder der drei genannten Gruppen herrschen interne Meinungsunterschiede, und überdies existieren neben den «großen drei» noch etliche kleinere Sekten. Um die Sache noch komplizierter zu machen, gehören zahlreiche Juden mehreren Gruppen zugleich an; sie besuchen den Gottesdienst in der einen Synagoge, betreiben jedoch das Thorastudium in einer anderen. Wenn wir nun aber auf die Mystik kommen, so verzweigen sich hier die Richtungen noch weiter, weil die Thora Eigentum des ganzen Volkes ist und die Juden sämtlicher Strömungen heute die Kabbala sowohl im Original als auch in Übersetzungen studieren können.

Um nichtjüdischen Leserinnen und Lesern eine gewisse Orientierungshilfe zu geben, habe ich mich entschlossen, die einzelnen Gruppen mit ihren konfessionellen und ethnischen Besonderheiten in alphabetischer Reihenfolge aufzuzählen, so daß man sich einen schnellen Überblick verschaffen kann. Aus Platzgründen ist es mir nicht möglich, die jeweiligen Lehren ausführlich darzustellen; ich beschränke mich daher auf eine Beschreibung der grundlegenden Eigenheiten einer jeden Gruppe. Interessierte Leserinnen und Leser mögen sich in der Literatur weiter kundig machen.

Aschkenasim sind Nachkommen der Juden aus dem mittelalterlichen Deutschland und Osteuropa. Die aschkenasische Kultur drückt sich in speziellen Speisen, Musik, Tanz und einer eigenen Gottesdienstordnung aus, die stark europäisch geprägt ist. Viele Aschkenasim sprechen das mit dem Mittelhochdeutschen verwandte Jiddisch. Die in den USA lebenden Juden sind mehrheitlich Aschkenasim. Sie sind in allen Strömungen des Judentums vertreten. Siehe auch *Chassidim*.

Äthiopische Juden sind schwarze Juden aus Äthiopien, die ihre Herkunft auf König Salomon und die Königin von Saba zurückführen. Da sie über Jahrhunderte von der übrigen jüdischen Gemeinschaft abgeschnitten waren, spiegeln ihre Riten und Bräuche nicht die Lehren des Talmud wider, sondern sind der biblischen Tradition sehr viel näher. Die äthiopischen Juden werden mitunter auch *Falascha* genannt. Allerdings ist ihnen diese Bezeichnung von ihrer nichtjüdischen Umgebung beigelegt worden und wird von ihnen als kränkend empfunden. Die Mehrzahl der äthiopischen Juden lebt heute in Israel.

Chassidim sind Anhänger der Lehren des Mystikers Rabbi Israel ben Elieser, auch bekannt als der *Baal Schem Tow* oder «Meister des guten Namens», der im achtzehnten Jahrhundert lebte. Der Chassidismus entstand in Osteuropa, was in der Kleidung, der Aussprache des

Hebräischen und dem Brauchtum der Chassidim zum Ausdruck kommt. Im Mittelpunkt der chassidischen Gemeinden steht ein Rebbe, der als erleuchteter Meister betrachtet wird. Diese Gemeinden nennen sich in der Regel nach der Stadt oder dem Ort, wo entweder die Gruppe gegründet wurde oder ihr Rebbe residierte, wie zum Beispiel die Lubowitscher Dynastie. In Europa gibt es heute, nach dem Holocaust, nur noch sehr wenige Chassidim; die meisten leben derzeit in Israel, den Vereinigten Staaten und Kanada. Die Chassidim sind sehr streng in der Befolgung ihrer religiösen Pflichten, interpretieren jedoch die Rituale eher mystisch. Alle chassidischen Sekten glauben an Reinkarnation.

Die *Chawura* sind eigentlich keine Sekte, sondern eine kleine, informelle Gemeinschaft. Die Chawura-Bewegung wurde in den sechziger Jahren von Juden der «Gegenkultur» begründet, die mit dem offiziellen Judentum unzufrieden waren. Sie begannen, sich zwanglos in Wohnungen zu treffen, um zu beten, zu lernen und sich gesellschaftlich zu betätigen. Die Bewegung entwickelte sich schließlich zu einem über ganz Amerika verbreiteten lockeren Netz von Gruppen und beeinflußte nach und nach auch das offizielle Judentum. Heute lassen einige konservative und reformierte Synagogen eine an der Chawura-Bewegung orientierte Gruppenarbeit zu, die zur Festigung des Gemeinschaftsgefühls beitragen soll. Viele Juden innerhalb der Chawura sind offen für neue Ideen und laden Metaphysiker zu ihren Wohnzimmerdiskussionen ein. Siehe auch *Rekonstruktionisten*.

Jemenitische Juden kommen von der Südspitze der arabischen Halbinsel. Der jüdische Philosoph Maimonides stand im zwölften Jahrhundert mit den Jemeniten im Briefwechsel. Heute lebt die Mehrzahl der jemenitischen Juden in Israel, wo sie noch immer ihre spezifischen Handwerke, ihre Musik und ihre Traditionen pflegen. Die meisten jemenitischen Juden sind den Orthodoxen zuzurechnen. Siehe auch *Orthodoxe*.

Die *Konservativen* stehen zwischen den orthodoxen Juden und den Reformjuden. Nichtjuden verstehen unter konservativ eine bestimmte politische Haltung, für die Juden hingegen bedeutet es primär eine bestimmte Form der Gottesdienstordnung. In Israel werden die Konservativen *Masorati* (Massra = Überlieferung) genannt. Das konservative Judentum ist in den Vereinigten Staaten die am meisten verbreitete Richtung und bietet denjenigen Juden eine Heimstatt, die einen Großteil der alten Traditionen bewahren möchten, aber gleichzeitig Zugeständnisse an die moderne Gesellschaft machen. Die meisten konservativen Synagogen halten zwar den Gottesdienst in hebräischer Sprache ab, doch werden die Funktionen von Männern und Frauen gleichberechtigt wahrgenommen. Die konservative Theologie tendiert zum Rationalismus; die Reinkarnationslehre gehört nicht zur offiziellen Lehre, aber einzelne Vertreter glauben an Reinkarnation.

Orthodoxe Juden sind sehr traditionell ausgerichtet und bemühen sich, die Gesetze und Riten der Thora strikt zu befolgen. Innerhalb des orthodoxen Judentums gibt es zahlreiche verschiedene Gruppierungen. Das reicht von den modernen Orthodoxen, die zwar ein Schädelkäppchen tragen, sich aber ansonsten wie jedermann kleiden, bis hin zu den *Haredim*, den «Ultraorthodoxen»; sie tragen schwarzen Kaftan und weißes Hemd, Vollbart und lange Schläfenlocken. Die orthodoxen Juden bezeichnen sich normalerweise selbst nicht als orthodoxe, sondern als «fromme» Juden. Die Chassidim sind zwar in ihrer Glaubenspraxis orthodox, werden aber nicht als Orthodoxe klassifiziert. Dieser Begriff wird ausschließlich auf nichtchassidische praktizierende Juden angewandt. Dem einzelnen orthodoxen Juden steht es frei, ob er die Kabbala studieren möchte oder nicht und ob er an Reinkarnation glauben will oder nicht.

Das *Reformjudentum* ist die «modernste» der drei Hauptrichtungen. Der Gottesdienst wird hier größtenteils nicht auf hebräisch, sondern in der Landessprache abgehalten. In den meisten Reformtempeln ist das Tragen eines Gebetsmantels oder einer Kopfbedeckung ebensowenig Vorschrift wie die Einhaltung des Sabbat, der Speisegesetze und anderer Traditionen. Die Reformjuden engagieren sich sehr stark auf sozialem Gebiet und betrachten derartige Aktivitäten als Fortsetzung der Tradition der Propheten. Theologisch tendiert der Reformismus zum Rationalismus und bestreitet vielfach die Autorität nichtbiblischer Quellen. Die Kabbala wird hier kaum gelehrt, obwohl es dem einzelnen freisteht, zu glauben, was er möchte. In den letzten Jahren sind mir viele Reformjuden begegnet, die an Reinkarnation glauben.

Die *Rekonstruktionisten* sind Anhänger einer Philosophie, die sich in den dreißiger Jahren in den USA herausgebildet hat. Ihr Begründer Rabbi Mordechai Kaplan wollte die «übersinnlichen» Aspekte des Judentums, wie Offenbarungen, Wunderglauben und «Auserwähltheit», eliminieren. Theoretisch ist der Rekonstruktionismus die am wenigsten mystische Strömung innerhalb des Judentums. Praktisch aber sieht die Sache anders aus, denn inzwischen zieht das *Reconstructionist Rabbinical College* in Philadelphia «radikale» Juden an, die mit dem offiziellen Judentum unzufrieden sind und Freiheit zum Experimentieren wollen. Das College stand dieser Tendenz vergleichsweise tolerant gegenüber, so daß die rekonstruktionistische Bewegung heute absurderweise eine Heimstatt für die am «New Age» orientierten Theologen und Laien ist. Außerhalb der Großstädte gibt es nur wenige rekonstruktionistische Gemeinden, doch dürfte es in kleineren Gemeinden informelle Gruppen geben. Siehe auch *Chawura*.

Säkularisierte Juden distanzieren sich von der jüdischen Religion, identifizieren sich aber im ethnischen Sinne mit dem jüdischen Volk und sind mitunter sehr aktiv in der jüdischen Politik, im sozialen Bereich, in Wohltätigkeitsvereinigungen und dergleichen mehr. Viele nichtgläubige Juden halten die Feiertage zum Teil ein, wobei diese für sie eher einen kulturellen als einen religiösen Inhalt haben. Es gibt sogar ein kleines, 1969 von Rabbi Sherwin Wine gegründetes Rabbinerseminar für «humanistisches Judentum», an dem Rabbiner ausgebildet werden, die in ihren Gemeinden weniger eine geistliche als vielmehr eine gesellschaftliche Führungsrolle übernehmen.

Sephardim sind die Nachkommen der im Spätmittelalter aus Spanien und Portugal vertriebenen Juden. Heute findet man überall auf der Welt sephardische Juden. Ihre Kultur manifestiert sich in bestimmten Speisen, Musik, Tanz und Formen des Gottesdienstes, die stark spanisch-arabisch beeinflußt sind. Viele Sephardim sprechen das mit dem mittelalterlichen Spanisch verwandte Ladino. Die Kabbala genoß unter den spanischen Juden großes Ansehen und wird bis heute studiert; viele Sephardim glauben an Reinkarnation. Die meisten Sephardim in den arabischen Ländern sind nach Israel ausgewandert, wo es nun eine sephardische Mehrheit gibt, die zur Strenggläubigkeit tendiert, doch finden sich in allen Glaubensrichtungen Sephardim.

Als *Traditionelle* bezeichne ich persönlich diejenigen Juden, die unabhängig davon, welcher Richtung sie sich zurechnen, die alten Traditionen einhalten. Ich habe dieses Wort von den amerikanischen Ureinwohnern übernommen, für die «traditionell» bedeutet, die Stammeskultur zu bewahren. Für die Juden hat der Begriff Tradition nicht unbedingt den negativen Beigeschmack, wie er in dem Musical *Anatevka* angedeutet wird, sondern kann einfach bedeuten, daß man die Religion und die Kultur bewahrt. In Israel nennt man die Orthodoxen *Dathi* (Bewahrer des Wissens). Siehe auch *Konservative*.

Die *Zionisten* sind jüdische Nationalisten, für die Israel die politische wie die spirituelle Heimat der Juden ist. Juden bezeichnen damit den israelischen Nationalismus, aber keine bestimmte politische Plattform. Es gibt viele Spielarten des Zionismus, von den äußerst militanten rechten Gruppierungen bis hin zu den gleichermaßen radikalen linken Pazifisten. In allen Strömungen und Ausprägungen des Judentums sind Zionisten vertreten. Viele Antisemiten behaupten, die zionistische Bewegung sei eine «internationale Verschwörung der Banken», in Wirklichkeit aber ist sie ein Konglomerat von Organisationen und Individuen, die Israel unterstützen, obwohl sie sich über die Form dieser Unterstützung keineswegs immer einig sind. In Israel sind sie genauso umstritten wie in anderen Ländern. (Die berüchtigten «Protokolle der Weisen von Zion» sind kein jüdischer Text, sondern eine von russischen Antisemiten im neunzehnten Jahrhundert verfaßte Fälschung.)

Anmerkungen

Vorwort für die deutsche Ausgabe

1 Rudolf Steiner, *Mensch und Welt. Das Wirken des Geistes in der Natur,* Gesamtausgabe Nr. 351, Dornach 1988.

Erstes Kapitel:
MERKWÜRDIGE BEGEGNUNG AN EINEM WINTERABEND

1 Miller, Rhonda, «The Dilemma of Christ-Oriented Readings», in: *Venture Inward,* November/Dezember 1986, 2. Jg., Nr. 6, S. 13–18.
2 Langley, Noel, *Edgar Cayce on Reincarnation,* Warner Books, New York 1988, S. 7–10.
3 Baker, Sherry, «Holocaust Revisited», in: *Omni,* September 1988, S. 82.
4 *National Examiner,* 18. Oktober 1988, S. 15.

Zweites Kapitel:
ERINNERUNGEN AUS EINEM ANDEREN LEBEN

1 Wie beispielsweise am 3. September 1941 in Dubossary in Bessarabien, wo die Deutschen sechshundert alte jüdische Menschen in acht Synagogen einsperrten und diese in Brand steckten. Alle sechshundert kamen in den Flammen um. Vgl. Gilbert, Martin, *Holocaust: A History of the Jews of Europe During the Second World War,* Henry Holt and Company, New York 1985, S. 188.
2 Vgl. Zuker, Simon, *The Unconquerable Spirit,* Zachor Institute, New York 1980, S. 48.
3 Gilbert, Martin: Holocaust, *A History of the Jews of Europe During the Second World War,* a.a.O., Kapitel 7–9.
4 Lanzmann, Claude, *Shoah,* Düsseldorf 1986, S. 109–115.
5 Ebenda, S. 138f.
6 Langley, Noel, *Edgar Cayce on Reincarnation,* a.a.O., S. 79f.
7 Zum Beispiel Zwi Michalowsky, der die Massenexekution von viertausend Juden am 25. September 1941 (Rosch ha-Schana) in Eišiškės (Litauen) überlebte. Zwi war damals sechzehn Jahre alt. Nachdem er dem Tode entronnen war, half er mit, den jüdischen Widerstand in seiner Heimat zu organisieren. Vgl. Eliach, Yaffa, *Träume vom Überleben,* Freiburg 1985, S. 62ff. Siehe auch Anm. 8.
8 Gilbert, Martin, *Holocaust: A History of the Jews of Europe During the Second World War,* a.a.O., S. 445.
9 Khan, Hazrat Inayat, *The Sufi Message of Hazrat Inayat Khan,* International Headquarters Sufi Movement, Genf 1979, Bd. 1, S. 129.

10 Cayce-Reading 5753–1. «Reading» heißt, wörtlich übersetzt, «Lesung». Bei Edgar Cayce kann es je nach Zusammenhang Prophezeiung, Deutung, Weissagung, Prognose oder Diagnose bedeuten. Edgar Cayce hat seine medialen Offenbarungen im Interesse der Privatsphäre seiner Klienten nicht unter deren Namen verzeichnet, sondern mit Nummern erfaßt. Die erste Zahl benennt die Person des Klienten, die zweite zeigt an, um die wievielte Sitzung mit ihm es sich handelte.
11 Zum Beispiel Ian Stevenson, *Twenty Cases Suggestive of Reincarnation;* M. Bernstein, *The Search for Bridey Murphy;* Joel Whitton, *Life Between Life.*
12 *Science Year: The World Book Science Annual 1974,* Field Enterprises Educational Corporation, Chicago 1974, S. 143.
13 Moody, Raymond, *Leben nach dem Tod,* Reinbek 1977.
14 Langley, Noel, *Edgar Cayce on Reincarnation,* a.a.O., S. 109f.

Drittes Kapitel:
DAS LEBEN NACH DEM TODE IN DER JÜDISCHEN LEHRE

1 Mischna, Bd. IV, S. 161, Sanhedrin 4,5.
2 Whitton, Joel, *Life Between Life,* Doubleday & Company, New York 1986, S. 71. (Dt.: *Das Leben zwischen den Leben,* München 1990.)
3 Daniel 12,2. Das hebräische Wort *Olam* wird normalerweise mit «ewig» übersetzt, kann aber auch «Welt» im Sinne der materiellen Welt bedeuten.
4 Vgl. Psalm 88,10 sowie Prediger Salomo 9,5, 10.
5 Die Leugnung der Existenz einer unsterblichen Seele gehört zu den zentralen Glaubenssätzen der Zeugen Jehovas und taucht in ihren Schriften immer wieder auf. Allerdings glauben die Zeugen Jehovas an die leibliche Auferstehung. Siehe: *You Can Live Forever in Paradise on Earth,* Watchtower Society, Wallkill, New York 1989.
6 Hesekiel (Ezechiel) 37,11–14.
7 Siehe Hesekiel (Ezechiel) 26,20 und Talmud, Ketubbot 111a. Die Hinweise der Propheten auf «den Boden» *(ha-Aretz)* werden in der rabbinischen Auslegung dahingehend gedeutet, daß damit das «Gelobte Land», also Israel, gemeint ist. Für Land im allgemeineren Sinne gibt es im Hebräischen eigene Wörter, nämlich *ha-Adama,* «die Erde», und *ha-Tevel,* «der Planet».
8 Talmud, Ketubbot 35b.
9 Morse, Melvin, *Closer to the Ligth: Learning from the Near-Death Experiences of Children,* Ballantine Books, New York 1990, S. 88.
10 Midrasch Genesis Rabba 82,6.
11 Birnbaum, Philipp, *High Holiday Prayer Book,* Hebrew Publishing Company, New York 1951, S. 840–842. Die Legende von den zehn Märtyrern ist meines Wissens in sämtlichen orthodoxen Versionen des Gebetbuches enthalten. In manchen «modernen» Gemeinden wird sie allerdings beim Jom-Kippur-Gottendienst übergangen oder durch Berichte vom Holocaust ersetzt.
12 Kaplan, Aryeh, *The Bahir,* Samuel Weiser, Inc., New York 1979, Einleitung.
13 Burke, James, *The Day the Universe Changed,* London Writers, Ltd., London 1985, S. 98.
14 Diese Vorstellung ist bereits im Talmud zu finden, zum Beispiel in Berachot 18b, wo von Menschen die Rede ist, die am Erew Rosch ha-Schana, dem Vorabend des jüdischen Neujahrsfestes, auf dem Friedhof übernachteten, um zu hören, was die Toten über die Zukunft sagten. Denn Rosch ha-Schana ist der Tag, an dem Gott unser Schicksal für das kommende Jahr niederschreibt, und man glaubte, daß die Toten eher Zugang zu dieser Information hätten.

15 Maimonides, *Treatise on Resurrection*, hrsg. von J. Finkel, American Academy for Jewish Research, New York 1939, S. 17.
16 Buber, Martin, *Die Erzählung der Chassidim*, Zürich 1949, S. 146. Dies ist nur eine von zahlreichen ähnlichen mündlich und schriftlich weitergegebenen Legenden über den Baal Schem Tow und andere Meister des Chassidismus.
17 Whitton, Joel, *Life Between Life*, a.a.O., S. 10f. sowie 38–41. (Dt.: *Das Leben zwischen dem Leben*, a.a.O.)
18 Ebenda, S. 38–40.
19 Diese Erläuterung der Ebenen des *Olam ha-ba* basiert auf dem *Maavar Jabok*, einem noch nicht ins Englische übersetzten chassidischen Text. Ich danke Rabbi Zalman Schachter-Shalomi, der mir das Modell erklärt hat. Eine nicht ganz so detaillierte Darstellung der Ebenen in der nächsten Welt findet sich in Moses Chajim Luzzattos klassischem, aus dem achtzehnten Jahrhundert stammenden Text *Derech ha-Schem* (Teil II, Kapitel 2), der eine Zusammenfassung jüdischer Lehren aus früheren Quellen enthält.
20 Scholem, Gerhard (Hrsg.), *Das Buch Bahir*, Darmstadt 1970, § 86.
21 Ebenda, § 135.
22 Johannes 9,3.
23 Deuteronomium (5. Buch Mose) 5,2–3.
24 Potok, Chaim, *Wanderings: Chaim Potok's History of the Jews*, Alfred A. Knopf, New York 1978, S. 70–78.
25 Exodus (2. Buch Mose) 19,8.
26 Deuteronomium (5. Buch Mose) 29,13–15.
27 Plaut, W. Gunter (Hrsg.), *The Torah: A Modern Commentary*, Union of American Hebrew Congregations, New York 1981, S. 1542.
28 Genesis (1. Buch Mose) 17,7.
29 Scholem, Gershom, *Ursprung und Anfänge der Kabbala*, Berlin 1962, S. 344–350.
30 Scholem, Gerhard (Hrsg.), *Das Buch Bahir*, a.a.O., § 135.
31 *Gates of Reincarnation*, S. 32. Ein klassischer Text aus dem sechzehnten Jahrhundert, desser Verfasser Chaim Vital zu den wichtigsten Schülern Isaak Lurias zählte.
32 Kaplan, Aryeh, *The Bahir*, a.a.O., S. VII. Übrigens leitet sich das moderne Wort «Kabale» (Intrige) von dem hebräischen «Kabbala» her. Daß Kabbala mit Heimlichkeit assoziiert wurde, läßt darauf schließen, daß zumindest die Existenz der Kabbala bekannt gewesen sein muß, wenn auch nicht der konkrete Inhalt. Die Mystiker waren indes keine heimlichen Verschwörer.
33 *Tehillat Haschem* (Gebetbuch), S. 118.

Viertes Kapitel:
JÜDISCHE SEELEN IN NICHTJÜDISCHEN KÖRPERN

1 Wiesenthal, Simon, *Jeder Tag ein Gedenktag*, Gerlingen 1988, S. 204.
2 Ebenda, S. 258.
3 Stevenson, Ian, *Twenty Cases Suggestive of Reincarnation*, University Press of Virginia, Charlottesville 1974, S. 385.
4 Zitiert nach: «Holocaust Revisited», a.a.O., S. 82.
5 Gilbert, Martin, *Holocaust: A History of the Jews of Europe During the Second World War*, a.a.O., S. 425.
6 Talmud, Berachot 55b.
7 Lanzmann, Claude, *Shoah*, a.a.O., S. 138f.

8 Scholem, Gershom, *Kabbalah,* Keter Publishing House, Ltd., Jerusalem (1974), S. 170–172. Siehe auch *Zur Kabbala und ihrer Symbolik,* Zürich 1960, NA Frankfurt am Main 1973, S. 49ff.
9 Ich halte es für denkbar, daß der erste Vers des Johannesevangeliums, «Am Anfang war das Wort, und das Wort war bei Gott...», sich ursprünglich auf diese kosmische Thora bezogen haben könnte, die in gewisser Weise dem Logos entspricht. Ein Jude würde niemals sagen, «die Thora war Gott», doch «die Thora ward Fleisch» könnte aus jüdischer Sicht bedeuten, daß die Jünger Jesus als lebendige Personifizierung der Schrift ansahen. In den Augen der Chassidim ist ihr Rebbe eine «lebendige Thora».
10 Whitton, Joel, *Life Between Life,* a.a.O., S. 46–57. (Dt.: *Das Leben zwischen dem Leben,* a.a.O.)
11 Fleer, Gedaliah, *Rabbi Nachman's Foundation,* Sepher-Hermon Press, New York 1976, S. 55. Eine Seele «in Reinheit» zu empfangen, bezieht sich nicht nur auf die innere Reinheit, sondern auch auf die Beachtung der jüdischen Menstruationstabus und die Reinigung im rituellen Tauchbad, der *Mikwe.* Zusammengenommen heißen diese Gesetze *Taharat ha-Mischacha* («Reinheit der Familie»).
12 Das ist mir verschiedentlich von Angehörigen des akademischen Betriebs berichtet worden. Ich habe auch des öfteren von Fällen gehört, bei denen High-School-Studenten, die in den fünfziger Jahren beabsichtigten, Arbeiten über den Holocaust zu schreiben, «morbid» genannt wurden oder in den Verdacht gerieten, an einer Persönlichkeitsstörung zu leiden, weil sie sich für Greueltaten interessierten.
13 Friedman, Thomas, *From Beirut to Jerusalem,* Doubleday, New York 1989, S. 277f. (Dt.: *Von Beirut nach Jerusalem,* München 1991.)
14 Genesis (1. Buch Mose) 17,14.
15 Vgl. Exodus (2. Buch Mose) 12,15 und 19. Dieser Ausdruck wird nie im Zusammenhang mit gesellschaftlichen Vergehen wie Diebstahl oder Mord gebraucht, die zwar einschneidende Konsequenzen nach sich ziehen, aber keine Abkehr vom Judentum bedeuten.

Fünftes Kapitel:
DIE SEELEN VON EINER MILLION KINDERN

1 Cranston, Sylvia/Carey,Williams, *Reincarnation: A New Horizon in Science, Religion, and Society,* Julian Press, New York 1984, S. 280.
2 Whitton, Joel, *Life Between Life,* a.a.O., S. 52
3 Cranston, Sylvia/Carey, Williams, *Reincarnation: A New Horizon in Science, Religion, and Society,* a.a.O., S. 280.
4 Burke, James, *The Day the Universe Changed,* a.a.O., S. 125.
5 Wiesenthal, Simon, *Jeder Tag ein Gedenktag,* a.a.O., S. 9.
6 Whitton, Joel, *Life Between Life,* a.a.O., S. 43–51.
7 Langley, Noel, *Edgar Cayce on Reincarnation,* a.a.O., S. 109–111.
8 Talmud, Schabbat 89b.
9 Morse, Melvin, *Closer to the Light: Learning from the Near-Death Experiences of Children,* a.a.O., S. 161–164.
10 Ebenda, S. 164.
11 *Orach Chaim* 225,2. Der «Widerspruch» zwischen dem im Talmud angegebenen Alter, in dem ein Mensch als «reif» anzusehen ist – zwanzig Jahre –, und dem Alter, in dem er die *Bar Mizwa* oder es die *Bat Mizwa* empfängt (dreizehn beziehungsweise zwölf Jahre), läßt vermuten, daß dazwischen eine «Lernperiode» liegt, in

welcher der gerade erwachsen gewordene Mensch sich auf seine neuen Pflichten einstellt. In der Pubertät hält man Jugendliche zwar für alt genug, die rituellen Vorschriften einzuhalten, doch leben sie weiter im Elternhaus und sind gesellschaftlich gesehen noch nicht in vollem Umfang verantwortlich. Mit zwanzig Jahren hat man nach jüdischem Brauch das Recht, Verträge abzuschließen, und dieses Alter wird auch als bestes Heiratsalter empfohlen.

12 Midrasch Ecclesiastes Rabbah 7,28.
13 Genesis (1. Buch Mose) 18,27.

Sechstes Kapitel:
SCHWARZE STIEFEL UND STACHELDRAHT

1 Jeremia 31,15, zitiert bei Matthäus 2,18. Es war nicht klar, ob Mary sich auf das Alte oder das Neue Testament oder auf beide bezog.
2 *Venture Inward,* Januar/Februar 1988, S. 52.
3 Rudow, Rita, *Voices from the Holocaust,* Selbstverlag Rita Rudow, 6050 S. W. 27th St. #109, Miramar, FL 33023, 1985, S. 29f.
4 Gilbert, Martin, *Holocaust: A History of the Jews of Europe During the Second World War,* a.a.O., S. 614.
5 Jacobs, Susan, «A New Age Jew Revisits Her Roots», in: *Yoga Journal,* März/April 1985, S. 34.
6 Netherton, Morris/Shiffrin, Nancy, *Past Lives Therapy,* Ace Books, New York 1978, S. 24f.
7 Gilbert, Martin, *Holocaust: A History of the Jews of Europe During the Second World War,* a.a.O., S. 101.
8 Katsh, Abraham (Hrsg.), *Buch der Agonie. Das Warschauer Tagebuch von Chaim Kaplan,* Frankfurt am Main 1967, S. 87.

Siebtes Kapitel:
DIE HEILUNG DES KARMAS NACH DEM HOLOCAUST

1 Levitikus (3. Buch Mose) 24,20.
2 Levitikus (3. Buch Mose) 19,18.
3 Das betrifft auch die Kreise, die sich mit Metaphysik befassen. Der Christusmord-Vorwurf wird in letzter Zeit immer wieder dahingehend abgewandelt, die Juden hätten die Göttin umgebracht! Dessen ungeachtet machen Neopaganisten und Feministinnen, die einen christlichen Hintergrund haben und gegen ihn rebellieren, die Juden aus Wut auf die von ihnen so genannte «jüdisch-christliche» Tradition nach wie vor zum Sündenbock. Das Hauptargument, da ich sehr oft gehört und gelesen habe, lautet, daß es einst ein matriarchalisches Utopia gegeben habe, in dem die Menschen eine liebende Große Mutter verehrten, dieses aber mit dem Patriarchat zerstört worden sei, das die Juden eingeführt hätten. Dem Patriarchat wird nun die Schuld für alle Probleme zugeschrieben, mit denen die Welt fertig werden muß. Das ist nicht nur historisch falsch, sondern trägt auch zu einer Abwendung jüdischer Frauen bei, von denen viele gern Feministinnen wären, jedoch nicht um den Preis, die eigene Kultur diffamieren zu müssen. Ich selbst bin des öfteren von Feministinnen angegriffen worden, die sich dieser vereinfachenden Argumentation bedienten. Ich möchte ganz deutlich sagen, daß ich die Frauenrechtlerinnen unterstütze und weiß, wieviel Schaden von den vielen Gruppierungen angerichtet worden ist, welche die Bibel für die Durchsetzung ihrer Ziele mißbraucht haben,

aber daran waren wohl kaum «die Juden» schuld. Auch innerhalb des Judentums gibt es eine aktive feministische Bewegung, die sich mit sexistischen Haltungen sowohl in der jüdischen Gottesdienstordnung als auch in der Welt allgemein auseinandersetzt.
4 Lukas 23,34.
5 Mischna, Nesikin, Awot 2,1 (Bd. IV, S. 332).
6 Yogananda, Paramahansa, *Autobiography of a Yogi*, Self-Realization Fellowship, Los Angeles 1946, S. 169. (Dt.: *Autobiographie eines Yogi*, München o. J.)
7 Kübler-Ross, Elisabeth, *Interviews mit Sterbenden*, Berlin und Stuttgart 1971.

Achtes Kapitel:
WANDERUNGEN DER SEELE

1 Scholem, Gershom, *Kabbalah*, a.a.O., S. 161.
2 Diese Haltung einiger mittelalterlicher Rabbis erklärt sich möglicherweise aus dem großen Unterschied im Bildungsniveau, der zwischen Juden und Nichtjuden bestand. Unter Nichtjuden waren oft sogar Könige Analphabeten, während jeder normale Jude männlichen Geschlechts im Alter von fünf Jahren die Bibel auf hebräisch lesen lernte und mit zehn Jahren die grundlegenden Texte des Talmud studierte – ein Ausbildungsplan, der sich bereits in der Römerzeit eingebürgert hatte. Und weil die Juden in der Lage waren, Akten anzulegen und zu entziffern, wurden sie im Mittelalter häufig von der herrschenden Klasse als Buchhalter, Bankiers, Kaufleute und Steuereintreiber eingesetzt.
Zudem gab es im finsteren Mittelalter eine lange Zeitspanne, in der die herrschende Klasse den freien Umgang zwischen Juden und Nichtjuden verboten hatte, und die nichtjüdische Gesellschaft verhielt sich den Juden gegenüber nur allzuoft feindselig. Da den Rabbis noch nicht die Erkenntnisse der modernen Psychologie zur Verfügung standen, konnten sie sich diese zyklisch wiederkehrenden Wellen von Dummheit, Verteufelung und Gewalt offenbar nur so erklären, daß die Nichtjuden «Tierseelen» haben müßten, weil sie sich so oft wie bösartige Bestien benahmen und keinen Funken «Menschlichkeit» zeigten.
Ich habe Überlebende des Holocaust ähnliche Ansichten über die Nazis äußern und diese als «herzlose Bestien ohne Seele» bezeichnen hören. Die Psychologin und Autorin Alice Miller (*Am Anfang war Erziehung*) meint, daß diese «Herzlosigkeit» die Folge einer in Deutschland um die Jahrhundertwende herrschenden gewalttätigen Art von Kindererziehung sei, welche die Generation derer geprägt habe, die Hitler folgten. Miller führt zudem bestimmte Verhaltensmuster bei Hitler auf bestimmte Ereignisse in dessen Kindheit zurück. Ich glaube, sie ist auf der richtigen Spur. Meiner Meinung nach hat Gewalttätigkeit nichts mit «tierischen» und «menschlichen» Seelen zu tun, sondern ist eine Verhaltensweise, die der Mensch gelernt hat, entweder in diesem oder in einem früheren Leben.
3 Diese Herausbildung einer «inneren Stimme» könnte die wissenschaftliche Erklärung für eine jüdische Lehre sein, für deren Sinn ich lange keine Erklärung fand. Unter den orthodoxen Juden ist die Vorstellung verbreitet, daß ein Kind, bevor es das Alter der Bar beziehungsweise Bat Mizwa erreicht, vom *Jetzer ha-Ra* (bösen Trieb) hat, nicht aber vom *Jetzer ha-Tow* (guten Trieb) beherrscht wird. Mit zwölf Jahren bei den Mädchen und dreizehn bei den Jungen bekommt das Kind plötzlich und «wie durch ein Wunder» den Hang zum Guten verliehen. Ich war immer der Meinung, daß diese Lehre im Widerspruch zu der Tatsache steht, daß das Judentum nicht die Theorie von der Erbsünde vertritt. Doch wenn das, wovon hier die Rede

ist, in der Tat ein erlerntes Verhalten ist, dann ergibt diese Vorstellung einen Sinn. Ich glaube, daß die Rabbis die Entstehung der «inneren Stimme» in diesem Alter bemerkten, daß sie aber, weil sie noch nicht auf die Erkenntnisse der modernen Psychologie zurückgreifen konnten, darin keine Entwicklungsphase des Gehirns erblickten, sondern den Vorgang theologisch interpretierten.
4 Siehe Jung, Carl Gustav, *Der Mensch und seine Symbole,* Olten 1968, S. 67–82.
5 Mischna, Nesikin, Awot 2,4 (Bd. IV, S. 333).
6 Mischna, Nesikin, Awot 2,1 (Bd. IV, S. 332).
7 Koran, Sure 26,12.
8 Sohar Chadasch 33a.
9 *Gates of Reincarnation,* S. 32. In talmudischer Zeit hatten Rabbis zum Teil gelehrt, daß die «Übeltäter» den Lohn für gute Taten, die sie womöglich vollbrächten, in dieser Welt bekämen, so daß sie bei ihrem Tod einfach aufhörten zu existieren. Diese Lehre beruhte teilweise auf Vers 8 des 92. Psalms: «Wenn auch die Frevler gedeihen und alle, die Unrecht tun, wachsen, so nur, damit du sie für immer vernichtest.» Die guten Menschen hingegen, die litten, würden noch auf Erden von ihren Sünden «gereinigt», so daß sie augenblicklich ins Paradies kommen könnten. (Manche Rabbis waren der Meinung, daß *jeder* Mensch mit dem Tod zu existieren aufhöre und nur die Gerechten am Tage des Jüngsten Gerichts auferständen – eine Vorstellung, die von den Zeugen Jehovas geteilt wird.) Zu Lurias Zeit befriedigte jedoch diese einigermaßen vereinfachende Anschauung bereits nicht mehr. Sie beantwortete zwar die Frage, warum gute Menschen Böses geschieht, löste aber nicht das Problem, wie die Übeltäter für ihre Taten zur Rechenschaft zu ziehen wären. Luria und seine kabbalistischen Zeitgenossen lehrten daher, daß sich das Karma über viele Leben hinweg aufbaut und auswirkt.
10 Berg, Phillip, *The Wheels of a Soul,* Research Centre for Kabbalah, New York 1984, S. 48.
11 Sechsunddreißig steht in der okkulten Zahlenkunde für zweimal achtzehn. Achtzehn ist der numerologische Wert für das Wort *Chai,* «Leben». Eine ausgezeichnete Erläuterung der Lehre von den sechsunddreißig *Zaddikim* findet sich in Gershom Scholems Aufsatz «Die 36 verborgenen Gerechten in der jüdischen Tradition», in: Scholem, Gershom, *Jidaica,* Frankfurt am Main 1963, S. 216–226.

Neuntes Kapitel:
ZYKLEN DER WIEDERKEHR

1 Exodus (2. Buch Mose) 23,2.
2 Gershom, Yonassan, «Are Holocaust Victims Returning?», in: *Holistic Health Review,* Overman Publishing, Minneapolis, Ausgabe Winter 1987/Frühjahr 1988. Nachdruck eines Artikels der erstmals in der November-/Dezember-Nummer 1987 von *Venture Inward* erschienen ist.
3 Vgl. Genesis (1. Buch Mose) 25,27–34, die Geschichte von Jakob und Esau. Die Juden interpretieren diese Geschichte nicht als Betrug Jakobs an seinem Bruder, sondern als einen Mangel an Verantwortungsgefühl bei Esau. Die «Erstgeburt» schloß damals ein, daß man die religiösen Funktionen für die Sippe versah. Als erstgeborener Sohn hätte Esau diese Stellung geerbt. Doch das lag noch in weiter Ferne, und hungrig war Esau jetzt. «Verachtet hatte Esau sein Erstlingstum», damit er etwas in den Magen bekam.
4 Siehe Genesis (1. Buch Mose) 36,10–16.
5 Siehe Exodus (2. Buch Mose) 17,8.

6 1. Buch Samuel 14 und 15.
7 Exodus (2. Buch Mose) 17,14.
8 Bamberger, Bernhard, *The Story of Judaism,* Schocken Books, New York 1970, S. 393f.
9 Jetzinger, Franz, *Hitler's Youth,* London 1958, S. 273 (zitiert nach Gilbert, Martin, *Holocaust: A History of the Jews of Europe During the Second World War,* a.a.O., S. 13).
10 Vgl. Luther, Martin, *Von den Juden und ihren Lügen,* Wittenberg 1543. In diesem Text spricht Luther sich dafür aus, Synagogen in Brand zu stecken, die Juden ihrer Häuser zu berauben und sie für immer aus dem Land zu verjagen. Erst nach dem Holocaust unterzogen einige lutherische Gruppierungen die Ansichten des Begründers ihrer Konfession einer Revision und distanzierten sich von dessen Haltung. Auch die römisch-katholische Kirche hat nach dem Holocaust viele ihrer Standpunkte bezüglich des Judentums revidiert.
11 Niemöller, Martin, «Dreißig Jahre Bundesrepublik. Erlebnisse und Gedanken», in: *Argumente zur Zeit,* Sonderdruck aus *Blätter für deutsche und internationale Politik* 1/1979, Köln 1979, S. 16. (Verifiziert beim Zentralarchiv der Evangelischen Kirche in Hessen und Nassau, wo der Niemöller-Nachlaß liegt. Die Juden kommen in diesem Zitat nicht vor, obwohl sie, wie auch andere Randgruppen, heute häufig einmontiert werden. Auskunft des zuständigen Konservators, Herrn Dr. Bogs.)
12 Genesis (1. Buch Mose) 12,3.
13 Raphael, Chaim, *Journey from Babylon,* Harper and Row, New York 1985, S. 238.
14 Vgl. Cayce, Edgar Evans, *Edgar Cayce on Atlantis,* Association for Research and Enlightenment, Inc., Virginia Beach, Virginia, 1968. (Dt.: *Das Atlantis-Geheimnis,* München 1990.)
15 Deuteronomium (5. Buch Mose) 13,14. Im Gegensatz zur neueren Anthropologie lehrt das Judentum, daß die Menschheit zu Anfang eine monotheistische Weltanschauung hatte und erst später zum Polytheismus und zur Götzenanbetung überging. Nach der Überlieferung begann die Götzenanbetung zur Zeit des Enos, des Urenkels von Adam, also noch vor der Sintflut.
16 Hertz, J. H., *Pentateuch and Haftarahs,* Soncino Press, London 1987, S. 807.
17 Plaut, W. Gunter, *The Torah: A Modern Commentary,* Union of American Hebrew Congregations, New York 1981, S. 1431 (englische Übersetzung der Jewish Publication Society 1967).
18 Deuteronomium (5. Buch Mose) 6,4.
19 Basierend auf 2. Buch Samuel 7,23: «Welches andere Volk auf der Erde ist wie dein Volk Israel? Wo wäre ein Gott hingegangen, um ein Volk für sich als sein Volk freizukaufen und ihm einen Namen zu machen ...?»
20 Genesis (1. Buch Mose) 14,18.
21 Aus einem Vortrag von Rabbi Zalman Schachter-Shalomi, 1982. Schachter-Shalomi, der gegenwärtig am *Reconstructionalist Rabbinical College* lehrt, hat eine gründliche Darstellung erarbeitet, bei der er, ausgehend von den vier astrologischen Zeitaltern (Stier, Widder, Fisch und Wassermann), die Herausbildung des jüdischen Ritus zurückverfolgt. Dabei geht er auch auf Melchisedek als «letzten Hohepriester des Zeitalters des Stiers» ein, der den Monotheismus an Abraham weitergab. Ich habe diesen Vortrag während meines Studiums bei Reb Zalman von 1980 bis 1982 mehrfach gehört, doch ist er meines Wissens nie gedruckt erschienen. Reb Zalman beruft sich auf kabbalistische Quellen und die alte jüdische Überlieferung, wonach es bereits vor der Sintflut Akademien gab, an denen die Thora (in welcher Form auch immer) studiert wurde. Ein kurzer Hinweis auf Schachter-Shalomis Modell unter der Verwendung der astrologischen Zeitalter findet sich in Arthur Waskows Buch

These Holy Sparks, Harper and Row, New York 1983, S. 172f. Über die Prophetenschulen in biblischer Zeit siehe Kaplan, Aryeh, *Meditation and the Bible,* Samuel Weiser, New York 1978.
22 Rosenzweig, Franz, *Der Stern der Erlösung* (1921). Rosenzweig ging weiter als alle anderen jüdischen Theologen vor ihm, als er versuchte, in seiner Philosophie einen Ort für das Christentum zu finden. Er war der erste Religionsphilosoph überhaupt, der von einer Theologie der zwei Bünde sprach, der zufolge Gott zweimal den Bund geschlossen habe – einmal mit den Juden, einmal mit den Christen. Die beiden Bünde sind gleichwertig, haben aber unterschiedliche Aufgaben. Deshalb hat das Christentum nach Rosenzweig das Judentum nicht «verdrängt» oder «ersetzt», sondern beide existieren nebeneinander. Ausgehend von Rosenzweigs Ideen, wird die Theologie der zwei Bünde heute unter liberalen Juden und Christen weiterverfolgt.
23 Cayce, Edgar Evans, *Edgar Cayce on Atlantis,* a.a.O., S. 161–164. (Dt.: *Das Atlantis-Geheimnis,* a.a.O.)
24 Reading 877–26, 23. Mai 1938.
25 Ebenda.
26 Siehe Encyclopaedia Judaica, Stichwort Essenes.
27 Ebenda, S. 900.
28 Cayce, Edgar Evans, *Edgar Cayce on Atlantis,* a.a.O., S. 53–60. Für mich ergibt sich daraus der interessante Gedanke, daß unsere Körper sich aus dem Tierreich heraus entwickelt haben könnten, bevor wir mit unseren Seelen vereint wurden. Wenn das zutrifft, könnte die Vertreibung aus dem Garten Eden bedeuten, daß wir von der spirituellen Ebene herabgestiegen sind, um auf der materiellen zu inkarnieren.
29 Halevi, Zev Ben Shimon, *Adam and the Kabbalistic Tree,* Samuel Weiser, Inc., New York 1974, S. 34. Der fragliche Vers steht im Deuteronomium 3,21. Cayces Readings und die jüdische Überlieferung weichen in einem Punkt voneinander ab, nämlich in der Frage, wie viele derartige «Projektionen» es gegeben hat. Nach Cayces Deutungen waren es fünf, die gleichzeitig stattfanden und dazu führten, daß fünf Menschenrassen entstanden (364–13). Der Talmud hingegen lehrt, es sei nur ein Adam erschaffen worden, «daß niemand sagen kann, meine Vorfahren sind größer als deine» (siehe *Traktat Sanhedrin*).
30 Reading 1302–2.
31 Pauwels, Louis/Bergier, Jacques, *The Morning of the Magicians,* Avon Books, New York 1968, S. 223–232.
32 Taylor, James/Warren, Shaw, *The Third Reich Almanac,* New York 1987, S. 282.
33 Rosenberg, Alfred, *Der Mythus des 20. Jahrhunderts,* München 1930.
34 Vgl. Exodus 19,5–6.

Zehntes Kapitel:
PHÖNIX AUS DER ASCHE

1 Waskow, Arthur, *These Holy Sparks: The Rebirth of the Jewish People,* Harper and Row, San Francisco 1983, Vorwort, S. XI.
2 Hitler gab in *Mein Kampf* zu, daß ihn die Art und Weise, wie man in den Vereinigten Staaten mit den Indianern umgegangen war, nachhaltig beeindruckt hätte und daß er in den Reservaten eine Lösung für die «jüdische Frage» in Europa sah. Eine ausführliche geschichtliche Darstellung der Völkermordpolitik der Vereinigten Staaten gegenüber den amerikanischen Ureinwohnern im neunzehnten Jahrhundert, in der auch die Verwendung von mit Pocken verunreinigten Decken dokumentiert ist, findet sich in Dee Browns Standardwerk *Begrabt mein Herz an der Biegung des Flusses.* München 1974.

3 Patai, Raphael, *The Messiah Texts,* Wayne State University Press, Detroit 1979, S. 156.
4 Robb, Stewart, *Prophecies on World Events by Nostradamus,* Liveright Publishing Corporation, New York 1961, S. 42–46.
5 Vgl. den Leserbrief von Martin Poezinger, einem Zeugen Jehovas und Überlebenden des Holocaust, an die *New York Times,* 14. Mai 1985, nachgedruckt am 8. April 1989 in *Awake!,* einer Publikation der Zeugen Jehovas. Poezinger erklärt: «Als Hitler 1933 an die Macht kam, begann er sofort mit der systematischen Verfolgung der Zeugen Jehovas, weil diese sich in politischen Fragen und in der Frage des Krieges neutral verhielten. Die Folge war, daß Tausende Zeugen Jehovas nicht nur Opfer des Holocaust, sondern Märtyrer wurden ...» Die Zeugen Jehovas waren in Deutschland als *Ernste Bibelforscher* bekannt und mußten einen lila Winkel tragen.
6 Villasenor, David V., *Tapestries in Sand,* Naturegraph Company, Healdsburg, Kalifornien, 1966, S. 106–108. Siehe auch Waters, Frank, *The Book of the Hopi,* das Kapitel über Hopi-Weissagungen.
7 Levitikus (3. Buch Mose) 8,10–12.
8 Jesaja 61,1.
9 Exodus (2. Buch Mose) 19,5–6.
10 Vgl. Scholem, Gershom, *Sabbatai Zwi,* Frankfurt am Main 1992, S. 72f.
11 Mischna, Nesikin, Awot 2,1 (Bd. IV, S. 332).
12 Psalm 137,4.
13 Heschel, Abraham Joshua, *The Sabbath: Its Meaning for Modern Man,* Farrar, Strauss, and Giroux, New York 1951, S. 8f.
14 Patai, Raphael, *The Messiah Texts,* a.a.O., S. 271.
15 Zitiert nach Skolnick, Arlene, *The Intimate Environment,* 1975.
16 Basierend auf Talmud, Sanhedrin 97a–b.
17 Ebenda, Sanhedrin 98a.
18 Ebenda, Schabbat 118b.
19 Sohar 1,72b.
20 Mischna, Nesikin, Awot 2,16 (Bd. IV, S. 337).

Teil II

(From Ashes to Healing)

Einleitung

Wenn es ums Heilen geht, sind wir Juden praktische Leute. Nützt eine Behandlung, dann wenden wir sie an, auch wenn wir nicht ganz verstehen, auf welchen Prinzipien die Wirkung beruht. Gesundheit und Heilung sind in der jüdischen Tradition so wichtig, daß der Talmud sogar die Konsultation eines heidnischen Hexers zuläßt, wenn eine Aussicht auf Heilung besteht.[1] Ob wir es religiösen Glauben oder Placeboeffekt nennen, Tatsache ist, daß Heilung manchmal durchaus auf außergewöhnlichen Wegen erfolgt.

Die Menschen, die sich in diesem Buch darstellen, wurden auf verschiedenen Ebenen geheilt – auf physischer, emotionaler und geistiger –, weil sie an Reinkarnation und psychische Phänomene glauben. Ob durch Träume und Visionen, persönliche Meditation, mediale Botschaft oder Rückführungstherapie, jede einzelne dieser Persönlichkeiten erlebte eine Wirklichkeit jenseits der physischen Welt, wie wir sie kennen. Durch ihre Begegnungen mit dieser «anderen Welt» fanden sie Kraft, Freude und inneren Frieden in dieser Welt.

Der gemeinsame Faden dieser Sammlung von Zeugnissen ist die karmische Beziehung zum Holocaust in Nazideutschland. Die Mehrzahl der Beiträge entstand als Reaktion auf mein erstes Buch *Beyond the Ashes* (siehe Teil I dieses Buches), das vom *Jewish Book Club* 1993 besprochen und im selben Jahr von der Sponsorenvereinigung der *Association for Research and Enlightenment* (A.R.E.) ausgezeichnet wurde.

Außer ein Gerüst für den Ausgleich des Karmas aus vergangenen Erdenleben zu liefern, öffnet *Beyond the Ashes* auch ein Fenster auf die wenig bekannte Welt jüdischer Spiritualität. Für viele Leser war die Mitteilung, das Judentum kenne auch Lehren über Reinkarnation, überraschender als meine Behauptung, daß heute Menschen unter uns sind, die sich an ihren Tod im Holocaust «erinnern». Noch erstaunlicher ist: Die Reinkarnationslehren kommen nicht, wie man erwarten würde, aus eher «progressiven» Strömungen im Judentum. Nein, sie wurden von den «ultraorthodoxen» Chassidim überliefert und werden immer noch von ihnen verbreitet.

Einige klärende Worte sind hier angebracht. Weil *Beyond the Ashes* von A.R.E. Press veröffentlicht wurde, dem Verlag, der auch die Werke von und über das gut dokumentierte amerikanische Medium Edgar Cayce herausgibt, nahmen viele Leser an, ich hätte meine Arbeit auf das Material von Cayce gestützt und es benützt, um die jüdische Theologie auf den aktuellen Stand zu bringen. Tatsache ist, daß ich mit Cayce wenig vertraut war, als ich *Beyond the Ashes* schrieb. Die ersten Untersuchungen erfolgten von einem rein jüdischen Gesichtspunkt aus und richteten sich hauptsächlich an Menschen, die mit der chassidischen Theologie bereits vertraut waren. Erst später fügte ich auf Wunsch des Verlegers Querverweise auf Cayce und andere nichtjüdische Quellen ein, um das Buch einer weiteren Leserschaft zugänglich zu machen.

Die damit gewonnene Ausgewogenheit wurde sowohl von Kritikern aus weltlichen wie von solchen aus religiösen Kreisen mit großem Lob gewürdigt. Amy Shapiro schrieb im *Journal of Regression Therapy* (Zeitschrift für Rückführungstherapie), *Beyond the Ashes* fülle eine literarische Lücke, da das Buch «zwischen weltlichen, religiösen, politischen und metaphysischen Bereichen Brücken schlägt» und «uns durch den Reichtum einer Sprache führt, über die nur wenige Nichtjuden verfügen».[2] *The Baltimore Jewish Times* brachte 1993 anläßlich einer einwöchigen Tagung über Todesnähe-Erfahrungen und Reinkarnation einen ganzseitigen Artikel über meine Arbeit und die von Dr. Brian Weiss, einem Psychiater aus Miami, der eingehend über Rückführungstherapie geschrieben hat.[3]

Dr. Weiss, der sich selber als «Reformjude, denke ich» einstuft, bringt von der Medizinischen Fakultät der Universität Yale einen rationalistischen Bildungshintergrund mit und hatte ursprünglich keine Ahnung, daß es jüdische Lehren über Reinkarnation gibt. Heute weisen ihm chassidische Rabbis aus der ganzen Welt Patienten zu. «Für mich ist es tröstlich, daß es im Judentum ähnliche Anschauungen über Reinkarnation gibt, wie ich sie gewonnen habe», erklärte Dr. Weiss. «Ich hatte wirklich gedacht, ich bewege mich mit meiner Auffassung am äußersten linken Rand des Judentums, bevor ich Kenntnis von diesen Überlieferungen bekam.»[4]

Wenn Dr. Weiss es als tröstlich empfand, seine unorthodoxen psychiatrischen Ansichten durch jüdische Theologie bestätigt zu sehen, so war ich begeistert zu hören, daß meine orthodoxen jüdischen Glaubensinhalte in Übereinstimmung mit den Befunden von Hunderten von Rückführungstherapeuten sind. Als sich die Nachricht von *Beyond the*

Ashes in therapeutischen Kreisen zu verbreiten begann, wurde ich von Zusendungen aus der ganzen Welt überschwemmt, in denen ähnliche Fälle beschrieben wurden und die die Frage enthielten: «Wie geht es weiter?»

Leider gibt es in *Beyond the Ashes* nicht viele Berichte von Heilungen. Der Grund dafür ist, daß die meisten Menschen, von denen in diesem Buch die Rede ist, nur ein- oder zweimal mit mir sprachen, meistens während einer Krise. In vielen Fällen hatte ich nur die Funktion eines kleinen Rastplatzes auf dem langen Weg der Gesundung. Deshalb besaß ich am Schluß eine Fülle von Material über Traumata aus früheren Leben, aber praktisch keine Berichte über den Verlauf der Heilung.

Ich hoffe, daß der vorliegende Band *From Ashes to Healing* (Von der Asche zur Heilung – Teil II dieses Buches) ein Anfang ist, diese Lücke zu füllen. Hier finden Sie von den betroffenen Menschen selber verfaßte persönliche Berichte, die eine Vielfalt von Möglichkeiten beschreiben, mit solchen traumatischen Erinnerungen umzugehen. Vom Ziegenbauern in Nova Scotia, der von einer Uhr aus seinem vorigen Leben träumte – und sie auch fand –, zu der jüdischen Künstlerin, die mit ihren Händen die Geschichte des Holocaust in Ton modelliert, vermochten sich alle diese Persönlichkeiten durch ihren inneren Schmerz «von der Asche zur Heilung» durchzuringen.

Wenn Sie diese erstaunlichen Geschichten lesen, denken Sie bitte daran, daß ich weder Therapeut noch Wissenschaftler bin. Bevor ich als «Holocaust-Reinkarnations-Rabbi» bekannt wurde, war ich einfach ein Geschichtenerzähler, der jüdische Reinkarnationsgeschichten aus vergangenen Jahrhunderten kannte und weitergab. Weil ich diese klassischen Geschichten in meinem Repertoire hatte, war ich nicht überrascht, als sich Leute an mich wandten, die selber Erinnerungen an ihren Tod im Holocaust in ihrem vorhergehenden Leben haben. Wenn Reinkarnationen aus der spanischen Inquisition im 16. Jahrhundert oder aus dem Chemielnicki-Massaker im 17. Jahrhundert möglich waren, warum sollen dann Seelen aus der Nazizeit nicht im 20. Jahrhundert wiederkommen? Ich betrachtete damals die Reinkarnationsberichte aus dem Holocaust als eine Fortsetzung dieser alten mystischen Tradition und deutete sie im Zusammenhang mit der jüdischen Lehre so, daß es sich um verlorene Seelen auf ihrem Weg zurück zu Gott handelte.

Als sich die Nachricht verbreitete, ein Rabbi habe Interesse an Reinkarnation, nahmen auch Nichtjuden Kontakt mit mir auf, um einen

Weg «aus der Asche heraus» zu finden. Sie waren glücklich, ihre Erinnerungen an ihr früheres Leben im Holocaust von einem jüdischen Lehrer überprüfen zu lassen, aber ich war häufig außerstande, sie zu beraten. Obwohl es bewährte jüdische Praktiken für *tikkun* (karmischer Ausgleich) gibt, können diese oft nicht ohne weiteres in andere Kulturen übertragen werden. Ohne eine gemeinsame Sprachregelung für die Symbole und Glaubensinhalte war ich nicht in der Lage, langfristige Anweisungen für nichtjüdische Ratsuchende zu erteilen. In vielen Fällen stimmten wir zwar darin überein, daß es Reinkarnation gibt, aber wir waren uns nicht immer einig, wie Karma zu interpretieren ist und was zur Heilung getan werden soll.

Oft drehten sich diese Meinungsverschiedenheiten um den Begriff *jiddische neschama* oder «jüdische Seele». Kurz gesagt, lehrt die jüdische Mystik, daß die Seelen der Juden, die auf dem Berg Sinai anwesend waren (als die Thora enthüllt wurde), in allen ihren Verkörperungen jüdisch bleiben werden, auch wenn sie in nichtjüdischen Körpern auf die Welt kommen. Diese für Juden ganz zentrale Anschauung unterscheidet sich von allgemeineren Auffassungen der Seele, wie sie von der westlichen Metaphysik und in vielen New-Age-Theorien vertreten werden. Da der Begriff «jüdische Seele» für mein Verständnis der hier wiedergegebenen Berichte von zentraler Bedeutung ist, habe ich einen Aufsatz angefügt, in dem dieses Thema von einem multikulturellen Aspekt aus untersucht wird (siehe Anhang A).

Außer Geschichten von «jüdischen Seelen in nichtjüdischen Körpern» enthält dieses Buch auch Berichte von Juden, die wiederum als Juden zurückgekehrt sind. In *Beyond the Ashes* schrieb ich, daß etwa zwei Drittel der Fälle in ihrem Holocaust-Leben jüdisch gewesen waren und nun als Nichtjuden wiedergekommen seien. Das traf für die in jenem Buch erwähnten Menschen gewiß zu, aber in dem viel weiteren Spektrum, das sich inzwischen aufgetan hat, ist die «Zwei-Drittel-Statistik» völlig überholt. Ich war mir damals nicht bewußt, daß ich einen sehr wichtigen kulturellen Faktor außer acht gelassen hatte, der die erste Übersicht verfälschte.

In der vorherrschenden Kultur Amerikas, die sich hauptsächlich auf ein protestantisches Christentum gründet, ist es eine alte Tradition, Aussagen über persönliche Erlebnisse zu machen. Verschiedene Therapieformen und zwölfstufige Programme regen dazu an, «Ich-Aussagen» und persönliche Mitteilungen vor der Gruppe zu machen, und esoterische Kreise diskutieren frei über ihre psychischen Erfahrungen. Diese

Faktoren machen es verhältnismäßig einfach, von der nichtjüdischen Bevölkerung Material über Reinkarnation zu erhalten.

Auf der anderen Seite gibt es keinerlei jüdische Vorbilder für eine öffentliche Darstellung des inneren Lebens. Ganz im Gegenteil. Es entspricht der jüdischen Wesensart, daß die größten Heiligen verborgen bleiben – nur Gott und sich selber sind sie bekannt. Die Vorstellung, vor einer Versammlung aufzustehen und persönliche Träume und Visionen zu schildern, ist für den Großteil der Juden völlig fremd – und Anstoß erregend.

Außerhalb religiöser Kreise ist diese Zurückhaltung zuweilen als schamhaft mißverstanden worden, aber für die traditionellen Juden ist das Motiv dafür *Demut,* nicht Scham. Sogar bei den Chassidim, wo die Schüler öffentlich über die Größe ihrer Rebben sprechen, wird von den Lehrern selber erwartet, daß sie bescheiden abwinken, wenn ihnen irgend ein Wunder zugeschrieben wird. Ein bekanntes Sprichwort lautet: «Der Rabbi, der sich selber loben muß, hat einen einzigen Zuhörer.» Nach der jüdischen Lehre kommt das Verdienst bei Wundern einzig und allein Gott zu.

Als Folge dieser Haltung gibt es vom spirituellen Leben von Juden nur sehr wenige Aufzeichnungen aus erster Hand. Das heißt nicht, daß die Spiritualität nicht vorhanden ist – es heißt nur, daß sie von Juden selten für die Nachwelt aufgeschrieben wird. Dieser Mangel an jüdischen «Zeugnissen» wurde sogar vom Gelehrten Gershom Scholem vermerkt, der dafür bekannt ist, jedes kabbalistische Manuskript in der Originalsprache gelesen zu haben:

«Ganz allgemein ist hierzu zu bemerken, daß angesichts der langen Geschichte der Kabbala [sic] die Zahl der Kabbalisten, deren Lehren und Schriften zugleich den Stempel starker Persönlichkeiten tragen, erstaunlich klein ist ... Unter Hunderten von Kabbalisten, deren Schriften wir kennen, würden kaum zehn genügend Stoff zu einer Biographie liefern, die mehr als eine ungesicherte Tatsachensammlung wäre, mit wenig oder mit nichts, das uns Einblick in ihr Innenleben gewähren würde.»[5]

Bei solch strengen Tabus, die sogar die größten Mystiker davon abhielten, Aussagen über ihr persönliches Leben dem Druck anzuvertrauen, ist es nicht erstaunlich, daß gewöhnliche Juden davor zurückschreckten, ihre Geschichte in einem Buch zu veröffentlichen, das Reinkarnation mit dem Holocaust in Verbindung bringt. Es ist also kein Wunder, daß ich mich zunächst mit Geschichten von Juden begnügen mußte, die als Nichtjuden wiedergekehrt sind.

Doch nach dem Erscheinen von *Beyond the Ashes* haben sich viele, viele Juden bei mir gemeldet, die im Holocaust Juden waren und auch in diesem Leben wieder Juden sind. Jetzt kann ich sogar sagen, daß von den zurückgekehrten jüdischen Holocaust-Opfern die *überwiegende Mehrheit* jüdisch ist. Dies ändert nichts an der in *Beyond the Ashes* gegebenen Erklärung, weshalb einige Juden als Nichtjuden wiedergeboren wurden, nur ist der *Prozentsatz* der Seelen, die dies getan haben, viel kleiner als ursprünglich angenommen.

Auch wenn alle sechs Millionen Juden, die im Holocaust umgekommen sind, den Wunsch gehabt hätten, in ihrem eigenen Volk wiedergeboren zu werden, wären einfach nicht genügend schwangere jüdische Frauen dagewesen, um Körper zur Verfügung zu stellen. In vielen Fällen griffen die wiederkehrenden Seelen – wie sie selber sagten – ohne Rücksicht auf Rasse oder Religion nach dem ersten verfügbaren Embryo. In anderen Fällen – siehe die Geschichte «Freudenbringer» von Patricia O'Brian im 14. Kapitel – gab es jüdische Seelen, die bewußt ein «freiwilliges Exil wählten», um eine spirituelle Aufgabe zu erfüllen.

Was immer die Gründe auch sein mögen, jedenfalls sind mehr und mehr Juden mit Reinkarnationserlebnissen ans Tageslicht getreten, und meine Sammlung an «anonymen» Geschichten zeigt ein realistischeres Verhältnis. Gleichzeitig muß gesagt werden, daß die meisten Juden sich immer noch sträuben, ihre Geschichten in Druck zu geben. Als ich das Material für diesen Teil des Buches – *From Ashes to Healing* – sammelte, hatte ich viele Angebote von Nichtjuden, und ich sah mich genötigt, auf die Suche nach Beiträgen von Juden zu gehen.

Bei der Auswahl der Geschichten für dieses Buch strebte ich eine möglichst große Vielfalt in bezug auf die Herkunft, die Erlebnisse und Überzeugungen der Autoren an. Wäre ich ein Tiefenpsychologe (was ich nicht bin), hätte ich wahrscheinlich die Berichte ausgewählt, für die die überzeugendsten Beweise vorliegen. Doch ist dies keine wissenschaftliche Studie. Es handelt sich um menschliche Seelenforschung, die nicht in einem Reagenzglas sichtbar gemacht werden kann. Einige der Geschichten sind zwar durch Erfahrungen erhärtet, andere können aber nur die Heilung selber als Beweis dafür bieten, daß sich etwas Außergewöhnliches im Leben der betroffenen Menschen abgespielt hat.

Marcia Hollabaugh (6. Kapitel, «Mehr als ein Märchen») und Lena-Marie Broman (3. Kapitel, «Aufblitzende Rückerinnerungen in Wien») unternahmen beide genaueste historische Nachforschungen, um jede Einzelheit in ihren Visionen vergangener Leben zu belegen. Beide fanden eine beeindruckende Menge an Beweisen. Hingegen waren für David D. Johnson (12. Kapitel, «Der Sündenbock») und David Moffatt (4. Kapitel, «Hände aus dem Holocaust») die Erlebnisse selber Beweis genug. Meiner Meinung nach sind beide Ansätze gleichermaßen berechtigt, wenn es um Heilung geht.

Der Psychiater Brian Weiss ist damit vermutlich auch einverstanden. «Selbst wenn man sie [die Rückführungstherapie] als bildlichen Ausdruck oder Jungschen Archetypus betrachtet», erklärte Dr. Weiss der *Baltimore Jewish Times*, «scheint dies in bezug auf die therapeutische Wirkung keine große Rolle zu spielen. Die Methode ist ähnlich wie bei der herkömmlichen Analyse, außer daß der Schauplatz erweitert wird. Anstatt bei der Kindheit anzuhalten, geht man noch weiter zurück auf der Suche nach einem Trauma, das die jetzigen Befürchtungen, Ängste, Beklemmungen und das problematische Verhalten ausgelöst hat.»[6]

Da die meisten Verfasser der Berichte dieses Buches nicht berufsmäßig schreiben, werden die Leserinnen und Leser meine Handschrift im Redigieren der Texte erkennen. In einigen Fällen mußte ich vierzig bis fünfzig Seiten des maschinengeschriebenen Materials kürzen, um es in die vorliegende Form zu bringen, oder ich mußte ein ausführliches mündliches Interview in einen prägnanten Artikel ummünzen. Dabei bemühte ich mich, die persönliche Note jeder Erzählung beizubehalten und gleichzeitig – mit Blick auf das gesamte Buch – Wiederholungen möglichst zu vermeiden. Jede Geschichte ging zur Abklärung hin und zurück und wurde schließlich von ihrer Verfasserin beziehungsweise ihrem Verfasser gutgeheißen, bevor sie dem Verleger übergeben wurde. Deshalb sind diese Aufsätze trotz meines Wirkens als Ghostwriter (Wortspiel gewollt) Erzeugnisse der Verfasser.

Außer wenn anders angegeben, stammen die Anmerkungen und andere erklärende Zusätze von mir und wurden beigefügt, nachdem die Berichte selber fertiggestellt waren. Es ist zu hoffen, daß die Anmerkungen den Lesern nützliche Hinweise und in gewissen Fällen zusätzliche Erklärungen vermitteln, die die Zusammenhänge in Fragen der Mystik und Reinkarnation erhellen. Anstatt die Hinweise in den Text einzubauen, wählten wir lieber diese Methode, damit der Fluß der Erzählung nicht ständig unterbrochen wird. In einigen Fällen hatten die

Autoren schon umfassende Ermittlungen angestellt und vollständige Unterlagen – Skizzen, Tagebücher, Tonbandaufnahmen von Rückführungsgesprächen – gesammelt, die sie mir freundlicherweise zum Gebrauch überließen. In anderen Fällen untersuchte ich die Einzelheiten selber, sehr zur Freude der Verfasser, die keine Ahnung hatten, wie genau ihre Träume und Visionen mit der Wirklichkeit übereinstimmten.

Es gibt auch Beispiele, bei denen ich selber von der Genauigkeit der Erinnerungen überrascht war. Beispielsweise haben so viele Leute – darunter drei in diesem Buch – angegeben, ihr Name in ihrem früheren Leben habe «Anna» oder «Anna Marie» gelautet, daß ich mich fragte, ob sie unbewußt von der bekannten Geschichte von Anne Frank beeinflußt seien. Im Oktober 1995 stellte ich diese Frage öffentlich bei einem Podiumsgespräch. Zu meiner Überraschung sagte mir später Sigrid Dreyfuss-Manelis, Kolumnistin in Baltimore und selber eine Holocaust-Überlebende, daß «Anna Marie» im Europa der Hitlerzeit ein verbreiteter Name gewesen sei. Auch habe es ein sehr populäres Lied mit dem Titel «Anna Marie» gegeben.

Sogleich blitzten Erinnerungen an meine erste Klasse auf, in der fünf Mädchen waren, die nach einem amerikanischen Schlager unseres Geburtsjahres 1947 «Linda» hießen. Tatsächlich, Namen treten in Wellen auf, was die große Anzahl von «Annas» in der Hitlerzeit plausibler macht.

Es versteht sich von selbst, daß in den Beiträgen die Ansichten der Verfasser zum Ausdruck kommen, die sich nicht unbedingt mit meinen eigenen oder denen des Verlags *A.R.E. Press* decken. In vielen Fällen, besonders wenn es sich um das Holocaust-Karma handelt, weichen auch die Auffassungen der einzelnen Autoren voneinander ab.

Ich halte diese Unterschiedlichkeit der Ansichten für eine sehr gesunde Form des Dialogs. Wir stehen dem Holocaust immer noch zu nahe, um seine «wahre geistige Bedeutung» erkennen zu können, und ich gehöre zu denen, die dogmatische Aussagen – ob von «New-Age»- oder anderer Seite – über das Holocaust-Karma lieber vermeiden. Weil der Zweite Weltkrieg ein so überwältigendes Geschehen war, in dem viele Millionen von Seelen unzählige verschiedene Wege zurücklegten, würden wir sehr wahrscheinlich einige Fälle finden, die irgendeine vorstellbare Theorie «beweisen» würde.

Warum ist es zum Holocaust gekommen? Es gibt unmöglich nur eine Antwort – gewissermaßen eine Patentantwort, mit der wir die Sache ein für allemal erledigen könnten. War es die Tilgung einer karmischen

Schuld, eine göttliche Strafe, ein Lernvorgang, die Erfüllung einer Prophezeiung, ein Massenmartyrium oder die Geburtswehen des Messianischen Zeitalters? Könnten alle diese Erklärungen in verschiedenen Fällen ein gewisses Maß an Wahrheit enthalten? Vielleicht liegt die Antwort gerade im Prozeß des Fragens. Wie ein Zen-Koan[7] zwingt uns die Frage «Warum der Holocaust?» dazu, unser Herz immer wieder von neuem und von allen Seiten zu erforschen. Jedes Mal, wenn wir uns die Frage neu stellen, brechen wir durch eine Schicht alter Gedankenformen und stehen der Welt in neuer Art gegenüber.

Neti, neti – «nicht dies, nicht das» – jede rationale Antwort ist immer unvollständig. Wie der Klang von einer einzelnen Hand beim Klatschen kann die Frage «Warum der Holocaust» niemals in gewöhnlichen Begriffen erklärt werden. Wenn alles gesagt und getan ist, bleibt als einzige wahre Erklärung die Nicht-Antwort des Schweigens. In den Worten von Eli Wiesel: «Vielleicht wird eines Tages auf der Ebene des Menschen jemand erklären können, wie Auschwitz möglich war; aber auf der Ebene Gottes wird es immer das aufwühlendste Geheimnis bleiben.»[8]

Tu B'Schwat, 5756 *Reb Yonassan Gershom*
(Das Neue Jahr der Bäume)

In der Woche, in der wir lesen:
«Gast bin ich in fremdem Land.»

ERSTES KAPITEL

Abbye Silverstein
Die Heilerin heilt sich selbst

Ich wurde am 10. März 1953 geboren und wuchs in einem jüdischen Elternhaus auf, das tief in osteuropäischer Jiddischkeit verwurzelt war. Meine Eltern gehörten der Arbeiterklasse in der Bronx, New York, an. Meine aus Rußland eingewanderte Großmutter mütterlicherseits wohnte bei uns und sorgte dafür, daß die Traditionen der Sabbatheiligung und die Hauptfeste – Neujahrstag (Rosch-ha-Schana), Versöhnungstag (Jom Kippur), Einweihungsfest (Chanukka) und das Pessach-Fest (Passah) – aufrechterhalten wurden. Wir begingen diese Feiern, indem wir die vorgeschriebenen Gebete sprachen und die entsprechenden Speisen zu uns nahmen. Ich liebte das Sabbatmahl am Freitagabend. Die Kerzen, die Gebete, die Gesänge, das Essen – alles hatte mit Liebe zu tun.

Um sich für Sabbat einzudecken, stattete meine Großmutter jeden Freitagnachmittag einen rituellen Besuch in einem Fisch- und Geflügelladen in der Allerton Avenue ab. Im Vorschulalter durfte ich mit ihr gehen, um die Einkäufe für die gefüllten Fische (siehe Glossar) zu tätigen und ein frisch geschlachtetes Huhn für das Nachtessen auszuwählen. Ich sehe meine Großmutter noch vor mir, wie sie im hinteren Teil des Ladens saß, das Huhn rupfte und es zum Koschermachen vorbereitete. Die Federn brauchte sie später, um Kissen zu stopfen.

All dies hatte etwas Freudiges und Herzerwärmendes für mich. Es schien mir, als würde ich in Zeit und Ort in die «alte Heimat» versetzt. Aber diese glücklichen Augenblicke waren eher selten. Trotz dieser Freuden empfand ich im Wirtschaftsboom der Jahre nach dem Holocaust und dem Zweiten Weltkrieg einen leidigen Zwiespalt darin, Jüdin und Amerikanerin zu sein. Was hieß es eigentlich, jetzt in Amerika Jüdin zu sein?

Außer den Feierlichkeiten im Zusammenhang mit dem Sabbatmahl war mein Zuhause in geistiger Hinsicht verödet. Grund dafür war der Tod meines Großvaters mütterlicherseits unmittelbar vor meiner Geburt sowie die Vernichtung seiner ganzen Familie aus Rußland im Holocaust. Diese noch frische Tragödie lastete auf unserer Familie und ließ in unserem täglichen Leben keine Wärme aufkommen; unsere Gespräche beschränkten sich weitgehend auf die Notwendigkeiten des täglichen Lebens. Meine Familie lebte in einer unterschwelligen Trauer dahin, doch wie sollte ich dies als Kind durchschauen? Ich umarmte meine Eltern und meine Großmutter, drückte sie heftig an mich, und – manchmal – beschwichtigten sie mich dann. Es war, als ob jedes Familienmitglied in einem Zimmer für sich wohnte und nicht gestört werden wollte. Ich fühlte mich wie nicht zu der Familie gehörig, wie eine Fremde in einem fremden Land; ich sehnte mich nach *meiner eigenen* Familie ... So fand ich Trost im Meditieren und Beten.

Bei meiner hebräischen Lehrerin, die das Konzentrationslager überlebt hatte, fühlte ich mich innerlich kalt, leer und tot. War es ihretwegen? Oder war es meine Schuld? War sie einfach der Spiegel für mein höheres Selbst, der etwas widerspiegelte, an das sich mein bewußtes Ich nicht erinnern wollte?

Mit sieben Jahren sah ich am Fernsehen (PBS – Public Broadcasting System) den ersten Dokumentarfilm über den Holocaust und weinte herzerweichend. Meine Mutter nahm das etwas humorvoll und sagte, man könnte ja meinen, ich wäre dabeigewesen. Aber für mich war das kein Witz. In meinem Innern hörte ich eine Stimme, die sagte: «Ja, ich war dabei.»

Ich erlebte weitere Rückerinnerungen oder Erlebnisse von «Durchsickern», die ich mir nicht erklären konnte. Der Anblick eines Mercedes-Benz auf der Boston Post Road beunruhigte mich zutiefst, und wenn ich in einem Auto in schneller Fahrt auf einer kurvenreichen Strecke fuhr, wurde ich von Angst gepeinigt. Manchmal führten diese Ängste zu einem starren, sprachlosen, tranceartigen Zustand. In meinem kindlichen Bewußtsein dachte ich, es sei meine rege Einbildungskraft, die mich in diese «andere Welt» mit ihrer Fülle von glücklichen, liebevollen, ängstigenden, verwirrenden Empfindungen versetzte. Ich ergriff diese Erinnerungsfetzen und übertrug sie in Gegenwartssituationen; ich verknüpfte die beiden Lebensbereiche und versuchte, die Leere meines gegenwärtigen Daseins auszufüllen.

Oft stieg in mir das Bild eines dunkelhaarigen, bärtigen Mannes auf, und es war mir, als hätte ich zu ihm eine Liebesbeziehung gehabt. Jahrelang suchte ich ihn in meinen Beziehungen zu Männern. Ich sehnte mich nach seiner Liebe, seiner Nähe, seinem Geist und seinem Herzen. Erst als er mir später auf der Astralebene erschienen war, fand ich ihn auch in diesem Leben wieder.

Mit dreizehn Jahren wurde bei mir Skoliose, eine seitliche Verkrümmung der Wirbelsäule, festgestellt. Die Wirbelsäule ist das Rückgrat des Körpers, das ihn aufrecht hält und die Botschaften des Zentralnervensystems in alle Teile des Körpers leitet. Weshalb war also meine Wirbelsäule verkrümmt, in eine S-Linie verbogen? War das rein physiologisch begründet? Oder gab es auch geistige und seelische Gründe? Während meiner Universitätszeit hatte ich mit zwanzig Jahren eine Abtreibung. Danach ging ich nach Hause, um mich zu erholen, und hatte einen merkwürdigen Traum:

Ich trug Kleider von 1930 und verließ ein Universitätsgelände mit gotischen Gebäuden. Ich drehte mich nach dem Gelände um, schaute ein bestimmtes Gebäude mit großen farbigen Glasfenstern an und sagte ein letztes Lebewohl. Dann schritt ich auf einen schwarzen Mercedes-Benz zu. Auf dem Fahrersitz saß ein dunkelhaariger, bärtiger Mann. Noch einmal schaute ich zurück, um auf Wiedersehen zu sagen. Wir fuhren davon, und das Wort TOD erschien vor meinen Augen.

Beim Erwachen fühlte ich mich sehr beunruhigt. Den Schlüssel zum Verständnis dieses Traumes fand ich erst viel später, als die erste Rückführung in vergangene Leben die Erinnerungen zutage förderte, die in meinem höheren Selbst verborgen lagen.

Instinktiv glaubte ich schon immer an wiederholte Erdenleben und fühlte mich zu den Ideen von New Age, zur Mystik und besonders zur Kabbala hingezogen. Aber ich war wie zerrissen, immer auf der Suche; nie fand ich innere Zufriedenheit. Doch im Herbst 1978 kam ich mit den Füßen auf den Boden zu stehen. Es war Zeit, meine Ehe aufzulösen, und ich empfand dies gleichzeitig befreiend und beängstigend. Hier stand ich, eine fünfundzwanzigjährige Hippie-Frau ohne finanzielle Sicherheit und mit einem Kind, für das ich zu sorgen hatte. Der Gedanke, eine alleinstehende Mutter zu sein, war für mich erdrückend, aber in einer Ehe zu bleiben, in der ich mich abhängig und ausgeliefert fühlte, wäre für mich und meinen einjährigen Sohn schädlicher gewesen. In meiner Verzweiflung begann ich dreimal am Tag G-tt[1] um Hilfe zu bitten.

Am Wochenende vom 1. bis 3. Dezember 1978 wurden meine Gebete durch eine Reihe von Träumen erhört. Der letzte Traum gab mir den entscheidenden Fingerzeig, der zu meiner ersten Rückführung in vergangene Leben führte.

Mir erschien ein dunkelhaariger, bärtiger Mann in moderner Kleidung. Er stellte sich als Richard (in deutscher Aussprache) vor und teilte mir folgendes mit: «Du und ich waren ein Liebespaar. Wir waren in einem früheren Leben verheiratet und starben gemeinsam. Wir sind zurückgekommen, um wieder zusammen zu sein und die Arbeit fortzusetzen, die wir begonnen haben. Dies wird bald geschehen.»

Es war mir klar, daß es sich bei dem Mann des Traumes um den gleichen dunkelhaarigen Mann handelte, von dem mir schon immer geträumt hatte. Aber in den folgenden Monaten hatte ich mich mit allerlei konkreten Angelegenheiten zu befassen: Ich mußte die Trennung und die Scheidung von meinem Mann überstehen und Ordnung in mein Leben bringen. Dann, eines Tages im Juli 1979, als ich nach Hause kam, um zu meditieren, begegnete mir in der Meditation die astrale Erscheinung des dunkelhaarigen Mannes von meinem Traum im Dezember. In meinem alltäglichen Ich war ich schockiert und verärgert, daß er in meinen ureigenen Bereich eingedrungen war; mein höheres Selbst jedoch fühlte sich glücklich, wieder mit ihm vereinigt zu sein.

Gleichzeitig fragte ich mich, ob ich nicht mehr bei Sinnen sei. Ich vertraute mich Freunden an, die in Sachen seelischen Vorgängen Bescheid wußten. Sie waren sich einig, daß für mich eine Rückführung in vergangene Leben notwendig sei, denn bei mir gäbe es mit diesem Mann «unerledigte Angelegenheiten» aus meiner letzten Inkarnation. Zwei Tage danach wurde ich von einem Fachmann hypnotisiert, der sich auf diese Tätigkeit spezialisiert hatte. Die Geschichte, die ich jetzt mitteilen werde, kam im Laufe mehrerer Rückführungssitzungen nach und nach ans Licht. Indem ich die Bruchstücke zusammenfügte, begann ich die Erscheinungen zu verstehen, die zwischen meinem jetzigen und meinem vergangenen Leben «durchsickerten».

* * *

In meinem Holocaust-Leben war ich Anna, eine deutsch-jüdische Frau, die mit ihren Eltern und jüngeren Geschwistern in einem Arbeiterviertel von Berlin aufwuchs. Wir waren eine eng verbundene, traditionelle Familie, in der Liebe und Wärme herrschten. Der Sabbat wurde jede Woche mit dem ganzen Familienclan gefeiert: Großeltern, Onkel, Tanten und Vettern aßen, beteten und sangen zusammen.

Anna war sehr hübsch, aber sie betrachtete ihre körperliche Schönheit gegenüber ihren intellektuellen Fähigkeiten als zweitrangig. Sie wollte Psychiatrieärztin werden und besuchte die Universität in Heidelberg, wo sie ihrem späteren Mann Richard begegnete. Er war in einer Familie von Reformjuden der höheren Gesellschaftsklasse aufgewachsen, die Anna nicht akzeptierte. Doch Richard heiratete sie trotzdem, entgegen dem Wunsch seines Vaters. Anna und Richard waren richtige Seelengefährten, physisch, empfindungsmäßig, geistig und in ihrer Gesinnung vollkommen aufeinander abgestimmt. Nichts vermochte sie zu trennen.

An der Universität waren sie von der gleichen Leidenschaft erfüllt und verfolgten die selben Lebensziele: Bewußtsein zu entwickeln und Menschlichkeit zu fördern. Er widmete sich der Politik und dem Rechtsleben, sie der Psychologie und Medizin. Sie gingen auf in der Geschichte ihrer Zeit, und Richard schloß sich an der Universität einer Dissidentengruppe an.[2]

Im Frühling 1933 hatte Anna eine Fehlgeburt, Hitler gewann die Wahlen. Nun wurden die Dissidenten von den Braunhemden verfolgt. Richard bestand darauf, daß Anna und er das Land verlassen und sich in England in Sicherheit bringen sollten, denn manche ihrer Freunde waren schon zusammengeschlagen und belästigt worden. So brachen sie ihre Studien ab und packten ihre Dinge, um sich in England in Sicherheit zu bringen.

Als sie in Richtung Frankreich durch den Wald fuhren, überkam Richard eine Wut über die Deutschen, die sich von Hitler blenden ließen. Ebenso aufgebracht war er über seinen Vater, der die politische Situation verkannte, sowie über den Verlust seiner Freunde, seiner Träume und seiner Zukunft.

Richard schien die Beherrschung verloren zu haben, und Anna war verängstigt und fühlte sich hilflos. Sie bat ihn, langsamer zu fahren, denn er raste mit halsbrecherischer Geschwindigkeit durch die kurvenreiche, dunkle Waldstrecke. Längere Zeit herrschte Schweigen zwischen ihnen. Plötzlich tauchte in einer Kurve ein mächtiger Baum vor ihnen auf ...

Was Anna als nächstes begriff, war, daß ihr Geist den Körper verlassen hatte und sie tot war. Ebenso Richard. Sie standen im Geist beieinander und betrachteten ihre Leichen. Das Auto war in einen Baum gekracht, und Richard wurde die Brust durch das Steuerrad eingedrückt. Anna war in die Windschutzscheibe gestürzt.

Anna schrie: «Wir sind tot! Wir sind tot! Nur der Körper stirbt. Das Bewußtsein stirbt nie! Das Bewußtsein lebt ewig!» Dann schaute sie Richard an und fragte: «Warum hast du dies getan?»
Er antwortete feierlich: «Ich hatte eine Vision. Ich hörte eine Stimme, die mich aufforderte, mit ihnen zu kommen. Sie würden uns retten. Dann sah ich Soldaten auf uns zukommen, die uns abführen wollten. Wir wurden durch Stacheldraht getrennt. Ich wußte, daß einer von uns sterben und der andere weiterleben würde. Ich fand es unerträglich, von dir getrennt zu sein ... und als nächstes sah ich den Baum. Ich konnte den Aufprall nicht mehr verhindern. Anna, bitte verzeih mir. Ist es nicht besser, durch Hände zu sterben, die von Liebe geführt werden, als durch solche, die vom Haß geleitet werden?»

Anna verzieh Richard. Sie verweilten zur Erde hingewandt in der deutschen Landschaft und trafen andere entkörperte Geister, die sich wie im Schwebezustand zwischen dies- und jenseitigem Leben befanden. Eines Tages sahen Anna und Richard Soldaten (in Fleisch und Blut) auf der Straße marschieren und hörten Gewehrschüsse in der Entfernung. Sie gingen der Sache nach und fanden die Leichen von Juden in einer großen offenen Grube oder einem Grab. Anna schrie: «Sie töten uns! Sie töten die Juden! Richard, du hattest recht – du hast uns gerettet!»

Natürlich hatte er sie nicht vom Tode errettet. Aber er hatte sie vor der gräßlichen Demütigung gerettet, von den Nazis gefoltert zu werden, nur weil sie Juden waren. Richard antwortete: «Anna, jetzt verstehst du, daß es besser ist, durch Hände zu sterben, die aus Liebe handeln, als durch Hände, die aus Haß handeln.» In diesem Moment hörten sie eine Stimme, die nach ihnen rief. Die Zeit war gekommen, daß sie die irdische Sphäre verlassen mußten. Weißgoldenes Licht erglänzte und zeigte ihnen den Weg zum Leben zwischen Tod und neuer Geburt.

In der geistigen Welt wurden sie durch einen Wächter empfangen, der neben einer großen Tür stand. Er geleitete sie zu einem Empfangstisch im großen Saal. Eine Frau hieß sie willkommen und erklärte ihnen, daß sie ihr Leben nun in dieser Welt weiterführen würden. Sie sagte ihnen, daß sie sich darin üben würden, anderen zu helfen. Die Schrecken des Holocaust seien ihnen erspart geblieben, damit sie den Opfern dienen könnten. Sie würden in eine himmlische Schule geschickt, um bei den großen jüdischen Lehrern Religion, Philosophie, Psychologie und das Heilen der Seele zu lernen.

Annas erste Aufgabe in der geistigen Welt bestand darin, Neuankömmlinge aufzunehmen. Auf der Erde unten wurden die Juden ausgerottet, und ihre Seelen gelangten in rascher Folge in die Zwischenwelt. Sie hatte ihren Platz im großen Saal. Dieser entsprach «Ellis Island» im Himmel, geleitet vom «United Jewish Appeal» der Zwischenwelt.[3] Die jüdischen Seelen kamen in Scharen, mit durch die Folter verkrüppelten und entstellten Astralleibern, aller Würde beraubt.

In ihrem Amt nahm Anna die wichtigen Daten für die Akashachronik auf: Name, Geburtsort, Wohnort, Beruf, Familiengeschichte, Todesart und so weiter. Bald begegnete sie ihrer Mutter, ihrem Vater, ihrer Schwester, ihrer besten Freundin, als diese in der Reihe der Aufzunehmenden standen. Sie waren im Holocaust umgekommen. Wie die übrigen Juden wurden sie in den Teil der jenseitigen Welt geschickt, der «Nur für Juden» gekennzeichnet war – nicht um sie abzusondern, aber um ihnen einen Ort zur Verfügung zu stellen, wo ihre verwundeten Seelen in Geborgenheit heilen konnten.[4]

Dieser jüdische Teil des Himmels war in Länder, Städte und Dörfer eingeteilt, die der Heimat der Verstorbenen auf der Erde entsprachen. Schwarze Bretter wurden nach geographischen Gebieten errichtet, auf denen die ankommenden Seelen Hinweise fanden, wo ihre Angehörigen zu finden waren. Landkarten und Wegweiser halfen ihnen, nach Hause zu gelangen. Alles, was auf der materiellen Ebene zurückgelassen worden war, wurde in der geistigen Welt wieder aufgebaut, um diesen schwer verwundeten Seelen beim Übergang in die Wiederverkörperung während des «Babybooms» zu helfen. Es gab sehr viel Arbeit, die in kurzer Zeit verrichtet werden mußte.

Anna war glücklich in der Zwischenwelt, und ihr Leben war sehr produktiv. Sie wurde mehrmals «befördert», bis sie Leiterin eines Heilungszentrums wurde. In dieser Funktion nahm sie an einer Beratung von Leitern solcher Heilungszentren teil, bei der Ideen ausgetauscht wurden, wie diese Holocaust-Seelen geheilt werden können und wie sie den Übertritt in ein neues Erdenleben vollziehen können.

Als der Krieg 1945 zu Ende ging, wurde die jüdische Abteilung geöffnet, und die Menschen durften sich in andere Gebiete der Zwischenwelt begeben. Annas Mann Richard bereitete sich als einer der ersten des «Babybooms» für eine neue Inkarnation vor. Anna hingegen wollte nicht gehen. Richard versprach, daß sie sich eines Tages finden würden; dann sagte er ihr Lebewohl. Anna trauerte über den Verlust ihres Mannes, war aber zufrieden, daß sie in der Zwischenwelt bleiben konnte. Es war ihr klar, daß das Leben immer weitergeht, und sie wollte die Beschränkungen eines physischen Leibes nicht annehmen.

Aber 1950 konnte sich Anna nicht länger in der Zwischenwelt halten. Die Zeit für ihre Wiederverkörperung war gekommen, aber die ihr zugedachte Mutter hatte eine Fehlgeburt. Anna war erleichtert, denn sie war eigentlich noch nicht für eine Wiederkehr bereit. Drei Jahre danach wurde ihr gesagt, daß sie sich im Moment der Zeugung mit einem Embryo verbinden und nicht bis zum Moment der Geburt warten solle, weil ihre Mutter eine Bindegewebsgeschwulst hatte. Indem Anna sich bei der Empfängnis in ihren Schoß hineinbegab, konnte sie sicherstellen, daß der Fötus überlebte und ihr neuer Körper wurde.

Widerstrebend stimmte Anna zu. Mit Hilfe ihrer beiden geistigen Führer, Ruth und Isaak, schloß sie den Vertrag für ihr neues Leben auf Erden. Die ersten vierzig Jahre würden mit Kampf, physischen und seelischen Schmerzen, intellektuellen und geistigen Herausforderungen, Lernen und dem Abgelten von karmischer Schuld erfüllt sein. Nach dieser Zeit sollte sie in materieller Hinsicht gut gedeihen und G-tt wieder als Heilerin dienen können. Ihre Führer versprachen ihr, sich im Leben für sie einzusetzen und dafür zu sorgen, daß sie mit der geistigen Welt verbunden bleibe.

Anna schlüpfte in den dunkeln Schoß, blieb aber in meditativer Trance – durch einen Strahl weißen Lichtes – mit der geistigen Welt verbunden. Sie verharrte in diesem meditativen Zustand bis zu ihrer Geburt am 10. März 1953 um 3.25 Uhr morgens. In diesem Moment wurde der Lichtstrahl abgeschnitten, und Anna wurde in der physischen Welt als Abbye Silverstein geboren.

* * *

Als Abbye verbrachte ich über zehn Jahre in Kummer und Trauer über den Verlust von Annas Leben. Ich kämpfte darum, ihre Ziele zu erreichen, und traf immer wieder auf neue Hindernisse. Schließlich nahm ich für mich und meinen Sohn mein Leben in der jetzigen Inkarnation in die Hand. Ich hörte auf zu trauern. Ich vergab mir selbst und legte Annas Erinnerungen zur Ruhe. Ich bewahrte meine Liebe zu Richard auf der seelischen Ebene, ließ aber meine Sehnsucht nach ihm in diesem Leben fallen.

Ich beschloß, eine Ausbildung in Beratung und Akupunktur zu machen, um auch in diesem Leben eine Heilerin zu sein. Durch das Studium und das Praktizieren dieser heilenden Tätigkeiten wurden meine eigenen physischen, seelischen und geistigen Schmerzen ebenfalls geheilt, und ich konnte mich von den Sorgen um Anna und den Holocaust lösen.

Zweimal besuchte ich als Teil dieses Heilungsprozesses das *United States Holocaust Memorial Museum* in Washington, D.C. Der erste Besuch war ein bedeutender Schritt in der Heilung, der mir ermöglichte, mich von dem Schmerz, dem Leiden und den Qualen zu befreien, die Anna auf sich genommen hatte, als sie in der Zwischenwelt jüdische Seelen zu heilen versuchte. Mir war als Anna die Erniedrigung eines grauenvollen Todes erspart geblieben, aber ich hatte mir die Sorgen der Opfer in diesem Leben als Abbye zu eigen gemacht. Infolge der Skoliose war mein Körper verkrüppelt und geschunden so wie ihre Astralleiber. In dem Gedenkmuseum konnte ich mich von dieser Belastung befreien. Auch verzieh ich Richard, daß er Annas Leben genommen hatte, ohne sie zu fragen, und ich betete für ihn, daß er sich selbst die Schuld vergeben konnte, die ihn dazu trieb, in meinen Träumen zu erscheinen.

Im Frühling 1995 besuchte ich das Museum nochmals. Diesmal ging ich als Beobachterin hin, nicht als Betroffene. Die schmerzlichen Empfindungen, die ich vierzig Jahre lang mit mir getragen hatte, sind in diesem Museum enthalten, so daß ich mich befreien und von ihrer Last lösen konnte. Für die jüdische Gemeinde und die ganze Welt steht das Museum auch am Anfang des Heilungsprozesses. Indem nun das Museum Zeugnis ablegt, können sich diese sechs Millionen Seelen weiterbewegen.

Daß ich die Bürde meines vergangenen Leben abschütteln konnte, ist eine Gabe Gottes, über die ich mich jeden Tag neu freue. Manchmal kämpfe ich immer noch mit dem Problem, wie man in Amerika Jüdin sein kann, und ich sehne mich nach der Geborgenheit, die ich in der Zwischenwelt gekannt hatte. Gleichzeitig weiß ich aber, warum ich hier bin. Die Heilung vom Trauma des Holocaust hat für die jüdische Gemeinde auf der Erde erst begonnen. In meinem Herzen und meiner Seele weiß ich, daß ich zurückgekehrt bin, um bei dieser Heilung mitzuhelfen, für diese und spätere Generationen eine erneuertes, frohgemutes Judentum zu schaffen.

ZWEITES KAPITEL

Bruce Whittier
Die Uhr

Meine Geschichte beginnt im Frühling 1991. Am 8. April träumte ich erstmals sehr lebhaft vom Zweiten Weltkrieg. In den folgenden zwei Wochen kehrten die Träume beinahe nächtlich wieder. Der Inhalt dieser Träume war etwa der folgende:

Ich lebte in einem fremden Land zusammen mit einer Frau, einer Tochter, einem Sohn und einem älteren Mann. Wir hatten auch einen schwarz-weißen Hund. Es war Kriegszeit, und ich lebte in Angst, da ich gewarnt worden war, daß die Deutschen die Niederlande überfallen würden. Ich wußte, daß wir als niederländische Juden in Gefahr waren, weil ich darüber bei meiner Arbeit in einem Büro etwas gehört hatte. Die Einzelheiten dieser Information sind nicht klar, aber ich glaube, daß es sich um die politische Situation handelte.

Im Untergeschoß unseres Hauses befand sich ein alter Keller, in dem wir Unterschlupf suchten. Der Raum war kalt und dunkel, aber er bot ein sicheres Versteck. An der Wand stand ein Tisch mit einer Uhr, so daß wir immer wußten, wieviel Zeit es war. Das Schlagen der Uhr war sanft und ruhig.

Eines Tages war ich durch die Öffnung unseres Verstecks gekrochen, um unseren Hund hinauszuführen. Es war sehr früh am Morgen – die Dämmerung war soeben angebrochen –, Dunst oder Nebel lag in der Luft. Als ich den hinteren Garten betrat, war alles still, aber der Hund schien etwas zu spüren.

Ganz unvermittelt sagte jemand etwas zu mir und warf mir irgendein Verbrechen vor. Zuerst wehrte ich mich gegen die Verhaftung, doch dann erschossen sie den Hund und bedrohten auch mich.

Als ich von diesem Traum erwachte, war ich sehr aufgewühlt. Ich rätselte den ganzen Tag darüber nach und fragte mich, was er wohl bedeuten könnte. In der nächsten Nacht hatte ich den gleichen Traum und in der Nacht darauf ebenso. In der dritten Nacht wurde mir gesagt, die Uhr befinde sich jetzt hier in Kanada. Ich dachte: Was für eine Idee! Aber der

Traum gab mir genaue Hinweise: Fahre auf der Straße Nr. 1 (in Nova Scotia), dort befindet sich ein Antiquitätengeschäft. Und dort ist die Uhr.

Ich schob die Reise mehrere Wochen hinaus, aber die Träume gingen weiter und enthielten immer mehr Einzelheiten:

Wir waren in einer Art Lager – uns wurde gesagt, es sei Auschwitz –, und ich kann immer noch kochende Hühner riechen. Alles war von Asche und Staub bedeckt. Teilweise ist das Bild skizzenhaft und unklar, aber ich erinnere mich, daß meine Frau und ich aufgerufen wurden. Man brachte uns in einen Bezirk mit einem großen Graben. Zuerst konnten wir nicht sehen, was darin war, bis sie uns aufforderten, uns ganz an den Rand zu stellen. Es war ein Massengrab. Hier wurden wir erschossen. Ich erhielt ein Kugel durch die Herzgegend. Ich sehe die Leichen in dem Graben immer noch vor mir.

Als ich dieses aufschrieb, füllten sich meine Augen mit Tränen, und meine Gefühle überwältigten mich. Warum? fragte ich mich. Warum? Erstens bin ich kein Jude und zweitens erst neunundzwanzig Jahre alt – warum träumte ich denn von Dingen, die fünfzig Jahre zurücklagen? Wie konnte ich mich an einen Krieg erinnern, der zu Ende gegangen war, bevor ich überhaupt geboren wurde?

In diesem Leben hatte ich fast keinen Kontakt mit Juden. Bewußt habe ich nur zwei getroffen, und Rabbi Gershom, dem ich diese Geschichte am Telefon erzähle, ist der dritte. In der kleinen kanadischen Siedlung mit 1600 Einwohnern, wo ich aufwuchs, gibt es keine Juden. Auch habe ich meines Wissens keinerlei jüdische Vorfahren. Unsere Familie kam um 1700 herum von England. Wir sind ganz gewöhnliche Leute, die hart arbeiten und das Leben lieben. Warum sollte ich, ein kanadischer Ziegenbauer, von niederländischen Juden im Holocaust träumen?

Schließlich beschloß ich, mich auf das Wagnis einzulassen und das Antiquitätengeschäft zu suchen. Da ich aber nicht allein gehen wollte, bat ich einen guten Freund, mitzukommen. Und in der Tat; an der Straße Nr. 1 gab es ein neues Antiquitätengeschäft Der Laden hieß «In Tyme» («In der Zeit», mit y anstatt i) – in merkwürdig antiquierter Schreibweise, doch wie passend! Wir parkierten unseren Wagen und wagten uns in den Laden.

Es gab viele hübsche Antiquitäten – doch keine Uhr.

Nun, dachte ich, es war eben doch nur ein dummer Traum. Wir wollten den Laden gerade wieder verlassen, als der Antiquitätenhändler aus einem Hinterraum hervorkam, um uns zu begrüßen. Er schloß die Tür hinter sich, und dort, an dieser Seite der Tür, die unserem Blick verborgen war, als sie offen stand, genau dort hing die Uhr meines Traums. Ich war nicht nur überrascht, ich war schockiert. Diese Uhr gehörte mir; mindestens hatte sie mir in einem früheren Leben gehört.

Natürlich fiel es mir nicht ein, einem völlig fremden Menschen von meinem Traum zu erzählen, diese Uhr habe in einem früheren Leben mir gehört. Was sollte dieser davon halten? Aber ich wollte etwas über die Geschichte der Uhr in Erfahrung bringen. So fragte ich den Ladenbesitzer, woher er die hübschen Sachen in seinem Laden habe. Er erzählte uns, daß er soeben aus Europa zurückgekehrt sei, wo er zahlreiche verschiedene Stücke erworben habe. Viele davon hatte er in Holland gefunden, wo die Behörden die Bestände einiger Lagerhäuser mit zahlreichem herrenlosen Besitz niederländischer Juden aus dem Zweiten Weltkrieg freigegeben hätten. Dabei handelte es sich um schöne Dinge, die von den Nazis beschlagnahmt worden waren. Diese Uhr hatte sich bei diesem jüdischen Gut befunden.

Das war mehr als bloßer Zufall! Ich wollte die Uhr berühren, sie in meinen Händen halten, um zu prüfen, ob sie in mir irgendwelche Empfindungen hervorrufen konnte. Aber sie war sehr teuer, und ich konnte sie mir nicht leisten. So hatte ich eigentlich keinen Grund, sie in die Hände zu nehmen. Ich verließ den Laden, ohne die Uhr berührt zu haben, doch war ich froh zu wissen, daß sie existierte.

All dies beschäftigte mich in Gedanken jeden Tag – als erstes beim Erwachen und als letztes vor dem Einschlafen. Setzte ich mich ruhig hin und schaute auf mein Leben zurück, konnte ich noch andere, damals rätselhaft scheinende Vorkommnisse erkennen, die genau mit diesem Leben eines niederländischen Juden verknüpft waren.

Das erste dieser Vorkommnisse ereignete sich, als ich neun oder zehn Jahre alt war. Meine Eltern schauten am Fernsehen einen Kriegsfilm, und ich geriet in Panik. Ich weiß nicht mehr, was es für ein Film war, aber ich kann mich genau erinnern, daß ich ins Bett geschickt wurde und an diesem Abend nicht mehr fernsehen durfte.

Als ich vierzehn war, zogen wir einige Straßen weiter in ein altes Haus um, das von einem Schiffskapitän um 1870 erbaut worden war. Meine Mutter, die Großmutter und einige Freunde machten Einkäufe in einem Gebrauchtkleiderladen. Als wir einen Behälter mit allerlei Krimskrams durchwühlten, entdeckte ich zwei Jarmulken (jüdische Käppchen) und kaufte sie sofort. Eines war aus braunem Samt, das andere aus buntfarbiger Seide. Wenn ich meine Aufgaben machte, zog ich eines davon an und fühlte mich dann zu Hause. Eine weitere Merkwürdigkeit: Mein ganzes Leben mochte ich nie Schweinefleisch, und ich esse es nur sehr selten. Mir widersteht dieses Fleisch, es hat für mich einen ekelhaften Geschmack.

Warum sollte ich alle diese jüdischen Eigenheiten haben? Ich wurde in der Vereinigten Kirche von Kanada groß und trat später der Pfingstbewegung bei, wo jeder Glaube an wiederholte Erdenleben undenkbar ist. So erhielt ich diesen bestimmt nicht durch meine Erziehung. 1982 hatte ich das echte Erlebnis, im Heiligen Geist getauft zu werden, wozu auch das Zungensprechen gehörte. Es war eine wunderbare Erfahrung, und seither kannte ich eine zweite Sprache, von der man mir sagte, es sei Jiddisch, was immer das sein mag.[1] Nun fragte ich mich, ob das auch mit früheren Erdenleben zu tun haben könnte.

* * *

Nachdem ich im August 1995 mit Rabbi Gershom gesprochen hatte, entschloß ich mich zu einer Rückführung durch Hypnose, um all dem auf den Grund zu kommen. Der Hypnotiseur war George McAdoo, der hier in Nova Scotia Wiederverkörperungsseminare hält.[2] Unter Hypnose sah ich mich als niederländischen Juden namens Stefan Horwitz[3], der mit einer Frau namens Heleen verheiratet war. Wir hatten zwei Kinder. Die Uhr war auch dort. Sie war ein Familienerbstück, die in jenem Leben meiner Großmutter gehört hatte. Unter Hypnose sah ich sie auf dem kleinen Tisch im Wohnzimmer meiner Eltern stehen und hörte ihr sanftes Schlagen. Als die Nazis kamen, nahmen wir sie mit in unser Versteck.

Viele Einzelheiten, die in meinen Träumen gefehlt hatten, wurden jetzt ergänzt. Das Versteck befand sich nicht in unserem Kellergeschoß, wie ich vorher gedacht hatte. Es war ein Gemüsekeller im Haus meines Großvaters. Es gab dort unten einen kleinen Raum, in dem wir sein konnten, und den wir hinter Kartoffelsäcken und Säcken voll Erde verbargen. Ich erinnere mich sogar, daß meine Frau Bänder an die Kartoffelsäcke nähte, um diese von innen heranziehen und den Eingang zu unserem Geheimbunker blockieren zu können.

Als sich die Nazis unserem Dorf näherten, gab mir Papa die Uhr und sagte, ich solle sie in den unterirdischen Bunker mitnehmen und mich dort mit Heleen, Großpapa und den Kindern verstecken und mich um sie kümmern. Er und Mama würden in ihrer Wohnung bleiben.

Die Deutschen kamen. Wir bezogen den Bunker. Wie im Traum ging ich frühmorgens mit unserem kleinen Hund hinaus, aber im Zustand der Hypnose kamen nun noch mehr Einzelheiten an den Tag.
Nachdem der deutsche Soldat den Hund erschossen hatte, führte er mich ins Haus hinein und schlug mich, bis ich zusammenbrach und ihm unser Versteck verriet. Großpapa, Heleen und die Kinder wurden verhaftet, dann wurden wir in einem Lastwagen abgeführt. Während einiger Monate wurden wir in eine Art Ghetto gepfercht, wo wir uns das Essen durch Tauschhandel verschaffen mußten. Ich erinnere mich, daß ich einem Mann meinen Hut für einen halben Laib Brot hergab. Schließlich wurden wir wieder auf Lastwagen verladen.

(Unter Hypnose:) Wir fahren zu einem Ort, wo es Züge hat. Wir werden ausgeladen, wir geben ihnen unsere Namen – Stefan und Heleen Horwitz –, und sie sagen: «Dort hinüber! Ihr alle, los, dorthin!» So steigen wir in diesen Eisenbahnwagen, in dem noch viele andere sind. Es riecht schrecklich. Man hat Mühe, einen Atemzug gute Luft zu erwischen. Die Tür wird geschlossen, aber wir sind alle zusammen. Der Zug fährt los ...
Es dauert schon einige Tage, und wir haben noch nichts zu Essen bekommen. Wir haben kalt und sind hungrig. Die Zug fährt immer weiter. Man verliert das Gefühl für Zeit und Distanz. Jetzt sind wir in einem anderen Land. Sie sagen, es sei ein Lager. [Seid ihr immer noch im Zug?] Ja, aber der Zug fährt ins Lager. Er hält an ...
Jeder Waggon wird entladen, einer nach dem anderen, und die Leute werden gestoßen und geschoben und vorangetrieben. Wir werden auch ausgeladen, und es tut gut, endlich wieder richtige Luft zu atmen. Nun gehen wir auf einen Posten zu, wo wir angehalten werden und unsere Namen angeben müssen. Sie sagen, die Kinder müßten auf diese Seite gehen, und Heleen sagt: «*Nein!* Ich will meine Kinder bei mir haben!» Und sie sagen: «Nein, die Kinder hier.» Großpapa ist immer noch hinter uns, aber er ist sehr schwach und alt ...
Heleen und ich werden an einen Ort geschickt, wo man uns trennt. Ich gehe hinein ... Ich muß mich ausziehen. Sie sagen, ich sei ein dreckiger Jude und solle mich setzen ... Sie rasieren mein Haar – es fühlt sich schrecklich an, als es mir auf die Schultern fällt. Ich frage mich: Warum muß ich das tun? Dann geben sie mir Kleider. Es sind nicht meine Kleider ... «Dies sind deine neuen Kleider ...» Sie schicken mich in einen Raum mit vielen Schlafkojen. Dort hat es noch andere

Leute. Ihre Köpfe sind rasiert. Sie sehen hungrig aus, aber sie strahlen noch Lebensgeist aus. Vertraue unserem Gott ... [Bruce fröstelt.] Es ist kalt hier ...
Heute liegt ein merkwürdiger Geruch in der Luft – er erinnert mich an den Geruch, den es gab, wenn Mama ein Huhn kochte. Er hilft, den Hunger in meinem Magen zu besänftigen. Ich frage: «Was ist das?» Und alle starren mich an. Einer sagt: «Weißt du das nicht? Das ist der Geruch der toten Leute. Sie sagen, man muß sie beseitigen, damit wir nicht alle auch krank werden und sterben.» Was herunterkommt, sieht wie Schnee aus, aber es ist mehr wie Staub. Ich strecke meine Hand aus, und sie wird staubig ...
[McAdoo: Wie lange warst du dort?] Etwas sechs oder sieben Monate.
... Nun ist es Frühling. Eigentlich ist es warm, aber ich habe kalt. Sie nennen mich «Jude». Es hat mehrere von uns hier. Sie bringen Heleen herbei. Ich sehe Männer auf Pferden, ihre Lederstiefel und ihre hübschen Sättel. Es müssen etwa zwei Dutzend von uns sein. Wir müssen gehen und gehen. Wir werden durch ein Tor geführt, und die Pferde gehen an unserer Seite. Man spürt, wie die Leute uns anstarren und beobachten. Meine Kleider sind zu groß, ich muß sie immer heraufziehen. Ich darf Heleen nicht berühren. Sie treiben uns immer weiter. Aus den Augenwinkeln sehen wir hinter uns das Lager ...
Wir kommen an einen Ort, wo es einen Graben hat, aber ich kann nicht hineinsehen. Leute stehen vor uns, sie werden erschossen und in den Graben gestoßen, und sie fallen [Bruce stockt, atmet heftig ein.] Ich weiß, was jetzt passiert ... Ich sehe Leute, es hat so viele Leute im Graben. Einige bewegen sich noch [Bruce atmet schwer.] Dann spüre ich es plötzlich – wie ein heißes Messer, das durch mich hindurchfährt. Sie schießen mir in den Rücken, und ich falle. [Er holt tief Atem.] Ich bin noch nicht tot. Andere fallen ... auf mich. Sie werden so schwer ... Ich kann nicht mehr atmen.

An dieser Stelle der Rückführung wurde mein Atem schwer, ich begann vor Angst zu zittern und zu schluchzen. Man kann es sogar auf dem Tonband hören – ich bekam wirklich Mühe mit dem Atmen, als ob ich alles nochmals erlebte. George McAdoo, der Hypnotiseur, schaltete sich ein und sagte, ich solle «das Physische gehen lassen». Dann fragte er mich, wo ich mich in bezug auf meinen Körper jenes Lebens befinde. In dem Moment änderte sich der ganze Schauplatz und verwandelte sich in Licht:

Ich bin oben ... schwebe in weißem Licht ... Heleen ... unsere Hände einander zugestreckt. Es ist wie Friede nach dieser langen Zeit ... Großpapa streckt uns von oben die Hände entgegen und sagt uns, wir sollten auch dorthin kommen. Kommt doch! Und wir schweben in einer Blase, in Sicherheit. Was unten passiert, ist jetzt so weit weg ... Es ist, als ob wir durch eine Wand gingen, aber alles ist hell, und ich bin ganz dünn. Es ist, als ob die Blase hindurchginge, und sie geht einfach auf. Und nun sind wir an einem Ort, wo Lachen und Musik ertönt. Es hat viel blaue Farbe, aber der Ort scheint sehr groß, wie ein riesiger Saal. Ein Ort voller Friede und Stille ... [überrascht] – Ich habe keinen Hunger!
Es ist wie Schweben, Hinunterschweben oder geradeaus ... Überall hat es Leute und helles Licht. Und in der Ferne leuchtet ganz helles Licht. Es hat sehr viele Leute, manche machen sich bereit zu gehen, andere kommen wie wir gerade an. Das Licht ist so hell – und warm, es fühlt sich angenehm an, und es ist intensiv. Die Leute gehen hinein, sie schmelzen einfach in das Licht hinein, aber man kann sie spielen und lachen hören, wie Kinder auf einer Schulwiese.
Wir kommen dem Licht näher. A-h-h-h, es ist so ein gutes Gefühl, in dieses Licht hineinzugehen, es ist wie ein Kaleidoskop von weißen Lichtern, man schwebt und ist einfach da ... Alles ist Empfindung, man sieht es eigentlich nicht, man fühlt es.
Ich höre Trompeten und Hörner, aber hier ist ein tiefes, tiefes blaues Licht.[4] Beim Erklingen der Hörner empfinde ich ein Rufen, ja, es ist ein Ruf ... und alle werden in das Licht hineingezogen, in den Klang, ganz tief in das Licht hinein ...
[McAdoo: Bist du jetzt an der Reihe?] Alle sind an der Reihe. Alle werden gleichzeitig ins Licht hineingezogen, immer tiefer in diese saphirblaue Farbe hinein. Es erscheint eine gewaltige Flamme, weit in der Ferne, doch sie ist so hell, daß man nicht hineinschauen kann, und sie strahlt hell in den Umkreis, sehr intensiv und ganz rein. Die Trompeten und Hörner tönen immer noch ... Man hört eine Stimme, eine mächtige Stimme, die sich an uns richtet: «Ihr seid jetzt angekommen. Ihr seid hier. Für immer im ewigen Licht.» Die Stimme verstummt. Wir sind von heiliger Scheu ergriffen. Niemand sagt etwas. Man sieht nichts ... wir sind jetzt einfach hier. Es ist so, daß man gar

nichts zu sagen braucht ... Hier ist ein Ort zum Warten, es kommt die Zeit, wo geprüft wird, was man gelernt und wie man sich entwickelt hat. [McAdoo: Warum hast du dir diesen Teil des 20. Jahrhunderts zum Leben ausgesucht?] Ich wurde dort *hineingeschickt* – um eine höhere Stufe des Friedens zu erreichen, um Kraft und Wissen zu erlangen, um mich zu entwickeln, um andere lehren und führen zu können. [McAdoo: Hast du alle diese Aufgaben erfüllt?] Ja.

Nach dieser großartigen Vision des nachtodlichen Lebens konnte ich mich endlich von den Qualen und Ängsten der Holocaust-Erinnerungen befreien. Und die Uhr? Sie ist immer noch zu kaufen, in einem anderen Laden in einer anderen Gegend. Sie behalten sie für mich zurück, bis ich es mir leisten kann, sie zu kaufen. Es ist erstaunlich, daß sie nach vier Jahren immer noch nicht verkauft wurde, als ob sie darauf warten würde, daß ich komme und sie endlich nach Hause nehme.

Epilog: Die Uhr war eine teure Antiquität, ihr Preis lag jenseits des Familienbudgets der Whittiers. Als Rabbi Gershom diese Geschichte hier und dort erzählte, gaben zahlreiche Leute ihren Obolus in den «Lösegeld-Fonds für die Uhr», damit sie zu Bruce zurückkehren und in die erstaunliche Wiederverkörperungsgeschichte einbezogen werden konnte. Im Mai 1996 wurde die Uhr schließlich aus ihrem langen Exil befreit und in das Heim der Familie Whittier gebracht, wo sie jetzt einen Ehrenplatz einnimmt.

DRITTES KAPITEL

Lena-Marie Broman
Aufblitzende Rückerinnerungen in Wien

Der Phönix erhebt sich aus der Asche ... Dies ist das Bild, das ich von meinem Weg zur Heilung in mir trage. Manchmal ging es auf diesem Weg langsam, manchmal schnell voran, doch führte er mich schließlich dazu, die Person zu werden, die ich heute bin – erfüllt von farbensprühendem Leben und innerer Kraft.

Holocaust-Erinnerungen aus meiner früheren Inkarnation begleiteten mich mehr oder weniger mein ganzes Leben lang. Als Kind spielte ich Jüdin, die eine bestimmte Art jüdisches Brot backte und andere jüdische Gebräuche pflegte. Von diesen Dingen konnte ich im Alter von fünf Jahren überhaupt nichts wissen, denn ich wuchs als nichtpraktizierende Christin in Schweden auf.

Später, in der Schule, mußte ich einige gräßliche Filme über das Konzentrationslager Auschwitz ansehen. Ich wurde beinahe ohnmächtig. Mein Lehrer schleppte mich aus dem Schulzimmer und versuchte mit mir zu sprechen. Ich erinnere mich, wie ihn meine starken Gefühle gegenüber dem Zweiten Weltkrieg erschreckten.

Dann redete ich immer wieder von Wien. Daß ich unbedingt dorthin gehen wollte und wie ich mich nach dieser Stadt sehnte, obwohl ich sie noch nie in meinem Leben gesehen hatte. Tief in meinem Inneren fühlte ich, daß ich jemanden oder etwas verloren hatte, aber ich konnte mich nicht erinnern, wen oder was. Erst 1993 bekam ich die Gelegenheit, «mein» Wien zu besuchen, und es war, als ob ich nach Hause käme. Später werde ich noch mehr Einzelheiten von dieser Reise erzählen. Doch zuerst möchte ich noch einige weitere in mir aufgestiegene Erinnerungen aus dem Holocaust mitteilen und was ich tat, um sie akzeptieren zu können und zu einem Teil meines heutigen Lebens zu machen.

1979 war ich zusammen mit meiner Mutter und drei Verwandten im Urlaub in Teneriffa, einer Insel an der Atlantikküste von Afrika. Einmal gingen wir in ein deutsches Café an der Südküste der Insel. Mich überkamen schreckliche Vorahnungen, als sich aus den großen Lautsprechern vor dem Café deutsche Marschmusik ergoß – eine Musik, die ich irgendwie sehr gut kannte. Natürlich hatten sie diese nur angestellt, um etwas Biergartenatmosphäre zu verbreiten, aber für mich war diese Musik schrecklich, und ich begann im warmen Sonnenschein zu frieren.

Plötzlich sah ich eine ältere blonde Frau, etwa siebzig Jahre alt, in der offenen Eingangstür stehen. Sie schaute direkt zu mir, und in mir stieg ein Gefühl des Entsetzens auf. Nie wandte sie ihren Blick ab, unentwegt starrte sie mich an, und ihre Augen waren eisig kalt.

Vor meinem inneren Blick verschob sich plötzlich der Schauplatz, und ich «sah» sie hinter einem Drahtverhau als weibliche Wächterin in einem Nazikonzentrationslager. Es konnte kein Zweifel bestehen: Sie war dort gewesen – wir waren uns schon einmal begegnet.[1]

Ich wollte fortlaufen, aber da ich mit vier anderen Personen zusammen war, gingen wir in das Café hinein und setzten uns an einen Tisch. Ich versuchte mich zu beruhigen. Aber die ganze Zeit starrte diese alte deutsche Frau mir mit grimmiger, durch Mark und Bein gehender Kälte direkt in die Augen. Plötzlich hielt ich es nicht mehr aus. Panik ergriff mich. Ich ließ Kaffee und Kuchen stehen und floh aus dem Café in irgendeinen Laden, um dem eisigen Blick dieser alten Frau zu entkommen.

Später sprach ich mit meinen Reisegefährten über das, was passiert war. Meine Mutter meinte, es sei ja möglich, daß wir mehr als ein Leben auf der Erde verbringen. Damals wollte ich davon nichts wissen, und der Alltag nahm seinen Lauf. Ich zweifelte eigentlich nie daran, daß diese Erinnerungen aus einem früheren Leben real waren. Aber mein damaliges Leben war so angefüllt mit anderem, daß ich mich nicht dazu bringen konnte – vielleicht war es einfach noch nicht Zeit dazu –, mich ernsthaft um diese Sache zu kümmern.

In diesen Jahren hatte ich auch ein großes persönliches Problem. Ich glaube, es begann, als ich zwölf Jahre alt war, und es wurde immer schlimmer. Ich hatte Angst, wenn ich mit anderen Leuten zusammen war, obwohl ich an und für sich gern Gesellschaft hatte. Aus unbekannten Gründen entwickelte sich bei mir auch eine merkwürdige Phobie. Ich hatte Angst, mich auf der Straße erbrechen zu müssen, und ich hatte das unbegründete Gefühl, daß ich, sollte ich mich tatsächlich einmal erbrechen, von der Polizei verhaftet würde. Im Jahr 1980, als ich Reiseleiterin bei einem schwedischen Reisebüro war, mußte ich mich jeden Morgen mit diesen lächerlichen Ängsten auseinandersetzen, wenn ich einen Car mit Touristen zu empfangen hatte. Ich haßte mich wegen meiner Schwäche, das Leben nicht einfach genießen zu können.

Und dann waren da auch noch die Träume, entsetzliche Alpträume von großen und schwarzen Hunden sowie Stacheldrahtzäunen und Soldaten. Trotzdem weigerte ich mich zu untersuchen, was da vorlag. Aber unterdrücken nützte nichts, und ich wurde immer mehr mit meinem früheren Leben konfrontiert.

1989 geschah der große Durchbruch, wodurch ich die Wahrheit über meine ineinanderverschränkten Leben erkannte. Mein früherer Mann und ich fuhren im Auto an der Westküste Schwedens. Selber an der Ostküste aufgewachsen, war ich vorher noch nie in dieser Gegend gewesen. Zufällig fuhren wir durch eine schmale Straße durch Hügel und grüne Bäume, als mir etwas Seltsames passierte. Es war mir, als ob der Himmel sich über mir zuschlösse, während ein Gefühl tiefster Verzweiflung und Qual in mir hochstieg.

Ich begann zu beten und bat meinen Mann, langsamer zu fahren, weil ich überzeugt sei, uns werde gleich etwas Schreckliches zustoßen, vielleicht ein Autounfall oder Schlimmeres. Mein Mann schaute mich ratlos an, aber er wußte, daß ich gewisse Dinge intuitiv voraussehen konnte und er nicht. Daher nahm er meine Bitte ernst und fuhr langsamer.

Nach einigen Minuten platzte ich heraus: «Hier ist es!»

«Was ist?» fragte mein Mann und starrte mich an.

Ich zeigte nach rechts. Dort war ein Militärlager, ziemlich zerfallen, ein Maschendrahtzaun darum herum. Wir hielten direkt vor dem Drahtverhau an, und mein Mann fragte, ob wir die Strecke zurückfahren sollten, um herauszufinden, warum ich so merkwürdig reagiert hatte. «Ja», sagte ich. Mein Herz schlug immer noch wie wild, und ich fühlte mich sehr bedrückt.

Wir fuhren einige Meter zurück, und plötzlich war alles rings um mich dunkel. Meine Beine schmerzten, und meine linke Wange fühlte sich an wie eine einzige Wunde. In diesem Moment wußte ich, daß ich in meinem anderen Leben meine ganze Familie verloren hatte. Ich «sah» meine beiden Kinder, und ich «sah» mich selber in einem Rotkreuzfahrzeug in diesem Lager ankommen, schwach und ohne Hoffnung.[2] Nun wußte ich, daß ich in einem früheren Leben gestorben war.

Ich hielt es nicht mehr aus. Verzweifelt schrie ich meinen Mann an, er solle weiterfahren, *sofort!* Er tat es. Etwa nach hundert Metern, war ich wieder «ich selber». Ich nahm einen Taschenspiegel aus meiner Handtasche, um mein Gesicht nach all diesem Weinen anzuschauen. *Auf meiner linken Wange sah ich eine große weiße Narbe – und diese war vorher nicht dort gewesen!*

Wieder hielten wir an. Mein Mann schaute meine Wange an und murmelte etwas von «seltsamen Dingen», aber er konnte nicht in Zweifel ziehen, was er mit eigenen Augen sah. Wir fuhren sogleich zum Hotel zurück, und er machte eine Aufnahme meiner Wange. Erst am späteren Abend verging die Narbe nach und nach, und meine Wange wurde wieder normal.

Danach wachte ich während drei Wochen jede Nacht nach Alpträumen schreiend auf, in denen Bomben fielen, meine verängstigten Kinder erschienen und ich Gefangene in einem Konzentrationslager war ... Ich war in Angst und Schrecken, und mein armer Mann wußte nicht, was los war. Wie hätte er es auch wissen sollen? Aber für mich war es, als ob sich ein Vorhang gehoben hätte, und es wurde mir klar, daß ich in der Tat schon einmal gelebt hatte.

Eigentlich hatte ich mich schon mein ganzes Leben lang an Teile des vergangenen Lebens erinnert, daher erschienen mir diese inneren Bilder in gewisser Weise natürlich. Anderseits waren sie alles andere als natürlich. Die ganze Geschichte belastete die Beziehung zwischen meinem Mann und mir, und 1990 wurden wir geschieden.

Im gleichen Jahr starb unvermittelt meine Großmutter, die für mich wie eine Mutter gewesen war. Zusätzlich zu den Holocaust-Erinnerungen und der Scheidung machte dieser Verlust für mich alles noch schwerer. Ich fühlte mich einsam und sehr, sehr traurig. Meine Angstzustände wurden immer schlimmer. Es fiel mir außerordentlich schwer, das Haus zu verlassen; sogar ein Gang zur Post wurde zum Alptraum. Ich begriff, daß ich am Ende meines Lateins war und daß ich unbedingt mehr über mein früheres Leben herausfinden mußte. Was war mir damals wirklich zugestoßen?

Ich wandte mich an einen Psychotherapeuten in Stockholm, der mit Hypnose arbeitete, und mir schien es ausgezeichnet, diese Methode bei mir auszuprobieren. Seine Adresse hatte ich in einem Buch von Dr. Raymond Moody gefunden, das von einem engen Freund des Therapeuten übersetzt worden war – ein Umstand, der später in der ganzen Geschichte eine wichtige Rolle spielte.

Weitere seltsame Dinge geschahen. Sowie ich dem Therapeuten in Stockholm in die Augen schaute, erkannte ich ihn! Ich wußte sogleich, daß er an meinem vergangenen Leben teilgehabt hatte, aber in jenem Moment wußte ich noch nicht in welcher Rolle. Ich fühlte mich bei ihm absolut sicher, aber gleichzeitig überkam mich wieder diese tiefe Traurigkeit.

Vorher hatte ich manchmal gedacht, ich sei vielleicht eine Gefangene im Konzentrationslager Dachau gewesen, denn dieses lag nahe bei Österreich, meinem Heimatland in meinem früheren Leben. Unter Hypnose erfuhr ich nun, daß ich in Buchenwald gewesen war, das in Ostdeutschland liegt. Auch kam weiteres über mein Familienleben jener früheren Inkarnation an den Tag. Ich hatte zwei Kinder von einem deutschen Mann, der Nazioffizier war. Das meiste davon hatte ich schon geahnt oder «intuitiv» gewußt, aber ich brauchte eine Bestätigung.

Dann, immer noch unter Hypnose, sah ich plötzlich den Hypnotherapeuten Carl, der die Behandlung leitete, als einen Nazioffizier im Konzentrationslager. Später sagte ich es ihm, und er schien es zu akzeptieren. Er erkannte mich nicht [das heißt als jemanden aus einem früheren Leben], aber er hatte mir gegenüber sehr starke Gefühle, die mir mehr als Liebe zu sein schienen.

Einige Monate nach Abschluß der Behandlung rief er mich an, und wir begannen uns als Freunde zu treffen. Wir hatten starke Gefühle füreinander, die sich zu einer warmen Freundschaft vertieften. Es ging mir jetzt viel besser. Ich hatte viel über mein Leben und meinen Tod im Konzentrationslager herausgefunden und fand mich in der Lage, mein Leben fortzusetzen, und wußte, daß ich im gegebenen Zeitpunkt den Mut haben würde, weiter in diesen Erinnerungen zu schürfen.

An einem Herbstabend traf ich einen sehr besonderen Mann. Er entpuppte sich als Übersetzer des Buches von Raymond Moody, in dem ich die Adresse von Carl, meinem Therapeuten, gefunden hatte. Wir verliebten uns sehr rasch, und bald lebten wir zusammen. Das Jahr, das wir miteinander verbrachten, möchte ich als «irgendwo zwischen Himmel und Hölle» beschreiben.

An einem der ersten Abende, die wir miteinander verbrachten, legte er eine Grammophonplatte auf, und der Raum füllte sich mit der Musik von Bach. Es war keines der großen Werke, die ich kannte, sondern ein einfacher Choral, der mich zutiefst ergriff. Ich fiel in einen tranceartigen Zustand.

Seelische Bilder des früheren Lebens nahmen von mir Besitz, und sie waren so klar wie Kindheitserinnerungen. Ich sah meinen Mann in jenem Leben Klavier spielen; sein Lieblingsgesang war genau dieser Choral von Bach. Seine damalige Erscheinung stand mir klar vor Augen: sein warmes, strahlendes Lächeln, seine blonden Locken und die hellen blauen Augen. Sein Name war Jürg.

Auch sah ich meine beiden Kinder jenes Lebens, Naima und Heinz. Naima war das ältere, mit schönen Augen und von liebenswürdiger Art. Heinz, zwei Jahre jünger als seine Schwester, war ein sehr ernster Knabe. Er war 1939 geboren, einige Monate vor Kriegsbeginn. Ich erinnerte mich, daß ich Probleme hatte, ihn wirklich zu lieben. Eigentlich war er «unerlaubt» zur Welt gekommen, doch hatte ich dieses Nazigesetz mißachtet.[3]

Im Lauf dieses seltsamen Abends, an dem alle meine Erinnerungen vor meinen Augen vorüberglitten, konnte ich auch auf die Jahre zurückblicken, die ich vor dem Konzentrationslager in Wien verbracht hatte. In jenem Leben war ich Anna-Maria Kellermann gewesen, eine junge jüdische Frau aus einer assimilierten Familie in Wien.

Einige Monate danach wurden meine Erinnerungen an die Geschehnisse in Buchenwald völlig klar. Carl, mein ehemaliger Therapeut und nun ein guter Freund, war der Kommandant jenes Lagers gewesen! Er hatte mir die Narbe an meiner Wange zugefügt, die in diesem Leben auf so seltsame Weise wiedererschienen und dann wieder verschwunden war. Diese Entdeckung erklärte vieles in unserer gegenwärtigen Beziehung, auch die Qual und den Schmerz, die ich empfand, wenn ich mit ihm zusammen war.

Im Lager Buchenwald war ich seine Geliebte gewesen. Er behandelte mich schimpflich, verlangte sogar von mir, daß ich vor ihm niederkniete und um mein Leben bat. Aber er liebte mich auch zutiefst, obwohl ich Jüdin war. Als diese Geschichte in meiner Erinnerung aufstieg, wurden auch meine Liebe und das Gefühl der Hoffnungslosigkeit wieder lebendig. 1944 hatte er versucht, mich zu retten, indem er mich bat, das Lager zu verlassen. Er hatte eine Möglichkeit gefunden, mich dort hinauszubringen, aber ich lehnte dies ab. Außer ihm hatte ich niemanden mehr auf der Welt. Ich hatte meine ganze Familie verloren: Die Eltern waren 1941 von den Nazis ergriffen worden, die Kinder hatte man mir am Bahnhof nach der Verhaftung weggenommen, und mein Mann war kurz vor dem Krieg getötet worden. Weshalb sollte ich den einzigen Menschen verlassen, dem ich ein bißchen Vertrauen schenken konnte, auch wenn er mich schlecht behandelte und mein Leben in Gefahr war. Einige Wochen später wurde auch er getötet, und ich war ganz allein auf der Welt.

Alle diese Bilder und Empfindungen stürmten 1992 bis 1993 auf mich ein, und ich gab mich ihnen hin. Ich gab es erstmals in meinem jetzigen Leben auf, mich gegen diese Erinnerungen zu wehren. Die Zeit war gekommen, daß ich tapfer sein konnte.

Im Sommer 1993 reiste ich mit meinem guten Freund Dr. Göran Grip[4] nach dem im früheren Ostdeutschland gelegenen Buchenwald. Dort sah ich mich physisch wieder dem Lager gegenübergestellt. Irgendwie wurde ich genau durch die Vorkommnisse und die Umstände dieser Reise geheilt.

Wir erreichten Buchenwald spät abends und fuhren den Hügel hinauf, um eine Übernachtungsmöglichkeit in der Nähe des Lagers zu suchen. Alles war geschlossen und dunkel, und Göran wollte für die Nacht nach Weimar zurückkehren. Ich aber bestand darauf, daß wir weiter suchen sollten, was dann auch geschah.

Plötzlich entdeckte ich rechterhand einige Lichter und schlug Göran vor, dorthin zu fahren. Widerstrebend tat er dies, und wir erkundigten uns nach einem Zimmer. Kurz und gut: Wir landeten in einem Haus, das der SS gehört hatte. (Eigentlich hätten wir dort gar nicht übernachten dürfen. Das Haus gehörte bereits zu den Lageranlagen, und die Räume, die es dort hatte, waren für Studenten der Archäologie aus Berlin reserviert.)

Natürlich war ich in den langen dunklen Nachtstunden völlig verängstigt. Aber als der Morgen mit hellem Sonnenschein anbrach, fühlte ich mich geheilt. Die für das Gebäude verantwortliche Dame, Frau Billig, bereitete eigens für Göran und mich ein ausgezeichnetes Frühstück, das sie uns ganz privat in einem separaten Raum servierte. Frau Billig war so gütig und verständnisvoll und tat so viel für uns, was nicht zu ihren Pflichten gehörte, daß es mir so vorkam, als ob sie die Bedeutung unseres Besuchs spürte.

Bevor wir diese Reise – eine Art spirituelle Forschungsreise – unternahmen, hatte ich das Lager samt dem kleinen grauen Haus des Kommandanten beschrieben.[5] Nun stand es hier, genau so, wie ich es in der Erinnerung hatte. Ja, dies war sehr hart für mich, und dennoch fühlte ich, wie die Wunden meiner Seele heilten.

Dann ging es nach Wien, in «meine» Stadt. Als wir dort ankamen, öffnete ich das Fenster und sog alles ein. Die Atmosphäre und besonders den Duft. Das ist in Wien etwas ganz Besonderes. Es riecht dort immer noch nach einer merkwürdigen Mischung von Pferdedung, Lavendelseife und Kaffee – ein Geruch, den ich von meinem früheren Leben her noch genau kannte.

Wir kamen in Wien um die Mittagszeit in unserem Hotel an, dann gingen wir aus und suchten all die Orte auf, von denen ich in Schweden jeweils gesprochen hatte: meine Wohnung, den Laden meines Vaters, mein Lieblingscafé.[6] Zuerst benutzten wir einen Stadtplan, aber nach einigen Minuten legten wir ihn weg und folgten einfach meinem Instinkt. Sogleich fand ich eine Abkürzung zu «meiner» Straße. Diese hatte ich jeweils benutzt, wenn ich vor den Nazis Angst hatte und dem Terror ausweichen wollte.[7] Wenn ich diese Abkürzung benutzte, konnte ich die Hauptstraßen vermeiden und durch einen Hinterhof hinter dem Stephansdom[8] gehen. Es zeigte sich, daß dies auch der Weg war, den ich von der Wohnung meiner Eltern aus benutzen konnte.

Eines Nachts in Wien geriet ich in einen Bewußtseinszustand, in dem meine Erinnerungen an die Nacht meiner Verhaftung und Deportation nach Buchenwald wieder lebendig wurden. Zuerst «sah» ich die ganze Stadt mit Hakenkreuzen und Flaggen bestückt; es war schrecklich. Dann wußte ich, daß ich mich nicht mehr verstecken konnte. Ich hörte das Dröhnen der Soldatenstiefel in den Straßen ... Mir war, als ginge ich gleichzeitig in zwei verschiedenen Zeitepochen durch Wien. Mein Körper befand sich im Jahr 1993, aber mein Geist war in der Nazizeit. In diesem seltsamen Zustand der Rückerinnerungsrealität fuhr ich eine Weile wie verrückt in Wien umher.

Dann tauchte alles wieder auf. Wie die Soldaten – es waren vier oder fünf – früh morgens erschienen. Wie meine Kinder ganz still waren, mit vor Schreck weit geöffneten Augen. Wie ich Naima auf dem Lastwagen ein rotes Haarband abnahm. Wie wir zusammen auf dem Bahnhof standen, bis deutsche Soldaten kamen und die Kinder wegnahmen, während mich ein anderer von hinten packte und in den Zug hob ...

Szene um Szene tauchte vor meinen Augen auf. Ich schrie, zwang mich aber, diese Erinnerungen zu durchleben, weil ich wußte, daß es der einzige Weg war, mich von ihnen zu befreien.

Nach einer Weile war alles vorbei, und ich sah Wien wieder so, wie es heute ist. Plötzlich war mir auch klar, warum ich so Angst gehabt hatte, mich auf der Straße erbrechen zu müssen. Ich sah die Verbindung zwischen meinem damaligen und meinem jetzigen Leben und begriff, wie ich immer in Angst gelebt hatte, als Jüdin entdeckt zu werden. In jenem Leben sah ich nicht jüdisch aus, und ich war mit einem SS-Offizier verheiratet. Das rettete mir das Leben, jedenfalls so lange er noch am Leben war. Doch zahlte ich für diese Sicherheit einen hohen Preis.

Nun wurden mir die Wurzeln meiner gegenwärtigen sozialen Probleme klar, warum ich solche Qualen und Ängste ausstand, wenn ich unter anderen Leuten auf der Straße sein mußte. Und ich wußte nun, wie ich diese Probleme in meinem Alltagsleben anzugehen hatte.

Noch heute kommen diese Ängste manchmal über mich, wenn ich sehr müde, besorgt oder traurig bin. Meistens führe ich aber ein völlig normales Leben. Manchmal kommt es mich schwer an, mich vor eine größere Anzahl von Leuten hinzustellen und zu sprechen, aber ich weiß, daß ich es schaffen muß. Wenn ich einmal aufgestanden bin und mit Sprechen begonnen habe, geht es gut. Immer wenn die Angst über mich kommen will, sage ich zu mir, daß ich nicht mehr Anna-Maria Kellermann aus Wien bin, sondern Lena-Marie Broman. Dann kann ich die Panik vermeiden.

Es ist auf eine Art auch wunderbar, wie alle die schrecklichen Erinnerungen aus jener Zeit mir helfen zu verstehen, warum die Dinge so sind, wie sie eben sind. Carl (der Therapeut) und ich arbeiten zusammen in Uppsala, Schweden. Ich bin ganzheitliche Therapeutin, verwende Aromatherapie und heile durch Erinnerungen an frühere Erdenleben. Ich habe auch die Fähigkeit entwickelt, die Farben der Aura zu sehen, das heißt die seelisch-geistigen Farben, die die Menschen umgeben. Das ist für mich eher etwas Neues, das mir jedoch in meiner Arbeit sehr hilft.

Ich bin auf gutem Weg, tief innerlich zu heilen, und muß zugeben, daß ich ohne all diese Erinnerungen nur ein halber Mensch wäre. Es war notwendig für mich, Anna-Maria mit Lena-Marie zusammenzuführen, weil wir tatsächlich eine und die selbe Person sind. Ich könnte ohne die erschreckenden Erinnerungen gar nicht leben, denn ich bin in diesen Erinnerungen; sie sind Teil meines Lebens.

So erhebt sich der Phönix aus der Asche und fliegt hinaus ins Unbekannte, frei von Qual und Angst, aber mit Liebe!

Viertes Kapitel

David R. Moffatt

Hände aus dem Holocaust

Vor einigen Tagen stand ich mit ein paar Bekannten auf dem jüdischen Friedhof von Lodz in Polen.[1] Dort findet man viele Denkmäler, von denen die meisten an Greueltaten aus dem Zweiten Weltkrieg erinnern. Auf einem steht die Inschrift: «Halte inne und gedenke der Toten.» Ich photographierte dieses Denkmal, während eine befreundete polnische Katholikin, Joanna, die Worte übersetzte.

Die Worte machten mir bewußt, daß ich mich nicht an einer Touristenstätte befand, obwohl ich mich wie ein Tourist verhielt. «Ich komme mir seltsam vor, daß ich hier Photos mache», sagte ich.

«Das ist deine Aufgabe!» sagte Joanna mit einem Lächeln. «Du bist natürlich entschuldigt.»

Als wir kurz darauf in einem anderen Teil des Friedhofs waren, sagte sie: «Weißt du, es gibt keine Familie in Polen, von der nicht jemand in den Konzentrationslagern umkam. Meine Mutter war in Auschwitz und meine Großeltern starben hier.» Ich wußte nicht, was ich sagen sollte.

Danach – es war am 25. März 1992 – stand ich vor einer anderen Inschrift, die in fünf Sprachen wiedergegeben war: «Sie betreten hier einen Ort beispiellosen Grauens und unermeßlicher Tragik. Bitte zeigen Sie durch angemessenes Betragen Ihren Respekt vor dem Andenken derer, die hier gelitten haben und gestorben sind.»[2] Ein Kiesweg führte an diesem Denkmal vorbei zu einem in einen Stacheldrahtzaun eingelassenen Eisentor – dem Haupteingang von Auschwitz.

Im weiteren wurde ich von Wanda, auch einer befreundeten polnischen Frau, begleitet, und ich war nicht als Tourist hierher gekommen, sondern als geplagter Mensch, in der Hoffnung, einige mich verfolgende persönliche Geister zu erkennen und zu beschwichtigen. Ich hoffte, daß ich diese zur Ruhe bringen könnte, wenn es mir gelänge, sie in der Tagwelt aufzuspüren.

Ein Teil meiner Familie ist deutsch. Mehrere Angehörige flohen noch vor dem Krieg aus Nazideutschland. Die Sage will es, daß diese ihren Familienschmuck in einen Fruchtkuchen gebacken hätten, um ihn vor der Beschlagnahmung zu retten. Es blieben aber auch Familienangehörige zurück, unter anderen Erich Raeder, bis 1943 Großadmiral der Nazi-Kriegsmarine. Er gehörte zu den Angeklagten in den Kriegsverbrecherprozessen von Nürnberg und verbrachte zehn Jahre im Gefängnis von Spandau. Ich halte nichts von Kollektivschuld. Doch wenn ich Filme oder Photos des Holocaust sehe, muß ich immer daran denken, daß diese unermeßlichen Greuel von meinen Vorfahren gebilligt wurden.

Mein Besuch in Polen war schon seit acht Jahren geplant, und Auschwitz gehörte immer zu den Reisezielen. Monate vor der Abreise beeinträchtigte meine Bangigkeit vor der geplanten Unternehmung meinen Schlaf, und eines Nachts erwachte ich aus einem entsetzlichen Traum:

Es war Nacht. Ich wurde in einem langen schwarzen Auto durch die verdunkelten Straßen auf silhouettenhaft sichtbare Türme und Mauern zugeführt, von denen Suchscheinwerfer in allen Richtungen die Finsternis durchbohrten. Der Fahrer passierte ein Stacheldrahttor und fuhr an Zäunen und Reihen von Baracken vorbei. Er hielt vor einem Gebäude, das wie eine Scheune aussah.

Eine Frau in Uniform, die von zwei Soldaten begleitet war, befahl mir auszusteigen. Sie führten mich in das scheunenartige Gebäude. Mehrere lange Reihen von Zellen oder Käfigen aus Stahlblech füllten den Raum. Die Seiten dieser Gebilde waren knapp zwei Meter, und auf einer Seite befand sich eine kleine Öffnung. Aus jeder Öffnung schaute der Kopf eines Kindes. Alles war schmutzig; Boden und Wände waren mit Exkrementen verdreckt. Auch die Gesichter der Kinder waren damit verschmiert.

Die uniformierte Frau gab mir einen Lappen und befahl mir, die Gesichter der Kinder zu reinigen.

Aber der Lappen war zu klein und die Aufgabe zu groß. Ich konnte die Kinder nur noch elender und mich selber völlig schmutzig machen.

An diesem Punkt wachte ich auf, in Schweiß gebadet. In den darauf folgenden Wochen fragte ich mich, ob ich wohl den Ort dieses Alptraums in Polen finden würde.

In Auschwitz fand ich ihn nicht. Dort gab es viel zu sehen, doch war alles mit Plastik abgedeckt, um es zu erhalten, und wo die Deutschen die Zeugnisse ihrer Verbrechen noch hatten beseitigen können, waren die

Einrichtungen neu erstellt worden. Neben dem Parkplatz gab es einen Würstchen- und einen Souvenirstand. Alles hatte etwas Künstliches an sich. Die Bezeichnung «Der Holocaust, zusammengefaßt in Reader's Digest» wollte mir nicht aus dem Sinn gehen.

Die Sammlung von Schuhen, Koffern, menschlichem Haar und anderen Erinnerungsstücken im Museum des Konzentrationslagers ist natürlich grauenerregend, doch hatte ich schon oft davon gelesen, und es machte mir jetzt keinen stärkeren Eindruck, die Dinge im Original vor mir zu sehen. Die vielen Vögel in den Bäumen und Dachrinnen zogen meine Aufmerksamkeit stärker auf sich. Ich hatte einmal gelesen, daß in Auschwitz die Vögel nicht singen, doch nun sangen sie aus voller Kehle.

Mein geradezu zynischer Eindruck erreichte den Höhepunkt, als Wanda und ich den Hauptstrom der Touristen verließen. Hinter der «Todeswand», wo 40 000 Menschen hingerichtet wurden und die nun Tausende besuchen, um der Toten zu gedenken, stießen wir auf einen Abfallhaufen. Da lagen Kerzenständer, verwelkende Blumen, kleine israelische Flaggen – Liebesgaben der Besucher zum Zeichen der Verbundenheit, die achtlos weggeräumt worden waren, um Platz für die Andenken des nächsten Tages zu schaffen. Ich photographierte die traurigen Überreste von verschiedenen Seiten.

Wir machten uns auf den Rückweg. In einem Gebäude in der Nähe des Tors werden jetzt Filme gezeigt. Der Englisch gesprochene Dokumentarfilm über Auschwitz sollte bald beginnen. Es war ein kalter und windiger Tag. Von Zeit zu Zeit spritzte uns Regen ins Gesicht. Als wir den Weg zwischen den schäbigen Baracken zurückgingen, wurde ein Fenster so heftig aufgeschlagen, daß eine Scheibe in Brüche ging.

Wir waren ganz allein, und das plötzliche Krachen versetzte uns einen gehörigen Schreck. Ich machte einen Luftsprung, und Wanda schrie auf. Doch wir mußten annehmen, es sei der Wind gewesen, und so gingen wir weiter zu dem Gebäude, wo die Filmvorführung stattfinden sollte.

Kurze Zeit später, als wir uns den Film anschauten, bei dem es sich um eine Sammlung von Ausschnitten aus grobkörnigen Schwarzweißfilmen handelte, begann sich mir plötzlich das Haar im Nacken zu sträuben. *Der Wind hatte uns ins Gesicht geblasen, als wir hierherkamen.* Das Fenster, das aufgerissen worden war, drehte sich aber von uns weg, *gegen den Wind.*

Ich beschloß, zurückzugehen und die Sache nochmals anzuschauen. Nach dem Film sagte ich Wanda, ich wollte noch ein Photo machen und ging allein zurück. Ich fand das Fenster leicht, das aufgerissen worden war – es befand sich an der Rückseite eines Gebäudes, das direkt neben einer merkwürdigen Konstruktion aus Holzbalken und Eisenbahnschienen stand. Später erfuhr ich, daß es sich dabei um einen Galgen handelte, an dem bis zu einem Dutzend Häftlinge gleichzeitig gehenkt wurden. Als wir vorher daran vorübergegangen waren, hatte ich halbwegs Lust gehabt, am Querbalken ein paar Klimmzüge zu versuchen; die Höhe wäre gerade recht gewesen. Nun waren solche Ideen verschwunden.

Das zerbrochene Fenster war geschlossen. In der Hoffnung, in das Gebäude hineinsehen zu können, ging ich rund herum zu seiner Vorderseite. Diese war zugeschlossen und, soviel ich ausmachen konnte, leer und für Besucher nicht zugänglich.

Jetzt fühlte ich mich nicht mehr als Tourist. Ich war von dem Grauen berührt worden, das dem Namen «Auschwitz» anhaftet, und die Warnung des zerbrochenen Fensters tilgte jeden Hohn in mir. Wodurch wurde es aufgerissen – auf so unmögliche Art, gegen den Wind! –, gerade als ich vorüberging? Ich senkte meinen Kopf und beschloß, von jetzt an eine respektvollere Haltung einzunehmen.

Ich eilte zu Wanda zurück, und wir besichtigten zum Schluß noch einige Einrichtungen. Unter anderem die Gaskammer: ein Raum, den ich nur als sehr feucht und kalt in Erinnerung habe. Jemand hatte eine brennende Kerze neben die Tür gestellt. Als ich mich zu ihr niederbeugte, fühlte ich keine Wärme.

Auschwitz konnte nicht der Ort sein, den ich in meinem Traum gesehen hatte. Aber drei Kilometer weiter lag das zerfallende Lager Auschwitz II-Birkenau, das größte von Hitlers Vernichtungslagern. Wir folgten einer Hauptstraße, bogen dann in eine andere, überquerten eine Brücke, unter der mehrere Bahngleise hindurchführten, und dann erhob es sich vor unseren Augen aus dem grauen Nachmittag – das berüchtigte Tor mit dem Wachthaus, von unzähligen Aufnahmen vertraut, und doch fremd und düster. Ich fragte mich, was uns jenseits erwartete.

Unmittelbar hinter dem Tor fanden wir eine gleiche Inschrift wie in Auschwitz: eine Mahnung, uns angemessen zu benehmen. Jetzt war eine solche Mahnung nicht mehr nötig. Langsam und schweigend betraten wir die drei Kilometer lange Anlage, und wieder hatte ich das Bedürfnis, meinen Kopf zu senken. Nur wenige andere Touristen waren zu sehen. Der Ort war still. Hier und dort saßen Vögel auf den Stacheldrahtzäunen und auf den Drähten der neuen Starkstromleitung, die durch das Lager führte. Aber ich erinnere mich nicht, dort irgendwelchen Vogelgesang gehört zu haben.

In Birkenau wurden kaum Anstrengungen unternommen, die Anlage zu einem Besichtigungsobjekt für Touristen zu machen. Das Lager ist weitgehend im Zustand von 1945, nachdem die Sowjetarmee die letzten Gefangenen befreit hatte. Von den ursprünglichen Gebäuden ist nicht einmal ein Viertel erhalten. Reihen von zerfallenden Schornsteinen deuten darauf hin, wo weitere gestanden hatten, die von den Befreiten oder ihren Befreiern zerstört worden waren.

In Auschwitz wurden neben manchen der Baracken Blumenbeete angelegt. Hingegen wurde kein Versuch unternommen, Birkenau für die Touristen zu verschönern. Wenige unauffällige Hinweisschilder führen die Besucher zu den wichtigen Stellen. An einigen Baracken konnten wir sehen, daß hier kürzlich etwas getan wurde, was zum Teil mit Dreharbeiten für einen Film zusammenhing. An der Wand eines Gebäudes hatte es einen Hinweis auf Zeichnungen eines Gefangenen. In den meisten anderen Gebäuden waren Graffiti in vielen verschiedenen Sprachen zu sehen, die in bezug auf Anstand starke Niveauunterschiede aufwiesen. Ein erschreckend großer Teil davon ist antisemitisch.[3]

Das Lager ist in verschiedene Sektoren unterteilt, die durch Stacheldrahtzäune voneinander getrennt sind. Als Wanda und ich das Tor zwischen zwei Arealen durchschritten, streckte ich die Hand aus, um den Draht zu berühren. Er fühlte sich kalt und tot an. Vor fünfzig Jahren war er mit Strom von 400 Volt geladen; die leichteste Berührung bedeutete Tod.

Die meisten Gebäude standen offen und waren leer. Wir gingen hindurch, vorbei an Reihen zerfallender dreistöckiger Schlafpritschen, an baufälligen Feuerstellen aus Backstein, Gemeinschaftstoiletten und langen, trogartigen Rinnsteinen. Alles war kalt, feucht und unsagbar still. Später las ich irgendwo, daß die hölzernen Baracken eigentlich vorfabrizierte Pferdeboxen waren, und tatsächlich mutete einen alles auf unheimliche Weise ein bißchen wie auf einem Bauernhof an. Das Gebäude, das ich im Traum gesehen hatte, fand ich nicht. Auch entdeckte ich keine Silhouette von mit Scheinwerfern bestückten Mauern und Türmen, wie sie mir im Traum erschienen war.

Als wir aus einem der Gebäude herauskamen, sank mein Fuß etwas tiefer als sonst im Boden ein. Als ich zurücktrat, war ein Loch zu sehen: ein zerbröckeltes Abwasserrohr, dessen Teile in sumpfigem Untergrund lagen. Auf dem Weg, der zu einem anderen Gebäude führte, lag ein

Stück in den Boden getrampelten schwarzen Stoffes. Es entpuppte sich als Jarmulke (jüdisches Käppchen).

Es gibt ein einziges formelles Denkmal für die Toten von Birkenau; es steht im hinteren Teil des Lagers zwischen den Ruinen zweier Gaskammern und am Ende einer Eisenbahnlinie, wo ein ewiges Licht brennt. Es ist ein häßliches Gebilde von Steinblöcken und symbolischen Grabsteinen, das auf einem niedrigen Pflastersteinsockel steht. Ich hatte genug von den trostlosen Gebäuden und fürchtete mich, bei einem nächsten Schritt wieder in eine Fallgrube zu geraten. So beschlossen wir, das Denkmal aufzusuchen.

Wir folgten den verrosteten Eisenbahngleisen, entlang der Rampe, wo nach wochenlangen Reisen durch Osteuropa die Gefangenen Tag und Nacht halbtot aus den Eisenbahnwaggons getaumelt waren. Wir kamen an hölzernen Wachtürmen vorbei und sahen den Platz, wo Dr. Mengele über Tod und Leben entschieden hatte, indem er mit seiner Hand nach rechts oder links zeigte. Es gab weitere Zäune und überall Stacheldraht. Ein großer Teil davon hatte sich von den Isolatoren gelöst und lag in Windungen und verrostet am Boden. Bevor wir nach Polen abgereist waren, hatte ich zum Spaß gesagt, ich wolle als Andenken ein Stück Stacheldraht aus Auschwitz mitbringen. Aber als ich dort war, dachte ich keinen Moment an so etwas.

Wir hatten den Wind wieder gegen uns, als wir auf das Denkmal zu gingen. Die Wolken hingen tief herunter; von Zeit zu Zeit fielen Regentropfen auf unsere Gesichter und die Kleider. Als wir uns dem grauen Steingebilde näherten, *fühlte ich mich von etwas zurückgedrängt, das stärker war als der Wind.* Der Widerstand nahm zu, je weiter wir gingen, bis ich das Gefühl hatte, vor mir ein großes Stück Ballongummi zu haben, das sich immer mehr spannte und mich zurückzuschleudern drohte.

In meinen Ohren erklang ein merkwürdiger Ton, als ob mir unzählige Stimmen etwas zurufen wollten, das von namenloser Angst erfüllt war. Ich hörte die Stimmen nicht im üblichen Sinne – ich fühlte sie mehr, so wie wir in unseren Ohren eine Explosion auch dann noch spüren, wenn der eigentliche Knall bereits verklungen ist. Auf jeden Fall waren es Stimmen, dessen bin ich sicher.

Ich war mit den Nerven am Ende, drehte mich Wanda zu, um mit ihr zu sprechen und so die Situation zu entschärfen. Sie kam mir aber zuvor und sagte: «Es ist mir nicht wohl hier. Es ist, als ob mich jemand stoßen würde.»

Wiederum sträubten sich mir die Nackenhaare. Wir standen an der Stelle, wo vor fünfzig Jahren eine Million Menschen oder noch mehr in den Gaskammern gestorben waren. Wir hörten ihr Schreien und spürten, wie sie uns zurückstoßen wollten.

Beim Denkmal verweilten wir nicht lange. Während Tagen war niemand hier gewesen. Auf jedem der symbolischen Grabsteine lag eine Rose, doch waren alle verwelkt. Ich erinnere mich an das Geräusch des Windes und an die Stimmen, die doch nicht wie richtige Stimmen tönten. Von weit außerhalb des Lagers hörte ich Hähne krähen, Verkehrslärm und hin und wieder Hundegebell. Als ich aber Wanda darauf aufmerksam machen wollte, wie still es hier sei, mußte ich schreien, daß sie mich verstand.

Wir gingen durch die riesige Anlage zurück und kamen an weiteren Gebäuden vorbei. Ich hatte ursprünglich im Sinn gehabt, den ganzen Tag mit der Erforschung von Birkenau zu verbringen; doch nun wollte ich nicht mehr länger bleiben. Immer wenn ich dem Denkmal und den Gaskammern den Rücken zuwandte, spürte ich unsichtbare Hände, die mich hinwegtrieben.

In einem der Backsteingebäude ruhte ich mich ein wenig aus und setzte mich auf die Kante einer Schlafkoje. Ich hatte eine Strecke von etwa zehn Kilometern zurückgelegt, und es stand mir noch mehr bevor. Durch das, was wir erlebt hatten, war ich vor Müdigkeit und Verwirrung ganz benommen. Um eine Haarsträhne aus dem Gesicht zu streichen hob ich eine Hand und bemerkte, daß Blut an meiner Handfläche herunterrieselte.

Als ich beim Betreten des Lager den Stacheldraht angefaßt hatte, war ein Dorn in meine Hand gedrungen. Ich schaute die kleine Wunde an und wunderte mich, daß ich keinen Schmerz verspürt hatte.

Ich hatte genug von diesem Ort. Wir eilten dem Tor zu, vorbei an den Wachtürmen, den Baracken, den Bahngleisen, wo eine Gruppe Bauarbeiter Kies aufschüttete, um das Gelände für die Dreharbeiten des Films «Schindlers Liste» herzurichten. Die unsichtbaren Hände begleiteten uns weiter und beschleunigten unsere Schritte. Hingegen verklangen die Stimmen immer mehr, je näher wir zum Ausgang gelangten. Als wir durch das Tor gingen, hörte das merkwürdige Gefühl, gestoßen zu werden, schlagartig auf.

Einige Tage nach diesem unheimlichen Nachmittag traf ich Joanna wieder, und sie erkundigte sich nach meinem Besuch im Konzentrationslager. Natürlich beschränkte ich mich auf wenige Einzelheiten, aber ich erzählte ihr doch von den seltsamen Erlebnissen, die Wanda und ich hatten. Joanna nickte wissend.

«O ja», sagte sie. «Ich war dort einmal zusammen mit meiner Mutter, und es war sehr merkwürdig. Manchmal hatten wir das Gefühl, es sei noch jemand dort.»

Ich pflichtete ihr bei und war drauf und dran, ihr zu erzählen, weshalb ich das Konzentrationslager hatte besuchen wollen, und daß ich ein ungutes Gefühl gegenüber meinen deutschen Vorfahren hatte. Aber dann sprach sie selber weiter.

«Weißt du, David, nicht alle Deutschen hier waren schlecht. Als meine Mutter im Konzentrationslager war, mußte sie beim Bau einer Straße arbeiten. Eines Tages war sie krank, und sie wäre gestorben, wenn nicht einer der Wächter sein Gewehr niedergelegt und ihre Schaufel ergriffen hätte. Er nahm ihr an diesem Tag die Arbeit ab. Er wäre getötet worden, wenn es ausgekommen wäre. Er hat meiner Mutter das Leben gerettet.»

Es schien mir nicht der Moment zu sein, meine Familiengeschichte zu diskutieren. Mein Unbehagen war nach unserem Besuch in Auschwitz abgeklungen, und in diesem Augenblick verflüchtigte es sich ganz und kehrte nie wieder. Die Geister von Auschwitz sind nicht zorniger Art. Sie wollten uns nicht anklagen, sie versuchten, uns vor einem Ort zu warnen, von dem sie nicht wissen konnten, daß seine Gefahren gebannt waren. Sie sind zutiefst verängstigt, und ich bedaure nur, daß ich ihnen keinen Trost spenden konnte.

Einige Wochen nach meiner Rückkehr in die Vereinigten Staaten erhielt ich die Bestätigung, daß sich während meines Aufenthalts im Konzentrationslager tatsächlich etwas Außergewöhnliches abgespielt hatte. Ich hatte sowohl in Auschwitz wie in Birkenau eine Reihe Aufnahmen gemacht, alle mit einer bewährten Kamera, die mich seit 1982 überallhin begleitet. Der Belichtungsmesser war den ganzen Tag auf automatische Regelung eingestellt, und die Lichtverhältnisse – es war zwar bewölkt und düster – boten für die automatische Belichtung keinerlei Probleme.[4] Trotzdem waren einige Aufnahmen, die ich in Auschwitz und Birkenau gemacht hatte, kläglich unterbelichtet. Alle Photos von Auschwitz waren gut, nur jene des Abfallhaufens nicht, die ich mit abschätziger Gesinnung aufgenommen hatte. Alle Aufnahmen, die in Birkenau entstanden waren, nachdem sich die seltsame Empfindung bemerkbar gemacht hatte, ich werde hinausgestoßen, waren unterbelichtet. Aber ein Photo, das ich Sekunden nach Verlassen des Geländes gemacht hatte, war einwandfrei sowie Hunderte andere, die danach auf meiner Reise entstanden. Aber von den Aufnahmen, die ich in der Zeit machte, wo die unsichtbaren Hände und die stillen und doch vernehmbaren Stimmen mich wegzutreiben versuchten, war nur ein Gerüst (das des Denkmals) einigermaßen richtig belichtet.[5] Mir kam der Gedanke, daß mir von diesem Ort nur ein einziges Andenken zugestanden wurde.

Die grauenhafte «Scheune», die ich in meinem Traum besucht hatte, fand ich weder in Auschwitz noch in Birkenau. Bis zum heutigen Tag frage ich mich, ob eine solche je existierte.[6] Aber ich werde sie nicht mehr suchen. Die Wunde an meiner Hand ist schön verheilt, hinterließ aber eine kleine weiße Narbe. Ich glaube jetzt an Geister, und ich erinnere mich an sie. Es ist mir klar geworden, daß dies das beste ist, was ich tun kann. «Wer sich an die Vergangenheit nicht erinnert», schrieb George Santayana – eine Stelle, die in bezug auf Auschwitz oft zitiert wird –, «ist dazu verurteilt, sie zu wiederholen.»

FÜNFTES KAPITEL

Judith Hart
Die weiße Rose

Im Jahr 1990 warf mich ein geistiges Erwachen sowohl vorwärts wie rückwärts in der Zeit, in Bereiche hinein, die es erst noch zu erkunden galt, und zurück in längst vergangene Jahrhunderte. Durch ein spontanes «Kundalini»-Erwachen wurde ich unvermittelt hellsichtig und hellhörig, erlangte mediale Fähigkeiten sowie die spirituelle Kraft zu heilen. Damals nahm ich auch einen neuen Namen an – Judith –, um der jüdischen Seite in mir zu ihrem Recht zu verhelfen, denn ich war in verschiedenen früheren Erdenleben Heiler bei den Essäern. Außerdem erweist der Name «Judith» meiner Ur-Ur-Ur...-Großmutter Ehre, einer Indianerin aus dem Stamm der Cherokee, die diesen Namen von den Quäkern erhielt, von denen sie großgezogen wurde.

In dieser ersten Zeit, in der ich lernen mußte, mit meinen alt-neuen Fähigkeiten zurechtzukommen, war das Leben für mich undurchsichtig, erschreckend und verwirrend. Während ich den Stammbaum meiner Familie erforschte, hatte ich immer das Gefühl, es folge mir ein ganzer Zug von Geistern der Ahnen. Schließlich bekam ich sie gern und verehrte sie als meine Lehrmeister. Gleichzeitig stiegen viele mich sehr vertraut anmutende Erinnerungen an vergangene Erdenleben in mir auf.

Ein erstes Aufblitzen von Erinnerungen an den Holocaust erlebte ich im März 1993, zwei Monate vor meinem Besuch des neuen *United States Holocaust Memorial Museum*. Ich sage «Aufblitzen», denn die Szene, die ich sah, war sehr intensiv und traf mich so tief in meinen Empfindungen, daß ich in Tränen ausbrach. Nicht um mich selber litt ich so beklemmende Angst, sondern um meine Mutter, die in jenem Leben mit mir schwanger war und traumatische Qualen ausstand, nachdem sie von ihrem Mann und ihren beiden Söhnen bei der Deportation in ein Vernichtungslager getrennt worden war. Ihr Leiden wirkte so erschütternd auf meine Empfindung, daß ich ihr Elend in meinem eigenen Schoß spürte.

Dieses Aufblitzen von Erinnerungen hatte mich mit großer Wucht getroffen. Noch Tage danach war ich in einem Zustand höchster emotionaler Empfindsamkeit, stets den Tränen nahe und zu Depressionen neigend. Die Wirkung war so, daß mich ein heftiges Verlangen zu einem Besuch des Holocaust-Museums in Washington D.C. trieb, um die Erinnerungen meiner Vorfahren aus einem früheren Erdenleben zu betrauern.

Weil ein riesiger Andrang zu diesem neuen Museum herrschte, konnte ich erst nach über einem Monat Eintrittskarten bekommen. Während der wochenlangen Wartezeit hatte ich unvergeßliche spirituelle Erlebnisse, die mich auf diesen Besuch vorbereiteten.

Als ich eines Abends allein zu Hause war, hatte ich plötzlich das Gefühl, daß etwas Dringendes auf mich zukomme, so als ob jemand versuchte, mit mir Kontakt aufzunehmen. Von früheren ähnlichen Erlebnissen wußte ich, daß ich mich dafür am besten empfänglich machen konnte, wenn ich versuchte, mich in einen meditativen Zustand zu versetzen. Dies gelang mir, und sogleich fühlte ich mich in eine andere Zeit und in eine andere Dimension hineingezogen. Ich «sah» mich in einem Bierkeller in München stehen. In der Dunkelheit konnte ich nur mit Mühe die Umrisse einer Gruppe von Leuten ausmachen, die sich hinter Bierfässern versteckten.

Beim Nähertreten überkam mich eine Welle von Angst und Verzweiflung, und ich begann herzzerreißend zu schreien. Es war eine jüdische Familie, welche man in diesem Keller versteckt hatte, um sie vor der Deportation in ein Konzentrationslager und vor dem sicheren Tod zu retten.

Die Leute kamen hinter den Fässern hervor und begannen mit mir zu sprechen. Sie sagten, wer sie waren, und erklärten ihre Lage. Zu viert waren sie von einer sechsköpfigen Familie übriggeblieben: die Großmutter, eine junge Frau mit ihrem Mann und ein kleiner Knabe von etwa zehn Jahren. Der Großvater und das jüngste Kind waren in den ersten Wochen im Versteck gestorben.

Weiter berichteten mir die Leute von ihren Erfahrungen im Versteck einer deutschen Familie und von den baulichen Veränderungen, durch die der Eingang zum Bierkeller verborgen wurde. Sie blieben während der ganzen Dauer des Krieges in diesem Versteck. Ihr Kind, das ihnen geblieben war, starb ebenfalls. Als der Krieg zu Ende war, wanderte das Paar nach Amerika aus, und die Großmutter blieb bei der deutschen Familie, die sie in all den Jahren verstecktgehalten hatte. Jetzt, Jahrzehnte danach, waren sie alle tot, aber noch an die Erde gebunden.

Sie seien mit mir in Kontakt getreten, so erklärten sie mir, damit ich ihnen helfe, ihr Trauma zu überwinden. Durch die Narben ihrer Erlebnisse und die bitteren Erinnerungen waren sie an den irdischen Plan gebunden, und davon wollten sie sich lösen. Sie fragten, ob ich bereit wäre, sie geistig beim Suchen ihrer auf sie wartenden Vorfahren zu begleiten. Ich willigte ein, dies zu tun.

Wir bewegten uns als Gruppe von Geistern in ein Licht hinein, das immer heller wurde. Dann sah ich Hunderte von geistigen Wesen und hatte den Eindruck, daß es sich um die Vorfahren vieler Generationen handelte, die gekommen waren, um die Familie jenseits des «Todesschleiers» zu begrüßen. Es herrschte Freude und Begeisterung.

Bevor sich die Familie zum Gehen wandte, dankten mir alle überschwenglich für meine Hilfe und baten mich, für sie eine weiße Rose in das Holocaust-Museum zu bringen. Ich erklärte mich bereit, dies zu tun. Als der Tag endlich kam, an dem ich nach Washington D.C. gehen konnte, kaufte ich eine prächtige weiße Rose. Ich fuhr mit ihr in der Untergrundbahn und trug sie durch die vielen Stockwerke und Gänge des Museumsgebäudes. Ich war voller Verehrung für die Widerstandskämpfer des Warschauer Ghettos, und ich legte meine weiße Rose an die Stelle, wo die Ausstellung an ihren tapferen Aufstand erinnerte.

Kurz danach sah ich mit großer Überraschung eine andere Ausstellung mit der Bezeichnung «Die weiße Rose». Dies war der Name einer Widerstandsgruppe von jungen deutschen Männern und Frauen, die sich gegen das Nazitum und die Grausamkeit gegenüber den Juden wehrten. Die Mitglieder der Bewegung «Die weiße Rose» wurden verhaftet, von der Gestapo verhört und hingerichtet. Ich wurde durch diesen Teil der Ausstellung zutiefst bewegt sowie natürlich durch den «Zufall» mit dem Namen, nachdem ich meine weiße Rose so liebevoll ins Museum getragen hatte.[1]

* * *

Nach diesen erstaunlichen Erlebnissen im April und Mai des Jahres 1993 besuchten mich in einem nicht abreißenden Strom etwa während eines Jahres Geister von Holocaust-Opfern. Eine Zeitlang war es wie eine «Untergrundbahnlinie», die durch mein Haus führte; große jüdische Familien kamen herbei und baten mich um Hilfe, um sich aus dem Bereich des diesseitigen Bewußtseins lösen zu können. Mit tiefer Ehrfurcht und mit Freude unternahm ich mit ihnen zusammen zahlreiche Versuche, Heilung herbeizuführen. Mir wurde die Gnade erteilt, nicht nur meine eigenen früheren Erdenleben zur Versöhnung zu bringen, sondern auch das Bewußtsein anderer, die ein ähnliches Bedürfnis hatten.

Weshalb wurde ich als Nichtjüdin in meinem gegenwärtigen Leben für diese Arbeit «ausersehen»? Vielleicht weil ich in vielen meiner früheren Inkarnationen in Zeiten der Verfolgung jeweils als frommer Jude oder fromme Jüdin gelebt hatte. Abgesehen von meinem weiter oben erwähnten Leben als Heiler bei den Essäern habe ich Erinnerungen an eine Flucht aus Jerusalem zur Zeit des Brandes und der Entweihung des Tempels sowie an den Widerstand der Zeloten gegen die Römer bei Masada. Auch erinnere ich mich, zur Zeit der Progrome ein osteuropäischer Jude gewesen zu sein, es ist mir aber nicht erinnerlich, eines persönlich erlebt zu haben. Jedenfalls ist das Judentum aufgrund dieser Erinnerungen tief in meiner Seele verwurzelt.

Doch hatte ich in so vielen dieser Inkarnationen Verfolgungen erlebt, daß sich in mir eine Art «Opferbewußtsein» entwickelt hat, das schleichende Gefühl, wegen irgendwelcher Eigenschaften verfolgt zu werden. Man fällt sehr leicht in eine solche Haltung, wenn man dauernd Zielscheibe des Hasses ist. Dieses Erlebnis hatte ich in meinen vergangenen Erdenleben nicht nur als Jude, sondern auch als christlicher Mönch, als Hexe, die in Europa auf einem Scheiterhaufen verbrannt wurde, und als schwarzer Sklave in einem amerikanischen Südstaat.

Die Heilung meiner Seele gelang mir zu einem großen Teil, indem ich mir die Haltung der Juden dem Leben gegenüber zu eigen machte sowie die Wertschätzung, die sie jedem einzelnen Leben entgegenbringen. Ich war so beeindruckt vom unbeugsamen Lebenswillen, den viele Juden auch in großem Elend an den Tag legten, daß sich in mir eine Wesensveränderung vollzog und ich selber den starken Willen entwickelte, zu leben und das Leben zu lieben. Bei dieser Entwicklung unterstützte mich einer meiner geistigen Führer, der Rabbi Joseph Hellmann, der immer eine vergnügliche Stimmung und Lebensfreude verbreitete.

Heute kommen nicht mehr viele jüdische Geister zu mir, die nach Heilung suchen. Es könnte sein, daß die jüdischen Seelen durch das Holocaust-Museum befreit wurden und sich lösen können, weil sie wissen, daß das Museum Zeugnis ablegt von dem, was geschehen ist, und es nicht in Vergessenheit geraten kann. Auch ist es möglich, daß durch die Heilung der Holocaust-Wunden und die Arbeit an einem umfassenden Bewußtsein meine eigenen Erinnerungen an frühere jüdische Inkarnationen verblassen.

Als Psychotherapeutin und Heilerin arbeite ich mit Geistwesen anderer Dimensionen. Mir scheint, daß wir in diesem Gebiet die Vorstellung einer linear verlaufenden Zeit verlassen und uns der Anschauung nähern, daß in gewissen Schwingungsbereichen Zeit und Raum aufgehoben sind. Auf den höheren Ebenen der geistigen Welt fließen alle Dinge in einem großen Strom ineinander. So durchleben wir vielleicht wirklich verschiedene Inkarnationen gleichzeitig, und wir können in allen Veränderungen bewirken, indem wir uns in der gegenwärtigen um eine Heilung bemühen. Wie dem auch sei, es macht mir Freude und bereichert mein Leben, wenn ich mithelfen kann, die Qualen und Leiden zu überwinden, die schon zu lange Teil der Menschheitsgeschichte auf der Erde sind. *L'chaim, l'chaim* – zum Wohl!

Sechstes Kapitel

Marcia Hollabaugh
Mehr als ein Märchen

Die ersten Jahre meiner Kindheit waren idyllisch, und ich denke mit Vergnügen daran zurück. In den fünfziger Jahren führte ich ein ganz normales Leben in Amerika; da gab es herrliche Hinterhöfe, Musikinstrumente, künstlerische Aktivitäten, Parties, Kindersendungen am Fernsehen. Bis zu meinem sechsten Lebensjahr war mein schlimmstes Erlebnis der Tod meiner kleinen weißen Maus. Sonst finde ich nichts in diesem friedlichen Dasein, was die schrecklichen Bilder des Holocaust verursacht haben könnte, die mich schon in meiner frühen Kindheit zu plagen begannen.

Als ich aufwuchs, wohnte unsere Familie nacheinander in drei verschiedenen Häusern in Pennsylvania; eines war in der Nähe von Philadelphia und die anderen beiden in Pittsburgh. Es war in dem Haus bei Philadelphia, in dem ich, erst vierjährig, in meinem Innern eine «andere Welt» wahrzunehmen begann, eine düstere, böse Welt, die zu meiner friedlichen Umgebung in Pennsylvania in einem scharfen Gegensatz stand. Im Verlauf mehrerer Jahre enthüllte sich diese von Dunkelheit und Geheimnis umgebene Welt nach und nach durch Visionen, Träume und Tagträume.

Als ich gerade vier Jahre alt war, spielte ich eines Tages allein im Wohnzimmer. Plötzlich sah ich mich – mit inneren Augen – vor einem riesigen mehrstöckigen Backsteingebäude stehen. Das Haus hatte zwei oder mehr senkrechte Reihen von Fenstern und schien in einer unschönen und bizarr anmutenden «Stadt» zu stehen, in der es weder Leute, Tiere, Autos noch Pflanzen gab. Ein anderes Mal «sah» ich einen riesigen, düsteren, dunkel angemalten Gebäudekomplex vor einem dunkelbraunen Himmel.

In späteren Jahren sollte ich diese Erscheinungen auf Photographien der Nazi-Konzentrationslager wiedererkennen.[1] Doch als vierjähriges Kind, das im friedlichen Pennsylvania aufwuchs, hatte ich für diese andere Welt keine Erklärung. Meine Familie war damals protestantisch (später wurden wir Unitarier), und ich bin englisch-deutscher Herkunft.

Bei uns zu Hause wurde nie von Juden oder Konzentrationslagern gesprochen.

* * *

In meinem Kindergartenjahr zogen wir nach Pittsburgh. Ungefähr in dieser Zeit kam zu der düsteren Vision der seltsamen «Stadt» etwas weiteres hinzu. Als ich eines Tages von der Schule nach Hause gekommen war, «sah» ich die Industriebauten unter dem dunkelbraunen Himmel wieder – *doch diesmal hörte ich eine Sirene!* Ich schaute aus dem Fenster und wunderte mich, eine Sirene zu hören, ohne daß ich feststellen konnte, wo sie ertönte.

Da Pittsburgh eine Stahlmetropole ist, mag sich der Leser fragen, ob vielleicht der Anblick von Fabriken im wirklichen Leben meine Kindheitsvisionen ausgelöst haben könnte. Eine berechtigte Frage. Doch lebten wir nicht in Pittsburgh selbst, sondern außerhalb. Die Stahlwerke von Pittsburgh sah ich erst viel später.

Die inneren Bilder traten in meiner Kindheit recht wahllos auf, und ich brachte sie damals nicht automatisch in einen Zusammenhang. Etwa mit fünf Jahren «sah» ich mich eines Tages plötzlich in einer Szene, die mir wie ein Märchen vorkam:

Ich stand vor einem großen, schwarzen, häßlichen Schloß mit einem merkwürdigen Dach. Graue, unheilverkündende Wolken hingen vom Himmel herunter. Parallel zu dem schwarzen Schloß stand ein kleineres rechteckiges Gebäude, und weitere Häuser waren rechtwinklig dazu in einer kleineren Reihe angeordnet. Bei einem dieser kleinen Häuser stand die Tür offen. Ich guckte hinein. Es war eine winzige Kammer, die wie ein Klosett aussah, und dort stand, mit dem Rücken zu mir, eine blaßhäutige Frau ohne Kleider.

Was für eine seltsame Geschichte, dachte ich. Wo sind der König und die Königin in diesem Märchen?

Dann, unmittelbar bevor ich im Sommer 1960 in die erste Klasse kam, hatte ich im Wachzustand eine Erscheinung, die den Frieden meiner Kindheit für immer zertrümmerte. Ich lag im Bett und wartete auf den Schlaf, als ich mich plötzlich in dieser anderen Welt befand:

Ich kniete in einem winzigen Schuppen, der aus senkrechten, etwa zweieinhalb Meter hohen und einem Zentimeter dicken Latten zusammengefügt war. Breite und Tiefe des Schuppens waren nur je ein Meter, und ich war mit den Handgelenken an eine Stange gefesselt, die senkrecht in der Mitte des Schuppens stand und zwischen meinen Armen und Schenkeln hindurchführte. Als ich in dieser Vision an mir herunterschaute, bemerkte ich, daß ich kein Kind mehr war. Ich war eine nackte Frau!

Es schien eine warme Sommernacht zu sein. Durch die Ritzen zwischen den Latten sah ich zu meiner Linken ein Gebäude mit einem seltsam geformten Dach. Darin waren kleine rechteckige Fenster, die erleuchtet waren. Auf der rechten Seite war ein kleineres rechteckiges Gebäude, und das Gebiet vor mir, zwischen den beiden Gebäuden, war vom orangen Licht von Lampen beleuchtet, die im Hintergrund auf Stangen befestigt waren.

Irgendwo vor mir, ziemlich weit entfernt und etwas gegen die linke Seite zu, hörte ich einen Lärm wie von Leuten, die herummarschieren. Der Schall wurde von großen Wänden zurückgeworfen. Jetzt hörte ich auch jemanden von rechts in meine Richtung kommen. Plötzlich ging hinter mir die Tür auf – ich konnte die Scharniere auf der rechten Seite hören – und ein oranges Licht schien in den kleinen Schuppen. Dann schlug jemand mit einer Peitsche auf meinen Rücken ein.

So plötzlich, wie sie begonnen hatte, endete diese Vision auch. Ich war zurück in meinem sechsjährigen Körper und war starr vor Schreck. Eine Stunde verging, bis der Adrenalinstoß abflaute und ich mich beruhigen konnte.

Zwischen sechs und acht Jahren hatte ich ständig, fast jede Nacht, solche Visionen in verschiedenen Variationen. Nach und nach kamen zusätzliche Einzelheiten zum Vorschein. Unmittelbar vor dem Einschlafen fiel ich jeweils in einen traumartigen Zustand und «sah» mich in der Nähe unseres Hauses in Pittsburgh auf einem Weg durch einen *gemischten Laub- und Nadelwald* gehen.[2] Ich wanderte, bis ich eine Lichtung erreichte, die sich in der anderen Welt befand. Dann hatte ich nicht nur einen, sondern eine Reihe von fünf Schuppen vor mir. Während ich vor dem fünften Schuppen ganz rechts außen stand, pflegte jemand mit einer Peitsche zu kommen. Dann öffnete diese Person die Tür und begann die Frau zu schlagen, die sich im Schuppen befand.

Manchmal spielte sich die Szene des Schlagens auch anders ab: Ich ging durch den Wald, bis ich die Schuppen auf der Lichtung sah. Die

Person mit der Peitsche hielt dann an, kam nicht näher, und ich sah nur die Reihe der Schuppen neben dem Pfad.

Gerade bei unserem Haus in Pittsburgh war ein kleines Waldgebiet, wo ich oft spielte. Quer über den Weg lag ein abgestorbener Baum ohne Rinde, der vor langer Zeit umgestürzt war. Oft setzte ich mich auf diesen alten Stamm und dachte über die seltsamen Bilder dieser anderen Welt nach. Irgendwie verband sich in mir das Schlagen in der Vision mit dem abgestorbenen Baum im wirklichen Leben. Sogar in meinem späteren Leben, nachdem diese dunkeln Kindheitsvisionen längst aus meinem Gedächtnis entschwunden waren, sah ich das Bild dieses abgestorbenen Baumes im Wald noch vor mir. Bis in meine dreißiger Jahre hatte ich Alpträume, in denen mich jemand neben einem Baumstrunk schlug.

* * *

Außer der Frau im Schuppen gab es ein anderes Bild, das mich in meiner Kindheit verfolgte. Im Frühling 1961 – ich war sechs Jahre alt, und wir waren gerade in unser zweites Haus in Pittsburgh umgezogen – sah ich zum ersten Mal eine «Friseurstange»[3]. Ich war darüber sehr beunruhigt.

«Was ist das für eine Stange?» fragte ich meine Mutter.

«Das eine Friseurstange», antwortete sie.

«Was ist ein Friseur?»

«Der schneidet den Männern das Haar.»

Ich glaubte meiner Mutter nicht so recht. In meinen kindlichen Vorstellungen verband ich die rot-weiß gestreifte Stange mit etwas Furchtbarem. Aus unbekannten Gründen versetzte mich der Anblick der Stange in äußerste Angst.

Acht Monate später, im Herbst meines zweiten Schuljahres, erschien das Motiv der «Friseurstange» in einem Traum, den ich bis zum heutigen Tag als den seltsamsten meines Lebens bezeichnen muß. Eines Nachts, als ich in tiefem Schlaf im Bett lag, träumte mir, ich sei die Frau meiner Visionen:

Mit sackartigen grauen Hosen und einem Hemd bekleidet, ging ich mit einer Gruppe von Leuten auf dem Bürgersteig. Rechts von uns stand ein riesiges, weißes, altes dreistöckiges Gebäude mit vielen Fenstern. Plötzlich bemerkte ich unmittelbar vor mir etwas, das etwa gleich groß war wie ich: ein übereck stehendes winziges weißes Haus mit spiralförmigen Streifen. Dieses seltsame Ding war in heller Farbe

abwechselnd mit blauen und grünen Streifen (einer Friseurstange
ähnlich) bemalt, so daß es stark zu den tief herabhängenden grauen
Wolken kontrastierte, die die Stimmung meines Traums prägten ...
Wir bogen nach rechts ab und betraten das Gebäude, stiegen eine
Treppe mit reich verziertem Geländer hoch, wandten uns wieder nach
rechts und gingen einen weiträumigen Korridor hinunter. Der Boden
schien aus schwarzem Marmor zu sein. Wir kamen an zwei Türen vorbei, die sich – rechts von uns – nach innen öffneten. Auch gingen wir
durch eine sich nach innen öffnende Tür (mit Scharnieren auf der
rechten Seite) in ein kleines modernes Büro ...

Dieses Büro sehe ich auch heute noch bis in alle Einzelheiten klar vor
mir. die Landkarte an der Wand, zwei Fahnen in einer Ecke, einen
Bücherschrank, das große Pult mit Stühlen, die gewölbte Sitzflächen
hatten ... Ein Mann mit offiziellem Gehabe betrat den Raum, und einige
von uns sprachen mit ihm. Er setzte sich an das Pult, während wir auf
den Stühlen vor ihm saßen. Dann wechselte der Schauplatz, und der
Traum ging mit den gleichen unglaublichen Einzelheiten weiter:

> Wieder war ich in einer Gruppe von Leuten in hängenden, weiten
> Kleidern und ging auf einem Weg, der durch einen Wald führte.
> Rechts von mir schien die Sonne durch die Blätter, und wir gelangten
> zu einem großen, quadratischen, gut gebauten zweistöckigen Haus
> aus gelbbraunen Backsteinen mit einer Art First über dem obersten
> Stockwerk.

Aus meiner kindlichen Perspektive dachte ich, dieses Gebäude sei ein
altes deutsches Schloß mit einer Brustwehr – dem «First». Auch dieses
Bild schien wie aus einem seltsamen Märchen. Dazu paßte auch der
nächste Teil des Traums, in dem ich einen «Thronraum» betrat. Dort
mußten wir uns reihenweise an zehn kleine Tische stellen, die vor dem
auf dem Thron sitzenden «Deutschen König» angeordnet waren. Wir
bekamen den Befehl, uns «vor dem Deutschen König zu verbeugen».
Als wir uns niederbeugten, trat eine andere Gruppe von Leuten vor und
schlug uns alle mit Peitschen. Ich erinnere mich genau, daß die Person,
die mich schlug, links von mir stand. Dann ging der Traum weiter:

> Ich glaubte, daß ich in diesem fensterlosen Gebäude, das aus langen
> Gängen mit grau-weißen Wänden bestand, in ein Labyrinth geraten

war. Ich drehte mich um und versuchte, aus dem Labyrinth zu entkommen, merkte aber, daß ich gefangen war ...
Dann befand ich mich in einer kleinen Gruppe von Leuten auf einem Feld, das von einem Wald begrenzt wurde, *einem Mischwald von Laub- und Nadelbäumen.* Die Sonne stand hinter uns, und es war immer noch Sommer, denn das Gras und die Bäume waren grün ...
Vor uns erblickte ich ein kleines weißes Haus ...
Dann standen wir vor einer Tür. Ein Mann vor mir öffnete die Tür. Als wir ins Innere traten, das mir wie eine große Höhle vorkam, schaute ich nach rechts. Im Hintergrund konnte ich eine Ecke des kleinen weißen Hauses auf dem Feld sehen.
In der großen Höhle bemerkte ich weitere kleine «Höhlen». Jede von ihnen hatte einen Eingang, der wie ein umgekehrtes U oder ein Tunnelanfang aussah. In den kleinen Höhlen lagen Leute, mit ihren Köpfen nach außen gegen die Mitte des Raums. Ich konnte ihre Köpfe von oben sehen. Der Traum ging so zu Ende, daß ich mit dem Gesicht nach oben in einem winzigen «Tunnel» lag, der aus einer porösen, bräunlichen Substanz bestand.

Jahre danach erkannte ich diese Szene mit den Höhlen und dem kleinen weißen Haus wieder, als ich Aufnahmen vom Krematorium IV und der weißen Gaskammer von Auschwitz sah.[4] Die Öfen hatten abgerundete Türen, die dem Eingang eines Tunnels ähnlich sahen, und die «Höhlen» waren mit feuerfesten Backsteinen ausgekleidet. Als Kind sah ich die Leute nicht als Leichen. Die ganze Szene hatte für mich etwas unglaublich Rätselhaftes. Warum, so fragte ich mich, machten alle diese Leute mitten am Tag ein Nickerchen?

* * *

Im Jahr 1970, als ich noch die High School besuchte, nahm ich an einigen Veranstaltungen der Edgar-Cayce-Arbeitsgruppe in Pittsburgh teil. Ich las viele Bücher über Edgar Cayce, Reinkarnation und östliche Religionen. Angeregt durch diese Darstellungen, begann ich mir die Möglichkeit zu überlegen, ob ich vielleicht ein früheres Leben in Nazi-Deutschland zugebracht haben könnte. Doch war ich damals zuwenig interessiert, um dieser Frage gründlich nachzugehen. Ich sprach mit niemandem darüber und vergaß die ganze Sache wieder.
Mein Leben ging weiter. Nach der Abschlußprüfung studierte ich an der Musikakademie und wurde Musikerin. Auch pflegte ich meine

Interessen an spirituellen Fragen weiter, die sich auch auf Astrologie und die Prophezeiungen der Eingeborenen Amerikas erstreckten. Aber der Faden des Holocaust kam immer wieder an die Oberfläche und wob sich in mein Leben hinein und wieder hinaus, wie um mich daran zu erinnern, daß die Geschichte noch nicht erledigt sei.

Im Januar 1989 kehrte ich nach langer Abwesenheit an die Akademie zurück. Im Februar desselben Jahres – nach einer langen Phase der Schlaflosigkeit – sah ich «sie», die Frau, in einer deutlichen, farbigen Vision wieder. Aber diesmal, als Erwachsene, wußte ich, daß es sich nicht um ein Märchen handelte. Es ist leicht zu verstehen, daß ich durch diese Erscheinung während Monaten traumatisiert war. Ich suchte sogar einen Psychologen auf, was sich aber als nutzlos erwies.

Dann begegnete ich in einer Musikgeschichtsstunde einer als Reaktion auf den Holocaust geschaffenen Oper von Arnold Schönberg, einem modernen jüdischen Komponisten, der auch Zionist war. Es handelte sich um *Moses und Aaron,* und als ich die Partitur und die Tonbandaufnahmen dieses Werkes studierte, hatte ich einen seltsamen Traum:

Ich war in einer Synagoge in Amerika, und vor mir befand sich über dem Altar ein aus blauen und weißen Mosaiksteinen gebildeter Davidsstern. Anstelle eines Kantors hatte die Synagoge einen Frauenchor, der rechts vom Altar stand und hebräische Lieder sang. Als sie fertig gesungen hatten, ging ich mit den Leuten in einen anderen Raum. Sie waren glücklich, mich zu sehen.

Ich wunderte mich über diesen Traum, in dem ich in einer Synagoge war. Ich hatte noch nie den Wunsch gehabt, mich mit dem Judentum zu befassen, und Synagogen hatte ich lediglich auf Photographien gesehen.[5] Eine Frage war mir auch, was es zu bedeuten hatte, daß in meinem Traum Frauen gesungen hatten.

Im Winter 1994 sah ich Steven Spielbergs Film *Schindlers Liste.* Ich zitterte vor Angst, besonders in der Szene in Auschwitz, wo eine Anzahl von weiblichen Gefangenen nackt beieinander stehen und darauf warten, in die «Duschen» hereingelassen zu werden. Diese Szene traf mich sehr, sehr tief. Da ich von dem, was ich gesehen hatte, so aufgewühlt war, besuchte ich eine Diskussion über den Film, die in einer reformierten Synagoge an meinem Wohnort abgehalten wurde.

In der Diskussion sagte eine zum Judentum konvertierte Frau, sie habe «zelluläre Erinnerungen» an ein jüdisches Dasein und sie habe sich in der Kirche ihrer Eltern nie zu Hause gefühlt. Sie beabsichtige, nach Rußland zu reisen und Nachforschungen nach ihren jüdischen Vorfahren zu unternehmen, insbesondere nach ihrer Jiddisch sprechenden Großmutter. Als die Frau ihren Bericht abgab, überlegte ich mir, ob auch bei mir «zelluläre Erinnerungen» an ein Leben als Jüdin im Holocaust vorliegen könnten.[6] Danach tauchten Einzelheiten meiner Kindheitsvisionen wieder in meinem Bewußtsein auf, und ich begann nach den historischen Spuren zu suchen. Als ich den Photoband *Auschwitz: A History in Photographs*[7] studierte, fand ich das Bild einer Auspeitschbank, die ähnlich aussah wie die «kleinen Tische» in meinem Traum mit dem «Deutschen König». Auch las ich einen Bericht über die Bestrafung von Gefangenen, die gezwungen wurden, die Nacht in den «Stehzellen» im Zellenblock 11 in Auschwitz zu verbringen. Dies war das erste Mal, daß ich etwas von «Stehzellen» hörte. Als ich aber nach einer Bestätigung für die fünf Holzschuppen meiner Vision suchte, fand ich nichts.

Ich atmete auf. Vielleicht war es doch nicht der Ort, der mir in meiner Kindheit erschienen war. Ich hoffte wirklich, daß sich dieser anderswo befinde – irgendwo, nur nicht in Auschwitz! Doch je mehr ich mich mit der Sache auseinandersetzte, desto sicherer bestätigten sich meine Holocaust-«Erinnerungen».

Schließlich – es war am 24. Februar 1995 – fand ich auf einer grobkörnigen Photographie des großen weißen Verwaltungsgebäudes von Auschwitz das gestreifte «Ding», das meine Angst vor der Friseurstange ausgelöst hatte. Es handelte sich um ein kleines Wachthaus.[8] Nachdem ich diese Verbindung hatte herstellen können, vermochte ich alle anderen Stücke meiner Visionen schnell einzuordnen. Nun glaube ich, daß ich Martha Kuschner gewesen bin, eine deutsche Jüdin in den frühen zwanziger Jahren, die in Auschwitz-Birkenau ungefähr im Juli 1944 gestorben war und 1954 in meinem jetzigen Körper wiedergeboren wurde.

Manchmal frage ich mich immer noch: Haben diese Erinnerungen wirklich mit Reinkarnation zu tun? Oder gibt es eine andere Theorie, durch die sie erklärt werden können? Werden die Wunden, die diese Erlebnisse eines früheren Lebens tief in meine Seele geschnitten haben, je heilen?

Wenn ich auf mein Leben zurückschaue, sehe ich, daß die Heilung einige Fortschritte gemacht hat. Den ersten Schritt machte ich in den wunderbaren dunklen Wäldern von Pennsylvania. Als ich die Frau in dem Schuppen meines früheren Lebens erkannt hatte, begannen die Bäume von Pennsylvania still und beharrlich an die Stelle der angsteinflößenden Wälder von Auschwitz zu treten.

In meiner Kindheit brachte ich die erschreckende «andere Welt» mit dem toten Baumstamm in Pittsburgh in Verbindung. Bildhaft gesprochen, ist dieser Baum wieder lebendig geworden. Nun meditiere ich über das Erscheinungsbild von Bäumen, und das hilft mir in meiner Auseinandersetzung mit den schmerzlichen Erinnerungen aus meiner früheren Verkörperung. Manchmal stelle ich mir den kosmischen Baum des Lebens als riesigen weißen Baum mit einer Fülle von roten Blüten vor. Ein anderes Mal vergegenwärtige ich mir einen friedlichen Wald von moosbewachsenen Mammutbäumen. Die wunderbaren Bilder von Bäumen haben eine starke Heilkraft.

Eine andere Art von Heilung bekomme ich von meiner Beschäftigung mit klassischer Musik. Meine Laufbahn als Musikerin begann eigentlich schon mit sechs oder sieben, als mir meine Eltern ein altes Klavier kauften. Während ich spielte, war ich oft in die Betrachtung der verwickelten Muster in der Maserung des Holzes versunken und wurde dadurch in eine wunderbare Stimmung versetzt – fast in einen meditativen Zustand. Dies war eine angenehme Erlösung von den niederschmetternden Erinnerungen an die Frau in dem Schuppen. Durch die Aufbaukräfte in der Musik konnte ich mir ein neues Mandala[9] erschaffen.

Wenn ich in die Zukunft schaue, möchte ich jetzt eine künstlerische Arbeit vollbringen, ein Musikstück, daß meine eigenen Erlebnisse anspricht. Obwohl es mich wahrhaftig eine gewaltige Anstrengung kostete, diesen Artikel zu schreiben, wurden dabei auch große seelische Energien frei. Nun versuche ich, diese Energien weiterzutragen und in Kreativität umzuwandeln. Ich möchte ein Musikstück für Kammerorchester und einen Frauenchor schreiben – im Gedenken an die Zehntausende von Frauen, die in Auschwitz-Birkenau gestorben sind.

SIEBTES KAPITEL

Diana Lubarsky
Jeder hat einen Namen

Ich bin als konservative Jüdin mit lediglich elementaren Kenntnissen unseres religiösen Erbes in New York aufgewachsen. Was Reinkarnation anbelangt, so glaubte ich eigentlich nicht daran, aber ich kann auch nicht sagen, daß ich gar nicht daran glaubte. Ich fand das Thema einfach interessant. Solange ich bezüglich meiner Ansichten keinen Vertrag unterschreiben mußte, sann ich einfach über die Dinge nach, hörte zu und klassierte die Geschichten, die ich hörte, aufgrund eines inneren Gefühls entweder als «möglich» oder als «Quatsch». Ich entschied nicht nach einer exakten Richtschnur, sondern nach meiner Empfindung, die Glaubwürdiges von Neurotischem trennte.

Meine persönlichen Erlebnisse mit Reinkarnation begannen 1974 nach der Geburt meines ersten Kindes Joshua. Ich war damals neunundzwanzig Jahre alt. Viele Male wachte ich nachts schweißgebadet und zitternd auf, mit Bildern eines gräßlichen Traums, die mich nicht losließen: Die Deutschen waren gekommen und wollten mir meinen Sohn wegnehmen. Um ihn zu retten, warf ich ihn aus dem Fenster in die Arme meiner Nachbarn. Dieser immer wiederkehrende Traum wies jeweils kleinere Variationen auf, aber der Inhalt blieb im wesentlichen gleich. Als ich meinem Mann Elliot davon erzählte, war er ratlos. «Warum ein solcher Traum?» fragte er. «Unsere Nachbarn sind Deutsche, nicht Juden.»

Dann kamen die Skulpturen. Ich habe einen ausgeprägten Tastsinn, und soweit ich mich zurückerinnern kann, liebte ich das Gefühl, Ton in den Fingern zu haben. In Greenwich Village, wo Elliot und ich wohnten, pflegte ich mit Ton herumzukneten; später, als wir nach Yorktown Heights, achtzig Kilometer nördlich von New York, zogen, tat ich dies im Atelier von Freunden in Mahopac. Im Lauf der Jahre fertigte ich eine ganze Reihe etwas schief stehende Töpfe, Schalen und Aschenbecher an, aber nichts, das man als Kunst hätte bezeichnen können. Einige meiner Freunde konnten sehr schön modellieren; es schien mir fast mit Magie zuzugehen, wenn sie ihre kunstvollen Formen und Figuren gestalteten. Und ich wußte, daß ich das nie zustande brächte – jedenfalls meinte ich das.

Eines Tages – kurz nachdem die Träume begonnen hatten – nahm ich einen Klumpen Ton und begann, ganz grob eine menschliche Figur zu formen. Tonplastiken muß man mehrmals überarbeiten, um das zu erreichen, was man möchte, so daß man nie eine unmittelbare Genugtuung hat. Nachdem ich die grobe Form hatte, mußte ich etwas warten, bis der Ton hart genug war, damit ich das überschüssige Material wegschneiden konnte. Und siehe da: Eine menschliche Gestalt kam zum Vorschein. Es war unglaublich – als ob eine Person im Ton versteckt gewesen wäre und ich sie nur hätte hervorholen müssen.

Sogleich begann ich Holocaust-Bilder zu formen. Ich wußte damals nicht warum. Ich machte einfach, was mein Kopf, mein Herz und mein Hände wollten. Ich war von diesen tiefen, tiefen Gefühlen besessen, aber ich sagte niemandem, daß ich Holocaust-Darstellungen machte, denn «über so etwas spricht man nicht». Dies war in den siebziger Jahren, als es noch keine Filme und Museen über den Holocaust gab und die Juden erst gerade anfingen, öffentlich darüber zu sprechen.[1] Ich war damals nicht stark mit dem Judentum verbunden und wußte nicht viel vom Holocaust, außer daß er geschehen war, daß er mit meinem Volk zu tun hatte und daß es etwas Schmerzliches war.

Im Atelier fragten mich einige Freunde anfänglich, was ich da tue, worauf ich schulterzuckend sagte: «Ach, ich weiß auch nicht so recht ...» Aber ich wußte ganz genau, was ich tat. Ich wußte nur nicht warum.

Eine Tonfigur nach der anderen entstand, und ich begann zu begreifen, was der Holocaust war. Ich mußte einfach immer weiter modellieren und wußte keine Antwort auf die vielen Fragen, die man mir stellte: Warst du im Holocaust? (Nein.) War deine Familie im Konzentrationslager? (Nein.) Hast du entfernte Angehörige in Europa verloren? (Nein.) Was hast du denn damit zu tun?

Ich konnte die Fragen nicht beantworten, aber ich weinte jedes Mal, wenn mir eine neue Darstellung in den Sinn kam, denn die Gefühle, die sich mit den abgebildeten Ereignissen verbanden, waren sehr schmerzhaft. Ich machte nicht einfach künstlerische Skulpturen – ich machte wirkliche Menschen. Ich setzte mich hin und formte die Figuren mit meinen Händen, und obwohl sie anatomisch nicht immer ganz stimmten, wirkten sie durch ihre Proportionen und erweckten den Eindruck, in Bewegung zu sein. Sie muteten menschlich an. Jede war ein Individuum und für mich ganz lebendig.

Als ich meine Arbeiten auszustellen begann, fragten sich die Kritiker, wie es mir möglich sei, den Holocaust so bewegend darzustellen, ohne daß ich dabei gewesen war. «Sie erinnert sich an das, was sie nie sah», lautete 1978 der Titel der Lokalzeitung *The Yorktowner*.[2] Natürlich bezog sich dieser Titel nicht auf Reinkarnation. Davon hatte ich zu niemandem gesprochen. Jedenfalls wirkte das «zufällige Zusammentreffen» unheimlich. Sheila Moldaver schrieb über mein Werk:

«Erinnerungen leben lange. Manche Erinnerungen stammen nicht bloß von unseren eigenen, sondern von kollektiven Erlebnissen. Manchmal hängen sie mit einem persönlichen Erlebnis zusammen, manchmal mit einem Ersatzerlebnis aus Fernsehen, Radio oder Film ... Auch bei mir kommen Bilder von Hitler und Konzentrationslagern und von den Totengesichtern nur von Photographien, Filmen und Büchern – und doch ist das gefühlsmäßige Erlebnis, das sie vermitteln, so echt, als ob ich selber dabeigewesen wäre ... Ein solches Erlebnis hatte ich beim Betrachten von sieben Skulpturen von D. K. Lubarsky mit dem Titel ‹Holocaust-Reihe›.»[3]

Unter den sieben Skulpturen in dieser Reihe ist die Darstellung «Namenlose, gesichtslose Massen» bis heute ein wichtiges Stück geblieben. Wenn man in jener Zeit in Büchern über den Holocaust blätterte, sah man immer diese Photos von Tausenden von Menschen, Tausenden von Skeletten, Tausenden von aufgeschichteten Körpern. Und es war alles wie ein großer Nebel. Kaum jemand dachte darüber nach, daß *jeder einzelne ein Mensch* war. Jeder war eine Seele, jeder wurde geboren, lebte, atmete und starb ... So formte ich eine Menge von mit Stacheldraht umgebenen Leuten und widmete diese Arbeit den nebelhaft auf den Photographien erscheinenden Millionen Menschen, die in den Konzentrationslagern umkamen. Die Skulptur umfaßt neunundsechzig Menschen. Jeder hat eine individuelle Haltung, und jeder trägt einen Namen.

Wo kommen diese Bilder her? Nachdem ich etwa zwei Jahre solche Skulpturen gemacht hatte, wurde mir bewußt, daß ich einen seelischen Zugang zur Vergangenheit besaß. Es gab eine große Gruppe von Menschen in geistiger Gestalt, die in meinen Kopf einzogen, wenn ich mich zur Ruhe begab. Ich trat mit ihnen in ein innerliches Gespräch, und wir vereinbarten, daß ich mich als Werkzeug zur Verfügung stellen würde, das in Skulpturen darzustellen, was ihnen widerfahren war. So lautete unsere Abmachung. Wenn ich mich wegen einer neuen Darstellung an sie wende, fließt mir ein ganzer Strom von Holocaust-Bildern zu. Manchmal ist es schwierig, daraus das einzelne Bild herauszusondern, das ich schließlich in Ton formen will.

In mehreren Fällen erhielt ich die Bestätigung, daß die mich inspirierenden Geistwesen tatsächlich auf der Erde gelebt hatten. Einmal geschah dies, als der berühmte Photograph Roman Vishniac[4] meine allererste Ausstellung besuchte. Als er meine Arbeiten angeschaut hatte, war er tief bewegt. Er kaufte eine Figur – das erste größere Stück, das ich verkaufte. Dann bat Roman seine Frau Edith, aus seinem Auto ein Buch mit seinen Photographien[5] zu holen, das er mir zum Geschenk machte. Drei Tage danach öffnete ich das Buch und erblickte das Photo von genau der Frau, deren Züge ich bei der von Vishniac gekauften Figur abgebildet hatte. Hat Vishniac deshalb gerade dieses Stück gekauft? Kannte er die Frau persönlich? Ich weiß es nicht.[6]

Ein ähnlicher «Zufall» ereignete sich mit *Diaspora I*. Diese Arbeit stellt das Weiterbestehen der Juden dar, mit einer jüdischen Frau, die ein jüdisches Kind hält, ungeachtet, ob sie vergewaltigt, ihr Mann getötet und ihr Dorf geplündert wurde. Wenn die Mutter Jüdin ist, dann ist auch das Kind jüdisch. Jahre nachdem ich diese Frau als Skulptur geformt hatte, *fand ich sie tatsächlich* auf einem Holocaust-Photo, wo ein Nazisoldat das Gewehr auf sie richtet.[7]

Ein Motiv, das in meinen Werken öfters erscheint, ist der Zwiespalt von Sicherheit und Gefahr. Die Skulptur *Zum Andenken an ein jüdisches Kind (In Memory of a Jewish Child), 1938–1948,* sieht zunächst wie eine nette Straßenszene aus – die Sonne scheint, alles ist goldig, eine kleine Katze frißt aus ihrem Napf auf der Vortreppe des Hauses … So hat man die Juden in der Welt gesehen – eine freundliche Fassade. Doch wenn man die Wahrheit erfahren will, muß man manchmal dahinter schauen – und wenn man das tut, sieht man ein jüdisches Kind, das mit dem Müll weggeworfen wird. Die Katze auf der Vordertreppe hat etwas zu Essen, nicht aber das kleine Kind, das zwischen den Abfalleimern kauert. Warum «1948» und nicht «1945», als der Krieg zu Ende ging? Weil 1948 der Staat Israel gegründet wurde. Endlich gab es für die jüdischen Kinder einen Zufluchtsort, wenn sie dorthin gelangen konnten.

Zweite Generation (Second Generation) war ein schwierig zu bearbeitendes Thema. Auf der einen Straßenseite wird *Schema,* das Hauptgebet der Juden, dargestellt: «Höre Israel, der Herr, unser Gott, der Herr ist einzig.» Aber auf der anderen Seite der Straße ist «Höre, o Israel: Nie wieder! *Sachor* – erinnere dich!» zu sehen. Es war eine geradezu schmerzliche Arbeit, das Gleichgewicht zwischen dem Gebet *Schema* und dem Holocaust zu finden. Darum ging es aber in der ersten Generation nach dem Krieg.

Und die Generation danach? Sie empfindet nicht den gleichen Schmerz wie ihre Eltern, sie fühlt sich glücklich, ihre kleinen Teddybären herumzutragen und so weiter. Doch schauen wir genauer: Sie tragen auch die Bürde eines riesigen Hakenkreuzes, weil sie jetzt als Gegenpol zum *Schema* die Erinnerung an das Hakenkreuz herumschleppen muß. Das *Schema* und das Hakenkreuz – wenn die Juden eines davon verlieren, sind sie tot. Zukünftige Generationen werden genauso heftig reagieren, wenn sie ein Hakenkreuz sehen, wie wenn sie das *Schema* hören. Das *Schema* ist unsere Religion, das Hakenkreuz unsere Realität.

Im Lauf der Zeit wurde es mir immer klarer, daß ich in einem früheren Leben unter den Opfern des Holocaust gewesen war, aber es dauerte Jahre, bis ich das jemandem laut sagen konnte. *Vier Gesichter (Four Faces)* ist meine einzige Skulptur mit autobiographischer Aussage. Es ist ein Selbstbildnis meiner Familie in meinem früheren Leben. Der chassidisch aussehende Vater war mein Mann, die Mutter war ich, die beiden anderen stellen deren Sohn und Tochter dar. Sie sind von einer schweren Kette umgeben, die den Holocaust versinnbildlicht, doch wurde ein Glied offen gelassen, um der Hoffnung auf das sechste Gebot Ausdruck zu geben: «Du sollst nicht töten!»

Die Erinnerungen an meine vergangene Inkarnation im Holocaust enthüllten sich mir nach und nach während eines Zeitraums von zehn Jahren, wie zehntausend winzige, scheinbar nicht zusammengehörige Stücke eines Puzzles:

Ich lebte irgendwo in Europa mit meinem Mann, einem Sohn und einer Tochter. Das Naziregime begann. Eines Tages kam mein Mann nicht nach Hause. Es wurde dunkel. Meine Kinder und ich wurden festgenommen. Es gab eine lange Fahrt in einem Bahnwaggon mit Heu auf dem Boden. Ein alter Rabbiner und ich kauerten zusammen auf dem Boden des Waggons. Er segnete mich und sagte mir, daß ich unter keinen Umständen vergessen dürfe, was geschehe. *Ich versprach ihm, es in Erinnerung zu behalten.*
Das Ende war in einer Art schlecht gebauter Holzbaracke mit schmutzigem Boden. Am unteren Ende eines Pfostens der Baracke fand ich einen Steinbrocken. Dieser Stein war ein hochgeschätztes Besitztum,

denn wir hatten an diesem Ort überhaupt nichts. Ich wußte, daß meine Kinder kurz vor dem Tod standen und es für keinen von uns irgendwelche Hoffnung gab. Ich hatte sie zur Welt gebracht, und nun wollte ich ihnen mit eigener Hand zu einem schnellen Tod verhelfen, in Liebe und Würde und ohne Angst.

Ich sagte meiner Tochter, sie solle niederknien, ihre Augen schließen und dann würden wir ein Spiel machen. Dann nahm ich den Steinbrocken und schlug ihn ihr mit aller Kraft, die mir noch geblieben war, auf den Hinterkopf. Als ich ihren kleinen, zarten Körper in ein Tuch wickelte, schaute ich auf. Da waren andere Mütter, die mir von ihren Pritschen aus zuschauten, aber keine sagte ein Wort. Dann rief ich meinem Sohn und tat dasselbe mit ihm. Das war auch für mich das Ende – ein seelischer Selbstmord.

Ich kletterte auf meine Pritsche zwischen die beiden toten Kinder, blieb einfach liegen und wartete auf den Tod. Die Zeit verging. Ich wurde mit den Toten auf einem Karren zum Krematorium gebracht. Ich fühlte keinen Schmerz. Als letzte Erinnerung sehe ich die Flamme vor mir. Ich erinnere mich nicht an das Verbrennen. Ich erinnere mich nicht an den Tod. Es war fast ein Gefühl der Erleichterung.

Dann war es plötzlich, als ob ich unter mir eine Rakete hätte – ich wurde durch alle Wolken hindurch weit in den blauen Himmel hinaufgeschossen, so hoch und schnell, wie man es sich überhaupt vorstellen kann. Ich schaute hinunter, und es schien, als ob der Boden und das Dach des Gebäudes in raschem Tempo verkleinert würden, bis sie ganz verschwunden waren.

In jenem Leben töteten die Nazis unsere Körper. Aber sie konnten unsere Seelen nicht zerstören. In den Jahren, in denen unsere neue Familie heranwuchs, spürte ich, daß die Seelen meiner beiden Kinder aus dem früheren Leben still und für alle anderen unsichtbar in meiner Nähe weilten. Ich ließ ihnen meine ganze Liebe zukommen und beschützte sie, bis die Geistkinder ins Dasein einer nächsten Welt übergehen konnten.

Ich selber lebe zwischen zwei Welten – dem Holocaust und der Gegenwart. Überlebende aus dem Holocaust empfinden dies oftmals auch. Als für eine meiner Ausstellungen ein Gastsprecher gewünscht wurde, fand ich eine Frau, die den Holocaust überlebt hatte. Natürlich sprachen wir hinter den Kulissen zusammen. Je mehr wir einander erzählten, desto mehr Gemeinsames kam zu Tage. Ja, die Übereinstimmungen waren frappant. Ihr durch Heirat angenommener Name war Siegal, und mein lediger Name war auch Siegal. Ihre Tochter und meine Mutter hießen Riessa. Sie war dabei, den Schluß eines Buchs zu schreiben, und bei mir wurde gerade eine Skulptur fertig. Sie schrieb über den Bahnhof von Auschwitz, und ich modellierte den Bahnhof von Auschwitz ...

Obwohl wir physisch in zwei verschiedenen Generationen geboren wurden, gehen die Parallelen in unseren Leben so weit, daß *sie im April 1945 befreit wurde und ich im gleichen Monat und Jahr – am 18. April 1945 – auf die Welt kam!* Das genaue Datum und die Zeit ihrer Befreiung konnten wir nicht herausfinden, aber wahrscheinlich lagen die beiden Ereignisse nur Stunden, vielleicht sogar nur Minuten auseinander. Obwohl sie physisch nach Amerika gekommen war und ich durch Reinkarnation, gehören wir zur gleichen «Generation». So steht es mit meinem Verhältnis zu Holocaust-Überlebenden. Wir schauen uns in die Augen und verstehen einander. Geistig entstammen wir der gleichen Epoche.

Ich habe mein Versprechen nicht vergessen, das ich dem alten Rabbi gegeben hatte, als wir vor langer Zeit – in einem früheren Leben – auf dem Boden des Eisenbahnwaggons saßen. Ich erinnere mich an das, was damals geschah. Ich kam auf dem einzigen Weg, der mir offen geblieben war, nach Amerika, um die Geschichte mit meinen Skulpturen zu erzählen, um den namenlosen, gesichtslosen Massen eine Identität zu geben:

> Wer steht
> Wer gefallen ist
> Wer ein Kind hält
> Die Kinder, die sich aneinander halten
> Die leeren starrenden Leute
> Und die immer noch hoffen, jemand werde sie retten ...
> *Jeder von ihnen hat einen Namen.*

ACHTES KAPITEL

Sigrid Dreyfuss-Manelis

Sage «Kaddisch» für uns

Ich bin ein Kind des Holocaust. Insgesamt habe ich durch die Judenverfolgung der Nazis sechsunddreißig Angehörige meiner weitläufigen Familie verloren. Am 10. November 1938 – in der *Kristallnacht* – wurde mein Vater ins Konzentrationslager Dachau verschleppt. Wie durch ein Wunder kam er nach etwa elf Monaten dort wieder lebendig heraus. Vielleicht wegen eines Kindergebets. Denn ich betete Tag und Nacht, daß er zurückkommen möge. Ich hatte gesehen, wie er fortgeschleppt wurde, und später hatte ich das Glück, ihn zurückkehren zu sehen.

Kurz nachdem mein Vater heimgekommen war, gelang es uns, Deutschland zu verlassen, weil meine Mutter gegenüber dem Konsul der Vereinigten Staaten in Stuttgart ihre amerikanische Herkunft nachweisen konnte. Ihr Vater, der eine amerikanische Mutter hatte, war Doppelbürger. Deswegen erhielten wir beeidigte Erklärungen, die es uns ermöglichten, in die Niederlande und von dort nach Philadelphia zu gelangen.

Meine Mutter stammte von den Winelanders ab, einer prominenten jüdischen Familie in Philadelphia. Ihre Vorfahren lebten schon sehr lange in Amerika – ich glaube, man nannte die Familie die «Mayflower-Juden».[1] Mitte des 19. Jahrhunderts reiste meine Urgroßmutter Rosa Winelander nach Deutschland, um ihre Verwandten zu besuchen. Dort lernte sie meinen Urgroßvater Lindauer kennen und verliebte sich in ihn. Sie blieb dort und heiratete ihn, gab aber ihre amerikanische Staatsbürgerschaft nie auf. Dank diesem klugen, drei Generationen zurückliegenden Entscheid war es uns, ihren Nachkommen, möglich, aus Nazideutschland zu entkommen.

Wir verließen Deutschland am 17. Januar 1940, praktisch im letzten Moment, in dem es noch möglich war, über die niederländische Grenze zu kommen. Von den Niederlanden nahmen wir den Zug nach Antwerpen, wo wir uns auf einem niederländischen Schiff, der *Westerland,* einschifften, die zunächst Calais anlief. Von dort überquerten wir den Kanal nach Dover und nahmen dort einige amerikanische Passagiere an Bord, darunter einen Unterhaltungskünstler namens «Pegleg» Bates. Dann fuhren wir über den Atlantik nach Amerika.

Der Jahreszeit entsprechend herrschte stürmisches Wetter, und wir mußten Minenfelder passieren. Es war also eine Reise voller Anspannung und Ängste. «Pegleg» Bates war einer der wenigen Passagiere, die nicht von Seekrankheit befallen wurden. Er versuchte uns durch seine Unterhaltungskünste bei guter Laune zu halten. Schließlich kamen wir am 3. Februar 1940 im Hafen von New York an. Von dort nahmen wir den Zug nach Philadelphia, wo wir am Bahnhof von Angehörigen des amerikanischen Zweiges der Wineland-Lindauer-Familie abgeholt wurden.

Die spirituelle Begegnung, von der ich nun berichten will, hatte ich mit der Schwester meiner Mutter, Rosa Lindauer Kohn. Sie wurde nach meiner Urgroßmutter Rosa genannt, die damals die amerikanische Staatsbürgerschaft beibehalten hatte. Rosa Kohn stand mir sehr, sehr nahe. Sie war in mancher Hinsicht wie eine zweite Mutter für mich. Ihr eigenes Kind hatte sie verloren, als sie in Erwartung war, und sie ist danach nie mehr schwanger geworden. Als Kind verbrachte ich manchen Sommer bei ihr; auch waren wir oft zusammen, bevor ich Europa verließ.

Leider überlebte Rosa Kohn die Nazizeit nicht. Obwohl wir für sie und ihren Mann Lipmann Kohn Papiere besorgten, die es ihnen hätten erlauben sollen, Archshofen in Deutschland zu verlassen und nach Philadelphia zu kommen, schafften sie es nie. Bevor wir abreisten, sagte Rosa zu meiner Mutter: «Wenn ich dir schreibe, ‹Fräulein Neilah² ist gerade um die Ecke›, heißt das, daß wir wahrscheinlich geholt werden.»

Sieben Monate nach unserer Ankunft in Amerika, kurz vor den Hohen Feiertagen (Jom Kippur und Rosch ha-Schana) im Herbst 1940, erreichte uns die niederschmetternde Nachricht. Meine Mutter war tief bedrückt, denn sie liebte ihre Schwester sehr. Meine Großmutter – Tante Rosas Mutter – kleidete sich an diesem Yom Kippur ganz in Schwarz. Dies machte auf mich als Kind damals einen tiefen Eindruck, denn es ist sonst Brauch, an den Hohen Feiertagen neue Kleider in weißer oder sonst einer festlichen Farbe zu tragen.

* * *

Ich dachte im Lauf der Jahre oft an Tante Rosa zurück, die ich so gerne wieder gesehen hätte. Ich fragte mich, ob es wohl wahr sei, daß wir uns wieder begegnen, wenn wir gestorben sind. Auch als Teenager dachte ich oft über solche Dinge nach.

Jahre danach, als ich nach Baltimore kam, traf ich Olga und Ambrose Worrall. Sie waren bekannte Hellseher, Spiritisten, Schriftsteller und so weiter.[3] Wir befreundeten uns, und ich nannte sie «Onkel Ambrose und Tante Olga». Obwohl sie Christen waren, übernahmen sie mit Stolz die Rolle von Großeltern bei der Bar Mizwa meines Sohnes. So nahe standen wir uns.

Als wir eines Tages zusammen meditierten, geschah etwas Überraschendes. Tante Olga sagte plötzlich: «Oh, mein Gott – Sigrid, eine Frau namens Rose – oder Rosa – meldet sich, und sie will dir etwas sagen.»

Mich fröstelte. Ich spürte, daß der Raum von etwas erfüllt war; es kam mir vor, als sei ich von Kummer umgeben. Ich begann zu weinen. Olga Worrall sagte immer wieder: «Es ist Rosa», aber dies paßte nicht ganz, denn ich nannte meine Tante «Tante Rosel». Dann aber sagte Olga zu mir: «Oh ... es ist wie Rosa, aber ein bißchen anders.»

Das überzeugte mich, und ich fragte: «Sagt sie, sie sei Tante Rosel?» Und Olga antwortete: «So etwas, ja.»

Nun mußte ich mit den mich überwältigenden Gefühlen kämpfen, bevor ich mich fassen konnte. Dann fuhr Olga weiter: «Sie klagt und weint ... Sie hat keine Kinder, sie hat keinen Platz, wo sie beerdigt werden kann ... Sie und ihr Mann, beide sind jetzt da. Am meisten weint sie, weil sei kein *Kaddisch* hat.»

Kaddisch ist das jüdische Gebet für die Toten. Es ist Brauch, daß es die Kinder eines Verstorbenen nach der Beerdigung während elf Monaten jeden Tag sagen, danach jeweils einmal im Jahr am Geburtstag des Toten. Offenbar wollte Tante Rosel mir sagen, daß ihre Seele keinen Frieden finden könne, weil sie nie eine richtige Beerdigung hatte. Auch hätten sie und ihr Mann keine Kinder, die zu ihrem Andenken *Kaddisch* sagen.

Ich dachte bei mir: Wie in aller Welt ist das möglich? Während einiger Augenblicke zögerte ich, ob ich das annehmen sollte. Dann sagte Olga plötzlich: «Sie nennt dich jetzt anders. Sie sagt, du kennst den Namen ... Es ist so etwas wie ‹Sorelah› oder ‹Sorah› ... » In diesem Moment wußte ich, daß die Sache echt war, denn Tante Rosel pflegte mich bei meinem hebräischen Namen zu nennen: Soreleh bas Esther – Sarah, Tochter von Esther. Das konnte Olga unmöglich wissen.

Dieses Erlebnis berührte mich tief, und ich beschloß, etwas zu tun. Obwohl *Kaddisch* in der Regel von den eigenen Kindern gesagt wird, kann es auch stellvertretend getan werden. Ich rief also die *Talmudic Academy* an und vereinbarte, daß *Kaddisch* regelmäßig für beide, sie und Onkel Lipman, gesagt wird. Wir gaben uns sehr Mühe, ihren genauen Todestag zu ermitteln, doch konnten wir keine Aufzeichnungen finden. Deshalb wählten wir einfach einen Tag aus dem jüdischen Kalender, an dem für alle Angehörige der Familie, die im Holocaust umgekommen sind, *Kaddisch* gesagt wird.

Etwa sechs Monate nachdem ich für das *Kaddisch* gesorgt hatte, hatte ich einen überwältigenden Traum – es war unglaublich, ich erlebte ihn wie ein wirkliches Geschehen. Ich träumte, daß Tante Rosel im Geist zu mir gekommen sei. Obwohl sie noch nicht glücklich aussah, sagte sie, sie könne nun mit dem Gedanken leben, daß sie eines so gewaltsamen Todes gestorben sei, wie sie ihn hatte erleiden müssen. Das *Kaddisch* habe ihr geholfen, dies zu akzeptieren, und sie wolle mir dafür danken.

Immer wenn ich seither für jemanden *Kaddisch* sage, so halte ich das für einen besonderen Segen. Und obwohl ich weiß, daß es eigentlich kein Gebet für die Toten ist, weil der Tod darin nicht erwähnt wird, weiß ich auch, daß es wirklich ein Mittel ist, durch das die Verstorbenen auch nach einem gewaltsamen und schrecklichen Tod Frieden finden können. So hoffe ich, daß ich ein *Kaddisch* bekommen werde, wenn ich sterbe, denn für eine jüdische Seele ist das eine sehr wichtige Sache.

«Erhoben und geheiligt werde sein großer Name in der Welt, die er nach seinem Willen erschaffen …
Sein großer Name sei gepriesen in Ewigkeit und Ewigkeit der Ewigkeiten …
Fülle des Friedens und Leben möge vom Himmel herab uns und ganz Israel zuteil werden, sprechet: Amen!
Der Frieden stiftet in seinen Himmelshöhen, stifte Frieden unter uns und ganz Israel, sprechet: Amen!»

Auszug aus dem Kaddisch

Neuntes Kapitel

Carole Louie

Ich erinnere mich

Ich sitze ruhig in einem Kreis von Menschen, die in der Meditation Heilung suchen, und hier hat meine eigene Heilung auch begonnen. Jahrelang suchte ich nach Erklärungen für die schrecklichen Dinge, die ich erlebte. Ich bin von friedlicher, sanftmütiger Natur – warum mußte ich dann solche Qualen ausstehen? Warum müssen Menschen überhaupt leiden? Jetzt tönt mir die Antwort in den Ohren wie Glockenschläge: «Alles ist Liebe. Alles ist Liebe ...»

Der Durchbruch zum Heilungsprozeß geschah bei mir, als 1990 mein Vater starb. Ich sah seinen Sarg in der Erde liegen und fragte mich, ob ich nun wohl von den quälenden Erinnerungen erlöst würde, die wir beide in uns trugen. Sein Tod war auch Anlaß, daß ich meine Ansichten über das jenseitige Leben in Frage stellte.

Ich bin amerikanisch-asiatischer Herkunft. Bei der Totenwache und der chinesisch-buddhistischen Bestattung meines Vaters beschloß ich, die Geschichte der Rituale als Vermächtnis für meine Familie aufzuschreiben und zu dokumentieren. Obwohl ich viele der Rituale kannte, verstand ich ihre Bedeutung nicht richtig. Als ich über die buddhistischen Gebräuche nachzuforschen begann, wurde mir klar, daß man die Rituale in der Regel als etwas Selbstverständliches hinnimmt und zuwenig hinterfragt. In Wirklichkeit enthält ein Ritual viele wichtige Lehren. Indem ich mich um ein Verständnis der Bestattung meines Vaters bemühte, erfuhr ich auch mehr über Sinn und Bedeutung der Reinkarnation.

Auch als die Beerdigung meines Vaters schon lange Zeit zurücklag, plagten mich immer noch Erinnerungen daran, wie er mich belästigt hatte und dadurch mein Leben verändert wurde. Als ich den Ablauf der Bestattung meines Vaters aufzuschreiben begann, erwachte etwas in mir. Zuerst schrieb ich nur, um die Erinnerungen heraussetzen zu können, so als ob sie in mir getilgt würden, indem ich sie auf ein Stück Papier schrieb. Die Erinnerung an den Vorfall des Mißbrauchs war die erste Schicht von Erinnerungen – aus diesem und früheren Leben –, die schließlich an die Oberfläche kommen sollten.

Ich begann mich mit Meditation zu befassen – und damit fing ein wirklicher Heilungsprozeß an. Durch Meditation lernte ich zu entspannen und konzentrierter, bodenständiger und zielgerichteter zu werden. Dies war für mich ein äußerst wichtiger Teil des Heilungsvorgangs. Wie vielen Menschen, die mit der Meditation beginnen, fiel es mir zunächst schwer, meinen Körper und meine Gedanken zur Ruhe zu bringen. Aber ich lernte es ziemlich rasch, und dann gelang es mir, mich von dem Druck, der auf meinem täglichen Leben lastete, zu befreien. Als ich gefestigter war und besser auf dem Boden stand, lernte ich auch, auf die leise Stimme meines Inneren zu hören. Diese hatte nichts mit dem innerlichen Geschwätz zu tun, das in unseren Köpfen abläuft, wenn wir in der Geschäftigkeit des Alltags dies und jenes tun. Es war eine liebevolle und Mut zusprechende Stimme, die mir Führung verhieß. Ich hörte auf sie.

Als meine seelischen Fähigkeiten erwachten, führte ein Schritt zum nächsten. Bald war ich ins Studium der Metaphysik vertieft. Durch Rückführungen in frühere Leben fand ich heraus, daß ich schon in zwei Inkarnationen mit meinem Vater in Verbindung stand, und beide Male kam es zu Situationen von Mißbrauch. Ich begann zu begreifen, daß mein Vater und ich das Schicksal gewählt hatten, wieder zusammenzutreffen, damit wir Gelegenheit haben, die angestaute negative karmische Energie aufzulösen.

Zunächst wies ich den Gedanken zurück, meine Erlebnisse in eigener Verantwortlichkeit gewählt zu haben. Dann aber sagte ich mir: Wenn ich mich tatsächlich selber für diese Erlebnisse entschieden habe, dann kann ich mich auch dafür entscheiden, sie zu bereinigen. Ja, ich kann sogar beschließen, etwas Besseres zu schaffen, als was ich früher getan hatte. Als ich mir dies klargemacht hatte, veränderten sich meine Gefühle für meinen Vater. Meine Bereitschaft, zu vergeben und Mitleid zu haben, nahm zu, als ich unsere Leben unvoreingenommen und mit bedingungsloser Liebe von einem seelischen Standpunkt aus betrachtete.

Aber auch nachdem ich während Monaten meditiert, geforscht und geübt hatte, traf es mich völlig unvorbereitet, als mir mein Vater während der Meditation im Kreis der nach Heilung Suchenden erschien. Ich empfand ihn wie einen Geist. Er schien ganz kalt, als er in meiner Nähe war. Zuerst fürchtete ich mich, doch bezwang ich meine Furcht. Er bat mich, ihm zu verzeihen. Er erklärte mir, daß er in die Erdsphäre gebannt bleibe, weil wir unsere Probleme vor seinem Tod nicht bereinigt hatten.

Ich wollte, daß mein Vater glücklich werde, und tat, was er von mir erbat. Weil er Buddhist war, sorgte ich für ein buddhistisches Ritual, damit sein Geist sich lösen und in den Himmel gelangen konnte. Ich selber praktiziere keine buddhistischen Rituale, aber ich wußte, daß es wichtig war, seinen Glauben zu ehren. So führte ich das Ritual durch. Seither bin ich von dem Schmerz befreit, den mir mein Vater durch seine Belästigung zugefügt hatte.

Weitere Forschungen und Reisen durch die Zeit führten mich zu den Ursachen und Wirkungen von Ereignissen und Umständen in vielen Erdenleben. Durch diese Bemühungen lernte ich besser zu verstehen, wie und warum ich zu meinen Handlungen in meinem jetzigen Leben gekommen bin.

Zuerst erschienen die Erinnerungen in meinen Träumen. Dann wurde während des Tages ein Déjà-vu-Gefühl bezüglich des Traumes ausgelöst. Ich merkte, daß gewisse physische Schmerzen Auslöser für Erinnerungen an frühere Leben sind. Worte, Sätze, Handlungen, Töne, Gerüche und Geschmäcke erschreckten mich mit Erinnerungen, die sie in meinem Inneren aufblitzen ließen. Während der Meditation hatte ich auch Visionen. Ich vermutete, daß sie mit den Erinnerungen in den Träumen zusammenhingen, und begann, sie in einem Tagebuch festzuhalten. Aufgrund dieser Aufzeichnungen untersuchte ich die Bedeutung meiner Visionen.

Zusätzlich wollte ich unbedingt mit jemandem sprechen, der sich in den Dingen auskannte, die ich jetzt durchmachte. Ich brauchte jemanden, der den geistigen Weg und die Metaphysik verstand, und ich betete darum, einen solchen Menschen zu finden. Auf wunderbare Weise stieß ich auf Dr. Brian Weiss, den Autor von *Many Lives, Many Masters* und *Through Time into Healing*.[1] Ich verschlang seine Bücher und nahm an zwei seiner Workshops teil. Gleichzeitig nahm ich auch mit Arthur Cataldo Kontakt auf, einem Hypnotherapeuten, der sich auf Rückführungen in frühere Leben spezialisiert hatte. Da mir die finanziellen Mittel für regelmäßige Konsultationen bei Weiß oder Cataldo fehlten, arbeitete ich selbständig mit Cataldos Imaginationstechniken, bis ich (durch Selbsthypnose) nach Wunsch in die Erinnerungen «reisen» konnte, die ausgelöst wurden.

Wenn ein schmerzliches Gefühl oder eine Erinnerung scheinbar aus dem Nichts auftauchte, zentrierte ich mich, stellte mich mit Liebe darauf ein und horchte und beobachtete dann. Manchmal kamen die Mitteilungen augenblicklich, manchmal war es, wie wenn man einen Film anschaut, und manchmal stellten sich Gefühlsregungen ein, ohne daß ich ihre Ursache erkannte. Insgesamt war es wie ein riesiges Puzzle, bunt, vielfältig, geheimnisvoll. Manchmal war es auch die Hölle – für mich und die Leute in meiner Umgebung. Nach dem Einblick in verschiedene frühere Leben wurde ich in die Inkarnation unmittelbar vor meinem jetzigen Leben geführt, in der ich Anna Maria war, ein junges jüdisches Mädchen, das im Holocaust starb.

Mein Leben lang hatte ich gespürt, daß eine Verbindung zu einem jüdischen Dasein in einem früheren Leben bestehen müsse. Mit den Fortschritten in meiner spirituellen Entwicklung begann ich nach und nach zu sehen, worin diese Verbindung bestand. Im Jahr 1992 schaute ich mir eine Fernsehsendung über die Bedeutung der Feiern zum jüdischen Passahfest an und war über die Parallelen zwischen dem jüdischen Passah und der christlichen Osterfeier erstaunt.[2] Was ich in dieser Sendung gelernt hatte, fand bei mir eine starke Resonanz, und ich fragte mich, in welchem Leben ich wohl Jude oder Jüdin gewesen war.

Dann wurde ich 1993 von einer jüdischen Familie zum Passahfest eingeladen. Sie verrichteten die vorgeschriebenen Handlungen, doch schien es mir, daß sie die Bedeutung der Rituale kaum nachvollzogen. Ich freute mich, als sie mich baten, einen Abschnitt des Textes vorzulesen, und der Inhalt dieser Stelle ging mir zu Herzen. Wiederum fragte ich mich: In welchem oder in welchen früheren Leben war ich jüdisch gewesen?

Danach begannen die Erinnerungen mein Bewußtsein zu überschwemmen. Ich erinnerte mich an 1942. Ich erinnerte mich an Frankreich. Ich erinnerte mich an den Zweiten Weltkrieg ... Stückchenweise stellten sich die Erinnerungen ein, bis das Puzzle endlich vollständig war und ich mich als Anna Maria wiedererkannte.

Ich erinnere mich an Mama, die mich mit ihren warmen Armen umhüllte, an den Herzschlag unter ihren weichen, vollen Brüsten. In vielen Nächten jenes Lebens war es nur ihre Umarmung, die mich warm hielt. Ich erinnere mich, wie sie mich sanft wiegte und wiegte, um mich über das Elend hinwegzutrösten, in dem wir steckten. Während sie mich in einer Ecke unseres trostlosen Estrichs in ihre Arme schmiegte, fragte ich mich, was aus unserem schönen Zuhause geworden war. Doch war ich auch dankbar, daß wir dieses schäbige Plätzchen überhaupt hatten, wo wir uns aneinanderschmiegen konnten. Und ich wußte den Leuten Dank, die uns vor den gewalttätigen Nazis Unterschlupf gewährten.

Wieder und wieder fragte ich mich: «Wie ist es möglich, daß Menschen andere Menschen so behandeln? Aber ich bin nur ein Kind. Was weiß ich schon? Mama, bitte wiege mich, halte mich, hilf mir, daß es nicht schmerzt ...»
Ich erinnere mich an die Nacht, in der Papa nicht heimkam. Ich blieb die ganze Nacht wach und hatte Angst um ihn. Ein Tag verging, eine weitere Nacht und dann nochmals fünf Tage. Ich konnte in dieser Zeit kaum schlafen, ich horchte auf jedes Geräusch, in der Hoffnung, seine vertrauten Schritte auf der Treppe zu hören.
Ich weinte. Ich ängstigte mich über das, was Papa zugestoßen sein könnte. Jeden Tag wurden die Angst und die Unruhe schlimmer. Ich versuchte zu glauben, daß er wiederkomme, aber jeder Tag, den ich vergeblich wartete, vermehrte meine Angst. Schließlich hielt ich es nicht mehr aus. Ich rollte mich in meinem kleinen Bett ein, versuchte verzweifelt, warm zu haben und nicht ans Essen zu denken ...
Ich schlief ein und träumte, daß ich mit meinem Vater im Frühling in den Bergen wanderte. Es war ein wunderbar sonniger Tag. Die Luft war erfüllt vom Duft des frischen Grases und der Blumen, die überall ihre Blüten in leuchtenden Farben entfalteten. Ich hielt Papas Hand und spürte seine Liebe in seinem Lächeln und seinen Augen ...
Ein Lärm über uns brach in meinen Traum ein, und ich hörte das Brummen von Flugzeugen, das einen weiteren Bombenangriff ankündigte. Wir kauerten uns in unserem behelfsmäßigen Schutzraum zusammen und hofften, daß wir von diesem Angriff verschont würden. Vielleicht war es das plötzliche Erwachen, oder der Schlafmangel, oder mein körperlicher Zustand, oder die Angst, die sich in mir angesammelt hatte – jedenfalls hatte ich plötzlich das Gefühl, daß ich unbedingt wissen müsse, wo mein Papa war. Ich schaukelte hin und her, versuchte mich aufzuwärmen, aber ich war so dünn und mir war so kalt. «Papa, Papa, wo bist du?» schrie es in mir.
Dann muß ich die Besinnung verloren haben, während meine Seele einem Lichtstrahl folgte, der mir anzeigte, daß mein Vater noch am Leben sei. Ich bewegte mich auf diesem Lichtstrahl und stand plötzlich neben meinem Vater. Ich versuchte, seine Hand zu berühren – und da wußte ich, daß er mich nicht sah. «Papa, Papa, ich bin es, Anna Maria! Bitte sprich zu mir, Papa!»
Sein Gesicht war geisterhaft. Sein Körper schlaff und ohne Leben. Er bewegte sich ganz langsam, Schritt um Schritt. Alle Männer, die um ihn herum waren, bewegten sich gleich. Ich sah ihre zusammenge-

schrumpften Leiber und ich spürte, daß die Seelen in ihren Körpern auch zusammengeschrumpft waren. Keiner sagte etwas zu mir. Keiner hörte mir zu. Schritt um Schritt ging ich mit ihnen. Jeder Schritt kostete ein große Anstrengung.

Einer nach dem anderen wurde in einen leeren Raum getrieben. Ich wußte nicht, was tun, und wartete in der Hoffnung, mein Vater würde mich jeden Moment erkennen. Es war, als ob wir durch einen unsichtbaren Schleier voneinander getrennt waren. Dann wurden die Türen geschlossen, und ich hörte, wie die Riegel zugeschoben wurden. Schweigend warteten die Männer und mein Vater auf das, was weiter geschehen würde. Ich hörte ein Geräusch, als die Luft ausgewechselt wurde. Ich roch das Gas und schaute hilflos zu, wie alle um Atem rangen. Aber es war keiner mehr in ihnen, und so ergaben sie sich dem Tod.

Ich schaute auf die am Boden liegenden Körper und hörte meinen Papa sagen: «Was hätten wir tun sollen? Anna, du mußt dies irgendwie überleben und dann den anderen davon erzählen. Jetzt muß ich gehen – zu meinem Gott.» Einen kurzen Moment berührte er meine Hand. Dann war er gegangen.

Ich blieb beim Körper meines Vaters, obwohl ich wußte, daß er nicht mehr da war. Ich sah, wie andere Seelen sich aus dem Haufen von Körpern hoben und zu dem Lichtstrahl hinaufschwebten. Langsam zunächst, dann immer schneller verschwanden sie alle – und ich saß allein bei dem Haufen von Haut und Knochen und dem Geruch von Schweiß und Urin und Gas.

Dann wurde der Riegel wieder zurückgeschoben, die Tür öffnete sich und ließ ein anderes, mehr irdisches Licht herein. Uniformierte Kreaturen ergriffen die Körper und warfen sie auf einen Karren. Ich hätte nicht länger bleiben sollen, aber ich mußte. Ich war nur ein Kind, aber ich hatte irgendwie das Gefühl, ich müsse etwas sagen, als diese Körper beerdigt wurden. Die große Grube, die man ausgehoben hatte, wurde nun mit Leibern gefüllt, bis diese über den Rand der Grube hinausragten. Dann wurde Benzin über die Leichen gegossen, die rasch Feuer fingen. Ich sah, wie die Flammen aufstiegen und Rauch den Himmel über uns verdunkelte, und als ich es nicht mehr ertragen konnte, sagte ich: «Gott sei zwischen mir und dir, bis wir zusammen eins sind.» Das war alles, was ich sagen konnte.

Ich mußte sehr lange geschlafen haben in unserer Dachkammer, denn als ich erwachte, war ich ganz steif – doch war es nun wärmer. Zuerst

wußte ich nicht, wo ich war. Dann hörte ich Mama vor sich her summen, aber ich war in einem katatonischen Erregungszustand. Ich konnte nicht sprechen. Ich konnte kaum essen. Ich schlief die meiste Zeit, und wenn ich nicht schlief, war ich wie betäubt. Ich weiß nicht, was ich tat oder wie ich es tat, ich erinnere mich nur noch an Mamas Summen.
Ich erholte mich nie ganz von diesem Zustand. Deshalb hörte ich den Lärm im Treppenhaus nicht. Ich nahm Mamas erschreckte Reaktion wahr, als lautes Poltern in unsere Einsamkeit einbrach. Alles geschah sehr schnell. Angst stieg in mir auf, als ich Männer in den gleichen Uniformen sah, wie sie jene trugen, die Papas Tod verursacht hatten – aber ich konnte noch immer nicht sprechen. Ich klammerte mich an Mamas Rock fest, als mich zwei SS-Leute von ihr losrissen, und in diesem Augenblick wußte ich, daß ich meine Mama nie wieder sehen würde. Mich schauderte und ich schrie: «Mama, verlaß mich nicht!» Dann spürte ich eine dicke, starke Hand an meinem Handgelenk, und als sie zugriff, fühlte ich im gleichen Moment die böse Absicht, und ich sah mein Leben vor mir vorbeiziehen. Ich wäre fortgerannt, aber ich war zu schwach und er zu stark. Ich hörte ihn sagen: «Ich habe kleine Mädchen gern», aber ich nahm nur die Bosheit in seinen Worten wahr. Ich fühlte, daß er den starken Drang hatte, sich zu erleichtern, und ich wußte, daß mein Körper zu diesem Zweck mißbraucht würde.
Es geschah schnell. Er packte mich und warf mich auf den Tisch, und das nächste, was ich spürte, waren seine stoßweisen Bewegungen und wie mein Leib aufgerissen wurde, als er mich vergewaltigte. Da er befürchtete, ich würde schreien, hielt er mir den Mund zu, und im Moment seines Ergusses packte er meinen Hals, und ich war froh, daß mein letzter Atemzug vorbei war. «Seltsam» – dachte ich im nächsten Moment. «Seltsam, zuzusehen, wie er meinen leblosen Körper hält und Liebchen zu mir sagt.» In dem Moment fühlte ich einen stärkeren Schmerz für ihn als für meinen leblosen Körper. Ich spürte die Kälte nicht mehr, auch den Hunger und die Angst nicht mehr ...
Dann wurde ich vom Licht umfangen. Ich fühlte so große Liebe und Frieden und Freude, wie ich es noch nie zuvor erfahren hatte. Doch sogar in diesem Zustand des Friedens gelobte ich, den letzten Wunsch meines Vaters zu erfüllen und den anderen zu berichten. Ich hörte dieses Gelübde widerhallen und wußte, daß ich keine Zeit verlieren durfte ...

Die Geschichte wurde jetzt erzählt, um das Gelübde meines früheren Lebens zu erfüllen.

1947, nur fünf Jahre nach Anna Marias Tod in Frankreich, wurde ich als Carole in Amerika geboren. Ich brachte die Erinnerungen von Anna Maria mit, aber ich brauchte siebenundvierzig Jahre, um sie mir bewußtzumachen. Manchmal war es sehr verwirrend, wenn ich merkte, daß ich Dinge «sah», die nicht mit der Wirklichkeit des gegenwärtigen Daseins zusammenhingen. Daß ich die Erinnerungen von Anna Maria in mein Bewußtsein heben und meine karmische Energie davon befreien konnte, erlebte ich aber als große Erleichterung.

Endlich konnte ich mir erklären, warum ich mich vor engen Treppenhäusern fürchtete, die in Dachkammern führen, und warum mir immer übel wurde, wenn ich Benzin roch. Ich kannte jetzt den Grund, warum ich zu schaukeln begann, wenn ich traurig war oder mich fürchtete, und weshalb ich solche Qualen litt, wenn ich zusehen mußte, wie andere Menschen mißhandelt oder mißbraucht wurden. Ich verstand meine Liebe zur jüdischen Kultur und begriff, warum das Wort «Papa» so freundlich in meinen Ohren klang, obwohl ich beim Aufwachsen keine entsprechenden Erlebnisse hatte.

Im Sommer 1995 reiste ich nach Frankreich. Ich dachte, fast mit einem Gefühl der Angst, daß ein Aufenthalt in Frankreich die Déjà-vu-Erinnerungen an die Oberfläche bringen würde. Tatsächlich stiegen solche Gefühle in mir auf, als ich durch die Alpweiden in den Französischen Alpen wanderte. Es gab seltsame Momente, in denen mich eine Traurigkeit überkam, über die ich mit meinen Reisegefährten nicht sprechen konnte. Doch die meisten Erlebnisse in Frankreich hatten mehr mit den französischen Menschen und ihrer Lebensfreude zu tun.

Der eigentliche Zweck meiner Frankreichreise war aber nicht, alte Erinnerungen wieder aufleben zu lassen. Ich wollte das Dorf Plum[3] besuchen und mein Dharma[4] kennenlernen. Im Dorf Plum saß ich mit dem Zen-Meister Thich Nhat Hanh zusammen. Ich empfand dort ein solches Maß an Liebe, daß ich davon bis zum Überfließen erfüllt wurde. Endlich hatte ich Frieden erreicht durch den Heilungsprozeß, der beim Tod meines Vaters begonnen, mich dann auf eine Reise durch die Zeit geführt und mich nun nach Frankreich und vollkommen in die Gegenwart zurückgebracht hatte. Im Dorf Plum genoß ich die buddhistischen Rituale, mit denen das Leben gefeiert wird.

Durch den Kampf um ein Verständnis von Ursachen und Wirkungen des Holocaust lernte ich die Kraft des kollektiven Bewußtseins verstehen. Ich glaube, daß durch die Jahre, in denen Menschen andere Menschen mißhandelten, solche Zeiten wie die des Holocaust entstehen. Der Holocaust hat nicht nur mit denen zu tun, die mißhandeln, sondern auch mit dem Sich-mißhandeln-Lassen. Sein Ich so zu lieben, daß man sein Ich nicht mißhandeln läßt, ist genauso wichtig, wie andere nicht zu mißhandeln. Und kleine Mißhandlungen, die ungelöst bleiben, schaffen karmische Gelegenheiten für Situationen, in denen sich Mißhandlung wiederholt. Deshalb müssen wir uns all die subtilen Arten bewußtmachen, mit denen wir uns gegenseitig mißhandeln, und die karmische Energie bereinigen, damit kein unguter Kreislauf entsteht.

Ich erlebe nun einen Frieden, den ich kaum beschreiben kann, und ich weiß, was Liebe bedeutet. Ich kenne auch die Freude und die Schönheit des Lebens. Und ich bin zur Überzeugung gekommen, daß so, wie einst der Holocaust durch ein kollektives Bewußtsein herbeigeführt wurde, ein kollektives Bewußtsein auch eine Welt des Friedens schaffen kann. «Mach, daß es Friede wird auf der Erde und laß mich damit beginnen ...»[5]

Zehntes Kapitel

Linda Thieman
Triumph über das Böse

Wir alle kommen in einem Zustand zur Welt, den ich als einen Zustand des «Nicht-geheilt-Seins» bezeichnen möchte. Ich glaube, daß es ein natürliches Bedürfnis der menschlichen Seele ist, sich so zu entwickeln, daß sie zunehmend Heilung erfährt. Doch braucht es als einen Teil des Heilungsweges auch Zeiten in denen wir um einen Verlust trauern, sei es in diesem oder einem anderen Leben. Wir leiden wegen etwas, das war, und wir leiden wegen etwas, das hätte sein können. Wir leiden wegen unserer eigenen Schmerzen, und wir leiden auch wegen der Schmerzen anderer. Und dann lernen wir zu verzeihen.

Während meines ganzen Lebens empfing ich viele Echos aus einer früheren Inkarnation im naziverseuchten Europa – aus einem früheren Leben, von dessen Vorhandensein ich nichts wußte, bis ich erwachsen wurde. Doch wenn ich zurückschaue, sehe ich viele Fingerzeige. Mit zwölf Jahren verschlang ich Shirers historischen Klassiker *The Rise and Fall of the Third Reich (Aufstieg und Fall des Dritten Reiches)*. Als Teenager saß ich gebannt vor den Fernsehsendungen *Hogan's Heroes (Hogans Helden)*, einer Fortsetzungskomödie, in der amerikanische Soldaten trottelhaft dargestellte Nazis in einem deutschen Kriegsgefangenenlager überlisten. Die Serie war humoristisch gemeint, aber mir stockte bei diesen Sendungen das Blut in den Adern.

Mit achtzehn Jahren sah ich *Night and Fog (Nacht und Nebel)*, den Konzentrationslager-Film, der von den Nazis selber gedreht worden war. Dieser grauenerregende Streifen hatte eine so niederschmetternde Wirkung auf mich, daß ich das Gefühl hatte, in einer abwärtsführenden Spirale in die Tiefe zu stürzen. Das Ergebnis war eine tiefe Depression, die mehrere Monate anhielt. Obwohl der Krieg bei meiner Geburt schon vorbei war, wurde ich von «Überlebensschuldgefühlen» gepeinigt. Quälende Fragen drehten sich in meinem Kopf: Warum hatte ich nicht mehr getan, um zu helfen? Warum war ich jetzt von Machtlosigkeit gelähmt? Was hätte ich tun können? Wie konnte ich jetzt noch helfen?

Erst mit einunddreißig Jahren fand ich Antwort auf diese Fragen ...

* * *

323

Nachdem ich 1980 mein Studium abgeschlossen hatte, verbrachte ich ein Jahr in Straßburg (Frankreich). Dort begegnete ich meinem ersten Mann, einem armenischen Christen aus dem Iran. Wir kehrten in die Vereinigten Staaten zurück, heirateten und nahmen das Studium wieder auf. Schließlich erwarb ich das Patent als Englischlehrerin für Fremdsprachige.

In den ersten Jahren war unsere Ehe harmonisch. Wir studierten beide und hatten daneben Teilzeitstellen. Doch nach den Examen waren wir eine Zeitlang arbeitslos. Mein Mann, ein freundlicher und anständiger Mensch, war immer weniger zu Hause, weil er sich in geschäftliche Pläne hineinsteigerte. Bald verbrachte er seine ganze Zeit bei seinen iranischen Freunden, mit denen er etwas in Gang zu bringen versuchte. Seine Verwandten in Kuwait versprachen ihm, eine Stelle für ihn zu suchen, wenn er dorthin ziehe. Schließlich erhielt ich eine Anstellung an der Universität Kuwait für Englischunterricht, und wir machten uns auf in den Mittleren Osten.

Die Situation in unserer Ehe verbesserte sich aber in Kuwait nicht. Die Verwandten lösten ihr Versprechen, Arbeit für meinen Mann zu finden, nicht ein, und ich mußte uns beide unterhalten. Mein Mann verbrachte seine Zeit immer mehr bei seinen Verwandten und nahm auch die Mahlzeiten bei ihnen ein, in der Hoffnung, daß sich dabei eine Geschäftsverbindung ergeben könnte.[1] Nachdem ich drei Jahre lang alles Erdenkliche versucht hatte, um das Interesse meines Mannes für mich und unsere Ehe zurückzugewinnen, gab ich schließlich niedergeschlagen auf.

Es folgte eine schmerzhafte Scheidung. Mein soziales Umfeld wurde auseinandergerissen. Als mein Mann kurz vor der Scheidung in die Vereinigten Staaten zurückkehrte, wandte sich seine älteste Cousine von mir ab, und meine beste Freundin zog nach Spanien. Ich blieb allein und ohne Freunde in der dürren, öden Wüste zurück, die den Zustand meiner Seele widerspiegelte.

In dieser Lebenskrise wurde ich von einem jungen Palästinenser getröstet, den ich 1984 an der Geburtstagsparty eines anderen Lehrers der Universität Kuwait kennengelernt hatte. Wenn ich jetzt zurückschaue, ist es mir klar, daß dies eine jener Begegnungen des «unmittelbaren Wiedererkennens» war zwischen Menschen, die sich von einer früheren Inkarnation her kennen. Heute würde diese Art der Empfindung bei einer Begegnung in meinem Kopf Alarmsignale auslösen. Damals hatte ich aber keine Ahnung, was dies zu bedeuten hatte.

Nach dieser «Zufalls»begegnung besuchte mich der junge Mann etwa alle drei Monate, um sich mit mir zu unterhalten. Ich dachte, er tue das, weil er sprachlich begabt war und sein Englisch im Gespräch mit den amerikanischen Lehrkräften üben wollte. Mein Mann sah dies allerdings anders. Nach den Bräuchen des Mittleren Ostens gehörte es sich nicht für mich, mit einem Mann Umgang zu haben, der nicht mein Ehemann war. So respektierte ich den Wunsch meines Mannes und traf mich nicht mehr zu Gesprächen mit dem Palästinenser.

Kurz nachdem mein Mann in die Vereinigten Staaten zurückgekehrt war, um die Scheidung einzureichen, kam der übliche Telefonanruf des Palästinensers. Ich erzählte ihm, was im vergangenen Jahr in Kuwait passiert war, und er half mir, die durch den Bruch in meinem Leben entstandenen Scherben zu kitten. Hätten wir es dabei belassen – wäre ich stark genug gewesen, das zu akzeptieren, was er wieder in Ordnung brachte, und dann meinen Weg allein fortzusetzen –, dann hätten wir den Kreis einer karmischen Beziehung, die sich über mehrere Leben erstreckte, geschlossen. Aber ich war dazu weder klug noch stark genug, und zudem hatte ich keine Kenntnis von Reinkarnation und Karma. Ich handelte blind.

Nachdem ich in die Vereinigten Staaten zurückgekehrt war, entwickelte sich die Beziehung zu dem Palästinenser schnell zu einer neuen Ehe. Danach schien sich die Persönlichkeit meines neuen Mannes über Nacht zu verwandeln. Während er früher meine Schmerzen gelindert hatte, fügte er mir jetzt solche zu. Er begann mich emotional, seelisch und körperlich zu mißhandeln. Während Jahren mußte ich darum kämpfen, mich aus der Verstrickung mit diesem Mann zu lösen.

Unsere Situation war noch dadurch erschwert, daß ich 1988 eine Stelle als Lehrerin in Japan angenommen hatte. Da die japanischen Gerichte für unsere Ehe nicht zuständig waren, konnten wir uns dort nicht scheiden lassen. Dies war damals aufreibend für mich, doch glaube ich heute, daß ich in dieser Verbindung ausharren mußte, bis ich zu verzeihen lernte.

Im März 1990 – immer noch in Japan – stellte sich bei mir die erste spontane Erinnerung an ein vergangenes Leben im Zweiten Weltkrieg ein. Bald darauf war ich durch geführte Meditationen in der Lage, weitere Erinnerungen in mir wachzurufen, und ich begann aufzuschreiben, was ich «sah». Je mehr ich aufschrieb, desto mehr Einzelheiten tauchten in der Erinnerung auf.

Aus diesen Erinnerungen lernte ich, daß ich einmal eine Jüdin war, die in einem Außenquartier von Paris lebte. Eines Tages erschien ein SS-Offizier an unserer Tür und nahm meinen Mann mit. Wir gehörten zu den letzten Juden, die damals in Frankreich noch übrig waren, denn mein Mann arbeitete im Untergrund und verhalf anderen Juden zur Flucht. Als wir selber die Chance hatten zu fliehen, lehnte es mein Mann ab zu gehen, und ich wollte ihn nicht allein zurücklassen. Jetzt war es zu spät.

Obwohl der junge SS-Offizier und ich uns zuvor nie gesehen hatten, erschien an dem trüben Morgen, als ich die Tür öffnete, ein überraschtes Wiedererkennen auf seinem Gesicht. In dem Moment kannte keiner von uns den Grund dieser Reaktion. Doch löste dieser Blick des Wiedererkennens eine Reihe von Ereignissen aus, die nicht nur unsere beiden Leben veränderten, sondern auch in unsere gegenwärtige Inkarnation hinüberwirkten: *Die Seele des Nazioffiziers war wiedergeboren in meinem palästinensischen Mann.*

Erst jetzt – in diesem Leben – wurde mir klar, daß ich diese gleiche Seele von einer noch früheren Inkarnation in der sogenannten glorreichen Zeit des Römischen Reiches kannte. In jenem Leben war er ein römischer Soldat und ich seine Sklavin. Auch in jenem Leben war ich jüdisch. Als mein Herr behandelte er mich im Bett freundlich, doch hegte er Verachtung für meine jüdische Herkunft.[2] Damals wie jetzt war es eine sehr qualvolle Beziehung.

Während des Zweiten Weltkriegs war mein früherer römischer Herr als SS-Offizier wiedergekehrt, der auch diesmal Macht über mein Leben und meinen Tod hatte. Aber er war noch jung und trotz seiner Machtstellung noch unerfahren im schmutzigen Geschäft des Krieges. Wegen seines Flairs für die französische Sprache war er unlängst auf diesen fetten Posten in Paris gesetzt worden, doch hatte er sich bis jetzt die Hände nicht schmutzig gemacht. Die Tatsache, daß er einerseits mich «wiedererkannte» und andererseits meinen Mann in den Tod schicken mußte, ließ diesen jungen Deutschen offensichtlich in Schuld- und Schamgefühle versinken.

Am folgenden Nachmittag kam er mich warnen, daß ich als nächstes verhaftet würde. Diese Warnung war keine große Überraschung für mich, glaubte ich doch immer mehr, daß es mit diesem Blick des Wiedererkennens am Tag vorher etwas auf sich hatte. Was genau, wußte ich nicht.

Ich mußte eine Wahl treffen. Zwar war für mich ein Fluchtweg geplant worden, doch dafür war es zu spät. Nur durch die Hilfe dieses

SS-Offiziers würde ich eine Chance haben, den Krieg zu überleben – indem ich mich als Christin ausgab. Es war eine Frage von Leben oder Tod. Ich wählte das Leben, mußte dann aber bis zu meinem Tod im Jahr 1956 mit der Scham leben, mich mit einem Nazioffizier verbunden zu haben. Während ich als Nichtjüdin durchkam, gingen die Juden um mich herum zugrunde. Ich fühlte, daß ich mein Volk preisgegeben hatte, um mich zu retten.

Indem ich mir diese Erinnerungen an vergangene Erdenleben bewußtmachte, konnte ich mein unerklärliches «Schuldgefühl der Überlebenden», das mich in diesem Leben beschlich, erklären. Die Erkenntnis, daß es sich tatsächlich um «Überlebensschuld» – eine bekannte psychologische Erscheinung bei Menschen, die eine verheerende Katastrophe überlebt haben – handelte, half mir über die übrigen Schmerzen hinweg.

Es wurde mir auch klar, daß ich in meiner Verkörperung als Französin indirekt viel für die Juden in Paris getan hatte. Obwohl ich nicht der Widerstandsbewegung angehörte, beteiligte ich mich intensiv an einer Tauschhandelsorganisation. Durch die ganz allgemein schlechte Versorgungslage, die für Juden noch schlimmer war, herrschte ein extremer Mangel an Nahrungsmitteln, Kleidern und anderen Gütern. Als mir in den Sinn kam, daß ich den Tausch von Waren und Hilfeleistungen unter den Familien organisiert hatte, nahmen meine Schuldgefühle ab.

Zur Zeit meines psychischen Durchbruchs im Jahr 1990 traf ich mit anderen Menschen zusammen, die ich in meinem vergangenen Leben als französische Jüdin gekannt hatte. Einer meiner früheren Studenten war ein Rabbi gewesen, der während des Kriegs gestorben war und jetzt Japaner ist. Auch traf ich den Mann, der in meinem Leben in Frankreich mein jüdischer Vater gewesen war. In jener Inkarnation war er gestorben, als ich – als französische Jüdin – noch klein war, und wurde 1926 als Amerikaner in sein gegenwärtiges Leben geboren. Er kam als «WASP» (White Anglo-Saxon-Protestant)[3] zurück, der wie ich eine Neigung zu jüdischen Dingen hatte.

Diese Menschen im jetzigen Leben wiederzutreffen, erfüllte mich mit großer Freude. Und ich erkannte gerade diese Freude als Signal dafür, daß Erinnerungen an diese Menschen in vergangenen Leben in mir auftauchten. Doch waren nicht alle meine seelischen Erlebnisse so erfreulich. Ich begegnete auch einem Mann, der im vergangenen Leben ein Nazi gewesen war und seine Grausamkeit auch in diesem Leben beibehalten hat. Als ich das wahrnahm, ekelte mir vor dem, was er war, wie auch vor dem, was er jetzt ist. Gleichzeitig war ich zutiefst beunruhigt durch meinen abgrundtiefen Haß diesem Mann gegenüber. Als ich mich mit meinem eigenen früheren Leben im Zweiten Weltkrieg auseinandersetzte, hatte ich durch Trauer und Heilung damit begonnen, inneren Frieden zu finden. Nun war diese unangenehme Begegnung dazwischengekommen und hatte mein Gleichgewicht wieder zerstört.

Wird man etwas gegenübergestellt, das so über alle Maße böse ist wie das Naziregime, braucht es eine unbeugsame Anstrengung, die Verluste zu betrauern, und eine noch größere Anstrengung zu verzeihen. Ich kämpfte mit dieser Anforderung während langer Zeit. Was mir außerordentlich half, war das Buch *Life Between Life* von Dr. Joel Whitton und Joe Fisher[4], welches Fallstudien von Menschen enthält, die sich an den Zustand ihres «Zwischenlebens» zwischen zwei Inkarnationen erinnern. Nachdem ich die Schilderungen des Lebens zwischen dem Tod und einer neuen Geburt gelesen hatte, ging mir plötzlich ein Licht auf: Bevor wir in ein neues Erdenleben geboren werden, macht sich jeder von uns einen Plan. Der Plan für das nächste Leben wird mit Hilfe von hohen, in Liebe wirkenden geistigen Wesen ausgearbeitet und hat eine positive und weiterführende Ausrichtung. Das Ziel, das wir im Zwischenleben vor uns sehen, ist nie Rache und Grausamkeit, sondern Ausgleich und Heilung.

Heute glaube ich, daß jeder Mensch mit dem Willen zu heilen auf die Welt kommt. Aber nach der Geburt verhüllt der Schleier des Vergessens unsere Sicht, und wir verfangen uns in der «Dichte» des irdischen Planes. Bei einigen von uns ist dieser Schleier so dick, daß wir unser wahres Wissen von Gott in unserem Inneren vergessen. Statt dessen richten wir unseren Blick auf das, was wir von anderen erfahren. Die ursprüngliche Zielsetzung unseres Lebens auf der Erde verliert sich im Nebel von Zeit, Erinnerung und Verkörperung in einem neuen Leib. Was mir aber Hoffnung gibt weiterzukommen, ist die Erkenntnis, daß – wie tief wir auch in unser irdisches Dasein verstrickt sind – die ursprüngliche Absicht zu heilen noch immer vorhanden ist.

Warum also, fragte ich mich, traten diese bestimmten Menschen in mein Leben, wo sie soviel Leid heraufbeschwörten?

Nachdem ich viele Jahre über diese Frage nachgedacht habe, glaube ich jetzt, daß Menschen, die unaussprechliche Grausamkeiten begehen, kaum ein Bewußtsein davon haben, wie das Universum in geistiger Hinsicht eingerichtet ist. Für sie ist der Begriff Gott vom Leben auf der Erde getrennt – Gott ist etwas, an das man glaubt oder nicht glaubt und das überhaupt nicht in das tägliche Leben hineinwirkt. Es ist, als ob solche Menschen in einem kalten, dunklen Eisenkäfig gefangen wären – einsam und verloren, abgeschnitten vom Prozeß, durch den Entscheidungen zustandekommen, und von den Folgen ihrer Handlungen. Ihre Entscheidungen kommen nicht aus einem ruhigen Wesenskern, sondern aus einer Sphäre von Wut, Angst und Qual.

Nachdem ich mich zum Glauben durchgerungen hatte, daß jeder von uns so gut wie möglich versucht, den Weg zu Gott zurückzufinden, konnte ich mich von den durch die Nazis verursachten Qualen befreien. Ich vermochte zu sehen, daß es in unserem Dasein ein «Heilungsspektrum» gibt, das sich nach dem individuellen Stand des Bewußtseins richtet. Am einen Ende des Spektrums finden wir Unversehrtheit und unendliches Gottesbewußtsein, am anderen unterdrückte Qual und Wut und völlige Gottesfremdheit.

Durch meine Meditationen erfuhr ich, daß der SS-Offizier in seinem Leben nach dem Tod seine Schuld am Tod meines Mannes in den vierziger Jahren tief bereute. Um seine Schuld mir gegenüber gutzumachen, entschloß er sich, als jener Palästinenser in Kuwait wiederzukommen, der mir half, die belastende Situation nach der Trennung von meinem Mannes in diesem Leben zu überstehen. Wären wir einfach Freunde geblieben, hätte er seine Absicht erfolgreich verwirklichen können. Doch indem wir eine Ehe eingingen, nahm ein neuer karmischer Zyklus seinen Anfang, der wiederum Leid und Heilung erforderte.

Die Erkenntnis dieser Zusammenhänge führte mich dazu, nicht mehr zu verurteilen. Nachdem ich zeitlich und örtlich Distanz von meinem zweiten Mann gewonnen hatte, konnte ich erkennen, daß sein Verhalten von dem Maße abhing, in welchem er noch keine Heilung erreicht hatte. Ich glaube, wenn ich ein Verhalten als «böse» verurteile, so wird die Energie, die diesem Verhalten zugrunde liegt, nur verstärkt, und es muß sich im Kreislauf des Karma weiterdrehen. Wenn ich aber anerkenne, daß jeder Mensch auf dieser Erde ist, um auszugleichen, zu heilen – auch wenn ihre oder seine Handlungen uns noch so böse erscheinen –, dann kann ich verzeihen und über dieses Böse triumphieren.

Mir gelang es zu verzeihen, als mir bewußt wurde, daß ich *überlebt hatte* – nicht geschlagen und verzweifelt, sondern gestärkt und bereichert. Die schmerzlichen Geschehnisse, die ich durchlebte, hatten mich direkt zu meinem geistigen Erwachen geführt, und dieses wiederum entfachte mein Verlangen nach geistiger Entwicklung, die für mich zu einer lebenslänglichen Verpflichtung geworden ist. Indem ich wie ein

Phönix aus der Asche der Zerstörung und Verzweiflung aufstieg, befreite ich mich nicht nur aus dem Gefängnis meines eigenen Leidens, sondern half auch den Menschen, die mir Leid zugefügt hatten. Sie können nun leichter Fortschritte in ihrem Heilungsprozeß machen, indem ich die gemeinsamen karmischen Fesseln und geistige Energie freimachte.

* * *

Doch dies ist noch nicht das Ende der Geschichte. Im Frühling 1993, noch immer in Japan, entdeckte ich Rabbi Gershoms Buch *Beyond the Ashes* (erster Teil dieses Buches). Das Buch hatte eine starke Wirkung auf mich, es ermöglichte mir, die Dinge, die ich erlebte, in einem größeren Zusammenhang zu sehen. Ich schrieb Rabbi Gershom, erzählte ihm meine Geschichte, und er antwortete mir. Die Korrespondenz, die zu einer Freundschaft führte, half mir, mit meinen widerstreitenden Gefühlen in bezug auf meine Identität zu Rande zu kommen

Nach meinem Tod als französische Jüdin im Jahr 1956 wurde ich 1958 in eine deutsch-amerikanische protestantische Familie geboren. Mit sechzehn Jahren verwarf ich den christlichen Glauben, in dem ich erzogen worden war, «galt» im Familienkreis aber immer noch als christlich. Erst 1992 fand ich endlich den Mut, meiner Mutter zu sagen, daß ich keine Christin mehr sei.

Während eines großen Teils meines Erwachsenenlebens fühlte ich mich wie eine «geheime Jüdin», aber ich versuchte, diese Gefühle zurückzudrängen, denn mein jetziger Körper ist nicht jüdisch. Doch tritt immer etwas von meinen früheren Leben als Jüdin in den Vordergrund. Von den wenigen Juden, die ich in diesem Leben kennengelernt habe, fragten mich drei, ob ich jüdisch sei, als ob sie meine jüdische Seele irgendwie spürten. Interessanterweise hat mir noch kein einziger Nichtjude diese Frage gestellt.

Lange Zeit kämpfte ich mit diesem inneren Konflikt zwischen meinen vergangenen Leben und dem jetzigen. Daß mich Rabbi Gershom als «jüdische Seele in einem nichtjüdischen Körper» akzeptierte, war mir in der Auseinandersetzung mit meiner seltsamen Identitätskrise eine große Hilfe. Vorher hatte ich oft das Gefühl, daß ich ablehnte, was ich wirklich war, weder «Jüdin» noch «Nichtjüdin» schien zu passen. Schließlich beschloß ich, mich so zu akzeptieren, wie ich war: eine Vereinigung von beidem.

Etwa zu der Zeit, in der ich Rabbi Gershoms Buch las, noch immer in Japan, begann ich Geister oder Seelen auf dem Weg zur Erde anzuziehen. Ich hatte vorher nie besonderes Interesse an Geistern. Die Geister, die ich jetzt wahrnahm, erschreckten und ängstigten mich. Sie umkreisten mich von ferne und sahen verloren und hilflos aus. Nachts, wenn es still war, nahm ich so viele Geister wahr, daß sie meinen Schlaf ernsthaft störten – in einem solchen Maß, daß ich manchmal tagsüber schlafen mußte, um ihnen aus dem Weg zu gehen.

Rückblickend denke ich, daß viele dieser Geister wiederkehrende Holocaust-Opfer waren, die sich mir angeschlossen hatten, als ich 1980 das Gelände eines Konzentrationslagers im Hügelland von Ostfrankreich besuchte. Sie waren mir in all den Jahren ohne mein Wissen überallhin gefolgt, und ich bemerkte sie erst, als meine Erinnerungen an frühere Erdenleben auftauchten. Damals war mir nicht bekannt, wie Geister, die auf dem Weg zur Erde sind, sich mit lebenden Menschen verbinden können, und ich wußte auch nicht, wie man sie «ins Licht führen» könnte.

Eine Woche nachdem ich Rabbi Gershoms Antwort auf meinen ersten Brief erhalten hatte – um genau zu sein, in der Nacht des 23. Oktober 1993 –, hatte ich das Gefühl, von all den Geistern erstickt zu werden. Als ich mich im Bett herumwarf und -wälzte, waren so viele Geister da, daß ich tatsächlich nicht mehr atmen konnte. Dann bemerkte ich plötzlich chassidische Männer im Zimmer, und ich dachte bei mir: «Es müssen neun oder zehn Chassidim in meinem Zimmer sein.» Sowie ich das dachte, wußte ich, daß es ein *Minjan* (zehn Juden, die sich für Gebete sammeln)[5] war.

Zuerst war ich aufgebracht – jetzt kamen noch mehr Geister, um mich aus meinem Haus zu verdrängen! Aber nach zwei Tagen waren alle Geister verschwunden, ausgenommen das *Minjan* der Chassidim. Dann wurde mir klar, daß sie aufgrund eines Gebetes erschienen waren. Diese chassidischen Geister waren gekommen, um mir zu helfen, einen weiteren Schritt zu tun, um mich zu beschützen und um für die an die Erde gebundenen Geister einen karmischen Zyklus durch Heilung abzuschließen, wozu ich selber nicht die Kraft hatte.

Sobald ich meinen anfänglichen Ärger über ihre Anwesenheit überwunden hatte, waren mir die Chassidim als Lehrer willkommen. Das *Minjan* blieb während eines Monats bei mir, bis ihre Arbeit verrichtet war. Als es für die Chassidim Zeit wurde weiterzugehen, geschah dies nach und nach, in Etappen. Sie bewegten sich in meinem Bewußtsein von mir weg, hielten eine Weile inne, dann gingen sie weiter. Heute leben sie in meinem Bewußtsein als kleines, weit entferntes Licht. Sollte ich je wieder ihre Hilfe benötigen, so weiß ich, daß sie für mich da sind.

Heute bin ich meinem geistigen Weg stärker verpflichtet als je. Ich versuche, meine Entscheidungen ganz bewußt zu treffen und mir über die Folgen jeder Handlung Rechenschaft zu geben. Meine seelischen Fähigkeiten entfalten sich weiter. Ich halte jetzt geistige Lesungen für Leute in meiner Umgebung und habe angefangen, über das Heilen auf der physischen, psychischen und spirituellen Ebene zu schreiben. Im täglichen Leben bemühe ich mich darum, den Leuten zu verzeihen, die mich verletzen. Dies ist nie leicht, aber es lohnt sich. Obwohl sich meine Beziehung zu Gott und der geistigen Welt weiterentwickelt, wird sich etwas nie ändern: Ich werde immer überzeugt sein, daß es notwendig ist zu verzeihen, um über das Böse zu triumphieren.

ELFTES KAPITEL

«*Rebecca*»
Mein kleiner Liebling

Ich bin eine 1953 geborene australische Jüdin. Meine Schwester und ich sind in einer «nicht praktizierenden» Familie aufgewachsen, wo es Stirnrunzeln hervorrief und uns Ermahnungen eintrug, wenn wir «etwas laut» öffentlich über unser Jüdischsein sprachen. So lernte ich die jüdische Mystik natürlich nicht kennen und wußte auch nicht, daß man als Jude auch an Reinkarnation glauben kann.

Heute lebe ich mit meinem Mann und unseren Kindern in Sydney, und jedes Kind bringt eine ganze Welt von Weisheit mit. Allerdings war die Beziehung zu einem unserer Kinder, der zehnjährigen Tochter Leah[1], nie so frei und harmonisch, wie ich es mir wünschte. Es gab Zeiten, in denen sie mich mit einem solchen Haß anschaute, daß ich nach altem Muster wütend wurde und Dinge sagte, die ich sogleich bereute, kaum waren sie ausgesprochen. Die Geschichte, die ich erzählen will, handelt von der Beziehung zwischen Leah und mir in einem früheren Leben und dem karmischen Ausgleich zwischen uns.

Ich habe mich seit längerer Zeit dem Studium des spirituellen Heilens gewidmet und arbeite jetzt als Therapeutin für Rückführungen in frühere Leben. 1994 entschloß ich mich, meiner eigenen spirituellen Klärung und Reinigung oberste Priorität einzuräumen. Ich gab meine Arbeit auf und hatte keine Ahnung, was der nächste Tag bringen würde. Ich wußte einfach, daß ich geführt wurde, und vertraute darauf, daß alles, was geschehen mochte, für mich das Richtige sei. Ich ließ die Dinge sich entwickeln, bis ich mich an einem Nachmittag im Januar 1995 entschloß, über die karmische Beziehung zu meiner Tochter Leah zu meditieren. Dabei sah ich das folgende:

Ich stehe in grünem Schlamm. Ich bin etwas sieben Jahre alt. Es ist schlüpfrig, und ich halte einen Eimer in der Hand. An der Seite eines Gebäudes ragt eine dünne Wasserleitung heraus, und ich versuche, so viel Wasser wie möglich in den Eimer zu füllen.
Eine dunkel gekleidete Frau kommt herbei. Sie ist groß und dick und trägt schwarze Stiefel. Sie versetzt dem Eimer in meinen Händen

einen Fußtritt und schreit mich an, ich solle zu den «Baracken» – dies ist das Wort, das ich verstand – zurückgehen. Sie befiehlt mir zu laufen, sonst werde sie mich umbringen. Ihr Gesicht ist haß- und angsterfüllt. Ich laufe und stoße die Tür auf.

Der Geruch von menschlichen Leibern schlägt mir entgegen. Die Betten sind in drei Lagen übereinandergeschichtet (nicht zwei Lagen, wie ich es mir immer vorgestellt hatte[2]). Ich sehe Frauen ohne Haare mit riesigen, hohlen Augen. Es ist ruhig hier drin, und ich verstecke mich am entfernteren Ende des Raums unter den Pritschen. Ich spüre etwas auf meine Schulter tropfen. Ein unglaubliches Kältegefühl überkommt mich. Ich krieche hervor und sehe, wie mein Bruder geboren wird.

Er kommt in absoluter Stille zur Welt. Die Leere und Verlassenheit des Raums ist fast mit Händen zu greifen. Gerade, als dieses Kind in die Welt schlüpft, kommt die Beamtin, die ich draußen gesehen hatte, herein und riecht etwas. Sie tritt herbei, und meine Mutter stirbt. Die Beamtin ergreift das Neugeborene und will es töten. Die Frau ist von Angst und Wut erfüllt. Ich halte es nicht aus und schreie. Der Schrei ertönt sowohl in diesem wie in jenem Leben. Dann höre ich eine völlig klare Stimme sagen: «Wickle es!»

Die Beamtin trägt das Kind weg. Ich weiß, daß ihm nichts passieren wird. Als nächstes sehe ich, wie das Kind in einer alten Schachtel in den Raum gestoßen wird. Die Beamtin verläßt den Raum heimlich. Ich halte das Kind und bewege mich in einer Gruppe schwerkranker Leute fort. Ich weiß, daß ich sterben muß.

Wir werden in einen großen Raum geführt. Er scheint geplättet zu sein. Ich sitze in einer Ecke des Raumes, und immer mehr nackte Menschen kommen herein. Ich bemerke Löcher in den Wänden, höre ein zischendes Geräusch. Ich sehe, wie mein Bruder blau wird, und halte meinen Atem an, aber ich sterbe mit allen anderen zusammen. (Ich frage mich: Steht mein Asthma in diesem Leben damit in Zusammenhang?) Darauf werde ich [im Geist] von meiner Mutter dieses Lebens begrüßt. Sie sagt mir, daß ich nie wieder ein solches Leben haben werde und führt mich fort.

Die Beamtin ist meine Tochter Leah in diesem Leben.

Ich war zutiefst aufgewühlt von den Bildern dieser Meditation und von der Vorstellung, meine Tochter könnte in ihrem früheren Leben ein Nazi gewesen sein. Ich wollte das Erlebnis sich setzen lassen, bevor ich irgend jemandem davon erzählte. Während ich an diesem Tag meine Angelegenheiten erledigte, stand mir die in der Meditation gesehene Szene ständig vor Augen. Die Vermutung stieg in mir auf, daß die Beamtin jüdisch gewesen sei und ihre Vorgesetzten glauben ließ, sie wäre Deutsche. Könnte dies so gewesen sein? Ich hatte noch nie von so einem Fall gehört.

Drei Tage danach machte ich mit meiner Schwester Einkäufe. Wir sahen einen freien Parkplatz vor Adyar, der größten Esoterikbuchhandlung von Sidney. Ich schlug vor, hineinzugehen und uns etwas umzusehen. Meine Schwester fand eine Reihe wunderbarer Bücher über das Judentum. Ich wanderte ein bißchen herum, glücklich da zu sein und in diesem und jenem Buch zu blättern ...

Ich war etwas müde und fand eine Abteilung zum Thema Träume. Dort nahm ich das Buch *Dream Lovers* von Denise Lynn zur Hand. Ich habe bei Denise Lynn studiert und liebe ihr Werk. So dachte ich: «Nun gut, deswegen bin ich wohl hierhergekommen.» Meine Schwester kam auch zu mir hinüber, und wir setzten uns zwischen den Bücherregalen auf den Boden.

In dem Moment – gerade hatte ich gedacht, ich sollte meiner Schwester von der Szene aus meinem früheren Leben erzählen – sah ich direkt vor mir das Buch *Beyond the Ashes* von Rabbi Gershom. Es gab nur ein Exemplar dieses Buches, von dem mir im Januar desselben Jahres eine Freundin erzählt hatte. Ich nahm es vom Regal herunter und starrte es nur an. Es schien mir, als ob das Buch mich gefunden hätte, denn obwohl ich im Sinn hatte, es zu lesen, hatte ich in diesem Moment nicht speziell danach gesucht.

Nachdem ich Rabbi Gershoms Buch über Fälle von Reinkarnation aus dem Holocaust gelesen hatte, schrieb ich ihm über mein Erlebnis mit Leah in unserem früheren Leben und stellte ihm die Frage, ob sich eine Jüdin für eine deutsche Wächterin ausgegeben haben könnte. Rabbi Gershom schrieb zurück:

Ja, es ist sicher möglich, und es ist auch geschehen. Die Deutschen bezeichneten einen Menschen als Juden, wenn ein Großelternteil – egal von welcher Seite der Familie – jüdisch war. Somit gab es Juden, die als Deutsche «durchgehen» konnten, wenn man nichts über ihre Familie wußte. Es gab auch «arisch aussehende» Juden, die sich falsche Identitätsausweise besorgten und als Deutsche angesehen wurden. Manche taten dies, um Nahrungsmittel und weiteres zu schmuggeln, aber manche wurden in ihrer Rolle ertappt – sobald man mit dem Betrug angefangen hatte, bedeutete es den Tod, wenn man entdeckt wurde ...

Es gab auch Juden, die in den Konzentrationslagern öffentlich mit den Nazis kollaborierten. Die «Kapos», wie sie genannt wurden, waren jüdische Wächter, die als Gehilfen der deutschen Wächter arbeiteten. Leider waren die Kapos oft genauso grausam wie ihre Nazichefs. Es ist für uns heute schwierig zu verstehen, daß dies so sein konnte. Offensichtlich ist es in Gefangenschaft immer und überall so, daß einige Leute ihre Grundsätze aufgeben und mit den Machthabern gemeinsame Sache machen.

Auf jeden Fall ist Ihre Geschichte vom historischen Gesichtspunkt aus absolut plausibel. Wenn die Sache sich wie beschrieben zugetragen hat, ist Leah vielleicht als Ihr Kind zurückgekommen, um sich selber wiederum dem Judentum anzuschließen und gleichzeitig das persönliche Karma zwischen Ihnen und ihr in Ordnung zu bringen. Sie bezeichnen Ihre eigene Familie als «nicht praktizierend», die ihr Judentum zu verbergen suchte. Das könnte für die Seele, die jetzt Leah ist, einen «Übergang» schaffen, nachdem sie sich im vergangenen Leben ganz als Deutsche ausgegeben hatte. Ich persönlich glaube an die Idee der «jüdischen Seelen», das heißt Seelen, die den Bund auf dem Berg Sinai für alle Inkarnationen eingegangen sind. Doch der Holocaust bedeutete eine harte Probe, und manchen Leuten war das Leben wichtiger als der jüdische Stolz. Wenn Ihnen von diesen Gedanken etwas als richtig erscheint, lassen Sie es mich bitte wissen.

Diese Auskünfte erschienen mir nicht nur richtig, sie führten auch zur Heilung des Verhältnisses zwischen Leah und mir. Jetzt verstand ich, warum sie so wütend wurde, wenn ich nicht darauf bestand, daß die Kinder die Regeln zu Hause befolgten. Zum Beispiel hatte ich gesagt, daß am Morgen kein Fernsehen geschaut wird, doch manchmal, wenn alle Kinder früh fertig sind, gebe ich nach und lasse sie eine Weile schauen. Dies empörte Leah, und sie bestand darauf, daß der Fernseher abgeschaltet wurde, nur weil die Regel so lautete.

Als ich dieses Verhalten im Licht des Briefes von Rabbi Gershom betrachtete, wurde mir plötzlich klar, daß in Leahs vergangenem Leben eine verletzte Regel wahrscheinlich den Tod bedeutete. So begannen wir über die Wichtigkeit von Regeln zu sprechen. Ich sagte, ich könne verstehen, daß sie frustriert sei, wenn ich Regeln einfach ändere, ohne zuerst allen zu erklären, weshalb. Heute versuche ich, möglichst keine «Regeln» mehr aufzustellen, sondern jede Situation nach den besonderen Gegebenheiten individuell zu handhaben.

Ich zeigte Rabbi Gershoms Brief meinem Mann, der sehr interessiert war. Er ist allen Möglichkeiten gegenüber offen und nimmt meine Ansichten ernst. Als wir den Brief gemeinsam lasen, kam Leah herein. Ich sagte ihr, daß ich einem Rabbi in Amerika geschrieben habe wegen eines früheren Lebens im Holocaust, an das ich mich erinnern könne. Sie bat mich, ihr davon zu erzählen. Ich antwortete, daß ich mich noch nicht in der Lage fühle, über diese Sache zu sprechen, aber ich sei sehr froh, daß sie sich entschieden habe, in diesem Leben als meine Tochter zur Welt zu kommen. Ich sagte ihr, daß ich sie für die tapferste und mutigste Person halte und glücklich sei, sie als Tochter zu haben.

Sie schaute auf zu mir, legte ihre Arme um meine Hüften und sagte: «Mami, komme ich in der Geschichte auch vor?» Ich sagte Ja. Einige Sekunden lang war sie still, dann sagte sie: «Gell, Mami, ich war auf der anderen Seite.»

Ich konnte nichts sagen. Ich hielt sie einfach fest und flüsterte ihr zu, sie sei «mein kleiner Liebling». Sie kicherte und sagte, daß sie es liebe, so genannt zu werden. So sagte ich es wieder und wieder, bis wir beide lachten und uns umarmten.

Dies war der Wendepunkt in unserer Beziehung. Angst- und haßerfüllte Blicke erhalte ich nur noch selten, und wenn sie auftreten, nehme ich sie nicht mehr persönlich. Sie gehen mir zu Herzen und erinnern mich daran, daß Leah in diesem Leben meine jüdische Tochter ist. Und dafür ehre und bewundere ich sie. Sie lebt in ihrem eigenen Heilungsprozeß – wie wir alle –, nur ist es jetzt so viel leichter, sie zu verstehen, nachdem ich ein wenig sehen konnte, woher sie gekommen ist.

Jetzt habe ich meine Tätigkeit als Beraterin und Psychologin wieder aufgenommen, und ich frage mich, welche Rolle diese Geschichte in Australien spielen könnte. Weil Leah noch minderjährig ist und um ihre Privatsphäre zu schützen, beschlossen wir, unsere richtigen Namen nicht zu nennen. Doch spielt dies eigentlich keine Rolle, weil ja die Heilung stattgefunden hat. Ich bin überzeugt, daß sich in der Welt Türen öffnen werden für Menschen, die anderen Seelen helfen wollen auf der Erde. Der Lichtfunke in unseren Seelen kann entfacht und muß weitergegeben werden. Wenn es für diejenigen, die uns brauchen, Zeit wird zu kommen, werden Leah und ich bereit sein.

ZWÖLFTES KAPITEL

David D. Johnson
Der Sündenbock

Rabbi Gershoms Buch über Reinkarnation, *Beyond the Ashes,* hat mir vermutlich das Leben gerettet. Im April 1993, bevor ich auf das Buch stieß, hatte ich fünfzig Kilo Übergewicht und war so depressiv, daß ich mein Dasein praktisch auf der Couch vor dem Fernseher fristete. Meistens führte die kleinste Anstrengung, etwas anderes zu tun, zu psychischer Erschöpfung. Die Diagnose lautete auf eine hochgradige Depression[1], was Selbstmordgefahr bedeutete. Auch litt ich an einem schweren posttraumatischen Streß-Syndrom.

Ich wurde 1950 in Wisconsin geboren und wuchs im Mittleren Westen auf. Mein Vater war von seiner Abstammung her Deutscher, meine Mutter Norwegerin. Es wurde erwartet, daß der Sohn einer deutsch-amerikanischen Familie stark war und allem standhalten konnte, was ihm widerfuhr, aber das konnte ich nicht. Meine leibliche Mutter mißhandelte mich verbal, indem sie mir haßerfüllt die schlimmsten Schimpfworte anhängte. Mein Vater trank und war aufbrausend.

Die Ironie der Sache ist, daß dies in deutschen Familien an dem Ort, wo ich aufwuchs, eine typische Erziehung war.[2] Weder meine Mutter noch mein Vater glaubte, irgend etwas falsch zu machen. Aber das taten sie. Sie erfüllten mich bis in den Kern meines Wesens mit Scham, und ich gewann meine Selbstachtung erst Jahrzehnte später zurück.

Unmittelbar nach Präsident Nixons lächerlicher Rede über Vietnam 1969 meldete ich mich zum Kriegsdienst. In mancher Hinsicht waren die Armee und der Einsatz in Vietnam einfach eine Fortsetzung meiner Erziehung. Ich tat das, was man von einem Mann erwartete. Mein Einsatz in Vietnam dauerte ein Jahr, und ich diente teilweise in der Luftkampfunterstützung. Ich hatte keine besonderen traumatischen Erlebnisse in der Armee, außer der normalen Belastung des Kampfeinsatzes und der psychischen Lähmung, die aus meiner Kindheit stammte. Nachdem ich so meinem Land gedient hatte, kehrte ich in die Vereinigten Staaten zurück.

Als ich 1974 geheiratet hatte, zogen meine Frau und ich 1976 in die Twin Cities (Zwillingsstädte)[3], wo wir seit 1981 im selben Haus wohnen. Wie Sie sehen, verbrachte ich außer meinem Kriegsdienst in Vietnam den größten Teil meines Lebens im nördlichen Mittleren Westen. Weshalb fühlte ich mich denn immer wie ein Fremder?

1986 wurde ich tief depressiv. Mein ganzes Leben wurde von der Angst beherrscht, gefangengenommen zu werden. Das Unangenehme dieser Befürchtungen bestand darin, daß sie ein tieferes Problem in sich bargen, nämlich das Gefühl, «untermenschlich» zu sein. Mit meinem psychischen Zustand ging es ständig bergab. Schließlich gab ich meine Stelle auf, wurde extrem übergewichtig und zunehmend einsam.

An einem Donnerstag im April 1993 begab ich mich zur *Unity Church* in Golden Valley, Minnesota, um an einer Gesprächsrunde über das Wirken des Heiligen Geistes teilzunehmen. Da ich etwas zu früh war, schmökerte ich in der Buchhandlung der Kirche herum, und mein Blick fiel auf Rabbi Gershoms Buch *Beyond the Ashes: Cases of Reincarnation from the Holocaust*. Ich griff sofort danach. Auch ich dachte, ich könnte in einem früheren Leben ein Opfer des Holocausts in Nazideutschland gewesen sein. Schon seit Jahren erschienen mir oft, sobald ich die Augen schloß, zahlreiche schwer zu beschreibende Gesichter, die alle darauf warteten, daß ich ihnen irgendwie helfe. Auch jetzt, beim Schreiben dieses Textes, kann ich diese um mich herum wartenden Gesichter noch spüren.

In diesem Leben bin ich nicht jüdisch. Ich bin deutsch-lutheranisch unterwiesen worden und gehöre jetzt der *Unity Church* (christliche New-Age-Sekte) an. Trotzdem fühle ich mich oft eher als mystischer Jude denn als irgend etwas anderes. Insbesondere habe ich eine Beziehung zu Nostradamus. Als ich Selbsthypnose betrieb, tauchte sogar einmal ein Name auf – Alain –, der irgendwie mit ihm zu tun hatte. Als Alain sah ich Nostradamus, wie er unter Zwang seiner jüdischen Herkunft abschwören sollte.[4] War ich sein Schüler oder sein Gefährte? Ich weiß es nicht. Als ich aber in diesem Leben eine Einführung in Astrologie erhielt, lernte ich sehr schnell und konnte in kurzer Zeit die Konstellationen besser interpretieren als manche Leute, die darin schon jahrelange Erfahrung hatten.

Ein anderes Mal, auch in Selbsthypnose, sah ich mich in einem früheren Leben, in dem ich über ausgeprägte intellektuelle Fähigkeiten verfügte und von irgendeiner Behörde streng überwacht wurde, damit ich meine Ideen nicht weiterverbreitete. In jenem Leben wurde ich auf dem Scheiterhaufen verbrannt. Bei dieser Erinnerung habe ich ein ähnliches Gefühl, wie wenn ich mich auf meine früheren Leben als Jude zurückbesinne. Ich weiß nicht sicher, ob diese «Leben» objektiv den Tatsachen entsprechen, und es ist mir auch nicht wichtig, denn selbst wenn es Sinnbilder sind, so lerne ich von ihnen viel über mich selber.

Obschon ich diplomierter Hypnotherapeut bin und mich sehr für Reinkarnation interessiere, hatte ich zuvor nie von einem Buch gehört, das dieses Thema mit dem Holocaust in Verbindung brachte. Und jetzt hielt ich genau so ein Buch in Händen! Ich schlug es aufs Geratewohl auf. Da, in der Mitte der Seite fand ich beschrieben, wie die Nazis Diesellastwagen für behelfsmäßige Gaskammern benützten:

> «Der nächste technische ‹Fortschritt› in dieser von Menschen gemachten Hölle waren ‹Gaswagen›, Lastwagen, bei denen man die Auspuffgase durch ein Rohr in den Frachtraum leitete. Es wird immer wieder behauptet, die Juden seien freiwillig in diese Todeswagen gestiegen, aber das stimmt nicht. Oft haben sie geschrien und Widerstand geleistet, bis man ihre Gegenwehr durch Schläge gebrochen hatte. Dann wurden die Wagen verschlossen und die Motoren gestartet. Wenn die Schreie verstummt waren, fuhren die Wagen in die Wälder, wo die Leichen verscharrt wurden.»[5]

Mir drehte sich der Kopf vor Verblüffung über diesen «Zufall». Seit Jahren hatte ich ernsthafte Probleme mit Dieselabgasen. Erst wenige Wochen zuvor wurde mir beim Fischen an meinem vereisten Lieblingssee plötzlich schwindlig und übel. Bald bemerkte ich den Geruch von Dieselabgasen, die von einem Lastwagen auf einer nahegelegenen Baustelle stammten. Ich konnte den Motor deutlich hören. Aber ich saß auf dem Eis inmitten des Sees – weshalb reagierte ich so heftig auf Abgase eines Lastwagens, der sich am Ufer befand?

Die Symptome hielten auch noch an, als ich nach Hause zurückkehrte. Das Schwindelgefühl verließ mich fünf Wochen lang nicht, und in dieser Zeit hatte ich Halluzinationen, fühlte mich krank und litt unter Brechreiz. In letzter Zeit wurde diese Art von physischer Reaktion zu einer allzu häufigen Erscheinung in meinem Leben. Jetzt stand ich in der Buchhandlung der Kirche und fragte mich: Könnte dies mit einem früheren Leben zu tun haben? So kaufte ich Rabbi Gershoms Buch über Reinkarnationen aus dem Holocaust und las weiter darin, bis der Kurs begann.

Der nächste Tag war ein Freitag. Es war in psychischer Hinsicht ein schwieriger Tag für mich, nicht so sehr wegen des Buches, sondern weil ich mich auf der schon erwähnten Spirale weiter nach unten drehte. Ich befand mich in einer solchen Depression, daß ich meine Schwester anrief, die als Pflegerin in der psychiatrischen Station eines großen Spitals arbeitet. Sie machte sich wegen meines Zustandes sehr Sorgen und wollte mich sogleich nach Minneapolis fahren, damit ich mich dort freiwillig einer Behandlung unterziehe. Zögernd willigte ich ein, bat sie aber, bis Dienstag zu warten. Ich erklärte ihr, daß ich dieses Buch über Reinkarnation gefunden hätte, das in meinem Denken merkwürdige Reaktionen hervorrief, und dieses wollte ich zuerst fertiglesen.

Am Freitag derselben Woche hatte ich *Beyond the Ashes* vom ersten bis zum letzten Buchstaben gelesen – *zweimal!* Am nächsten Tag, am Samstag morgen, stand ich von meiner Couch auf und mähte den Rasen. Nicht nur das: Ich genoß es – etwas, was vorher wegen meiner Anfälle von Panik und meines depressiven Zustandes unmöglich gewesen wäre. Jetzt konnte ich zum ersten Mal seit Jahren wirklich etwas genießen! Es mag seltsam klingen, doch dieses bißchen Gartenarbeit war der Durchbruch zu meiner gänzlichen Erholung.

In den nächsten Tagen besserte sich mein psychischer Zustand rapid. Nach zwei Wochen nahm ich ein Fitneßprogramm – das erste in meinem Leben – in Angriff. Außer bei den Marschübungen im Militär und beim gelegentlichen Tennisspielen im College hatte ich noch nie ernsthaft körperlich trainiert. Nun war ich entschlossen, meine fünfzig Kilo Speck loszuwerden. Doch zuerst mußte ich mit einem frustrierenden Rückschlag fertigwerden.

Als ich mit meinen Übungen begann, kehrten die Anfälle von Panik und die Depression zurück. Ich wollte auf keinen Fall in diesen Teufelskreis zurückfallen! So gönnte ich mir einige Zeit, um fischen zu gehen, und zwar am selben See, wo ich im Januar den Diesellastwagen gehört hatte. Der Neubau war inzwischen fertig geworden, und das Eis auf dem See war getaut, so daß ich vom Ufer aus fischte. Alles war ruhig und friedlich. Ich saß ganz still dort und meditierte einfach.

Dann kam die Antwort. Als ich die Übungen machte, löste ich Adrenalinstöße aus, aber mein Körper verwechselte diesen natürlichen chemischen Stoff mit *Angst!* Anstatt mich in ein «Athleten-Hoch» zu befördern, löste das Adrenalin in mir Panik aus. Aber woher kam die Angst?

Diese schien irgendwie mit meinem vergangenen Leben im Holocaust zusammenzuhängen. Vielleicht hatte sie mit einer Erinnerung an die Nazis oder an eine andere Menschengruppierung zu tun, die die

Juden terrorisierten. Nachdem mir dieser Zusammenhang bewußt geworden war, konnte ich die Übungen fortsetzen – ohne Panik!

In den nächsten anderthalb Jahren verlor ich zweiunddreißig Kilogramm. Als ich 1994 meine Arbeit als Berater für IBM-Großrechner wieder aufnahm, war ich physisch und psychisch besser in Form als bei Abbruch der Arbeit vor zweieinhalb Jahren.

Aber damit war die Heilung noch nicht zu Ende. Im November 1994 hatte ich mich für einen Workshop zum Thema «Reinkarnation und Holocaust» angemeldet, den Rabbi Gershom in der *Evenstar School*[6] in St. Paul, Minnesota, leitete. Ich war ganz aufgeregt vor Freude, ihn endlich kennenzulernen. Aber am Tag vor Beginn des Kurses wurde ich so krank, daß ich die Arbeit unterbrechen und nach Hause gehen mußte. Am folgenden Tag fühlte ich mich immer noch sehr schlecht und mußte mich krank melden. Ich war sehr in Sorge, daß ich auch abends noch krank wäre und die Chance verpassen würde, den Mann zu sehen, dessen Buch mein Leben verändert hatte.

In dieser Zeit mußte ich auch Medikamente wegen einer Ohrengeschichte einnehmen. Im Lauf des Tages kam ich auf die Idee, daß das Ohrenmedikament zusammen mit dem Koffein in meinem Kaffee so wirken könnte, daß es mein Herz zu heftigem Schlagen trieb. Da war wieder dieses verflixte Adrenalinproblem. Dieses Mal zwang es mich dazu, einen anderen, tiefer liegenden Sachverhalt zu untersuchen.

Wie ich oben geschildert habe, empfand ich mich mein ganzes Leben lang als untermenschlich, weniger wert als ein Zweitklaßbürger. Als ich im April 1993 *Beyond the Ashes* zum erstenmal las, wurde mir klar, wie eine hilflose junge Jüdin geglaubt haben könnte, sie sei wirklich untermenschlich, wenn in ihrer Umgebung niemand war, der sie unterstützte und ihr sagte, daß die Nazitheorien über minderwertige Rassen falsch waren. Rabbi Gershom erklärt in seinem Buch, wie die Nazis absichtlich die Feste, Feiern und Kultgegenstände der Juden entweihten, um dem «Jüdischsein» das Gefühl der Demütigung aufzuprägen. Unter diesen Umständen konnte sich ein Kind oder ein Teenager ohne den Halt einer gewissen Lebenserfahrung ohne weiteres schämen, jüdisch zu sein.

Als ich über mein früheres Leben im Holocaust nachdachte, spürte ich irgendwie, daß ich ein jüdisches Mädchen zwischen zwölf und fünfzehn Jahren gewesen war. Im Lauf der Jahre hatte ich viele Träume gehabt, in denen ich ein Mädchen war. Jetzt wurde mir auch klar, daß ich verinnerlichte Minderwertigkeitsgefühle von jenem Leben in dieses übertragen hatte.

Immer wenn ich über jenes Holocaust-Leben meditiere, kommt mir das Wort *Angst* in den Sinn. Ich fürchte mich immer noch davor, jenes Leben bis in die Einzelheiten zu erforschen, weil es so schmerzhaft ist. Aber etwas ist mir jetzt klar – dieses Gefühl der Untermenschlichkeit ist nicht meine Schuld. Jetzt habe ich mich davon befreit, weil ich weiß, wie die Nazis dem jüdischen Bewußtsein mitgespielt haben. Als jenes jüdische Mädchen hatte ich ihr zur Schande führendes Programm verinnerlicht. Als ich realisierte, daß die Nazis mit meiner Selbstachtung Schindluder getrieben hatten, veränderte sich mein Leben nochmals.

Da ich an jenem Tag ohnehin krank zu Hause lag und Rabbi Gershoms Workshop am gleichen Abend stattfand, nahm ich sein Buch nochmals zur Hand. Nachdem ich einen Teil gelesen hatte, hielt ich inne und machte eine Selbsthypnoseübung, bei der ich den Sündenbock[7] als Urbild ins Zentrum rückte. Ich versuchte, den Teil meiner selbst ins Auge zu fassen, der sich untermenschlich fühlte und den Sündenbock als Bild zu verwenden, um Minderwertigkeitsgefühle zu verstehen.

Unter Selbsthypnose erschien mir das Sündenbockbild als rosafarbenes kaukasisches Ungetüm, das etwa halb so groß war wie ich. Sein Kopf war riesig – dreimal so groß wie der Durchmesser seines Körpers – und wies Nähte auf wie ein Baseball. Ich erkannte dieses Bild als Teil meiner selbst und sagte dem Ungetüm, daß ich es erkannt hätte und seine Kraft brauche, um mich den Leuten um mich herum ebenbürtig zu fühlen. Das Ungetüm antwortete mehrmals: «Du brauchst mich nicht!»

Das sagte es nicht so wie ein kleines Kind, das zu hören hofft: «Oh, doch, ich brauche dich unbedingt!» und dann zufrieden ist. Nein, das Ungetüm meinte wirklich, daß es, der Sündenbock, nicht einmal für mich alten Esel gut genug war.

Als nächstes versuchte ich, mir das Minderwertigkeitsgefühl vorzunehmen, und es gelang mir. Als ich dort saß, sah ich, daß das Ungetüm aufgehört hatte, von mir wegzulaufen. Dann öffnete sich sein Kopf, und vierzig bis fünfzig Wesen aus goldenem Licht kamen heraus – *und bewegten sich gerade in mich hinein!* Von diesem Moment an verlor ich jegliches Minderwertigkeitsgefühl.

In Rabbi Gershoms Workshop teilte ich diese Geschichte den anderen Leuten mit, die auch Erinnerungen aus einem früheren Leben im Holocaust hatten. Das half mir sehr und führte mich schließlich dazu, diesen Bericht zu schreiben. Im Lauf der nächsten zwei Monate legte ich nach und nach alle Schwächen und Schmerzen ab, die mit meiner verinnerlichten falschen Scham zusammenhingen.

Nun denken Sie sicher, daß meine Gesundung vollständig war. Aber dies war gar nicht der Fall. Statt dessen führte der Heilungsprozeß zu einer weiteren schweren Krise. Da sich mein ganzes Leben auf mein Gefühl der Untermenschlichkeit gegründet hatte, blieb mir, als sich dieses verflüchtigte, nichts mehr, auf das ich mein Dasein stützen konnte. Ich war innerlich völlig leer. Sogar meine Erinnerung schien mich im Stich zu lassen, da mein Rückbesinnen dadurch besetzt war, daß ich mich gegen das Gefühl der Untermenschlichkeit schützen mußte.

An diesem Punkt meines Weges vertraute ich mich meinem Pfarrer der *Unity Church* an, der meine Gefühle durchaus verstand. Er gab mir den Rat, eine Weile abzuschalten und mich von meinen Qualen zu erholen. Aber anstatt seinen Rat zu befolgen, dachte ich weiter an der Sache herum.

Es ging mir immer schlechter, bis ich zur Einsicht kam, daß der Teil von mir, der litt, auf der geistigen Ebene eine Illusion war. Dieser Teil – die Persönlichkeit, die das Leid erlebte – war nicht mein wirkliches Ich. Es war nur ein Abglanz meines höheren Selbstes, das niemals durch andere Schaden nehmen kann.

Dennoch hatte ich auf der Ebene des Ego alle die Qualen tatsächlich erlitten. Und nun fühlte ich mich irgendwie betrogen. Vielleicht hatte meine ewige Seele eine wichtige geistige Lehre erhalten, aber diese ging auf Kosten des «Ich», das durch das alles hindurchgehen mußte. Und nun schien dieses «Ich» für immer zu verschwinden. Ich wurde wütend, denn «David» hatte einen hohen Preis bezahlt und war von der ewigen Seele zu ihren Gunsten «benützt» worden.

Dieses zornige Gefühl hatte ich während eines Tages sehr stark. Dann realisierte ich auch, daß der Teil von mir, der gelitten hatte, nie wirklich sterben würde, denn er gehört auch zu meiner Seele. Ich mußte sehen, daß ich diesen Teil wieder in mein höheres Selbst zurückführen konnte, so wie die leuchtenden Wesen in mich hineingekommen waren, als ich dem großköpfigen Ungetüm gegenüberstand. Diese Wesen waren viele Leben, die sich in eines integrierten.

Durch diese Vision hatte ich gelernt, daß ein starkes negatives Erlebnis mit der Seele verbunden bleibt, sogar über mehrere Leben hinweg, daß es aber in etwas Positives verwandelt wird. Die wunderbaren Wesen aus goldenem Licht waren andere starke negative Erlebnisse, die zu mir zurückkehrten. Diese goldenen Wesen wurden in vielen verschiedenen Leben geschaffen, und nun konnten sie endlich zurückkehren. Als mein gegenwärtig Schmerz leidendes Selbst – die Inkarnation David Johnson – dieses erfaßte, war ich geheilt!

Bin ich also ich, oder bin ich ein Mädchen in Nazideutschland? Natürlich bin ich beides und mehr. Jede Persönlichkeit ist ein Teil der Seele und wird niemals sterben. Der mystische Pfad ist eine Vereinigung aller unserer Erlebnisse. Ja, ich mußte in meinen vergangenen Leben leiden und in diesem auch, aber ich stelle alles dar, was «mir» in irgendeiner Form vorangegangen war. Nun habe ich den Eindruck, daß ich einen wichtigen Teil meines Weges zurückgelegt habe und eine Weile ruhen kann, bis Gott es für richtig hält, mich in einer anderen Eigenschaft dienen zu lassen.

Epilog: Am 7. Mai 1996 schrieb David Johnson, daß er frei von Depressionen sei und wirklich «ein neues Leben» begonnen habe. Er geht oder läuft täglich acht Kilometer, unternimmt Bergwanderungen und meidet Süßigkeiten sowie dick machende Nahrungsmittel fast ganz. Er verfolgt auch seine metaphysischen Studien weiter.

DREIZEHNTES KAPITEL

Mary (Miriam) Marks
Ein Traum der Unendlichkeit

Ich wurde 1943 in Los Angeles, Kalifornien, als viertes Kind einer nichtjüdischen Mutter und eines jüdischen Vaters geboren. Noch vor meiner Geburt hatte der Vater die Familie verlassen, und ich wuchs in der Obhut meiner Mutter und meiner Großmutter mütterlicherseits auf; beide hatten keine Beziehung zum Judentum oder zu Juden. Meine Erziehung war absolut diesseitig orientiert.

In meiner ersten Lebenszeit ging es ums Überleben; sie war voller Feindseligkeiten. Weil uns mein Vater im Stich gelassen hatte, war meine Kindheit ungemein hart. Wegen der Entbehrungen, die wir litten, kämpften meine Geschwister und ich um alles, vom Essen bis zur spärlichen Aufmerksamkeit unserer Mutter. Durch Kinderlähmung in früher Kindheit wurde ich körperlich behindert, und ich erhielt nur sporadisch ärztliche Betreuung. Es gab Zeiten, da wir nicht genug zu essen hatten, und zeitweise mußten wir unser Haus mit Ratten teilen. Regelmäßig wurden wir aus der Wohnung vertrieben, weil wir die Miete nicht bezahlten, und als ich vierzehn Jahre alt war, schickte mich meine Mutter als Babysitter zu einer anderen Familie. Zu all dem hinzu wurde ich von Familienangehörigen regelmäßig sexuell mißbraucht und körperlich und seelisch mißhandelt.

Die häufigen Auseinandersetzungen zu Hause führten dazu, daß ich mich in mich selbst zurückzog. Von meinen ersten Lebensjahren an hatte ich ein starkes Gefühl der G-ttesnähe.[1] Mit zwei Jahren grübelte ich über die Unendlichkeit nach. Als ich drei war, träumte mir, ich befinde mich in der Gegenwart G-ttes und höre die himmlischen *Ofanim* (Engel) sein Lob singen. Ohne einen Schatten von Zweifel wußte ich, daß es Gott gibt. Rückblickend finde ich das bemerkenswert, denn es gab bei uns keine wirkliche Religion, und von G-tt war nie die Rede. Wie konnte ich denn mit drei Jahren alle diese Dinge kennen?

Der Traum von G-tt war kein einmaliges Ereignis. Verschiedene Male hatte ich in meinem Leben geistig bedeutsame Träume, von denen ich weiß, daß sie mir von G-tt geschickt wurden. Als ich etwa zehn Jahre alt war, hatte ich einen Traum, der sich ein zweites Mal bis in alle Einzelheiten genau gleich wiederholte. Es ging um meinen eigenen gewaltsamen Tod, und ich war so erschreckt, wie wenn ich es wirklich erlebt hätte:

Es ist 1939 oder 1940, irgendwo in einer großen Stadt in Europa oder den Vereinigten Staaten – ich kann es nicht sagen. Ich bin eine dreißig Jahre alte, gepflegte Frau. Meine schlanke Figur und mein gutes Aussehen sind mir in dieser männerdominierten westlichen Welt sehr zustatten gekommen. Es ist ein gewaltiger sozialer Umbruch im Gang; Tod und Zerstörung drohen immer mehr. Bis heute hat mich mein attraktives Aussehen vor den Schändlichkeiten bewahrt, die um mich herum passieren, aber ich weiß intuitiv, daß sich mein Leben bald radikal ändern wird ...
Ich gehe angsterfüllt und zitternd auf ein Gebäude zu und fühle mich hilflos einem unbekannten drohenden Verrat ausgeliefert. Ich streiche die Jacke meines eleganten, grauen Wollkleides glatt, rücke leicht den Hut auf meinem kurzen, braunen Haar zurecht, straffe meine Schultern, besteige den Lift, drücke den Knopf und fahre zum achten Stock. Der Motor summt, die Kabel ziehen die Kabine aufwärts. Nach einer raschen Fahrt ertönt ein Glockenzeichen, und die Nummer acht leuchtet auf.
Der Lift hält, die Türen öffnen sich. Ich scheine vom Lift durch die Tür in das Sprechzimmer meines Arztes zu gleiten. Er ist kahlköpfig, mit einem Kranz kurzgeschnittener, grauer Haare, glattrasiert, trägt eine Stahlrandbrille und einen dezenten, grauen Anzug. Ich nehme an, er sei Psychiater. Er begrüßt mich sachlich, und ich suche in seinen stahlgrauen Augen nach einem Hinweis – irgend einem Hinweis – über mein Schicksal.
Ich stehe mit meinem Rücken zur Tür, gegenüber der Außenwand, an deren Fenster sich waagrechte, weit auseinanderstehende hölzerne Jalousien befinden. Der Psychiater steht in aufrechter militärischer Haltung zu meiner Linken. In kurzen, knappen Sätzen stellt er klar, daß er alles für mich getan hat, was er tun konnte. Ich weiß nicht genau, was nicht in Ordnung ist, aber etwas an mir wird nicht akzeptiert. Deswegen wird sich, wie ich weiß, mein Leben völlig ändern. Eine Tür zu einem Büro nebenan öffnet sich. Zwei weitere Männer kommen in den Raum und stehen vor einem dunklen Bücherschrank in der Ecke. Sie tragen schwarze Anzüge, und einer von ihnen hat

einen Bart. Der Psychiater begibt sich zu ihnen, und die drei Männer beraten, was mit mir zu geschehen habe.

Ich soll an einen Ort geschickt werden, wo ich eingesperrt werde, völlig unter der Kontrolle von anderen Leuten, und dazu verurteilt, den Rest meines Lebens in psychischer und vielleicht auch physischer Qual zu verbringen. Die Aussicht ist schreckenerregend. Ich überlege mir, daß ich lieber sterben würde, als dies mit mir geschehen zu lassen. Panik bemächtigt sich meiner, wild kreisen meine Gedanken, nach einem Ausweg suchend.

Ich stehe immer noch den Fenstern gegenüber und sehe, daß ein Rolladen aufgezogen ist, damit man auf die Stadt hinuntersehen kann. Es ist Nacht, und die Straßen und riesigen Bürogebäude sind hell erleuchtet. Darüber erhebt sich ein unendlicher schwarzer, mondloser Himmel mit Millionen von Sternen, die vor dem schwarzen Hintergrund glitzern. Ich gehe langsam zu dem Fenster hinüber, hingerissen von der Schönheit der Sterne. Je länger ich schaue, desto mehr sehe ich. Plötzlich wird die Welt da draußen eine weite Ewigkeit mit Lichtpunkten, die mich irgendwie herbeiwinken und mir etwas eingeben. Ich weiß, was ich tun muß.

Das Fenster läßt sich leicht öffnen. Ich klettere hinaus. Die drei Männer in der Ecke sehen es und eilen herbei, um mich aufzuhalten, aber sie kommen zu spät. Ich springe aus dem Fenster, um mich mit der Dunkelheit und dem Licht zu vereinigen.

Während des Herunterfallens fühle ich keine Panik und keine Furcht. Ich bemerke mit einiger Verwunderung, daß meine Haut durch die Geschwindigkeit der vorbeirauschenden Luft kalt wird und ich zu zittern beginne. Das hatte ich nicht erwartet. Plötzlich schlage ich auf dem Straßenpflaster auf, und alle Lichter gehen aus. Ich fühle keinen Schmerz. Ich bin tot.

Als nächstes merke ich, daß ich mich in einem dunkeln Tunnel befinde und mich auf ein Licht zubewege – ich will aber nicht dorthin. Es wird mir bewußt, daß ich schon eine Weile tot bin und in der Zwischenzeit «anderswo» war. Auch weiß ich, daß ich in dieser Zeit etwas Wichtiges erfahren habe, aber plötzlich kann ich mich nicht mehr erinnern, was es war. Es ist, als ob ein schwarzer Schleier absichtlich zwischen mich und diesen anderen Ort gezogen worden wäre. Aber ich weiß genau, daß ich dort völlig glücklich, geliebt und erfüllt gewesen war, und ich will von ganzem Herzen und aus ganzer Seele dorthin zurück.

Ich kämpfe, aber meine Gedanken können die Barriere nicht durchbrechen. Ich spüre eine Kraft, die mich physisch voranstößt, durch den Tunnel auf das Licht zu. «Zwinge mich nicht zu gehen!» schreie ich voller Angst und Verzweiflung, als der wunderbare Ort zurückweicht – aber die stoßende Kraft ist unerbittlich.

Ich werde völlig von Furcht überwältigt. Ich schreie und weine, während ich in ein grelles künstliches Licht hinein auftauche. Um mich herum stehen sehr große Leute, und ich bin anscheinend ganz klein. Ich schreie vor Entsetzen, und plötzlich höre ich meine eigene Stimme und merke, daß ich ein kleines Kind bin.

Ich bin gerade auf die Welt gekommen. Das grelle Licht ist die helle, runde Lampe im Gebärsaal eines Spitals, und das unerträgliche Weiß stammt von der beleuchteten sterilen, weißen Bekleidung der um mich herumstehenden Ärzte und Pflegerinnen. Mit wachsender Verzweiflung wird mir klar, daß ich meine Angst niemandem mitteilen kann, und auch niemandem sagen kann, daß ich von diesem anderen Ort komme. Auch merke ich, wie mit jedem Schrei die Vergangenheit zurückweicht und verschwommener wird, während die Gegenwart zur durchdringenden Wirklichkeit wird. Mir wird klar, daß alles Wissen über meine Vergangenheit vor der Geburt verloren sein wird, sobald ich fähig werde, mich zu verständigen.

In meiner kindlichen Allmacht meine ich, daß alles in dem Raum – sogar in der ganzen Welt – im Moment meiner Geburt zu dem Zweck erschaffen wurde, in meinem Leben eine Rolle zu spielen. Ich stelle mir vor, deren Dasein hänge von mir ab und sie könnten außerhalb meines Lebens nicht existieren. In tiefer Melancholie schicke ich mich an, in einen endlosen Kreislauf von Leben, Tod und Wiedergeburt einzutreten – in welchem mir ein Leben voller Schmerzen und Sorgen vorherbestimmt ist.

Ich möchte diesen Kreislauf nicht wieder betreten. Der Gedanke, daß ich nach dreißig Jahren wieder dazu gezwungen werde, Selbstmord zu begehen, bringt mich zur Verzweiflung. Verständlicherweise kann mein Wehklagen nicht getröstet werden. Mein neuer Name lautet Mary Marks. Es ist der 3. Juni 1943 im *White Memorial Hospital*, Los Angeles, Kalifornien. Und schon habe ich vergessen, wie mein anderer Name war.

Ich hatte diesen Traum nur zweimal, aber er war beide Male genau gleich, und er hat sich mir mit jeder Einzelheit ins Gedächtnis gebrannt, so daß ich ihn nie vergesse. Dieser Traum vom Sterben und Wiedergeborenwerden enthielt Tatsachen und Symbole, die ich im Alter von zehn Jahren nicht kennen konnte – und doch waren sie da. Wo kamen diese Tatsachen her?

In den nächsten Jahren hatte ich noch einen oder zwei spirituell bedeutsame Träume, aber keiner war so deutlich und einschneidend wie der geschilderte. Als ich sechzehn Jahre alt war, spürte ich einen unwiderstehlichen Drang, jüdisch zu sein. Ich war die einzige in der Familie, die so empfand. Als ich meinen Geschwistern etwas vom jüdischen Erbe unseres Vaters sagte, hatten sie kein Interesse.

Ich sah meinen Vater selten, und er hatte wenig Einfluß auf mein Leben. Wenn ich ihm gegenüber je auf meine Neigung zum Judentum zu sprechen kam, war er völlig desinteressiert. Er suchte sein ganzes Leben lang dem Jüdischsein zu entkommen. Merkwürdigerweise war es meine nichtjüdische Mutter, die mich ermutigte, auf mein Erbe stolz zu sein, nur wußte sie nicht, was das bedeutete. Sie dachte, jüdisch zu sein sei wie irisch oder deutsch zu sein – einfach eine andere Nationalität.

In diesem sechzehnten Lebensjahr wohnte ich mit meiner Mutter und meinem jüngeren Bruder in einer kleinen Stadt im Norden von Kalifornien. Da ich mich gezwungen fühlte, meine spirituelle Odyssee anzutreten, ging ich zur öffentlichen Bibliothek, wo ich am ehesten Aufschlüsse zu finden hoffte. Ich fand nur ein Buch zu dem Thema: Nathan Asubels Geschichte des jüdischen Volkes – ein Riesenwälzer, an den ich mich nicht wagen mochte. So schaute ich im Telefonbuch nach jüdischen Namen. Ich kannte nur drei mit Bestimmtheit: Cohen, Marks und Shapiro.

Ich fand eine Frau Shapiro, rief sie an und fragte sie, ob es in der Nähe eine Synagoge gebe. Ich erklärte ihr, ich sei sechzehn, Halbjüdin und hätte Interesse zu konvertieren.[2] Eine richtige Synagoge gab es nicht in unserer Stadt, doch wies mich die Frau zum örtlichen *Minjan* (siehe Anm. 5 zum 10. Kapitel), wo ich ohne weiteres aufgenommen wurde.

In dieser kleinen Gemeinschaft hatte ich endlich meine Heimat gefunden. Dort wurde mir alles beigebracht, was ich in zwei kurzen Jahren aufnehmen konnte. Danach besuchte ich die UCLA (University of California in Los Angeles und trat der Hillel-Studentenvereinigung bei.[3] Meine jüdische Erziehung führte folgerichtig zum nächsten Schritt: Ich konvertierte offiziell. Nun lebte ich als Jüdin – zuerst gehörte ich dem Reformjudentum, dann der orthodoxen Richtung an. Aber die reichhaltige, tiefe und vielschichtige Substanz des orthodoxen Judentums und der kabbalistischen Mystik blieben zum großen Teil ein Rätsel für mich.

* * *

Da ich nur das moderne Judentum kannte, das zum Rationalismus tendiert, wagte ich nicht, meinen Traum ernstzunehmen. Schließlich war es ja nur ein Traum. Jahrelang ruhte er im Untergrund meines Bewußtseins und tauchte nur gelegentlich an der Oberfläche auf, um mich mit der Vorstellung eines früheren Lebens zu verlocken.

Einmal sagte Tante Flora (von Vaters Seite), sie glaube, ich sei eine Reinkarnation ihrer Urgroßmutter Malka, die mit ihrem Mann Nahum 1898 nach Israel ausgewandert war. Dort hätten die beiden in Mea Shearim, dem Orthodoxenviertel von Jerusalem, eine Synagoge gebaut. Meine Tante fand, ich hätte die gleiche Geistesart wie Urgroßmutter Malka.

Bei meinem ersten Besuch in Israel im Jahr 1988 pilgerte ich zur Tiferet Yerushalayim, Malka und Nahums kleiner Betstube *(Shul)* in Jerusalem, wo ich die Steinwände berührte und dachte: «Diese hat Malka berührt.» Ich sorgte dafür, daß in der kleinen Yeshiva (Religiöse Akademie), die die beiden vor einem Jahrhundert gegründet hatten, Malkas *Jahrzeit* – der Jahrestag ihres Todes – geehrt wurde.[4] Die Tradition und die Verbindung zur Vergangenheit waren immer sehr wichtig für mich und sind es auch jetzt noch.

Kurz nach diesem Besuch in Israel tauchte die Erinnerung an den Traum wieder auf, den ich mit zehn Jahren hatte, und nun mußte ich eine Deutung finden. Im Lauf der Jahre versuchte ich mein Glück bei verschiedenen Rabbis in Israel und den Vereinigten Staaten, von denen ich dachte, sie hätten die Fähigkeit, Träume zu deuten, aber diese Versuche schlugen alle fehl. Dann las ich 1993 Rabbi Gershoms Buch *Beyond the Ashes,* von dem ich so erregt wurde, daß ich mich kaum mehr halten konnte. Hier hatte ich endlich eine Möglichkeit gefunden, verschiedene Dinge in meinem Leben verstehen zu lernen. Nun kannte ich einen Menschen, der nicht nur meinen Traum deuten, sondern auch die Qualen erklären konnte, die mich seit meiner Kindheit plagten.

* * *

Die wichtigsten Aufschlüsse über die Bedeutung des Traumes erhielt ich in einem Telefongespräch mit Rabbi Gershom, in welchem er die

Vermutung äußerte, daß ich 1939 durch den Holocaust hätte gehen müssen, statt dessen aber Selbstmord begangen habe. Alles, was ich mir dadurch im vorhergehenden Leben erspart hatte, müsse ich jetzt in diesem erleben. Jetzt aber, fuhr der Rabbi fort, seien meine Leiden, so wie der Holocaust selber, vorüber. Und ich hätte nun alles gelernt, was der Allmächtige mir durch Leiden zu lernen aufgegeben habe.

Durch diese Sicht der Dinge fühlte ich mich sehr erleichtert. Tatsächlich hat sich mein Leben seit unserem Gespräch gebessert. Die harten Erfahrungen, die ich hatte machen müssen, verdüstern mein Dasein nicht mehr mit Trauer und Schmerz. Statt dessen haben sie sich im Lauf der Jahre zu Erkenntnis, Toleranz und Verständnis – und hie und da ein bißchen Weisheit – verwandelt.

Es war nicht einfach, meinen Traum und dessen Deutung den Menschen zu erzählen, die mir am meisten bedeuten. Ich brauchte lange Zeit, um mein persönliches Vorurteil gegen diese «fremde» Idee zu überwinden. Wenn ich in der heutigen Zeit von Reinkarnation rede, habe ich das Gefühl, mich in die Nesseln zu setzen. Wer glaubt denn in der westlichen Welt an solches Zeug? Früher hätte ich wie jeder amerikanische Jude, den ich kenne, geantwortet: «Verrückte und New-Age-Leute vielleicht, aber nicht Juden.» Die Entdeckung, daß man als Jude auch an Reinkarnation glauben kann, hat die meisten Leute ebenso überrascht wie mich.

Es gab eine Phase in meinem Leben, in der ich die Wissenschaft mehr verehrte als G-tt. Doch schließlich begann ich zu erkennen, daß wir durch die Mengenlehre Zeit und Materie auf neue Art anzuschauen lernen. Einstein entwickelte die Relativitätstheorie, indem er mathematisch bewies, daß die Zeit flexibler ist, als wir denken. Heisenberg stellte in der Quantenmechanik die Unschärferelation auf, die den Nachweis erbringt, daß die Materie sich nicht immer auf meßbare Weise verhält. Als Folge dieser und anderer wissenschaftlichen Entdeckungen verengt sich die scheinbare Kluft zwischen Wissen und Glauben. Wir müssen unsere Phantasie nicht mehr überbeanspruchen, um die Möglichkeit zu akzeptieren, daß Seelen nach geistigen Gesetzen in die Zeit herein- und aus der Zeit hinaustreten. Die mystischen Gesetze des Universums zu akzeptieren, bedeutet für mich nichts anderes, als die Macht eines unerkennbaren G-ttes zu akzeptieren. In dieser Anschauung finde ich starken Trost und unendlichen Frieden.

VIERZEHNTES KAPITEL

Patricia (Rachel Brachah) O'Brian
Freudenbringer

Ich habe keine klaren, bestimmten Erinnerungen an ein vergangenes Leben im Holocaust. Doch erinnere ich mich, als Kind Bücher über den Holocaust gelesen zu haben. Als ich die Bilder von den Opfern der Konzentrationslager sah, hatten diese eine unwiderstehliche und gleichzeitig abstoßende Wirkung auf mich. Die Szenen schienen mir auf undurchschaubare Weise vertraut, aber ich konnte mich nicht daran erinnern, in einem bestimmten Konzentrationslager gewesen zu sein oder zu einer bestimmten Zeit gelebt zu haben. Doch wurde ich zuweilen von heftigen Hunger-, Kälte- und Angstgefühlen gepackt. Auch versetzte es mich in Angst und Schrecken, wenn ich dunkle, offene Felder überqueren mußte. Ich hatte dann immer das Gefühl, irgend etwas verfolge mich ...

Hingegen weiß ich noch genau, daß ich mich in meiner Kindheit sehr vom Judentum angezogen fühlte, und zwar schon ganz früh, zur Zeit meiner ersten Erinnerungen. Ich stammte aus einer ziemlich antisemitischen Familie und besuchte eine katholische Schule, wo wir darum beteten, vom «treulosen Juden und den Ungläubigen» errettet zu werden. Auch wurde mir beigebracht, daß nur Katholiken in den Himmel kommen.

Am Tag, an dem ich dieses Dogma lernte, ging ich nach der Schule zur Kirche und hatte ein langes Zwiegespräch mit G-tt.[1] Ich weiß noch, daß ich zu ihm sagte: «Obwohl du allmächtig und allwissend bist, bist du recht gemein und dumm. Wie kannst du Leute dafür bestrafen, daß sie nicht katholisch sind, wenn du uns doch so geschaffen hast, wie wir sind?» Solche tiefen Gedankengänge stießen bei den Nonnen nicht auf wohlwollendes Verständnis, aber ich war gut im Erkennen von Widersprüchen.

In der dritten Klasse hatten wir endlich biblische Geschichte. Das war eine willkommene Abwechslung, nachdem wir zwei Jahre lang den *Baltimore-Katechismus* auswendig gelernt hatten. Nun hörten wir von den Patriarchen (Abraham, Isaak) und von Rachel und Leah. Wie war ich begeistert von den Geschichten von Joseph beim Pharao, von Josua in

Jericho, von Isaak auf dem Altar und vom Auszug aus Ägypten – sie waren für mich Wirklichkeit.

Ich fühlte mich tief verbunden mit den Menschen des alten Israel und konnte nie genug über sie hören. Jeden Tag ging ich nach der Schule zur öffentlichen Bibliothek und las alle Bücher über jüdische Geschichte, Religion, Gebräuche und Feste, die ich finden konnte. Je mehr ich las, desto mehr Freude erfüllte jede Faser meines jungen Körpers. In der katholischen Schule war ich mit dem, was die Nonnen uns lehrten, nie einverstanden gewesen. So hatte ich meine eigenen Ideen entwickelt und meinte, damit allein zu stehen. Nun erfuhr ich, daß von der jüdischen Religion genau das gelehrt wird, woran ich glaubte. Ich war nicht allein. Ich war nicht verrückt – ich war jüdisch.

* * *

In den folgenden Jahren studierte ich weiter, und als ich erwachsen war, entschloß ich mich zu dem wichtigen Schritt, offiziell zu konvertieren. «Konvertieren» – wie ich diesen Begriff hasse! Ich ziehe die Bezeichnung «Heimkehr» vor. Ich habe meinen eigenen *Midrasch* (Gleichnis) über dieses Heimkommen geschaffen, um zu erklären, warum manche Menschen direkt ins jüdische Volk geboren werden, während andere dazu kommen müssen, indem sie «konvertieren».

Im 29. Kapitel des Deuteronomium spricht Moses zu seinem Volk:

«*Atem nizawem hajom chulchem* – Ihr habt euch heute alle vor dem Herrn, eurem G-tt, aufgestellt: eure Anführer, Stammesführer, Ältesten und Listenführer, alle Männer Israels, eure Kinder und Greise, eure Frauen und auch die Fremden in deinem Lager, vom Holzarbeiter bis zum Wasserträger ... Der Herr, dein G-tt, schließt heute mit dir diesen Bund, um dich heute als sein Volk einzusetzen und dein G-tt zu werden.»[2]

Der klassische *Midrasch* (Rabbinischer Kommentar) erweitert und erklärt diese Verse der Thora. Gemäß einer bekannten Interpretation bedeutet «ihr alle», daß die Seele jedes Juden, der je geboren wurde und geboren werden wird, auf dem Berg Sinai dabei war, als G-tt die Thora enthüllte und das jüdische Volk seinen Bund annahm. Mit dem «Fremdling» sind Nichtjuden gemeint, die die Thora auch akzeptierten und später ihren Weg zum Judentum fanden.[3]

Mein persönliches *Midrasch* führt diesen Gedanken einen Schritt weiter. Ich glaube, daß *Ha-Schem* (ein Name für G-tt) die Prüfungen und Leiden voraussah, die dem jüdischen Volk beschieden waren. Er wußte auch, daß viele das Jüdischsein als schreckliche Bürde betrachten würden, als etwas, das bei der ersten Gelegenheit abzuwerfen ist. Darum nahm G-tt einige jüdische Seelen auf dem Berg Sinai zur Seite und fragte sie, ob sie willens wären, eine Zeitlang von ihrem Volk getrennt und in die nichtjüdische Welt geboren zu werden. Diese Seelen sollten die Freuden des Jüdischseins als unmittelbares Erlebnis in ihrer Erinnerung behalten und davon zunehmend angezogen werden, um in einer späteren Inkarnation ins jüdische Volk zurückzukehren. Ihr Weg würde schwer sein, denn es galt, ein langes und schmerzliches Exil zu ertragen.

Ich nenne diese Seelen *Shomrei Simchah* – «Freudenbringer». Durch verschiedene Zeitalter hindurch sollten diese «Hüter» als jüdische Seelen in nichtjüdischen Körpern leben, bis sie für ihr Volk als «Medizin auf Abruf» wirken können. Immer dann, wenn der Geist der Juden unter dem Joch von Verfolgung und Unterdrückung zu ersticken droht, kehren einige dieser «Juden auf Abruf» zum Judentum zurück und «konvertieren». Weil ihr Geist nicht durch jahrhundertelange Verfolgung niedergebeugt ist, können sie einen neuen Aufschwung bewirken, indem sie das Judentum durch ihre Freude wiederbeleben.

Ich sehe mich als Angehörige dieser «Hüter», die in einer Zeit zu ihrem Volk zurückkehrt, da dessen Freude durch die qualvolle Erinnerung an den Holocaust verdunkelt ist. Meine Aufgabe ist nicht einfach. Einige meiner «als Juden geborenen» Freunde wundern sich über mein «übereifriges Engagement» – wie sie es nennen – und stoßen sich etwas daran. Andere bezeichneten mich als verrückt und bedachten mich auch mit schlimmeren Titulierungen, weil sie nicht glauben konnten, daß jemand freiwillig Jude sein wollte. Zeitweise scheint der kollektive Schmerz des Holocaust wie eine dunkle, unheilvolle Wolke über der jüdischen Gemeinschaft zu schweben.[4]

Einmal fragte mich ein Rabbi, warum ich die «Bürden» und «Einschränkungen» der Thora auf mich nehmen wolle.[5] Nun war es an mir, erstaunt zu sein, denn ich empfinde die Thora als eine starke, befreiende Kraft in meinem Leben. Wenn ich eine Thorarolle in meinen Armen halte und damit an *Simchat Thora* (Fest der Gesetzesfreude) tanze, im zerbrechlichen Schutz der Laubhütte sitze oder meine *Tallis* und *Teffilin*[6] zum Beten anziehe, vergieße ich Freudentränen wegen des Reichtums an geistiger Nahrung, die ich von der jüdischen Religion bekomme.

Wenn ich jeden Freitagabend die Kerzen anzünde, bedenke ich voller Ehrfurcht, daß ich mit jüdischen Frauen in der ganzen Welt – und in allen Zeiten – verbunden bin, die dieses einfache Ritual auch durchführen, um den Sabbat vorzubereiten. Alle diese Feiern sind für mich unbeschreiblich schön, vielleicht weil sie mir noch aus der Zeit auf dem Sinai in Erinnerung sind, als sie noch nicht von der erniedrigenden Verachtung der Antisemiten «verdorben» waren.

* * *

Um meine Konvertierung abzuschließen, mußte ich vor einem *Bet Din* (rabbinisches Gericht) erscheinen und der *Mikwe,* einem rituellen Tauchbad, unterziehen. Als ich aus den «lebendigen Wassern» der *Mikwe* auftauchte, war ich nach jüdischem Gesetz Jüdin geworden.

Im rechtlichen Sinn ist dies richtig, aber in meinem Herzen war ich schon immer Jüdin gewesen – seit die Thora auf dem Berg Sinai überreicht wurde. Meine Reise durch die Jahrhunderte war lang und mühsam, und ich kam so staubig und zerzaust an, daß mich niemand zu erkennen vermochte. Nein, die *Mikwe* «machte» mich nicht zur Jüdin, es wusch nur den Staub ab, so daß jedermann meine wahre Identität erkennen konnte.

Ich glaube, daß G-tt dies vor vielen Jahrtausenden so geplant hat. Meine Seele schaudert vor den Bildern des Holocaust, weil sie geistig in all diesen Jahrhunderten mit den Juden verbunden war. Jetzt ist es endlich Zeit geworden für mich, zurückzukehren und meinem Volk zu dienen, indem ich ihm helfe, über das Trauma hinwegzukommen und die Freuden des Jüdischseins wiederzuentdecken. Ich weiß, diese Aufgabe ist nicht einfach. Aber es ist wunderbar, endlich zu Hause zu sein!

FÜNFZEHNTES KAPITEL

Yonassan Gershom

Der Kreis der Thora

Dieses Buch wäre nicht vollständig ohne meine eigene Geschichte der inneren Heilung. In den vergangenen fünfzehn Jahren hat das Thema Wiederverkörperung aus dem Holocaust mein Bewußtsein so dominiert, daß ich zeitweise andere wichtige Lebensbereiche vernachlässigte. Wie ich in der Einleitung zu Teil II dieses Buches erklärte, habe ich nicht geplant, der «Holocaust-Reinkarnations-Rabbi» zu werden. Zuerst war ich ein einfacher chassidischer Geschichtenerzähler, der bereit war, sich einige sehr seltsame Berichte anzuhören. Wie jeder Schamane weiß, kann die verwundete Seele durch «das Erzählen einer Vision» im rechten Zeitpunkt und am rechten Ort geheilt werden. Ich beteiligte mich immer willig an solchen Prozessen, aber mit den Jahren fühlte ich mich in dieser Rolle so festgefahren, daß ich Zweifel hatte, ob ich mich je wieder davon werde lösen können. Nun ist der Moment gekommen, wo ich dies tun muß.

Meine persönliche Reise «von der Asche zur Heilung» war lang und schwierig. Es war nicht einfach für mich, von so vielen mit Folter und Verrat erfüllten Alpträumen, Visionen und Erinnerungen, aus früheren Leben zu hören. Es gab viele Nächte, in denen ich völlig niedergeschlagen ins Bett ging und meinen Schöpfer frage, warum mir diese überwältigende Bürde aufgeladen worden sei. In einer solchen Nacht hatte ich den folgenden Traum, von dem ich im ersten Teil des Buches berichtete:

Ich träumte, ich sei ein chassidischer Junge von acht oder neun Jahren in Osteuropa. Die Juden des Dorfes hatten sich versammelt; in der Ferne hörten wir Geschützdonner. Mein Vater, der Rabbiner des Ortes, versuchte, die Leute zu trösten. Er erklärte ihnen, daß sie zwar bald sterben müßten, aber sie sollten sich nicht fürchten, denn der Körper sei nur ein Gewand. Die Seele, sagte er, lebe ewig und werde eines Tages in einem neuen Gewand wieder auf Erden wandeln. Allerdings, fuhr der Rabbi bekümmert fort, gebe es da ein Problem. Über viele, viele Inkarnationen hinweg seien ihre Seelen immer wieder in dieses Dorf zurückgekehrt und hier als Kinder ihrer Kinder wiedergeboren worden. Diesmal jedoch würde das Dorf vollkommen zerstört werden, niemand würde überleben, der den Seelen neue Körper zur Verfügung stellen könnte. Folglich könnten sie nie mehr hierher zurückkehren und würden wohl im nächsten Leben voneinander getrennt werden. Die Frage sei, wie sie einander wiederfinden sollten.

Es wurde beschlossen, das Los zu werfen. Derjenige, auf den das Los fiele, würde sofort wiedergeboren werden und einen neuen Ort suchen, an dem sich die Dorfbewohner treffen könnten. Er sollte den Weg bereiten und den anderen als übersinnliches Leuchtfeuer dienen, damit sie ihn finden könnten. Auf diese Weise würden sie einander hoffentlich nicht verlieren.

Ernst sprachen die Juden ein gemeinsames Gebet. Dann zog jeder ein Los. Der Geschützdonner kam immer näher. Plötzlich erstarrte alles – das Los war auf mich gefallen! Als ich gerade protestieren wollte, ich sei noch viel zu klein und wisse nicht, was ich zu tun hätte, drangen die Nazis ins Dorf ein und begannen alle zu erschießen. Ich wachte auf.[1]

In all den Jahren habe ich immer wieder über diesen Traum nachgedacht, und schließlich wurde er mir ein Schlüssel zum Verständnis meiner Rolle in der Geschichte der Holocaust-Reinkarnationen. Wenn mein Traum wirklich eine Erinnerung an ein vergangenes Leben war – was ich heute glaube –, dann war ich mehr als nur «der Sohn des Rabbi». Mein Vater war in jenem Leben der Rebbe – der geistige Meister – des Dorfes, und ich hätte diese Stellung von ihm geerbt. Wenn ich den Holocaust überlebt hätte, wäre ich jetzt ein älterer Mann Mitte siebzig. In mancher Hinsicht bin ich das auch, obwohl mein jetziger Körper 1947 geboren wurde. Während meines ganzen Lebens habe ich mich immer am besten mit Leuten verstanden, die Jahrzehnte älter waren als ich. Wie so viele Menschen in diesem Buch war auch ich ein Fremder in der Familie, in der ich zur Welt kam, und ich bin bis heute ein Einzelgänger geblieben.

Ein muslimischer Sufi-Lehrer sagte mir einmal, daß wir die erste Hälfte unseres Lebens damit verbringen, unser Karma der vorhergehenden Inkarnation zu bereinigen, und in der zweiten Hälfte das zukünftige Leben vorbereiten. Ich bin sicher, daß dies in meinem Fall zutrifft. Während beinahe fünf Jahrzehnten versuchte ich, auf irgendeine Art das kleine Dorf meiner seelischen Erinnerung wiederzuerschaffen. Vor vielen Jahren, als ich Rabbi Zalman Schachter erstmals traf, dachte ich, nun hätte ich es endlich gefunden, denn ich hatte im ersten Moment ein überwältigendes Gefühl von «unmittelbarem Wiedererkennen». Trotz der Tatsache, daß Reb Zalman zwanzig Jahre älter ist als ich, hatte ich immer das Gefühl, wir gehörten derselben Generation an.

Reb Zalman erkannte unsere seelische Zusammengehörigkeit auch. Während zwei Jahrzehnten war ich sein ergebener Schüler. 1983 ernannte er mich zu einem spirituellen Leiter, und 1986 wurde ich von ihm persönlich in die B'nai Or («Kinder des Lichts»)- Bewegung berufen, die er gegründet hatte. Aber nicht lange nach dieser erfreulichen Begebenheit gab die B'nai Or ihre neo-chassidische Richtung auf und wurde zur «Aleph Alliance for Jewish Renewel (Aleph-Allianz zur jüdischen Erneuerung)», eine nicht-orthodoxe Organisation, an der ich mich nicht mit ganzem Herzen beteiligen konnte. Reb Zalman spürte meine Not und gab mir einen doppelten Segen[2], wenn ich meinen eigenen Weg gehen wolle. Wir trennten uns als Freunde und sind es auch geblieben, aber ich war wiederum ohne geistige Heimat.

Es gab dann einige erfolglose Versuche, eine alternative jüdische Gemeinde zu gründen – Experimente, die man am besten im Staub der vergessenen Geschichte liegen läßt. Als 1992 *Beyond the Ashes* erschienen war, deuteten viele Leser meinen Traum vom Dorf als Zeichen an mich, daß ich eine New-Age-Gemeinschaft mit universellem Charakter gründen sollte. Wenn ich eine eigene Sekte hätte gründen wollen, wäre es einfach gewesen. Doch wußte ich in meinem Herzen, daß dies nicht Gottes Wille war. Ich war nicht wiedergekommen, um eine New-Age-Sekte zu gründen.

Ich hatte immer das Gefühl, daß es in meinem Traum um das *Fortbestehen des Judentums* ging, nicht um einen Bruch mit der Tradition. Meine Beschäftigung mit Problemen der Wiederverkörperung aus dem Holocaust führte mich immer tiefer in den Chassidismus hinein und stärkte meine Verpflichtung gegenüber einer Lebensweise, die sich nach der Thora richtet. Wenn diese Dorfbewohner aus meinem früheren Leben wieder mit mir zusammentreffen werden, dann werden sie dies nicht als Anhänger einer esoterischen Bewegung tun, sondern als religiöse Juden, wie sie es während Generationen von Inkarnationen waren. Für sie wie für mich ist die auf dem Berg Sinai eingegangene Verpflichtung ein immerwährender Bund, der nicht gebrochen werden darf.

Der andere Teil des Traums – der von den Deutern meistens übersehen wird – sagt aus, daß ich *eine Generation früher* zurückkommen würde. Meine Aufgabe ist es nicht, das Dorf jetzt wiederzuerschaffen, aber den Weg zu bereiten, daß dies in der Zukunft geschehen kann. Mein Versprechen lautete, eine Brücke zu bilden zwischen dem, was im Holocaust verloren wurde und was jetzt in Amerika besteht. Dies habe ich mehr als erfüllt. Doch muß eine starke Brücke auf beiden Seiten des Flusses gut verankert werden, und wenn das getan wird, gehört sie weder der einen noch der anderen Seite an. Ein Medizinmann der Lakota sagte mir einmal «Der Schamane geht immer allein.»

Als die Dorfbewohner und ich in jenem früheren Leben Lose zogen, glaubten wir wirklich, daß wir uns in der Zukunft irgendwo treffen und dort weiterfahren könnten, wo wir aufhörten. Wir konnten aber nicht vorhersehen, wie aufgerieben unser Volk sein würde, wenn es aus dem dunkeln Tunnel des Holocaust auftaucht. Jetzt ist es mir klar, daß wir viele Inkarnationen brauchen, um wieder zu gesunden.

Wenn «meine» Dorfbewohner überhaupt auf der Erde leben, gehören sie bestimmt nicht zu meiner Generation. Vielleicht werden sie gerade jetzt geboren. In den letzten Jahren habe ich viele jüdische Kinder mit diesem von fern her «wissenden» Blick in den Augen gesehen – alte Seelen in jungen Körpern, die stark auf die Sprache, die Feiern und Gepflogenheiten der traditionellen jüdischen Lebensweise reagieren. In meiner Kindheit während der Nachkriegszeit war das Jüdischsein etwas Peinliches. Aber für die neue Generation ist es eine Quelle des Stolzes. Als Gemeinschaft beginnen wir endlich Heilung zu finden.

Meine persönliche Heilung trat am Fest *Simchat Thora* – Fest der Gesetzesfreude – im Herbst 1995 ein. Bei dieser jährlichen Feier nehmen wir die Thorarollen hervor und tanzen mit ihnen in fröhlicher Prozession. Glauben Sie mir, diese Pergamentrollen sind schwer – einige wiegen fast zwanzig Kilo –, doch wenn ein Jude mit Freude tanzt, «trägt sich die Thora selber». Im physischen Bereich ist es natürlich so, daß sich die Leute abwechseln; während einige die Rollen tragen, tanzen andere im Kreis um sie herum und singen immer wieder und wieder heilige Verse auf Hebräisch, wie Mantren.

An diesem bestimmten Wochenende mußte ich an einer Zusammenkunft in Baltimore, Maryland, sprechen. Das jüdische Gesetzt verbietet es, an den wichtigen Festtagen zu reisen, und weil *Simchat Thora* in jenem Jahr am Sonntag abend begann, war es nicht möglich, nach Minnesota zurückzufliegen. Laurie Schwartz, die Organisatorin der Zusammenkunft, hatte freundlicherweise dafür gesorgt, daß ich den Festtag im orthodoxen Viertel von Baltimore, in einer kleinen von Rabbi Menachem Goldberger geführten chassidischen Synagoge verbringen konnte.

In manchen Gemeinden grenzen die *Simchat-Thora*-Feiern an Ausgelassenheit, aber in der Goldberger-Gemeinde wurden die mantrischen Gesänge und die *Mizva-Tänze* sehr ernst genommen. Der Rebbe begann jeden Gesang allein, indem er die Augen schloß und das Tempo mit absolut konzentrierter Aufmerksamkeit wählte. Darauf stimmte die Versammlung mit ein, zuerst singend und dann eine halbe Stunde oder länger zur selben Melodie tanzend. Gemäß orthodoxer Gepflogenheit gab es keine Musikinstrumente, nur den Klang von Singstimmen, klatschenden Händen und Hunderten von stampfenden Füßen. Als einige Tänzer müde wurden, ließen sie sich aus dem Kreis herausfallen und wurden sogleich von anderen ersetzt, so daß der Tanz immer weiterging bis in die Nacht hinein.

Das Tanzen in einem solchen Kreis kann zu einem transzendentalen Erlebnis werden. Jedenfalls wurde es dies für mich. Als meine Füße den vorgegebenen Rhythmus in der Goldberger-Shul aufnahmen, wanderten meine Gedanken zu einer anderen *Simchat Thora* zurück, an der ich vor einigen Jahren im Hillel-Haus der Universität Minnesota teilgenommen hatte. Dort gibt es eine «Holocaust-Thora», eine zweihundert Jahre alte Rolle, die von den Nazis beschlagnahmt, dann gerettet worden war und jetzt einen Ehrenplatz in der Hillel-Kapelle erhalten hat. Das einzige Mal, daß ich diese Thora in Händen hielt, war an jenem *Simchat Thora*. Als ich sie wie ein kleines Kind in meinen Armen wiegte, konnte ich buchstäblich die Seelen all der Juden spüren, die sie je getragen hatten, als sie noch in Osteuropa war. Ich fühlte, wie sich mein Geist mit ihren Geistern vereinigte, und meine Seele schwang sich in solcher Ekstase empor, wie sie Worte nie beschreiben können.

Um mich herum tanzte bei der Hillel-Feier ein Kreis von College-Studenten, die mein «übersinnliches Erlebnis» mit der Rolle nicht wahrnahmen. Plötzlich spürte ich den übermächtigen Drang, die Holocaust-Thora hinauszutragen und damit unter dem Sternenhimmel zu tanzen, wie sie es in Rußland zu tun pflegten und heute noch in New York und Israel tun. Auf der Vorderseite hat das Hillel-Gebäude einen Hof, so gab ich den anderen im Kreis ein Zeichen, dann ging es in fröhlicher Prozession hinaus. Bald tanzten wir dort *Horas* (Kreistanz) «in Bruderschaftsreihe», wo sonst der Lärm von Bierparties ertönt, keine sakralen Gesänge.

Wiederum spürte ich, wie sich auf der «anderen Seite» jüdische Seelen nahten, die hoch erfreut waren, wie wenn jetzt eine spirituelle Heilung eingetreten wäre, und zwar sowohl für die Thorarolle wie für die Seelen, die sie auf der Erde verehrt hatten. Später erfuhr ich, daß dies das erste Mal gewesen war, daß Juden in der Universität so stolz vor dem Gebäude getanzt hatten. Jetzt geschieht es jedes Jahr.

Meine Gedanken kehrten zu der gegenwärtigen Feier in Baltimore zurück, wo mein Körper mit einem chassidischen Rabbi tanzte, dessen geistige Herkunft auf den Rebben von Tschernobyl zurückgeht.[3] Heute gibt es in Tschernobyl keine Chassidim mehr. Aber der Tanz, der dort seinen Ursprung hatte, geht weiter – über den Ozean und rund um die Erde. Für die nichtjüdische Welt ist «Tschernobyl» heute ein Symbol für Atomkraftwerk-Katastrophe. Doch in der chassidischen Welt bleibt Tschernobyl ein Ort, wo einst helles geistiges Licht leuchtete, und dieses wird im Herzen vieler Menschen weitergetragen. Von Kreis zu Kreis und von Leben zu Leben wird die Thora weitergereicht, und der heilige Tanz geht weiter.

Als ich von Baltimore nach Hause kam, wußte ich, was ich zu tun hatte. Es war Zeit, mich von der Reinkarnationsberatung zurückzuziehen, damit ich den Tanz wieder aufnehmen und von der Asche zur Heilung fortschreiten konnte. Während fünfzehn Jahren hatte ich mich etwas außerhalb des chassidischen Kreises bewegt, indem ich eine Brücke vom Vergangenen zum Gegenwärtigen zu schlagen versuchte. Durch diese Tätigkeit wurde ich ein Magnet für verwundete Seelen, die den Weg zu mir fanden. Doch heutzutage sind es die weltlichen Therapeuten, nicht die chassidischen Rebben, die sich berufsmäßig mit Reinkarnationsberatung und Heilen befassen. Meine Aufgabe ist erfüllt, ich gebe die Fackel weiter, die ich fünfzehn Jahre lang getragen habe.

Indem ich mit meinen Büchern bei einem Thema das Eis gebrochen habe, das in therapeutischen Kreisen früher tabu war, machte ich für andere den Weg frei, mit ihren Berichten von mystischen Begegnungen mit dem Holocaust an die Öffentlichkeit zu treten. Damit erfüllte ich mein Versprechen, in dieser Übergangszeit als ein übersinnliches Leuchtfeuer zu dienen. Indem sich so viele Menschen mitgeteilt haben, ist eine wunderbare Heilung und Gesundung für uns alle eingetreten. Es kommt nicht darauf an, ob wir die Visionen am Lagerfeuer, am Sabbattisch oder im Therapiekreis erzählen, denn es ist der Prozeß des Austausches, der Heilung bewirkt. Ich bin nie mehr als ein williger Katalysator gewesen, der für Gott – den wahren Arzt und Ursprung alles

Heilens – einen Ort bereitete, wo er seine Wunder wirken konnte. Und ich bleibe, was ich immer gewesen bin: ein einfacher Geschichtenerzähler.

«Da hast du mein Klagen in Tanzen verwandelt,
hast mir das Trauergewand ausgezogen
und mich mit Freude umgürtet.»
Psalm 30,12

ANHANG A

Yonassan Gershom
Die jüdische Seele

Als Gott auf dem Berg Sinai den Juden die Thora gab, war dies – so lehrt die klassische jüdische Religion – ein kosmisches Ereignis, welches das Universum für immer veränderte. Die Seelen aller Juden, die je geboren wurden und in Zukunft geboren werden, waren auf dem Sinai entweder physisch oder geistig anwesend. Als ganzes Volk – nicht nur für sich selber, sondern für alle zukünftigen Generationen – bekannten sie sich zu dem Bund mit Gott. In den Worten von Moses im Buch Deuteronomium: «Nicht mit unseren Vätern hat der Herr diesen Bund geschlossen, sondern mit uns, die wir heute hier stehen, mit uns allen, mit den Lebenden.»[1]

Die jüdischen Mystiker (Kabbalisten wie Chassidim) gingen sogar noch weiter. Indem sie das Wort «Generation» als verschleierte Bezeichnung für «Reinkarnation» verwendeten, weiteten sie den Bund auf dem Sinai so aus, daß er nicht nur unsere genetischen Nachkommen, sondern auch die zukünftigen Erdenleben einschließt. Dadurch wurden «die Verdienste unserer Vorfahren» unsere eigenen Verdienste und die «Sünden unserer Vorfahren» unser Karma aus einem früheren Leben.

Ein zentraler Punkt in dieser kabbalistischen Auffassung der Bibel ist der Gedanke, daß alle Seelen, die «auf dem Sinai standen», in allen Inkarnationen jüdisch wurden und dies auch in Zukunft sein werden. Aus dieser Sicht bedeutet die Wiedergeburt in einem nichtjüdischen Körper eine schwerwiegende Form des Exils, ein Zustand, in dem man von seinem eigenen Volk wörtlich «abgeschnitten» *(karet)* ist. Andererseits wird ein Nichtjude, der zum Judentum konvertiert, als heimkehrende verlorene Seele betrachtet.[2]

Viele der Holocaust-Reinkarnations-Berichte scheinen dies zu belegen. In ihrem Aufsatz «Freudenbringer» beschreibt Patricia O'Brian, daß ihr Konvertieren zum Judentum wie eine Heimkehr war. Wie so viele andere Konvertiten, die mir ihre Geschichte erzählten, ist Patricia O'Brian davon überzeugt, daß ihre Seele seit Sinai immer jüdisch gewesen war, ganz gleich, in welcher Art von Körper sie lebte. Im Lauf der letzten fünfzehn Jahre haben mir Hunderte von Menschen geschildert, daß sie als «jüdische Seelen in nichtjüdischen Körpern» ähnlich empfanden.

Ein großer Prozentsatz dieser Menschen fühlt sich auch völlig fremd in der Familie und der Kultur, in die sie geboren wurden. Ich wage sogar zu behaupten, daß dieses Gefühl des Fremdseins *die* treibende Kraft ist, die solche Suchenden zu mir – zu einem Rabbi – führt. In vielen solchen Fällen genügt die weltliche Therapie einfach nicht. Wegen der Verwendung des Begriffs «jüdische Seele», der manchen heutigen New-Age-Theologen wider den Strich geht, haben mich viele Leute zur Rechenschaft gezogen. Der Gerechtigkeit halber muß ich aber darauf hinweisen, daß der Glaube an eine «ethnische Seele» nicht nur bei den Juden anzutreffen ist.

Zum Beispiel sind die Drusen, die ihre Religion bis vor kurzem geheimgehalten haben, fest davon überzeugt, daß «ein Druse immer als Druse wiedergeboren wird». Weil die Drusen auch damit rechnen, unmittelbar nach dem Tod wiedergeboren zu werden, erinnern sich die Kinder oft lebhaft und deutlich an Einzelheiten aus dem unmittelbar vorangehenden Leben. Manchmal werden die Kinder auch von noch lebenden Verwandten ihres vorherigen Lebens wiedererkannt. Dieses Phänomen ist so verbreitet, daß drusisches Gesetz Erbansprüche aufgrund von Verwandtschaft in früheren Inkarnationen ausdrücklich ausschließt.[3]

Außer den Drusen glauben auch viele andere Stammeskulturen einschließlich Völker der amerikanischen und afrikanischen Ureinwohner, an eine «ethnische Seele». Der verstorbene James «Jimmie» Jackson, ein geachteter Medizinmann der Ojibwa aus Minnesota, lehrte, daß die Seelen von Indianern die Identität ihres Stammes nach dem Tod behalten können und auch sollen. Bei seiner Arbeit mit Jugendlichen der Ojibwa betonte er häufig, daß es wichtig sei, einen indianischen Namen zu haben, damit man in der nächsten Welt seine Angehörigen wiederfinde. Wenn die Seele die Sprache nicht versteht oder sich nicht an den Namen erinnern kann, muß sie den Fußspuren folgen und mit den Weißen gehen.[4]

Diese Geschichte entspricht der Lehre von Dumah, dem «Engel des Grabes», der die Seelen der verstorbenen Juden empfängt und sie nach ihren hebräischen Namen fragt. Seelen, die ihre hebräischen Namen vergessen haben, müssen dann «unter Nichtjuden wandern», bis sie wissen, wer sie sind. Aus diesem Grund prägen sich viele traditionelle Juden biblische Akrosticha[5] ein, deren Anfangsbuchstaben ihren hebräischen Namen ergeben. Der Grund für diese Gepflogenheit liegt darin, daß die Worte der Thora ewig sind, weshalb das Akrostichon nach dem Tod nicht aus dem Gedächtnis entschwinden kann. Auch ist es im Moment des Todes üblich, dem Verstorbenen seinen hebräischen Namen ins Ohr zu flüstern. Der Hörsinn bleibt beim Sterben am längsten erhalten, wie jetzt wissenschaftlich erwiesen ist.

* * *

Im Gegensatz zu den Anschauungen in den Stammesreligionen lehrt die gegenwärtige westliche Metaphysik, daß die Seele keine fortdauernde kulturelle Identität besitzt, sondern ihre ethnische Zugehörigkeit mit dem physischen Tod ablegt. Dann geht die Seele «ins Licht», wo sie in einem allgemeinen Zwischenleben weilt, bis sie sich aus eigenem Willen entschließt, in einem neuen Körper zur Erde zurückzukehren. Gemäß diesem Modell bestehen die karmischen Bande zwischen den Seelen nicht in der Zugehörigkeit zu einer Religion oder einem Volksstamm, sondern eher in den zwischenmenschlichen Beziehungen der Seelen untereinander.

Diese Theorie findet sehr Anklang bei den Schülern der Metaphysik in den Vereinigten Staaten, wo die Mehrheit der Bürger aus ganz unterschiedlicher Herkunft zusammengemischt ist und oft keine starke Bindung an ein bestimmtes Volk, einen Stamm oder eine Kultur besteht. Außerdem betrachten viele Anhänger der New-Age-Bewegung den volksbedingten Glauben an eine «ethnische Seele» als rückständig und engstirnig. Doch mit dem neu aufgekommenen multikulturellen Bewußtsein scheint es mir notwendig, manche grundsätzlichen Auffassungen über die «universale» Geistigkeit neu zu überdenken.

Vom anthropologischen Standpunkt aus spricht Abbye Silversteins Geschichte («Die Heilerin heilt sich selbst») von den in Dörfern des Geistgebiets wohnenden jüdischen Seelen Vorstellungen an, die den bekannten Visionen Wovokas, des heiligen Mannes der Paiute-Indianer aus dem 19. Jahrhundert, ähnlich sind, der die Geist-Tanz-Religion[6] begründete. Nach Wovokas Sicht wären in der «Kommenden Welt» die Weißen für immer verschwunden, die Büffel zurückgekehrt und die Indianer folgten in Freiheit dem guten roten Pfad des Friedens und des Reichtums – *ohne Beeinträchtigung durch europäische Eroberer.* Wovokas Paradies beinhaltete eine Rückkehr zur alten Lebensweise seines Volkes und war weit entfernt von einem «universalen» Himmel, wo alle gleich sind.

Ganz ähnlich sind in Abbye Silversteins Vorstellungen die Antisemiten völlig verschwunden, die ausgebrannten Dörfer wiederhergestellt, und die Juden folgen friedlich und in Freiheit den Wegen der Thora. Wie in den Visionen Wovokas bekräftigen Abbye Silversteins Erlebnisse zwischen Tod und neuer Geburt das Überleben der Identität ihres Volkes. Beide Arten von «Himmel» bringen die Hoffnung eines unterdrückten Volkes auf Selbstbestimmung zum Ausdruck sowie den Glauben, daß die kollektive Identität des Volkes oder Stammes und seiner Angehörigen über das Grab hinaus bestehen bleibt.

Was die Reinkarnation anbelangt, wollen viele nordamerikanische Indianer nicht nur in den gleichen Stamm zurückkehren, sie erwarten auch, daß sie wiederum in die gleiche Familie hineingeboren werden. Gemäß der Parapsychologin Antonia Mills von der Universität Virginia ist dieser Glaube unter den Eingeborenen Amerikas so verbreitet, daß dies für Wissenschaftler, die Indianerkinder mit Erinnerungen an frühere Erdenleben untersuchen wollen, ein Problem darstellt. «Im allgemeinen», sagt Antonia Mills, «ist man bei Aussagen [über ein früheres Leben] von Kindern nie ganz sicher, ob es sich nicht um etwas handelt, das sie von den Eltern oder sonstigen Verwandten gehört haben.»[7]

Wie die Eingeborenen Amerikas erwarten auch viele traditionelle Juden, in ihre eigene Familie zurückzukehren. Dies ist ein Grund dafür, daß das Amt eines chassidischen Rebben in der Regel vom Vater an den Sohn übergeht. Rabbi Nachman von Breslow, der Urgroßenkel des Baal Schem Tow, wurde von einigen für die Wiederverkörperung von dessen Seele gehalten. Reb Nachman selber behauptete dies nie, sondern bestand immer darauf, daß er seine Größe seinen eigenen Bemühungen verdanke.[8] Die Tatsache, daß er ein Wunderkind war, läßt immerhin die Frage offen: Waren «seine eigenen Bemühungen» nur auf dieses Leben beschränkt?

Wie dem auch sei, sowohl jüdische Seelen wie jene der Ureinwohner Amerikas scheinen es vorzuziehen, in die gleichen Abstammungslinien zurückzukehren. Und damit ist eine interessante Frage verknüpft: Was geschieht, wenn ganze Familienverbände – sogar ganze Stämme – völlig von unserem Planeten weggefegt werden, so daß keine sichtbare Spur ihrer Erbmasse zurückbleibt?

Ich habe Geschichten amerikanischer Schamanen von «indianischen Seelen» gehört, die von ihrem Volk getrennt wurden, weil der ganze Stamm durch Pockenepidemien ausgelöscht worden war. Da nichts mehr von der Stammeserbmasse übrig geblieben war, wurden diese Seelen anderswo wiedergeboren, *behielten aber ihre indianische Identität*. In den sechziger Jahren war dies eine verbreitete Erklärung des plötzlichen Interesses an Eingeborenenkulturen durch weiße Mittelklasse-Hippies. Mehr als einmal sagten mir eingeborene Schamanen, daß diese «weißen Indianer» die Seelen von Kriegern seien, die im vorhergehenden Jahrhundert gestorben waren.

Interessanterweise erklärt ein hoher Prozentsatz dieser «weißen Indianer», einen Vorfahren zu haben, der eine Indianerin beziehungsweise einen Indianer geheiratet hatte – etwas, das in Amerika häufig vorkommt. Auch geschieht es oft, daß Juden, die als Nichtjuden geboren wurden, in ihrem Familienstammbaum einen «vergessenen» jüdischen Vorfahren entdecken.

Gemäß einem kabbalistischen Text, dem *Sefer Ha'plija* (Buch der Wunder) aus dem 14. Jahrhundert, kommt eine jüdische Seele, die irgendwie von ihrem Volk «abgeschnitten» wurde, manchmal als ihr eigener Urgroßenkel zurück. Betrachten wir die enorme Zahl von Mischehen in Amerika und die Tendenz der Einwanderer, ihre ethnische Identität aufzugeben, ist die Chance groß, daß viele Nichtjuden einen «vergessenen» jüdischen Vorfahren haben. Rabbi Allen Maller hat in seinem ausgezeichneten Buch *God, Sex, and Kabbalah*[9] eine Anzahl solcher Fälle dokumentiert. Es könnte auch sein, daß einige Holocaust-Opfer so verzweifelt danach trachteten, mit ihrem Volk verbunden zu bleiben, wenn auch nur durch einen ganz dünnen Faden, daß sie irgendeine Familie suchten, die wenigstens einen einzigen Juden aufwies.

Von einem empirischen Standpunkt aus – vorausgesetzt wir anerkennen die Ergebnisse von Rückführungen in frühere Erdenleben – können sowohl für die «ethnische Seele» wie auch für die «Universal»theorie zahlreiche Beispiele gefunden werden. Einerseits wirkte anscheinend die gleiche Seele in vierzehn Inkarnationen als Dalai Lama, als Führer der tibetischen Buddhisten. Diese Seele wird von einer ganzen Schar weiterer Seelen begleitet, die ihm als tibetische Mönche dienen.[10] Andererseits machen abendländische Menschen häufig eine lange Liste von Inkarnationen aus einem Sammelsurium von Kulturen geltend. Anscheinend wandern einige Seelen von Volk zu Volk, um eine «umfassende Bildung» zu erwerben, während andere in einer bestimmten Tradition verharren, um sich zu spezialisieren.

Weil auch auf dem geistigen Pfad gilt: «Gleich und Gleich gesellt sich gern», besteht wahrscheinlich eine starke Neigung, daß Seelen mit ähnlicher Vergangenheit einander von Leben zu Leben suchen. Rabbi Israel

Baal Schem Tow, der Begründer des Chassidismus, konnte die früheren Leben seiner nächsten Schüler «sehen», und diese waren alle jüdisch. Ich denke, daß die Seelen, die den Baal Schem Tow umgeben, schon in vielen Inkarnationen als Juden zusammengearbeitet haben, wie dies bei den Mönchen, die dem Dalai Lama dienen, der Fall ist. Das Wirken des Baal Schem Tow verlangte einen Kreis von hingebungsvollen Chassidim, die die Thora in tiefer, intuitiver Art studieren und verstehen konnten. Nur sehr wenige Seelen können auf religiösem Gebiet in einem einzigen Leben eine solche Meisterschaft entwickeln.

Im Gegensatz dazu enthalten die «Readings»[11] von Edgar Cayce viele Geschichten von Klienten, die in früheren Leben von Kultur zu Kultur gewandert sind. Ich frage mich, ob Cayce selber etwas an sich hatte, das solche Seelen zu ihm hinzog. Oder ist es nur, weil in Amerika der Eklektizismus besonders gut gedeiht?

In der Zeit von Edgar Cayce war die Bezeichnung «Schmelztiegel» für Amerika noch sehr aktuell, und der Begriff «multikulturell», wie wir ihn heute kennen, existierte noch gar nicht. Von den Einwanderern wurde erwartet, daß sie ihre Namen amerikanisierten, ihre Muttersprache aufgaben und ihre ethnische Zugehörigkeit über Bord warfen, wenn sie in den Hafen von New York einliefen. Die Haltung des Amerikanisierens, zusammen mit dem in Amerika geläufigen Ausspruch: «Bei Christus gibt es weder Jude noch Grieche»[12], zog vermutlich Seelen an, die eine solche Assimilation als den goldenen Pfad zur Freiheit sahen. Das Überwiegen solcher Fälle in den «Readings» von Cayce hat wiederum viele Leute zur Annahme geführt, daß sie für jede Bevölkerung und alle Kulturen repräsentativ sind.

Heutzutage können aber ernsthafte Probleme auftreten, wenn die zwei Weltanschauungen – kulturelle Vielfalt und Assimilation – auf dem geistigen Weg zusammenstoßen. Weltliche Rückführungstherapeuten sagen mir häufig, es sei für eine jüdische Seele, die ein Leben als Nichtjude wählt, eine «positive Lernerfahrung», die vermehrt zu einer «universalen» Anschauung führe. In einigen Fällen mag dies so sein. Aber alle Seelen als «beschränkt» zu bezeichnen, die sich in einer Richtung spezialisiert haben, ist völlig absurd. Bei dieser Betrachtungsweise gehörte der Dalai Lama zu den «engsten» und «beschränktesten» Seelen, da er seine dreizehn früheren Leben – wenn nicht überhaupt alle seine Inkarnationen – in den einsamen Bergen von Tibet verbrachte. Ein spirituelles Sammelsurium ist eindeutig nicht Voraussetzung für ein erleuchtetes Dasein.

* * *

Wie können wir das Bedürfnis mancher Seelen, von einem Leben zum nächsten jüdisch zu bleiben, besser verstehen? Wie wir sahen, waren alle Seelen der Juden anwesend – körperlich oder geistig –, als auf dem Berg Sinai die Thora empfangen wurde. Auch sind diese Seelen gemäß jüdischer Lehre wie die Buchstaben einer Thorarolle. Einerseits ist jeder «Buchstabe» von Gott handgeschrieben, er ist individuell und nimmt einen besonderen Platz in der Geschichte ein. Gleichzeitig bilden die «Buchstaben» zusammen ein größeres Ganzes. Wenn nur ein «Buchstabe» fehlt, wird die ganze Rolle als «schadhaft» betrachtet und ist unbrauchbar, bis sie wieder «repariert» und «ganz gemacht» wurde.

Aus diesem Grund ist die Vorstellung, wie sie zuweilen bei Christen auftaucht: «Ich bin gerettet, aber du wirst zur Hölle fahren», der jüdischen Denkweise fremd. «Alle Juden sind füreinander verantwortlich», heißt ein bekanntes Sprichwort.[13] Auch sind die Juden für *Tikkun olam* – «die Heilung des Weltalls» – verantwortlich. Wenn der wahrhafte chassidische Meister einmal Erleuchtung erlangt hat, wird von ihm erwartet, daß er wie der buddhistische *Bodhisattwa* auf alle wartet, die in der «Rolle eingeschrieben sind», bevor er selber in den Himmel eingeht.

Als Rabbi Mosche Teitelbaum, der erste Rebbe von Sathmar, auf dem Totenbett lag, wanderten seine Gedanken zu den heiligen Lehrern, die vor ihm ins Paradies gekommen waren. «Warum schweigen sie dort oben?» fragte der Rebbe. «Warum erschüttern sie nicht alle Welten, um den Messias herabzubringen?»

Der Rebbe seufzte und schloß die Augen. Er war jetzt ganz, ganz nahe am Tod; vielleicht erhaschte er schon einen Blick auf seinen Platz in der kommenden Welt ... Plötzlich öffnete er die Augen weit und rief: «Man hat sie im Reich der Wonne so mit Wonnen überströmt, daß sie uns auf der Erde ganz vergessen haben. Wenn man es mit mir auch so machen will – ich werde mein Volk nicht verstoßen.»[14]

Noch prägnanter ist die Geschichte vom Totenbett des Rabbi Nachman von Breslau, dessen letzte Worte lauteten: «Ich verlasse euch nicht, der Himmel verhüte es!» Seine Schüler berichten, daß er Wort gehalten habe. Obwohl Nachmans Körper gestorben ist, bleibt seine Seele «zwischen den Welten» und verzichtet auf die Belohnungen des Paradieses, um seine Schüler auf der Erde zu führen und zu trösten. Bis zum heutigen Tag ist Nachman der «Rebbe» der Breslower Chassidim geblieben, und viele wunderbare Geschichten werden von Begegnungen mit seinem Geist erzählt.[15]

Natürlich hat nicht jeder die innere Kraft, ein Rebbe Nachman zu sein. Wenn sogar die großen chassidischen Meister in der Wonne des Paradieses «die Erde vergessen» können, dürfen wir die geringeren Seelen nicht tadeln, die in den höllischen Martern des Holocaust «ihr Volk verstoßen» haben. Gleichzeitig macht es mich traurig, wenn ich von einer Seele höre, die durch die Nazis so tief verwundet wurde, daß sie nicht mehr jüdisch sein wollte. Solch eine Entscheidung mag zu einem «Lernprozeß» führen, aber es ist auch eine tiefe Tragik damit verbunden.

* * *

Zur Frage, ob Juden als Nichtjuden wiedergeboren werden können und umgekehrt, tauchen jetzt in esoterischen Kreisen verhängnisvolle Vorstellungen über den Holocaust auf. Meine Korrespondenzordner sind voll von durch Channeling empfangene Behauptungen, daß Nazis als israelische Soldaten, als hungernde Äthiopier, als Opfer der «ethnischen Säuberung» in Bosnien – oder auch als deren Täter – zurückgekehrt seien. Offenbar ergibt dieses «Channeling» viel Widersprüchliches. Wie können Nazis als Unterdrücker und gleichzeitig als deren Opfer wiederkommen?

Wenn wir mit dem durch «Channeling» erhaltenen Material umgehen, müssen wir uns immer fragen: Stammen diese Mitteilungen *wirklich* als karmische Wahrheit aus dem Geist Gottes, oder handelt es sich nur um eine Projektion unserer unterbewußten Ansichten und Vorurteile? Es kann gut sein, daß hungernde Äthiopier wie die «lebenden Skelette» aus den Konzentrationslagern *aussehen*, aber das heißt nicht unbedingt, daß jedes Opfer einer Hungersnot eine karmische Beziehung zum Holocaust hat. Ich denke, es ist sehr wichtig, einen Unterschied zwischen echten Erinnerungen an vergangene Leben und urtümliche Bilder eines kollektiven Unterbewußten zu machen.

Eine noch beunruhigendere Theorie, die jetzt in esoterischen Kreisen herumgeht, besteht darin, daß die in den Konzentrationslagern umgekommenen Juden als Neonazis zurückkehren, um sich zu rächen. Dies mag in ganz vereinzelten Fällen zutreffen. Aber die Mehrheit der Juden wurde unter dem Hakenkreuz so tief traumatisiert, daß sie sich in ihrem jetzigen Leben unmöglich zu diesem Symbol hingezogen fühlen können. Bei Lena-Marie Broman («Aufblitzende Rückerinnerungen in Wien») und vielen anderen ihresgleichen löste nur schon der Gedanke an Naziflaggen Angst und Abscheu aus.

Weltliche Forschungen über Reinkarnation wie die von Dr. Ian Stevenson der Universität von Virginia scheinen zu ergeben, daß wir nicht zum «Gegenteil» dessen, was wir einst waren, hingezogen werden, sondern zu dem, was *uns vom vorhergehenden Leben her vertraut ist*. Dr. Stevenson beschreibt Fälle von burmesischen Kindern, die sich erinnern, im Zweiten Weltkrieg japanische Soldaten gewesen zu sein, und die immer noch das Verlangen nach japanischem Essen haben. «Die Burmesen haben schwachen Tee», erklärt Stevenson, «aber die Japaner wollen ausgesprochen starken Tee mit viel Zucker. Diese Kinder verlangen solch starken Tee sowie rohen Fisch [ein japanisches Lieblingsgericht] und meckern über die Gewürze im burmesischen Essen.»[16]

Die Rückführungstherapeutin Barbara Lane fand ähnliche Erscheinungen bei ihrer Beschäftigung mit Leuten, die jetzt den Sezessionskrieg wieder aufleben lassen. In ihrem neuen Buch *Echoes from the Battlefield* (A.R.E. Press, 1966) analysiert sie zwölf Fälle von Menschen, die eine Inkarnation in der Zeit der Sezessionskriege in den sechziger Jahren des vergangenen Jahrhunderts durchlebt hatten und die sich von der Geschichte, der Bekleidung und der Lebensart jener Epoche angezogen fühlen. Alle ihre Klienten nehmen regelmäßig an Veranstaltungen teil, die «lebendige Geschichte» genannt werden und an denen Schlachten und andere Ereignisse neu inszeniert werden. Wiederholt haben diese Leute ausgesagt, daß sie sich in Kleidern aus der Zeit des Sezessionskriegs wohler fühlen als in heutigen. Die meisten wandten viel Zeit und Geld auf, um Uniformen, Trachten und alles Drum und Dran nachzumachen, das für Inszenierung der Schlachten nötig ist. Für diese Leute gelten «lebendige Geschichte»-Ereignisse viel mehr als Theater. Sie bieten die Gelegenheit, wieder in die verlorene Welt eines früheren Lebens einzutauchen.

Ich glaube, daß in ähnlicher Weise einige Seelen, die im Zweiten Weltkrieg Nazis waren, immer noch vom Faschismus angezogen werden, wobei vielleicht das vertraute Symbol des Hakenkreuzes aus ihren «glorreichen Tagen» des Dritten Reiches wieder in ihnen auflebt. Wenn solche Seelen Rache suchen, so ist dies nicht, weil sie als Juden in den Konzentrationslagern mißhandelt wurden, sondern wegen der «Demütigung», den Krieg gegen die Alliierten verloren zu haben.[17]

Wie die vorangehenden Geschichten aus erster Hand aufzeigen, ist Karma nicht immer «wie du mir, so ich dir», auch pendeln wir nicht unbedingt zwischen den Rollen des Opfers und des Peinigers hin und her. Im Bericht von Linda Thieman «Triumph über das Böse» durchlebten die beiden gleichen Seelen die gleichen Rollen von «Herr und Sklave» während drei Inkarnationen – vom Römischen Reich über Nazideutschland zu einer Ehe in Kuwait. Heilung trat schließlich ein, als es Linda gelang, sich von dieser schädigenden Beziehung zu lösen. Dabei gilt es zu beachten, daß sie von jüdischen Geistern unterstützt wurde, die nicht gekommen waren, um Rache zu üben, sondern um mitzuhelfen, Seelen aus dem Holocaust ins Licht zu führen.

Abschließend meine ich, wir sollten sehr vorsichtig sein, daß wir nicht «weiße Mittelklasse-Wertvorstellungen» in unser Verständnis von Reinkarnation hineinprojizieren. Der Glaube an Wiedergeburt ist erst vor kurzem in die westliche Welt zurückgekehrt, während er in vielen Stammes- und Dorfgemeinschaften – einschließlich die chassidischen Juden – gar nie verlorengegangen war. Es kann gut sein, daß diese traditionellen Kulturen Möglichkeiten des Verständnisses der Zyklen von Wiedergeburt bewahrt haben, die in der westlichen Metaphysik verlorengegangen sind. Anstatt die eine oder andere Interpretation als «falsch» abzulehnen, sollten wir sie alle als wichtige Partien auf einem bunt gewobenen Wandteppich betrachten. In den Worten des Talmud: «*Eleh v'eleh divrei elokim chai* – beide, dieses und dieses, sind die Worte des lebendigen Gottes.»

ANHANG B

Yonassan Gershom

Hat Hitlers Seele bereut?

Als ich noch ein Kind war, in den fünfziger Jahren, galt Adolf Hitler als das personifizierte Böse. Wie Haman in der Purim-Geschichte war Hitler das Urbild des Bösewichts. Hätte ich an den Teufel geglaubt, dann hätte dieser genauso ausgesehen wie Hitler.

Viel später erst begann ich Hitler als einen Menschen zu betrachten, nämlich als ich Alice Millers klassische Abhandlung über Kindsmißbrauch *For Your Own Good* las. In diesem Buch untersucht Alice Miller Hitlers frühe Kindheit und kommt zum Schluß, daß er von seinem Vater Alois mißbraucht worden war, was bei ihm einen Hang zur Selbstzerstörung auslöste; dieser wiederum führte Adolf Hitler zur Mißhandlung und Vernichtung von Millionen von Menschen, als er zum Führer von Nazideutschland wurde. Laut Alice Miller folgte ihm das deutsche Volk, weil es durch viktorianische Erziehungsmethoden zum bedingungslosen Gehorsam erzogen worden war.

Das Wissen um Hitlers Kindheit verminderte meinen Abscheu vor dem Holocaust nicht, aber es erregte meine Neugierde in bezug auf die menschliche Natur dieses Mannes. Mein persönliches Ringen um die psychologische Seite des Phänomens Hitler führte 1989, gerade vor Jom Kippur, zu folgendem, sehr lebhaftem Traum, den ich in *Beyond the Ashes* (Teil I dieses Buches) beschrieben habe:

> Ich stand in einem Theaterfoyer und trug die Sabbattracht eines chassidischen Rebben mit Kaftan und Pelzhut und Schläfenlocken. Das Stück, das ich mir ansehen wollte, hieß «Leben und Zeit Adolf Hitlers». Die anderen Zuschauer hatten alle schon ihre Plätze eingenommen. Nur ich stand noch im Foyer.
> In dem Moment, als das Saallicht erlosch und die Vorstellung anfangen sollte, kam Hitler persönlich von der Straße herein. Ich dachte, daß ich eigentlich Angst vor ihm haben müßte, aber irgendwie hatte ich keine. Hitler sah sehr klein, müde und traurig aus, wie jemand, der keinen Lebenswillen mehr hat. Er nahm sich ein Programmheft und kam zu mir.

«Nun sehen Sie sich an, was man über mich sagt!» jammerte er und zeigte auf die Seite im Programmheft, auf der die einzelnen Akte des Stücks über sein Leben benannt waren. Ich betrachtete das Blatt und sah, daß dort alles, was Hitler getan hat, in chronologischer Reihenfolge erfaßt war, jede einzelne Szene.
«Ja», erwiderte ich. «So sind Sie den Menschen auf der Erde im Gedächtnis geblieben.»
Auf Hitlers Gesicht zeigte sich tiefer Schmerz. Dann brach er zusammen und schluchzte wie ein Kind. Im ersten Moment dachte ich: «Das geschieht ihm ganz recht.» Aber dann, ehe ich selbst noch wußte, was ich tat, hatte ich den weinenden Hitler plötzlich in die Arme genommen und tröstete ihn. Ich erklärte ihm, wenn er seine Taten aufrichtig bereue, stünde das Tor des Vergessens für ihn ebenso offen wie für jeden anderen Sünder, wenn der Weg dorthin auch sehr, sehr schwer werden würde. Hitler nickte; er war bereit, es zu versuchen.
In diesem Augenblick hielt draußen vor dem Theater ein Kastenwagen, aus dem ein dunkelhäutiger Mann stieg, außerdem ein geistig zurückgebliebener Junge und eine alte Frau im Rollstuhl; sie kamen ins Foyer und sagten: «Wir sind hier, um ihn auf die nächste Ebene zu bringen.»
Hitler ging mit den dreien hinaus; sie fuhren zusammen mit dem Wagen weg, und ich wachte auf.[1]

Damals deutete ich den Traum als ein Bild für meine Auseinandersetzung mit der Frage, ob ich den Nazis vergeben könne – nichts weiter. Im ersten Entwurf von *Beyond the Ashes* hatte ich den Traum noch gar nicht erwähnt, weil er mir außer für mich selbst für niemanden von Bedeutung erschien. Ich nahm an, daß er dadurch ausgelöst worden war, daß ich die Frage des Verzeihens in der Zeit der Heiligen Tage für mich stark in den Mittelpunkt gestellt hatte. Erst später, als mein Lektor vorschlug, ich sollte mein Buch mit dem Thema «Was geschah mit den Naziseelen?» ergänzen, beschloß ich, meinen Traum, in dem ich Hitler vergeben wollte, mit einzubeziehen.
1994, zwei Jahre nach dem Erscheinen von *Beyond the Ashes,* erhielt ich einen merkwürdigen Telefonanruf eines Mediums namens Michael Schuster, der behauptete, durch Channeling mit der bereuenden Seele von Hitler in Verbindung zu stehen. Ehrlich gesagt, dachte ich zuerst, er sei verrückt – wem ginge es nicht so? Trotzdem blieb ich am Apparat und hörte mir seine Geschichte an. Je mehr er mir von seinen Channe-

lings mit Hitler erzählte, desto mehr fing ich mich an zu fragen, ob da etwas daran sein könnte.

Schuster behauptete, es gebe eine karmische Verbindung zwischen dem Zeitpunkt meines Traums und dem «Erwachen» von Hitlers Seele aus jahrzehntelanger, selbstauferlegter Isolation in der geistigen Welt. Hitlers «Erwachen» sei auch im Herbst 1989 erfolgt, *zu einem Zeitpunkt, als ich noch niemandem von meinem Traum erzählt hatte!* Später schrieb Schuster:

> «Ich betrachte Rabbi Gershoms Begegnung nicht als bloßen Traum. Nach dem, was ich von Hitlers Seelenverfassung im Jahr 1989 und von der Beschaffenheit des Zwischen-Leben-Gebietes weiß, zeigt die ‹Astralreise› des Rabbis Hitlers Heilungsversuch auf, den er nach dem Verlassen des selbst geschaffenen ‹Bunkers› unternahm.
> In seiner ersten Kontaktnahme mit der Erde seit seinem Tod suchte sich Hitler einen Rabbi aus, in dessen Herzen sich Mitleid regen konnte.»[2]

Vielleicht fühlte sich mein Ego angesprochen, jedenfalls war mein Interesse geweckt. Ist es wirklich möglich, daß mein inneres Ringen irgendwie mit der Reue von Hitlers Seele in Beziehung stand? So etwas auch nur zu denken, schien mir größenwahnsinnig. Und doch war dies genau der Stoff, aus dem chassidische Geschichten gemacht sind ... Und lehrt nicht meine eigene Religion, daß sogar *Amalek* – der Bodensatz des Bösen – bereuen könnte, wenn er wollte? *Ich fragte mich, wie ich reagieren würde, wenn eine solche Beziehung zwischen meinem inneren Ringen und der Reue von Hitlers Seele Tatsache wäre.* Schließlich gewann meine Neugierde die Oberhand, und ich sagte Schuster, er dürfe mir sein neues Buch *Conversations with Adolf Hitler* schicken.

Bis das Buch ankam, hatte sich meine Skepsis mit voller Stärke zurückgemeldet, und Schusters Autobiographie im Vorwort war nicht dazu angetan, meine Zweifel zu zerstreuen. Wie so viele New-Age-Mystiker behauptet er, ein «walk-in» zu sein, ein Geist ohne Körper, der den physischen Leib des «alten Michael» übernahm, als dieser 1964 nach einem Autounfall auf dem Operationstisch «starb». Der «alte Michael» war ein jüdischer Teenager, der während seiner Kindheit in Amerika «Kike» (Schimpfname für Jude) und Schlimmeres genannt wurde. Der «neue Michael» – der «walk-in» – behauptet, die Seele Thomas Göttenbergs, eines wegen Kriegsverbrechen überführten SS-

Offiziers, zu sein, der 1947 in einem russischen Gefängnis gestorben war. Der jetzt lebende «Michael Schuster» ist nach eigenen Angaben eine Mischung dieser beiden Persönlichkeiten – des Juden und des Nazi – und ihrer Erinnerungen an ihre vergangenen Leben im Zweiten Weltkrieg.

Ich gebe offen zu, daß ich nicht an diese «walk-ins» glaube. Im besten Fall kommt mir diese Vorstellung als Phantasieprodukt oder als eine Folge von Dissoziation vor. Im schlimmsten Fall könnte ein «walk-in» ein *Dibbuk* sein, ein böses Wesen, das vom Körper eines lebenden Menschen Besitz ergreift, um eigene, egoistische Ziele zu verfolgen. Ich habe an Exorzismen teilgenommen und glaube an *Dibbuks*. Ich glaube auch, daß der Geist eines heiligen Weisen – in jüdischer Bezeichnung ein *Ibbur* – vorübergehend durch einen Menschen hindurchwirken könnte, um eine bestimmte Aufgabe zu erfüllen. Doch ein *Ibbur* ergreift nicht vom Körper Besitz und dominiert die irdische Persönlichkeit nicht.

Als Rabbi hatte ich auch ernsthafte Zweifel an der Stichhaltigkeit von Channeling-Botschaften eines «entfremdeten» Juden, der es zugelassen hatte, vom Geist eines Nazikriegsverbrechers in Besitz genommen zu werden. Wenn das Sprichwort «Gleich und Gleich gesellt sich gern» in diesem Bereich wirklich gilt, wie es in vielen esoterischen Kreisen behauptet wird, dann mußte ich mich fragen: «Was geht hier vor?»

Wie der «neue Michael» berichtete, wollte der «walk-in» einen jüdischen Körper, um durch dessen «zelluläre Erinnerungen» erfahren zu können, wie man sich als Jude fühlt. Ich fragte mich, warum die Seele von Thomas Göttenberg nicht jemanden ausgewählt hatte, der mehr vom Judentum wußte. Nachdem der «walk-in» in der Persönlichkeit bestimmend geworden war, blieben vom jüdischen Wesen des «alten Michael» nur noch nostalgische Erinnerungen und einige jiddische Wörter übrig. Freimütig gibt Schuster zu: «Außer ganz kürzlich habe ich während Jahren kein Buch über das Judentum gelesen.» Ironischerweise war es mein eigenes Buch, das seinen «Sinn für das Judentum» und seinen «Stolz, Jude zu sein» wiedererweckt hatte.[3]

Mit diesen Fragen im Hintergrund vertiefte ich mich in Schusters Buch über die Gespräche mit Hitler. Mir schien es eine verwirrende Mischung von Aussagen und Ansichten. Im Kapitel «Warum der Holocaust?» behauptet er, die Seelen der Juden hätten vor der Geburt ihr Schicksal freiwillig gewählt, um das «Opfersein verstehen zu lernen» – für mich eine moralisch abstoßende Ansicht. Andere Teile des Buches klingen glaubhaft für mich. Am Ende sagte ich mir: Auch wenn der Inhalt von Schusters Buch reine Erfindung ist, kann es uns zu der interessanten Übung veranlassen, unsere eigene Haltung in bezug auf Wut, Rache und Vergebung zu prüfen.

Nehmen wir als Beispiel die durch Channeling offenbar gewordene maßlose Angst Hitlers vor der Lebensrückschau bei seinem Tod. Weil er befürchtete, daß er das, was er anderen angetan hatte, Maß für Maß selber erleiden müsse, schottete er sich anscheinend von aller Hilfe ab. Indem er «Gedankenformen» verwendete, um seinen unterirdischen Bunker in Berlin seelisch wiederzuerrichten, konnte er sich während vierundvierzig Jahren in seinen eigenen Wahnsinn zurückziehen. Aber auch diese selbst auferlegte Gefangenschaft konnte das Unvermeidliche nicht aufhalten:

«Hitler: Das Licht, das eure Welt mit der meinigen verbindet, flutete überall in Strömen unaufhörlicher Verurteilung. Ich fühlte mich von den Juden, den Polen, den Zigeunern, den Sowjets, den Familien der Vermißten, Getöteten oder Verstümmelten verurteilt. Diese gewaltige Last der Verurteilung drückte auf meine Seele und stürzte mich auf eine wirbelnde Bahn von Angst und Verweigerung, die nach eurer Zeitrechnung bis 1989 anhielt. Der Raum, den meine Wut und Ablehnung ausfüllte, war unermeßlich. Das Ausmaß meiner Unterdrückung genügte, um jedermann in meiner Nähe zu erschrecken. Während ich auf dieser Bahn in die Tiefe gerissen wurde, stieß ich alle Seelen, die helfen wollten, von mir.»[4]

Ich wurde sofort an die mittelalterliche jüdische Geschichte einer Frau erinnert, die von einem *Dibbuk* besessen war – der erdgebundenen Seele eines bösen Menschen – und über fünfundzwanzig Jahre lang ruhelos umherziehen mußte. Aber wie war das möglich, wenn die jüdische Religion lehrt, daß keine Seele länger als ein Jahr in der *Gehenna* (Fegefeuer) bleibt? Auf diese Frage antwortete in der Geschichte der *Dibbuk,* dies gelte erst, *nachdem die Seele Gehenna erreicht habe.* «Denn die Qualen der Gehenna machen nicht einmal den sechzigsten Teil von dem aus, was die sündige Seele leidet, bevor sie in *Gehenna* einzieht.»[5]

Früher hatte ich diese Geschichte einfach als eine Allegorie angesehen. Doch jetzt mußte ich mir überlegen, ob sie möglicherweise wörtlich wahr sei. Dann hätte Adolf Hitler aus Angst, mit der Rückschau auf sein Leben konfrontiert zu werden, die *Gehenna* erst jetzt, vierundvierzig Jahre nach dem Tod, erreicht!

In meinem Traum traf Hitler drei Leute – den dunkelhäutigen Mann, den geistig zurückgebliebenen Jungen und die alte Frau im Rollstuhl –, die in einem Kastenwagen gekommen waren, um ihn «auf die nächste Ebene zu bringen». War diese Ebene vielleicht *Gehenna?* Ich habe diese drei Leute immer als eine Art von *Bet Din* angesehen, das Kollegium von drei Richtern, das gemäß jüdischer Tradition unsere Lebensrückschau in der nächsten Welt leitet. Im Falle von Hitler war das himmlische Gericht aus Vertretern verschiedener Menschengruppen zusammengesetzt, die er verfolgt hatte: die nicht-arischen Rassen, die geistig Behinderten, die älteren und körperlich behinderten Menschen.

Mir kam eine Tagung mit Dannion Brinkley, dem Autor des Bestsellers *Saved by the Light*[6], in Oslo in den Sinn, an der ich Diskussionsteilnehmer war. In diesem Buch beschreibt Brinkley seine eigene Todesnähe-Erfahrung, nachdem er von einem Blitz tödlich getroffen und wiederbelebt worden war. Der seelische Schmerz, durch die Lebensrückschau gehen zu müssen (in der er sich als egoistischen Tyrannen sah), führte bei ihm zu einer völligen Wesensverwandlung. Als er in diese Welt zurückkehrte, war er voller Einfühlungsvermögen und Liebe für seine Mitmenschen und widmet seither sein Leben der Aufgabe, anderen zu helfen.

In der Diskussionsrunde in Oslo fragte jemand: «Wie steht es mit Seelen wie jener von Adolf Hitler? Was geschieht mit denen?»

Brinkley antwortete ganz klar: «Wenn Adolf Hitler seiner Lebensrückschau gegenübersteht, wird er all die Schmerzen, die er anderen Menschen verursachte, selber erleben müssen, so als ob sie ihm zugefügt würden. Wie uns das auch erscheinen mag – es ist Gerechtigkeit.»

Damals war ich mit dieser Ansicht einverstanden. Nun las ich, was Hitler durch Channeling selber über seine Lebensrückschau berichtete:

«*Hitler:* Ich bebte vor Angst und Erschöpfung, bis ich schließlich zusammenbrach und in einer Art Spital zu mir kam. Doch war ich nur kurze Zeit bei Sinnen, denn mächtige Schübe von Wahnvorstellungen warfen mich in Angst und Erschöpfung zurück. Die Zeit, die ich im Spital verbrachte, kann ich nur mit ‹mehreren hundert irdischen Jahren› in die Sprache übertragen. Bedenken Sie, daß die Zeit hier völlig beliebig ist, kein objektives Maß hat. *Ich schuf zusätzliche Zeit, um meinen Wahnsinn zu zügeln* ... Erst nachdem ich mich von meinen

Wahnvorstellungen befreit hatte, konnte ich die Erinnerung an die vierziger Jahre ertragen ..."[7] (Hervorhebung durch Schuster).
Die Konzentrationslager verfolgten mich in meinem höllischen Nachtodesleben. Oft fand ich mich im Konzentrationslager auf einem Tisch, mit Ärzten darum herum, die im Begriff waren, mich lebendig zu sezieren, um herauszufinden, was in mir vorging. So spiegelten meine äußeren Alpträume die inneren Ängste und meine Verdrängungsversuche in *anschaulicher* Weise wider.»[8]

Gemäß Hitler wurden ihm diese Erscheinungen nicht durch höllische Dämonen eingegeben, sondern durch das wachsende Bewußtsein der Tragweite seines Handelns von ihm selber hervorgebracht. Szenen aus dem Zweiten Weltkrieg wiederholten sich immer wieder und wieder, bis er sie schließlich einigermaßen in Ruhe und mit Distanz betrachten konnte. Dann begann er, seine Selbtverleugnung zu durchbrechen, und gelangte in eine Art von geistiger «Gruppentherapie», wo er den Seelen gegenübergestellt wurde, die in den Konzentrationslagern gelitten hatten. Viele dieser Seelen waren in der nächsten Welt emotional und geistig zerstört:

> «*Hitler:* Es gibt Sternsysteme geistiger Natur, deren Aufgabe es ist, seelisch und physisch zu heilen – nicht den Körper selber, aber den Geist. Der Geist kann in Mitleidenschaft gezogen werden, wenn durch Einwirkung auf den Körper seelische Blockaden hervorgerufen werden, wie dies in den Konzentrationslagern des Zweiten Weltkriegs der Fall war.[9]
> Der Holocaust erforderte Planetensysteme, in denen die Seelen, die ihren Lebenswillen verloren hatten, gepflegt und von den Engeln mit neuem Lebensmut versehen werden konnten.»[10]

Schließlich kam Hitler so weit, daß er um Verzeihung bitten konnte, obwohl es für ihn immer noch schwierig war, seine eigene Qual hinter sich zu lassen und sich in die Leiden der anderen hineinzuversetzen. Immerhin war die Bitte um Verzeihung ein Schritt in Richtung Genesung.

> «*Michael:* Welche Botschaft haben Sie für die Juden, besonders für diejenigen, welche Ihre Konzentrationslager überlebt haben?
>
> *Hitler:* Diese Frage fürchtete ich von Anfang an, aber ich wußte, daß ich damit konfrontiert würde. Wenn ich immer wieder und wieder auf die Geschehnisse der vierziger Jahre zurückblicke, so zucke ich zusammen, wenn ich mich an das erinnere, was wir den Juden und

anderen ‹Untermenschen› antaten. Ich verwende diese Bezeichnung [jetzt] nur, weil sie die deutlichsten Erinnerungen hervorruft. Keine Entschuldigung, die ich ausspreche, kann Ihre Leser zufriedenstellen. Es kommt mir wie eine Ewigkeit vor, daß ich in mir selber nach einer Antwort auf diese Frage suche, nach einer Antwort, die die Erinnerungen an diese Schrecken besänftigen könnte. Ich finde keine Lösung. Ich kann lediglich meine Bitte um Verzeihung mit der Demut eines Menschen vorbringen, der selber viel Schmerz und Selbstquälerei erduldet. Sie werden denken, daß Selbstquälerei niemals aufwiegen kann, was in den Konzentrationslagern an Leid verursacht wurde, aber ich kann nicht ungeschehen machen, was ich angerichtet habe; das ist mein Dilemma und der Grund meiner Pattsituation. Ich habe keine Entschuldigung für die Juden von heute; ich konnte in mir keine Antwort finden. Ich kann nur meine eigene Qual anbieten, die in mir hervorgerufen wird, wenn ich realisiere, welches Unheil ich über die Menschheit gebracht habe. Das mag unangemessen erscheinen, aber die Entwicklung, die ich anstrebe, muß die gleiche Gesundung beinhalten, die auch in Ihrer Welt gesucht wird. Ich suche nach Liebe in mir; sehen Sie nicht, daß die Menschheit die gleiche Liebe auch sucht?»[11]

Von dieser Stelle an nimmt die Metaphysik überhand. Michael Schusters geistige Führer schalten sich jetzt ins Gespräch ein, um die esoterische Bedeutung des Zweiten Weltkrieges zu erforschen. Eine ganze Reihe von New-Age-Szenarien werden vorgestellt; darin erscheinen zum Beispiel: außerirdische Einflüsse aus dem Sternbild des Orion, ein interplanetarischer «karmischer Ausbruch», womit während Jahrhunderten angestaute Gefühlen auf der Erde ausgeräumt werden sollen, sowie eine parallele Erde, wo sich der Holocaust nicht in derselben Grausamkeit ereignet hatte. Die Vergangenheit ist gemäß Hitler sehr flexibel und kann verändert werden.

Für Science-fiction-Literatur können aus solchen Szenarien faszinierende Handlungen entwickelt werden. Aber wenn die Seele von Hitler tatsächlich an diese Dinge glaubt, hat sie noch einen weiten Weg vor sich, bis sie zur Reue gelangt. Nachdem Hitler seine Selbstverweigerung endlich durchbrochen und zugegeben hatte, daß er Millionen von Menschen enorme Qualen und Leiden zugefügt hatte, nimmt er jetzt zum «Feilschen» um Rettung Zuflucht. Immer wieder sucht der durch Channeling sich offenbarende Hitler nach einem Kuhhandel, durch den seine

Mißhandlungen irgendwie als etwas angesehen werden, das in Ordnung ist. Wiederholt wird uns gesagt, daß es keine Opfer gebe, weil alle ihr Schicksal «freiwillig» auf sich genommen hatten, als sie sich auf der Erde wiederverkörperten. Und als sie einmal hier waren, hätten sie die Qualen in den Konzentrationslagern nicht wirklich empfunden, da sie in jenem Moment in einem «veränderten Bewußtseinszustand» waren.[12]

Wenn in Gruppentherapien für Menschen, die Mißbrauch begangen haben, solche Gedankenkonstruktionen auftauchten, würden wir sie sofort anfechten. Wenn es sich aber um durch ein Medium gechanneltes Material handelt, wird dessen Qualität leider von vielen Leuten nicht in Frage gestellt. Eine Seele ist aber noch nicht allwissend oder weise, nur weil sie durch den Tod gegangen ist. Was Hitler uns hier vorsetzt, sind die Ausflüchte eines Soziopathen. Welcher Täter behauptet nach einer Vergewaltigung oder einem Mißbrauch nicht, daß «sie es gewollt» habe oder daß das Opfer «nichts gespürt» oder «den Schmerz genossen» habe?

Nachdem ich *Conversations with Adolf Hitler* gelesen hatte, setzte sich bei mir ein Verdacht fest, der einen zum Frösteln bringen kann. In den letzten Jahren wucherten esoterische Theorien, wonach die Juden «den Holocaust wählten» oder daß es sich um eine Art «Erdensäuberung» gehandelt habe – ein Begriff, der für mein Empfinden zu nahe bei «ethnischer Säuberung» liegt. Ich mache mir heute schwere Sorgen über die esoterische(n) Quelle(n) dieser Ideen. Könnte es sein, daß die Empfänger der gechannelten Botschaften seit dem «Erwachen» von Hitlers Seele im Jahr 1989 in die Mentalität seiner «Phase des Feilschens» mit eingestimmt haben und diese als göttliche Inspiration mißdeuten?

Wenn mein Traum mehr als ein Traum war, wie Michael Schuster glaubt, dann könnte meine Bereitschaft, Adolf in die Arme zu schließen, eine positive Wirkung auf seine Seele gehabt haben. Wenn dem so ist, dann liegt die Ursache darin, daß ich Mitgefühl für ihn empfand wegen des Mißbrauchs, den er in seiner Kindheit erlitten hatte. Bei mir führte dieses Mitgefühl zum Verzeihen – aber das war für Hitler nur der Anfang des Prozesses. Damit er die Schmerzen, die er anderen zugefügt hat, heilen kann, muß er anerkennen, daß diese existieren; er darf nicht versuchen, sie durch Selbstverleugnung von sich fernzuhalten oder sie in eine «Lernerfahrung» für die Opfer umzumünzen. Im Interesse der planetarischen Heilung bete ich aufrichtig darum, daß Hitlers Seele – wo immer sie sich jetzt befindet – dies eines Tages einsehen wird und den Kreis durch Reue schließt.

ANHANG C

Yonassan Gershom
Edgar Cayce über den Holocaust

Im Juli 1993 war ich eingeladen, in Virginia Beach an einem Symposium, das von der *Association for Research and Enlightenment, Inc.* (A.R.E.) gesponsert wurde, über Reinkarnation und den Holocaust zu sprechen.[1] Im Lauf dieser Konferenz wurde ich von verschiedenen, sowohl jüdischen wie christlichen, Personen angesprochen, die alle das gleiche beängstigende Gerücht vernommen hatten. Aus New-Age-Kreisen verlautete, Edgar Cayce habe die Leiden der Juden im Holocaust dem Karma vergangener Leben zugeschrieben. Dieses Karma wiederum solle angeblich seine Wurzeln in etwas haben, «das die Juden in biblischen Zeiten getan hatten».

Verständlicherweise löste dieses Gerücht bei den gut gesinnten Zuhörern Bestürzung aus. Nicht nur, daß es Edgar Cayce diffamierte, es schob auch die Schuld an den Nazikriegsverbrechen den Opfern zu. Nähere Erkundigungen ergaben jedoch, daß niemand zu wissen schien, woraus das «biblische Karma» bestehen sollte. Auch besaß niemand eine Quellenangabe aus der Cayce-Literatur. Jeder hatte es nur «von jemand anderem» gehört. Wie es mit Gerüchten oft geschieht, zog es immer weitere Kreise.

Als Rabbi, der über Reinkarnation schreibt, habe ich von dieser «Schuld-der-Opfer»-Theorie auch schon gehört. Meine Ordner sind sogar voll mit Briefen von selbsternannten Experten, die mich über die «wahre Bedeutung» des Holocaust ins Bild setzen. Weil das Thema «jüdisches Karma» schon so oft erörtert worden war, kam die Frage, die mir in Virginia Beach gestellt wurde, nicht überraschend für mich.

Diesmal war ich aber im Hauptquartier der A.R.E. und hatte unmittelbaren Zugang zum Archiv mit über 14 000 Readings von Edgar Cayce sowie einer großen Menge an Sekundärschriften. So beschloß ich, den Stier bei den Hörnern zu packen und selber in diesem Material nachzuforschen. Ich wollte nicht lockerlassen, bis ich wußte, was die Cayce-Readings über das Leiden der Juden im Zweiten Weltkrieg aussagen, wenn sie zu diesem Thema überhaupt etwas enthalten.

Wie so viele Gerüchte erwies sich auch dieses als eine konfuse Mischung von Tatsachen und Erfindung. Cayce hat tatsächlich einige Bibelstellen erwähnt, die man als Hinweis auf den Holocaust sehen könnte. Aber diese Stellen sagen nicht aus, daß der Holocaust eine karmische Schuldentilgung sei. Im Gegenteil. Ich glaube, Cayce bezog sich auf *die Rückkehr der Juden ins Land Israel!* Wenn dies stimmt, dann handelt es sich um eine Prophezeiung, die sich inzwischen erfüllt hat, was von der vorherigen Generation der Cayce-Schüler im allgemeinen übersehen wurde.

Damit Sie nachvollziehen können, wie ich zu diesem verblüffenden Schluß kam, der dem Gerücht der «karmischen Schuldentilgung» den Boden entzieht, lade ich Sie zu einer Rekonstruktion meiner wissenschaftlichen Detektivarbeit ein. Um dieses esoterische Problem zu lösen, folgen wir in meinem Aufsatz einer faszinierenden Spur von Hinweisen, die manchmal offensichtlich und manchmal versteckt sind.

Schon ganz am Anfang entdeckte ich, daß die Juden und der Holocaust nur in ganz wenigen Cayce-Readings direkt erwähnt werden. Die meisten Fragen über Nazideutschland richteten sich auf Politik und Wirtschaft. Wir müssen daran denken, daß die Vereinigten Staaten und Europa im Vorfeld des Zweiten Weltkriegs noch immer dabei waren, sich von der Weltwirtschaftskrise zu erholen. Gleichzeitig stand die Oktoberrevolution von 1917 in Rußland im Bewußtsein der Öffentlichkeit an vorderster Stelle – der Kommunismus war überall im Aufschwung. Verständlicherweise fragten sich viele Klienten von Cayce besorgt, welche Folgen die politische Situation in Europa für ihre Investitionen haben würden.[2]

Als ich die Readings jener Zeit studierte, sah ich schnell, daß der Aufstieg Adolf Hitlers und seine Ernennung zum Reichskanzler im Jahr 1933 in den Sorgen der Menschen einen vorderen Platz einnahm. Einerseits brachte Hitler Europa wirtschaftlichen Aufschwung. Andererseits aber zeigte sich mit zunehmendem Militarismus, strenger Pressezensur und Verfolgung der Juden und anderer Minderheiten bereits die dunkle Seite des Naziregimes.

Die Fragen, die Cayce in diesen Jahren gestellt wurden, spiegeln die in der westlichen Welt jener Zeit grassierende Angst und Verwirrung deutlich wider: Sind Investitionen in Europa sicher? Bleibt Hitler an der Macht? Gibt es Krieg? Werden die Vereinigten Staaten hineingezogen?

Am 4. November 1933 versammelte sich eine kleine Gruppe von Menschen in Staten Island, New York, um von Cayce mediale Auskünfte über die «politische Situation in Deutschland im allgemeinen und eine Analyse der Politik des gegenwärtigen Führers [Hitler]» zu erbitten.[3] Dieses «Hitler-Reading», wie ich es hier nennen will, erwies sich als einer jener Fälle, wo der schlafende Cayce – aus Gründen, über die wir nur rätseln können – in die falsche Richtung gewiesen wurde.

Das Hitler-Reading beginnt mit einer recht genauen Beschreibung, wie die negativen Auswirkungen des Versailler Vertrags das deutsche Volk demoralisierten und dadurch der Weg für den Aufstieg der Nazis gepflastert wurde. Die meisten heutigen Historiker werden mit dieser Einschätzung einverstanden sein.[4] Aber dann gerät das Hitler-Reading auf einen falschen Kurs. Als nächstes kommt ein sehr optimistisches Bild des Hitlerregimes durch, das ihn als «seelisch gelenkten» («psychically led») Führer zeichnet, der «zu einem Ziel berufen» ist. Wenn Hitler den Imperialismus vermeide, sagt das Reading weiter, werde seine Politik vermutlich «für Licht in der Welt förderlich sein» und schließlich zu «einem neuen Ideal in den Herzen, im Bewußtsein der Menschen» führen. Im politischen Bereich könne Hitler bessere Beziehungen zwischen Frankreich und Deutschland herbeiführen. Kriegsgerüchte, hält das Reading ausdrücklich fest, seien nur Propaganda.

Heute kann jeder beliebige Geschichtsstudent leicht erkennen, daß dieser Teil des Hitler-Readings kreuzfalsch ist. Da diese Aussage gechannelt wurde, kann man nur hoffen, daß Menschen anwesend waren, die schockiert waren von dem, was durch Cayce hindurch sprach. Die Fragen gingen aber weiter: «Ist Hitlers Idee einer einzigen Partei das Beste für Deutschland?» «Warum macht Hitler anscheinend einen Fehler, indem er eine Politik in die Wege leitet, welche die Welt gegen ihn aufbringt?» «Analysieren Sie Hitlers Haltung den Juden gegenüber.»

Wäre ich dabeigewesen, hätte ich gefragt: «Wie kann ein Mann Gottes überhaupt eine positive Mitteilung über Hitler channeln?» Die gleiche bestürzte Frage wird von nachdenklichen Studenten der Cayce-Readings auch heute noch gestellt. Die Antwort liegt, so glaube ich, in den sonderbaren Umständen, in denen das Reading gegeben wurde.

Wie in der Cayce-Literatur eingehend dargelegt wird, war die genaue Formulierung der Fragen von entscheidender Bedeutung. Ebenso wichtig war der Beweggrund, der einen Klienten zu einer Frage an Cayce führte. War die Frage zu vage oder das Motiv des Fragestellers unlauter,

385

konnte die Qualität der empfangenen Antworten ernsthaft beeinträchtigt sein. Cayce selber beschrieb dieses Problem folgendermaßen:

> «Der Versuch, solche [medialen] Aufzeichnungen zu interpretieren oder zu lesen, hängt stark vom Willen des Individuums oder des Seelenwesens ab, sie zu verstehen. Doch kann gerade dieser Wille von der Individualität eines Wesens getrübt sein, so daß eine Interpretation, die einen aufbauenden Einfluß haben könnte, verfälscht wird ... Denn Gedanken sind Dinge, und so wie sie beschaffen sind, so sind die Eindrücke, auf das, was wir Zeit und Raum nennen. Deshalb entsteht oft Verwirrung ... wenn zwischen dem Gedanken und der tatsächlichen Handlung eines Menschen unterschieden wird.»[5]

Fehlt es beim Hitler-Reading an der medialen Abstimmung? Führte eine unklare Formulierung zu mißverständlichen Aufzeichnungen, die später falsch ausgelegt wurden? Meiner Meinung nach muß die Antwort auf beide Fragen «Ja» lauten. Als er gebeten wurde, «Hitlers Haltung gegenüber den Juden zu analysieren», antwortete der schlafende Cayce:

> «Wenn der *Charakter* derer, die auf eine Art ihre Gebote erhalten haben – oder die Gebote der Tätigkeit des Geschäftsvorstehers –, betrachtet wird, wird verständlich, wie es sich damit verhält, abgesehen von dieser alten Ausdrucksweise; und wie diese Völker, obwohl sie *gerufen* wurden, sich weit entfernten, und wie ihre rebellische Natur und ihre Einmischung in die Angelegenheiten *anderer sie* in *ihre* gegenwärtige Lage gebracht haben.»[6]

[Der Text dieses Readings ist schwer verständlich und deshalb auch schwer zu übersetzen. Daher soll er hier in der Originalfassung angefügt werden; d. Übers.]: «When the *character* of those that have received, in a manner, their dictations – or the dictates of the activity of the director of affairs – is considered, then it will be understood how that this is but that diction which was given of old; and how that those peoples though they *were* called – have wandered far afield, and their rebelliousness and their seeking into the affairs of *others* has rather brought *them* into *their* present position.»

Beachten Sie, wie Cayce genau die ihm gestellte Frage beantwortet: *Hitlers* Haltung zu analysieren. Aus dem Zusammenhang gerissen, könnte diese Stelle leicht so aufgefaßt werden, daß den Juden die Schuld für den

Holocaust zugeschrieben wird.* Doch soll dies eine «allgemeingültige Wahrheit» in bezug auf das Karma sein oder lediglich eine Beschreibung von Hitlers eigenen verdrehten Ansichten? Um uns mit dieser Frage auseinanderzusetzen, müssen wir den nächsten Anhaltspunkt in unserem Rätsel ins Auge fassen: Für wen wurde das Hitler-Reading eigentlich gegeben?

Aufgrund der A.R.E.-Akten entstand die Idee für das Hitler-Reading bei einem anderen Cayce-Reading, das am Vortag für einen Herrn [378] gegeben wurde.[7] Dieser [378] war ein erklärter Antisemit, der später, im April 1938, mit seiner Familie nach Nazideutschland auswanderte. Im Dezember 1938 schrieb er von München aus einen langen Brief an Cayce, in dem er das Hitlerregime lobte und behauptete, daß es sich bei allfälligen negativen Berichten über Hitler lediglich um «eine böswillige jüdische Kampagne handle, die der deutschen Wirtschaft Schaden zufügen sollte».[8]

Herr [378] begrüßte auch die Art und Weise, in der Hitler «die Judenfrage» anging. Er drängte die Vereinigten Staaten, dem Beispiel Hitlers zu folgen, der «nichts anderes tue, als was Christus im Tempel getan habe» – anscheinend ein Hinweis auf die Szene, in der Jesus die Tische der Geldwechsler umwarf. Diese Anspielung ist um so häßlicher, wenn wir uns vergegenwärtigen, daß sie von [378] *nach der Kristallnacht* geschrieben wurde, in der die Nazis Hunderte von in jüdischem Besitz stehenden Geschäften zusammenschlugen, verbrannten und plünderten.

So war der Mann geartet, der um ein allgemeineres Reading über Hitler gebeten hatte. Konnte diese seelische Verflechtung des Fragestellers das Hitler-Reading irgendwie aus dem Gleis werfen? Beeinflußten die Nazi-freundlichen Gedanken von [378] Cayces Geist während des Channelings? Ich denke, ja. Es ist möglich, daß Cayce effektiv die Gedanken von [378] las, anstatt seine Mitteilungen aus einer höheren geistigen Quelle zu schöpfen. Meiner Meinung nach war es ein Fall von «Wie man in den Wald ruft, so tönt es heraus».

---

*Weil die Pronomen in diesem ganzen Abschnitt einen grammatikalischen Alptraum darstellen, ist es schwierig – wenn nicht unmöglich –, zu bestimmen, wer in den verschiedenen Sätzen mit «sie» gemeint ist. Aufgrund der Aussage «Gebote der Tätigkeit des Geschäftsvorstehers» könnte man auch argumentieren, daß der ganze Abschnitt auf Deutsche gemünzt ist, die «sich weit entfernten», und nicht auf die Juden! Diese Auslegung würde mit einem anderen Gedanken in den Cayce-Readings gut zusammenstimmen, nämlich, daß die bösen «Söhne des Belial» aus der atlantischen Zeit sich im 20. Jahrhundert wiederverkörpern. Zur Frage, ob die Nazis die wiedergekehrten «Söhne des Belial» sind, siehe Teil I, 9. Kapitel, «Zyklen der Wiederkehr».

Für [378] muß das «Hitler-Reading» hingegen wie eine göttliche Bestätigung seiner eigenen Nazi-Überzeugungen getönt haben. Wir müssen daran denken, daß die Nazis am «Okkulten» sehr interessiert waren und oft Geheimlehren für ihre Zwecke mißbrauchten. Gemäß Dusty Sklars Buch *The Nazis and the Occult* haben sich viele esoterische Zirkel jener Zeit wunderliche Ideen aus dem 19. Jahrhundert über die Menschheitsentwicklung – in Kombination mit der Mythologie – zu eigen gemacht. Einige dieser pseudowissenschaftlichen Theorien gaben «den Juden» die Schuld an allem Übel der Erde, einschließlich des uranfänglichen Falls der Menschheit aus dem geistigen in das materielle Dasein. «Der deutsche Antisemitismus», schreibt Sklar, «wurde durch einen unterirdischen Strom von Geheimkulten genährt, der wie eine Kloake unter Wien oder anderen kulturellen Zentren hindurchfließt.»[9]

Auch in Amerika grassierte der Antisemitismus. Bevor die Vereinigten Staaten 1942 in den Krieg eintraten, hatte Adolf Hitler zahlreiche amerikanische Sympathisanten, sogar unter sogenannten «guten Christen».[10] Angesichts dieser Stimmung können wir mit Sicherheit annehmen, daß die Nazikumpane von [378] sich freuten, ihre Theorien von einem angesehenen Medium wie Cayce bestätigt zu sehen. Ohne Zweifel erzählten sie es weiter, und diejenigen, die es hörten, erzählten es auch weiter – so daß eine ganz verzerrte «mündliche Überlieferung» über ein «negatives jüdisches Karma» entstand, die im Namen von Cayce bis heute die Runde macht.

Wir müssen Gerechtigkeit üben und ganz klar festhalten, daß Cayce kein Nazi war, und ich beschuldige ihn persönlich auch nicht des Antisemitismus. Im Wachzustand war Cayce ein Mensch voll guten Willens, und die Readings, die er als «schlafender Prophet» channelte, bekräftigen eindeutig den Wert allen menschlichen Lebens. Außerdem zählten einige Juden zu seinen besten Freunden und Anhängern. Aus diesem Grund müssen wir das Thema «jüdisches Karma» sorgfältig untersuchen, um den Weizen zu retten und die Spreu nicht zu verewigen.

Aber sogar wenn wir das Hitler-Reading in seinem Nennwert als Urteil gegen die Juden nehmen (was ich mit Bestimmtheit nicht tue!), so tritt es in keiner Weise für Völkermord ein und erwähnt auch keine Konzentrationslager. Nach der Untersuchung von Hitlers Haltung gegenüber den Juden nimmt das Reading auf eine biblische Prophezeiung bezug.

«Lesen sie [die Juden?] nicht, was geschrieben steht? ‹Wenn ihr meine Wege verlaßt, werdet ihr verstreut, und ihr werdet ohne die

Kraft sein, die euch zur Weisheit führen würde – bis die Zeit erfüllt ist.›[11]

Daher ist die Haltung [von Hitler?], die eingenommen wird, eher eine Erfüllung dieser Prophezeiung, die gemacht wurde, *und der Beginn der Rückkehr, welche über die ganze Erde kommen muß*» (eingeklammerter Text und Hervorhebung Y.G.).[12]

Beachten Sie, wie sich das Reading von Hitlers Antisemitismus entfernt und sich der Erfüllung einer Prophezeiung «über den Beginn der Rückkehr» zuwendet. Als ich diese Stelle zum erstenmal las, wurde ich unmittelbar an die Worte erinnert, die Moses im Deuteronomium zum jüdischen Volk sprach:

«Er [Gott] wird sich deiner erbarmen, sich dir zukehren und dich aus allen Völkern zusammenführen, unter die der Herr, dein Gott, dich verstreut hat. Und wenn einige von dir bis ans Ende des Himmels versprengt sind, wird dich der Herr, der Gott, von dort zusammenführen, von dort wird er dich holen.»[13]

In der Zeit von Edgar Cayce gab es Juden wie Christen, die den Zweiten Weltkrieg als die «Zeit des Endes» betrachteten und die Erfüllung biblischer Prophezeiungen von der «Rückführung» erwarteten. Für die Christen waren diese Erwartungen mit der Wiederkunft Christi verbunden. Für die Juden bedeutete die gleiche Prophezeiung das Kommen des Messianischen Zeitalters, in welchem die Juden ins Heilige Land zurückkehren und die ganze Welt in Frieden lebt. Viele Cayce-Readings aus jener Zeit legen nahe, daß der Zweite Weltkrieg *Armageddon* ist, der letzte Kampf zwischen Gut und Böse.[14]

Gemäß Rabbi Zalman Schachter, der dem Holocaust in den vierziger Jahren entkam, gab es in den chassidischen Gemeinden jener Zeit, in Europa wie in Amerika, eine ausgeprägte messianische Begeisterung:

«1943 veröffentlichte der [sechste] Lubowitscher Rebbe [Joseph I. Schneerson, gestorben 1950] verschiedene Lehrschriften, die das baldige Kommen des Messias ankündigten. Das Exil *[Golus]* brenne nieder, sagte der Rebbe, und genau das geschah in Europa. Es waren *Mechewaleh Moschiach,* die ‹messianischen Geburtswehen› ...
Immer wird gesagt, wir Juden hätten nichts davon [vom Genozid] gewußt. Wie hätten wir nicht davon wissen sollen? Gehen Sie zum

London Jewish Chronicle und schauen Sie sich die Schlagzeilen jener Jahre an: ‹10 000 Juden in Bialystok getötet› ... Diese Schlagzeilen waren beängstigend. Der Messias wurde sehr bald erwartet – all dies sind in Lubowitscher Kreisen öffentlich bekannte Tatsachen.»[15]

Auch die Zuhörer, die 1933 dabei waren, als Cayce sein Hitler-Reading channelte, wußten über die Judenverfolgung in Europa Bescheid, was folgende Passage belegt:

«*Frage:* Was wird mit den Juden geschehen?
Antwort: Sie sollten auf den Ruf hören, der von alters her an sie ergangen ist. In ihrem *eigenen* Land sich zusammenscharen.»[16]

Tönt diese Antwort nach karmischer Schuldbegleichung? Sagt sie einen Holocaust voraus? Gewiß nicht. Statt dessen weist uns die Offenbarung auf ein berühmtes biblisches Versprechen an das jüdische Volk hin: die Rückführung ins Heimatland seiner Vorfahren.

Wenn wir uns nur auf das Hitler-Reading abstützten, stünden wir mit dieser Schlußfolgerung auf wackligem Boden. Zum Glück ist dies nicht die einzige Stelle, an der Cayce von der Rückkehr der Juden nach Palästina sprach. Wir wenden uns jetzt der 257er Serie von Offenbarungen zu, die für einen jüdischen Verkaufschef und langjähriges Mitglied von A.R.E. gegeben wurde. Während mehrerer Jahre erhielt Herr [257] buchstäblich Hunderte von Readings, die er sorgfältig befolgte. Außer um geschäftliche Ratschläge bat [257] auch um Antworten philosophischer Art. Sein Reading vom 25. September 1939 enthält folgenden Dialog über den Zweiten Weltkrieg:

«*Frage:* Welches eigentliche Ziel hat der gegenwärtige Krieg?
Antwort: Lesen Sie die letzten zwei Kapitel von Daniel, und sehen Sie; auch das 31. Kapitel von Deuteronomium – und Sie werden sehen.»[17]

Als ich die beiden letzten Kapitel im Buch Daniel nachlas, sah ich, daß es sich um Propheziehungen über die «letzten Tage» handelt. Aufgrund der Bibel würde dannzumal ein Hitler-ähnlicher König aufstehen. «Er wird übermütig und prahlt gegenüber allen Göttern, auch gegenüber dem höchsten Gott führt er unglaubliche Reden ... Er mißachtet sogar die Götter seiner Väter, auch den Liebling der Frauen achtet er nicht und überhaupt keinen Gott; er prahlt gegenüber allen.»[18] Der gleiche Tyrann werde auch die verfolgen, «die ihrem Gott treu sind».

Hier ist nicht der Ort, wo Daniel 11 und 12 Vers um Vers analysiert werden kann, aber ich möchte eine summarische Art von Interpretation versuchen. Um meiner Argumentation zu folgen, müssen wir uns in Erinnerung rufen, daß das ganze Alte Testament – einschließlich des Buchs Daniel – ursprünglich jüdisch war. Wenn Juden Daniels Prophezeiungen über «die letzten Tage» lesen, dann verstehen sie diese nicht als «christliche» Hinweise auf die Wiederkunft Christi. Statt dessen werden diese Stellen als Worte eines jüdischen Propheten ausgelegt, der zu seinem eigenen Volk spricht, zu den *im Exil leidenden Juden.*

Wie wir sahen, war Herr [257] – der Mann, der nach dem «eigentlichen Ziel» dieses Krieges fragte – selber jüdisch. Deshalb darf man annehmen, daß das Reading ihn in Verbindung mit seiner eigenen Religion anspricht. Und wenn wir das Buch Daniel mit jüdischen Augen untersuchen, indem wir «das Volk» als «die Juden im Exil» verstehen, dann sehen wir einen unmittelbaren Bezug zum Holocaust:

> «Nun wendet er [der böse König] seine Wut gegen den Heiligen Bund … Er stellt Streitkräfte auf, die das Heiligtum auf der Burg entweihen, das tägliche Opfer abschaffen und den unheilvollen Greuel aufstellen. Er verführt mit seinen glatten Worten die Menschen dazu, vom Bund abzufallen; doch die Schar derer, die ihrem Gott treu sind, bleibt fest und handelt entsprechend. Die Verständigen im Volk bringen viele zur Einsicht; aber eine Zeitlang zwingt man sie nieder mit Feuer und Schwert, mit Haft und Plünderung.»[19]

Im jüdischen Sprachgebrauch denkt man bei jeder Erwähnung des Wortes «Bund» unwillkürlich an das Erscheinen Gottes auf dem Berg Sinai und das ewige Treuegelöbnis zwischen Gott und dem jüdischen Volk.[20] In diesem Zusammenhang betrachtet, hat Adolf Hitler «das Heiligtum auf der Burg entweiht», indem er jeden Juden und alles Jüdische verunglimpfte. Auch «verführte» er die Deutschen durch «glatte Worte», indem er verkündete, sie seien die «Herrenrasse» und auserwählt, die Welt zu regieren.

Der von Daniel erwähnte «unheilvolle Greuel» wird normalerweise als eine Art Götzendienst angesehen. Aber es könnte sich auch auf die Konzentrationslager beziehen, wo Millionen von Menschen auf dem teuflischen Altar des Naziwahnsinns verbrannt wurden. Die Prophezeiung geht dann so weiter:

«Aber auch manche von den Verständigen kommen zu Fall; so sollen sie geprüft, geläutert und gereinigt werden bis zur Zeit des Endes; denn es dauert noch eine Weile bis zu der bestimmten Zeit.»[21]

Wiederum müssen wir daran denken, daß Juden, die diese Verse lesen, sie mit den jüdischen Märtyrern in Verbindung bringen. Es gibt zahlreiche Augenzeugenberichte über chassidische Rabbis, die ihre Anhänger dazu aufforderten, den persönlichen wie den kollektiven Märtyrertod als eine Form der Läuterung zu akzeptieren. Zum Beispiel schöpfte Rabbi Israel Schapiro, der chassidische Rebbe von Grodzisk (Polen) aus der Bildersprache von Daniel, als er zu seinen Getreuen im Konzentrationslager von Treblinka sprach:

«Diese unsere Leiden gehen dem Erscheinen des Messias voraus. Wenn es beschlossen ist, daß wir die Opfer der messianischen Geburtswehen werden, daß wir in Flammen aufgehen, um die Erlösung zu verkünden, dann sollen wir uns für dieses Privileg glücklich schätzen. Unsere Asche wird dazu dienen, das Volk Israel zu reinigen, das fortbestehen wird, und so wird unser Tod den Tag näherbringen, an dem der Messias erscheint.»[22]

Nach Augenzeugenberichten schritten Rabbi Schapiro und seine Schar der Chassidim erhobenen Hauptes in die Gaskammern, indem sie die Worte von Maimonides sangen: «Ich glaube mit vollkommenem Vertrauen an das Kommen des Messias, und wird er auch säumen, so glaube ich doch ...» Natürlich starb nicht jedes Holocaust-Opfer mit diesem Bewußtsein. Aber eine «Schar» tat es, und von einer «Schar» ist in der Prophezeiung die Rede.

Der Bibelabschnitt, der im Reading von Herrn [257] erwähnt wird, ist Deuteronomium 31, das mit Moses' Totenbettrede beginnt. Der greise Prophet ist nun hundertzwanzig Jahre alt, und Gott hat ihm befohlen, den Jordan nicht zu überqueren. Moses übergibt die Führung Josua mit klaren Weisungen: «Empfange Macht und Stärke: Du sollst mit diesem Volk in das Land hineinziehen, von dem du weißt: Der Herr hat ihren Vätern geschworen, es ihnen zu geben. Du sollst es an sie als Erbbesitz verteilen.»[23]

Es gibt Leute, die mir diese Stelle als Beweis dafür nannten, daß der Kampf der Israeliten gegen die Kanaaniter die karmische Ursache für den Tod der Juden in den Nazikonzentrationslagern sei. Nach dieser

Theorie kamen die Menschen, die durch Josuas Heer getötet wurden, zurück, um Rache zu üben. Wenn wir Karma lediglich als «Wie du mir, so ich dir» auslegen, dann wäre das möglich. Aber ich zweifle aus mehreren Gründen sehr daran, daß Cayce dies so gemeint hat.

Einmal behaupten die Cayce-Readings, daß Josua und Jesus dieselbe Seele waren, eine Einheit, die in der vorgeburtlichen Welt als «Amilius» bekannt war.[24] Cayce verehrte Jesus sowohl im Wach- wie im Schlafzustand zutiefst als vollkommenen geistigen Führer, den Träger des Christus-Lichtes. Es wäre unvereinbar mit dieser Überzeugung, wenn Cayce Josua – die Seele, die Jesus werden sollte – beschuldigen würde, die Juden in ein so schlimmes Karma fehlgeleitet zu haben, daß es 3000 Jahre später zum millionenfachen Tod kam.

Hinzu kommt, daß der wachende Cayce Josua als rechtschaffenen Krieger betrachtete, der im Dienst Gottes kämpfte. Gemäß Robert Krajenke verglich Cayce Josuas Schlachten einmal mit der Eroberung der Indianergebiete durch die Europäer, mit dem Ziel, einen «christlichen Staat» zu gründen.[25] Auch wenn uns bei dieser überholten Geschichtsauffassung schaudern mag, müssen wir uns daran erinnern, daß «vorbestimmtes Schicksal» zur Zeit von Cayce ein verbreiteter Glaube war. Weit entfernt davon, das Eindringen nach Kanaan als karmisches Verschulden aufzufassen, war Cayce der Überzeugung, Josua führe seine Schlachten nach dem Willen Gottes, um eine höheres Ziel zu erreichen.

Außerdem müssen wir uns fragen: Wenn das betreffende Reading eine karmische Verbindung zwischen dem Zweiten Weltkrieg und den Schlachten Josuas aufzeigen wollte, wäre es dann nicht sinnvoller, direkt auf das Buch Josua hinzuweisen, wo die Schlachten geschildert werden? Warum führt uns Cayce statt dessen zum Totenbett von Moses?

Meiner Meinung nach war Cayces Hinweis auf das Deuteronomium eine in eine Metapher gekleidete Vorhersage in bezug auf den neuen Staat Israel, die damals in den dreißiger Jahren nicht richtig verstanden wurde. Im geschichtlichen Rückblick können wir die Analogie besser erkennen: Die alte Generation der Juden in Europa, symbolisiert durch «Moses in der Wüste», ging dem Ende entgegen. Und wie Moses würden viele der Weisen aus der Holocaust-Generation den versprochenen Einzug in das neue Land nicht mehr erleben. Aber die «Josua»-Generation würde voller «Macht und Stärke» sein. Sie würde den Jordan überqueren und «in das Land hineinziehen» – wie es dann 1948 mit der Gründung des Staates Israel geschah.

Gerade die Tatsache, daß Cayce gegenüber einem jüdischen Fragesteller das Deuteronomium und die letzten Kapitel von Daniel heranzog, scheint mir darauf hinzuweisen, daß das «eigentliche Ziel» dieses Krieges mit *dem Ende des 2000jährigen Exils* zusammenhängt. Damit ist nichts gegen die Möglichkeit gesagt, daß einzelne Seelen den Holocaust oder den Krieg selber als Möglichkeit benutzten, persönliches Karma durchzumachen. Dies geschieht bei jedem Ereignis. Aber für das jüdische Volk als Ganzes war der Zweite Weltkrieg *Mechewaleh Moschiach*, die «messianischen Geburtswehen» – der Schmerz und das Leiden, die immer da sind, wenn auf der Welt etwas Neues geboren wird.

Innerhalb der Hauptrichtung der heutigen jüdischen Gemeinschaft ist die Vorstellung, daß sich «aus der Asche von Auschwitz der Phönix erhob», allgemein akzeptierte Theologie. Auf der anderen Seite entspricht die gegenwärtige israelische Gesellschaft nicht der glanzvollen Utopie der biblischen Prophezeiungen. Viele Juden, ich selber mit eingeschlossen, sehen den militanten Nationalismus der israelischen Gesellschaft als Widerspruch zu Gesetz und Geist der Thora, und die Ermordung von Premierminister Yitzhak Rabin (sein Name bleibe uns zu unserem Segen in Erinnerung) im Jahr 1996 ist ein trauriger Fingerzeig auf den weiten Weg, der noch vor uns liegt.[26] Aber wie kann ich denn die Auffassung teilen, daß die Rückkehr nach Israel die Erfüllung einer biblischen Prophezeiung darstellt?

An dieser Frage habe ich viele Jahre herumgerätselt. Dann, als ich eines Tages Nachforschungen für diesen Aufsatz anstellte, fand ich eine schöne Lehre von Rabbi Abraham Isaak Kook, auch bekannt als Rav (Meisterschüler) Kook, dem ersten Oberrabbiner von Israel. Rav Kook verglich einmal die Gründung des modernen Israel mit dem ursprünglichen Bau des Heiligen Tempels in Jerusalem. Während die Bauarbeiter das Gebäude errichteten, erklärte Rav Kook, konnte jedermann überall im Tempelareal herumgehen. Als aber der Tempel fertiggestellt und in aller Form Gott geweiht war, durfte nur noch der Hohepriester das Allerheiligste betreten. Gleichermaßen sind die rauhen Geschehnisse, welche die Geburt des Staates Israel begleiten, nicht das Endprodukt, sondern nur das fehlbare Werk gewöhnlicher Leute, die daran sind, «das Heiligtum zu errichten».[27]

Was für eine um ihr Bestehen kämpfende junge Nation gilt, gilt auch für unseren Planeten als Ganzes. Wie jene Tempelbauarbeiter ringen wir darum, aus der schwelenden Asche ein neues Heiligtum zu errichten. Ob wir es als die Erfülluung einer Prophezeiung oder als soziologische Tatsache anschauen, setzte der Zweite Weltkrieg ein «Ende der Welt», so wie sie unsere Vorfahren kannten, und seine Nachwirkungen haben uns in ein neues Zeitalter des Bewußtseins katapultiert. Gleichzeitig sind wir immer noch dabei, den Schutt in unserem «Weltdorf» wegzuräumen, und die Aufgabe von *Tikkun olam* – Instandsetzen der Welt – ist noch lange nicht erfüllt. Wir alle, Juden und Nichtjuden, haben immer noch viel Arbeit vor uns. Setzen wir uns also für die Heilung des Planeten ein, jeder auf seine Art, so daß der verheißene messianische Friede sich endlich erhebe wie ein Phönix aus der Asche.

Anmerkungen

Einleitung

1 Siehe Talmud, Shabbat 67a. Bis zum heutigen Tag mißachten auch streng orthodoxe Juden in einem Notfall die Sabbatheiligung und nehmen auch Medikamente ein, die von nicht koscheren Substanzen (wie Schweine- oder Pferdeserum) stammen, wenn es keine anderen Möglichkeiten gibt. Vom jüdischen Standpunkt aus wird kein Verdienst darin gesehen, eine medizinische Behandlung aus religiösen Gründen abzulehnen.
2 Shapiro, Amy, Buchbesprechung, *Journal of Regression Therapy,* Herbst 1994, S. 103–104.
3 Rifkin, Ira, «Come again? Jewish speakers at a Towson conference on reincarnation say recalling past lives can make this one better» (Wiedergekommen? Jüdische Sprecher sagten an einem Gespräch über Reinkarnation, die Erinnerung an frühere Leben könnten dieses verbessern), *Baltimore Jewish Times,* 22. Oktober 1993.
4 Ebenda. In seinem zweiten Buch *Through Time into Healing* (Heilung durch Zeit) (Simon and Schuster, New York 1992) zitiert Dr. Weiss den Fall einer Frau, die sich erinnert, in einem Nazikonzentrationslager gestorben zu sein (S. 115–117). Dr. Weiss und ich hatten beide mit dem Fall von Taylor Sammons zu tun, dessen Geschichte im Fernsehprogramm *Sightings* (Paramount 1995) dargestellt wurde.
5 Scholem, Gershom, *Die jüdische Mystik in ihren Hauptströmungen,* Zürich 1957, S. 18.
6 Siehe Rifkin, a.a.O.
7 Der Vernunft unzugänglicher Ausspruch des Zen-Meisters, der den Schüler zur Meditation und damit zur Erleuchtung anregen soll.
8 Wiesel, Eli, «The Death of My Father» in: Riemer, Jack, *Jewish Reflections on Death,* Schocken Books, Inc., New York 1978, S. 38.

Erstes Kapitel
Abbye Silverstein: DIE HEILERIN HEILT SICH SELBST

1 «G-tt» ist die traditionelle jüdische Schreibweise von «Gott». Laut jüdischem Gesetz gibt es zehn heilige hebräische Namen für den Schöpfer, die, einmal geschrieben, niemals ausgelöscht oder vernichtet werden dürfen. Obwohl dies streng genommen nur für die mit hebräischen Buchstaben geschriebenen Namen gilt, behalten viele orthodoxe Juden diese Ehrerbietung auch in Übersetzungen bei. Außerdem verwenden manche nicht-orthodoxe Juden die Schreibweise «G-tt», um den G-tt der Juden von den Göttern anderer Religionen zu unterscheiden.
2 Dissidentengruppen an der Universität: In der ersten Zeit des Dritten Reiches gab es eine ganze Reihe solcher Bewegungen, die sich zum Teil als «Edelweiß-Piraten» bezeichneten, weil sie sich unter dem Vorwand alpinistischer Exkursionen trafen und das Edelweiß als ihr Symbol verwendeten. (Siehe Taylor, James, und Shaw,

Warren, *The Third Reich Almanac,* Pharos Books, New York 1987, S. 103.) Das Lied «Edelweiß» im Broadway Musical *The Sound of Music* ist ein literarischer Bezug zu dieser Anti-Nazi-Bewegung.
3   Die hier geschilderte Bilderwelt deckt sich mit den Vorstellungen, die sich viele Juden jener Zeit von den Pforten des Himmels gebildet hatten. Im späten 19. und anfangs des 20. Jahrhunderts war «Ellis Island» der Teil des New Yorker Hafens, wo die neuen Einwanderer unter die Lupe genommen wurden. «The United Jewish Appeal» ist ein Sozialhilfedienst, der Flüchtlingen Hilfe leistet. Vergleiche die Geschichte von Beverley im zweiten Kapitel des ersten Teils. Sie hatte ebenfalls Juden in langen Schlangen stehen gesehen, die darauf warteten, in den Himmel zu kommen.
4   Siehe Anhang A, «Die jüdische Seele».

Zweites Kapitel
Bruce Whittier: DIE UHR

1   Bruce nahm auf Tonband ein Beispiel dieser Sprache auf, das er einmal als «Stefan» unter Hypnose gesprochen hatte. Die Worte scheinen ohne Sinn, aber der Klang erinnert an Hebräisch (nicht Jiddisch), so als ahme er etwas ungenügend Gelerntes nach. «Stefan» sagte auch, daß er den Inhalt der Gebete nicht verstehe, daß er aber die Synagoge regelmäßig dreimal pro Woche besuche. Dies ist ein wichtiges Detail, das den meisten Nichtjuden nichts sagt. Obwohl die Gottesdienste täglich abgehalten werden, wird die Thora nur am Montag, Donnerstag und Sabbat verlesen – dreimal wöchentlich –, und viele Juden gehen nur an diesen Tagen hin.
«Stefan» berichtete auch, daß seine Mutter zwei Laibe rundes (round) Brot für den Sabbat kaufte. Leider verstand der Hypnotiseur, der mit den jüdischen Gebräuchen nicht vertraut war, fälschlicherweise «braunes» (brown) Brot und fragte nicht nach weiteren Einzelheiten. Sabbatbrot ist üblicherweise geflochten, es werden aber auch runde Laibe verwendet, besonders an Rosch-ha-Schana.
Der Hypnotiseur brachte «Stefan» auch von der richtigen Bahn ab, indem er ihn aufforderte, sich auf den Beginn des Sabbat «am frühen Morgen» zu besinnen. Tatsächlich beginnt der jüdische Sabbat bei Sonnenuntergang am Freitag, nicht am Samstag morgen. «Stefan» folgte aber getreu den Weisungen und beschrieb zunächst, wie er mit seinem Vater Hebräisch lernte – eine durchaus mögliche Morgenaktivität –, dann folgte er der Spur rückwärts zum «Beginn des Sabbat» mit dem Brechen des runden Brotes.
2   Kim und George McAdoo, «The Time Travelers», 112 Sherri Lane, Lower Sackville, Nova Scotia, B4G 1A8, Canada.
3   Als er nach seinem Namen im vorhergehenden Leben gefragt wurde, antwortete er auf Englisch: «Steven». Aber später, als er seine Mutter aus jenem Leben «im Original» zitierte, sagte er «Stefan», wie es im Niederländischen ausgesprochen wird. Dasselbe tat er mit dem Namen seiner Frau, die er zuerst wie im Englischen «Helen» nannte, später aber sagte er «Heleen» (mit Betonung auf der zweiten Silbe), wenn er von ihr sprach. Als er aufgefordert wurde, seinen Nachnamen Horwitz zu buchstabieren, sagte er beim letzten Buchstaben «z» und nicht «s», wie man es im Englischen aussprechen würde. In seinem jetzigen Leben kann er weder Niederländisch noch Deutsch.
4   Wie Bruce sagte, hatten die Hörner keinen metallischen, sondern einen sehr tiefen, urtümlichen Klang wie «tibetanische Hörner». Hörte «Stefan» vielleicht den *Schofar,* ein heiliges Widderhorn, das laut jüdischer Tradition beim Jüngsten Gericht

erklingt? Bruce wunderte sich auch, daß das himmlische Licht blau war, da ähnliche Aufzeichnungen von einem goldenen Licht berichten. Auch hier kann es eine Verbindung zum Judentum geben. Die gelbe Farbe hat für Juden einen negativen Beigeschmack, und zwar wegen der gelben Binden, die sie während des Holocaust tragen mußten. Hingegen ist blau für die meisten Juden eine geistige Farbe.

Drittes Kapitel
Lena-Marie Broman: AUFBLITZENDE RÜCKERINNERUNGEN IN WIEN

1 Gemeint ist in einer früheren Inkarnation. Broman fügte hinzu: «Sie war jetzt etwa siebzig Jahre alt, es ist also durchaus möglich, daß ich sie von meinem früheren Leben her kannte.» Interessant ist auch, daß die Frau so starrte. Hat auch sie in irgendeiner Schicht ihres Bewußtseins «Anna-Maria» in ihrem früheren Leben erkannt?
2 Ob Lena-Marie Broman sich in ihrem früheren Leben an diesem Ort aufhielt, ist nicht klar. Das Rotkreuzfahrzeug in ihrer Erscheinung deutet darauf hin, daß sie eine Szene aus einem Flüchtlingslager «gesehen» haben könnte. Die Lage an der Westküste Schwedens würde zu dieser Hypothese passen, da sich dieser Ort auf der anderen Seite der Nordsee gegenüber Dänemark befindet. 1943 schmuggelten dänische Schiffskapitäne und Fischer in einer der waghalsigsten Rettungsaktionen des Krieges dänische Juden über das Meer und brachten sie in Schweden in Sicherheit. Während des ganzen Krieges dauerten diese Untergrundaktivitäten fort. (Siehe Gilbert, Martin, *Holocaust: A History of the Jews of Europe During the Second World War,* Henry Holt & Company, New York 1985, S. 614.)
3 Die 1935 von den Nazis erlassenen «Nürnberger Gesetze» verboten Ehen zwischen Juden und Deutschen und erklärten Verbindungen, die in Mißachtung dieses Gesetzes eingegangen wurden, als ungültig. Außerehelicher Geschlechtsverkehr zwischen Juden und Deutschen war als «Rassenschande» auch verboten. Lena-Marie war als Anna-Maria Kellermann in ihrem vorhergehenden Leben Jüdin, während Jürg Deutscher war. Somit handelte es sich bei ihrem Kind Heinz um eine «verbotene Frucht».
4 Dr. Göran Grip ist Arzt in Schweden und Autor von *Everything Exists,* im Herbst 1994 in Schweden erschienen. Er hat auch viele wichtige Bücher auf dem Gebiet der Bewußtseinserforschung ins Schwedische übersetzt.
5 Bei ihrem Vortrag am Symposion über Reinkarnation und Wiedergeburt im Jahr 1994 in Oslo beschrieben Lena-Marie Broman und Göran Grip andere Einzelheiten des Lagers, die Lena-Marie von ihren Rückerinnerungen an ihr früheres Leben kannte. Diese werden in ihrem neuen Buch dargestellt, das im Verlag Forum Press in Stockholm erscheinen wird. Ein besonders eindrückliches Beispiel ist Bromans Beschreibung eines offenen Feldes und eines Hangs in Buchenwald, an die sie sich von ihrem früheren Leben her lebhaft erinnerte. Als sie aber im jetzigen Leben an den Ort zurückkehrte, fand sie diese nicht. Zunächst war sie verwirrt, dann aber realisierte sie, daß seit der Zeit ihrer Erinnerungen fünfzig Jahre vergangen waren. Wo sich damals ein Feld befand, standen jetzt hohe Bäume. Als sie und Dr. Grip den Waldweg hinuntergegangen waren, gelangten sie zu einer Lichtung, und dort bot sich ihnen genau der Anblick, an den sie sich aus ihrem vergangenen Leben erinnert hatte. Sie hatte die Landschaft von Buchenwald nicht so «gesehen», wie sie heute ist, sondern wie sie damals in der Kriegszeit war – bevor Lena-Marie Broman geboren wurde.

6 So wie es mit ihrem inneren Bild von Buchenwald gewesen war, so entsprachen ihre Erinnerungen an Wien der Zeit ihres früheren Lebens, nicht dem jetzigen Zustand von Wien. Bei einem Gebäude, das umgebaut worden war, hatte sie den Eindruck, die Tür befinde sich am «falschen» Ort. Als sie hineingingen, konnten sie aus der Lage des Treppenhauses ersehen, daß die Tür früher doch an der «richtigen» Stelle gewesen war.
7 Die Juden, die gezwungen waren, sichtbar einen gelben Stern an ihrer Kleidung zu tragen, waren ständig die Zielscheibe von Angriffen und Belästigungen. Außerdem gab es Ausgehverbote und andere Einschränkungen, zum Beispiel Vorschriften, wann und wo jüdische Kinder auf der Straße sein durften. Auch wenn man sich selber vor Schaden bewahren konnte, so mußte man doch ständig mitansehen, wie andere Juden zusammengeschlagen, verhaftet oder sonstwie verfolgt wurden. Dies war der Terror, dem «Anna-Maria» zu entkommen suchte, indem sie die Abkürzung benutzte.
8 Der Stephansdom ist ein Wahrzeichen Wiens. In beiden Leben konnte sich Lena-Marie Broman an ihm orientieren.

Viertes Kapitel
David R. Moffatt: HÄNDE AUS DEM HOLOCAUST

1 Vor dem Holocaust war Lodz ein bedeutendes Zentrum jüdischer Gelehrsamkeit. Es gab Zeiten, in denen die jüdische Bevölkerung von Lodz mehr als einen Drittel der Gesamtbevölkerung ausmachte. Als Hitler 1939 in Polen einfiel, lebten schätzungsweise 233 000 Juden in Lodz. Quelle: Wiesenthal, Simon, *Every Day Remembrance Day,* Henry Holt and Company, New York 1987, S. 202, (*Jeder Tag ein Gedenktag,* Gerlingen 1988).
2 Dies ist eine Übersetzung des englischen Textes und stimmt mit der deutschen Inschrift auf diesem Denkmal nicht überein (d. Übers.).
3 Die antisemitischen Graffiti wurden anscheinend von Touristen hinzugefügt. David Moffatt erzählte mir auch, er hätte auf seiner Reise in Polen an zahlreichen Wänden den Davidstern in der Schlinge eines Galgens gesehen.
4 David Moffatt erwähnte auch, daß er mit seiner Kamera noch nie Probleme gehabt habe und daß sie vor der Abreise nach Polen von einem Fachmann eingestellt und geprüft worden sei. Auch habe sie seither immer einwandfrei funktioniert.
5 Ich habe diese Photos selber angeschaut und fand sie so, wie sie beschrieben wurden. Außerdem hatte David Moffatt ähnliche Probleme mit Unterbelichtung, als er – mit einer anderen Kamera – das Holocaustdenkmal in Lodz photographierte. Seither funktioniert aber auch diese tadellos.
6 Obschon der Traum eindeutig symbolische Elemente enthält, erinnert er an die schändlichen «Stehzellen» von Birkenau, die sich in einem Holzgebäude befanden. Siehe die Geschichte «Mehr als ein Märchen» von Marcia Hollabaugh, die diese Zellen genauer «gesehen» hat.

Fünftes Kapitel
Judith Hart: DIE WEISSE ROSE

1 «Die weiße Rose» wurde 1939 an der Universität München von den dort studierenden Geschwistern Hans und Sophie Scholl ins Leben gerufen. Sie verteilten Anti-Hitler-Flugblätter, in denen sie zur Demokratie, zur Wiederherstellung der persönlichen Rechte und Dezentralisierung der Regierung aufriefen. Siehe Scholl, Inge, *Die weiße Rose,* Frankfurt am Main 1992.

Sechstes Kapitel
Marcia Hollabaugh: MEHR ALS EIN MÄRCHEN

1 Das Bild einer Fabrik, die schmutzigen Rauch in den Himmel speit, erscheint häufig in Holocaust-Erinnerungen aus einem früheren Leben. In bezug auf die Architektur in Auschwitz-Birkenau schreibt Charles Lawless: «Mit ihren steilen Dächern, Dachfenstern, währschaften Schornsteinen und der geschmackvollen Landschaftsgestaltung täuschten diese einstöckigen Backsteinbauten absichtlich moderne deutsche Industriegebäude vor.» (Lawless, Charles, *And God Cried: The Holocaust Remembered,* Wieser & Wieser, Inc., New York 1994, S. 129.)

2 Sowohl in Pittsburgh wie in der Gegend von Auschwitz gibt es diese Art Wald, und es ist nachvollziehbar, daß diese Visionen auf einem vertrauten Weg in der Nähe ihres Hauses begannen und dann in die Erinnerungen an ein früheres Erdenleben hinüberwechselten.

3 In den Vereinigten Staaten haben die Friseure eine spiralig bemalte Stange als Geschäftszeichen.

4 In den zwei größten Anlagen von Birkenau waren die Gaskammern unterirdisch und sahen aus der Perspektive eines Kindes wie ein «Labyrinth» oder eine «Höhle» aus. (Ein maßstabgetreues Modell einer solchen Anlage ist im *United States Holocaust Memorial Museum* in Washington D.C. zu sehen.) Obschon Marcia Hollabaugh einen Körper in jeder «Höhle» sah, wurden in Wirklichkeit im Interesse einer rationelleren Kremation jeweils drei oder vier Leichen in einen Ofen gelegt (siehe Lawless, a.a.O., S. 129–130).

5 Daß Marcia Hollabaugh mit dem Judentum nicht vertraut ist, wird auch durch ihre Schilderung des Synagogentraums belegt, die eher auf eine Kirche als eine Synagoge schließen läßt. An einer jüdischen Gebetsstätte befindet sich normalerweise kein Davidsstern vorne im Zentrum wie ein Kreuz in einer Kirche, und es gibt auch keinen Altar. Stattdessen hat es einen in die Wand eingebauten Schrank, in dem die Thorarollen aufbewahrt werden. Die meisten orthodoxen Gemeinden in Amerika verwenden in den Synagogen keinen Chor, obwohl es durchaus sakrale Musik für Männerchöre gibt. Viele Reform- und konservative Gemeinden setzen einen gemischten Frauen- und Männerchor ein.

6 Die Theorie «zellulärer Erinnerungen» basiert auf der Annahme, daß unsere Erlebnisse in unseren Genen kodiert sind und auf unsere Kinder übertragen werden. Im Fall der Frau, die zum Judentum konvertierte, ist dies theoretisch möglich, weil sie direkt von ihrer «Jiddisch sprechenden» Großmutter abstammt. Bei Marcia Hollabaugh ist es aber nicht sinnvoll, von «zellulären Erinnerungen an Auschwitz» zu sprechen, denn ihre Eltern lebten zur Zeit des Holocaust in Amerika, und sie hat keine Vorfahren, die in Auschwitz starben. Später kam sie zur Überzeugung, daß es einleuchtender ist, ihre Visionen durch Reinkarnation zu erklären. (Siehe Anhang A zur Frage der Nichtjuden, die als Wiederverkörperung eines «verlassenen» jüdischen Vorfahren auf die Welt kommen.)

7 *Auschwitz: A History in Photographs,* herausgegeben für das Staatliche Museum Auschwitz-Birkenau durch Indiana University Press, 1993.

8 Marcia Hollabaugh fand später eine andere unheimliche Beziehung zu den «Friseurstangen». Auf S. 226–227 von *Auschwitz: A History in Photographs,* findet sich ein großes Photo des Westeingangs von Auschwitz mit dem berüchtigten «Arbeit macht frei»-Tor. Auf beiden Seiten dieses Tors stehen zwei diagonal gestreifte Stangen, die tatsächlich Friseurstangen gleichen. Sie haben sogar Kugeln am oberen Ende wie die amerikanischen Friseurstangen.

9 Mandala = bildliche Darstellung als Symbol der Selbstfindung.

Siebtes Kapitel
Diana Lubarsky: JEDER HAT EINEN NAMEN

1 Das Schweigen über den Holocaust war nicht auf Juden beschränkt, die davon nur am Rande betroffen waren. Der Harvard-Jura-Professor Alan Deshowitz, der als orthodoxer Jude in Brooklyn aufgewachsen ist, schreibt: «Obwohl ich mich an die Landkarte [von Europa] meines Vaters und den Zustrom von Flüchtlingen in meiner Nachbarschaft erinnere, erlebte die jüdische Gemeinde in meiner Schulzeit ein kollektives Verdrängen des Holocaust. Dieser wurde im *Jeschiva* (orthodox-jüdische Schule), im jüdischen [Sommer]lager, in Diskussionen unter Freunden und sogar in der Synagoge nie erwähnt ... Die Tragödie war zu nah, zu schmerzhaft, zu schuldbeladen.» (Dershowitz, Alan M., *Chutzpah,* Little, Brown, and Company, Boston 1991, S. 49.)
2 Moldaver, Sheila, «She remembers what she never saw», *The Yorktowner.* Yorktown Heights, New York, Volo. XII, No. 6, Mai-Juni 1978, S. 38.
3 Ebenda.
4 Roman Vishniac wurde 1897 in St. Petersburg geboren und studierte an den Universitäten von Moskau und Berlin. Kurz bevor die Nazis 1938 in Polen einmarschierten, bereiste Vishniac Osteuropa, wobei eine Sammlung von Aufnahmen entstand, die vermutlich eine letzte Dokumentation einer vergangenen Epoche darstellen. Sein Buch *Polish Jews: A Pictorial Record* (Schocken Books, 1947) ist heute ein Klassiker.
5 Bei dem Buch handelt es sich um *Roman Vishniac,* Grossman Publishers, New York 1974. Das Photo der Frau ist auf S. 92.
6 Leider ist Roman Vishniac gestorben, so daß diese Frage ungelöst bleibt. Sicher ist, daß die Skulpturen ihn zutiefst bewegten. Als er 1985 Lubarskys zu Hause besuchte, brach er beim Anblick der Skulptur *Leere Räume (Empty Spaces)* in Tränen aus. Er schrieb ihr in sein Buch *A Vanished World* folgende Widmung: «Für Diana, die Künstlerin des Holocaust, die diesen versteht und fühlt. Ich habe über alles nachgedacht, was später passierte. Ich zitterte vor Angst, daß es passieren könnte. Diana versteht es, große Bildwerke des Holocaust zu schaffen. Ich habe noch nie so schöne Skulpturen gesehen; sie lassen sich mit *Guernica* vergleichen – das wirst Du jetzt nicht glauben – ich aber weiß es bestimmt. Diana ist größer als Picasso.»
7 Siehe *Holocaust,* Yad Vashem, Jerusalem 1977, S. 70–71. Im Oktober 1995 hatte ich Gelegenheit, das Photo und die Skulptur nebeneinander zu sehen. Die Ähnlichkeit ist erstaunlich.

Achtes Kapitel
Sigrid Dreyfuss-Manelis: SAGE «KADDISCH» ZU UNS

1 «Mayflower-Juden»: Obwohl sich anscheinend keine Juden an Bord der *Mayflower* selber befunden hatten, brachte das nächste Schiff, die *Fortune,* mindestens einen «hebräischen Pilger» namens Moses Simonson nach Amerika. Sein Enkel heiratete Sarah Standish, Enkelin der Puritaner John Alden und Miles Standish, die an Bord der *Mayflower* gekommen waren. Bereits 1654 ließen sich auch Juden in New Amsterdam (heute Manhattan) nieder. (Sharfman, Harold I., *Jews on the Frontier,* Henry Regnery Company, Chicago 1977, S. 73.)
2 «Fräulein Neilah» bezieht sich auf den Neilahdienst, mit dem die Yom-Kippur(Versöhnungstag)-Gebete nach Sonnenuntergang abgeschlossen werden. Im Symbolismus der jüdischen Liturgie bedeutet Neilah: Der Ratschluß Gottes in bezug

darauf, wer leben und wer sterben wird, ist für das kommende Jahr besiegelt – ein passendes Codewort für den bevorstehenden Tod.
3 Der als Brite geborene Ambrose Worrall (1899–1972) und seine in Amerika zur Welt gekommene Frau Olga (1906–1985) waren beide begabte Hellseher und Heiler, deren Wirken gut dokumentiert ist. Noch zu ihren Lebzeiten wurden Olga Worralls Heilkräfte durch Ärzte, Parapsychologen und andere, einschließlich die Kernphysikerin Elizabeth Rauschner und den Biophysiker Beverly Rubik, wissenschaftlich geprüft. 1979 unterzog sie sich auch parapsychologischen Experimenten an der Universität von Kalifornien in Berkeley, in denen ihre außergewöhnlichen Fähigkeiten untersucht wurden. (Guiley, Rosemary Ellen, *Harper's Encyclopedia of Mystical and Paranormal Experience,* Harper Collins, New York 1991, S. 650–653.)

Neuntes Kapitel
Carole Louie: ICH ERINNERE MICH

1 Weiss, Brian, *Die zahlreichen Leben der Seele,* München 1994; ders., *Heilung durch Reinkarnationstherapie,* München 1995.
2 Wie allgemein bekannt ist, fand das christliche Ostergeschehen in der Woche von Passah statt und gewisse äußere Formen der jüdischen Feier wurden von den frühchristlichen Kirchen übernommen. Zum Beispiel stammen das weiße Tischtuch und die zwei Kerzen, das ungesäuerte Brot und der Wein und das Osterlamm wie die Geschichte des Auszugs aus Ägypten aus der jüdischen Passah-Feier. In der jüdischen Weltanschauung bleibt aber die rituelle Speise einfach Nahrung, die im Gottesdienst eingenommen wird, und kennt keine Transsubstantiation wie bei der katholischen Hostie. Den christlichen Begriff der «Heiligen Kommunion» durch «Leib und Blut Christi» gibt es in der jüdischen Lehre nicht.
3 Das Dorf Plum liegt im Südwesten von Frankreich, im Tal von Bordeaux, in der Nähe der Dordogne. Es ist ein buddhistisches Dorf, wo der aus Vietnam stammende Thich Nhat Hanh im Exil lebt. Obschon Thich Nhat Hanh seine Praxis als Zen-Buddhist begann, hat er eine eigene Prägung des Buddhismus entwickelt, in der mehr gesungen und das fröhliche Zusammensein gepflegt wird als im klassischen Zen.
4 Dharma (Buddhismus): Die das Dasein bestimmenden Kräfte, aus denen eine Persönlichkeit und die von ihr erlebte Welt zustandekommt.
5 Die Worte stammen von einem bekannten amerikanischen Volkslied: «Let there be peace on earth, and let it begin with me ...»

Zehntes Kapitel
Linda Thieman: TRIUMPH ÜBER DAS BÖSE

1 In manchen Ländern des Mittleren Ostens werden freie Stellen nicht öffentlich ausgeschrieben. Sie werden unter Freunden oder innerhalb der Familie gehandelt, und Vetternwirtschaft ist an der Tagesordnung.
2 Dies ist historisch richtig. Antisemitismus war im alten Rom weit verbreitet. Außerdem gab es damals häufige Aufstände der Juden gegen Rom, so daß ihr Herr als Soldat sie als zum Feind gehörig betrachtet haben könnte.
3 WASP – White Anglo-Saxon Protestant: gegen Ende des 19. Jahrhunderts aufgekommene Bezeichnung für Amerikaner protestantisch-britischer Herkunft, die sich ethnischen, rassischen und religiösen Minderheiten gegenüber überlegen fühlten (heute meist kritisch gebraucht).

4 Whitton, Joel L., und Fisher, Joe, *Life Between Life,* Warner Books, Inc., New York 1986.
5 Das kanonische Gesetz schreibt ein *Minjan* oder Quorum von zehn Juden vor, um einen Gottesdienst abzuhalten oder *Kaddisch,* das Gebet für die Toten, zu sagen. Ein *Minjan* ist auch für eine Teufelsaustreibung erforderlich. In Osteuropa war es üblich, daß sich ein *Minjan* um das Totenlager versammelte, um der Seele bei ihrem Übertritt in die nächste Welt beizustehen. Viele Juden waren überzeugt, daß sie nur in den Himmel kommen können, wenn jemand *Kaddisch* für sie sagt. Auch wenn dies nicht stimmt, vermochte ein solcher Glaube eine Seele an die Erde zu binden. Aufgrund des Ausgangs der Geschichte scheint das geistige *Minjan* in Linda Thiemans Haus gekommen zu sein, um für die seit dem Holocaust an die Erde gebundenen Seelen *Kaddisch* zu sagen. (Zur Zeit dieser Ereignisse hatte Linda Thieman keine Kenntnis von diesen Lehren.)

Elftes Kapitel
«Rebecca»: MEIN KLEINER LIEBLING

1 Dies ist nicht ihr wirklicher Name. Als ich mit «Rebecca» über die Veröffentlichung dieser Geschichte sprach, war sie anfänglich einverstanden, die richtigen Namen zu verwenden. Da «Leah» aber minderjährig ist, beschlossen wir später, Pseudonyme zu nehmen, um die Privatsphäre ihrer Tochter zu schützen. Beide Eltern machten sich auch Sorgen, daß die Veröffentlichung ihres richtigen Namens in einem Bericht über ein früheres Leben als Nazikollaborateurin für Leah zu Schwierigkeiten in der jüdischen Gemeinde führen könnte.
2 Dies ist historisch richtig. Obwohl normale Kajütenbetten meistens nur aus zwei Etagen bestehen, hatten die Baracken in den Nazi-Konzentrationslagern drei- und mehrstöckige Pritschen. Das berühmte Photo von männlichen Gefangenen, die in einer Baracke in Mauthausen liegen (Elie Wiesel ist auch zu sehen) zeigt vierstöckige Pritschen. (Siehe Lawless, Charles, *And God Cried,* Wieser and Wieser, Inc., New York, 1994, S. 157.)

Zwölftes Kapitel
David D. Johnson: DER SÜNDENBOCK

1 Depression 4. Grades.
2 Dies soll nicht heißen, daß alle Deutschen grob sind. Wie die Psychologin Alice Miller in *For Your Own Good (Am Anfang war Erziehung,* Frankfurt am Main 1980) ausführt, gab es jedoch zur Zeit der Jahrhundertwende in Deutschland Erziehungsmethoden, die oft zu Mißhandlungen führten. In manchen Fällen wurden diese Methoden in amerikanischen Familien deutscher Herkunft weitergeführt.
3 Minneapolis und St. Paul, Minnesota, werden Zwillingsstädte genannt, weil sie nur gerade durch den Mississippi getrennt werden.
4 Obschon Nostradamus offiziell römisch-katholisch war, glauben viele Schüler, er habe jüdische Vorfahren gehabt. Bekannt ist, daß er Hebräisch konnte; auch ging das Gerücht herum, er habe bei jüdischen Alchemisten in Narbonne, Frankreich, studiert (Cheetham, Erika, *The Final Prophecies of Nostradamus,* The Putnam Group, New York 1989, S. 13). Nach einem kürzlich gezeigten Fernsehdokumentarfilm schöpfte Nostradamus seine Prophezeiungen aus dem Sohar, einer jüdisch-mystischen Schrift (*Ancient Prophecies [Alte Prophezeiungen],* NBC-TV, gesendet 18. November 1994).

5   Siehe Teil I dieses Buches, 2. Kapitel.
6   Dabei handelt es sich um die *Evenstar School of Sacred Paths,* 2402 University Avenue West, St. Paul, MN 55114. Rabbi Gershom bietet dort seit über zehn Jahren periodische Workshops an.
7   Siehe Leviticus 16. In biblischen Zeiten war der Sündenbock tatsächlich ein Ziegenbock, der an Jom Kippur, dem Versöhnungstag, vom Los bestimmt wurde. Die Sünden der Menschen wurden symbolisch diesem Ziegenbock aufgeladen, der dann zum Sterben in die Wüste geschickt wurde. Heute ist ein Sündenbock irgend jemand oder etwas, dem man ungerechterweise die Schuld für Probleme zuschiebt, die andere verursacht haben.

Dreizehntes Kapitel
Mary (Miriam) Marks: EIN TRAUM DER UNENDLICHKEIT

1   Siehe Anm. 1 im Bericht von Abbye Silverstein, 1. Kapitel.
2   Nach jüdischem Religionsgesetz wird die Zugehörigkeit zur Gemeinde durch die Mutter weitervererbt. Das Kind einer jüdischen Mutter ist ganz jüdisch, unabhängig von der Religion des Vaters. Andererseits ist ein Kind einer nichtjüdischen Mutter nicht jüdisch, auch wenn es der Vater ist. Aus diesem Grund war es für Mary nötig, formell zu konvertieren, um Jüdin zu werden. In den letzten Jahren wurde von Reformjuden in ihrer eigenen Gemeinde auch die väterliche Abkunft (jüdischer Vater und nichtjüdische Mutter) anerkannt, unter der Bedingung, daß sich das Kind öffentlich als Jüdin oder Jude bekennt und keine andere Religion praktiziert. Andere Strömungen des Judentums lehnen diese Handhabung ab und bestehen auf einer formellen Konvertierung.
3   Diese ist nach Rabbi Hillel benannt, einem jüdischen Weisen aus dem ersten Jahrhundert, der für seine Gelehrsamkeit und liebenswerte Geduld berühmt war. Die meisten amerikanischen Universitäten haben ein Hillel-Zentrum, das normalerweise von der *B'nai Brith Foundation* und der örtlichen jüdischen Gemeinde unterstützt wird. Das Hillel-Zentrum ist sowohl ein religiöser wie gesellschaftlicher Treffpunkt für die jüdischen Studenten.
4   *Jahrzeit:* Jahrestag des Todes. In der jüdischen Tradition wird der *Jahrzeit* gedacht, indem *Kaddisch* (Gebet für die Toten) gesagt und eine Vierundzwanzig-Stunden-Kerze zur Erinnerung an die Verstorbene oder den Verstorbenen angezündet wird. Viele Familien spenden auch eine religiöse Feier an diesem Tag oder am nächstgelegenen Sabbat. Die *Jahrzeit* einer Synagogen-Gründerin wie Malka könnte auch eine öffentliche Ansprache beinhalten, in der ihr Leben und ihre guten Taten in Erinnerung gerufen werden. Gemäß kabbalistischer Lehre helfen die an der *Jahrzeit* gesprochenen Gebete und das, was zu diesem Anlaß aus der Thora gelernt wird, der Seele des Verstorbenen, in der nächsten Welt weiterzukommen.

Vierzehntes Kapitel
Patricia (Rachel Brachah) O'Brian: FREUDENBRINGER

1   Siehe Anm. 1 im Bericht von Abbye Silverstein, 1. Kapitel.
2   Deuteronomium 29/9–12.
3   Gemäß den Kabbalisten haben sich die Seelen, die auf dem Berg Sinai anwesend waren, mehrmals wiederverkörpert. Rabbi Elimelech von Lisensk, ein großer chassidischer Meister, sagte einmal: «Nicht allein, daß ich mich erinnere, wie alle

Seelen Israels am brennenden Sinaiberg standen: ich erinnere mich auch, welche Seelen neben mir gestanden haben.» (Buber, Martin, *Die Erzählungen der Chassidim,* Zürich, 9. Aufl. 1984, S. 398. Siehe auch Kapitel 3, «Das Leben nach dem Tode in der jüdischen Lehre», in Teil I dieses Buches.)

4   Es war die Aufgabe der Konzentrationslager, nicht nur die Körper der Juden zu töten, sondern auch ihren Geist zu brechen. In vielen Fällen wurde dieses Ziel mehr als erreicht. Indem sie alles Jüdische öffentlicher Schande preisgaben, pflanzten die Nazis im seelischen Bereich Eigenhaß und Scham, die sich auf das gegenwärtige Leben vieler Leute – Juden und Nichtjuden – übertrugen. Für eine tiefere Betrachtung dieses Phänomens siehe Kapitel 6, «Schwarze Stiefel und Stacheldraht», in Teil I dieses Buches.

5   Im Unterschied zu anderen Religionen haben die Juden keine Missionare und locken auch keine Konvertiten an, indem sie ihnen Seligkeit versprechen. Traditionelle Rabbis sind gehalten, Konvertiten abzuschrecken, indem sie auf alles Negative hinweisen, das mit dem Jüdischsein verbunden ist. Mit diesem «Zurückstoßen» soll die Ernsthaftigkeit geprüft werden, was dem Interessenten natürlich nicht schon vorher erklärt werden kann.

6   Gebetsschal und Gebetsriemen. Die *Tefillin* sind kleine Lederkästchen, die Worte der Thora enthalten und an Arme und Kopf gebunden werden, als Zeichen dafür, daß man sich mit seinen Gedanken und seinem Tun ganz mit Gott verbindet. In orthodoxen Versammlungen werden diese Objekte nur von Männern getragen, während sie in der konservativen Bewegung (zu der Patricia O'Brian gehört) auch von Frauen verwendet werden.

Fünfzehntes Kapitel
Yonassan Gershom: DER KREIS DER THORA

1   Siehe am Ende des 1. Kapitels, «Merkwürdige Begegnung an einem Winterabend», in Teil I dieses Buches.
2   Im Sinne des Segens, den sich Elischa von Elijas erbat.
3   Rabbi Nachum von Tschernobyl (gestorben 1798) war ein Schüler des Rabbi Israel Baal Schem Tow, des Gründers des Chassidismus. Zur Zeit des Reb Nahum war Tschernobyl ein bekanntes Zentrum jüdischer Gelehrsamkeit, das auch heute noch in zahlreichen chassidischen Geschichten erwähnt wird. Rabbi Goldbergers Lehrer war der verstorbene Menachem Twersky, ein chassidischer Rebbe, der aus der Tschernobyler Linie stammte.

Anhang A
Yonassan Gershom: DIE JÜDISCHE SEELE

1   Deuteronomium 5,3. Für eine tiefere Betrachtung siehe Teil I, 3. Kapitel, «Das Leben nach dem Tode in der jüdischen Lehre».
2   Das «Exil» kann ein vom himmlischen Gerichtshof gefällter Richtspruch zur Sühne einer bestimmten Schuld sein, es kann aber auch aus irgendwelchen Gründen freiwillig gewählt werden. Es gibt eine klassische jüdische Lehre, die besagt: «Die Seelen von frommen Juden gehen manchmal [durch Reinkarnation] in die Körper von Nichtjuden über, damit sie sich für [das Volk] Israel einsetzen und es gütig behandeln» (Yalkut Reubeni 63). In allen Fällen bleibt die Seele selber während des Exils jüdisch und kehrt in einem zukünftigen Leben schließlich zu ihrem Volk zurück.

3 Fishkoff, Sue, «Endless Cycles: The Druse belief in rebirth can lead to complications», *Reincarnation International*, Juli 1996, S. 23.
4 Nach dem Videoband «A Gift to One, A Gift to Many», mit freundlicher Genehmigung vom *Min No Aya Win Human Services Center*, Cloquet, Minnesota.
5 Akrostichon: Poetische Form, bei der die Angfangsbuchstaben, -silben oder -wörter der Verse oder Strophen, im Zusammenhang gelesen, einen Namen oder einen Spruch ergeben.
6 Geist-Tanz-Religion: eine Form ekstatischer Geisterverehrung, die in den 1880er Jahren von den Lakota-Sioux praktiziert wurde. Sie nahm 1889 mit dem «Wounded Knee»-Massaker durch die amerikanische Kavallerie im Bundesstaat South Dakota ein Ende.
7 Iverson, Jeffrey, *In Search of the Dead: A Scientific Investigation of Evidence for Life After Death*, Harper Collins Publishers, New York 1992, S. 176. Auch hier besteht eine Ähnlichkeit mit dem Glauben vieler traditioneller Juden.
8 Weil in kabbalistischen Texten die Bezeichnung «Generationen» als «Inkarnationen» zu verstehen ist, kann der Begriff *Yichus* – das «Verdienst» der Vorfahren – ebenso als Hinweis auf das eigene gute Karma angeschaut werden. In diesem Zusammenhang erhält die berühmte Aussage von Rabbi Nachman, «... auch wenn ich von der niedrigsten jüdischen Familie abstammte, hätte ich dennoch erreicht, was ich erreicht habe», eine neue Bedeutung.
9 Maller, Allen, *God, Sex, and Kabbalah*, S. 121–123. Auf Seite 121 schreibt Maller: «Natürlich sind nicht alle Nichtjuden, die zum Judentum konvertieren, reinkarnierte Seelen von Juden, welche in früheren Leben vom Judentum getrennt wurden. Es gibt aber ein Merkmal, an dem man solche Fälle erkennen kann: ein einzelner jüdischer Vorfahre in einem nichtjüdischen Stammbaum».
10 Zum Beispiel wurde die Seele des Panchen Lama, der den Dalai Lama in neun Inkarnationen ausgebildet hat, nach seinem Tod im Jahr 1989 «verloren» geglaubt. Aber 1995 teilte der Dalai Lama mit, daß der Panchen Lama als sechsjähriger tibetischer Knabe gefunden wurde. Seine Eltern waren Nomaden, die im unter chinesischer Herrschaft stehenden Tibet lebten (*Reincarnation International*, London, Juli 1995, S. 8–11). Dabei ist zu beachten, daß der Panchen Lama sogleich nach seinem Tod in sein eigenes Volk zurückkehrte (wie die Drusen).
11 «Reading» heißt, wörtlich übersetzt, «Lesung». Bei Edgar Cayce kann es je nach Zusammenhang Prophezeiung, Deutung, Weissagung, Prognose oder Diagnose bedeuten. Die Cayce-Readings in Teil II wurden von B. Brodbeck übersetzt.
12 Dieser Ausspruch ist eine Anlehnung an: «Denn ich schäme mich des Evangeliums nicht: Es ist eine Kraft Gottes, die jeden rettet, der glaubt, zuerst den Juden, aber ebenso den Griechen» (Römer 1,16)
13 Siehe Kapitel 7, «Die Heilung des Karmas nach dem Holocaust», in Teil I dieses Buches.
14 Traditionelle Volkslegende, die auch von Martin Buber in *Die Erzählungen der Chassidim*, Zürich, 9. Aufl. 1984, S. 670, wiedergegeben wird. Der gleiche Band enthält ähnliche Geschichten über den Rebben von Apta und Reb Levi Jizchak von Berditschew.
15 Siehe zum Beispiel «Reb Nachman's Spirit» in: Howard Schwartz, *The Dream Assembly: Tales of Rabbi Zalman Schachter-Shalomi*, Amity House, New York 1988, S. 113–116.
16 Iverson, a.a.O., S. 146.
17 In einem Brief an Edgar Cayce vom 6. Juli 1939 wurde von einem Klienten [813] eine ähnliche Ansicht in bezug auf Hitler geäußert. Indem er einen damals erschienenen astrologischen Artikel zitierte, vermutete [813], daß die Nazis von deutschen

Seelen beeinflußt waren, die im Ersten Weltkrieg «mit einem Herzen gestorben waren, das vor Haß überfloß», und die nun wiedergeboren wurden oder aus der geistigen Welt Einfluß auf Hitler und seine Gefolgsleute ausübten. Cayces Antwort auf diese Vermutung war: «... das ist etwa richtig, ich bin sicher.» (Berichte 17 und 18 über Reading 813-1.)

Anhang B
Yonassan Gershom: HAT HITLERS SEELE BEREUT?

1 Siehe 9. Kapitel, Teil I, «Zyklen der Wiederkehr».
2 Schuster, Michael L., *Conversations with Adolf Hitler,* Sufra Publications, P.O. Box 997, Leicester, NC 28748, 1994, S. 355.
3 Ebenda, S. 15. Weil der «alte Michael» vom neunten Schuljahr an nicht mehr mit dem Judentum verbunden war, blieben seine Kenntnisse davon auf dem Stand eines Teenagers. Seit Schuster sein Buch *Conversations with Adolf Hiltler* veröffentlicht hatte, diskutierten wir die Sache gründlich, und wie er mir sagte, ist er nun entschlossen, seine «Beziehung zum Jüdischen wieder zu stärken».
4 Ebenda, S. 224.
5 Zitiert nach *Shivchei Ha-Ari* (Sammlung von Erzählungen aus dem 16. Jahrhundert über Rabbi Isaac Luria, einen großen Kabbalisten und Mystiker).
6 Brinkley, Dannion/Perry, Paul, *Saved by the Light,* Villard Books, Random House, New York 1994 (*Zurück ins Leben. Die wahre Geschichte des Mannes, der zweimal starb,* München 1994).
7 Schuster, a.a.O., S. 185f.
8 Ebenda, S. 141.
9 Ebenda, S. 217. Vergleichen Sie die Vorstellung von «geistigen Sternsystemen» mit den «Heilungszentren», die von Abbye Silverstein im 1. Kapitel von Teil II «Die Heilerin heilt sich selbst» beschrieben wurden. Auch Abbye Silverstein berichtet, daß die Astralleiber der Opfer verkrüppelt und entstellt und mit schwer geschädigter Selbstachtung in der Zwischenwelt ankamen.
10 Ebenda, S. 101.
11 Ebenda, S. 251f
12 Nachdem ich auf diese Aussagen ablehnend reagiert hatte, erklärte mir Schuster weiter: «Die New-Age-Überzeugung geht dahin, daß wir alle unsere eigene Wirklichkeit schaffen, einschließlich der vorgeburtlichen Wahl unserer Lebensumstände ... Warum sollte jemand Folter wählen? Aus dem gleichen Grund, aus dem sich andere Schmerzen irgendeiner Art aussuchen. Krasse Mißhandlungen kommen in persönlichen Beziehungen dauernd vor. Warum bleiben die Partner dieser Beziehungen in diesen Situationen von Mißhandlung? Um zu lernen, was Eigenliebe und Verzeihen ist. Auch für die Holocaust-Opfer geht es ums Lernen.» Ich lehne diese Theorie immer noch ab.

Anhang C
Yonassan Gershom: EDGAR CAYCE ÜBER DEN HOLOCAUST

1 18. bis 23. Juli 1993, *Reincarnation: The Golden Thread of Life (Reinkarnation: Der goldene Lebensfaden),* eine von der *Association for Research and Enlightenment, Inc.* gesponserte Konferenz in ihrem Hauptquartier in Virginia Beach, Virginia.

2   Vgl. Reading 261-14. Die Serie 261 eröffnet einen interessanten Ausblick auf die wirtschaftlichen Probleme jener Zeit.
    Zur Wahrung der Privatsphäre werden alle Klienten von Cayce mit Nummern identifiziert. Die erste Zahl steht für die Person, an die das Reading gerichtet war, und mit der zweiten wird eine Reihe von Readings numeriert, die der gleichen Person gegeben wurden.
3   Reading 3976-13.
4   Der im Juni 1919 unterschriebene Versailler Vertrag beendete den Ersten Weltkrieg, den Deutschland verloren hatte. Die Bedingungen dieses Abkommens waren außerordentlich hart. Deutschland verlor alle seine Kolonien, einen Teil seines europäischen Gebietes, die hauptsächlichsten Eisen- und Stahlindustrien und alle Kriegsmaterialfabriken. Die Armee wurde stark reduziert und einer Militärkontrolle unterstellt. Deutschland wurde verpflichtet, den Siegermächten immense Reparationen zu bezahlen. Obwohl einige dieser Bestimmungen später modifiziert wurden, blieb der Vertrag «für Deutsche aller Gruppen ein einmaliger, brutaler Racheakt» (Taylor, James/Shaw, Warren, *The Third Reich Almanac,* World Almanac, New York 1987, S. 340).
5   Reading 1608-1 und 1562-1. Siehe auch Cayce, Edgar Evans/Lynn, Hugh, *The Outer Limits of Edgar Cayce's Power,* Edgar Cayce Foundation, 1971. Im 7. Kapitel, «The Nature of Psychic Perception» (Die Natur der medialen Wahrnehmung), geben die Gebrüder Cayce eine überzeugende Analyse der seltsamen Begabung ihres Vaters und der Ablenkungen, die manchmal von Anwesenden verursacht wurden. Obwohl das Hitler-Reading in *Outer Limits* nicht behandelt wird, denke ich, daß die Ausführungen auch für dieses Gültigkeit haben.
6   Reading 3976-13, Abschnitt 8.
7   Reading 378-17, Abschnitt 10-A vom 3. November 1933.
8   Siehe den Bericht R-19 zu Reading 378-50. Ich habe keine Aufzeichnung von Cayces Antwort gefunden. Ich habe einmal gehört, daß Gladys Davis, Cayces loyaler Stenograph, [378] in einer scharfen Erwiderung geschrieben habe, Cayce würde niemals eine einzelne Person, geschweige denn eine ganze Menschengruppe verurteilen. Der nächste Bericht (R-20) im selben Ordner enthält eine Querverweis auf ein Reading, das im Februar 1939 für die Tochter [457] von [378] gegeben wurde. Darin äußerte diese ihre Besorgnis wegen einer erblichen Geisteskrankheit auf der väterlichen Seite der Familie. Tatsächlich hatte Herr [378] eine geisteskranke Schwester, die im Januar 1938 starb. Diese Familiengeschichte legt nahe, daß der Nazi-freundliche Brief von [378] als Dokumentation seines Geisteszustandes in den Akten behalten wurde. Zu Antisemitismus als eine Form von geistiger Erkrankung siehe Rubin, Theodore Isaac, *Anti-Semitism: A Disease of the Mind,* Continuum Publishing Company, New York 1990.
9   Sklar, Dusty, *The Nazis and the Occult,* Dorsett Press Edition, New York 1989, S. 16.
10 Vgl. Ross, Robert W., *So It Was True: The American Protestant Press and the Nazi Persecution of the Jews,* University of Minnesota Press, 1980, S. 26–40. Siehe auch Bericht R-17 von Reading 813-1, in dem sich ein an Cayce gerichteter Brief eines Klienten befindet, der sich über die Art beklagt, «in der die amerikanische Öffentlichkeit sich die Nazipropaganda zu eigen gemacht hat».
11 Kein wörtliches Bibelzitat, sondern eine der biblischen Sprache nachempfundene Aussage von Cayce.
12 Reading 3976-13, Abschnitt 8-A.
13 Deuteronomium 30,3–4.
14 Vergl. Reading 3976-15, Abschnitt 9, vom 19 Januar 1934. Dies waren allgemeine

Mitteilungen über «Erdveränderungen» und Prophezeiungen. Abschnitt 12 desselben Readings erwähnt die «Heruntersetzung auf null von einem, der in Mitteleuropa zur Macht aufgestiegen war» – wahrscheinlich eine Vorhersage von Hitlers Tod. Beachten Sie, daß dieses Reading nur zwei Monate nach 3976-13 (des Hitler-Readings) gegeben wurde, was meine Theorie bekräftigt, daß das Hitler-Reading von 1933 eine Entgleisung war.

15 Aus einem Interview mit Rabbi Zalman Schachter und Rabbi Michael Paley, das am 10. April 1983 im *B'nai Or House* in Germantown, Penn., auf Tonband aufgenommen wurde. Mit freundlicher Genehmigung von Rabbi Schachter.
16 Reading 3976-13, Abschnitt 10.
17 Reading 257-211, Abschnitt 11.
18 Daniel 11,36–37.
19 Daniel 11,30–33.
20 Siehe Exodus 19,1–9 u.a. Manchmal wurde auch das Wort «der Bund» verwendet, wenn die «Bundeslade» im Tempel gemeint ist. Da die Bundeslade die Steintafeln mit den Zehn Geboten enthielt, wirkte sie stellvertretend für das Ereignis auf dem Sinai.
21 Daniel 11,35.
22 Zucker, Simon, *The Unconquerable Spirit,* Zachor Institute, Mesorah Publications, New York 1980, S. 28.
23 Deuteronomium (5. Mose) 31,7.
24 Siehe Reading 991-1.
25 Krajenke, Robert, *Edgar Cayce's Story of the Old Testament,* Edgar Cayce Foundation, 1973, Bd. III, S. 5.
26 Zur Information: Ich engagiere mich seit den sechziger Jahren aktiv in der Friedensbewegung und setzte mich für die Rechte der Palästinenser ein, als es noch Karrierenselbstmord bedeutete, dies zu tun. Von 1982 bis 1990 war ich häufiger Diskussionsteilnehmer bei zahlreichen Symposien zur Situation im Mittleren Osten. «Dann schmieden sie Pflugscharen aus ihren Schwertern», wie es bei Jesaia heißt – auch dies gehört zu den jüdischen Prophezeiungen.
27 Weiner, Herbert, *9_ Mystics,* Collier Books, New York 1969, S. 296. Rabbi Abraham Isaak Kook (1865–1935) war sowohl ein orthodoxer Mystiker als auch ein politischer Pluralist. Obwohl er die zionistische Bewegung unterstützte – eine seltene und kontroverse Haltung für einen orthodoxen Rabbi der damaligen Zeit – , plädierte er auch für Toleranz. In den letzten Jahrzehnten wurden die Schriften von Rav Kook von gewissen rechtsgerichteten Splittergruppen in Israel mißbraucht, um die Politik gegen die Palästinenser zu rechtfertigen. Meiner Meinung nach entspricht dies weder dem Wort noch dem Geist von Rav Kooks Lehren.

Bibliographie

Abramson, David M., «The Aquarian Jew», in: *New Age Journal*, Februar 1984, S. 30–36 sowie 81f. Ausgezeichneter Artikel über das «New-Age»-Judentum.

Bamberger, Bernhard, *The Story of Judaism*, Schocken Books, New York 1970. Grundriß der jüdischen Geschichte von der Bibel bis zur Gegenwart.

Berg, Philip, *The Wheels of a Soul*, Research Centre of Kabbalah, New York 1984, Überblick über jüdische Reinkarnationslehren, zusammengestellt von einem Schüler des verstorbenen Rabbi Yehudah Ashlag von Jerusalem.

Die Bibel siehe *Die Schrift*.

Burke, James, *The Day the Universe Changed*, London Writers Ltd., London 1985 (Text aufgrund von BBC-Sendereihe über Entdeckungen, die unsere Weltsicht veränderten).

Buber, Martin, *Die Erzählung der Chassidim*, Zürich 1949. Klassische Sammlung von Geschichten über das Leben der Meister des Chassidismus in der Zeit vor dem Holocaust.

Cayce, Edgar Evans, *Edgar Cayce on Atlantis*, Association for Research and Enlightenment, Inc., Virginia Beach, Virginia, 1968. (Dt.: *Das Atlantis-Geheimnis*, München 1990.)

Cranston, Sylvia/Williams, Carey, *Reincarnation: A New Horizon in Science, Religion, and Society*, Julian Press, New York 1984. (Dt.: *Wiedergeburt – Ein neuer Horizont in Wissenschaft, Religion und Gesellschaft*, München 1989.)

Dresner, Samuel, *The Zaddik*, Schocken Books, New York 1974. Leben und Lehren des Rabbi Yaakov Yosef von Polnoje, eines der engsten Vertrauten unter den Schülern des Baal Schem Tow und Verfassers des ersten Buches über die Lehren und die Gedankenwelt des Chassidismus.

Eliach, Yaffa, *Träume vom Überleben. Chassidische Geschichten aus dem 20. Jahrhundert*, Freiburg 1985. Wahre Geschichten über chassidische Juden, die im Holocaust an ihrem Glauben festhielten.

Epstein, Perle, *Pilgrimage: Adventures of a Wandering Jew*, Houghton Mifflin Co., Boston 1979. Autobiographischer Bericht einer Frau, die sich in den sechziger Jahren auf die Suche machte nach jüdischer Spiritualität. Die dort erwähnten Lehrer sind durchwegs reale Personen; die Verfasserin hat lediglich die Namen geändert. Siehe auch *Kabbalah, the Way of the Jewish Mystic* von derselben Autorin.

Fleer, Gedaliah, *Rabbi Nachman's Foundation*, Breslov Research Institute, Sepher-Hermon Press, New York 1976, S. 55–59. Interessantes Material über die Geburt einer Seele und ihre Wiedergeburten über die verschiedenen Epochen hinweg.

Friedman, Thomas, *From Beirut to Jerusalem,* Doubleday, New York 1989. (Dt.: *Von Beirut nach Jerusalem,* München 1991.)

Gershom, Yonassan, *49 Gates of Light: Kabbalistic Meditations for Counting the Omer,* Selbstverlag 1987. Direktbezug beim Autor, c/o Box 555, Sandstone, MN 55072. Auf Selbsterfahrung basierende Notate für sieben Wochen der Erkundung jüdischer Mystik und Spiritualität.

Gershom, Yonassan, «Shamanism in the Jewish Tradition». Artikel über die Geschichte schamanischer und parapsychologischer Praktiken im Judentum. Enthalten in der Anthologie *Shamanism: An Expanded View of Reality,* hrsg. von Shirley Nicholson, Quest Books, 1987.

Gilbert, Martin, *Holocaust: A History of the Jews of Europe During the Second World War,* Henry Holt and Company, New York 1985.

Gnosis, Heft 3 (Winter 1986/1987): Das Heft behandelt ausschließlich jüdische und nichtjüdische Formen der Kabbala.

Greenbaum (Übersetzung): *Restore my Soul,* Breslov Research Institute, 3100 Brighton 3rd Street, Brooklyn, NY 91053. Fromme Exzerpte der Schriften Rabbi Nachmans aus Brazlaw.

Halevi, Zev Ben Shimon: mehrere Bücher, unter anderen *Der Weg der Kabbala* (München 1993); *Adam and the Kabbalistic Tree; A Kabbalistic Universe; Kabbalah and Exodus.* Alle englischen Ausgaben erschienen bei Samuel Weiser, Inc., New York. Etwas trockene, aber genaue Erklärungen.

Heschel, Abraham Joshua, *Die Erde ist des Herrn,* Neukirchen 1985. Spirituelle Schilderung des jüdischen Lebens in Osteuropa vor dem Holocaust.

Jacobs, Louis, *Jewish Mystical Testimonies,* Schocken Books, New York 1977. Ein Bericht über jüdische mystische und ekstatische Erfahrungen, der auf eine Reihe klassischer Texte zurückgreift.

Jacobs, Susan, «A New Age Jew Revisits Her Roots», in: *Yoga Journal,* März/April 1985, S. 34.

Jetzinger, Franz, *Hitler's Youth,* London 1958.

Jung, Carl Gustav, *Der Mensch und seine Symbole,* Olten 1968. Grundlegende Studie über archetypische Symbolik.

Kaplan, Aryeh, *The Bahir* (Übersetzung und Kommentar), Samuel Weiser, Inc., New York 1979. Über Reinkarnation siehe S. 46, 71, 77.

Kaplan, Aryeh, *Meditation and Kabbalah,* Samuel Weiser, Inc., New York 1982. Tiefschürfende Studie über verschiedene Methoden der jüdischen Meditation mit verständlichen Übersetzungen zahlreicher Quellen.

Kaplan, Aryeh, *Meditation and the Bible,* Samuel Weiser, Inc., New York 1978. Zusammenschau der in der Bibel enthaltenen Hinweise auf Meditation.

Khan, Hazrat Inayat, *The Sufi Message of Hazrat Inayat Khan,* Bd. 1, International Headquarters Sufi Movement, Genf 1979. Hervorragender Essay über die Reinkarnationslehre des Sufismus.

Klein, Aaron und Jenny (Übersetzer), *Tales in Praise of the Ari,* Jewish Publication Society, Philadelphia 1970. Klassische Geschichten über Isaak Luria, den jüdischen Mystiker des sechzehnten Jahrhunderts. Erklärung der Ebenen der Läuterung im späteren Leben, spiritueller Besessenheit etc. Kurze Hinweise auf die Reinkarnation auf den Seiten 20, 26 und 40.

Kübler-Ross, Elisabeth, *Interview mit Sterbenden,* Berlin und Stuttgart 1971.

Kushner, Lawrence, *Honey from the Rock: Visions of Jewish Mistical Renewal,* Harper and Row Publishers, New York 1977. Gedanken und Erkenntnisse eines jüdischen Mystikers, in kurzen Anekdoten erzählt. Das sechste Kapitel, das «Gilgulim: Circles of Return» überschrieben ist, befaßt sich mit dem Thema Reinkarnation.

Langer, Jiri, *Nine Gates to the Hasidic Mysteries,* Behrman House, Inc., New York 1976. Geschichten und Erfahrungen von osteuropäischen Chassidim vor dem Holocaust.

Langley, Noel, *Edgar Cayce on Reincarnation,* Warner Books, New York 1988.

Lanzman, Claude, *Shoah,* Düsseldorf 1986.

Levin, Meyer, *Classic Hasidic Tales,* Penguin Books, New York 1975. Enthält zwei Geschichten über den Baal Schem Tow, «Two Souls» und «Rabbi Israel and the Horse», die von Reinkarnation handeln.

Maimonides, *Treatise on Resurrection,* hrsg. von J. Finkel, American Academy for Jewish Research, New York 1939.

Miller, Rhonda, «The Dilemma of Christ-Oriented Readings», in: *Venture Inward,* November/Dezember 1986, 2. Jg., Nr. 6, S. 13–18. Artikel über Juden, die sich mit den Offenbarungen von Edgar Cayce befassen.

Mintz, Jerome, *Legends of the Hasidim,* University of Chicago Press, Chicago 1968. Wissenschaftliche Untersuchung über Brauchtum und Kultur der Chassidim. Hinweise auf Reinkarnation S. 93, 127, 182, 190f., 201.

Mischnagot, *Die sechs Ordnungen der Mischna,* Teil IV. Ordnung Nesitein, übersetzt und erklärt von David Hoffmann, Basel 1968.

Moody, Raymond, *Life after Life,* Mockingbird Books, Saint Simons Island, Ga. 1975. (Dt.: *Leben nach dem Tod,* Reinbek 1977.)

Morse, Melvin, *Closer to the Ligth: Learning from the Near-Death Experiences of Children,* Ballantine Books, New York 1990.

Netherton, Morris/Shiffrin, Nancy, *Past Lives Therapy,* Ace Books, New York 1978. (Dt.: *Bericht vom Leben vor dem Leben.* Berlin 1987.)

Patai, Raphael, *The Messiah Texts,* Wayne State University Press, Detroit 1979. Hervorragende Zusammenstellung aller klassischen Hinweise auf den Messias aus jüdischen Quellen von der Bibel bis zum Chassidismus.

Pauwels, Louis/Bergier, Jacques, *The Morning of the Magicians,* Avon Books, New York 1968, S. 223–232.

Plaut, W. Gunter, *The Torah: A Modern Commentary,* Union of American Hebrew Congregations, New York 1981.

Potok, Chaim, *Wanderings: Chaim Potok's History of the Jews,* Alfred A. Knopf, New York 1978.

Raphael, Chaim, *Journey from Babylon,* Harper and Row, New York 1985.
Robb, Stewart, *Prophecies on World Events by Nostradamus,* Liveright Publishing Corporation, New York 1961, S. 42–46.
Rosenzweig, Franz, *Der Stern der Erlösung,* 1921, NA Frankfurt am Main 1987.
Rudow, Rita, *Voices from the Holocaust,* Selbstverlag. Direktbezug bei der Autorin, 6050 S. W. 27th Street #109, Miramar, FL 33023. Ein Buch mit medial übermittelten Gedichten, die jeweils die Geschichte eines nunmehr auf der «anderen Seite» befindlichen Opfers des Holocaust erzählen.
Sadeh, Pinchas, *Jewish Folktales,* Doubleday, New York 1989. Enthält fünf Legenden über Reinkarnation: «Gehazi the Dog» (S. 135f.), «Menashe, Alias Moshe» (S. 162f.), «The Reincarnated Bride» (S. 243), «The Pony's IOU» (S. 354) und «The Father, the Dog, and the Fish» (S. 361f.). Überdies weitere jüdische Geschichten über wandernde erdgebundene Seelen und Prozesse vor dem himmlischen Gerichtshof.
Schachter, Zalman, *The First Step: A Guide to the New Jewish Spirit,* Bantam, New York 1983. Nützliche Einführung in die jüdische Spiritualität.
Schachter, Zalman M./Hoffmann, Edward, *Sparks of Ligth: Counseling in the Hasidic Tradition,* Shambhala, Boston 1983. Sehr lesbare Studie, basierend auf Schachters Dissertation über die Rolle des chassidischen Rebben als Ratgeber in persönlichen Dingen und geistliches Oberhaupt.
Scholem, Gerhard, *Das Buch Bahir,* Darmstadt 1970.
Scholem, Gershom, *Kabbalah,* Keter Publishing House, Ltd., Jerusalem 1974.
Scholem, Gershom, *Ursprung und Anfänge der Kabbala,* Berlin 1962. Das Kapitel «Der Mensch und die Seele», S. 401–407.
Scholem, Gershom, *Sabbatai Zwi,* Frankfurt am Main 1992. Im ersten Kapitel findet sich ein guter Überblick über die kabbalistischen Ideen und ihren Einfluß auf das Judentum.
Die Schrift. Verdeutscht von Martin Buber gemeinsam mit Travre Rosenzweig, 4 Bde., Neubearbeitung 1962, 6. Aufl. 1986. Bibelzitate wurden in Teil I nach Möglichkeit dieser Übersetzung entnommen, wo nicht, stammen sie aus anderen gängigen Ausgaben. Die Zitate in Teil II sind durchwegs der Einheitsübersetzung entnommen.
Schwartz, Howard, *The Dream Assembly: Tales of Rabbi Schachter-Shalomi,* Amity House, Inc., Warwick, New York 1988. «The Tale of Malka Nehamah», S. 89ff., berichtet über eine nach den in Chmielnicki 1648 in Polen verübten Massakern reinkarnierte Seele.
Schwartz, Howard, *Judaism and Vegetarianism,* Michah Publications, Marblehead, Mass., 1988. Ein Buch, das nicht nur die vegetarische Lebensweise zum Thema hat, sondern sich überdies mit vielen jüdischen Ansichten zu Fragen der Ökologie, des holistischen Lebens und des Weltfriedens beschäftigt.
Siegel, Richard/Strassfield, Michael und Sharon (Hrsg.), *The Jewish Catalogue,* 3 Bde., Jewish Publication Society, Philadelphia 1973. Ein Überblick über jüdische Lebensweise mit holistischer Betrachtung der Rituale, Feiertage und Lebensereignisse.

Stevenson, Ian, *Twenty Cases Suggestive of Reincarnation,* University Press of Virginia, Charlottesville 1974. (Dt.: *Reinkarnation – Der Mensch im Wandel von Tod und Wiedergeburt,* Braunschweig 1992.)

Taylor, James/Shaw, Warren, *The Third Reich Almanac,* World Almanac Books, New York 1987.

Villasenor, David V., *Tapestries in Sand,* Naturegraph Company, Healdburg, Kalifornien, 1966. Ausgezeichnete Sammlung von Propehezeiungen amerikanischer Ureinwohner verschiedener Stämme. Über Hopi-Weissagungen siehe S. 106–108.

Waskow, Arthur, *These Holy Sparks: The Rebirth of the Jewish People,* Harper and Row, San Francisco 1983. Eine holistische Betrachtung des Judentums nach dem Holocaust von einem bekannten jüdischen Vertreter der Friedensbewegung.

Weiner, Herbert, *9_ Mystics: The Kabbala Today,* Collier Books, New York 1969. Persönliche Begegnungen mit verschiedenen jüdischen Mystikern, Einzelpersonen und Gruppierungen sowohl der traditionellen als auch der radikalen Szene.

Whitton, Joel, *Life Between Life,* Doubleday & Company, New York 1986. (Dt.: *Das Leben zwischen dem Leben,* NA München 1990.) Studie eines Hypnotherapeuten, der Klienten auf die Ebene des *Bardo* zwischen den einzelnen Inkarnationen zurückführt.

Wiesenthal, Simon, *Jeder Tag ein Gedenktag,* Gerlingen 1988.

Winkler, Gershom, *The Soul of the Matter,* Judaica Press, New York 1981. Eine jüdisch-talmudisch-kabbalistische Betrachtung über die menschliche Seele vor, während und nach dem Leben auf der irdischen Ebene. Zum Thema Reinkarnation siehe S. 17–22.

Yoga Journal, März/April 1985, Artikel über jüdische Mystik.

Yogananda, Paramahansa, *Autobiography of a Yogi,* Self-Realization Fellowship, Los Angeles 1946. (Dt.: *Autobiographie eines Yogi,* München o. J.)

Zuker, Simon, *The Unconquerable Spirit* (übersetzt von Getrude Hirschler), Zachor Institute, New York 1980. Wahre Geschichten über Glauben und das Leiden orthodoxer Juden während des Holocaust.

Glossar

Adonai («Herr, Herrscher»): Wird anstelle des heiligen Gottesnamens JHWH verwendet, den die Juden niemals aussprechen. Siehe JHWH.

Alte Welt: Heimatland. Amerikanische Bezeichnung für Europa («Old Country» auf englisch). Auswanderer nannten das Land, das sie verließen, die «alte Welt» (Old World), weil es mehr war als ein Stück Boden, was sie zurückließen: es war die ganze Lebensart. Heute verbindet sich damit ein nostalgisches Gefühl, was im Wort «Heimatland» zum Ausdruck kommt.

Aggada (auch *Haggada*): Nichthalachische jüdische Texte. Umfaßt Geschichten, Legenden, Gleichnisse etc., insbesondere solche, die auf Teile des Talmud zurückgehen.

Amalek: Biblische Gestalt, erstmals erwähnt im 1. Buch Mose 36, 10–16. Die Amalekiter (2. Buch Mose 17,8) griffen die Israeliten aus dem Hinterhalt an und wurden deshalb zum Archetyp sinnloser Grausamkeit.

Aschkenasim: Osteuropäische Juden oder ihre Nachfahren, auch wenn sie in anderen Teilen der Welt leben.

Baal Schem Tow: Rabbi Israel ben Elieser, begründete im achtzehnten Jahrhundert den Chassidismus. (Hat nichts mit dem Götzen Baal aus der Bibel zu tun.)

Bahir: Mystischer jüdischer Text, dem Nechunja ben ha-Kana zugeschrieben, der im ersten Jahrhundert gelebt hat. Der Text tauchte Ende des zwölften Jahrhunderts in Südfrankreich auf. Eine deutsche Fassung hat Gershom Scholem übersetzt und kommentiert.

Bardo (tibetisch: «Raum zwischen den Inseln»): Der «Zwischenzustand», die Bewußtseinsebene, auf der die Seele zwischen ihren irdischen Leben verweilt. Eindrücke von diesem Zwischenzustand sind im tibetischen Totenbuch *Bardo Thödöl* aufgezeichnet.

Bar Mizwa («Sohn der Gebote»): Jude, der dreizehn oder mehr Jahre zählt. Auch Bezeichnung für die religiöse Zeremonie, mit welcher der Übergang des Knaben vom Kindes- zum Erwachsenenalter begangen wird. Siehe auch *Bat Mizwa*.

Bat Mizwa («Tochter der Gebote»): Jüdin, die zwölf oder mehr Jahre zählt. Auch Bezeichnung für die Zeremonie, mit welcher der Übergang vom Kindes- zum Erwachsenenalter des Mädchens begangen wird. Siehe auch *Bar Mizwa.*

Belial: «Söhne des Belial», biblischer Begriff, der «Unwürdige» oder «Schurken» bedeutet. Von Edgar Cayce als Bezeichnung für eine Gruppe böser Menschen gebraucht, die vor der Sintflut lebten.

Bet Din: Rabbinische Bezeichnung für den jüdischen Gerichtshof, der aus drei Richtern besteht, von denen einer ein ordinierter Rabbiner sein muß. Auch himmlischer Gerichtshof.

B'nai Or («Kinder oder Schüler des Lichts»): Ursprünglich eine Bezeichnung aus den Schriften der Essener, in denen die «Kinder des Lichts» die letzte Schlacht mit den «Kindern der Finsternis» austragen. In unserer Zeit Name einer weitverzweigten Organisation von Menschen, die sich für die spirituelle Erneuerung des Judentums engagieren. Gegründet 1962 von Rabbi Zalman Schachter-Shalomi. 1985 änderte die Organisation ihren Namen in *P'nai Or* – «Gesichter des Lichts».

Bodhisattwa: Gelübde buddhistischer Sekten. Diejenigen, die es ablegen, erklären sich bereit, wenn sie erleuchtet werden, immer wiedergeboren zu werden, um als Lehrer und Leiter andere Seelen zu führen.

*Breslower (*auch *Brazlawer):* Anhänger des chassidischen Rebben Nachman ben Simcha aus Breslow, der Ende des achtzehnten, Anfang des neunzehnten Jahrhunderts lebte. Nach dem Tode Reb Nachmans bestimmten seine Anhänger keinen Nachfolger für ihn, sondern betrachten ihn bis heute als ihren geistigen Führer.

Bund: Eine bindende Vereinbarung zwischen verschiedenen Parteien. In der Bibel gibt es drei Bünde:
1. den «Regenbogenbund» zwischen Gott und Noah nach der Sintflut, der für alle Menschen gilt;
2. den Bund zwischen Gott und Abraham, der alle Nachfahren Abrahams einschließt;
3. den Bund vom Sinai zwischen Gott und den Juden.

Chaja («Lebewesen»): Die vierte Seelenebene, entspricht dem kollektiven Unterbewußten.

Chassid: Anhänger des Chassidismus (Plural: Chassidim; Adjektiv: chassidisch).

Chassidismus: Mystisch-religiöse Bewegung innerhalb des Judentums, begründet vom Baal Schem Tow und gekennzeichnet durch glühende Gottergebenheit und peinlich genaue Befolgung der Gebote.

Chesed («Liebevolle Freundlichkeit; Gnade»): Eine Sefira am Baum des Lebens (auch Sefirot oder Weltenbaum), mit der rechten Hand der Barmherzigkeit verknüpft.

Dibbuk: Böser Geist eines Toten, der in einen lebenden Menschen fährt.

Dritte Tempelzerstörung: Von manchen Juden gebrauchter Begriff für den Holocaust. Die Begriffe erste und zweite Tempelzerstörung beziehen sich auf die Zerstörung des Ersten und des Zweiten Tempels in Jerusalem 585 vor und 70 nach unserer Zeitrechnung.

Funken, heilige: Teile des göttlichen Lichts oder Bewußtseins, die in der materiellen Welt eingeschlossen sind oder sich dort verfangen haben. Die heiligen Funken emporheben heißt, diese Teile des göttlichen Lichts wieder an den ihnen zustehenden Platz im Universum zurückzubringen und damit die Ganzheitlichkeit wiederherzustellen.

Gefüllter Fisch: Ein traditionelles jüdisches Festessen, das aus zerriebenem Fisch besteht, der zu Klößen geformt, flachgepreßt und gekocht wird. Ursprünglich wurde diese Masse in die noch intakte Fischhaut gefüllt – daher der Name des Gerichts –, doch heute wird es nur noch in Form von Klößen zubereitet. Es wird kalt serviert mit einer Sauce aus geriebenem Meerrettich und roter Bete (jiddisch: Chren).

Gehenna oder *Gehinnom*: Hölle, Fegefeuer.

Gilgul: Hebräischer Ausdruck für Reinkarnation.

Halacha: Jüdische Gesetze (Gebote), wie sie in der Thora offenbart wurden und durch mündliche Überlieferung mit rabbinischer Autorität ausgelegt wurden. Die wörtliche Übersetzung des Begriffs lautet «gehen» oder «wandeln» (auf dem rechten Weg).

Ha-Taka (wörtlich Übergang): Älterer Begriff für Reinkarnation; heute nicht mehr gebräuchlich.

Hawdala: Zeremonie am Ausgang des Sabbats oder eines Feiertages, zu der eine geflochtene Kerze, ein Becher Wein und süß duftende Gewürze benötigt werden.

Hisboddidus (auch Hitbadedut, hebräisch: Meditation): Eine Form von frei fließender Meditation, in der man die Gedanken als spontanes, aus dem Herzen kommendes Gebet Gott gegenüber laut ausspricht.

Hohe Feiertage (auch Jamim Noraim): Die zehn im Herbst liegenden Tage von Rosch ha-Schana bis Jom Kippur. Auch «die zehn Tage der Buße» genannt. Dies ist die heiligste, feierlichste Zeit im jüdischen Jahr (siehe auch unter Rosch ha-Schana und Jom Kippur).

Hora: Jüdischer Kreistanz, der an Hochzeiten, Bar Mizwas, jüdischen Festen und so weiter getanzt wird.
Hundredth-Monkey-Effekt: Eine wissenschaftliche Theorie, wonach erlerntes Verhalten, das normalerweise von einem Menschen an den anderen weitergegeben wird, Eingang in das kollektive Bewußtsein einer Spezies finden kann, wenn genügend Individuen dieses Verhalten erlernt haben. (Vgl. Ken Keyes, *The Hundredth Monkey,* Buffalo, N.Y. 1991.)
Ibbur: Eine fremde Seele, die in einen Menschen fährt, um diesen zu veranlassen, eine gute Tat zu vollbringen oder ein Gebot zu befolgen. Eine Art «wohltätiger Besessenheit».
Jahrzeit: Todestag. Wird in der Regel begangen, indem man eine Kerze anzündet und entweder Geld spendet oder ein Fest zum Andenken an den Verstorbenen gibt.
Jarmulke (auch *Kipa*): Jüdisches Schädelkäppchen; ist in den verschiedensten Formen zu finden. Farben und Muster haben keine religiöse Bedeutung, können aber auf die Zugehörigkeit zu einer bestimmten Gruppierung innerhalb des Judentums hinweisen. Die Juden bedecken ihr Haupt, um Gott Ehrerbietung zu erweisen.
JHWH: Der Name Gottes, der nicht ausgesprochen werden darf. (Weder Jahwe noch Jehova sind korrekte Aussprachen dieses Namens; beide werden von Juden niemals benutzt.)
Jechida (wörtlich Einheit): Die höchste Seelenstufe, die mit der Schöpfung vereint ist und im Kontakt mit Gott steht.
Jeschiwa: Orthodoxe jüdische Schule oder High School – es gibt Jeschiwas auf beiden Stufen. In chassidischen und stark orthodoxen Jeschiwas wird nur ein Minimum an weltlichen Fächern unterrichtet; das Hauptgewicht liegt auf dem Studium der Thora, des Talmuds und anderer heiliger Texte, und das Ziel ist, die Schüler zu Gelehrten oder Rabbis auszubilden. In moderneren Jeschiwas werden auch weltliche Fächer angeboten. Im Europa vor dem Holocaust wurde die Jeschiwa nur von Knaben besucht, aber jetzt gibt es auch Jeschiwas für Mädchen.
Jiddisch: Die Sprache der Juden Osteuropas. Sie ist hervorgegangen aus dem Mittelhochdeutschen und enhält viele hebräische, aramäische und slawische Wörter. Jiddisch ist die «Muttersprache», in der man daheim und auf dem Markt redete und die noch heute von vielen Juden in Amerika und Israel gesprochen wird. Sie wird mit hebräischen Schriftzeichen von rechts nach links geschrieben.

Jiddischkeit («Jüdischkeit»): Das Lebensgefühl der traditionellen Juden, welche die Einhaltung der *Mizwot*, Feiertage, Bräuche und dergleichen einschließt, aber nicht auf diese beschränkt ist, sondern die ganze jüdische Alltagskultur umfaßt.

Jom ha-Shoa: Holocaust-Gedenktag; wird jeweils am Jahrestag des Beginns des Warschauer-Ghetto-Aufstands, also nach Pessach, mit Gedenkgottesdiensten und didaktischen Veranstaltungen begangen.

Jom Kippur: Versöhnungstag. Höchster jüdischer Feiertag. Jom Kippur wird mit Fasten, Beten und Buße begangen.

Jüdische Seele: Der jüdische Glaube, daß die Seelen der Juden, die auf dem Berg Sinai anwesend waren, in allen künftigen Leben jüdisch bleiben, auch wenn sie in nichtjüdische Körper geboren werden. Unter «Seele» wird hier der höhere, ewige Teil der Seele verstanden, was in der Anthroposophie dem «Ich» entspricht (siehe Anhang A in Teil II dieses Buches). In der Umgangssprache heißt «eine jüdische Seele haben», daß man intuitiv versteht, was es bedeutet, ein Jude zu sein (Jüdischsein).

Kabbala: Gesamtheit der jüdischen Mystik. Ein einzelnes, grundlegendes Lehrwerk zu dem Thema existiert nicht (Adjektiv: kabbalistisch).

Kabbalistischer Baum: Siehe Sefirotbaum.

Kaddisch: Jüdisches Gebet, das häufig zum Andenken an die Toten gesprochen wird; im Text kommt das Wort Tod allerdings nicht vor, sondern es wird die Heiligkeit Gottes bekräftigt.

Kalla: Jüdische Woche der Einkehr.

Karet («Abgeschnittensein»): Aus der Gemeinschaft der Juden ausgestoßen oder exkommuniziert werden. Praktisch kam dies einer Ächtung gleich. Heute wird das *Karet* nur noch in einigen chassidischen und orthodoxen Sekten praktiziert, wo es der bei den Amischen üblichen Sitte entspricht, einen Missetäter zu «meiden».

Karma (Sanskrit: «Handeln»): Bezeichnet in den östlichen Religionen das Gesetz von Ursache und Wirkung, das zur Eigenschaft der ewigen Seele wird.

Karmische Gruppe: Eine Gruppe von Seelen, die durch gemeinsame Erfahrungen in einer früheren Inkarnation miteinander verbunden sind.

Kawwana («Intention, bewußte Absicht»): Die innere Sammlung zum bewußten Gebet; der «Geist» der Thora. Auch Bezeichnung für das Meditieren vor der Vollbringung einer Mizwa (Plural: Kawwanot).

Kiddusch: Segensspruch über einem Becher Wein (oder Traubensaft) zur Heiligung des Sabbats und anderer Feiertage.

Kiddusch ha-Schem («Heiligung des göttlichen Namens»): Jüdisches Martyrium, Opferung des eigenen Lebens.

Kohen (Plural: *Kohanim*): Nachfahre der jüdischen Tempelpriester aus biblischer Zeit. Obwohl die Juden heute keine Tieropfer mehr darbringen, gibt es noch immer eine Reihe verbaler liturgischer Funktionen, die den Kohanim vorbehalten sind. Der Status eines Kohen wird vom Vater geerbt. Es gibt viele jüdische Familiennamen, die auf eine Abstammung von den Kohanim hinweisen, zum Beispiel Kohen, Cohen, Katz, Kaplan oder Kahane.

Koran: Die Heilige Schrift der Moslems, die diesen durch den Propheten Mohammed im siebten Jahrhundert gegeben wurde.

Lamedwowniks (auch *Lamed Waw Zaddikim*): Die sechsunddreißig verborgenen jüdischen Gerechten. Der Name leitet sich vom numerologischen Wert der hebräischen Buchstaben *Lamed* (30) und *Waw* (6) her.

Lecha Dodi: «Geh, mein Geliebter» – mystisches Sabbatlied, im sechzehnten Jahrhundert geschrieben von Rabbi Salomo ben Mose ha-Levi Alkabez aus Safed. Heute wird das Lecha Dodi, das hundertfach vertont wurde, von Juden überall auf der Welt am Freitagabend gesungen. In diesem Lied wird der Sabbat als Braut oder Königin begrüßt.

Lubowitscher: Angehöriger oder Anhänger der chassidischen Lubowitscher Sekte. Die Lubowitscher bekennen sich zu den Lehren des chassidischen Rabbiners Schneur Zalman aus Ladig, der im achtzehnten Jahrhundert lebte. Der letzte Lubowitscher Rebbe war der in Brooklyn, New York, ansässige Rabbi Menachem M. Schneerson.

Luria, Isaak: Jüdischer Mystiker des sechzehnten Jahrhunderts, der in Safed in Israel lebte. Gilt als einer der größten Kabbalisten.

Maschiach («der Gesalbte»): Messias.

Meditative Einkehr auf der Suche nach einer Vision: Ritualisiertes Sichzurückziehen in die Einsamkeit, um dort den Schöpfer um Weisung zu bitten. Normalerweise wird dieser Begriff mit den Religionen der amerikanischen Ureinwohner assoziiert. Das jüdische Äquivalent dafür ist *Hitbadedut* – «sich in die Einsamkeit begeben» –, was besonders von Reb Nachman von Breslow gelehrt wurde.

Merkaba («Thronwagen»): Eine Form des jüdischen Mystizismus, die in talmudischer Zeit ihre Blüte erlebte und unter anderem Meditationen über die Visionen des Hesekiel und über Gottes «Paläste» einschließt.

Midrasch: Nichthalachische Thorakommentare, häufig in Form von Geschichten, Legenden und Exegesen nach der mündlichen Überlieferung (Plural: Midraschim).

Mikwe: Rituelles Tauchbad, das von Frauen nach der Menstruation, von Männern nach unwillkürlichen nächtlichen Samenergüssen und von allen Juden zu sonstigen Reinigungszwecken benutzt wird. Auch jemand, der zum Judentum übertritt, wird durch Tauchen gereinigt (Verb: mikwen).

Minjan: Gemeinschaft von zehn Juden, die gemäß jüdischem Gesetz für einen Gottesdienst in der Synagoge, um Kaddisch zu sagen oder für gewisse andere Rituale vorgeschrieben ist. (Es ist verboten, ohne Minjan Kaddisch zu sagen.) Ein orthodoxes Minjan setzt sich nur aus Männern zusammen. In einigen konservativen und Reformgemeinden sind auch Frauen dabei.

Mizwa: Jedes Gebot der Thora. Umgangssprachlich auch «gute Tat» (Plural: Mizwot).

Nefesch: Die erste oder niedrigste Seelenebene, entspricht der Lebenskraft des Körpers.

Neschama: Dritte Seelenebene, entspricht dem Intellekt, aber auch der «unsterblichen Seele», die den Tod überlebt.

Niggun: Eine chassidische Weise ohne Worte, die als eine Art Meditation und um sich mit der Liebe Gottes zu vereinigen auf eine Silbe gesungen wird: zum Beispiel ai–ai–ai. Ein Niggun wird während langer Zeit immer wiederholt wie ein Mantram. Mehrzahl: Niggunim.

Olam ha-ba: Die kommende Welt oder die spirituelle Welt.

Reb (jiddisch Herr): Ehrerbietige Anrede der Chassidim für ihren Meister. Im Jiddischen folgt dieser Anrede traditionell der Vorname, doch hat es sich seit neuerem eingebürgert, statt dessen den Nachnamen zu benutzen.

Reb Zalman: Rabbi Zalman Schachter-Shalomi. Siehe «B'nai Or».

Rebbe: Jüdischer Lehrer, muß nicht unbedingt ein ordinierter Rabbiner sein; auch Führer einer chassidischen Sekte; wird als erleuchteter Lehrmeister betrachtet.

Rosch ha-Schana: Jüdisches Neujahrsfest, das um die Zeit des Herbstanfangs begangen wird. Es ist ein besinnliches Fest, an dem die Juden in sich gehen und Buße tun, und an dem das Widderhorn, der *Schofar,* geblasen wird.

Ruach («Geist»): Die zweite Seelenebene, entspricht den Emotionen und dem bewußten Ich.

Sabbat: Der jüdische Sabbat beginnt am Freitagabend vor Sonnenuntergang und endet am Samstagabend nach Einbruch der Dunkelheit. Er wird mit Gebeten, Gesang, drei festlichen Mahlzeiten, Lernen und Geschichtenerzählen begangen.

Sabbatbrot (auch Challa): Das traditionelle Brot, das am Sabbat und an jüdischen Feiertagen angeboten wird. Sabbatbrot ist in der Regel geflochten und kommt ungeschnitten auf den Tisch. Zu jeder Mahlzeit gibt es zwei Brote, entsprechend der für zwei Tage ausreichenden Menge von Manna, die zur Zeit von Moses am Freitag zur Erde fiel, so daß die Juden es nicht am Sabbat auflesen mußten.

Sachor (hebräisch: sich erinnern): Dieses hebräische Wort kommt in der jüdischen Liturgie und im täglichen Leben der Juden vielfach vor. Es bedeutet nicht nur, sich im historischen, intellektuellen Sinn zu erinnern, sondern sich mit etwas zu verbinden und es heilig zu halten, zum Beispiel: «Gedenke des Sabbattages und heilige ihn.» Im Zusammenhang mit dem Holocaust bedeutet Sachor, das Andenken der Opfer in seinem Herzen für immer in Ehren zu halten.

Schema Jisrael: Jüdisches Hauptgebet: «Höre Israel, der Herr, unser Gott, der Herr ist einer/einzig.» Wird auch auf dem Sterbebett gebetet.

Schtetl: Jüdische Kleinstadtgemeinde in Osteuropa, wie sie zum Beispiel in dem Musical *Anatevka* dargestellt ist. Heute oft nostalgisch assoziiert mit heimatlicher Geborgenheit und der jüdischen Kultur der Alten Welt.

Schtreimel: Traditioneller Pelzhut, den die Chassidim am Sabbat und anderen Feiertagen sowie bei allen besonderen Gelegenheiten tragen.

Seder («Ordnung»): Das rituelle Mahl an den beiden ersten Abenden des Pessachfestes. Ein ähnliches Mahl findet am Tu bi-Schewat statt.

Sephardim: Nachfahren der von Ferdinand und Isabella 1492 beziehungsweise bei späteren Verfolgungen aus Spanien vertriebenen Juden.

Sefirotbaum: Auch Baum des Lebens, Weltenbaum oder Kabbalistischer Baum genannt. Ein Schema zur Darstellung der Bewußtseins- oder Seelenebenen und der Energieströme im Universum und in der menschlichen Seele. Der Sefirotbaum ist jüdischen Ursprungs, wird aber heute auch von anderen Gemeinschaften benutzt.

Shul (jiddisch): Orthodoxe Synagoge oder Gebetstube mit weniger formeller Atmosphäre, in der man sich heimisch fühlt. Sie dient den Juden zum Beten, zum Studieren und auch zur Gemeinschaftspflege.

Sohar: Sammlung von Lehren und Legenden jüdischer Mystiker, erstmals veröffentlicht im dreizehnten Jahrhundert und Simon bar Jochai, einem Mystiker des ersten Jahrhunderts, zugeschrieben.

Tallit: Gebetsmantel oder Gebetsschal, den die Juden beim Morgengebet tragen. Meistens weiß mit schwarzen Streifen, kann aber jede Farbe und jedes Muster haben. Entscheidend ist, daß der Tallit viereckig ist und an seinen vier Ecken Fransen hat, die sogenannten Zizit oder Schaufäden, die auf eine besondere Art gebunden werden.

Talmud: Vielbändige Sammlung jüdischer Lehren halachischen und nichthalachischen Charakters, entstanden von 200 vor bis 500 nach unserer Zeitrechnung.

Tefillin: Zwei schwarze Lederkapseln, die spezielle, auf Pergament geschriebene Schriftverse enthalten und von männlichen Juden mit Lederriemen am linken Arm und an der Stirn festgebunden werden. Man trägt sie beim Morgengebet.

Teschuwa («Umkehr»): Rückkehr zur Befolgung der Mizwot, der Gebote der Thora. Allgemeiner auch als Reue und Buße verstanden. Der Ausdruck lautet korrekt Teschuwa tun.

Thora: Im engeren Sinn die fünf Bücher Mose; allgemeiner gefaßt die Gesamtheit aller schriftlich und mündlich überlieferten jüdischen Lehren und Kommentare.

Tikkun («Wiederherstellung»): Wiedergutmachung begangener Taten.

Tikkun Chazot: Mitternachtsgebet, in dessen Mittelpunkt Bitten um die Wiederherstellung des Tempels und das Kommen des Messias stehen.

Tikkun Olam («Wiederherstellung der Welt»): Die «New-Age»-Bewegung hat dafür den Begriff der Beseitigung eines schlechten Karmas oder der planetarischen Heilung.

Tischa be-Aw: Der neunte Tag des jüdischen Monats Aw, der im Juli oder August liegt. Fastentag, an dem über die Zerstörung des Ersten und des Zweiten Tempels und die Vertreibung der Juden in die Diaspora getrauert wird.

Tu B'Schewat: Der fünfzehnte Tag des Monats Schewat im jüdischen Kalender (Januar/Februar). In biblischen Zeiten galt dieser Tag als «Geburtstag» der Bäume – egal, an welchem Tag sie wirklich gepflanzt wurden –, um den Zehnten ihrer Früchte zu bestimmen. Im heutigen Israel werden an diesem Tag Bäume gepflanzt. In Amerika gilt Tu B'Schewat als eine Art jüdischer Gedenktag für die Erde, an dem Fragen des Umweltschutzes besprochen werden. Viele jüdische Schulen unternehmen an diesem Tag allerlei Aktivitäten im Zusammenhang mit der Natur. Die thematischen Schwerpunkte sind Hoffnung, Leben und Heilung der Erde.

Zaddik («Gerechter»): Ein Heiliger oder auch ein chassidischer Rebbe (Plural: *Zaddikim*).

Über die Autoren der Beiträge

Lena-Marie Broman war als ganzheitliche Therapeutin in Upsala, Schweden, tätig. Ihr Reinkarnationsbericht wurde kürzlich in *Reincarnation International* veröffentlicht (London 1994). Sie ist an zahlreichen Podiumsgesprächen und in Fernsehsendungen in Schweden aufgetreten. Gegenwärtig schreibt sie ein Buch über ihre Erfahrungen und absolviert ein Studium, um Priesterin in Schweden zu werden.

Sigrid Dreyfuss-Manelis ist Zeitungskolumnistin in Baltimore, Maryland, und war Talk-Show-Gast eines größeren Radiosenders. Sie besitzt akademische Abschlüsse in Journalismus und Psychologie und ist Verwaltungsratsmitglied verschiedener psychiatrischer Institute. Beruflich und privat als Ehefrau und Mutter ist sie glücklich und vielbeschäftigt.

Judith Hart lebt mit ihrem Mann in Baltimore, Maryland, und ist Mutter von vier Knaben. Sie ist an der Poliklinik der Universität von Maryland tätig und führt teilzeitlich eine eigene Psychotherapiepraxis. Sie ist auch geweihte Pfarrerin.

Marcia Hollabaugh ist Musikerin und Komponistin und spielt sowohl klassische wie zeitgenössische Werke auf dem Cello und dem Klavier. Sie beschäftigte sich mit zahlreichen verschiedenen religiösen und philosophischen Richtungen. Lange Zeit lebte sie in New Mexico; sie liebt die Wildnis und hält sich oft im Hügelland am Fuß des Gebirges Sangre de Cristo auf.

David D. Johnson ist Programmierer von Großrechnern und lebt in Edina, Minnesota. Er ist lizenzierter Lehrer der *Unity Church* und beschreibt sich selbst als «religiösen Mystiker, der sich bemüht, Gottes Wirken in mir und anderen zu verstehen».

Diana Lubarsky wohnt in Westchester County, New York. Sie ist verheiratet, Mutter von drei Kindern und arbeitet seit dreißig Jahren auf dem Gebiet der Geriatrie-Rehabilitation. Ihre Holocaust-Skulpturen wurden 1995 an einer Tagung über Reinkarnation und Nahtodeserfahrungen in Baltimore, Maryland, ausgestellt. Sie plastiziert auch jetzt noch Holocaust-Skulpturen, wenn sie Zeit dafür findet.

Carole Louie, Bachelor of Science für Innenarchitektur, war zweiundzwanzig Jahre in diesem Beruf tätig. Außerdem ist sie leitende Seelsorgerin der *Universal Brotherhood Movement, Inc.,* in Naples, Florida, wo sie Meditation und spirituelle Entwicklung unterrichtet und Workshops über Reinkarnation leitet.

Mary (Miriam) Marks erwarb den Grad eines *Master of Arts* an der *University of Judaism* in Los Angeles, Kalifornien, und kümmerte sich gleichzeitig um ihre drei Kinder. Sie zog sich aus Gesundheitsgründen frühzeitig von ihrer administrativen Stelle am *University College* von Los Angeles zurück und erfüllte sich den Wunsch ihres Lebens, Bürgerin von Israel zu werden. Heute ist sie eine tüchtige Steppdeckennäherin, die Computerspiele liebt.

David Moffatt ist Schriftsteller, Photograph (Naturaufnahmen) und Dichter. Er figuriert in *Who's Who* des Mittelwestens und im *The International Who's Who in Poetry*. Sein neuestes Buch heißt *Explorations in the Ordinary: A Backyard Naturalist Looks at Minnesota (Erforschung des Alltäglichen: Ein Hintergarten-Naturalist betrachtet Minnesota)*.

Patricia (Rachel Brachah) O'Brian interessierte sich seit frühester Kindheit für das Judentum. Sie studierte internationales Marketing am *Bernard Baruch College* und arbeitete als Handelsvertreterin in Bayonne, New Jersey. Jetzt beabsichtigt sie, das Jüdische Theologische Seminar zu besuchen und sich als konservative Rabbinerin einer pflegerischen Tätigkeit zu widmen.

«*Rebecca*» ist Therapeutin für Suchtberatung und Trauerarbeit. Sie sagt: «Ich glaube, wir haben eine zweifache Aufgabe auf der Erde. Erstens, den Sinn unseres eigenen Lebens zu erkennen und ein Bewußtsein davon zu haben; zweitens, das Wissen, das wir erworben haben, weiterzugeben und Licht und Weisheit auf unserem Planeten zu verbreiten.» Sie lebt in Sydney, Australien.

Abbye Silverstein hat den Titel eines *Bachelor of Arts* (cum laude) des *City College,* New York. Sie besuchte einen höheren Lehrgang in Psychologie und Beratung an der *John F. Kennedy University* in Oreida, Kalifornien, und war als Suchtberaterin und *Human-resource*-Spezialistin tätig. Zurzeit studiert sie Akupunktur und arbeitet teilzeitlich als medizinische Assistentin in Rockville, Maryland.

Linda Thieman, Master of Arts der Universität von Iowa, ist pensionierte Englischlehrerin. Sie sieht ihre Lebensaufgabe darin, anderen zu Freude und Heilung zu verhelfen. Gegenwärtig arbeitet sie an einer Reihe von lichtvollen Kinderbüchern.

Bruce Whittier ist Ziegenmilchproduzent in Kingston, Nova Scotia, und Kundendienstmanager von *Home Hardware.* Nachdem er seinen Artikel für dieses Buch geschrieben hatte, eröffnete er das *Baker House of Etheric Treasures,* einen New-Age-Laden, wo er sich für mediale Beratung und Channelings zur Verfügung stellt.

Über den Autor des Buches

Rabbi Yonassan Gershom ist chassidischer Geschichtenerzähler, Lehrer und Schriftsteller. Mit Techniken der jüdischen Mystik hilft er Suchenden, traditionelle religiöse Rituale in ihr individuelles holistisches Bewußtsein zu integrieren.

Rabbi Gershoms Arbeiten sind in zahlreichen Periodika und Anthologien erschienen. Neben seinen Büchern *Beyond the Ashes* und *From Ashes to Healing,* deren deutsche Übersetzung hier vorliegt, veröffentlichte er *49 Gates of Light.* Gegenwärtig arbeitet er an einer Sammlung jüdischer Volkserzählungen zum Thema Reinkarnation, die unter dem Titel *Jewish Reincarnation Stories* erscheinen wird.

* * *

Weil seine Arbeiten ein enormes Ausmaß an Resonanz ausgelöst haben, ist es Reb Gershom leider nicht mehr möglich, freie Telefonkonsultationen anzubieten, wie er dies in *Beyond the Ashes* tat. Die Leserinnen und Leser können sich aber schriftlich an ihn wenden:

Rabbi Gershom
P.O. Box 555
Sandstone, MN 55072
USA

Bitte legen Sie einen großen, adressierten Umschlag mit internationalem Portogutschein bei – und wappnen Sie sich mit Geduld; er erhält viel Post. Mitteilungen sind auch mit Internet e-mail möglich:

rooster@pinenet.com
website: http.//www.pinenet.com/~rooster/index.html